위방가
법의 분석

제1권
제1장～제8장

위방가

Vibhaṅga

법의 분석

제1권

제1장～제8장

초기불전연구원

그분
부처님
공양 올려 마땅한 분
바르게 깨달으신 분께 귀의합니다.

Namo tassa Bhagavato Arahato Sammāsambuddhassa

제1권 목차

약어

A.	Aṅguttara Nikāya(앙굿따라 니까야, 증지부)
AA.	Aṅguttara Nikāya Aṭṭhakathā = Manorathapūraṇī(증지부 주석서)
AAṬ.	Aṅguttara Nikāya Aṭṭhakathā Ṭīkā(증지부 복주서)
Abhi-av.	Abhidhammāvatāra(아비담마아와따라, 아비담마 입문)
Abhi-av-nṭ.	Abhidhammāvatāra-abhinavaṭīkā(아비담마아와따라 아비나와띠까)
Abhi-av-pṭ.	Abhidhammāvatāra-purāṇaṭīkā(아비담마아와따라 뿌라나띠까)
Abhi-Sgh.	Abhidhammatthasaṅgaha(아비담맛타상가하 = 아비담마 길라잡이)
ApA.	Apadāna Aṭṭhakathā(아빠다나(譬喩經) 주석서)
As.	Aṭṭhasālinī(앗타살리니 = 담마상가니 주석서)

Be	Burmese-script edition(VRI 간행 미얀마 육차결집본)
BG.	Bhagavadgīta(바가왓 기따)
BHD	Buddhist Hybrid Sanskrit Dictionary
BHS	Buddhist Hybrid Sanskrit
BL	Buddhist Legends(Burlingame)
BPS	Buddhist Publication Society
Bv.	Buddhavaṁsa(佛種姓)
BvA.	Buddhavaṁsa Aṭṭhakathā

CBETA	CBETA Chinese Electronic Tripitaka Collection: CD-ROM
cf.	*confer*(=*compare*, 비교, 참조)
CMA	A Comprehensive Manual of Abhidhamma(아비담맛타 상가하 영역)
CPD	Critical Pāli Dictionary
C.Rh.D	C.A.F. Rhys Davids
D.	Dīgha Nikāya(디가 니까야, 長部)
DA.	Dīgha Nikāya Aṭṭhakathā = Sumaṅgalavilāsinī(디가 니까야 주석서)
DAṬ.	Dīgha Nikāya Aṭṭhakathā Ṭīkā(디가 니까야 복주서)
DhkAAnuṬ	Dhātukathā-anuṭīkā(다뚜까타 아누띠까)
Dhp.	Dhammapada(담마빠다, 법구경)
DhpA.	Dhammapada Aṭṭhakathā(담마빠다 주석서)
Dhs.	Dhammasaṅgaṇi(담마상가니, 法集論)
DhsA.	Dhammasaṅgaṇi Aṭṭhakathā = Aṭṭhasālinī(담마상가니 주석서)
DhsAAnuṬ	Dhammasaṅgaṇī-anuṭīkā(담마상가니 아누띠까)
DhsAMṬ	Dhammasaṅgaṇī-mūlaṭīkā(담마상가니 물라띠까)
DPL	A Dictionary of the Pali Language(Childers)
DPPN.	G. P. Malalasekera's *Dictionary of Pali Proper Names*
Dv.	Dīpavaṁsa(島史), ed.ited by Oldenberg
DVR	A Dictionary of the Vedic Rituals, Sen, C. Delhi, 1978.

Ee	Roman-script edition(PTS본)
EV1	Elders' Verses I(테라가타 영역, Norman)
EV2	Elders' Verses II(테리가타 영역, Norman)
GD	Group of Discourse(숫따니빠따 영역, Norman)
Ibid.	*Ibidem* (전게서, 前揭書, 같은 책)
It.	Itivuttaka(如是語)
ItA.	Itivuttaka Aṭṭhakathā(여시어 경 주석서)
Jā.	Jātaka(자따까, 本生譚)
JāA.	Jātaka Aṭṭhakathā(자따까 주석서)
KhpA.	Khuddakapātha Aṭṭhakathā(쿳다까빠타 주석서)
KS	Kindred Sayings(상윳따 니까야 영역, Rhys Davids, Woodward)
Kv.	Kathāvatthu(까타왓투, 論事)
KvA.	Kathāvatthu Aṭṭhakathā(까타왓투 주석서)

LBD	Long Discourse of the Buddha(디가 니까야 영역, Walshe)
M.	Majjhima Nikāya(맛지마 니까야, 中部)
MA.	Majjhima Nikāya Aṭṭhakathā = Papañcasūdanī(맛지마 니까야 주석서)
MAṬ.	Majjhima Nikāya Aṭṭhakathā Ṭīkā(맛지마 니까야 복주서)
Mhv.	Mahāvaṁsa(마하왐사, 大史), edited by Geiger
Mil.	Milindapañha(밀린다빤하, 밀린다왕문경)
MLBD	Middle Length Discourse of the Buddha(맛지마 니까야 영역, Ñāṇamoli)
Moh.	Mohavicchedanī(모하윗체다니)
Mtk	Mātikā(마띠까)
Mvu.	Mahāvastu(북전 大事, Edited by Senart)
MW	Monier-Williams' Sanskrit-English Dictionary

Nāmar-p.	Nāmarūpapariccheda(나마루빠빠릿체다)
Nd1.	Mahā Niddesa(마하닛데사, 大義釋)
Nd1A.	Mahā Niddesa Aṭṭhakathā(마하닛데사 주석서)
Nd2.	Cūla Niddesa(쭐라닛데사, 小義釋)
Netti.	Nettippakaraṇa(넷띠빠까라나, 指道論)
NetA	Nettippakaraṇa Aṭṭhakathā(넷띠빠까라나 주석서)
NetAṬ	Nettippakaraṇa-ṭīkā(넷띠빠까라나 복주서)
NMD	Ven. Ñāṇamoli's Pali-English Glossary of Buddhist Terms

Pvch	Paramattha-vinicchaya(빠라맛타위닛차야)
PdṬ.	Paramatthadīpani-ṭīkā(빠라맛타디빠니 띠까)
Pe.	Peṭakopadesa(뻬따꼬바데사, 藏釋論)
PED	*Pāli-English Dictionary* (PTS)
Pm.	Paramatthamañjūsā = Visuddhimagga Mahāṭīkā(청정도론 복주서)
Ps.	Paṭisambhidāmagga(빠띠삼비다막가, 무애해도)
Ptṇ..	Paṭṭhāna(빳타나, 發趣論)
PTS	Pāli Text Society
Pug.	Puggalapaññatti(뿍갈라빤띠, 人施設論)
PugA.	Puggalapaññatti Aṭṭhakathā(뿍갈라빤띠 주석서)
Pv.	Petavatthu(뻬따왓투, 餓鬼事)
Pvch.	Paramatthavinicchaya(빠라맛타 위닛차야)
Rv.	Ṛgveda(리그베다)

S.	Saṁyutta Nikāya(상윳따 니까야, 相應部)
SA.	Saṁyutta Nikāya Aṭṭhakathā = Sāratthappakāsinī(상윳따니까야 주석서)
SAṬ.	Saṁyutta Nikāya Aṭṭhakathā Ṭīkā(상윳따 니까야 복주서)
Sadd.	Saddanīti(삿다니띠)
Se	Sinhala-script edition(스리랑카본)
Sk.	Sanskrit

Sn.	Suttanipāta(숫따니빠따, 經集)
SnA.	Suttanipāta Aṭṭhakathā(숫따니빠따 주석서)
SS	Ee에 언급된 S.의 싱할리어 필사본
Sv	Sāsanavaṁsa(사사나왐사, 교단의 역사)
s.v.	*sub verbō*(*under the word*, 표제어)
Te	Thai-script edition(태국본)
Thag.	Theragāthā(테라가타, 장로게)
ThagA.	Theragāthā Aṭṭhakathā(테라가타 주석서)
Thig.	Therīgāthā(테리가타, 장로니게)
ThigA.	Therīgāthā Aṭṭhakathā(테리가타 주석서)
Ud.	Udāna(우다나, 감흥어)
UdA.	Udāna Aṭṭhakathā(우다나 주석서)
Uv	Udānavarga(북전 출요경, 出曜經)
VĀT	Vanarata, Ānanda Thera
Vbh.	Vibhaṅga(위방가, 分別論)

VbhA.	Vibhaṅga Aṭṭhakathā = Sammohavinodanī(위방가 주석서)
VbhAAnuṬ	Vibhaṅga-anuṭīkā(위방가 아누띠까)
VbhAMṬ	Vibhaṅga-mūlaṭīkā(위방가 물라띠까)
Vin.	Vinaya Piṭaka(율장)
VinA.	Vinaya Piṭaka Aṭṭhakathā = Samantapāsādikā(율장 주석서)
VinAṬ	Vinaya Piṭaka Aṭṭhakathā Ṭīkā = Sāratthadīpanī-ṭīkā(율장 복주서)
Vin-Kaṅ-nṭ.	Kaṅkhāvitaraṇī-abhinavaṭīkā(깡카위따라니 아비나와띠까)
Vis.	Visuddhimagga(청정도론)
v.l.	*varia lectio*, variant reading(이문, 異文)
VRI	Vipassanā Research Institute(인도)
VṬ	Abhidhammaṭṭha Vibhavinī Ṭīkā(위바위니 띠까)
Vv.	Vimānavatthu(위마나왓투, 천궁사)
VvA.	Vimānavatthu Aṭṭhakathā(위마나왓투 주석서)

Yam.	Yamaka(야마까, 雙論)
YamA.	Yamaka Aṭṭhakathā = Pañcappakaraṇa(야마까 주석서)

디가 니까야	각묵 스님 옮김, 초기불전연구원, 2006, 3쇄 2010
맛지마 니까야	대림 스님 옮김, 초기불전연구원, 2012, 2쇄 2015
상윳따 니까야	각묵 스님 옮김, 초기불전연구원, 2009, 3쇄 2016
앙굿따라 니까야	대림 스님 옮김, 초기불전연구원, 2006～2007, 3쇄 2016
육차결집본	Vipassana Research Institute(인도) 간행 육차결집 본
아비담마 길라잡이	대림 스님/각묵 스님 옮김, 초기불전연구원, 2002, 12쇄 2016
청정도론	대림 스님 옮김, 초기불전연구원, 2004, 6쇄 2016
초기불교 이해	각묵 스님 지음, 초기불전연구원, 2010, 5쇄 2015
초기불교 입문	각묵 스님 지음, 이솔, 2014

냐나몰리 스님	The Dispeller of Delusion(I/II)(위방가 주석서 영역본)
리스 데이비즈	A Buddhist Manual of Psychological Ethics(담마상가니 영역본)
보디 스님	The Connected Discourses of the Buddha(상윳따 니까야 영역본)
뻬 마웅 띤	The Expositor(담마상가니 주석서 영역본)
월슈	Long Discourse of the Buddha(디가 니까야 영역본)
띳띨라 스님	The Book of Analysis(위방가 영역본)

일러두기

(1) 『위방가』(Vbh.)는 미얀마 육차결집본(VRI본, 인도 Vipassana Research Institute 간행, Be)을 저본으로 하였음.

(2) 본서에서 인용하는 문단 번호는 모두 VRI본(Be)을 따랐고 본문의 [ ] 안에 PTS본(Ee)의 쪽 번호를 넣었음. 『위방가』 PTS본(Ee)에는 문단 번호가 매겨져 있지 않음.

(3) Vbh.123은 VRI(Be)본 123쪽이고, Vbh. §123은 VRI본(Be) 123번 문단임.

(4) '(ma2-80-a)' 등은 『담마상가니』 마띠까의 번호이고, '(Rma-2-80)' 등은 『담마상가니』 물질의 마띠까 번호임. '(ma2-80-a)'는 두 개 조 80번째 마띠까의 첫 번째 논의의 주제를, '(Rma-2-80)'은 두 개 조 물질의 마띠까의 80번째 논의의 주제를 나타냄.

(5) 『담마상가니』(Dhs.)는 VRI본(Be)이고 그 외 삼장(Tipitaka)과 주석서(Aṭṭhakathā)들은 별다른 언급이 없는 한 모두 PTS본(Ee)임. 『디가 니까야 복주서』(DAṬ)를 제외한 모든 복주서(Ṭīkā)들은 VRI본(Be)이고, 『디가 니까야 복주서』(DAṬ)는 PTS본(Ee)이며, 『청정도론』은 HOS본임.

(6) M.ii.123은 PTS본(Ee) 『맛지마 니까야』 제2권 123쪽을 뜻함.

(7) [ ] 안의 숫자는 PTS본(Ee)의 쪽 번호임.

(8) { } 안의 숫자는 PTS본(Ee)의 게송 번호임.

(9) § 뒤의 숫자는 문단 번호임.

(10) 빠알리어와 산스끄리뜨어는 정체로, 영어는 이탤릭체로 표기함을 원칙으로 하였음.

해제

1. 들어가는 말

불교의 적통을 자부하는 상좌부(上座部, Theravāda)는 부처님 가르침을 율장(律藏, Vinaya Piṭaka)과 경장(經藏, Sutta Piṭaka)과 논장(論藏, Abhidhamma Piṭaka)의 세 가지 보배 창고에 담아서 전승하고 있다. 이 가운데 율장은 승단의 규범을 규정한 것으로 크게 세 부분으로 나누어볼 수 있다. 승단을 구성하는 출가자들의 삶의 규범이 되는 비구 계목과 비구니 계목으로 구성된 두 가지 마띠까에 대한 분석과 설명을 담은 (1)『숫따 위방가』[經分別, Suttavibhaṅga — ①『마하 위방가』(Mahā-vibhaṅga = 비구 위방가, Bhikkhu-vibhaṅga) ②『비구니 위방가』(Bhikkhunī-vibhaṅga)]와 승단의 구성원인 비구와 비구니의 일상생활 등을 규정하는 (2)『칸다까』[健度, Khandhaka — ①『대품』(大品, Mahāvagga) ②『소품』(小品, Cullavagga)]와 율장의 부록에 해당하는 (3)『보유』(補遺, Parivāra)로 이루어진다.

부처님과 직계 제자들의 가르침[法, dhamma]을 담고 있는 경장은 5부 니까야(Nikāya, 모음, 묶음)로 나뉘어져 있는데 그것은 (1)『디가 니까야』(Dīgha Nikāya, 長部, 길게 설하신 경들의 모음) (2)『맛지마 니까야』(Majjhima Nikāya, 中部, 중간 길이의 경들의 모음) (3)『상윳따 니까야』(Saṁyutta Nikāya, 相應部, 주제별 경들의 모음) (4)『앙굿따라 니까야』(Aṅguttara Nikāya, 增支部, 숫자별 경들의 모음) (5)『쿳다까 니까야』(Khuddaka Nikāya, 小部, 그 외 여러 가르침의 모음)이다.

불교의 핵심인 법(dhamma)에 대한 정의와 분류와 분석과 설명을 담고 있는 논장(論藏, Abhidhamma Piṭaka)은 (1)『담마상가니』[法集論, 법집론,

Dhammasaṅgaṇī]와 (2) 『위방가』 [分析論, 분석론, Vibhaṅga]와 (3) 『다뚜까타』 [界論, 계론, Dhātukathā]와 (4) 『뿍갈라빤냣띠』 [人施設論, 인시설론, Puggalapaññatti]와 (5) 『까타왓투』 [論事, 논사, Kathāvatthu]와 (6) 『야마까』 [雙論, 쌍론, Yamaka]와 (7) 『빳타나』 [發趣論, 발취론, Paṭṭhāna]의 일곱 가지 논서들(pakaraṇāni)로 확정되어 있다.

분석(vibhaṅga, vi+√bhaj, *to divide*)이라는 문자적인 뜻을 가진 『위방가』 (Vibhaṅga)는 여기서 보듯이 빠알리 삼장의 논장에 속하는 일곱 가지 논서[七論, satta pakaraṇāni][1] 가운데 두 번째 문헌으로 다음의 18개 위방가로 구성되어 있다.

제1장 무더기[蘊] 위방가(khandha-vibhaṅga)
제2장 감각장소[處] 위방가(āyatana-vibhaṅga)
제3장 요소[界] 위방가(dhātu-vibhaṅga)
제4장 진리[諦] 위방가(sacca-vibhaṅga)
제5장 기능[根] 위방가(indriya-vibhaṅga)
제6장 연기(緣起) 위방가(paṭiccasamuppāda-vibhaṅga)
제7장 마음챙김의 확립[念處] 위방가(satipaṭṭhāna-vibhaṅga)
제8장 바른 노력[正勤] 위방가(sammappadhāna-vibhaṅga)
제9장 성취수단[如意足] 위방가(iddhipāda-vibhaṅga)
제10장 깨달음의 구성요소[覺支] 위방가(bojjhaṅga-vibhaṅga)

---

1) 주석서 문헌에서 빠알리 논장의 칠론은 모두 서적이나 책을 뜻하는 pakaraṇa로 불리고 있다. 예를 들면 논장의 칠론은 satta pakaraṇa로 불리는데 초기불전연구원에서는 이를 칠론(七論)으로 옮긴다. 이렇게 하여 논장의 첫 번째인 『담마상가니』 (法集論)는 Dhammasaṅgani-pakaraṇa로, 같은 방법으로 『위방가』 (分析論), 『다뚜까타』 (界論), 『뿍갈라빤냣띠』 (人施設論), 『까타왓투』 (論事), 『야마까』 (雙論)는 각각 Vibhaṅgapakara-ṇa, Dhātukathāpakaraṇa, Puggalapaññattipakaraṇa, Kathāvatthu nāma pakaraṇa, Yamakaṁ nāma pakaraṇa로 불리고 『빳타나』 (發趣論, Paṭṭhāna)는 『마하빠까라나』 (Mahāpakaraṇa, 큰 논서)라고 불린다. (MA.ii.184)

제11장 도의 구성요소[道支] 위방가(maggaṅga-vibhaṅga)
제12장 선(禪) 위방가(jhāna-vibhaṅga)
제13장 무량함[無量] 위방가(appamaññā-vibhaṅga)
제14장 학습계목 위방가(sikkhāpada-vibhaṅga)
제15장 무애해체지(無礙解體智) 위방가(paṭisambhidā-vibhaṅga)
제16장 지혜 위방가(ñāṇa-vibhaṅga)
제17장 작은 항목 위방가(khuddakavatthu-vibhaṅga)
제18장 법의 심장 위방가(dhammahadaya-vibhaṅga)이다.

초기불전연구원에서 번역하여 출간하는 우리말 『위방가』 제1권은 이 가운데 제1장부터 제8장까지를 담고 있으며 제2권은 제9장부터 제18장까지를 싣고 있다. 그리고 독자들의 편리를 위해서 『담마상가니』 첫머리에 실려있는 아비담마 마띠까를 제2권의 부록으로 담았다.

『위방가』는 초기불교 교학과 수행의 핵심 주제를 18가지로 분류하고 분석하고 정의하고 설명해내는 논서이다. 그것은 초기불교 교학의 토대가 되는 온·처·계·제·근·연의 여섯 가지 주제(제1장부터 제6장까지)와 초기불교 수행의 핵심 주제인 37보리분법 가운데 22근에 포함되는 5근과 5력을 제외한 4념처·4정근·4여의족·7각지·8정도의 다섯 가지 주제(제7장부터 제11장까지)가 중심이 되고 있다. 여기에다 초기불전에 나타나는 중요한 수행 주제인 4禪(제12장)과 4무량(제13장)과 5계(제14장)와 이러한 교학과 수행을 통해서 체득되는 4무애해체지(제15장)와 지혜(제16장)에 대한 가르침을 분석하여 설명하고 있다. 그리고 제17장에서는 여러 가지로 분류되는 해로운 심리현상들 867개를 열한 개 조로 나누어 작은 항목이라는 표제어로 분류하여 설명한 뒤, 마지막으로 제18장에서는 초기불교의 중요한 주제들을 12가지 항목으로 정리하여 법의 심장이라는 표제어로 분석하여 설명하고 있다. 이처럼 『위방가』를 구성하고 있는 18개의 장은 교학과 수행과 지혜와 법의 네 가지 큰 주제로 나눌 수 있다.

이러한 초기불교의 중요한 주제들을 설명하는 방법으로 제1장부터 제15장까지는 ① 경에 따른 분석 방법(Suttanta-bhājanīya)과 ② 아비담마에 따른 분석 방법(Abhidhamma-bhājanīya)과 ③ [아비담마 마띠까를 통한] 질문의 제기(Pañhā-pucchaka)라는 세 가지를 채용하고 있다. 문자적인 뜻 그대로 ① 경에 따른 분석 방법은 각 장의 주제를 니까야의 여러 경들에서 정의하는 정형구들을 먼저 개요로 제시하고 이 정형구들에 나타나는 용어들을 경들에 나타나는 방법에 따라 분석하여 설명한다. ② 아비담마에 따른 분석 방법은 각 장의 주제를 아비담마의 논모(論母)이면서 『담마상가니』 첫머리에 실어서 전승하고 있는 아비담마 마띠까와 주로 『담마상가니』에서 정의하고 설명하는 방법에 따라 분석하여 설명하고 있다. ③ [아비담마 마띠까를 통한] 질문의 제기는 각 장에 나타나는 주제어들을 아비담마 마띠까에 실려있는 122개의 마띠까를 통해서 하나하나 분석하고 있다. 그리고 제16장부터 제18장까지는 ④ <마띠까 - 해설의 구조>를 통한 분석 방법으로 불교의 중요한 법수들을 분석하여 설명하고 있다.

2. vibhaṅga의 문자적 의미

문자적으로 '위방가(vibhaṅga)'는 vi(*separately*)+√bhaj(*to divide*)에서 파생된 명사로서 분석, 분해, 분별, 나눔, 해체 등으로 번역되는 단어이다. 중국에서는 『아비달마 구사론』 등에서 주로 分別(분별)로 옮겼고 초기불전연구원에서는 주로 '분석'으로 직역하거나 '분석하여 설명함으로 풀어서 옮기고 있다. 주석서에서 vibhaṅga는 '자세하게 분석함(vitthāra-bhājanīya)'으로 설명된다.(MA.v.1) 즉 접두어 'vi-'를 자세함(vitthāra)으로 풀이하고 bhaṅga를 분석함(나눔, bhājanīya)으로 설명하고 있다. 나아가 복주서는 '요약된 것에 따라 뜻을 자세하게 나누고 분석하는 것(yathāuddiṭṭham atthaṁ vitthārato bhājeti vibhajati etenā)'(MAṬ.ii.149)으로 더 자세하게 설명하고 있다.2)

2) 여기에 대해서는 아래 §3-(1)의 해당 부분을 참조할 것.

같은 어근 vi + √bhaj에서 파생된 단어로는 '해체'나 '분석'으로 옮기고 있는 vibhajja가 있다. 왕기사 존자는 『상윳따 니까야』 제1권 「천 명이 넘음 경」(S8:8) {742}번 게송에서 부처님을 "부분들로 해체해서(bhāgaso pavibhajjaṁ) 설하시는 분"이라고 찬탄하고 있다. 주석서는 "마음챙김의 확립 등의 부분(koṭṭhāsa)으로 법을 해체하는 것(dhammaṁ vibhajantaṁ)이라는 말이다."(SA.i.279)라고 설명하고 있다. 여기서 해체는 pavibhajja/vibhajja를 옮긴 것이다. 이 위밧자(vibhajja)라는 단어는 빠알리 삼장을 2600년 동안 고스란히 전승해온 상좌부 불교가 스스로를 지칭하는 술어로 사용되고 있다.(Vis.XVII.25; VbhAMṬ.83 등) 불교의 적통을 자부하는 상좌부 불교는 스스로를 '해체를 설하는 자(Vibhajja-vādin)'라 부른다.[3] 이 용어는 산스끄리뜨어로 Vibhajyavādin인데 이것을 『아비달마 구사론』(Abhidharmakośa) 분별수면품에서 진제 스님은 '說分別部(설분별부)'로, 현장 스님은 '分別說部(분별설부)'로 옮겼다.

『앙굿따라 니까야』 제2권 「질문 경」(Pañha-sutta, A4:42)에서 세존께서는 네 가지 질문에 대한 설명(cattārimāni pañha-vyākaraṇāni)을 말씀하시면서 세 번째로 '분석해서 설명해야 하는 질문(pañha vibhajjavyākaraṇīya)'을 들고 계신다. 이것은 『디가 니까야』 제3권 「합송경」(D33) §1.11 (28)과 같은 내용이다. 여기서 분석으로 옮긴 것이 vibhajja이다.

여기에 대해서 주석서는 "'무상하다는 것은 눈을 말합니까?'라고 질문을 받으면 '눈만 그런 것이 아닙니다. 귀도 무상하고 코도 무상합니다.'라고 분석한 뒤에 설명해야 한다. 이것이 분석해서 설명해야 하는 질문(pañha vibhajjavyākaraṇīya)이다."(AA.ii.308~309)라고 보기를 들어 설명한다.

그리고 접두어 vi가 없이 bhaṅga로도 쓰이는데 특히 10가지 위빳사나의 지혜 가운데 세 번째가 멸괴지(滅壞智) 혹은 무너짐의 지혜로 옮기는 bhaṅga-ñāṇa로 나타나며 위빳사나 수행에서 아주 중요한 체험이다.[4]

---

3) 여기에 대해서는 졸저 『초기불교 이해』 26쪽 이하를 참조할 것.

3. vibhaṅga의 용례

vibhaṅga라는 용어는 초기불교의 중심을 이루는 특정한 주제나 정형구나 용어 등을 설명하는 특별한 방법을 뜻하기 때문에 이 단어는 논장 칠론(七論, satta pakaraṇāni)에 속하는 본 『위방가』 논서(Vibhaṅga-pakaraṇa)뿐만 아니라 경장과 율장에서도 중요한 전문용어로 나타나고 있다. 이제 이 vibhaṅga의 용례를 (1) 삼장의 본문 안에 나타나는 경우와 (2) 표제어로 나타나는 경우로 나누어서 조금 자세하게 살펴보고자 한다.

(1) vibhaṅga가 삼장의 본문 안에 나타나는 경우

① 개요와 분석을 설하리라(uddesañca vibhaṅgañca desessāmi)

vibhaṅga의 용례로 먼저 들 수 있는 것이 『맛지마 니까야』 제4권의 「분석 품」 즉 위방가 왁가(Vibhaṅga-vagga, M131~142)이다. 『맛지마 니까야』에는 모두 152개의 경들이 포함되어 있는데 이들은 모두 15개의 품(vagga)으로 나누어져서 전승되어 온다. 제14품을 제외한 각 품에는 10개씩의 경이 들어있고 제14품에만 12개의 경이 들어있는데 이 14번째 품(M131~142)이 「분석 품」으로 옮기는 Vibhaṅga-vagga이다. 본 품에는 초기불교의 여러 주제를 분석하여 설명하는 12개 경이 포함되어 있다.

이 「분석 품」의 첫 번째 경인 「지복한 하룻밤 경」(M131)에서 세존께서는 "비구들이여, 지복한 하룻밤에 대한 개요(uddesa)와 분석(vibhaṅga)을 그대들에게 설하리라."(§2)라고 말씀하신 뒤 다음의 게송을 읊으신다.

> "과거를 돌아보지 말고 미래를 바라지 마라.
> 과거는 떠나갔고 미래는 오지 않았다.
> 현재 일어나는 현상들[法]을 바로 거기서 통찰한다.

---

4) 여기에 대해서는 『청정도론』 제21장 §§10~28과 『아비담마 길라잡이』 제9장 §33의 해설을 참조할 것.

정복당할 수 없고 흔들림이 없는
그것을 지혜 있는 자 증장시킬지라.
오늘 정진할지라. 내일 죽을지 누가 알겠는가?
죽음의 무리와 더불어 타협하지 말지라.
이렇게 노력하여 밤낮으로 성성하게 머물면
지복한 하룻밤을 보내는 고요한 성자라 하리."(§3)

「지복한 하룻밤 경」(M131)은 이처럼 §3에서 위의 게송으로 먼저 개요를 말씀하시고 이 가운데 첫 번째 세 구절 즉 "과거를 돌아보지 말고"부터 "바로 거기서 통찰한다."까지의 의미를 §§4~9에서 분석하여 설명하시는 것으로 구성되어 있다.

여기서 "개요와 분석을 설하리라."는 uddesañca vibhaṅgañca desessāmi를 직역한 것인데 개요는 uddesa[5]를, 분석은 vibhaṅga를 옮긴 것이다. 이것을 「지복한 하룻밤 경」(M131)에 대입하면 §3의 게송은 개요(uddesa)에 해당하고 §§4~9까지의 설명은 분석(vibhaṅga)에 해당한다. 주석서는 "여기서 개요(uddesa)는 마띠까(mātikā)[6]이고 분석(vibhaṅga)은 자세하게 분석함(vitthāra-bhājanīya)이다."[7]라고 이 개요와 분석을 풀이하고 있다.[8] 주석서는 이처럼 §3의 개요를 마띠까라고 부르고 §§4~9까지의 분

5) uddesa의 의미에 대해서는 본 해제 §4를 참조할 것.

6) '논의의 주제'를 뜻하는 마띠까(mātikā)는 어머니를 뜻하는 마따(mātā, Sk.mātṛ)에서 파생된 불교 전문용어이다. 중국에서는 本母(본모)나 行母(행모) 등으로 옮겼고 요즘은 논모(論母)로도 옮긴다. 마띠까에 대한 자세한 논의는 『담마상가니』 제1권 해제 <§3. 『담마상가니』 마띠까>를 참조하기 바란다.

7) "uddesanti mātikaṁ. vibhaṅganti vitthārabhājanīyaṁ."(MA.v.1)

8) 그런데 『담마상가니』의 표제어(Dhs §594, §744 등 참조)나 『담마상가니 주석서』(DhsA.54 등)와 다른 여러 주석서(MA.i.118 등)에는 웃데사와 위방가로 나타나는 것보다 '웃데사(uddesa)'와 '닛데사(niddesa)'라는 용어로 더 자주 등장한다. 이 경우에도 uddesa는 개요나 요점을 나타내고 niddesa는 세부적인 설명이나 해설을 뜻한다. 그리고 『위방가 주석서』에

석(위방가)을 자세하게 분석함(vitthāra-bhājanīya)으로 설명하고 있다. 여기서 분석함으로 옮긴 바자니야(bhājanīya)는 바로 본 『위방가』의 각 장에서 채택한 '경에 따른 분석 방법(suttanta-bhājanīya)'과 '아비담마에 따른 분석 방법(abhidhamma-bhājanīya)'에서 '분석 방법'으로 옮긴 bhājanīya와 같은 단어이다.

한편 복주서는 다음과 같이 더 자세하게 풀어서 설명하고 있다.

"'비구들이여, 지복한 하룻밤에 대한 개요와 분석을 그대들에게 설하리라.'(§2)라고 하셨다. 이것에 의해서 설해야 할 뜻을 요약한다(uddisati)고 해서 '개요(uddesa)'인데 간략한 가르침(saṅkhepa-desanā)을 말한다. 마치 어머니(mātā)가 [아들을 낳는 위치에 있는] 것처럼 이것은 해설하는 구절들(niddesa-padā)을 생기게 하는 위치에 놓여있다고 해서 마띠까[論母, mātikā, 어머니에 속하는 것]라고 한다. 그래서 '개요는 마띠까이다.'라고 [주석서에서 설명]하였다.

요약된 뜻을 이것으로 분석한다(vibhajati)고 해서 '분석(vibhaṅga)'인데 자세한 가르침(vitthāra-desanā)을 말한다. 그래서 [주석서에서] '분석(위방가)은 자세하게 분석함이다.'라고 하였다. 그래서 [분석이란] 요약된 것에 따라(yathāuddiṭṭhaṁ) 뜻을 이것으로 자세하게 나누고 분석하는 것이다."[9]

여기서 주목할 것은 복주서가 마띠까라는 용어를 '해설하는 구절들

서도 이러한 세부적인 설명을 '해설의 부문(niddesa-vāra)'이라고 칭하기도 한다.(VbhA.123, 본서 §206의 주해 참조)

예를 들면 경이나 주석서에서 먼저 그 경의 요점을 간략하게 정리한 것은 웃데사이고 그 후 하나하나 상세하게 설명하여 나가는 것은 닛데사이다. 초기불전연구원에서는 전자를 '개요'로 후자를 '해설'로 옮기고 있다. 여기에 대해서는 『담마상가니』 제1권 §1의 해당 주해를 참조하기 바란다.

9) "desetabbamatthaṁ uddisati etenāti uddeso, saṅkhepadesanā eva. yasmā pana niddesapadānaṁ jananiṭṭhāne ṭhitattā mātā viyāti mātikāti vuccati, tasmāha uddesanti mātikanti. uddiṭṭhamatthaṁ vibhajati etenāti vibhaṅgo vitthāradesanā, tenāha — vitthārabhājaniyanti yathāuddiṭṭhamatthaṁ vitthārato bhājeti vibhajati etenāti katvā."(MAṬ.ii.149)

(niddesa-padā)을 생기게 하는 위치에 놓여있는 것'으로 설명한다는 점이다. 여기서 해설로 옮기고 있는 niddesa는 개요(uddesa)에 대한 해설을 뜻한다. 이처럼 마띠까와 위방가(mātikā - vibhaṅga)는 각각 개요와 해설(uddesa - niddesa)이라는 의미로 사용되고 있다.

『맛지마 니까야』 제4권 「분석 품」(M131~M142)에서 이 「지복한 하룻밤 경」(M131) 다음에 계속해서 나타나는 「아난다 존자와 지복한 하룻밤 경」(M132)부터 「로마사깡기야 존자와 지복한 하룻밤 경」(M134)까지의 세 개의 경들도 모두 이 「지복한 하룻밤 경」(M131) §3의 게송을 중심에 두고 이 「지복한 하룻밤 경」과 같은 방법으로 전개가 된다. 그래서 경의 제목에 모두 '지복한 하룻밤'이 들어있는 것이다. 그리고 이 세 경에도 모두 "지복한 하룻밤에 대한 개요(uddesa)와 분석(vibhaṅga)"(§2)이라는 구문이 나타나고 있다.

그리고 이 「분석 품」에 포함된 나머지 경들 즉 「업 분석의 짧은 경」(M135)부터 마지막인 「보시의 분석 경」(M142)까지의 8개 경의 본문에는 위방가라는 용어가 나타나지는 않지만 이 경들도 모두 중요한 주제를 개요로 정리한 뒤 이들을 하나하나 분석하여 설명하고 있기 때문에 '분석 경'이라는 제목을 붙여서 이들을 분석 품에 모아 놓은 것이다. 이 가운데 M135와 M136은 업을, M137은 6내외처를, M138은 알음알이를, M139는 무쟁(無諍)을, M140은 요소[界]를, M141은 사성제를, M142는 보시를 분석적인 방법으로 설명하고 있다. 그래서 이 품에다 「분석 품」(Vibhaṅga Vagga)이라는 품의 명칭을 붙인 것이다.[10]

---

10) 이를 정리해보면 다음과 같다.

「업 분석의 짧은 경」(M135)은 업을 분석하는 세존의 일곱 가지 말씀을 담고 있다. 부처님은 업이 바로 중생들의 주인이고 중생들은 업의 상속자임을 강조하고 계시는데 본경의 §4는 개요이고 §§5~18은 분석(위방가)에 해당한다.

「업 분석의 긴 경」(M136)에서 세존께서는 업과 과보에 대해서 이를 4가이 가운데 경의 이름 자체가 '개요와 분석'인 「개요의 분석 경」(Uddesavibhaṅga Sutta, M138)을 주목해보자. 본경은 세존께서 "비구들이여, 비구는 어떤 것을 점검할 때 그의 알음알이가 밖으로 흩어지거나 산만하지 않고 또한 안으로 들러붙지 않고 취착하지 않아서 동요하지 않도록 그렇게 점검해야 한다. … 미래에 태어나고 늙고 죽는 괴로움은 일어나지 않을 것이다."(§3)라고 요약하여 개요로 말씀하신 것을 비구 대중의 요청으로 마하깟짜나 존자가 6가지로 분석해서 설명하는 경이다. 여기서 인용한 본

지로 분석해서 자세하게 설명하고 계시는데 본경의 §8은 개요이고 §§9~21은 분석(위방가)에 해당한다.

「여섯 감각장소의 분석 경」(M137)에서 세존께서는 여섯 감각장소를 위시한 아홉 가지를 분석하여 설하시는데 §3은 개요이고 §§4~27은 분석(위방가)에 해당한다.

「개요의 분석 경」(M138)은 세존께서 요약하여 개요로 말씀하신 것을 비구 대중의 요청으로 마하깟짜나 존자가 여섯 가지로 분석해서 설명하는 경인데 §3은 부처님께서 말씀하신 개요이고 §§9~22의 마하깟짜나 존자의 설명은 분석(위방가)에 해당한다.

「무쟁(無諍)의 분석 경」(M139)은 세존께서는 먼저 일곱 가지로 요약하여 개요를 말씀하시고 이 일곱 가지를 하나하나 분석해서 설명하시는 경이다. 여기서도 §3은 개요이고 §§4~14는 분석(위방가)에 해당한다.

「요소의 분석 경」(M140)은 딱카실라(딱샤실라)를 통치하는 왕이었다가 출가한 뿍꾸사띠 존자에게 먼저 6가지로 요약을 하시고 나서 이를 하나하나 분석해서 설명하신 경이다. 여기서도 §7은 개요이고 §§8~32는 분석(위방가)에 해당한다.

「진리의 분석 경」(M141)은 세존께서 전법륜의 내용으로 선언하신 사성제를 법의 대장군인 사리뿟따 존자가 자세하게 분석해서 설명하는 경이다. 본경에서 §§2~4는 세존께서 요약해서 말씀하신 개요이고 §§8~32는 사리뿟따 존자가 설명하는 분석(위방가)에 해당한다.

마지막으로 「보시의 분석 경」(M142)은 세존의 이모이면서 양어머니인 마하빠자빠띠 고따미가 아직 출가하기 전에 부처님께 올린 옷의 보시를 계기로 보시에 대한 세 가지 가르침에 25가지 설명을 담고 있다. 여기서 §5와 §7과 §9는 개요에 해당하고 §6과 §8과 §§10~14는 각각에 대한 분석(위방가)에 해당한다.

경의 이 §3은 부처님께서 말씀하신 개요이고 §§9~22의 마하깟짜나 존자의 설명은 분석(vibhaṅga)에 해당한다.

한편 주석서는 "여기서 개요의 분석(uddesavibhaṅga)은 개요와 분석(uddesa ca vibhaṅga ca)을 말하며 이것은 마띠까와 그것을 분석한다는 뜻이다."[11]라고 하여 여기서 개요는 마띠까를 뜻하고 분석 즉 위방가는 그것을 분석한다고 풀이하고 있다. 다시 복주서는 "설해야 하는 뜻을 요약하는 것이 개요이다."[12]라고 개요를 설명하고 있다.

이처럼 『맛지마 니까야』 「분석 품」(M131~M142) 가운데 「지복한 하룻밤 경」(M131)부터 「로마사깡기야 존자와 지복한 하룻밤 경」(M134)까지의 네 개의 경들에는 모두 본문 가운데 "지복한 하룻밤에 대한 개요(uddesa)와 분석(vibhaṅga)"이라는 구문을 통해서 vibhaṅga라는 용어가 나타나고 있고 「업 분석의 짧은 경」(M135)부터 마지막인 「보시의 분석 경」(M142)까지의 8개 경의 본문에는 위방가라는 용어가 나타나지는 않지만 중요한 주제들의 개요와 분석을 담고 있기 때문에 분석 경이라는 제목을 붙여서 이들을 분석 품에 모아 놓은 것이다. 그리고 이 12개의 경들은 모두 개요와 해설(uddesa - niddesa)의 구조 혹은 마띠까와 위방가(mātikā - vibhaṅga)의 구조로 전개가 되고 있다.

② 태생의 분석(jāti-vibhaṅga)

vibhaṅga라는 용어가 본문에 나타나는 경의 또 다른 보기로는 '태생의 분석'으로 직역할 수 있는 jāti-vibhaṅga가 언급되는 『맛지마 니까야』 제3권 「와셋타 경」(M98)을 들 수 있다. 본경에서 와셋타 바라문 학도가 "태생에 의해 바라문이 됩니까? 혹은 행위에 의해 바라문이 됩니까? 어떻게 바라문을 알아야 할지 저희들은 알지 못합니다. 설명해주소서."(§7)라고 요

---

11) "tattha uddesavibhaṅganti uddesañca vibhaṅgañca, mātikañca vibhajanañcāti attho."(MA.v.28)

12) "desetabbassa atthassa uddisanaṁ uddeso."(MAṬii.171)

청을 하자 부처님께서는 55개 정도의 게송으로 이 질문에 대답을 하신다. 그 게송 가운데 세존께서,

> "와셋타여, 생명체들의 태생에 관한 분석은
> 각각 서로 다르다.
> 그러므로 그들의 차이를 차례대로
> 있는 그대로 그대에게 설명하리라."{7}

라고 말씀하시는 게송이 나타난다. 여기서 '태생의 분석'은 jāti-vibhaṅga를 직역한 것이다. 주석서는 태생의 분석(jāti-vibhaṅga)을 "태생에 대한 자세한 [설명](jāti-vitthāra)"[13]으로 풀이하여 여기서도 vibhaṅga는 자세한 [설명]을 뜻한다.

이와 비슷한 vibhaṅga 용례가 『자따까』의 「열 명의 바라문 자따까」(Dasabrāhmaṇajātaka)에도 아래와 같이 나타난다.

> "대왕이여, 열 가지 바라문의 태생이 있으니
> 그것에 대한 분석과 구분을 상세하게 [설하리니] 잘 들으시오."[14]

여기서 분석은 vibhaṅga를, 구분은 vicaya를 옮긴 것이다. 이 외에도 『자따까』의 서너 군데 정도에 vibhaṅga라는 용어가 나타나는데 모두 분석의 뜻으로 쓰이고 있다.

③ 상세하게 분석하는(vitthārena vibhatta)

여기서 '분석하는'으로 옮긴 vibhatta는 vi+√bhaj(*to divide*)에서 파생된 vibhaṅga의 과거분사로, '분석된'으로 직역할 수 있다. 이 단어는 초기 불전의 여러 곳에서 '간략하게 설함(saṁkhittena bhāsita)'과 '상세하게 분석

---

13) "jātivibhaṅganti jātivitthāraṁ."(MAiii.433)

14) "dasa khalu mahārāja, yā tā brāhmaṇajātiyo,
tesaṁ vibhaṅgaṁ vicayaṁ, vitthārena suṇohi me."(J.iv.361)

함(vitthārena vibhatta)'의 문맥으로 많이 나타난다. 이 문맥에 대해서는 위에서 언급한 『맛지마 니까야』 제4권 「분석 품」(M131~M142)의 「업 분석의 짧은 경」(Cūḷakammavibhaṅga Sutta, M135)을 다시 주목해 보자.

본경에서 세존께서는 "바라문 학도여, 중생들은 업이 바로 그들의 주인이고, 업의 상속자이고, 업에서 태어났고, 업이 그들의 권속이고, 업이 그들의 의지처이다. 업이 중생들을 구분 지어서 천박하고 고귀하게 만든다."(§4)라고 업에 대한 개요를 말씀하신다. 그러자 수바 바라문 학도는 "저는 고따마 존자께서 간략하게 설하시고 그 뜻을 상세하게 분석해 주지 않으시니 그 뜻을 상세하게 이해하지 못하겠습니다. 고따마 존자께서 간략하게 설하시고 상세하게 분석해 주시지 않은 그 뜻을 제가 상세하게 이해하도록 법을 설해주시면 감사하겠습니다."(*Ibid.*)라고 대답한다. 그래서 세존께서는 "바라문 학도여, 그렇다면 들어라. 듣고 마음에 잘 잡도리하라. 이제 설하리라."(*Ibid.*)라고 하시면서 §5부터 §18까지에서 §4에서 말씀하신 개요를 상세하게 분석해서 설명하신다.

여기서 "간략하게 설하시고 상세하게 분석해 주시지 않은 그 뜻을 제가 상세하게 이해하도록"은 saṁkhittena bhāsitassa vitthārena atthaṁ avibhattassa vitthārena atthaṁ ājāneyya를 옮긴 것이다. 이것을 개요(uddesa)와 분석(vibhaṅga)에 대입하면 개요는 '간략하게 설함(saṁkhittena bhāsita)'으로, 분석은 '상세하게 분석함'(vitthārena vibhatta)으로 이해할 수 있다.

같은 구문은 『상윳따 니까야』 제2권 「되어있는 것 경」(S12:31)에도 나타난다. 본경에서 세존께서는 『숫따니빠따』 「도피안 품」의 「아지따의 질문」을 인용하신 뒤에 사리뿟따 존자에게 "사리뿟따여, 이렇게 간략하게 설한 것에 대해서 어떻게 그 뜻을 자세하게 봐야 하는가?"[15]라고 말씀하신다. 그리고 『디가 니까야』 제2권 「제석문경」(帝釋問經, Sakkapañha Sutta,

15) "imassa nu kho, sāriputta, saṁkhittena bhāsitassa kathaṁ vitthārena attho daṭṭhabbo?"(S12:31 §3)

D21) §2.5와 『맛지마 니까야』 제1권 「꿀 덩어리 경」(Madhupiṇḍika Sutta, M18) 등과 특히 『상윳따 니까야』 제3권 「할릿디까니 경」 1(S22:3) 등의 여러 경들과 『앙굿따라 니까야』 제4권 「천신 경」(A6:69) 등의 여러 경들에도 본 구문은 나타나고 있다.

이처럼 특정 주제에 대해서 먼저 개요를 말씀하시고(uddesa = saṁkhittena bhāsita) 다시 이것을 상세하게 분석하시는(vibhaṅga = vitthārena attha daṭṭhabba) 방법은 부처님께서 즐겨 사용하신 설법의 형태이고 이러한 방법도 모두 『맛지마 니까야』 제4권 「분석 품」(M131∼M142)의 "개요(uddesa)와 분석(vibhaṅga)"의 범주에 넣을 수 있다.

(2) vibhaṅga가 표제어로 나타나는 경우

이제 삼장 가운데서 본문 안에는 vibhaṅga라는 용어가 나타나지는 않지만 표제어로 나타나는 경우에 대해서 살펴보자.

① 경장의 「분석 경」들(Vibhaṅga-sutta)

경의 본문 안에는 vibhaṅga라는 용어가 나타나지는 않지만 경의 제목이 Vibhaṅga-sutta(분석 경)인 경들은 위에서 인용한 『맛지마 니까야』 제4권 「분석 품」(M131∼M142)의 「업 분석의 짧은 경」(M135)부터 마지막인 「보시의 분석 경」(M142)까지의 8개 경 뿐만 아니라 『상윳따 니까야』에도 나타난다. 『상윳따 니까야』의 S12:2, S45:8, S47:40, S48:9, S48:10, S48:36, S48:37, S48:38, S51:20이 그들이다. 이 9개 경은 모두 「분석 경」(Vibhaṅga-sutta)이라는 동일한 제목을 달고 있다. 이 가운데 S12:2는 『상윳따 니까야』 제2권 「인연 상윳따」(S12)에 들어있는 「분석 경」인데 12연기에 대한 분석적인 설명을 담고 있고, 제5권 「도 상윳따」(S45)에 포함된 「분석 경」인 S45:8은 팔정도에 대한 것을, 「마음챙김의 확립 상윳따」(S47)에 속하는 S47:40은 네 가지 마음챙김의 확립[四念處]에 대한 것을, 「기능 상윳따」(S49)에 속하는 S48:9∼10과 S48:36∼38은 다섯 가지 기능[五根]에 대한 것을, 「성취수단 상윳따」(S51)에 속하는 S51:20은 네 가지 성취수단[四如意足]에 대한 분석적인 설명을 담고 있다. 이 경들도 모두 앞의 『맛지마 니까야』 「지복한 하룻밤 경」(M131)에서 설명한 것처럼 개요와 분석적 설명으로 구성되어 있다.

예를 들면 12연기를 분석하여 설하시는 제2권 「인연 상윳따」(S12)의 「분석 경」(S12:2)은 먼저 "비구들이여, 그러면 어떤 것이 연기인가? 비구들이여, 무명을 조건으로 의도적 행위들이 … 태어남을 조건으로 늙음·죽음[老死]과 슬픔·비탄·육체적 고통·정신적 고통·절망이 발생한다. 이와 같이 전체 괴로움의 무더기[苦蘊]가 일어난다."(§3)라고 연기의 정형구를 말씀하시고 §§4~15에서 이 용어들을 하나씩 설명하신다. 여기서도 §3은 개요(uddesa)에 해당하고 §§4~15의 설명은 분석(vibhaṅga) 혹은 자세하게 분석함(vitthāra-bhājanīya)에 해당한다.

② 율장의 숫따 위방가(suttavibhaṅga)와 두 가지 위방가(ubhatovibhaṅga)

이것은 율장에서 표제어로 나타나는 경우이다. 『앙굿따라 니까야』 제1권 「율을 호지하는 자 경」 2(A7:72)에서 세존께서는 "그는 두 가지 빠띠목카를 경(sutta)과 세목(細目, anubyañjana)으로 상세하게 잘 전승받고 잘 분석하고 잘 전개하고 잘 판별한다."(§2)[16]라고 말씀하신다.

주석서는 여기서 '두 가지 빠띠목카(ubhayāni pātimokkhāni)'는 비구 빠띠목카(비구 계목)와 비구니 빠띠목카(비구니 계목)를 말하고 '경(sutta)'은 경의 분석[經分別, sutta-vibhaṅga]이고, '세목(細目, anubyañjana)'은 건도와 보유(健度와 補遺, khandhaka-parivāra)를 말한다고 설명하고 있다.(AA.iv.66)

여기서 경의 분석 즉 숫따 위방가[經分別, sutta-vibhaṅga]는 『비구 위방가』(bhikkhu-vibhaṅga)와 『비구니 위방가』(bhikkhunī-vibhaṅga)로 구성이 되어있다. 그래서 숫따 위방가를 두 가지 위방가(ubhato-vibhaṅga)라 부른다. 그리고 중국에서 건도(健度)로 음역을 한 칸다까(khandhaka)는

---

16) "ubhayāni kho panassa pātimokkhāni vitthārena svāgatāni honti suvibhattāni suppavattīni suvinicchitāni suttaso anubyañjanaso." (A7:72)

『마하왁가』[大品, Mahāvagga]와 『쭐라왁가』[小品, Cūḷa-vagga]로 구성되어 있다.[17] 그래서 경장과 율장과 논장의 주석서 문헌들은 한결같이 "두 가지 빠띠목카[戒目], 두 가지 위방가[分別], 22가지 칸다까[健度], 16가지 빠리와라[補遺] — 이것을 율장이라 한다."(DA.i.17; VinA.i.18; DhsA.18)[18]라고 율장을 정의하고 있다. 그리고 숫따 위방가(sutta-vibhaṅga, Vin.ii.98)나 두 가지 위방가(ubhato-vibhaṅga, Vinii.286)라는 용어들은 주석서가 아닌 빠알리 율장에 속하는 『대품』과 『소품』의 본문 안에 나타나고 있으므로 이러한 용어들은 이미 부처님 당시부터 정착이 되었던 것이 분명하다.

한편 니까야의 적지 않은 곳에는 "많이 배우고 전승된 가르침에 능통하고 법을 호지하고 율을 호지하고 마띠까[論母, mātikā]를 호지하는 비구"[19]라는 구문이 나타난다. 주석서는 여기서 '전승된 가르침'은 [경장의] 니까야들을 말하고 '법을 호지 하는 자'는 경장을 호지하는 자이고 '율을 호지하는 자'는 율장을 호지하는 자이며 '마띠까를 호지하는 자'는 두 가지 마띠까를 호지하는 자라고 설명한다.[20](AAii.189; AAiii.382 등) 여기에 대해서 다시 복주서는 논장에 전승되어 오는 법들은 경장에도 포함되기 때문에 법을 호지 하는 자에는 논장을 호지하는 자도 포함된다고 주석을 달기도 하고

17) "ubhayāni pātimokkhānīti bhikkhubhikkhunīpātimokkhavasena. dve vibhaṅgānīti bhikkhubhikkhunīvibhaṅgavaseneva dve vibhaṅg-āni. dvāvīsati khandhakānīti mahāvaggacūḷavaggesu āgatāni dvā-vīsati khandhakāni. soḷasaparivārāti soḷasahi parivārehi upalakkhita-ttā soḷasaparivārāti vuttaṁ."(VinAṬ.i.67)

18) "ubhayāni pātimokkhāni, dve vibhaṅgāni, dvāvīsati khandhakāni, soḷasaparivārāti idaṁ vinayapiṭakaṁ nāma."(DA.i.17; VinA.i.18; DhsA.18)

19) "bhikkhū bahussutā āgatāgamā dhammadharā vinayadharā mātikā-dharā"(D16 §4.10; M33 §9; A3:20 §2; A4:160 §5 등)

20) "āgatāgamāti dīghādīsu yo koci āgamo āgato etesanti āgatāgamā. dhammadharāti suttantapiṭakadharā. vinayadharāti vinayapiṭaka-dharā. mātikādharāti dvemātikādharā."(AA.iii.382)

(AAṬ.ii.83) 아에 "경과 아비담마라 불리는 법을 호지하기 때문에 법을 호지하는 자이다."[21]라고 설명하기도 한다.

그러면 무엇이 두 가지 마띠까인가?

율장의 주석서 문헌들은 " 『비구 계목』 과 『비구니 계목』 에 의해서 두 가지 계목이 있으니 이것이 두 가지 마띠까라는 뜻이다."[22]라고 하면서 『비구 계목』 과 『비구니 계목』 을 두 가지 마띠까(dve mātikā)라고 부르고 있다.(VinA.i.247 등)

경장의 몇몇 주석서는 "마띠까를 호지하는 자란 두 가지 계목을 호지하는 자이다."[23]라고 설명한다. 그리고 " 『비구 계목』 과 『비구니 계목』 의 두 가지 계목을 호지하는 자"[24]라고 설명하는 복주서도 있다.

그런데 경장의 복주서 문헌들에서는 "이러한 법과 율의 마띠까를 호지하기 때문에 마띠까를 호지하는 자들이라 한다."[25]라고 설명하고 있고 『청정도론 복주서』 (Pm.i.141)도 이 『앙굿따라 니까야 복주서』 와 똑같이 설명을 하고 있다. 이처럼 경장의 복주서 문헌들은 두 가지 마띠까를 법의 마띠까와 율의 마띠까로 이해한다.

그리고 다른 복주서는 "두 가지 마띠까(논모)를 외우는 자란 비구와 비구니 마띠까의 두 가지 마띠까를 외우는 자를 말한다. [그러나] 율과 아비담마의 마띠까를 외우는 자가 적절하다(yutta)."(AAṬ.ii.83) 라고 설명하기도 한다. 즉 문맥에 따라 두 가지 마띠까는 『비구 계목』 과 『비구니 계목』 을 뜻하기도 하고 율의 마띠까와 담마 혹은 아비담마 마띠까를 호지하는 자로

---

21) "suttābidhammasaṅkhātassa dhammassa dhāraṇena dhammadharā." (AAṬiii.109; 285; Pm.i.141)

22) "bhikkhubhikkhunīpātimokkhavasena ubhayāni pātimokkhāni, dve mātikāti attho"(VinA.i.247 등)

23) "mātikādharāti dvepātimokkhadharā."(AAiii.382)

24) "bhikkhubhikkhunimātikāvasena dvepātimokkhadharā."(AAṬii.83)

25) "tesaṁyeva dhammavinayānaṁ mātikāya dhāraṇena mātikādharā" (AAṬiii.16; 285)

보아도 되지만 복주서는 후자로 이해하는 것을 더 지지하는 것으로 이해할 수 있다.

이처럼 율장의 경우에는 『비구 계목』과 『비구니 계목』을 두 가지 마띠까라 하고 이 두 가지 마띠까에 대한 분석과 설명을 각각 『비구 위방가』와 『비구니 위방가』로 부르고 있으며 이 둘을 함께 숫따 위방가라고 부른다. 이와 같이 경장 니까야의 여러 곳에서 웃데사(개요)와 위방가(분석)의 문맥에서 나타나는 위방가라는 단어는 율장에서는 마띠까(논의의 주제)와 위방가(분석)로 적용되고 있다.

③ 논장의 위방가(vibhaṅga)

논장의 칠론에서도 vibhaṅga라는 단어는 본문 안에 나타나지는 않고 본서의 이름과 본서 각 장의 제목으로만 나타나고 있다.

㉠ 본서에서 vibhaṅga의 용례

위방가라는 용어가 가장 잘 알려진 것은 본서 『위방가』(Vibhaṅga-pakaraṇa)의 이름이다. 그리고 본서에서 vibhaṅga라는 용어는 본서 각 장의 제목과 각 장의 종결을 나타내는 것으로 나타난다. 예를 들면 제1장의 제목은 Khandhavibhaṅga(무더기 위방가)로 나타나고 제1장의 마지막 문장은 PTS본에는 Khandhavibhaṅgo Paṭhamo Samatto(무더기 위방가 제1장이 완결되었다)로, VRI본에는 Khandhavibhaṅgo niṭṭhito(무더기 위방가가 끝났다)로 나타난다.

본서는 모두 제1장 무더기 위방가부터 제18장 법의 심장 위방가까지 모두 18개의 위방가로 구성되어 있다. 이 가운데 첫 번째인 무더기 위방가부터 15번째인 무애해체지 위방가까지 15개 위방가는 ① 경에 따른 분석 방법(Suttanta-bhājanīya) ② 아비담마에 따른 분석 방법(Abhidhamma-bhāja-nīya) ③ [아비담마 마띠까를 통한] 질문의 제기(Pañhā-pucchaka)라는 세 가지 분석 방법을 사용하여 각각의 위방가에서 다루고 있는 주제어들의 개요를 제시한 뒤 이것을 분석하고 설명하는 <개요 - 해설의 구조>로 주제어들을 분석하면서 세 가지 분석 방법(bhājanīya)을 사용한다. 이것은 경장에 나타나는 「위방가 숫따」(분석 경)들과 같은 구조라 할 수 있다.

그리고 16번째 위방가부터 18번째 위방가까지는 먼저 마띠까를 제시하고 이를 분석하는 <마띠까 - 해설의 구조>로 주제어들을 분석하여 설명한다. 이것은 비구 계목과 비구니 계목을 지칭하는 두 가지 마띠까에 대한 두 가지 위방가 즉 『비구 위방가』와 『비구니 위방가』를 의미하는 율장의 위방가와 같은 구조라 할 수 있다. 이처럼 본서에서 위방가라는 용어는 <개요 - 해설의 구조>나 <마띠까 - 해설의 구조>로 주제어들을 분석하는 각 장의 표제어로 사용되고 있다. 본서를 위방가라고 부르는 것은 본서의 모든 논의가 이처럼 <개요 - 해설의 구조>나 <마띠까 - 해설의 구조>로 주제어들을 분석하는 18개의 위방가로 구성되어 있기 때문이다.

㉡ 『빳타나』에서 vibhaṅga의 용례

논장의 칠론 가운데 마지막 논서인 『빳타나』에서는 분석의 구문으로 옮길 수 있는 Vibhaṅga-vāra라는 부문(vāra)의 명칭으로 나타난다. 예를 들면 빳타나는 제일 먼저 '원인이라는 조건[因緣, hetupaccaya]'부터 '떠나가지 않은 조건[不離去緣, avigata-paccaya]'까지의 24가지 조건들[緣, paccaya]을 Paccay-uddesa(조건의 개요)라는 제목으로 나열한 뒤에 Paccaya-niddesa(조건의 해설)라는 제목으로 이 24가지 조건들을 간략하게 설명한다. 그런 뒤에 이들을 아비담마 마띠까에 적용시켜 분석하면서 이처럼 Vibhaṅga-vāra(분석의 부문)라는 제목을 사용하고 있다.

이처럼 『빳타나』에는 제목 안에 이미 uddesa(개요)와 niddesa(해설)와 vibhaṅga(분석)라는 용어가 들어있다. 그러나 논장의 나머지 다섯 가지 논서에는 표제어로 vibhaṅga라는 용어가 나타나지 않는 것으로 검색이 된다.

이상에서 살펴보았듯이 삼장 전체에서 위방가는 그것이 문장 안에 직접 쓰이고 있든 표제어로 나타나든 반드시 <개요 - 해설의 구조>나 <마띠까

- 해설의 구조>의 문맥으로 나타나고 있다고 결론지을 수 있다. 이제 <개요 - 해설의 구조>나 <마띠까 - 해설의 구조>에 대해서 살펴보자.

4. 『위방가』의 논의 구조 — ① <개요 - 해설의 구조>와 ② <마띠까 - 해설의 구조>

(1) vibhaṅga라는 용어의 용례와 의미 요약

앞에서 역자는 위방가라는 용어의 용례를 (1) 본문에 나타나는 경우와 (2) 표제어로 나타나는 경우의 둘로 나누어서 살펴보았다. 요약하면 경장의 본문 안에서 위방가라는 용어는 주로 개요를 의미하는 uddesa와 함께 쓰였다. 이 경우 위방가라는 용어는 개요에 대한 분석을 뜻하며 주석서 문헌들은 이때의 위방가를 '자세하게 분석함(vitthārabhājanīya)'이나 '해설하는 구절들(niddesa-padā)'이나 '요약된 것에 따라 뜻을 이것으로 자세하게 나누고 분석하는 것(vitthārato bhājeti vibhajati etena)'이나 '분석함(vibhajana)'이나 '자세한 [설명](vitthāra)'으로 설명하고 있다. 그리고 「제석문경」(D21)과 「되어있는 것 경」(S12:31) 등의 니까야의 여러 경 안에 나타나는 '상세하게 분석함(vitthārena vibhatta)'이나 '뜻을 자세하게 봐야 함(vitthāre-na attho daṭṭhabba)'도 위방가라는 용어의 의미가 된다. 이처럼 이미 부처님의 말씀 가운데 특정 주제에 대해서 먼저 개요를 말씀하시고 다시 이것을 상세하게 분석하시는 것을 위방가라 한다고 결론지을 수 있다. 역자는 이것을 <개요 - 해설의 구조>라고 부른다. 그리고 이러한 <개요 - 해설의 구조>는 본서를 구성하는 18개 위방가 가운데 13개 위방가에서 각각의 주제들을 분석하여 설명하는 방법과 일치한다.

경장에 나타나는 위방가라는 용어의 이러한 용례와 의미는 율장에도 그대로 적용됨도 살펴보았다. 율장에서는 『비구 계목』과 『비구니 계목』을 두 가지 마띠까라 하고 이 두 가지 마띠까에 대한 분석적인 설명을 각각 『비구 위방가』와 『비구니 위방가』로 부르고 있으며 이 둘을 함께 숫따 위방가라고 부른다. 이처럼 경장 니까야의 여러 곳에서 나타난 <개요 - 해설의 구조>는 율장에서는 마띠까와 위방가의 구조로 나타나고 있다. 그리고 이 마띠까와 위방가의 구조는 본서의 다섯 개 위방가에서 마띠까와 이 마띠까에 대한 해설 방법으로 나타나고 있다. 역자는 이것을 <마띠까 - 해설의 구조>라고 부른다.

이처럼 본서에는 경장에 나타나는 <개요 - 해설의 구조>와 율장에 나타나는 <마띠까 - 해설의 구조> 둘 모두가 나타나고 있다. 이제 이들에 대해서 18개의 위방가로 구성되어 있는 본서의 구조를 중심으로 살펴보자.

(2) 개요(uddesa)와 마띠까(mātikā)의 차이

먼저 개요(uddesa)와 마띠까(mātikā)는 어떻게 다른지부터 살펴보자. 초기불전에서 마띠까가 보통명사로 쓰이면 물을 인도하는 것, 즉 '물길[水路]'을 뜻한다.(A8:34) 『앙굿따라 니까야』 제5권 「들판 경」(A8:34)에서 세존께서는 "비구들이여, 여기 들판은 울퉁불퉁하지 않고, 돌덩이가 없고, 염분이 없고, 너무 깊지 않아서 쟁기질을 할 수 있고, [물이] 제대로 들어오고, [나중에 물이] 빠질 배수로가 있고, [크고 작은] 물길이 있고, 둑이 있다. 비구들이여, 이러한 여덟 가지 구성요소를 갖춘 들판에 뿌린 씨앗은 많은 결실이 있고, 많은 영양분을 받아서, 잘 자란다."(A8:34)라고 말씀하신다.

들판에는 물길이 있어야 이것을 따라 물이 잘 흘러들고 배수가 잘 되어서 농사가 풍작이 되고 많은 결실을 가져온다는 말씀이다. 이런 뜻으로 그 시대에 통용되던 단어를 부처님께서는 특히 논장과 율장에서 '논의의 주제'를 지칭하는 전문 용어로 채용하셨다. 율장과 논장, 특히 논장에서는 어떤 주제든 논의의 주제가 되는 것은 모두 마띠까에 포함시키고 있다. 그리고 주석서 문헌들에서도 어떤 것이든 논의의 주제가 되면 모두 마띠까라 부르기도 한다. 그러므로 중요한 내용의 요점을 간추린 것을 뜻하는 개요(槪要, uddesa)와 논의의 주제를 뜻하는 논모(論母, mātikā)는 같은 계통의 단어로 볼 수 있다. 그래서 주석서는 "여기서 개요(uddesa)는 마띠까(mātikā)이고 분석(vibhaṅga)은 자세하게 분석함(vitthāra-bhājanīya)이다."(MA.v.1)라고 설명하고 있다.

본서를 통해서 이 둘을 구분한다면, 여러 주제나 항목들이 조직적으로 나열되면 마띠까 즉 논의의 주제라 부르고 하나의 특정 주제가 단순한 구조로 나열되면 웃데사 즉 개요가 된다. 예를 들면 12연기의 유전문의 정형구를 나열하는 본서 제6장 연기 위방가의 경에 따른 분석 방법 §225는 개요라 부르고 다양한 연기의 구조들을 체계적으로 16가지로 분류하고 있는 §243은 마띠까라 부른다. 그리고 제12장 禪 위방가의 경에 따른 분석 방법 §508은 禪수행에 관계된 정형구들을 16단계로 상세하게 정리하고 있기 때문에 이것을 마띠까라 칭하지만, 같은 제12장의 아비담마에 따른 분석 방법에서는 "네 가지 禪이 있으니, 초선, 제2선, 제3선, 제4선이다."(§629)라고 네 가지 禪만을 나열하고 있기 때문에 개요라 칭하고 있다. 즉 禪에 관계된 모든 논의의 주제들을 담고 있기 때문에 전자는 마띠까라 부르고 네 가지 선의 명칭을 통해서 禪을 제시하고 있기 때문에 후자는 개요라 한다.

그러므로 여러 가지 개요들이 체계적으로 나열되어 있는 것이 마띠까[論母, 논의의 주제]이며 이 마띠까에 포함된 각각의 개별적인 논의의 주제는 개요에 해당된다고 할 수 있다. 그러나 삼장 전체에서는 꼭 이렇게 구분이 되지는 않는 것 같다. 역자는 표제어와 주석서에서 개요라 칭하면 개요로 표기하고 마띠까라 칭하면 마띠까로 표기하고 있다.

(3) **<개요 - 해설의 구조>**

개요로 옮기는 uddesa는 ud+√diś(*to point*)에서 파생된 남성명사로 특정 주제의 개요나 요점을 나타낸다. 해설로 옮기는 niddesa는 nis+√diś(*to point*)에서 파생된 남성명사로 특정 주제의 개요에 대한 분석적인 설명을 뜻한다.

본서의 전체 18개 위방가 가운데 제1장 무더기 위방가부터 제15장 무애해체지 위방가까지는 ① 경에 따른 분석 방법과 ② 아비담마에 따른 분석 방법과 ③ [아비담마 마띠까를 통한] 질문의 제기로 구성되어 있다. 이 세 가지 분석 방법에서 전개되는 모든 논의는 반드시 해당 주제의 정형구를 먼저 제시한 뒤에 그것을 자세하게 분석하는 방법으로 진행된다.

『위방가 주석서』는 본서의 각 장의 각 분석 방법의 맨 처음에 각 장의 주제를 정형구로 밝히고 있는 구문을 uddesa라 부르고, 이 uddesa에 대한 분석적인 설명들을 niddesa라 부르고 있다. 예를 들면 본서 제4장 진리 위방가의 경에 따른 분석 방법은 §189에서 "네 가지 성스러운 진리[四聖諦]가 있으니, ① 괴로움의 성스러운 진리[苦聖諦] ② 괴로움의 일어남의 성스러운 진리[苦集聖諦] ③ 괴로움의 소멸의 성스러운 진리[苦滅聖諦] ④ 괴로움의 소멸로 인도하는 도닦음의 성스러운 진리[苦滅道聖諦]이다."(§189)라고 사성제를 정리한 뒤 §190 이하에서 이 정형구를 분석하여 설명하고 있다.

여기에 대해서 『위방가 주석서』는 §190의 주석을 시작하면서 "이제 간략하게 요약된(uddiṭṭhāni) 괴로움 등을 분석하여 드러내기 위해서(vibhajitvā dassetuṁ) "여기서 무엇이 괴로움의 성스러운 진리인가?"(§190)라는 해설의 부문(niddesa-vāra)을 시작하셨다."[26]라고 적고 있다.

여기서 '요약된'은 uddiṭṭhāni를 옮긴 것인데 이것은 개요로 옮기는 uddesa의 과거분사이다. '해설의 부문'은 niddesa-vāra를 옮긴 것인데 해설을 뜻하는 niddesa와 부문을 뜻하는 vāra의 합성어이다. 그러므로 주석서는 §189를 개요(uddesa)로 지칭하고 §190 이하를 이 개요에 대한 해설의 부문(niddesa-vāra)이라고 적고 있다. 그리고 개요의 특징을 간략함(saṅkhepa)으로 적고 있고 해설의 부문의 특징을 분석하여 드러내기 위한 것(vibhajitvā dassetuṁ)으로 언급하고 있다.

한편 『담마상가니』 제2편 물질편의 §595는 23가지 파생된 물질을 열거하고 §596부터 §645까지에서 이들을 설명하고 있다. 『담마상가니 주석

---

26) "idāni saṅkhepato uddiṭṭhāni dukkhādīni vibhajitvā dassetuṁ ayaṁ tattha katamaṁ dukkhaṁ ariyasaccaṁ jātipi dukkhāti niddesavāro āraddho."(VbhA.93)

서』는 §596을 주석하면서 "[§595에서] 23가지 파생된 물질을 간략하게 요약한 뒤(saṅkhepato uddisitvā) 다시 그것을 자세하게 해설하면서(vitthārato niddisanto) "무엇이 '눈의 감각장소인 물질'인가?"라는 등을 말씀하셨다."27)라고 설명하고 있다.

여기서 '요약한 뒤'는 uddisitvā를 옮긴 것인데 이것은 개요로 옮기는 uddesa의 절대분사이다. '해설하면서'는 niddisanto를 옮긴 것인데 이것은 해설로 옮기는 niddesa의 현재분사이다. 그러므로 '간략하게 요약한 뒤(saṅkhepato uddisitvā)'는 개요에 해당하고 '자세하게 해설하면서(vitthārato niddisanto)'는 해설에 해당한다. 이처럼 주석서는 파생된 물질을 분석해서 설명하는 『담마상가니』 §§596~645를 개요와 해설로 칭하고 있다. 여기서도 개요의 특징은 간략함(saṅkhepa)으로 적고 있고 해설의 특징은 자세함(vitthāra)으로 언급하고 있다.

논장의 주석서들에 나타나는 이러한 설명은 본 해제 §3-(1)-③에서 인용한 "간략하게 설하시고 상세하게 분석해 주시지 않은 그 뜻을 제가 상세하게 이해하도록(saṁkhittena bhāsitassa vitthārena atthaṁ avibhattassa vitthārena atthaṁ ājāneyya)"과 같은 구조이며 위에서 인용한 『맛지마 니까야 복주서』의 '요약된 것에 따라 뜻을 자세하게 나누고 분석하는 것(yathāuddiṭṭhamatthaṁ vitthārato bhājeti vibhajati etenā)'(MAṬ.ii.149)과 같은 맥락의 설명이다.

이처럼 주석서는 각 장이나 각 주제의 기본 정형구를 대부분 웃데사(개요, uddesa)라 칭하고 이 구문에 대한 분석적 설명을 닛데사(해설, niddesa)라 부르고 있다. 역자는 주석서의 이러한 설명 등을 토대로 여기 본서의 해제에서 각 주제의 기본 정형구는 '개요'로 칭하고 이 정형구에 대한 분석적인 설명들은 대부분 '해설'이라 칭한다. 물론 본서의 표제어에서나 주석서에서 마

---

27) "tevīsatividhaṁ upādārūpaṁ saṅkhepato uddisitvā puna tadeva vitthārato niddisanto katamaṁ taṁ rūpaṁ cakkhāyatanantiādim-āha."(DhsA.306)

띠까라고 칭하는 경우에는 개요 대신에 마띠까라 적고 있음을 밝힌다. 그리고 『위방가 주석서』 등에서는 위의 인용에서 보았듯이 이러한 세부적인 설명이 계속되고 있는 부분을 '해설의 부문(niddesa-vāra)'이라고 칭하는 경우가 많다.(VbhA.123) 여기에 대해서는 본서 §206의 주해와 『담마상가니』 제1권 §1의 해당 주해도 참조하기 바란다.

(4) <마띠까 - 해설의 구조>

본서의 16번째 주제인 지혜 위방가와 17번째인 작은 항목 위방가와 18번째인 법의 심장 위방가는 모두 마띠까라 부르는 논의의 주제를 먼저 밝히고 그것을 자세하게 분석하는 방법으로 진행되고 있다. 본서의 제6장 연기 위방가의 아비담마에 따른 분석 방법과 12번째 주제인 禪 위방가의 경에 따른 분석 방법도 여기에 해당한다.

예를 들어 본서 제16장 지혜 위방가를 살펴보자. 지혜 위방가는 I. 마띠까[論母, mātikā, §§751~760]와 II. 해설(niddesa, §§761~831)로 구성되어 있다. 이 가운데 I. 마띠까에서는 지혜의 토대(ñāṇavatthu)로 (1) 한 개 조 마띠까(ekaka-mātikā, §751)와 (2) 두 개 조 마띠까(duka-mātikā, §752)부터 (10) 열 개 조 마띠까(dasaka-mātikā, §760)까지 모두 열 개의 모둠으로 구성된 마띠까(논모)를 나열하고 있다. 이 마띠까에는 모두 496개의 논의의 주제가 담겨있다. 그런 다음에 다시 §§761~831에서는 (1) 한 개 조에 대한 해설(ekaka-niddesa, §761)과 (2) 두 개 조에 대한 해설(duka-niddesa, §767 이하)부터 (10) 열 개 조에 대한 해설(dasaka-niddesa, §§809~831)까지를 통해서 이들을 해설하고 있다.

이러한 방법은 율장에서 나타나는 <마띠까 - 위방가의 구조>와 같은 방법이고 아비담마 마띠까를 제시하고 이것을 해설하는 『담마상가니』 전체의 구조와도 같은 방법이라 할 수 있다.

(5) 왜 <개요 - 해설의 구조>로 나타나는가

이러한 <개요와 해설(uddesa - niddesa)의 구조>는 앞에서 살펴보았듯이 경장에서는 <개요와 위방가(uddesa - vibhaṅga)의 구조>로 나타나고 율장에서는 <마띠까와 위방가(mātikā - vibhaṅga)의 구조>로 나타나고 있다. 그런데 본서 제6장 연기 위방가의 아비담마에 따른 분석 방법과 제12장 선(禪) 위방가의 경에 따른 분석 방법과 제16장 지혜 위방가와 제17장 작은 항목 위방가에서는 마띠까(mātikā)와 위방가(vibhaṅga)를 표제어로 사용하지 않고 마띠까와 해설(niddesa)을 표제어로 사용하고 있고 주석서들은 개요(uddesa)와 위방가(vibhaṅga) 대신에 개요(uddesa)와 해설(niddesa)을 표제어로 사용하고 있다. 그러면 왜 표제어와 주석서에는 이렇게 <개요 - 위방가의 구조>나 <마띠까 - 위방가의 구조>로 나타나지 않고 <개요 - 해설의 구조>나 <마띠까 - 해설의 구조>로 지칭하고 있는가? 그 이유는 무엇일까?

그것은 위방가라는 용어가 다른 용례로 더 많이 쓰이기 때문일 것이다. 예를 들면 위방가라는 용어는 논장에 속하는 본서의 이름이기도 하고 본서 각 장의 명칭으로도 쓰이며 경장에서도 품의 명칭과 경의 이름으로도 쓰이고 율장의 『비구 위방가』와 『비구니 위방가』의 두 가지 위방가를 뜻하기도 하는 등 다양한 문맥에서 고유명사처럼 사용되고 있다. 그래서 만일 특정한 주제의 요약에 대한 분석적 설명을 위방가라 부르면 이것은 혼동을 가져오게 된다. 그래서 특정한 주제의 요약과 이것에 대한 해설을 뜻할 때는 주석서 문헌들에서는 대부분 개요(uddessa)와 해설(niddesa)이라는 용어가 사용되고 있다. 그래서 역자도 본서의 해제에서 문맥에 따라 개요와 해설이나 개요와 분석적 설명이라는 표현을 사용하고 있다. 물론 본서에 매겨진 전통적인 표제어가 개요가 아니라 마띠까일 경우에는 마띠까와 해설로 표현하고 있다.

5. 『위방가』의 네 가지 분석 방법

(1) 네 가지 분석 방법

위방가 전체 18장에서 각 주제들을 분석해서 설명하는 방법은 제1장부터 제15장까지와 제16장부터 제18장까지의 크게 둘로 나누어진다. 전자는 기본적으로 <개요 - 해설의 구조>로 주제어들을 분석하여 설명하고 후자는 <마띠까 - 해설의 구조>로 주제어들을 분석하여 설명한다. 이처럼 『위방가』의 16번째 위방가부터 18번째 위방가까지는 먼저 마띠까를 제시하고 이를 분석하는 율장과 같이 <마띠까 - 해설의 구조>로 주제어들을 분석하여 설명하지만 첫 번째 위방가부터 15번째 위방가까지의 15개 위방가는 대부분 각각의 위방가에서 다루고 있는 주제어들의 개요를 제시한 뒤 이것을 분석하고 설명하는 <개요 - 해설의 구조>로 주제어들을 분석하여 설명하면서 이미 언급한 세 가지 분석 방법(bhājanīya)을 사용한다. 그것은 ① 경에 따른 분석 방법(Suttanta-bhājanīya) ② 아비담마에 따른 분석 방법(Abhidhamma-bhājanīya) ③ [아비담마 마띠까를 통한] 질문의 제기(Pañhā-pucchaka)이다. 여기에다 16번째 위방가부터 18번째 위방가까지와 제6장 연기 위방가의 아비담마에 따른 분석 방법과 12번째 주제인 禪 위방가의 경에 따른 분석 방법에서 채택하는, 마띠까를 제시하고 이를 분석하는 ④ <마띠까 - 해설의 구조>를 통한 분석 방법을 더하면 『위방가』에는 네 가지 분석 방법이 있는 것으로 여겨진다. 그래서 역자는 여기서 '위방가의 네 가지 분석 방법'이라는 문단의 제목을 붙여 보았다.

(2) '분석 방법'으로 옮기는 bhājanīya의 문자적인 의미

먼저 '분석 방법'로 의역을 하고 있는 bhājanīya의 의미부터 살펴보자. bhājanīya는 여러 종류의 빠알리-영어 사전에 표제어로 나타나지 않는다. 문법적으로 살펴보면 이 용어는 vibhaṅga(vi + √bhaj)와 같은 어근인 √bhaj(*to divide*)의 사역형 동사인 bhājeti의 가능형 분사(*Potential Participle*)이다. 문자적인 뜻은 '나누어져야 하는 [것], 분배되어야 하는 [것]'이다. 동사 bhājeti에는 사역의 의미가 배제된다는 사전의 설명을 따르면(PED s.v. bhājeti) bājanīya '나누어야 하는 [것], 분배해야 하는 [것]'을 뜻하며 이 문맥에 적용하면 '경이나 아비담마에 따라 분석해야 하는 [방법]'을 뜻하는 것으로 받아들일 수 있다. 위에서 살펴보았듯이 주석서는 위방가

(vibhaṅga)라는 용어를 '자세하게 분석함(vitthāra-bhājanīya)'(MA.v.1)으로 설명하고 있다. 『담마상가니』 등에서는 이 용어를 주로 분류로 옮겼는데 여기서는 분석으로 옮기는 vibhaṅga를 고려하고 문맥을 살펴서 '분석 방법'으로 옮기고 있음을 밝힌다.

물론 ③ [아비담마 마띠까를 통한] 질문의 제기(Pañhā-pucchaka)에는 분석 방법으로 옮긴 bhājanīya라는 단어가 포함되어 있지 않다. 그렇지만 이 [아비담마 마띠까를 통한] 질문의 제기도 먼저 개요(uddesa)를 제시하고 특정 주제어들의 특정 법수는 아비담마 마띠까 122개 가운데 어디에 해당하는지를 아비담마 마띠까 122개 전체를 통해서 분석하고 있기 때문에 이것도 ① 경에 따른 분석 방법과 ② 아비담마에 따른 분석 방법처럼 <개요 - 해설의 구조>를 통한 분석 방법과 같은 방법이 된다. 그래서 여기에도 '분석 방법'이라는 용어를 적용시켰다. 그리고 16번째 위방가부터 18번째 위방가까지와 제6장 연기 위방가의 아비담마에 따른 분석 방법과 12번째 주제인 禪 위방가의 경에 따른 분석 방법에서 채택하는 마띠까를 제시하고 이를 분석하는 ④ <마띠까 - 해설의 구조>에도 같은 이유 때문에 '분석 방법'이라는 용어를 적용시킨 것이다.

이제 이 네 가지 분석 방법 각각에 대해서 살펴보자.

(3) **경에 따른 분석 방법**(Suttanta-bhājanīya)

경에 따른 분석 방법은 문자 그대로 불교의 핵심을 이루는 중요한 주제들을 니까야의 경들에서 설하는 방법론으로 자세하게 분석하여 설명하는 부분이다. 그러므로 이 경에 따른 분석 방법은 니까야의 경들에서 각각의 주제어들을 정의하는 정형구를 개요(uddessa)로 가져온 뒤에 이들을 다시 니까야의 경들에 나타나는 분석 방법대로 해설하는 것(niddessa)이 기본적인 방법이다. 그래서 이러한 분석 방법을 전통적으로 '경에 따른 분석 방법(Suttanta-bhājanīya)'이라 부른 것이다.

이 경에 따른 분석 방법은 본서의 전체 18개 위방가 가운데 제5장 기능 위방가와 제14장 학습계목 위방가와 제16장부터 제18장까지의 다섯 개 위방가를 제외한 13개 위방가에 나타난다. 이미 위의 §3에서 살펴보았듯이 『맛지마 니까야』의 제14장 「분석 품」(M131~142)에 포함된 「요소의 분석 경」(M140) 등 12개의 분석 경과 『상윳따 니까야』에 실려있는 S12:2, S45:8, S47: 40, S48:9, S48:10, S48:36, S48:37, S51:20 등과 같은 여러 가지 「분석 경」에서도 이미 나타나고 있다. 예를 들면 「지복한 하룻밤 경」(M131)에서 세존께서는 "비구들이여, 지복한 하룻밤에 대한 개요(uddesa)와 분석(vibhaṅga)을 그대들에게 설하리라."(§2)라고 말씀하신 뒤 개요로 §3의 게송을 설하시고 분석 즉 상세한 분석 방법(vithāra-bhājanīya)으로 §§4~9에서 이 게송을 상세하게 설명하신다. 이처럼 여러 분석 경들은 모두 개요를 말씀하시고 이 개요를 분석하여 설명하시는 구조로 되어있음을 살펴보았다.

그런데 본서의 경에 따른 분석 방법에 나타나는 개요(uddesa)와 해설(niddesa)은 니까야 특히 4부 니까야에 나타나는 정형구와 정확하게 일치하는 것도 있지만 경의 정형구를 조금 더 간결하게 바꾸었거나 니까야의 경의 문구들을 가져와서 새로 조직을 하기도 하였다. 그리고 몇몇 위방가의 개요는 니까야에는 나타나지 않고 본서에만 나타나기도 한다. 이제 이들에 대해서 각 장의 주제를 간결하게 요약하여 담고 있는 각 장의 개요(uddesa)를 중심으로 간략하게 정리해보자.

첫째, 경에 따른 분석 방법의 개요가 니까야의 경에 나타나는 정형구와 일치하는 경우를 먼저 살펴보자. 경에 따른 분석 방법이 나타나는 13개 위방가 가운데 제1장 무더기 위방가, 제3장 요소 위방가, 제4장 진리 위방가, 제6장 연기 위방가(유전문만 나타남), 제8장 바른 노력 위방가, 제9장 성취수단 위방가, 제10장 깨달음의 구성요소 위방가, 제11장 도의 구성요소 위방가, 제13장 무량함 위방가의 9개 위방가가 여기에 속한다.

예를 들면 제1장 무더기 위방가의 경에 따른 분석 방법은 먼저 개요로 §1

에서 "다섯 가지 무더기[五蘊]가 있으니, 물질의 무더기[色蘊], 느낌의 무더기[受蘊], 인식의 무더기[想蘊], 심리현상들의 무더기[行蘊], 알음알이의 무더기[識蘊]이다."(§1)라고 나타난다. 이것은 4부 니까야 가운데 『디가 니까야』 제3권 「합송경」(D33 §2.1 (1)) 한 군데에서 이렇게 정리되어 나타나고 있다. 그리고 본 장의 아비담마에 따른 분석 방법의 개요인 §32와 [아비담마 마띠까를 통한] 질문의 제기 §150에도 똑같이 나타나고 있다.

한편 12연기의 가르침은 경에서는 유전문과 환멸문의 정형구로 나타나지만 본서 제6장 연기 위방가의 개요에서는 유전문의 정형구만 나타나고 있다. 경장인 니까야의 관심은 괴로움의 발생구조와 소멸구조를 드러내어 괴로움의 소멸인 열반을 실현하는 데 초점을 맞춘 것이라면 논장인 본서의 관심은 괴로움의 발생구조를 다양하게 드러내는 데 초점을 맞춘 것이기 때문일 것이다.

둘째, 제2장 감각장소 위방가, 제7장 마음챙김 위방가는 경의 정형구를 더 간결하게 정리하여 개요로 밝히고 있다.

제2장 감각장소 위방가의 경에 따른 분석 방법의 개요는 "열두 가지 감각장소가 있으니, 눈의 감각장소, 형색의 감각장소, 귀의 감각장소, 소리의 감각장소, 코의 감각장소, 냄새의 감각장소, 혀의 감각장소, 맛의 감각장소, 몸의 감각장소, 감촉의 감각장소, 마노의 감각장소, 법의 감각장소이다."(§154)로 나타난다. 그러나 니까야 특히 4부 니까야에는 이렇게 정리되어 나타나는 곳이 없다. 니까야에는 모두 '여섯 가지 안의 감각장소[六內處, ajjhattika-āyatana]'와 '여섯 가지 밖의 감각장소[六外處, bāhira-āyatana]'로 순서가 다르게 정형화되어 나타난다. 즉 "(1) 여섯 가지 안의 감각장소 — 눈의 감각장소, 귀의 감각장소, 코의 감각장소, 혀의 감각장소, 몸의 감각장소, 마노의 감각장소"(D33 §2.2 (1); D34 §1.7 (3); M137 §4; M148 §4)와 "(2) 여섯 가지 밖의 감각장소 — 형색의 감각장소, 소리의 감각장소, 냄새의 감각장소, 맛의 감각장소, 감촉의 감각장소, 법의 감각장소"(D33 §2.2 (2); M137 §5; M148 §5)로 구분되어 나타난다.

그런데 같은 위방가의 아비담마에 따른 분석 방법에는 "열두 가지 감각장소가 있으니, 눈의 감각장소, 귀의 감각장소, 코의 감각장소, 혀의 감각장소, 몸의 감각장소, 마노의 감각장소, 형색의 감각장소, 소리의 감각장소, 냄새의 감각장소, 맛의 감각장소, 감촉의 감각장소, 법의 감각장소이다." (§155)로 니까야에 나타나는 순서대로 정형화되어 나타난다.

그리고 제7장 마음챙김 위방가의 경에 따른 분석 방법의 개요는,

"네 가지 마음챙김의 확립[四念處]은 [다음과 같다.]

여기 비구는 안으로 몸에서 몸을 관찰하며[身隨觀] 머문다. 밖으로 몸에서 몸을 관찰하며 머문다. 안팎으로 몸에서 몸을 관찰하며 머문다. 세상에 대한 욕심과 싫어하는 마음을 버리면서 근면하게, 분명하게 알아차리고 마음챙기면서 머문다.

안으로 느낌들에서 느낌을 관찰하며[受隨觀] 머문다. …

안으로 마음에서 마음을 관찰하며[心隨觀] 머문다. …

안으로 법들에서 법을 관찰하며[法隨觀] 머문다. …"(§355)로 나타난다.

그런데 우리에게 잘 알려진 『디가 니까야』 제2권 「대념처경」(D22)과 『맛지마 니까야』 제1권 「염처경」(M10)의 개요 부분(D22 §1; M10 §3)에는 안과 밖과 안팎의 구분 없이 "비구들이여, 여기 비구는 몸에서 몸을 관찰하며[身隨觀] 머문다. …"로 나타나고, 다시 21가지 명상주제의 각 항목의 결론 부분에서는 "이와 같이 안으로 몸에서 몸을 관찰하며[身隨觀] 머문다. 혹은 밖으로 몸에서 몸을 관찰하며 머문다. 혹은 안팎으로 몸에서 몸을 관찰하며 머문다. …"(D22 §2 등)로 '혹은(vā)'이 나타나고 있다.

이처럼 이들 두 위방가의 경에 따른 분석 방법의 개요는 경의 정형구가 간결하게 정리되어 나타난다.

셋째, 개요 혹은 마띠까를 새롭게 조직하여 만든 경우도 있다. 제12장 禪 위방가의 경에 따른 분석 방법이 그것이다. 여기서 개요는 마띠까라는 소제목을 붙여서 니까야의 경에 나타나는 여러 문구를 가져와서 아래와 같이 새

로 조직을 하였다.

"여기 비구는 ① 계목의 단속으로 단속하면서 머문다. …

② 감각기능들의 문을 잘 보호하고, ③ 음식에서 적당함을 알고, ④ 초저녁부터 늦은 밤까지 깨어있음에 몰두한다(anuyutta). ⑤ 끈기 있고 슬기롭게 깨달음의 편에 있는 법들[菩提分法]을 수행하는 데 몰두한다.

⑥ 그는 나아갈 때도 물러날 때도 분명히 알면서[正知] 행한다. … ⑦ 그는 … 숲속에 가거나 나무 아래에 가거나 빈집에 가거나 하여 가부좌를 틀고 상체를 곧추 세우고 전면에 마음챙김을 확립하여 앉는다.

⑧ 그는 … (다섯 가지 장애를 제거하여) … 마음을 청정하게 한다.

⑨ 그는 … 초선을 구족하여 머문다. ⑩ … 제2선을 구족하여 머문다. ⑪ … 제3선을 구족하여 머문다. ⑫ … 제4선을 구족하여 머문다.

⑬ … 공무변처를 구족하여 머문다. ⑭ … 식무변처를 구족하여 머문다. ⑮ … 무소유처를 구족하여 머문다. ⑯ 무소유처를 완전히 초월하여 비상비비상처를 구족하여 머문다."(§508)라고 긴 개요를 밝히고 있다. 이 긴 정형구는 니까야의 여러 정형구가 합쳐진 것이다.

이들에 대해서는 『맛지마 니까야』 제1권 역자 서문 (3) 『맛지마 니까야』 의 15단계 계·정·혜의 정형구에서 논의하고 있는 『디가 니까야』 의 23단계 계·정·혜의 정형구와 『맛지마 니까야』 의 15단계 계·정·혜의 정형구를 참조하기 바란다.

이처럼 禪 위방가에서는 禪을 4선-4처와 이 4선-4처를 증득하기 위한 수행의 정형구들을 합쳐서 개요로 드러내고 있다.

넷째, 니까야에는 나타나지 않는 정형구가 본서에서는 경에 따른 분석 방법의 개요로 나타나는 경우가 있는데 제15장 무애해체지 위방가가 그것이다. 무애해체지의 언급은 『앙굿따라 니까야』 에 나타나지만 무애해체지 위방가의 개요의 정형구로 §§718~724에 계속해서 나타나는 "네 가지 무애해체지가 있으니, ① 뜻(attha)에 대한 무애해체지[義無礙解體智] ② 법

(dhamma)에 대한 무애해체지[法無礙解體智] ③ 언어(nirutti)에 대한 무애해체지[詞無礙解體智] ④ 영감(靈感, paṭibhāna)에 대한 무애해체지[辯無礙解體智]이다."는 4부 니까야에는 나타나지 않는다.

(4) 아비담마에 따른 분석 방법(Abhidhamma-bhājanīya)

아비담마에 따른 분석 방법은 문자 그대로 불교의 핵심을 이루는 중요한 주제들을 아비담마의 방법론으로 자세하게 분석하여 설명하는 부분이다. 본서의 전체 18개 위방가 가운데 제16장~제18장을 제외한 15개 위방가에 아비담마에 따른 분석 방법이 나타난다. 이것은 초기불교의 교학의 주제인 온·처·계·제·근·연(蘊·處·界·諦·根·緣, 각각 『위방가』 제1장부터 제6장까지의 주제임)과 수행의 주제(『위방가』 제7장부터 제14장까지)와 무애해체지(제15장)라는 불교의 핵심을 이루는 중요한 주제들이다. 여기 아비담마에 따른 분석 방법도 먼저 개요를 밝히고 개요에 나타나는 주제어들을 하나하나 해설해 나가는 <개요 - 해설의 구조>로 논의를 전개해가고 있다.

이 15가지 주제는 모두 니까야에서도 중점적으로 다루어지는 것이기 때문에 아비담마에 따른 분석 방법의 개요도 일차적으로는 모두 니까야에 토대하고 있다. 그래서 이 아비담마에 따른 분석 방법의 개요들도 경에 따른 분석 방법의 개요들과 일치하는 경우가 많다. 이 15개 위방가의 아비담마에 따른 분석 방법에 나타나는 개요들은 ① 경에 따른 분석 방법과 일치하는 경우 ② 경에 따른 분석 방법과 내용은 같지만 전개가 다른 경우 ③ 경에 따른 분석 방법의 개요와 완전히 다른 경우 ④ 경에 따른 분석 방법이 없는 경우의 넷으로 나누어볼 수 있다.

첫째, 이 가운데 제1장 무더기 위방가, 제8장 바른 노력 위방가, 제10장 깨달음의 구성요소 위방가의 세 개 위방가는 각 장의 경에 따른 분석 방법의 개요와 같다.

둘째, 제2장 감각장소 위방가의 12가지 감각장소의 나열은 경에 따른 분석 방법과 순서가 다르다. 제4장 진리 위방가에는 경에 따른 분석 방법에 나타나는 '성스러운'이 빠졌다.

제7장 마음챙김 위방가의 아비담마의 분석 방법에는 "네 가지 마음챙김의 확립[四念處]은 [다음과 같다.] 여기 비구는 몸에서 몸을 관찰하며 머문다. 느낌들에서 느낌을 관찰하며 머문다. 마음에서 마음을 관찰하면서 머문다. 법들에서 법을 관찰하며 머문다."(§374)로 안과 밖의 구분 등이 없이 간결하게 나타난다.

제9장 성취수단 위방가의 아비담마의 분석 방법은 (A) 기본 분석 방법(§§444~456)과 (B) 작은 분석 방법(uttaracūḷabhājanīya, §§457~461)의 둘로 구성되어 있다. 이 가운데 (A) 기본 분석 방법의 개요는 경에 따른 분석 방법의 개요와 같고 (B) 작은 분석 방법은 이 기본 분석 방법의 개요를 더 간추려서 "네 가지 성취수단은 열의를 [주로 한] 성취수단, 정진을 [주로 한] 성취수단, 마음을 [주로 한] 성취수단, 검증을 [주로 한] 성취수단이다."(§457)라고 간략한 개요를 제시한 뒤에 간략하게 해설을 하고 있다.

제11장 도의 구성요소 위방가에는 §490 등에서 "여덟 가지 구성요소를 가진 도[八支道]가 있으니, 바른 견해[正見], 바른 사유[正思惟], 바른 말[正語], 바른 행위[正業], 바른 생계[正命], 바른 정진[正精進], 바른 마음챙김[正念], 바른 삼매[正定]이다."라고 하여 '성스러운(ariya)'과 '그것은 바로(seyyathidaṁ)'라는 표현이 없이 간결하게 나타난다.

제12장 禪 위방가의 아비담마에 따른 분석 방법은 §623 등의 색계와 출세간 禪인 경우에는 §623, §627 등에서 "네 가지 禪이 있으니, 초선, 제2선, 제3선, 제4선이다."로 간결하게 나타나고 있다.

제13장 무량함 위방가는 (1) 유익한 네 가지 무량함(§683)과 (2) 과보로 나타난 네 가지 무량함(§691)과 (3) 작용만 하는 네 가지 무량함(§696)이라는 세 가지 표제어로 나타나는데 모두 "네 가지 무량함이 있으니, 자애[慈], 연민[悲], 함께 기뻐함[喜], 평온[捨]이다."로 간결하게 나타난다.

제15장 무애해체지 위방가에서는 경에 따른 분석 방법과 똑같은 개요가 §725 이하의 (1) 유익함에 관한 부문(kusala-vāra)과 §730 이하의 (2) 해로

움에 관한 부문(akusala-vāra)에서 네 가지 무애해체지로 나타난다. 그러나 §732 이하의 (3) 과보로 나타난 것에 관한 부문(vipāka-vāra)과 §743 이하의 (4) 작용만 하는 것에 관한 부문(kiriya-vāra)에서는 "세 가지 무애해체지가 있으니, ① 뜻에 대한 무애해체지[義無礙解體智] ② 언어에 대한 무애해체지[詞無礙解體智] ③ 영감에 대한 무애해체지[辯無礙解體智]이다."[28] 로 세 가지 무애해체지만 나타난다.

셋째, 제3장 요소 위방가의 경에 따른 분석 방법에 나타나는 6+6+6=18가지 요소와 아비담마에 따른 분석 방법에 나타나는 18가지 요소의 내용은 전혀 다르다. 아비담마에 따른 분석 방법에서는 18가지 요소[十八界]가 "열여덟 가지 요소가 있으니, 눈의 요소[眼界], 형색의 요소[色界], 눈의 알음알이의 요소[眼識界] … 마노의 요소[意界], 법의 요소[法界], 마노의 알음알이의 요소[意識界]이다."(§183)로 나타난다. 이것은 『상윳따 니까야』 제2권 「요소[界] 경」(S14:1) §4에서 똑같이 나타나고 있다. 그러나 본서에서 이 정형구는 아비담마에 따른 분석 방법의 개요로 나타나고 있다.

넷째, 제5장 기능 위방가에는 경에 따른 분석 방법이 나타나지 않고 아비담마에 따른 분석 방법에서 우리에게 잘 알려진 22가지 기능이 개요로 나열되고 있다. 실제로 니까야에서는 하나의 경 안에 22가지 기능이 모두 다 언급되는 경은 없다. 그래서 제5장 기능 위방가에는 경에 따른 분석 방법이 나타나지 않는 것으로 보인다. 예를 들면 『상윳따 니까야』 제5권 「기능 상윳따」(Indriya-saṁyutta, S48)에는 178개의 경들이 포함되어 있는데 한 경에서 22가지가 모두 다 언급되고 있는 경우는 없다. 그러나 이 22가지 기

28) "과보로 나타난 것과 작용만 하는 부문들에서는 과보로 나타난 마음들과 작용만 하는 마음들의 뜻과 조합되었기 때문에(saṅgahitattā) [원인에 대한 무애해체지를 뜻하는] 법무애해체지는 제외한 뒤에 각각의 과보의 마음과 작용만 하는 마음에 세 가지씩의 무애해체지가 분석되었다. 그러나 성전은 표제어만을(mukhamattameva) 보여주시면서 설명하여 간략하게 되었다."(Vbh A.391)

능은 몇 가지씩 묶어서 개별적으로는 모두 「기능 상윳따」에 주제별로 독립되어 나타나고 있다.

특히 12연기의 가르침을 아비담마의 방법으로 상세하게 분석하여 설명하고 있는 제6장 연기 위방가의 아비담마에 따른 분석 방법은 니까야의 경들에도 나타나지 않고 논장의 첫 번째인 『담마상가니』에도 나타나지 않는 구문 16가지를 마띠까라는 이름으로 나열하여 제시한 뒤 이들을 『담마상가니』 제1편 마음의 일어남 편에서 정의한 여러 가지 세간적인 마음들의 구문들을 가져와서 자세하게 나열하는, 특이하면서 『위방가』에만 나타나는 방법으로 분석하여 설명하고 있다. 이처럼 제6장 연기 위방가는 마띠까로 §§243~246에서 12지 연기의 정형구를 4×4=16가지로 제시한 뒤 다시 §247에서 나머지 8가지 방법으로 [업]형성 등을 뿌리로 하는 방법의 마띠까를 들고 있다.

그리고 제14장 학습계목 위방가에도 경에 따른 분석 방법은 나타나지 않고 아비담마에 따른 분석 방법에서 "다섯 가지 학습계목이 있으니, 생명을 죽이는 것을 금하는 학습계목, 주지 않은 것을 가지는 것을 금하는 학습계목, 그릇된 음행을 금하는 학습계목, 거짓말을 금하는 학습계목, 취하게 하고 방일하는 이유가 되는 여러 종류의 술을 금하는 학습계목이다."(§703)로 정형화되어 나타난다. 다섯 가지 학습계목[五戒]이 이렇게 정형화된 것은 니까야와 아비담마 마띠까나 『담마상가니』 등에는 나타나지 않고 오직 본서의 §703과 아래 §714의 질문의 제기의 두 곳뿐이다.

(5) [아비담마 마띠까를 통한] 질문의 제기(Pañhā-pucchaka)

상좌부 아비담마 체계의 중심에는 아비담마 마띠까가 있다. 『담마상가니』 첫머리에는 『담마상가니』 뿐만 아니라 논장 칠론 전체의 논의의 주제가 되는 마띠까가 제시되고 있다. 이 『담마상가니』 마띠까는 세 개 조 마띠까(ma3)와 두 개 조 마띠까(ma2)로 구성되어 있다. 세 개 조 마띠까는 '유익한 법들, 해로운 법들, 결정할 수 없는[無記] 법들'(ma3-1)부터 '볼 수도 있고 부딪힘도 있는 법들, 볼 수는 없지만 부딪힘은 있는 법들, 볼 수도 없고 부딪힘도 없는 법들'(ma3-22)까지 22개의 마띠까를 담고 있고 두 개 조 마띠까는 '원인인 법들, 원인이 아닌 법들'(ma2-1)부터 '멸진에 대한 지혜, 일어나지 않음에 대한 지혜'(ma2-142)까지의 142개의 마띠까를 포함하고 있다. 이렇게 하여 『담마상가니』 의 마띠까는 모두 164개가 된다.

이 가운데 뒤의 42개는 경장에 관계된 마띠까이기 때문에 경장의 마띠까(suttanta-mātikā)라 부르고 앞의 122개는 여기 아비담마, 즉 논장에 적용되는 마띠까이기 때문에 아비담마의 마띠까(abhidhamma-mātikā)라 부른다.(DhsAAnuṬ.55) 본서에서 아비담마 마띠까라 부르는 것은 이 경장의 마띠까 42개를 제외한 세 개 조 마띠까(ma3) 22개와 두 개 조 마띠까(ma2) 100개로 구성된 이 122개의 마띠까를 뜻한다. 마띠까에 대한 더 자세한 설명은 『담마상가니』 제1권 해제 92쪽 이하의 §3 <『담마상가니』 마띠까> 와 『담마상가니』 제1권 역자 서문 70~71쪽과 73~74쪽 및 83쪽 등도 참조하기 바란다.

[아비담마 마띠까를 통한] 질문의 제기는 본서 제6장, 제16장, 제17장, 제18장을 제외한 나머지 14개 장에 공통적으로 적용되고 있는 분석 방법인데 『담마상가니』 제1권의 첫머리에 싣고 있는 세 개 조 마띠까 22개와 두 개 조 아비담마 마띠까 100개를 통해서 『위방가』 의 14가지 주제들에 포함되어 있는 중요한 법수(法數)들을 세밀하게 분석해서 살펴보는 곳이다. 이처럼 [아비담마 마띠까를 통한] 질문의 제기는 상좌부 논장의 중심이 되는 아비담마 마띠까 122개 모두를 동원하여 초기불교의 교학과 수행의 핵심 주제들을 엄정하게 고찰해보는 곳으로 『위방가』 의 백미라 할 수 있다.

[아비담마 마띠까를 통한] 질문의 제기는 ① 먼저 각 장의 경에 따른 분석 방법의 개요를 가져와서 제시하는 경우가 대부분이다. ② 그다음에 "[개요들 가운데] 몇 가지가 유익한 [법]이고, 몇 가지가 해로운 [법]이고, 몇 가지가 결정할 수 없는[無記] [법]인가?(*cf* ma3-1) … pe(Dhs Mtk) … 몇 가지가 다툼을 가진 [법]이고, 몇 가지가 다툼이 없는 [법]인가?(*cf* ma2-100)"

라고 아비담마 마띠까에 토대한 122가지 질문을 제기한다. ③ 그런 뒤에 예를 들면 "물질의 무더기는 결정할 수 없는[無記] [법]이다. 네 가지 무더기는 유익한 [법]일 수 있고, 해로운 [법]일 수 있고, 결정할 수 없는[無記] [법]일 수 있다."(§§152)라는 등으로 이들 122가지 질문에 대해서 하나하나 답을 제시하는 세 가지 방법으로 구성되어 있다.

이처럼 본서의 [아비담마 마띠까를 통한] 질문의 제기는 먼저 그 주제에 대한 개요를 밝히고 그 개요에 들어있는 주제어들을 122개 아비담마 마띠까를 통해서 분석하여 설명하고 있기 때문에 이 [아비담마 마띠까를 통한] 질문의 제기에 나타나고 있는 개요들의 특징을 살펴보는 것도 중요하다. 이들은 아래의 몇 가지 유형으로 나누어볼 수 있다.

첫째, [아비담마 마띠까를 통한] 질문의 제기에 나타나는 개요들은 기본적으로 경에 따른 분석 방법에 나타나는 개요와 일치한다. 그것은 제1장 무더기 위방가, 제2장 감각장소 위방가, 제4장 진리 위방가, 제8장 바른 노력 위방가, 제9장 성취수단 위방가, 제10장 깨달음의 구성요소 위방가, 제11장 도의 구성요소 위방가, 제13장 무량함 위방가, 제15장 무애해체지 위방가의 9개 위방가이다.

이렇게 볼 때 제12장 禪 위방가의 §638도 각 禪의 정형구 다음에 나타나는 반복되는 부분(빼얄라, peyyala)의 생략 표시가 없이 편집되어 있는 PTS본의 편집이 정확하다고 여겨진다. 이 반복되는 부분의 생략 표시가 없어야 경에 따른 분석 방법의 개요가 되기 때문이다. 여기에 대해서는 본서 제2권 §638의 해당 주해를 참조하기 바란다.

둘째, 경에 따른 분석 방법이 없는 경우이다. 본서의 제5장 기능 위방가와 제14장 학습계목 위방가에는 경에 따른 분석 방법이 없기 때문에 이 둘의 [아비담마 마띠까를 통한] 질문의 제기에는 각각 아비담마에 따른 분석 방법에 나타나는 22가지 기능의 개요와 다섯 가지 학습계목의 개요가 나타나고 있다. 그리고 제3장 요소 위방가의 경에 따른 분석 방법의 개요는 18

계가 아니다. 그래서 제3장의 [아비담마 마띠까를 통한] 질문의 제기에도 아비담마에 따른 분석 방법에 나타나는 18계의 개요가 나타난다.

셋째, 경에 따른 분석 방법의 개요와 일치하지 않고 니까야의 경들에 나타나는 정형구와 같은 경우를 들 수 있다. 예를 들면 제7장 마음챙김 위방가의 [아비담마 마띠까를 통한] 질문의 제기는 안과 밖과 안팎의 구분이 없이 경에 따른 분석 방법의 개요와 같은 방법으로 나타나는데 이것은 『상윳따 니까야』 제5권 「유익함 덩어리 경」(S47:5) §4 등의 니까야의 여러 경들에 나타나는 정형구와 일치한다.

넷째, 제6장 연기 위방가에는 경에 따른 분석 방법과 아비담마에 따른 분석 방법은 있지만 [아비담마 마띠까를 통한] 질문의 제기는 나타나지 않는다.

이상에서 살펴보았듯이 이 [아비담마 마띠까를 통한] 질문의 제기에 나타나는 개요들은 경에 따른 분석 방법이 없는 곳에서는 아비담마에 따른 분석 방법의 개요가 채용되고 있지만, 대부분의 경우에는 경에 따른 분석 방법에 나타나는 개요들이 그대로 채용이 되고 있거나 오히려 니까야의 경들에 나타나는 정형구들이 그대로 인용되고 있다. 이처럼 [아비담마 마띠까를 통한] 질문의 제기는 본서의 경에 따른 분석 방법에서 정리된 개요들이나 니까야에 나타나는 정형구들을 논장의 아비담마 마띠까 122개와 연결하여 분석해보고 있기 때문에 경과 아비담마의 통로 역할을 한다고 말할 수 있다.

한편 본서의 [아비담마 마띠까를 통한] 질문의 제기(Pañhā-pucchaka)에는 『담마상가니』 제4편 주석 편에서처럼 법을 설명하는 세 가지 독특한 구문이 나타난다. 이 구문들은 이 두 곳을 제외한 삼장의 다른 곳에는 나타나지 않는 것으로 조사되었다. 이 세 가지는 ① '~일 수 있다(siyā).' ② '~라고 말해서는 안 되는 경우가 있다(siyā na vattabbaṁ ~tipi).' ③ '~라고 말해서는 안 된다(na vattabbā ~tipi).'라는 어법이다. 역자는 『담마상가니』

제2권의 해제에서 이들 셋을 각각 ① 'siyā 구문' ② 'siyā na vattabba ~tipi 구문' ③ 'na vattabba ~tipi 구문'이라고 불렀다. 이것은 우리말로는 각각 ① '일 수 있다.' ② '말해서는 안 되는 경우가 있다.' ③ '말해서는 안 된다.'로 옮겨진다.

먼저 '일 수 있다.' 혹은 '있을 수 있다.'로 옮긴 siyā는 산스끄리뜨어와 빠알리어의 *be*동사에 해당하는 √as(*to be*)의 가능법(원망법, *potential, optative*) 동사 삼인칭 단수형이며 일인칭이나 이인칭 단수형이기도 하다. vattabba는 √vac(*to speak*)의 가능형 분사(원망형 분사, *potential participle*)로 '말해야 하는'을 뜻한다. 그래서 'na vattabba'는 '말해서는 안 된다.'로 옮겼다.[29] ti 혹은 iti는 인용문의 뒤에 붙어 사용하는 불변사로 '~라고 하는'을 뜻하며 영어로는 주로 *thus*로 옮긴다. pi 혹은 api는 강조 분사(*emphatic particle*)로 '역시'를 뜻하며 영어로는 *also*로 옮겨진다.

이 세 가지 구문의 용법에 대해서는 『담마상가니』 제2권 해제 <7. 제4편 주석 편에서 법을 설명하는 세 가지 독특한 구문>의 설명을 참조하기 바란다.

(6) <마띠까 - 해설의 구조>를 통한 분석 방법

본서의 제6장 연기 위방가의 아비담마에 따른 분석 방법과 12번째 주제인 禪 위방가의 경에 따른 분석 방법과 제16장 지혜 위방가와 제17장 작은 항목 위방가와 제18장 법의 심장 위방가는 모두 마띠까라 부르는 논의의 주제를 먼저 밝히고 그것을 자세하게 분석하는 방법으로 진행되고 있다. 여기에 대해서는 위 §4-(4) <마띠까 - 해설의 구조>를 참조하기 바란다.

---

29) 주석서에서는 navattabba-dhamma 등으로 언급되기도 하는데(DhsA. 413 등) 이 경우에는 '규정할 수 없는 법' 등으로 옮겼다. 본서 §1422 등의 해당 주해를 참조하기 바란다.

30) 『상윳따 니까야』에는 두 개의 「禪 상윳따」(Jhāna-saṁyutta)가 나타나고 있다. 하나는 제3권에 나타나는 「禪 상윳따」(S34)이고 다른 하나는

<각 장 세 가지 개요 간의 관계>

장	주제	경에 따른 분석 방법	아비담마에 따른 분석 방법	질문의 제기	참조
1	5온	SU	SU	SU	S22
2	12처	SU	SU간결	SU	S35
3	18계	SU	AU	AU	S14
4	4제	SU	SU	SU	S56
5	22근	×	AU	AU	S48
6	12연기	SU	AU	×	S12
7	4념처	SU	SU간결	SU유사	S47
8	4정근	SU	SU	SU	S49
9	4여의족	SU	SU	SU	S51
10	7각지	SU	SU	SU	S46
11	8정도	SU	SU간결	SU	S45
12	4禪-4처	SU	AU	새 SU	S53[30)]
13	4무량	SU	SU간결	SU	D33
14	5계	×	AU	AU	S37:24
15	4무애해체지	SU	SU+AU	SU	A7:37
16	지혜				
17	작은 항목				
18	법의 심장				

* SU: 경(Suttanta)에 따른 분석 방법에 나타나는 개요(Uddesa)
AU: 아비담마(Abhidhamma)에 따른 분석 방법에 나타나는 개요(Uddesa)

(7) 각 장의 '해설의 부문'의 특징에 대한 간단한 고찰

같은 방법으로 각 장의 경에 따른 분석 방법과 아비담마에 따른 분석 방법에 들어있는 '해설의 부문(niddesa-vāra)'들을 고찰해보는 것도 중요할 것이다. 그러나 방대한 내용이라서 본 해제에서는 자세히 다루지 않는다. 대신에 간략하게 이 해설 부문의 특징을 몇 가지로 적어보면 다음과 같다.

첫째, 경에 따른 분석 방법이 나타나는 13개 위방가 가운데 경에 따른 분석 방법의 개요(uddesa)가 니까야의 경에 나타나는 정형구와 일치하는 경우가 많았듯이 경에 따른 분석 방법들에 나타나는 해설의 부문(niddesa-vāra)들도 니까야의 경들에서 나타난 정형구들과 일치하는 경우가 아주 많다.

둘째, 아비담마에 따른 분석 방법 가운데 특히 1장부터 6장까지의 아비담마에 따른 분석 방법에 나타나는 해설의 부문들은 『담마상가니』에서 나타나는 정형구들과 일치하는 경우가 아주 많다.

셋째, 특히 제6장 연기 위방가와 제7장 마음챙김의 확립 위방가부터 제15장 무애해체지 위방가까지의 아비담마에 따른 분석 방법에 나타나는 해설의 구문은 『담마상가니』 제1편 마음의 일어남 편에서 89가지 마음을 설명하면서 나타난 정형구들 가운데 출세간 마음과 관계된 정형구들이 각 장의 문맥에 맞게 채용되고 있다.

넷째, 경에 따른 분석 방법과 아비담마에 따른 분석 방법의 해설의 부문에서 니까야나 『담마상가니 』 등에서 해당되는 정형구가 나타나지 않으면 당연히 본서에서 정의하여 설명하고 있다. 이런 부분은 대부분 주해에서 밝

제6권에 나타나는 「禪 상윳따」(S53)이다. 두 상윳따 가운데 S53은 초선부터 제4선까지의 네 가지 선 즉 본삼매를 다루고 있고, S34는 이러한 본삼매를 증득하는 과정에 초점을 맞추고 있다. 그래서 S34는 본삼매와 관계된 여러 중요한 과정들 즉 증득(samāpatti), 들어 머묾(ṭhiti), 출정(vuṭṭhāna), 대상(ārammaṇa) 등에 대해서 설하고 있다. 그래서 여기서는 S53만을 인용했다.

히려고 노력하였다.

(8) 네 가지 분석 방법이 있기 때문에 아비담마는 무비법이다

논장 칠론을 총괄적으로 설명하고 있는 대표적인 주석서인 『담마상가니 주석서』는 아래 인용에서 보듯이 아비담마(abhidhamma)라는 용어를 뛰어난(atireka)·특별한(visesa)·탁월한(atisaya) 법으로 설명한다.(DhsA.2) 그래서 중국에서는 아비담마 혹은 아비달마를 무비법(無比法)으로 옮겼다. 그리고 이 『담마상가니 주석서』 서문은 아비담마를 왜 수승한 가르침이라고 하는가를 설명하면서 그 보기를 본서 위방가를 들어서 자세하게 설명하고 있다. 이것은 본서의 이 세 가지 분석 방법의 중요성을 이해하는 데 요긴한 부분이다. 따라서 『담마상가니』 제2권에 부록으로 실은 『담마상가니 주석서』 서문의 해당 부분 전문을 여기에 옮겨보면 다음과 같다.

"1. 여기서 무슨 뜻에서 아비담마인가?31)

① 법이 뛰어나다는 뜻과 ② 법이 특별하다는 뜻32)에서 그러하다. 여기서 뛰어남과 특별함의 뜻을 밝히는 것이 '아비(abhi-)'라는 접두어이다. 예를 들면 "괴로운 느낌은 더 심하기만 하고(abhikkamanti) 물러가지 않습니다."(S46:14 등)와 "아주 멋진 모습(abhikkantavaṇṇā)"(S1:1 등)이라는 등과 같다.

그러므로 잘 세워진 많은 일산들과 깃발들 가운데 다른 것들을 능가하는 크기를 가졌고 특별한 색깔과 모양을 가진 일산을 빼어난 일산이라고 부르고, 특별한 크기를 가졌고 다양한 그림과 색깔을 특별하게 구족한 깃발을

---

31) 아비담마의 의미에 대한 또 다른 자세한 설명은 『담마상가니』 제2권에 싣고 있는 『담마상가니 주석서』 서문 §46 이하(DhsA.2 이하)를 참조할 것.

32) 『담마상가니 물라띠까』는 다음과 같은 설명을 덧붙이고 있다.
"여기서 법의 뛰어남(dhammātireka)은 법이 뛰어나다(dhammo atireko)는 뜻이고 법의 특별함(dhammavisesa)은 법이 특별하다(dhammo viseso)는 말로서 법의 탁월함(dhammātisaya)을 뜻한다. [전자는] 이 성전(pāḷi)이 경보다 뛰어나다는 뜻이고 [후자는] 이 성전이 [경보다] 더 수려하다는 뜻이다. 이 두 가지 뜻은 아비담마라는 단어의 뜻이 되는 것으로는 공통되기 때문에 단수로 해설을 하였다."(DhsAMṬ.12)

빼어난 깃발이라 부르며, 마치 한 곳에 모인 수많은 왕자들과 신들 가운데 태생과 재산과 명성과 지배력 등의 성취를 통해서 더 뛰어나고 더 특별한 왕자를 빼어난 왕자라 부르고, 수명과 모습과 지배력과 명성과 성취 등으로 더 뛰어나고 더 특별한 신을 빼어난 신이라 부르며, 이러한 모양새의 범천을 빼어난 범천이라고 부르는 것처럼 그와 같이 이 법도 ① 법이 뛰어나다는 뜻과 ② 법이 특별하다는 뜻에서 아비담마라 부른다.33)

2. 경에서 다섯 가지 무더기[五蘊]는 부분적으로 분석되었고 전체적으로34) [분석되지] 않았지만, 아비담마에 이르면35) [『위방가』의 제1장에서] ① 경에 따른 분석 방법과 ② 아비담마에 따른 분석 방법과 ③ [아비담

---

33) 문자적으로 접두어 abhi는 두 가지 의미가 있다. 하나는 *above*(위에)의 뜻이고 하나는 *toward*(혹은 *about*, 향해서, 대해서)의 뜻이다. 본 주석서에서는 abhi를 *above*의 뜻으로 해석하고 있으며 남북방 아비담마·아비달마에서는 이것을 정설로 삼는다. 그래서 중국에서는 무비법(無比法, 수승한 법, 빼어난 법)으로 해석하였다. 그런데 『아비달마 구사론』을 옮기면서 현장 스님은 이것을 대법(對法, 법에 대해서)으로 옮겼는데 이것은 abhi를 후자인 *about*로 해석한 것이라 보여진다. 이 경우에 대법은 법과 대면함, 즉 법에 대한 연구라는 의미로 해석한 것이라 할 수 있다. CBETA로 검색을 해보면 아비달마 문헌에서는 대법(對法)으로 옮긴 경우가 더 많은 듯하다.
한편 아비담마 혹은 아비달마는 중국에서 對法, 無比法, 勝法, 論, 阿毘曇, 阿毘達磨, 阿毘達磨藏, 阿鼻達磨(대법, 무비법, 승법, 논, 아비담, 아비달마, 아비달마장, 아비달마) 등으로 옮겨졌다.

여기 주석서의 설명처럼 니까야에서 접두어 abhi는 대부분이 능가하는, 수승한, 특별한의 뜻으로 쓰인다. 접두어 abhi가 '향해서'의 의미로 쓰이는 대표적인 용어로는 purattha-abhimukho([비구 승가를] 마주 보고, D2 §11)와 uttara-abhimukho(북쪽을 향해, D14 §1.29) 등과 『청정도론』 등의 주석서 문헌에 나타나는 nimitta-abhimukhaṁ(표상을 향하도록, Vis.IV.66) 등을 들 수 있다.

34) '전체적으로'는 nippadesa(남김없이)를 옮긴 것인데 주석서는 "전체가 다 완성되어(sabbākāra-paripūra)"(SAiii.263)로 설명하고 있어서 이렇게 옮겼다.

35) 주석서는 여기서 논장의 칠론 가운데 특히 『위방가』를 예로 들면서 아비담마가 뛰어난 법이고 특별한 법이라는 논지를 전개하고 있다.

마 마띠까를 통한] 질문의 제기의 방법을 통해서 전체적으로 분석되었다.36) [『위방가』의 제2장] 12가지 감각장소[十二處]와 [제3장] 18가지 요소[十八界]와 [제4장] 네 가지 진리[四諦]와 [제5장] 22가지 기능[二十二根]과 [제6장] 12가지 구절로 된 조건의 형태[十二緣起]도 이와 같다. 다만 [제5장] 기능에 대한 분석에는 ① 경에 따른 분석 방법이 없고 [제6장] 조건의 형태에 대한 분석에는 ③ [아비담마 마띠까를 통한] 질문의 제기가 없다.

3. 경에서는 네 가지 마음챙김의 확립이 부분적으로 분석되었고 전체적으로 분석되지 않았지만, 아비담마에 이르면 [『위방가』의 제7장 마음챙김의 확립[念處]에 대한 분석에서] 세 가지 방법을 통해서 전체적으로 분석되었다. [제8장] 네 가지 바른 노력과 [제9장] 네 가지 성취수단과 [제10장] 일곱 가지 깨달음의 구성요소와 [제11장] 성스러운 팔정도와 [제12장] 네 가지 禪과 [제13장] 네 가지 무량함과 [제14장] 다섯 가지 학습계목과 [제15장] 네 가지 무애해체지도 이와 같다. 다만 여기 [제14장] 학습계목에 대한 분석에는 ① 경에 따른 분석 방법이 없다.

4. 그리고 경에서는 지혜가 부분적으로 분석되었고 전체적으로 분석되지 않았고 오염원들도 그러하지만, 아비담마에 이르러서는 [제16장 지혜에 대한 분석에서] "한 가지에 의한 지혜의 토대가 있다."(Vbh §751)라는 등의 방법으로 마띠까를 정한 뒤에 전체적으로 분석하였다. [그리고 제17장 작은 항목에 대한 분석에서] 오염원들도 그와 같은 [방법으로] 한 개 조로부터 시작하여 여러 가지 방법으로 [분석하였다.]

경에서는 [욕계 · 색계 · 무색계 등의] 경지의 특별함37)의 범주가 부분적

---

36) 경에는 경에 따른 분석 방법만 있기 때문에 부분적(ekadesa)으로 분석되었다(vibhatta)고 하고, 아비담마에는 경에 따른 분석 방법과 아비담마에 따른 분석 방법과 [아비담마 마띠까를 통한] 질문의 제기의 셋을 다 갖추고 있기 때문에 전체적(nippadesa)으로 분석되었다고 한다고 『담마상가니 물라띠까』는 설명하고 있다.(DhsAMṬ.13)

37) "'경지의 특별함(bhūmantara)'에는 법들이 가지는 위치의 특별함(avatthā

으로 분석되었고 전체적으로 분석되지 않았지만, 아비담마에 이르러서는 [제18장 법의 심장 위방가에서] 세 가지 방법을 통해서 경지의 특별함의 범주가 전체적으로 분석되었다. 이와 같이 법이 뛰어나다는 뜻과 법이 특별하다는 뜻에서 아비담마라고 알아야 한다."

이처럼 『담마상가니 주석서』는 아비담마가 뛰어난 법임을 『위방가』 전체 즉 제1장부터 제18장까지를 보기로 들면서 강조하고 있다. 위에서 인용한 것처럼 『담마상가니 물라띠까』는 경에는 경에 따른 분석 방법만 있기 때문에 부분적(ekadesa)으로 분석되었다(vibhatta)고 하고, 아비담마에는 본서 『위방가』에서 경에 따른 분석 방법과 아비담마에 따른 분석 방법과 [아비담마 마띠까를 통한] 질문의 제기의 셋을 다 갖추고 있기 때문에 전체적(nippadesa)으로 분석되었다고 한다고 강조한다.(DhsAMṬ.13) 이처럼 『위방가』의 이 세 가지 분석 방법은 아비담마를 아비담마이게 하는 가장 중요한 방법이 된다 하겠다.

6. 『위방가』 각 장의 요약

제1장 무더기[蘊] 위방가 요약

제1장 무더기 위방가는 초기불교의 가장 기본 법수가 되는 오온에 대한 분석이다. 오온은 '물질·느낌·인식·심리현상들·알음알이의 무더기'이며 '나'라는 존재를 이 다섯으로 해체해서 드러내는 가르침으로 '나란 무엇인가'에 대한 부처님의 말씀이다. 오온은 부처님의 두 번째 설법인 「무아의 특징 경」(S22:59)의 기본 주제이며 『상윳따 니까야』의 22번째 주제인 「무더기 상윳따」(S22)에 159개 경이 포함되어 나타나기도 한다. 본 장은 ①

-visesa)과 장소의 특별함(ṭhāna-visesa)이 있다. 여기서 위치의 특별함은 마음챙김(sati) 등의 법들이 마음챙김의 확립과 기능과 힘과 깨달음의 구성요소와 도의 구성요소 등으로 구분되는 것(satipaṭṭhān-indriya-bala-bojjhaṅga-maggaṅgādi-bheda)을 말하고, 장소의 특별함이란 욕계 등으로 구분되는 것(kāmāvacarādi-bheda)을 뜻한다."(DAṬ.i.177~178)

경에 따른 분석 방법(Suttanta-bhājanīya, §§1~31)과 ② 아비담마에 따른 분석 방법(Abhidhamma-bhājanīya, §§32~149)과 ③ [아비담마 마띠까를 통한] 질문의 제기(Pañhā-pucchaka, §§150~153)의 세 가지 분석 방법으로 구성되어 있다.

1. 경에 따른 분석 방법(Suttanta-bhājanīya)

니까야에서 오온은 여러 측면에서 설명이 되지만 본서의 ① 경에 따른 분석 방법에서는 오온을 "다섯 가지 무더기[五蘊]가 있으니, 물질의 무더기[色蘊], 느낌의 무더기[受蘊], 인식의 무더기[想蘊], 심리현상들의 무더기[行蘊], 알음알이의 무더기[識蘊]이다."(§1)라고 D33 §2.1(1) 등에 나타나는 다섯 가지 무더기의 정형구를 개요(uddesa)로 인용하는 것으로부터 시작한다.

그런 뒤 §2, §8, §14, §20, §26에서 "여기서 무엇이 '물질·느낌·인식·심리현상들·알음알이의 무더기'인가? 물질·느낌·인식·심리현상들·알음알이는 그 어떤 것이든, 그것이 과거의 것이든 미래의 것이든 현재의 것이든, 안에 있든 밖에 있든, 거칠든 미세하든, 저열하든 수승하든, 멀리 있든 가까이 있든 그 모두를 한데 모으고 간략히 해서 — 이를 일러 물질·느낌·인식·심리현상들·알음알이의 무더기라 한다."라는 방법으로 물질 등의 오온을 '과거의 것이든' 등의 11가지에 초점을 맞추어서 제시하고 있다. 물론 오온을 이렇게 11가지로 분석하는 것은 M22 §27; S12:70; A3:131 등 초기불전의 여러 곳에서 정형구로 나타난다. 이렇게 11가지로 물질·느낌·인식·심리현상들·알음알이의 무더기를 정의한 뒤에 §3 이하와 §9 이하 등에서 이들 11가지 각각을 분석하고 정의하고 설명하는 것으로 경에 따른 분석 방법을 전개해 나가고 있다.

위방가의 각 장의 경에 따른 분석 방법의 해설(niddesa)에서 제시하는 정형구들이 경장 니까야의 경들에 나타나는 정형구들을 토대로 하고는 있지만 경들에 나타나는 정형구들과 똑같이 일치하는 것은 아니다. 여기 제1장 무더기 위방가의 경에 따른 분석 방법의 해설(niddesa)에 실려 있는 정형구들이 그 보기가 된다.

예를 들면 여기 §2, §8, §14, §20, §26에 실려 있는 "물질·느낌·인식·심리현상들·알음알이라고 하는 것은 그 어떤 것이든, 그것이 과거의 것이든 미래의 것이든 현재의 것이든, 안에 있든 밖에 있든, 거칠든 미세하든, 저열하든 수승하든, 멀리 있든 가까이 있든"까지는 M22 §27; S12:70; A3:131 등 초기불전의 여러 곳에서 정형구로 나타난다. 그러나 "그 모두를 한데 모으고 간략히 해서(tadekajjhaṁ abhisaññūhitvā abhisaṅkhipitvā)"는 경장의 정형구들에는 나타나지 않고 본서에만 나타나고 있다.

한편 『청정도론』은 제14장에서 오온을 설명하면서 먼저 Vis.XIV.185에서 니까야에 나타나는 정형구가 아니라 본서의 이 정형구를 인용한 뒤에 XIV.186~196에서 이를 하나하나 설명하고 있다. 이 정형구에 대한 자세한 설명은 『청정도론』의 해당 부분을 참조하기 바란다.

2. 아비담마에 따른 분석 방법(Abhidhamma-bhājanīya)

경에 따른 분석 방법이 경장에 나타나는 오온의 정형구를 개요로 확정한 뒤 이것을 토대로 오온의 다섯 가지 구성요소를 분석하고 정의하고 설명하는 것이라면 아비담마에 따른 분석 방법은 문자 그대로 아비담마의 방법론에 입각한 정의와 설명 즉 개요(uddesa)와 해설(niddesa)을 담고 있는 곳이다. 그러면 아비담마에 따른 분석 방법이란 것이 무엇일까? 여기서 아비담마란 논장의 칠론을 뜻한다. 그런데 『위방가』가 아비담마 칠론 가운데 두 번째에 해당하기 때문에 본서에서는 ① 논장 칠론의 모태가 되며 『담마상가니』 맨 처음에 실려서 전승되어 오는 아비담마 마띠까, 구체적으로 아비담마 마띠까의 세 개 조 마띠까 22개와 두 개 조 마띠까 100개 모두 122개의 아비담마 마띠까와 ② 『담마상가니』 제2편 물질 편에서 정리하고 있는 물질의 마띠까(한 개 조 43가지부터 열한 개 조까지 279개 마띠까로 구성됨)와 ③ 이 아비담마 마띠까를 정의하고 설명하는 것을 그 근본으로 하는 『담마상가니』 제1편부터 제4편까지가 아비담마에 따른 분석 방법의 토대가 될 수밖에 없다. 이러한 사실은 본서 전체의 아비담마에 따른 분석 방법들을 정독해보면 알 수 있다. 특히 여기 제1장에 실려 있는 오온에 대한 아비담마에 따른 분석 방법의 내용을 통해서도 분명하게 알 수 있다. 그러면 그 내용을 조금 구체적으로 살펴보자.

본 장의 아비담마에 따른 분석 방법은 먼저 개요로 §32에서 "다섯 가지 무더기[五蘊]가 있으니, 물질의 무더기[色蘊], 느낌의 무더기[受蘊], 인식의 무더기[想蘊], 심리현상들의 무더기[行蘊], 알음알이의 무더기[識蘊]이다."라고 경에 따른 분석 방법의 개요인 §1과 똑같이 오온을 정의한다.

(1) 그런 뒤에 먼저 물질의 무더기[色蘊]는 §33에서 "여기서 무엇이 '물질의 무더기'인가?"라고 질문을 한 뒤에 『담마상가니』 제2편 물질 편에서 물질의 마띠까로 정리되어 있는 『담마상가니』(Dhs) §§584~593의 한 개 조 마띠까부터 열한 개 조 마띠까까지의 물질의 마띠까를 길게 나열하는 것으로 물질의 무더기를 정리하고 있다. 이러한 사실만으로도 아비담마에 따른 분석 방법은 『담마상가니』에 나타나는 마띠까들을 아비담마 방법론의 토대로 삼고 있는 것이 분명해진다. 그리고 이 물질의 마띠까들도 대부분은 『담마상가니』 맨 처음에 실려있는 아비담마 마띠까 122개에 토대를 하고 있기도 하다.

그래서 『담마상가니 주석서』는 "[한 가지에 의한 물질의 무더기에서는] 43가지 용어들이 [개요로] 열거되었다. 이들 가운데 차례대로 40가지 용어들은 [『담마상가니』의 첫머리에 실린] 『담마상가니』 마띠까로부터 취해서 놓아졌고 마지막의 세 가지는 마띠까를 벗어난 것이다. 이와 같이 첫 번째 조합(한 개 조)에 의해서 [물질 편의] 성전을 정의하는 것을 알아야 한다. 두 번째 조합(두 개 조) 등에 대해서도 마찬가지이다."(DhsA.301)라는 설명을 덧붙이고 있다. 이처럼 아비담마의 방법론들은 결국은 아비담마 마띠까 122개로 귀결이 된다고 할 수 있다.

물질의 무더기에 대한 아비담마에 따른 분석 방법이 『담마상가니』 첫머리에 실려서 전승되어오는 아비담마 마띠까에 토대한 것이라면 정신의 무더기 즉 느낌·인식·심리현상들·알음알이의 무더기들에 대한 아비담마에 따른 분석 방법은 어떠할까? 얼핏 보기에는 이 정신의 무더기들에 대한 설명은 ① 두 개 조에 뿌리 한 [부문](duka-mūlaka) ② 세 개 조에 뿌리 한 [부문](tika-mūlaka) ③ 양면으로 증가하는 [부문](ubhato-vaḍḍhaka) ④ 여러 가지 부문(bahuvidha-vāra)이라는 『위방가』 특유의 네 가지 방법을 새로 도입하여 새로운 방법으로 분류하고 분석하고 정의하고 설명하고 있는 것처럼 보인다.(본서 §34의 해당 주해 참조) 그러나 이 네 가지 방법에 포함된 두 개 조와 세 개 조라는 용어 자체가 아비담마 마띠까 가운데 두 개 조 마띠까와 세 개 조 마띠까를 뜻하는 것이다.(본서 §34 이하의 내용을 참조할 것) 그러므로 이러한 방법도 모두 아비담마 마띠까에 토대를 둔 분석 방법이라 해야 한다.

한편 주석서는 이 네 가지 방법을 다음과 같이 설명하고 있다.

"여기서 세 개 조를 가져와서 두 개 조들에 놓아서 설하는 부문은 ① '두 개 조에 뿌리 한 [부문](duka-mūlaka)'이라 한다. 두 개 조를 가져와서 세 개 조들에 놓아서 설하는 부문은 ② '세 개 조에 뿌리 한 [부문](tika-mūlaka)'이라 한다. 두 개 조들과 세 개 조들을 양면으로 증가시켜 설하는 부문은 ③ '양면으로 증가하는 [부문](ubhato-vaḍḍhaka)'이라 한다. 마지막으로 일곱 가지에 의한 것이라는 등의 부문(sattavidhenātiādi-vāra)은 ④ '여러 가지 부문(bahuvidha-vāra)'이라 한다. 이와 같은 이들 네 가지 큰 부문(cattāro mahā-vārā)이 있다."(VbhA.37)

(2) 느낌의 무더기는 §§34~61에서 먼저 느낌을 한 개 조부터 열 개 조까지로 분류하여 ① 두 개 조에 뿌리 한 [부문]의 경우에 {1}부터 {4}까지의 네 개가 ② 세 개 조에 뿌리 한 [부문]의 경우에는 {5}부터 {9}까지의 다섯 개가 ③ 양면으로 증가하는 [부문]의 경우에는 {10}부터 {28}까지의 19개가 포함되어 이들 각각에 대해서 4+5+19=28가지의 방법으로 설명을 한 뒤에 계속해서 §61의 후반부 ④ 여러 가지 부문에서는 여러 가지에 의한 방

법으로 7가지가 더해져서 모두 28+7=35가지 방법으로 설명이 되고 있다. 이들에 대해서 주석서는 좀 더 구체적으로 다음과 같은 설명을 덧붙이고 있는다.

① 비록 본서는 느낌의 무더기의 이 두 개 조에 뿌리 한 부문에서 {1}부터 {4}까지의 4개의 경우만을 나열하고 있지만(§§34~37) 주석서는 이 두 개 조에 뿌리 한 부문에는 이론적으로 모두 950개가 존재하게 된다고 설명하고 있다. 그리고 혼동하지 않는 자들만이 이 950개를 자세하게 알 수 있다고 말하고 있다.(§34의 주해 참조)

② 세 개 조에 뿌리 한 부문은 {5}부터 {9}까지의 5개의 경우만을 나열하고 있지만(§§38~42) 주석서는 세 개 조에 뿌리 한 부문에도 이론적으로 모두 950개가 존재하게 된다고 설명하고 있다. 여기서는 아비담마 세 개 조 마띠까 22가지 가운데 ma3-3, ma3-4, ma3-7의 세 가지를 제외한 19가지가 세 가지에 의한 느낌의 무더기에 나타나고 있다.(§42의 주해 참조)

③ 느낌의 무더기의 양면으로 증가하는 부문은 {10}부터 {28}까지의 19개 구문으로 구성된다(§§43~§61). 이 가운데 두 개 조의 부분은 두 개 조 마띠까의 ma2-2부터 ma2-40까지 가운데 19가지가 순차적으로 언급이 되고 세 개 조의 부분은 세 개 조 마띠까 가운데 ma3-1부터 ma3-21까지 가운데 19가지가 순차적으로 언급되고 있다. 그래서 이 부분을 '양면으로 증가하는 부문(ubhato-vaḍḍhaka)'이라 부르고 있다. 주석서는 "이것은 두 개 조들과 세 개 조들을 통해서 양면으로 증가하기 때문에(ubhato-vaḍḍhitattā) 양면으로 증가하는 것이라는 세 번째 큰 부문(mahā-vāra)이다."(VbhA.38)라고 설명한다.

이렇게 하여 양면으로 증가하는 부문에서도 느낌의 무더기(수온)에는 여기 §43의 {10}부터 §61의 {28}까지의 19가지가, 인식의 무더기(상온)에는 §71의 {10}부터 §91의 {30}까지의 21가지가, 심리현상들의 무더기(행온)에는 §100의 {9}부터 §120의 {29}까지의 21가지가, 알음알이의 무더기(식온)에도 §129의 {9}부터 §149의 {29}까지의 21가지가 적용된다.(§61의 해당 주해 참조)

④ 마지막으로 '여러 가지 부문(bahuvidha-vāra)'에서는 {29} 일곱 가지에 의한 느낌의 무더기, {30} 또 다른 일곱 가지에 의한 느낌의 무더기, {31} 스물네 가지에 의한 느낌의 무더기, {32} 또 다른 스물네 가지에 의한 느낌의 무더기, {33} 서른 가지에 의한 느낌의 무더기, {34} 여러 가지에 의한 느낌의 무더기, {35} 또 다른 여러 가지에 의한 느낌의 무더기로 7가지가 더해진다. 물론 본서에서는 이 여러 가지 부문에 단지 7개의 경우만을 나열하고 있지만 주석서는 이 여러 가지 부문에도 58가지 부문이 있다고 설명하고 있다.

한편 주석서는 서른 가지에 의한 느낌의 무더기의 주석에 이르러서 다음과 같이 적고 있다.

"이들 모든 마음들은 눈의 문(cakkhudvāra)에서는 강하게 의지하는 시작점(upanissayakoṭi)과 극복함에 의함(samatikkamavasena)과 수행에 의함(bhāvanāvasena)의 셋으로 얻어진다. 그처럼 귀의 문(sotadvāra)과 마노의 문에서도 그러하다. 그러나 코와 혀와 몸의 문(ghānajivhākāya-dvārā)에서는 극복함에 의함과 수행에 의함(bhāvanāvasena)의 두 가지 형태로 얻어진다고 알아야 한다."(VbhA.39)

그런 뒤에 계속해서 어떻게 수행자가 이러한 세 가지를 통해서 위빳사나를 증장시켜 아라한과를 증득하는지(vipassanaṁ vaḍḍhetvā, arahattaṁ pāpuṇanti)를 눈의 문과 귀의 문과 코·혀·몸의 문과 마노의 문으로 나누어서 자세하게 예시하면서 이러한 여러 상황에서 일어나는 느낌들을 욕계·색계·무색계·출세간 마음으로 설명하고 있다.(VbhA.39~42)

그러면 아비담마에 따른 분석 방법에서는 왜 이런 방법으로 느낌의 무더기를 상세하게 분류하고 분석하여 설하는가? 주석서는 ① 천차만별인 개인의 성향을 [만족시키기] 위해서이고 ② 가르침을 장엄하기 위해서라고 결론짓는다.(VbhA.37) 자세한 것은 §34의 첫 번째 주해를 참조하기 바란다.

(3) 같은 방법으로 인식의 무더기는 §§62~91에서 모두 5+4+21+7=37

가지 방법으로 설명이 되고 있다. 주석서는 "인식의 무더기 등도 [느낌의 무더기의] 방법에 의해서 알아야 한다. 인식의 무더기의 해설(saññākkhandha-niddesa)에서는 세 개 조 가운데 느낌의 세 개 조(ma3-2)와 희열의 세 개 조(ma3-7)도 얻어진다. 그리고 두 개 조에서 행복이 함께하는 두 개 조(ma2-91)와 평온이 함께하는 두 개 조(ma2-92)가 얻어진다."(VbhA.42, §62의 첫 번째 주해 참조)라고 밝히고 있다. 이처럼 §36의 느낌의 경우에 빠져있던 이 ma2-91과 ma2-92가 여기서는 들어가 있다. 행복(sukha)과 평온(upekkhā)은 5가지 느낌에 속하기 때문이다.

(4) 같은 방법으로 심리현상들의 무더기는 §§92~120에서 모두 4+4+21+7=36가지 방법으로 설명이 되고 있다. 여기 §94에 포함되어 있는 두 가지에 의한 심리현상들의 무더기는 모두 81가지로 구성되어 있다. 이 81가지는 『담마상가니』 두 개 조 마띠까에 포함된 100개의 두 개 조 마띠까들 가운데 19가지가 제외된 것이다. 즉 (1) 원인의 모둠(hetu-gocchaka) 가운데 ma2-1이 제외되었고 (2) 틈새에 있는 짧은 두 개 조(cūḷantara-duka, ma2-7 ~ma2-13)에 포함된 7개 마띠까 가운데 ma2-12과 ma2-13의 두 가지 외의 5가지가 제외되었고 (10) 틈새에 있는 긴 두 개 조(mahantara-duka, ma2-55~ma2-68)에 포함된 14개 마띠까 가운데 마지막인 ma2-68 외의 13가지가 제외되어 모두 19가지가 제외되었다.

(5) 마지막으로 알음알이의 무더기는 §§121~149에서 모두 4+4+21+7=36가지 방법으로 설명이 되고 있다. 주석서는 "알음알이의 무더기의 해설(viññāṇakkhandha-niddesa)에서 눈의 감각접촉에서 생긴 것 등의 상태(cakkhusamphassajādi-bhāva)로 설하시지 않고 눈의 알음알이라는 등을 설하셨다. 알음알이를 두고 마노의 감각접촉에서 생긴 것(manosamphassa-ja)이라고 해설할 수 없기 때문이다. 나머지는 인식의 무더기에서 설하신 것과 같다."(VbhA.42)라고 덧붙이고 있다.

이처럼 정신의 무더기에 대한 분석적 설명은 모두 『담마상가니』 첫머리에서 정리하고 있는 아비담마 마띠까를 토대로 전개된다. 그래서 이렇게 분석하여 설명하는 방법을 '아비담마에 따른 분석 방법(Abhidhamma-bhājanīya)'이라고 부르고 있다. 이처럼 무더기 위방가의 아비담마에 따른 분석 방법은 상좌부 아비담마가 모두 아비담마 마띠까를 전제로 하고 있음을 분명하게 보여주는 좋은 보기가 된다. 『위방가』 각 장에 나타나는 아비담마에 따른 분석 방법들은 이처럼 아비담마 마띠까 122개와 여기에 대한 설명으로 구성되어 있는 『담마상가니』의 내용을 가져와서 이들을 가지고 초기불교의 중요한 법수들을 설명하는 것을 그 기본으로 하고 있는 것이다.

3. [아비담마 마띠까를 통한] 질문의 제기(Pañhā-pucchaka)

이 [아비담마 마띠까를 통한] 질문의 제기는 특히 상좌부 아비담마의 기본 논의의 주제인 아비담마 마띠까 122개 모두를 동원하여 초기불교의 교학과 수행의 핵심 주제들을 엄정하게 고찰해보는 곳으로 『위방가』의 백미 중의 백미라 할 수 있다. 본 장 §§150~153은 '3. [아비담마 마띠까를 통한] 질문의 제기(Pañhā-pucchaka)'라는 제목으로 상좌부 논장 칠론의 맨 처음에 정리한 122가지 아비담마 마띠까를 가져와서 이들의 관점에서 다섯 가지 무더기를 분석하여 설명하고 있다. 세 개 조 마띠까 22개(ma3-1~ma3-22)와 두 개 조 마띠까 100개(ma2-1~ma2-100)로 구성된 122개의 아비담마 마띠까는 빠알리 논장 전개의 토대가 되는 논의의 주제이다. 이 아비담마 마띠까는 본서 제2권 뒤에 부록으로 싣고 있으므로 참조하기 바라고 마띠까에 대한 설명은 『담마상가니』 제1권 해제 92쪽 이하의 <3. 담마상가니 마띠까> 등을 참조하기 바란다.

본 장의 [아비담마 마띠까를 통한] 질문의 제기는 먼저 §150에서 "다섯 가지 무더기[五蘊]가 있으니, 물질의 무더기[色蘊], 느낌의 무더기[受蘊], 인식의 무더기[想蘊], 심리현상들의 무더기[行蘊], 알음알이의 무더기[識蘊]이다."라고 본 장의 경에 따른 분석 방법의 개요인 §1과 똑같이 오온을 정의한다. 그런 다음 §151에서 "다섯 가지 무더기 가운데 몇 가지가 유익한 [법]

이고, 몇 가지가 해로운 [법]이고, 몇 가지가 결정할 수 없는[無記] [법]인가?(*cf* ma3-1) … pe(Dhs Mtk) … 몇 가지가 다툼을 가진 [법]이고, 몇 가지가 다툼이 없는 [법]인가?(*cf* ma2-100)"라고 아비담마 마띠까에 토대한 122가지 질문을 제기한다. 그런 뒤에 §§152~153에서 "물질의 무더기는 결정할 수 없는[無記] [법]이다. 네 가지 무더기는 유익한 [법]일 수 있고, 해로운 [법]일 수 있고, 결정할 수 없는[無記] [법]일 수 있다."(*cf* ma3-1)라는 등으로 이들 122가지 질문에 대해서 하나하나 답을 제시하고 있다.

한편 여기 [아비담마 마띠까를 통한] 질문의 제기에서 각 장의 주제들을 122개의 아비담마 마띠까를 통해서 살펴보는 데는 몇 가지 방법이 있다. 그것은 ① '~일 수 있다(siyā).' ② '~라고 말해서는 안 되는 경우가 있다(siyā na vattabbaṁ).' ③ '~라고 말해서는 안 된다(navattabbaṁ).'라는 세 가지 구문이다. 이 세 가지 구문의 용법에 대해서는 『담마상가니』 제2권 해제 <7. 제4편 주석 편에서 법을 설명하는 세 가지 독특한 구문>의 설명을 참조하기 바란다.

제2장 감각장소[處] 위방가 요약

제2장 감각장소 위방가는 초기불교 교학의 두 번째 주제이며 세상 혹은 일체란 무엇인가에 대한 부처님의 답변을 담고 있는 열두 가지 감각장소[十二處]에 대한 분석적인 설명을 담고 있다. 니까야에서 대부분 이 12처는 눈, 귀 등의 여섯 가지 '안의 감각장소[內入處, ajjhattikā āyatanā]'와 형색, 소리 등의 여섯 가지 '밖의 감각장소[六外處, bāhirā āyatanā]'로 언급되고 있다. 여섯 가지 안의 감각장소와 여섯 가지 밖의 감각장소로 구성된 이 12가지 감각장소는 『상윳따 니까야』 가운데 35번째 상윳따인 「육처 상윳따」(S35)의 주제이며 이 육처 상윳따에는 248개의 경들이 포함되어 다양한 측면에서 육내처와 육외처의 중요성을 드러내고 있다. 특히 육내처와 육외처로 해체해서 보기 - 무상·고·무아 - 염오 - 이욕 - 해탈 - 구경해탈지의 정형구로 깨달음을 실현하는 도정을 설명하고 있다.

1. 경에 따른 분석 방법

§154에서 12가지 감각장소를 다음과 같이 간략하게 개요를 정의하고 있다. "열두 가지 감각장소[處, āyatana]가 있으니, 눈의 감각장소[眼處], 형색의 감각장소[色處], 귀의 감각장소[耳處], 소리의 감각장소[聲處], 코의 감각장소[鼻處], 냄새의 감각장소[香處], 혀의 감각장소[舌處], 맛의 감각장소[味處], 몸의 감각장소[身處], 감촉의 감각장소[觸處], 마노의 감각장소[意處], 법의 감각장소[法處]이다."(§154)라고 정리한 뒤 다시 "눈은 … 법은 무상하고 괴로움이고 무아이고 변하기 마련인 법이다."(*Ibid.*)라고 정리하는 것이 경에 따른 분석 방법의 12처에 대한 분석의 전부이다.

그런데 M13 §36; M22 §26; S12:70; S22:26; A3:101 등 초기불전의 여러 곳에서는 '무상하고 괴로움이고 변하기 마련인 법', 즉 anicca-dukkha-vipariṇāmadhamma로 anatta(무아)가 없이 세 가지로만 나타난다. 여기서처럼 '무상하고 괴로움이고 무아이고 변하기 마련인 법', 즉 anicca-dukkha-anatta-vipariṇāmadhamma로 anatta(무아)가 포함되어 네 가지로 나타나는 경우는 『위방가』의 이곳과 이를 인용하는 주석서 문헌 몇 군데뿐인 것으로 조사되었다.

2. 아비담마에 따른 분석 방법

한편 아비담마에 따른 분석 방법에서 12처의 개요는 "열두 가지 감각장소가 있으니, 눈의 감각장소[眼處], 귀의 감각장소[耳處], 코의 감각장소[鼻處], 혀의 감각장소[舌處], 몸의 감각장소[身處], 마노의 감각장소[意處], 형색의 감각장소[色處], 소리의 감각장소[聲處], 냄새의 감각장소[香處], 맛의 감각장소[味處], 감촉의 감각장소[觸處], 법의 감각장소[法處]이다."(§155)로 정리되어 나타난다. 그런 뒤에 §§156~167에서 이 12가지는 『담마상가니』 제2편 물질 편(*cf.* Dhs §§596~647) 등에서 설명하는 방법과 비슷한 방법으로 하나하나 분석하여 설명되고 있다.

그런데 이 §155의 정의에서 보듯이 아비담마에 따른 분석 방법에서 12처의 개요는 경에 따른 분석 방법의 개요(§154)의 순서인 안·색· … 의·

법과는 다르게 안·이·비·설·신·의, 색·성·향·미·촉·법의 순서로 나열하고 있다. 그것은 무슨 이유 때문일까?

주석서는 그 이유를 이렇게 설명한다.

"앞의 [경에 따른 분석 방법]에서는 위빳사나를 하는 자들에게 도움을 주시기 위해서(vipassakānaṁ upakāratthāya) '눈의 감각장소, 형색의 감각장소'라는 쌍으로 감각장소들을 설하셨다. 그러나 여기 아비담마에 따른 분석 방법에서는 그렇게 설하시지 않고 안에 있고 밖에 있는 것들을 모든 측면에서 그 고유성질을 보여주시기 위해서(sabhāvadassanatthaṁ) '눈의 감각장소, 귀의 감각장소'라고 이처럼 안에 있고 밖에 있는 것을 구분하는 방법(ajjhattikabāhira-vavatthāna-naya)으로 설하셨다."(VbhA.51)

한편 이들 12가지 감각장소 가운데 10가지 반은 물질이고 한 가지 반은 정신이다. 그래서 마노의 감각장소에 대한 설명(§161 전부)을 제외한 §§156~166에서는 물질에 속하는 것들은 각각 『담마상가니』 제2편 물질 편에서 설명한 방법대로 설명하고 있다. 그리고 마노의 감각장소에 대한 설명(§161 전부)은 본서 제1장 §§121~149에 나타나는 알음알이의 무더기에 대한 설명과 동일하다. 마지막으로 §167에서는 법의 감각장소를 "느낌의 무더기, 인식의 무더기, 심리현상들의 무더기와 볼 수도 없고 부딪힘도 없는 법의 감각장소에 포함된 물질[法處所攝色]과 형성되지 않은 요소[無爲界]이다."(§167)라고 정의한 뒤에 이들을 본서 제1장 등에서 설명한 방법대로 설명하면서 마무리 짓는다.

3. [아비담마 마띠까를 통한] 질문의 제기(Pañhā-pucchaka)

여기서도 먼저 §168에서는 경에 따른 분석 방법(§154)에서 제시하였던 12가지 감각장소의 개요를 가져온다. 그런 다음 §169에서 "열두 가지 감각장소 가운데 … pe(Dhs Mtk) … 몇 가지가 다툼을 가진 [법]이고, 몇 가지가 다툼이 없는 [법]인가?"라고 아비담마 마띠까에 토대한 122가지 질문을 제기한 뒤 §§170~171에서 "열 가지 감각장소는 결정할 수 없는[無記] [법]

이다. 두 가지 감각장소는 유익한 [법]일 수 있고, 해로운 [법]일 수 있고, 결정할 수 없는[無記] [법]일 수 있다."(*cf* ma3-1)라는 등의 방법으로 이들 122가지 질문에 대해서 하나하나 답을 제시하고 있다.

제3장 요소[界] 위방가 요약

본서 제3장 요소 위방가는 초기불교 교학의 세 번째 주제인 요소[界, dhātu]에 대한 분석을 담고 있다. 여기서 주목할 사실은 18가지 요소[十八界]의 가르침은 아비담마에 따른 분석 방법으로 정리되고 있다는 점이다.

1. 경에 따른 분석 방법

경에 따른 분석 방법에서는 니까야의 경들에 나타나는 여러 가지 요소들을 개요(uddesa)로 인용한 뒤에 이들을 정의하고 설명하고 있는데 여기에 나타나는 요소들은 다음과 같다.

"(1) 여섯 가지 요소가 있으니, 땅의 요소, 물의 요소, 불의 요소, 바람의 요소, 허공의 요소, 알음알이의 요소이다."(§172)

"(2) 다른 여섯 가지 요소가 있으니, 즐거움의 요소, 괴로움의 요소, 기쁨의 요소, 불만족의 요소, 평온의 요소, 무명의 요소이다."(§179)

"(3) 또 다른 여섯 가지 요소가 있으니, 감각적 쾌락의 요소, 악의의 요소, 해코지의 요소, 출리의 요소, 악의 없음의 요소, 해코지 않음의 요소이다."(§181)

이렇게 이들을 개요로 밝히고 각각을 분석하여 설명한 뒤에 "이와 같이 세 가지의 여섯 개 조를 하나로 하여 함께 모으고 간결하게 하여 열여덟 가지 요소가 있다."(§182)라고 결론을 맺는다. 이렇게 하여 본서는 안·이·비·설·신·의/색·성·향·미·촉·법/안식·이식·비식·설신·신식·의식으로 정리되는 18계를 경의 가르침으로 보지 않으며 본 장의 아비담마에 따른 분석 방법에서 열거하여 이것을 아비담마의 가르침으로 정리하고 있다.

한편『맛지마 니까야』제4권「여러 종류의 요소 경」(Bahudhātuka Sutta, M115)에서 세존께서는 요소에 능숙함(dhātukusala, §§4~9)을 ① 18계에 능숙함(§4) ② 지·수·화·풍·공·식의 여섯 가지 요소에 능숙함(§5) ③ 즐거움의 요소, 괴로움의 요소, 기쁨의 요소, 불만족의 요소, 평온의 요소, 무명의 요소의 여섯 가지 요소에 능숙함(§6) ④ 감각적 쾌락의 요소, 출리의 요소, 악의의 요소, 악의 없음의 요소, 해코지의 요소, 해코지 않음의 요소의 또 다른 여섯 가지 요소에 능숙함(§7) ⑤ 욕계·색계·무색계의 삼계의 요소들에 능숙함(§8) ⑥ 형성된 요소[有爲界]와 형성되지 않은 요소[無爲界]의 두 가지 요소에 능숙함(§9)의 여섯 가지로 상세하게 설명하고 계신다. 이 가운데 두 번째와 세 번째와 네 번째가 본서의 여기 경에 따른 분석 방법의 세 가지와 일치한다. 아울러『상윳따 니까야』의 열네 번째 주제인「요소 상윳따」(Dhātu-saṁyutta, S14)에는 네 가지로 분류되는 요소가 포함되어 나타나고 있다. 그리고 초기불전에 나타나는 법수들을 일목요연하게 정리하고 있는『디가 니까야』「합송경」(D33)은 여덟 종류의 요소들을 들고 있다. 이 여덟 가지의 분류가 초기불전에 나타나는 요소에 대한 가장 자세한 분류라고 할 수 있다. 이들은 졸저『초기불교 이해』<제13장 존재란 무엇인가 — 18계(요소)>에서 모두 열거하고 있으므로 참조하기 바란다.

2. 아비담마에 따른 분석 방법

제3장 요소 위방가의 아비담마에 따른 분석 방법은 요소의 개요를 다음의 18가지로 정리한다.

"열여덟 가지 요소가 있으니, 눈의 요소[眼界], 형색의 요소[色界], 눈의 알음알이의 요소[眼識界], 귀의 요소[耳界], 소리의 요소[聲界], 귀의 알음알이의 요소[耳識界], 코의 요소[鼻界], 냄새의 요소[香界], 코의 알음알이의 요소[鼻識界], 혀의 요소[舌界], 맛의 요소[味界], 혀의 알음알이의 요소[舌識界], 몸의 요소[身界], 감촉의 요소[觸界], 몸의 알음알이의 요소[眼界], 마노의 요소[身識界], 법의 요소[法界], 마노의 알음알이의 요소[意識界]이

다."(§183)

그런 뒤에 §184에서 이들을 하나하나 분석하여 설명하는데 이것은 앞의 제2장 감각장소 위방가의 §156과 §167과 『담마상가니』 §6에 나타나는 것과 같다.

3. [아비담마 마띠까를 통한] 질문의 제기(Pañhā-pucchaka)

일반적으로 본서의 [아비담마 마띠까를 통한] 질문의 제기는 경에 따른 분석 방법에서 제시하였던 개요를 가져와서 이것을 122개 아비담마 마띠까로 분석하고 있다. 그런데 여기 제3장 요소 위방가에서는 경에 따른 분석 방법에서 제시한 개요가 눈의 요소부터 마노의 알음알이의 요소까지의 18가지 요소가 아니기 때문에 아비담마에 따른 분석 방법 §183에서 제시한 18가지 요소의 개요를 가져와서 먼저 §185에서 이것을 [아비담마 마띠까를 통한] 질문의 제기의 기본 정형구로 삼는다. 그런 다음 §186에서 "18가지 요소 가운데 … pe(Dhs Mtk) … 몇 가지가 다툼을 가진 [법]이고, 몇 가지가 다툼이 없는 [법]인가?"라고 아비담마 마띠까에 토대한 122가지 질문을 제기하고 다시 §§187～188에서 "열여섯 가지 요소는 결정할 수 없는[無記] [법]이다. 두 가지 요소는 유익한 [법]일 수 있고, 해로운 [법]일 수 있고, 결정할 수 없는[無記] [법]일 수 있다."(*cf.* ma3-1)라는 등의 방법으로 이들 122가지 질문에 대해서 하나하나 답을 제시하고 있다.

제4장 진리[諦] 위방가 요약

1. 경에 따른 분석 방법

부처님은 깨달으신 분이다. 니까야는 부처님께서는 사성제를 깨달으신 것으로 정리하여 강조한다.(Sn {558} 등) 그리고 불교가 표방하는 진리는 네 가지로 정리가 된다. 이것을 경에 따른 분석 방법에서는 "네 가지 성스러운 진리[四聖諦]가 있으니, ① 괴로움의 성스러운 진리[苦聖諦] ② 괴로움의 일어남의 성스러운 진리[苦集聖諦] ③ 괴로움의 소멸의 성스러운 진리[苦滅聖諦] ④ 괴로움의 소멸로 인도하는 도닦음의 성스러운 진리[苦滅道聖諦]이다."(§189)라고 개요로 정리한다. 그런 뒤에 §§190~205에서 사성제에 관계된 여러 용어를 「초전법륜경」(S56:11)이나 「대념처경」(D22) 등과 같은 니까야의 경들에서 설명하고 있는 방법과 똑같이 하나하나 분석하여 설명하고 있다.

2. 아비담마에 따른 분석 방법

그러나 아비담마에 따른 분석 방법에서는 §206과 §211과 §213의 세 곳에서 '성스러운(ariya)'이라는 단어를 빼고 "네 가지 진리[四諦]가 있으니, ① 괴로움[苦] ② 괴로움의 일어남[苦集] ③ 괴로움의 소멸[苦滅] ④ 괴로움의 소멸로 인도하는 도닦음[苦滅道]이다."라고 개요로 정리한 뒤에 그다음 문단들에서 이 용어들을 하나하나 분석하여 설명하고 있다. 이 가운데 첫 번째 방법에는 모두 두 가지가, 두 번째 방법에서는 모두 두 가지가, 세 번째 방법에서도 모두 두 가지가 있어서 아비담마에 따른 분석 방법에서는 네 가지 진리를 모두 아홉 가지 측면에서 분석하여 설명하고 있다.

그러면 왜 아비담마에 따른 분석 방법에서는 '성스러운'이라는 수식어를 사용하지 않을까? 주석서는 그 이유를 이렇게 설명한다.

"여기서 '성스러운 진리[聖諦, ariyasaccāni]'라고 말씀하시지 않고 '네 가지 진리[四諦, cattāri saccāni]'라고 말씀하신 것은 전체적으로(남김없이, 포괄적으로, nippadesa) 조건이라 불리는 일어남[集, samudaya]을 보여주시기 위한 것이다. 성스러운 진리라고 말씀하시면 '[갈애를 제외한] 나머지 오염원들'과 '나머지 불선법들'과 '번뇌의 대상이 되는 세 가지 유익한 뿌리'와 '번뇌의 대상인 나머지 유익한 법들'이 포함되지 않기 때문이다. 갈애만(taṇhāva)이 전적으로 괴로움을 발생하게 하는 것이 아니라 이 남아있는 오염원들 등도 역시 조건이 되어 [괴로움을] 발생하게 한다. 이와 같이 이 조건들도 역시 괴로움을 발생하게 한다고 전체적으로 조건이라 불리는 일어남[集]을 보여주시기 위해서 '성스러운 진리'라고 말씀하시지 않고 '네 가지 진리'라고 말씀하신 것이다."(VbhA.122)

그리고 아비담마에 따른 분석 방법에서 주목할 사실은 여기 아비담마에 따른 분석 방법의 해설 부문(§206 이하)에서는 괴로움의 진리[苦諦]부터 설명하지 않고 괴로움의 일어남의 진리[集諦]부터 설명하고 있다는 사실이다. 주석서는 그 이유를 "해설의 부문(niddesa-vāra)에서 괴로움을 첫 번째로 해설하지 않고 괴로움의 원인을 해설하신 것은 괴로움을 쉽게 해설하기 위한 것(sukhaniddesattha)이다. 이것이 해설되면 '나머지 오염원들(avasesā kilesā)'이라는 등의 방법으로 괴로움의 진리는 쉽게 해설되기 때문이다."(VbhA.123)라고 설명하고 있다. 아비담마에 따른 분석 방법에 나타나는 '괴로움의 일어남(dukkhasamudaya)'과 '괴로움(dukkha)'에 대한 이러한 정의는 삼장 전체에서 본서 §206 이하의 이 문맥에서만 나타나는 것으로 조사된다.

한편 §206은 괴로움의 일어남과 괴로움을 다음과 같이 설명한다.

"여기서 무엇이 '괴로움의 일어남[苦集]'인가? 갈애 — 이를 일러 괴로움의 일어남이라 한다.

여기서 무엇이 '괴로움[苦]'인가? [갈애를 제외한] 나머지 오염원들, 나머지 해로운 법들, 번뇌의 대상인 세 가지 유익함의 뿌리, 번뇌의 대상인 나머지 유익한 법들, 번뇌의 대상인 유익한 [법들]이나 해로운 법들의 과보로 나타난 것들, 유익한 것도 아니고 해로운 것도 아니며 업의 과보로 나타난 것도 아닌 작용만 하는 법들, 모든 물질 — 이를 일러 괴로움이라 한다."(§206)

그런데 여기 §206에서 괴로움에 포함되어 있는 '[갈애를 제외한] 나머지 오염원들, 나머지 해로운 법들, 번뇌의 대상인 세 가지 유익함의 뿌리, 번뇌의 대상인 나머지 유익한 법들, 번뇌의 대상인 유익한 [법들]이나 해로운 법들의 과보로 나타난 것들, 유익한 것도 아니고 해로운 것도 아니며 업의 과보로 나타난 것도 아닌 작용만 하는 법들, 모든 물질'의 이 7가지 가운데 '나머지 오염원들'과 '나머지 해로운 법들'과 '번뇌의 대상인 세 가지 유익함의 뿌리'와 '번뇌의 대상인 나머지 유익한 법들'이라는 이 네 가지는 §207부터 §210까지에서 하나씩 하나씩 괴로움의 일어남[苦集] 즉 괴로움의 원인에 포함되어 괴로움의 원인의 구성요소는 하나씩 증가하고 괴로움의 구성요소는 하나씩 줄어드는 특이하면서도 음미해볼 필요가 있는 구조로 되어있다. 그리고 이 넷을 제외한 나머지 셋, 즉 번뇌의 대상인 유익한 [법들]이나 해로운 법들의 과보들, 유익한 것도 아니고 해로운 것도 아니며 업의 과보로 나타난 것도 아닌 작용만 하는 법들, 모든 물질 — 은 각각 과보이고 작용만 하는 것이고 물질이어서 괴로움의 원인은 될 수가 없기 때문에 괴로움의 일어남 즉 원인에는 포함되지 않는다.

3. [아비담마 마띠까를 통한] 질문의 제기(Pañhā-pucchaka)

제4장에서도 먼저 §215에서는 경에 따른 분석 방법 §206 등에서 제시하였던 네 가지 성스러운 진리의 개요를 가져온다. 그런 다음 §216에서 "네 가지 성스러운 진리 가운데 … pe(Dhs Mtk) … 몇 가지가 다툼을 가진 [법]이고, 몇 가지가 다툼이 없는 [법]인가?"라고 아비담마 마띠까에 토대한 122가지 질문을 제기한 뒤 §§217~218에서 "일어남의 진리는 해로운 [법]이다. 도의 진리는 유익한 [법]이다. 소멸의 진리는 결정할 수 없는[無記] [법]이다. 괴로움의 진리는 유익한 [법]일 수 있고, 해로운 [법]일 수 있고, 결정할 수 없는[無記] [법]일 수 있다."(*cf.* ma3-1)라는 등의 방법으로 이들 122가지 질문에 대해서 하나하나 답을 제시하고 있다.

제5장 기능[根] 위방가 요약

기능 위방가에는 경에 따른 분석 방법이 나타나지 않는다. 주석서는 그 이유를 "여기 [기능 위방가에는] 경에 따른 분석 방법이 취해지지 않았다. 왜 그런가? 경(suttanta)에서는 이러한 순서(paṭipāṭi)로 22가지 기능이 전승되어오지 않기 때문이다(anāgatattā). 경에서는 어떤 때는 두 가지 기능이 설해졌고 어떤 때는 세 가지가, 어떤 때는 다섯 가지가 설해졌지만 이와 같이 22가지가 끊어짐이 없이(nirantaraṁ) 전승되어온 것은 없다. 여기서 이것은 주석서에서 [설명하는] 방법(aṭṭhakathānaya)이다."(VbhA.125)라고 밝히고 있다.

이처럼 22가지 기능의 가르침은 경의 가르침이 아니라 아비담마에서 체계화된 것이 분명하다. 실제로 여러 가지 기능의 가르침을 모아놓은 『상윳따 니까야』 「기능 상윳따」(S48)에 포함된 경들 178개와 기능의 가르침을 담고 있는 니까야의 다른 경들 가운데 하나의 경 안에 22가지 기능이 다 포함된 것은 없다.

1. 아비담마에 따른 분석 방법(Abhidhamma-bhājanīya)

§219는 22가지 기능의 개요로 "22가지 기능[根, indriya]이 있으니, ① 눈의 기능[眼根] ② 귀의 기능[耳根] ③ 코의 기능[鼻根] ④ 혀의 기능[舌根] ⑤ 몸의 기능[身根] ⑥ 마노의 기능[意根] ⑦ 여자의 기능[女根] ⑧ 남자의 기능[男根] ⑨ 생명기능[命根] ⑩ 즐거움의 기능[樂根] ⑪ 괴로움의 기능[苦根] ⑫ 기쁨의 기능[喜根] ⑬ 불만족의 기능[憂根] ⑭ 평온의 기능[捨根] ⑮ 믿음의 기능[信根] ⑯ 정진의 기능[精進根] ⑰ 마음챙김의 기능[念根] ⑱ 삼매의 기능[定根] ⑲ 통찰지의 기능[慧根] ⑳ 구경의 지혜를 가지려는 기능[未知當知根] ㉑ 구경의 지혜의 기능[已知根] ㉒ 구경의 지혜를 구족한 기능[具知根]이다."(§219)라고 나열하고 있다.

여기서 관심을 가져야 할 점은 ⑥ 마노의 기능[意根]이 어디에 나타나는가이다. 『청정도론』 등에도 22근은 모두 이 순서로 나타나고 중국에서 한역한 『대보적경』(大寶積經), 『대방등대집경』(大方等大集經), 『아비달마법온족론』(阿毘達磨法蘊足論), 『아비달마구사론』(阿毘達磨俱舍論), 『아비달마순정리론』(阿毘達磨順正理論) 등에도 그렇다. 그런데 『아비담맛타상가하』(아비담마 길라잡이) 등 후대의 개설서에는 마노의 기능[意根]이 생명기능[命根]과 즐거움의 기능[樂根] 사이의 9번째에 나타나고 있다. 북방의 『아비달마대비바사론』(阿毘達磨大毘婆沙論) 등에도 이렇게 나타나고 있다. 『위바위니 띠까』는 "마노의 기능은 비물질(정신)의 기능들과 함께 같은 곳에서 보여주기 위해서(arūpindriyehi saha ekato dassanatthaṁ) 생명기능 바로 다음에 언급하였다."(VṬ.223)라고 그 이유를 설명하고 있다.

이렇게 본서는 기능들을 22가지 기능으로 정의하여 나열한 뒤 이들을 §220에서 모두 본서 제3장 감각장소 위방가나 『담마상가니』에 나타나는 것과 같은 방법으로 분석하여 설명하고 있다.

2. [아비담마 마띠까를 통한] 질문의 제기(Pañhā-pucchaka)

본서의 각 장에 나타나는 [아비담마 마띠까를 통한] 질문의 제기는 대부분 그 장의 경에 따른 분석 방법에서 제시하였던 개요를 가져와서 이것을 122개 아비담마 마띠까를 통해서 분석하고 있다. 그런데 여기 제5장 기능 위방가에는 경에 따른 분석 방법이 없다. 그래서 아비담마에 따른 분석 방법 §219에서 제시한 22가지 기능의 개요를 여기에 가져와서 여기서도 먼저 §221에서 이것을 [아비담마 마띠까를 통한] 질문의 제기의 기본 정형구로 삼는다. 그런 다음 §222에서 "22가지 기능 가운데 … pe(Dhs Mtk) … 몇 가지가 다툼을 가진 [법]이고, 몇 가지가 다툼이 없는 [법]인가?"라고 아비담마 마띠까에 토대한 122가지 질문을 제기한 뒤 §§223~224에서 "열 가지 기능은 결정할 수 없는[無記] [법]이다. 불만족의 기능은 해로운 [법]이다. 구경의 지혜를 가지려는 기능[未知當知根]은 유익한 [법]이다. 네 가지 기능은 유익한 [법]일 수 있고, 결정할 수 없는[無記] [법]일 수 있다. 여섯 가지 기능은 유익한 [법]일 수 있고, 해로운 [법]일 수 있고, 결정할 수 없는[無記] [법]일 수 있다."(*cf.* ma3-1)라는 등의 방법으로 이들 122가지 질문에 대해서 하나하나 답을 제시한다.

제6장 연기(緣起) 위방가 요약

연기 위방가는 초기불교 교학의 여섯 번째 주제이면서 『상윳따 니까야』 제2권 「인연 상윳따」(S12)의 기본 주제인 12연기의 가르침을 담고 있다. 붓다고사 스님은 『청정도론』 제17장에서 12연기를 해설을 하면서 "본질적으로 연기의 주석은 어렵다."라고 단언한 뒤 "그러므로 전승된 가르침을 통달하거나 수행하여 법을 증득한 자가 아니면 연기의 주석은 불가능하다고 생각한다."고 하면서 "마치 깊은 바닷속으로 빠져든 사람처럼 그 발판을 찾지 못하는구나."(Vis.XVII.25)라고 언급하고 계신다. 『위방가』 제6장 연기 위방가를 보면 붓다고사 스님이 왜 이런 탄식을 하셨는지 조금은 이해할 수 있을 것 같다.

니까야에서 12연기는 괴로움의 발생구조와 소멸구조를 밝히는 가르침이다. 『상윳따 니까야』 제2권 「인연 상윳따」(S12)에는 2지 연기부터 12지 연기까지의 다양한 연기의 가르침이 나타난다.[38] 그러나 본서에서는 12연기, 그것도 12연기의 발생구조(유전문)만이 개요로 나타나고 있다. 이처럼 본 장은 §§225~357에서 12연기의 유전문에만 초점을 맞추고 있는데 특히 아비담마에 따른 분석 방법에서는 다양한 개요와 분석들을 담고 있다.

1. 경에 따른 분석 방법

먼저 §225에서 "① 무명을 조건으로 하여 [업]형성들[行]이, ② [업]형성들을 조건으로 하여 알음알이[識]가, ③ 알음알이를 조건으로 하여 정신·물질[名色]이, ④ 정신·물질을 조건으로 하여 여섯 감각장소[六入]가, ⑤ 여섯 감각장소를 조건으로 하여 감각접촉[觸]이, ⑥ 감각접촉을 조건으로 하여 느낌[受]이, ⑦ 느낌을 조건으로 하여 갈애[愛]가, ⑧ 갈애를 조건으로 하여 취착[取]이, ⑨ 취착을 조건으로 하여 존재[有]가, ⑩ 존재를 조건으로 하여 태어남[生]이, ⑪ 태어남을 조건으로 하여 늙음과 죽음[老死], 슬픔·비탄·육체적 고통·정신적 고통·절망이 발생한다(sambhavanti). 이와 같이 전체 괴로움의 무더기[苦蘊]가 일어난다."(§225)라는 니까야의 여러 경에 나타나는 유전문의 정형구가 경에 따른 분석 방법의 개요로 나타난다. 그리고 §§226~242는 이 12연기에 나타나는 여러 용어들을 『상윳따 니까야』 제2권 「분석 경」(Vibhaṅga-sutta, S12:2) 등에 나타나는 방법대로 분석하여 설명하고 있다.

38) 니까야에 나타나는 연기의 가르침에 대해서는 졸저 『초기불교 이해』 제15장과 제16장 <괴로움의 발생구조와 소멸구조 — 12연기 I/II>를 참조하기 바란다.

2. 아비담마에 따른 분석 방법

연기 위방가의 아비담마에 따른 분석 방법은 분량이 많고 까다롭다. 『청정도론』도 전체 23장 가운데 12연기를 설명하고 있는 제17장이 분량도 많고 가장 어려운 것으로 정평이 나있는 것처럼 본서에서도 연기 위방가의 아비담마에 따른 분석 방법은 그 분량도 많고 난해하다 할 수 있다. 그래서 연기 위방가의 아비담마에 따른 분석 방법은 주석서의 도움이 없이는 정확하고 심도 있는 이해가 어렵다고 여겨진다.

먼저 연기 위방가의 아비담마에 따른 분석 방법의 전개 방법을 개관해보자. 본 장의 아비담마에 따른 분석 방법은 개요(uddesa)에 해당하는 (A) 마띠까(§§243~247)와 이것의 분석인 (B) 마음의 일어남(cittuppāda, §§248~354)의 두 부분으로 나누어진다. 이제 이 둘을 간략하게 정리해보자.

(A) 마띠까[論母]

아비담마에 따른 분석 방법의 개요에 해당하는 (A) 마띠까는 다시 (1) 무명을 뿌리로 하는 방법의 마띠까(avijjāmūlakanayamātikā, §§243~246)와 (2) [업]형성 등을 뿌리로 하는 방법의 마띠까(saṅkhārādimūlakanaya-mātikā, §247)의 둘로 구성되어 있다. 이 가운데 (1) 무명을 뿌리로 하는 방법의 마띠까는 다시 ① 조건의 네 개 조(paccaya-catukka, §243)와 ② 원인의 네 개 조(hetu-catukka, §244)와 ③ 결합의 네 개 조(sampayutta-catukka, §245)와 ④ 서로 지탱함의 네 개 조(aññamañña-catukka, §246)의 넷으로 구성되어 있는데 이 네 개 조의 각각에 다시 ⓐ/ⓑ/ⓒ/ⓓ의 네 개의 정형구가 들어있다. 이렇게 하여 (1) 무명을 뿌리로 하는 방법의 마띠까에는 모두 4×4=16개의 12연기의 정형구들이 나타나고 있다.[39] 그리고 (2) [업]형성

---

39) 이들 ⓐ/ⓑ/ⓒ/ⓓ의 네 개의 정형구에 대한 주석서의 설명을 살펴보면 다음과 같다.
"이 가운데 ⓐ 첫 번째는 [12연기의 정형구 가운데] 정신·물질[名色]의 자리에 정신이, 여섯 감각장소[六入]의 자리(saḷāyatanaṭṭhāna)에 여섯 번째 감각장소(chaṭṭhāyatana)가 설해졌기 때문에 완전하지 않은 2가지 구성요소와 함께하는 12가지 구성요소를 가진 부문(aparipuṇṇāṅgadvayayutta

등을 뿌리로 하는 방법의 마띠까(§247)는 무명의 뿌리가 되는 [업]형성, 알음알이, 정신, 여섯 번째 감각장소, 감각접촉, 느낌, 갈애, 취착의 여덟 가지를 나열하고 있다.

마띠까는 이처럼 모두 16×9=144가지 정형구로 이루어져 있으며 주석서도 이렇게 설명하고 있다.(VbhA.200)

그러면 경에 따른 분석 방법에 나타나는 12연기의 정형구와 아비담마에 따른 분석 방법에 나타나는 12연기의 정형구 16가지, 확장하여 144가지의 가장 큰 차이점은 무엇일까? 그것은 경에 따른 분석 방법에는 12연기의 두 번째 구성요소인 [업]형성[行]이 [업]형성들(saṅkhārā)로 복수로 나타나지만 §243 등에서 보듯이 아비담마에 따른 분석 방법에 나타나는 [업]형성[行]은 모두 [업]형성(saṅkhāra)으로 단수로 나타나는 것이다. 이것이 12연기에 대한 경에 따른 분석 방법과 아비담마에 따른 분석 방법의 가장 중요한 차이점이다. 그러면 왜 이런 차이가 있는 것인지 주석서의 설명을 들어보자.

"이 네 가지에서 경에 따른 분석 방법에서처럼 '[업]형성들(saṅkhārā)'이라고 [복수로] 설하시지 않고 '[업]형성(saṅkhāra)'이라고 [단수로] 설하신 것이 [이 ①/②/③/④ 네 가지 부문에] 공통되는 점이다. 그것은 왜인가? 하나의 심찰나에만 존재하기 때문이다(ekacittakkhaṇikattā). 거기 [경에 따른 분석 방법]에서는 여러 심찰나에 존재하는(nānā-cittakkhaṇika) 조건의 형태(paccayākāra)를 분석하였다. 여기서는 하나의 심찰나에 존재하는 것이

---

dvādasaṅgika-vāra)이라 한다. ⓑ 두 번째는 정신·물질의 자리에 오직 정신이, 여섯 감각장소의 자리에는 어떤 것도 설해지지 않았기 때문에 완전하지 않은 1가지 구성요소와 함께하는 11가지 구성요소를 가진 부문(aparipuṇṇaekaṅgayutta ekādasaṅgika-vāra)이라 한다. ⓒ 세 번째는 여섯 감각장소의 자리에 여섯 번째 감각장소가 설해졌기 때문에 완전하지 않은 1가지 구성요소와 함께하는 12가지 구성요소를 가진 부문(aparipuṇṇa-ekaṅga yutta dvādasaṅgika-vāra)이라 한다. ⓓ 네 번째만이 완전한 12가지 구성요소를 가진 것(paripuṇṇadvādasaṅgika)이다."(VbhA.200)

시도되었다. 그리고 하나의 심찰나에는 여러 가지 의도들(bahū cetanā)이 존재하지 않기 때문에 [업]형성들이라고 [복수로] 말씀하시지 않고 [업]형성이라고 [단수로] 말씀하신 것이다."(VbhA.201, 본서 §243의 해당 주해 참조)

이처럼 본 장의 아비담마에 따른 분석 방법은 다양한 방법을 동원하여 매 찰나에 일어나는 마음의 전개에 12연기를 적용시키면서 상세하게 분석하는 것이 가장 큰 특징이라 할 수 있다. 특히 아비담마에 따른 분석 방법 가운데 다양한 경우의 수가 적용되는 곳은 식-명색-육입(알음알이-정신·물질-여섯 감각장소)이다. 본서는 아래 ⓐ/ⓑ/ⓒ/ⓓ의 네 가지 방법으로 다양하게 식-명색-육입의 관계를 해석하고 있다. 이렇게 하여 욕계·색계·무색계에서 일어날 수 있는 모든 경우의 수를 특히 이 식-명색-육입에서 엄정하게 분석하려고 시도하고 있다.

식-명색-육입을 중심으로 이 네 개 조의 구성을 정리해보면 다음과 같다.

① 조건의 네 개 조(paccaya-catukka, §243)는 ⓐ <식-명-6번입-촉>, ⓑ <식-명-촉>, ⓒ <식-명색-6번입-촉>, ⓓ <식-명색-6입-촉>의 네 가지 방법으로 구성되어 있다. 이 네 가지 방법 가운데 ⓓ가 니까야에 나타나는 12연기의 정형구와 같다.(§225 참조) 그리고 ① 조건의 네 개 조에 언급되는 이 ⓐ/ⓑ/ⓒ/ⓓ의 네 가지 방법은 ② 원인의 네 개 조(§244), ③ 결합의 네 개 조(§245), ④ 서로 지탱함의 네 개 조(§246)에도 다음과 같이 그대로 적용되고 있다.

즉, ② 원인의 네 개 조(hetu-catukka, §244)는 연기의 구성요소들의 상호의존관계를 'X를 조건으로 하고 X가 그 원인인 Y'로 표현하고 있고, ③ 결합의 네 개 조(sampayutta-catukka, §245)는 'X를 조건으로 하고 X와 결합된 Y'로 표현하고 있으며, ④ 서로 지탱함의 네 개 조(aññamañña-catukka, §246)는 'X를 조건으로 하여 Y가 있고 Y를 조건으로 하여서도 X가 있으며'로 표현하고 있다.

이처럼 본 장의 아비담마에 따른 분석 방법의 마띠까는 ⓐ/ⓑ/ⓒ/ⓓ의 네 가지 방법으로 이루어진 네 개의 네 개 조(4×4=16)로 12연기를 엄정하게 분석하고 있다. 이것은 왜 본서가 『위방가』 즉 분석론이라 불리는지를 보여주는 좋은 보기가 된다 할 수 있다.

(B) 마음의 일어남(cittuppāda, §§248~354)에 대한 설명

아비담마 길라잡이 역자 서문에서 마음(citta)을 이해하는 두 가지 명제가 있다고 역자는 강조하였다. 첫 번째는 대상을 식별[了別境]하는 것이라는 마음의 고유성질이고 두 번째는 찰나적 존재[有刹那, khaṇika]라는 것이다. 마음은 대상을 식별한다는 고유성질로는 하나이지만 찰나적 존재이기 때문에 100세 인생 동안 한 개체에 있어서 적어도 75×16×60×60×24×365×100=3조 7,800억 번 정도의 마음이 일어나고 사라진다. 그러므로 모든 인간 모든 천신 모든 축생을 포함한 존재들에게서 마음은 도저히 언설로 헤아릴 수 없을 만큼 많이 불가설불가설 미진수로 일어나고 사라진다. 이러한 마음을 아비담마 칠론의 첫 번째인 『담마상가니』 제1장은 유익한 업을 짓는 마음, 해로운 업을 짓는 마음, 과보로 나타난 마음, 작용만 하는 마음의 첫 번째 기준과 욕계 마음, 색계 마음, 무색계 마음, 출세간 마음의 두 번째 기준으로 분류하여 간추리면 89개, 출세간을 본삼매의 경지로 확장하면 121개, 더 확장하면 211,605가지로 정리해 내고 있다.(이상 『아비담마 길라잡이』 제1권 100쪽 제1장 [해설] 참조)

연기 위방가의 아비담마에 따른 분석 방법의 본격적인 전개라 할 수 있는 (B) 마음의 일어남(cittuppāda, §§248~354)은 위의 (A) 마띠까에서 정리된 이런 16가지 혹은 144가지 정형구를 다음의 7가지 영역에 적용시켜서 설명하고 있다. 이 구분은 주석서의 설명을 따른 것이다.

(1) 해로운 마음에 대한 해설(akusala-niddesa, §§248~279)

(2) 나머지 해로운 마음에 대한 해설(akusala-niddesa, §§280~291)

(3) 유익한 마음에 대한 해설(kusala-niddesa, §§292~305)

(4) 결정할 수 없는[無記] 마음에 대한 해설(abyākata-niddesa, §§306~333)

1) 과보로 나타난 마음(§§306~329)

2) 작용만 하는 마음(§§330~333)

(5) 무명을 뿌리로 하는 유익한 마음에 대한 해설(avijjā-mūlaka-kusala-niddesa, §§334~342)

(6) 유익함을 뿌리로 하는 과보로 나타난 마음에 대한 해설(kusala-mūlaka-vipāka-niddesa, §§343~349)

(7) 해로움을 뿌리로 하는 과보로 나타난 마음에 대한 해설(akusala-mūlakavipāka-niddesa, §§350~354)

이처럼 마띠까에서 정리하고 있는 16가지 혹은 144가지의 연기의 정형구를 이러한 89가지 혹은 121가지 혹은 211,605가지로 정리되는, 이 세상에 존재하는 모든 마음들 각각에 적용시켜 설명하려는 것이 (B) 마음의 일어남(§§248~354)이다. 더 자세한 것은 본문을 참조하기 바란다.

연기 위방가의 아비담마에 따른 분석 방법은 이상과 같이 간략하게 개관할 수 있다. 그리고 연기 위방가에는 [아비담마 마띠까를 통한] 질문의 제기가 나타나지 않는다. 이 아비담마의 분류 방법 자체가 『담마상가니』의 마음의 일어남 편을 거의 모두 가져와서 설명하고 있기 때문에 『담마상가니』 마띠까를 『위방가』에 적용시키는 [아비담마 마띠까를 통한] 질문의 제기 편은 없는 것으로 이해하면 되겠다.

제7장 마음챙김의 확립[念處] 위방가 요약

이상 본서 제1장부터 제6장까지의 여섯 개 장은 초기불교의 교학의 주제인 온·처·계·제·근·연에 따른 분석이었다. 이제 여기 제7장부터 제14장까지는 각각 순서대로 초기불교의 수행의 주제인 4념처, 4정근, 4여의족, 7각지, 8정도, 4선, 4무량, 5계를 분석하고 있다. 그 가운데 제7장은 초기불교 수행의 출발점이며 불교 수행의 핵심이 담겨있는 네 가지 마음챙김의 확립[四念處, cattaro satipaṭṭhānā]을 분석하고 있다. 이것은 『상윳따 니까야』 제5권 「마음챙김의 확립 상윳따」(S47)의 기본 주제이기도 하다.

1. 경에 따른 분석 방법

먼저 §355에서 니까야의 「대념처경」(D22) 등에서 정형화되어 나타나는 네 가지 마음챙김의 확립[四念處]의 정형구를 더 분명하게 다듬어서 다음과 같이 개요로 밝히고 있다.(여기에 대해서는 본 해제 §5-(3)의 둘째를 참조할 것)

"여기 비구는 안으로 몸에서 몸을 관찰하며 머문다. 밖으로 몸에서 몸을 관찰하며 머문다. 안팎으로 몸에서 몸을 관찰하며 머문다. 세상에 대한 욕심과 싫어하는 마음을 버리면서 근면하게, 분명하게 알아차리고 마음챙기면서 머문다.

안으로 … 밖으로 … 안팎으로 느낌들에서 느낌을 …

안으로 … 밖으로 … 안팎으로 마음에서 마음을 …

안으로 … 밖으로 … 안팎으로 법들에서 법을 관찰하며 머문다. 세상에 대한 욕심과 싫어하는 마음을 버리면서 근면하게, 분명하게 알아차리고 마음챙기면서 머문다."(§355)

이 『위방가』의 정형구를 『디가 니까야』의 「대념처경」(D22)이나 『맛지마 니까야』의 「염처경」(M10) 등의 니까야의 경들에 나타나는 정형구와 비교해보면 두 가지 부분이 다르다. ① 니까야의 개요 부분(D22 §1; M10 §3)에는 안과 밖과 안팎의 구분이 없다. ② 니까야의 21가지 명상주제의 각 항목의 결론 부분에는 '혹은'으로 번역되는 vā가 나타나고 있다.

본서는 니까야의 정형구보다 더 분명하게 개요를 밝힌 뒤 §§356~373에서 이 정형구에 나타나는 용어들을 하나하나 설명하고 있다. 그런데 「대념처경」(D22)에서 몸에 대한 마음챙김의 대상 혹은 명상주제는 ① 들숨날숨 ② 네 가지 자세 ③ 네 가지 분명하게 알아차림 ④ 몸의 32가지 부위에 대한 혐오(32가지 몸의 형태) ⑤ 사대를 분석함 ⑥~⑭ 아홉 가지 공동묘지의 관찰의 14가지로 정리되어 나타나지만 본서에서는 이 가운데 네 번째에 해당하는 몸의 32가지 부위에 대한 혐오만을 몸에 대한 마음챙김의 명상주제로 들고 있다.(§356)

그리고 법에 대한 마음챙김의 대상 혹은 명상주제는 「대념처경」(D22)에서 ① 다섯 가지 장애[五蓋] ② 다섯 가지 무더기[五蘊] ③ 여섯 가지 감각장소[六處] ④ 일곱 가지 깨달음의 구성요소[七覺支] ⑤ 네 가지 성스러운 진리[四聖諦]의 5가지로 정리되어 나타나지만 본서에서는 이 가운데 첫 번째와 네 번째에 해당하는 다섯 가지 장애[五蓋]와 일곱 가지 깨달음의 구성요소[七覺支]의 두 가지만을 들고 있다.(§367)

2. 아비담마에 따른 분석 방법

위에서 보듯이 경에 따른 분석 방법에서 4념처의 개요는 상세하게 정형화되어 있지만(§355) 아비담마에 따른 분석 방법에서 마음챙김의 확립은 "여기 비구는 몸에서 몸을 관찰하며 머문다. 느낌들에서 느낌을 관찰하며 머문다. 마음에서 마음을 관찰하면서 머문다. 법들에서 법을 관찰하며 머문다."(§374; §380)로 간단명료하게 개요로 정의되고 있다. 아비담마에 따른 분석 방법에는 두 개의 개요가 나타나는데 그것은 (1) 도에 관계된 마음챙김의 확립(§§374~379)과 (2) 과에 관계된 마음챙김의 확립(§§380~385)이다. 이처럼 아비담마에 따른 분석 방법은 출세간의 마음챙김의 확립(lokuttara-satipaṭṭhāna)을 통해서 가르침을 전개하는데 『담마상가니』 제1편 마음의 일어남 편에서 분류하고 분석하는 여러 가지 마음들 가운데 출세간 마음들에 관계된 설명들을 가져와서 논의를 전개하고 있다.

이 가운데 (1) 도에 관계된 마음챙김의 확립은 "여기 비구는 몸에서 몸을 관찰하며 머문다. 느낌들에서 느낌을 관찰하며 머문다. 마음에서 마음을 관찰하면서 머문다. 법들에서 법을 관찰하며 머문다."(§374)라고 개요를 제시한 뒤에 §375에서는 예류과를 얻기 위해서 출세간 禪을 닦을 때 있는 몸을 관찰하는 마음챙김을, 같은 방법으로 §376에서는 느낌을 관찰하는 마음챙김을, §377에서는 마음을 관찰하는 마음챙김을, §378에서는 법을 관찰하는 마음챙김을, §379에서는 출세간 禪을 닦을 때 있는 마음챙김의 확립을 설명한다.

(2) 과에 관계된 것도 앞의 §374와 똑같이 "여기 비구는 몸에서 몸을 관찰하며 머문다. 느낌들에서 느낌을 관찰하며 머문다. 마음에서 마음을 관찰하면서 머문다. 법들에서 법을 관찰하며 머문다."(§380)라고 개요를 제시한 뒤에 §§375~379처럼 『담마상가니』 §510 등에 나타나는 예류과에 관계된 출세간 마음의 정형구만을 들어서 제시하고 있다.

한편 『담마상가니』는 이 출세간의 마음을 4종禪과 5종禪을 통한 두 가지로 구분하고 다시 도닦음도 어렵고 초월지도 느린 것 등의 네 가지 도닦음의 구분으로도 분류하고 있다. 그리고 이들은 다시 순수한 도닦음(suddhika-paṭipadā, Dhs §§277~344, §§505~509)과 순수한 공함(suddhika-suññatā, Dhs §§343~344, §§510~513)과 공한 도닦음(suññata-paṭipadā, Dhs §§345~349, §§514~518)과 순수한 원함 없음(suddhika-appaṇihitā, Dhs §§350~351, §§519~522)과 원함 없음의 도닦음(appaṇihita-paṭipadā, Dhs §§352~356, §§523~527)의 다섯 가지로 구분된다.(VbhA.287; DhsA.221) 그러나 본서는 『담마상가니』에서 드러내는 여러 가지 종류의 출세간 마음들 가운데서 표제어(mukha)로 '첫 번째 경지[初地, 예류과]'(본서 §§375~379)와 '도닦음도 어렵고 초월지도 느린 초선'(*Ibid.*)과 '도닦음도 어렵고 초월지도 느리며 공하고[空性] 과보로 나타난 초선'(본서 §§381~385 참조)의 세 가지만을 들고 있다.

그래서 주석서는 다음과 같이 본 장의 아비담마에 따른 분석 방법의 특징을 설명하고 있다.

"아비담마에 따른 분석 방법에서는 출세간의 마음챙김의 확립(lokuttara-satipaṭṭhāna)을 통해서 가르침을 시작하신다. 그래서 몸 등을 대상으로 하는 세간적인 마음챙김의 확립들(lokiyasatipaṭṭhānā)에서 정해진 경전(tanti)을 따르지 않고 몸을 따라 관찰함 등의 모든 마음챙김의 확립들을 『담마상가니』(Dhs §277 이하와 §505 이하)에서 분석하신 가르침의 방법의 표제어만을(mukhamattameva) 보여주시면서 설명하셨다."(VbhA.287)

『위방가 주석서』의 이러한 설명처럼 본서는 『담마상가니』에서 드러내는 여러 가지 종류의 출세간 마음들 가운데서 표제어(mukha)로 '첫 번째 경지[初地, 예류과]'(본서 §§375~379)와 '도닦음도 어렵고 초월지도 느린 초선'(*Ibid.*)과 '도닦음도 어렵고 초월지도 느리며 공하고[空性] 과보로 나타난 초선'(본서 §§381~385 참조)만을 들고 있다.

그러므로 가능한 모든 경우의 수를 다 합하면 이 네 가지 마음챙김의 확립[四念處]의 아비담마에 따른 분석 방법은 모두 8만 가지로 장엄이 된다(patimaṇḍita)고 『위방가 주석서』는 설명하고 있다.(VbhA.287) 여기에 대한 자세한 것은 본서 §385의 마지막 주해를 참조하기 바란다.

3. [아비담마 마띠까를 통한] 질문의 제기(Pañhā-pucchaka)

일반적으로 각 장의 [아비담마 마띠까를 통한] 질문의 제기에 나타나는 개요는 그 장의 경에 따른 분석 방법에서 제시하는 개요와 일치한다. 그런데 본 장의 [아비담마 마띠까를 통한] 질문의 제기에서는 본 장 §355에서 제시한 경에 따른 분석 방법의 개요 가운데 안과 밖과 안팎의 구분이 없이 "여기 비구는 몸에서 몸을 관찰하며 … 느낌들에서 느낌을 관찰하며 … 마음에서 마음을 관찰하며 … 법들에서 법을 관찰하며 머문다. 세상에 대한 욕심과 싫어하는 마음을 버리면서 근면하게, 분명하게 알아차리고 마음챙기면서 머문다."(§386)로 더 간결한 형태로 나타난다.

그런 다음 §387에서 "네 가지 마음챙김의 확립 가운데 … pe(Dhs Mtk) … 몇 가지가 다툼을 가진 [법]이고, 몇 가지가 다툼이 없는 [법]인가?"라고 아비담마 마띠까에 토대한 122가지 질문을 제기한 뒤 §§388~389에서 "[네 가지 마음챙김의 확립은] 유익한 [법]일 수 있고, 결정할 수 없는[無記] [법]일 수 있다."(*cf* ma3-1)라는 등의 방법으로 이들 122가지 질문에 대해서 하나하나 답을 제시하고 있다.

제8장 바른 노력[正勤] 위방가 요약

본서 제8장 바른 노력 위방가는 초기불교 수행을 대표하는 37보리분법의 일곱 가지 주제 가운데 두 번째이면서 『상윳따 니까야』 제5권 「바른 노력 상윳따」(S49)의 기본 주제인 네 가지 바른 노력[四正勤, cattāro samma-ppadhānā]을 분석하고 있다.

1. 경에 따른 분석 방법(Suttanta-bhājanīya)

먼저 §390에서 니까야의 여러 곳에서 정형화되어 나타나는 다음의 네 가지 바른 노력[四正勤]의 정형구를 개요(uddesa)로 제시한다.

"여기 비구는 아직 일어나지 않은 악하고 해로운 법들[不善法]을 일어나지 못하게 하기 위해서 열의를 일으키고 애를 쓰고 정진을 하고 마음을 다잡고 노력한다. 이미 일어난 악하고 해로운 법들을 제거하기 위해서 열의를 일으키고 애를 쓰고 정진을 하고 마음을 다잡고 노력한다. 아직 일어나지 않은 유익한 법들[善法]을 일어나게 하기 위해서 열의를 일으키고 애를 쓰고 정진을 하고 마음을 다잡고 노력한다. 이미 일어난 유익한 법들을 지속시키고 사라지지 않게 하고 증장시키고 충만하게 하고 닦아서 성취하기 위해서 열의를 일으키고 애를 쓰고 정진을 하고 마음을 다잡고 노력한다." (§390)

이 정형구는 니까야의 여러 곳에서 네 가지 바른 노력[四正勤, S49:1 등, S51:13 등]과 바른 정진[正精進, D22 §21; S45:8 등]의 정형구로 나타나고 있다. 그런 뒤에 §§391~407에서 이 정형구에 나타나는 용어들을 하나하나 분석하여 설명한다.

2. 아비담마에 따른 분석 방법(Abhidhamma-bhājanīya)

아비담마에 따른 분석 방법에서 인용하는 개요의 정형구는 경에 따른 분석 방법에서 제시한 개요의 정형구와 같다. 그래서 §408에서 네 가지 바른 노력[四正勤]의 개요를 위의 §390에 나타난 경에 따른 분석 방법의 정형구와 똑같이 언급한다.

그런 뒤에 §§409~426에서는 이 개요의 정형구에 나타나는 용어들을 앞의 제7장 마음챙김 위방가의 아비담마에 따른 분석 방법과 같이 『담마상가니』의 출세간 마음들의 설명과 같은 방법으로 설명하고 있다. 단 여기서는 주석서의 설명처럼 과보로 나타난 것(vipāka)에는 바른 노력들이 해야 할 역할이 없기 때문에 과보의 부문은 취하지 않았다. 주석서의 설명을 살펴보자.

"여기서 방법의 구별을 알아야 한다. 어떻게? 첫 번째 바른 노력에서 예류도에 있는 禪에 대한 천착에는 순수한 도닦음(Dhs §§277~344, §§505~509)과 순수한 공함(Dhs §§343~344, §§510~513)과 공한 도닦음(Dhs §§345~349, §§514~518)과 순수한 원함 없음(Dhs §§350~351, §§519~522)과 원함 없음의 도닦음(Dhs §§352~356, §§523~527)의 다섯 가지 부문이 있다.

이들에 대해서 각각 둘씩인 4종선과 5종선의 방법(catukkapañcakanayā)을 통해서 열 가지 방법이 있다. 이와 같이 나머지 [19가지] 천착(abhinivesā)[40]에서도 그러하여 20가지 천착에 의해서 200가지 방법이 된다.

이들은 네 가지 지배(catu adhipati, Dhs §358 참조)에 의해서 네 배가 되어 800이 된다. 이와 같이 순수한 것들이 200개이고 지배와 함께하는 것들이 800개가 되어서 모두 1000개의 방법이 있다.

그와 같이 두 번째 바른 노력 등에서도 순수한 바른 노력에서도 그러하여 예류도에서는 5,000가지가 된다. 그리고 예류도에서처럼 나머지 도에서도 그와 같아서 유익한 것(kusala)에는 20,000가지가 있다. 그렇지만 과보로 나타난 것에는 바른 노력들이 해야 할 역할(kattabbakicca)이 없기 때문에 과보의 부문은 취하지 않았다. 여기서 바른 노력들은 전적으로 출세간적인 것(nibbattita-lokuttara)으로 설해졌다고 알아야 한다."(VbhA.301~302.)

여기서도 아비담마의 방법은 전적으로 출세간적인 것이라고 주석서는 강조하고 있다.

3. [아비담마 마띠까를 통한] 질문의 제기(Pañhā-pucchaka)

본 장에서도 먼저 §427에서는 경에 따른 분석 방법 §390에서 개요로 제

---

40) 『담마상가니』 제1권 §357의 <2~20. 스무 가지 [가운데 남은 열아홉 가지] 큰 방법>을 참조할 것.

시하였던 네 가지 바른 노력의 정형구를 똑같이 개요로 제시한다. 그런 다음 §428에서 "네 가지 바른 노력 가운데 … pe(Dhs Mtk) … 몇 가지가 다툼을 가진 [법]이고, 몇 가지가 다툼이 없는 [법]인가?"라고 아비담마 마띠까에 토대한 122가지 질문을 제기한 뒤 §§429~430에서 "[네 가지 바른 노력은] 오직 유익한 [법]이다."(*cf.* ma3-1)라는 등의 방법으로 이들 122가지 질문에 대해서 하나하나 답을 제시하고 있다.

제9장 성취수단[如意足] 위방가 요약

제9장 성취수단 위방가는 초기불교 수행을 대표하는 37보리분법의 일곱 가지 주제 가운데 세 번째이면서 『상윳따 니까야』 제6권 「성취수단 상윳따」(S51)의 기본 주제인 네 가지 성취수단[四如意足, cattāro iddhipādā]을 분석하고 있다.

1. 경에 따른 분석 방법(Suttanta-bhājanīya)

먼저 §431에서 니까야의 여러 곳에서 정형화되어 나타나는 다음의 네 가지 성취수단[四如意足]의 정형구를 개요로 제시한다.

"여기 비구는 열의를 [주로 한] 삼매와 노력의 [업]형성[行]을 갖춘 성취수단을 닦는다. 정진을 [주로 한] 삼매와 노력의 [업]형성을 갖춘 성취수단을 닦는다. 마음을 [주로 한] 삼매와 노력의 [업]형성을 갖춘 성취수단을 닦는다. 검증을 [주로 한] 삼매와 노력의 [업]형성을 갖춘 성취수단을 닦는다."(§431)

그런 뒤에 본서는 이 네 가지 성취수단을 분석해서 설명하고 있는데 먼저 §432에서는 (1) 열의를 [주로 한] 성취수단(chandiddhipāda)이라는 표제어로 다음과 같이 분석한다.

"그러면 어떻게 비구는 열의를 [주로 한] 삼매와 노력의 [업]형성[行]을 갖춘 성취수단을 닦는가? 만약 비구가 열의를 지배의 [요소]로 삼아 삼매를 얻고 마음이 하나됨을 얻으면 이를 일러 열의를 [주로 한] 삼매라 한다. 그는 아직 일어나지 않은 … 열의를 일으키고 애를 쓰고 정진을 하고 마음을 다잡고 노력한다. 이를 일러 '노력의 [업]형성(padhāna-saṅkhārā)'이라 한다.

이처럼 이것이 열의를 [주로 한] 삼매이고 이것이 노력의 [업]형성이다. 이 [둘을] 한데 모으고 간략히 해서 이를 일러 열의를 [주로 한] 삼매와 노력의 [업]형성[行]이라는 명칭을 가지게 된다."(§432)

같은 방법으로 §435에서는 (2) 정진을 [주로 한] 성취수단(vīriyiddhipāda)을, §438에서는 (3) 마음을 [주로 한] 성취수단(cittiddhipāda)을, §441에서는 (4) 검증을 [주로 한] 성취수단(vīmaṁsiddhipāda)을 분석하고 있다.

이러한 정형구는 여기 빠알리 삼장에서는 『위방가』의 이곳에서만 나타나는 것으로 조사가 되었으며 『청정도론』(Vis.II.24; XXII.36)에서 일부분이 인용되어 나타나고 있다. 이처럼 경에 따른 분석 방법 가운데도 『위방가』에서만 나타나는 정형구도 있다.

이렇게 네 가지 성취수단 각각을 분석하여 정형화한 뒤에 이들 각각을 §433 이하와 §436 이하와 §439 이하와 §442 이하에서 이 정형구에 나타나는 용어들을 차례대로 설명하고 있다.

2. 아비담마에 따른 분석 방법

네 가지 성취수단 위방가의 아비담마에 따른 분석 방법은 (A) 기본 분석 방법(§§444~456)과 (B) 작은 분석 방법(uttaracūḷabhājanīya, §§457~461)의 둘로 구성되어 있다.

이 가운데 (A) 기본 분석 방법에서는 먼저 §444에서 네 가지 성취수단[四如意足]의 정형구를 위의 §431에 나타난 경에 따른 분석 방법의 정형구와 똑같이 언급한다. 그런 뒤에 §§445~456에서는 이 개요의 정형구에 나타나는 용어들을 앞의 제7장 마음챙김 위방가와 제8장 바른 노력 위방가의 아비담마에 따른 분석 방법과 같이 『담마상가니』의 출세간 마음들의 설명과 같은 방법으로 분석해서 설명하고 있다.

(B) 작은 분석 방법에서는 "네 가지 성취수단은 열의를 [주로 한] 성취수단, 정진을 [주로 한] 성취수단, 마음을 [주로 한] 성취수단, 검증을 [주로 한] 성취수단이다."(§457)라고 간략한 개요를 제시한 뒤에 §§458~461에서

앞의 기본 분석 방법의 §445와 §448과 §451과 §454에서 분석하여 설명하였던 각각 열의를 [주로 한] 성취수단, 정진을 [주로 한] 성취수단, 마음을 [주로 한] 성취수단, 검증을 [주로 한] 성취수단의 분석 방법을 제시한다. 여기서는 개요도 간략하고 분석 방법도 간략하기 때문에 작은 분석 방법이라고 부르고 있다.

여기서도 주석서는 아비담마의 방법은 출세간에 적용된다고 다음과 같이 강조하고 있다.

"아비담마에 따른 분석 방법은 [그 의미가] 분명하다. 여기서는 방법(naya)을 계산해보아야 한다. "열의를 [주로 한] 삼매와 노력의 [업]형성[行]을 갖춘 성취수단을 닦는다."라고 말씀하신 곳에서는 출세간(lokuttarāni)의 4,000가지 방법을 분석하셨다.

여기서 뒤의 작은 분류 방법(uttaracūḷabhājanīya, §§457~461)에 있는 열의의 성취수단에서 4,000가지 방법이 분석되었고 정진·마음·검증의 성취수단에서도 각각 4,000씩이 있어서 [처음의 4여의족(§§444~§456)을 더하면] 모두 8가지 네 개 조가 되어 모두 32,000가지 방법이 분석되었다. 이와 같이 이 전적으로 출세간적인(nibbattita-lokuttara) 바른 노력들을 통해서 32,000가지 방법으로 장엄된 아비담마에 따른 분석 방법이 설해졌다고 알아야 한다."(VbhA.308)

이러한 계산 방법에 대해서는 본서 제4장 진리 위방가 §214의 해당 주해와 제7장 마음챙김의 확립 위방가 §385의 해당 주해 등을 참조하기 바란다.

3. [아비담마 마띠까를 통한] 질문의 제기(Pañhā-pucchaka)

본 장에서도 먼저 §462에서는 경에 따른 분석 방법의 §431에서 개요로 제시하였던 네 가지 바른 노력의 정형구를 똑같이 개요로 제시한다. 그런 다음 §463에서 "네 가지 성취수단 가운데 … pe(Dhs Mtk) … 몇 가지가 다툼을 가진 [법]이고, 몇 가지가 다툼이 없는 [법]인가?"라고 아비담마 마띠까에 토대한 122가지 질문을 제기한 뒤 §§464~465에서 "[네 가지 성취수단은] 유익한 [법]이다."(*cf.* ma3-1)와 "즐거운 느낌과 결합된 [법]일 수 있고, 괴롭지도 즐겁지도 않은 느낌과 결합된 [법]일 수 있다.(*cf.* ma3-2)"라는 등의 방법으로 이들 122가지 질문에 대해서 하나하나 답을 제시하고 있다.

제10장 깨달음의 구성요소[覺支] 위방가 요약

한편 37보리분법의 7가지 주제 가운데 다섯 가지 기능[五根, pañcindriyā-ni]은 본서 제5장 기능 위방가의 22가지 기능 가운데 15번째부터 19번째까지의 다섯 가지로 포함되어 나타났다. 그래서 다섯 가지 기능과 이것과 같은 내용을 담고 있는 다섯 가지 힘[五力, pañca balāni]은 본서에서 독립된 주제로 설정하지 않고 있다. 본서는 제9장에서 초기불교 수행의 주제 가운데 세 번째인 네 가지 성취수단을 분석한 뒤 여기 제10장에서는 37보리분법의 여섯 번째 주제인 일곱 가지 깨달음의 구성요소[七覺支, satta bojjhaṅgā]를 분석하고 있다. 이것은 『상윳따 니까야』 제5권 「깨달음의 구성요소 상윳따」(S46)의 주제이기도 하다.

1. 경에 따른 분석 방법

깨달음의 구성요소 위방가의 경에 따른 분석 방법은 세 가지 방법으로 개요를 설정하고 있다. 그 가운데 첫 번째 방법은 다음과 같다.

"(1) 일곱 가지 깨달음의 구성요소[七覺支]가 있으니, 마음챙김의 깨달음의 구성요소[念覺支], 법을 간택하는 깨달음의 구성요소[擇法覺支], 정진의 깨달음의 구성요소[精進覺支], 희열의 깨달음의 구성요소[喜覺支], 편안함의 깨달음의 구성요소[輕安覺支], 삼매의 깨달음의 구성요소[定覺支], 평온의 깨달음의 구성요소[捨覺支]이다."(§466)

이 <첫 번째 방법>은 D22 §16; M2 §21 등 니까야의 여러 군데에서 칠각지를 정의하는 구문으로 나타나고 있다. 주석서는 "이제 오직 하나의 대상에 대해 각각 자신의 역할을 통해서 이들의 차이점(다양함, nānā-karaṇa)을 보여주시기 위해서 '여기서 무엇이 마음챙김의 깨달음의 구성요소인가?'라는 등의 [첫 번째 방법]을 시작하셨다."(VbhA.311)라고 설명하고 있다.

똑같은 정형구가 §468에서는 <두 번째 방법>의 개요로 나타나고 있는데 해설에서 "내적인 법들에 대한 마음챙김이 있고 외적인 법들에 대한 마음챙김이 있다."(§469)라고 하여 이 칠각지를 모두 내적인 법들에 대한 것과 외적인 법들에 대한 것으로 나누어서 설명하는 것이 두 번째 방법의 특징이다. 그래서 주석서는 "이제 방편(방법, pariyāya)에 의해서 일곱 가지 깨달음의 구성요소는 14가지가 된다. 그것을 분명하게 하기 위해서 두 번째 방법을 보여주신다."(VbhA.314)라고 설명한 뒤 "'내적인 법들에 대한 마음챙김(ajjhattaṁ dhammesu sati)'이란 내적인 형성된 것들(ajjhattika-saṅkhārā)을 파악하는 자에게 일어난 마음챙김이고 '외적인 법들에 대한 마음챙김(bahiddhā dhammesu sati)'이란 외적인 형성된 것들(bahiddhā-saṅkhārā)을 파악하는 자에게 일어난 마음챙김이다."(*Ibid.*)라고 덧붙이고 있다.

칠각지를 이처럼 두 갈래로 나누는 것은 빠알리 삼장 전체에서 『상윳따 니까야』 제5권 「방법 경」(Pariyāya-sutta, S46:52) §8과 본서의 여기에만 나타나는 것으로 조사된다.

똑같은 정형구가 §470에서는 <세 번째 방법>의 개요로 나타나고 있는데 해설에서 "여기 비구는 떨쳐버림을 의지하고 탐욕의 빛바램을 의지하고 소멸을 의지하고 철저한 버림으로 기우는 마음챙김의 깨달음의 구성요소를 닦는다. …"(§471)를 덧붙이는 것이 세 번째 방법의 차이점이다. 그래서 주석서는 "세 번째 방법은 깨달음의 구성요소들을 수행하는 것(bhāvanā)을 통해서 보여주시는 것이다."(VbhA.316)라고 강조하고 있다.

이 §471의 방법은 니까야의 D33 §1.11; M2 §21: M77 §20; S46:5; A4:14 등, 특히 『상윳따 니까야』 제5권 「깨달음의 구성요소 상윳따」(S46)의 여러 경들에 나타나고 있다. 여기에 나타나는 용어들에 대한 설명은 『맛지마 니까야』 제1권 「모든 번뇌 경」(M2) §2의 주해들을 참조하기 바란다.

이처럼 본서는 니까야의 경에 나타나는 칠각지의 문맥을 이 세 가지로 정리하여 경에 따른 분석 방법에서 세 가지로 제시하고 있다.

2. 아비담마에 따른 분석 방법

한편 경에 따른 분석 방법 §466 등에서 제시한 개요와 똑같은 정형구가 아비담마에 따른 분석 방법에서는 (1) 첫 번째 방법(§472) (2) 두 번째 방법(§475) (3) 세 번째 방법(§477) (4) 네 번째 방법(§480)의 넷으로 언급되고 이들은 §473 등에서 네 가지 방법으로 분석하여 설명되고 있다.

이 네 가지 가운데 처음의 두 가지(§473과 §476)는 도의 마음들에 적용되는 것이고 뒤의 두 가지(§478, §481)는 과의 마음들에 적용되는 것이다.

이 가운데 (1) 첫 번째 방법은 §472에서 개요를 밝힌 뒤 §473에서 "여기서 무엇이 '일곱 가지 깨달음의 구성요소'인가? …"로 시작하여 『담마상가니』의 도의 마음의 설명 방법을 가져와서 설명을 나열한 뒤 §474에서 칠각지의 각각을 언급하는 방법으로 설명이 되지만 (2) 두 번째 방법은 §475에서 개요를 밝힌 뒤 §476에서 "여기서 무엇이 '마음챙김의 깨달음의 구성요소'인가?" 등으로 바로 칠각지의 각각을 언급하는 방법으로 설명이 된다. (3) 세 번째 방법은 첫 번째와 같은 방법으로, (4) 네 번째 방법은 두 번째와 같은 방법으로 과의 마음을 분석하여 설명하고 있다.

그래서 주석서는 "아비담마에 따른 분석 방법에서 일곱 가지 깨달음의 구성요소는 하나로(ekato) [묶어서] 질문을 한 뒤에 답을 내는 것(vissajja-na, 예를 들면 §473과 §478)과 각각에 대해서(pāṭiyekkaṁ) 질문을 한 뒤에 답을 내는 것(예를 들면 §476과 §481)을 통해서 두 가지 방법이 있다. 이들의 의미에 대한 해석은 앞에서 설명한 방법대로 알아야 한다."(VbhA.317)라고 설명하고 있다.

3. [아비담마 마띠까를 통한] 질문의 제기(Pañhā-pucchaka)

본 장에서도 먼저 §482는 경에 따른 분석 방법의 §466에서 개요로 제시하였던 일곱 가지 깨달음의 구성요소의 정형구를 똑같이 개요로 제시한다. 그런 다음 §483에서 "일곱 가지 깨달음의 구성요소 가운데 … pe(Dhs Mtk) … 몇 가지가 다툼을 가진 [법]이고, 몇 가지가 다툼이 없는 [법]인가?"라고 아비담마 마띠까에 토대한 122가지 질문을 제기한 뒤 §§484~485에서 "[일곱 가지 깨달음의 구성요소는] 유익한 [법]일 수 있고, 결정할 수 없는 [無記] [법]일 수 있다."(*cf* ma3-1)라는 등의 방법으로 이들 122가지 질문에 대해서 하나하나 답을 제시하고 있다.

제11장 도의 구성요소[道支] 위방가 요약

본서 제11장은 37보리분법의 마지막 주제이면서 『상윳따 니까야』 제5권 「도 상윳따」(S45)의 주제이기도 한 여덟 가지 구성요소를 가진 도[八支聖道] 즉 성스러운 팔정도를 분석하고 있다.

1. 경에 따른 분석 방법

도의 구성요소 위방가의 경에 따른 분석 방법에는 같은 팔정도의 정형구가 두 가지 방법으로 설명이 되고 있다. <첫 번째 방법>의 개요는 다음과 같다.

"(1) 성스러운 팔정도[八支聖道]가 있으니, 그것은 바로 바른 견해[正見], 바른 사유[正思惟], 바른 말[正語], 바른 행위[正業], 바른 생계[正命], 바른 정진[正精進], 바른 마음챙김[正念], 바른 삼매[正定]이다."(§486)

그런 뒤에 "여기서 무엇이 '바른 견해[正見, sammādiṭṭhi]'인가? 괴로움에 대한 지혜, 괴로움의 일어남에 대한 지혜, 괴로움의 소멸에 대한 지혜, 괴로움의 소멸로 인도하는 도닦음에 대한 지혜 — 이를 일러 바른 견해라 한다. …"(§487) 등으로 팔정도의 여덟 가지 구성요소를 설명하고 있는데 이 첫 번째 정형구는 D22; M141 등에 나타나고 있다.

<첫 번째 방법>의 개요와 똑같은 정형구가 §488에서도 <두 번째 방법>의 개요로 언급된 뒤에 다시 §489에서는 "여기서 무엇이 '바른 견해'인가? 여기 비구는 떨쳐버림을 의지하고 탐욕의 빛바램을 의지하고 소멸을 의지하고 철저한 버림으로 기우는 바른 견해를 닦는다. … 떨쳐버림을 의지하고 탐욕의 빛바램을 의지하고 소멸을 의지하고 철저한 버림으로 기우는 바른 삼매를 닦는다."(§489)로 설명을 덧붙이고 있다. 이것은 앞의 제10장

칠각지의 경에 따른 분석 방법의 세 번째 방법(§471)처럼 팔정도를 수행의 측면에서 설명하는 것이다. 경에 따른 분석 방법 가운데 이 <두 번째 방법>의 정형구는 「절반 경」(S45:2) 등의 『상윳따 니까야』 제5권 「도 상윳따」(S45)의 여러 경들에 나타나고 있다.

이처럼 도의 구성요소의 경에 따른 분석 방법은 니까야의 경에 나타나는 팔정도의 문맥을 이 두 가지로 정리해서 제시하고 있다.

2. 아비담마에 따른 분석 방법

아비담마에 따른 분석 방법은 "(1) 여덟 가지 구성요소를 가진 도[八支道]가 있으니, 바른 견해[正見], 바른 사유[正思惟], 바른 말[正語], 바른 행위[正業], 바른 생계[正命], 바른 정진[正精進], 바른 마음챙김[正念], 바른 삼매[正定]이다."(§490) 등으로 모두 6가지가 나타나고 있다. 경에 따른 분석 방법의 개요에서는 "성스러운 팔정도[八支聖道]가 있으니, 그것은 바로(ariyo aṭṭhaṅgiko maggo, seyyathidaṁ ~) …"(§486)로 나타났지만 여기 아비담마에 따른 분석 방법의 개요에는 "여덟 가지 구성요소를 가진 도[八支道]가 있으니(aṭṭhaṅgiko maggo ~) …"(§490)로 '성스러운(ariyo)'이라는 용어와 '그것은 바로(seyyathidaṁ)'라는 표현이 빠졌다.

그러면 왜 아비담마에 따른 분석 방법에는 성스러운이라는 용어가 나타나지 않는가? 여기에 대해서 주석서는 다음과 같이 설명한다.

"아비담마에 따른 분석 방법에서 '성스러운(ariya)'이라고 설하지 않고 '여덟 가지 구성요소를 가진 도(aṭṭhaṅgika magga)'라고 말씀하셨다. 이와 같이 [성스럽다고] 설하지는 않으셨지만 이것은 오직 성스러운 것(ariyo eva)이다. 마치 관정을 한(muddhābhisitta) 왕의 관정을 한 왕비의 뱃속에 생겨난 아들은 왕자라고 불리지 않지만 왕자인 것과 같이 이것도 '성스러운'이라고 설하지 않으셨지만 오직 성스러운 것이라고 알아야 한다. 나머지는 진리의 분석에서 설명한 방법대로 알아야 한다."(VbhA.319)

본서 제4장 진리 위방가의 아비담마의 방법에서도 '성스러운(ariya)'이라는 용어는 나타나지 않았다. 그 이유는 앞의 제4장의 해당 부분을 참조하기 바란다.

한편 여기 아비담마에 따른 분석 방법에 나타나는 여섯 가지 개요 가운데 첫 번째(§490)와 네 번째(§498)를 제외한 두 번째(§493), 세 번째(§496), 다섯 번째(§500), 여섯 번째(§502)는 바른 말[正語], 바른 행위[正業], 바른 생계[正命]을 제외한 다섯 가지 구성요소를 가진 도가 나타난다. 그러나 주석서는 이것도 여덟 가지 구성요소를 가진 도와 같은 것으로 간주해야 한다고 다음과 같이 강조한다.

"다섯 가지 구성요소를 가진 구문(pañcaṅgika-vāra)에 대해서도 여덟 가지 구성요소를 가진 것이라고 설하지는 않으셨지만 이것도 여덟 가지 구성요소를 가진 것이라고 알아야 한다. 출세간도(lokuttaramagga)가 다섯 가지 구성요소를 가진 것이란 있지 않기 때문이다. 이것이 여기서 스승들(ācariyā)의 공통되는 주석(samānatthakathā)이다."(VbhA.319)

더 자세한 설명은 §494의 해당 주해를 참조하기 바란다.

주석서에 의하면 여기서도 아비담마에 따른 분석 방법은 전적으로 출세간적인(nibbattita-lokuttara) 것에 속한다.(VbhA.322) 그리고 첫 번째부터 세 번째까지는 출세간의 유익한 것이고 네 번째부터 여섯 번째까지는 출세간의 과보로 나타난 것이다.

주석서는 여기에 나타나는 분석 방법의 개수를 다음과 같이 적고 있다.

"그런데 여기서 방법을 계산해보아야 한다. 여덟 가지 구성요소를 가진 도(aṭṭhaṅgikamagga)에서는 하나로(ekato) [묶어서] 질문을 한 뒤에 답을 하는 것에서(§491 등) [예류도 등의] 네 가지 도에 4,000가지 방법이 분석된다. 다섯 가지 구성요소를 가진 도(pañcaṅgikamagga)에서는 하나로 [묶어서] 질문을 한 뒤에 답을 하는 것에서 네 가지가 된다. 각각에 대해서(pāṭiyekkaṁ) 질문을 한 뒤에 답을 내는 것에서는(§497 등) 각각의 구성요소를 통해서 네 가지씩 다섯 가지 구성요소가 되어 20가지이다. 이들은 앞의

8가지와 이 20가지를 [합하여] 모든 도의 분석에서 28,000가지 방법으로 분석이 된다. 그리고 이들은 전적으로 출세간적인(nibbattita-lokuttara) 유익함(kusalāni)이다. 그러나 과보로 나타난 것(vipāka)에서는 유익함에서 보다 [공함과 원함 없음과 표상 없음을 통해서] 세 배(tiguṇā)의 방법이 되었다."(VbhA.322)

3. [아비담마 마띠까를 통한] 질문의 제기(Pañhā-pucchaka)

본 장에서도 먼저 §504에서는 경에 따른 분석 방법의 §486에서 개요로 제시하였던 여덟 가지 구성요소를 가진 성스러운 도의 정형구를 똑같이 개요로 제시한다. 그런 다음 §505에서 "여덟 가지 도의 구성요소 가운데 … pe(Dhs Mtk) … 몇 가지가 다툼을 가진 [법]이고, 몇 가지가 다툼이 없는 [법]인가?"라고 아비담마 마띠까에 토대한 122가지 질문을 제기한 뒤 §§506~507에서 "[여덟 가지 도의 구성요소는] 유익한 [법]일 수 있고, 결정할 수 없는[無記] [법]일 수 있다."(*cf* ma3-1)라는 등의 방법으로 이들 122가지 질문에 대해서 하나하나 답을 제시하고 있다.

제12장 禪 위방가 요약

이상으로 제7장부터 제11장에서 본서는 초기불교 수행의 주제인 37보리분법의 7가지 주제 가운데 다섯 가지 기능[五根]과 다섯 가지 힘[五力]의 두 가지를 제외한 다섯 가지 주제를 분석하였다. 본서는 계속해서 나머지 수행의 주제인 禪과 무량함과 학습계목을 각각 제12장과 제13장과 제14장에서 분석한다. 그 가운데 여기 제12장에서는 초기불교의 중요한 수행 주제인 禪(jhāna)을 분석하고 있다.

초기불전의 여러 곳에서 바른 삼매는 네 가지 禪으로 정의가 되며 주석서들은 이를 본삼매로 부르고 있다. 그리고 이 가운데 네 번째인 제4선에는 그 대상에 따라서 다시 공무변처, 식무변처, 무소유처, 비상비비상처의 넷이 포함되기도 한다. 초기불전의 여러 곳에서 4선-4처로 정리되어 나타나는 본삼매의 경지는 본서의 여기 제12장 禪 위방가의 경에 따른 분석 방법에서도 정리되어 나타난다.

한편 『상윳따 니까야』에는 두 개의 「禪 상윳따」(Jhāna-saṁyutta)가 나타나고 있다. 하나는 제4권에 나타나는 「禪 상윳따」(S34)이고 다른 하나는 제6권에 나타나는 「禪 상윳따」(S53)이다. 두 상윳따 가운데 제6권의 「禪 상윳따」(S53)는 초선부터 제4선까지의 네 가지 禪 즉 본삼매를 다루고 있고, 제4권의 「禪 상윳따」(S34)는 이러한 본삼매를 증득하는 과정에 초점을 맞추고 있다. 그래서 S34는 본삼매와 관계된 여러 중요한 과정들 즉 '증득(samāpatti)', '들어 머묾(ṭhiti)', '출정(vuṭṭhāna)', '대상(ārammaṇa)' 등에 대해서 설하고 있다.

1. 경에 따른 분석 방법

먼저 경에 따른 분석 방법은 마띠까(§508)와 이 마띠까에 대한 자세한 설명(§§509~622)의 두 부분으로 구성되어 있다. 여기서 마띠까가 바로 개요(uddesa)에 해당하고 자세한 설명들이 분석(vibhaṅga)에 해당한다.

경에 따른 분석 방법은 먼저 §508에서 선수행과 관련된 여러 항목을 다음과 같이 16단계로 정형화하여 마띠까라는 이름으로 개요를 밝히고 있다.

"여기 비구는 ① 계목의 단속으로 단속하면서 머문다. …

② 감각기능들의 문을 잘 보호하고, ③ 음식에서 적당함을 알고, ④ 초저녁부터 늦은 밤까지 깨어있음에 몰두한다(anuyutta). ⑤ 끈기 있고 슬기롭게 깨달음의 편에 있는 법들[菩提分法]을 수행하는 데 몰두한다.

⑥ 그는 나아갈 때도 물러날 때도 분명히 알면서[正知] 행한다. … ⑦ 그는 … 숲속에 가거나 나무 아래에 가거나 빈집에 가거나 하여 가부좌를 틀고 상체를 곧추 세우고 전면에 마음챙김을 확립하여 앉는다.

⑧ 그는 … (다섯 가지 장애를 제거하여) … 마음을 청정하게 한다.

⑨ 그는 … 초선을 구족하여 머문다. ⑩ … 제2선을 구족하여 머문다. ⑪ … 제3선을 구족하여 머문다. ⑫ … 제4선을 구족하여 머문다.

⑬ … 공무변처를 구족하여 머문다. ⑭ … 식무변처를 구족하여 머문다. ⑮ … 무소유처를 구족하여 머문다. ⑯ 무소유처를 완전히 초월하여 비상비비상처를 구족하여 머문다."(§508)

이처럼 禪 위방가의 경에 따른 분석 방법은 禪이라는 주제를 4선-4처(⑨~⑯)와 이 4선-4처를 증득하기 위한 수행과 관련된 정형구들(①~⑧)을 합쳐서 개요로 드러내고 있다.

이 16단계의 항목들 가운데 "⑤ 끈기 있고 슬기롭게 깨달음의 편에 있는 법들[菩提分法]을 수행하는 데 몰두한다(sātaccaṁ nepakkaṁ bodhipakkhikā-naṁ dhammānaṁ bhāvanānuyogamanuyutto)."라는 구문은 니까야에는 나타나지 않고 『위방가』의 여기에만 나타나는 것으로 조사되었다. 이 외에는 니까야의 여러 경에서 나타나고 있다. 이들에 대해서는 『맛지마 니까야』 제1권 역자 서문 (3)에서 논의하고 있는 『디가 니까야』의 23단계 계·정·혜의 정형구와 『맛지마 니까야』의 15단계 계·정·혜의 정형구를 참조하기 바란다.

이렇게 §508에서 선수행의 정형구를 16단계의 마띠까로 정형화한 뒤에 §509부터 §622까지에서 이 마띠까에 나타나는 여러 용어들을 자세하게 설명한다. 제12장 禪 위방가의 경에 따른 분석 방법은 이처럼 마띠까와 마띠까에 대한 자세한 설명이라는 『위방가』의 전형적인 형식으로 구성되어 있다. 그리고 제12장 禪 위방가의 이 경에 따른 분석 방법은 본서에 나타나는 경에 따른 분석 방법들 가운데 가장 길고 자세한 설명을 담고 있는 곳이기도 하다.

2. 아비담마에 따른 분석 방법(Abhidhamma-bhājanīya)

경에 따른 분석 방법에서는 본삼매의 경지인 4선-4처와 이를 증득하기 위한 수행 방법들을 모두 포함하였다. 그러나 아비담마에 따른 분석 방법에서는 본삼매를 체득한 경지인 색계 삼매와 무색계 삼매와 출세간 삼매 즉 본삼매만을 개요에 담고 있다. 그래서 아비담마에 따른 분석 방법은 아래 7

가지로 구성되어 있다.

(1) 색계의 유익함(rūpāvacarakusala, §§623~625)
(2) 무색계의 유익함(arūpāvacarakusala, §626)
(3) 출세간의 유익함(lokuttarakusala, §§627~629)
(4) 색계의 과보로 나타난 것(rūpāvacaravipākā, §§630~631)
(5) 무색계의 과보로 나타난 것(arūpāvacaravipākā, §632)
(6) 출세간의 과보로 나타난 것(lokuttaravipākā, §§633~634)
(7) 색계와 무색계의 작용만 하는 것(rūpārūpāvacarakiriyā, §635)

이 가운데 무색계와 관계된 (2)와 (5)를 제외한 나머지는 모두 "네 가지 禪이 있으니, 초선, 제2선, 제3선, 제4선이다."(§623 등)로 간결하게 개요가 나타나고 있다. 그리고 무색계의 경지인 (2) 무색계의 유익함(arūpāvacarakusala)과 (5) 무색계의 과보로 나타난 것(arūpāvacaravipākā)은 각각 §626와 §632에서 비상비비상처의 인식이 함께한 제4선의 경지로 개요를 정리하고 있다.

그리고 이러한 색계선과 무색계선에 대한 분석적인 설명은 모두 『담마상가니』의 해당 부분을 가져와서 전개하고 있다. 그래서 주석서는 다음과 같이 본 장의 아비담마에 따른 분석 방법을 정리하고 있다.

"여기 아비담마에 따른 분석 방법에서는 [『담마상가니』 제1편] 마음의 일어남 편에서 전승되어온 방법에 의해서 순서(tanti)가 정해졌다. 그러므로 거기서 모든 것은 유익한 것과 과보로 나타난 것과 작용만 하는 것(kusala-vipāka-kiriya)을 통해서 해설되었는데 [여기 본 장의] 禪들에 관한 것도 거기서 설해진 방법대로 그 뜻을 알아야 한다. [4종禪과 5종禪이라는 두 가지 구분인] 순수한 아홉 개 조(suddhika-navaka)의 구분 등도 모두 거기서 설명한 것과 같다."(VbhA.372)

주석서의 설명처럼 이 일곱 가지는 모두 4종禪과 5종禪의 두 가지 분류 방법을 다 적용하여 전개하고 있다. (1) 색계의 유익함을 예를 들면, 먼저 "네 가지 禪이 있으니, 초선, 제2선, 제3선, 제4선이다."(§623)라고 개요를 정의하고 §624에서 이들을 분석하여 설명한 뒤에 다시 "여기 비구가 색계에 태어나는 도를 닦아서, 감각적 쾌락들을 완전히 떨쳐버리고 … 이를 일러 초선이라 한다. 禪과 결합된 나머지 법들도 있다. … 땅의 까시나를 가진 제5선을 구족하여 머물 때, 그때에 평온, 마음이 한끝으로 [집중]됨[心一境性]이라는 두 가지 구성요소를 가진 禪이 있다. 이를 일러 제5선이라 한다. 禪과 결합된 나머지 법들도 있다."(§625)라고 설명하여 §624에서는 네 가지 禪(4종禪)으로, §625에서는 다섯 가지 禪(5종禪)으로 분석하여 설명하고 있다.

한편 VRI본에는 (2) 무색계의 유익함(arūpāvacarakusala)으로는 비상비비상처만이 언급되고 있다.(§626) 주석서는 그 이유를 설명하지 않는다. 그런데 PTS본은 §625의 끝에 '… pe …'를 넣어서 편집을 하였는데(PTS본 264쪽 아래서 두 번째 줄 참조) 이것으로 무색계禪 가운데 공무변처와 식무변처와 무소유처도 언급한 것이 아닌가 여겨진다. 역자는 저본인 VRI본을 따랐고 텃띨라 스님도 VRI에 의거해서 이렇게 옮기고 있다.

3. [아비담마 마띠까를 통한] 질문의 제기(Pañhā-pucchaka)

일반적으로 [아비담마 마띠까를 통한] 질문의 제기에 나타나는 개요는 그 주제의 경에 따른 분석 방법에서 제시하는 개요와 일치한다. 그런데 본 장의 질문의 제기 §638에서는 경에 따른 분석 방법의 마띠까인 §508을 따르지 않고 대신에 초기불전의 여러 곳에서 네 가지 禪의 정형구로 나타나는 "여기 비구는 감각적 쾌락들을 완전히 떨쳐버리고 해로운 법들[不善法]을 떨쳐버린 뒤, 일으킨 생각[尋]과 지속적 고찰[伺]이 있고, 떨쳐버렸음에서 생긴 희열[喜]과 행복[樂]이 있는 초선을 구족하여 머문다. … 제2선을 구족하여 머문다. … 제3선을 구족하여 머문다. … 제4선을 구족하여 머문다."(D2 §75 등)를 개요로 채택을 하였다. 이렇게 하여 경에 따른 분석 방법에 나타난 ①부터 ⑧까지의 예비단계의 수행을 배제하고 경지로는 색계 제4선과 같은 ⑬부터 ⑯까지의 무색계禪도 언급을 하지 않고 초선부터 제4선까지의 네 가지 禪만을 개요에 포함시켰다.

그런 다음 §639에서 "네 가지 禪 가운데 … pe(Dhs Mtk) … 몇 가지가 다툼을 가진 [법]이고, 몇 가지가 다툼이 없는 [법]인가?"라고 아비담마 마띠까에 토대한 122가지 질문을 제기한 뒤 §§640~641에서 "[네 가지 禪은] 유익한 [법]일 수 있고, 결정할 수 없는[無記] [법]일 수 있다."(*cf* ma3-1)라는 등의 방법으로 이들 122가지 질문에 대해서 하나하나 답을 제시하고 있다.

제13장 무량함[無量] 위방가 요약

자애[慈, mettā], 연민[悲, karuṇā], 함께 기뻐함[喜, muditā], 평온[捨, upekkhā]을 초기경들에서는 네 가지 거룩한 마음가짐[梵住, brahma-vihāra][41]으로 부르고 있다.(D17 §2.13; M83 §6; S54:11; A5:192 등) 부처님께서는 이 네 가지를 수행자가 반드시 닦아야 하는 기본적인 마음가짐으로 들고 계시는데 대표적인 보기가 「라훌라를 교계한 긴 경」(M62 §§18~21)과 「들숨날숨에 대한 마음챙김 경」(M118 §14)이다. 이것은 『청정도론』 제9장(IX)에 상세하게 설명되어 있고 『아비담마 길라잡이』 제2장 §7의 [해설]에서도 정리하고 있다.

그리고 본서와 『디가 니까야』 제3권 「합송경」(D33) §1.11 (6)과 주석서들(Vis.IX.108; DA.i.178 등)과 대승불교 문헌에서는 이것을 네 가지 무량

---

41) '거룩한 마음가짐[梵住]'은 brahma-vihāra를 의역하여 옮긴 것이다. 여기에 대해서는 『상윳따 니까야』 해제 §8과 『맛지마 니까야』 제3권 「다난자니 경」(M97) §31의 주해를 참조하기 바란다. 이런 설명에서 보듯이 brahma는 범천(梵天)을 뜻하기도 하여 brahma-vihāra는 범천에 머묾으로 직역할 수도 있다. 그러므로 바라문들의 제일의 염원인 범천에 태어나려면 이 네 가지 거룩한 마음가짐을 닦아야 한다는 뜻도 내포된다. 여기에 대해서는 『디가 니까야』 제1권 「삼명경」(D13) §§76~79와 『맛지마 니까야』 제3권 「수바 경」(M99) §§23~27 등도 참조하기 바란다.

함[四無量, catasso appamaññā]으로 부르고 있다. 이러한 네 가지 거룩한 마음가짐을 무량함(appanaññā)이라 부르는 이유를 『청정도론』은 "이 [네 가지] 모두는 무량한 영역(appamāṇa gocara)에서 일어난다. 왜냐하면 무량한 중생이 그들의 영역이고, 한 중생이나 이만큼의 지역에 자애 등을 닦아야 한다고 분량을 정하지 않고 전체를 가득 채움으로 일어나기 때문이다."(Vis.IX.110)라고 설명한다.

1. 경에 따른 분석 방법

먼저 본서는 니까야의 경들에서 나타나는 네 가지 거룩한 마음가짐의 정형구를 네 가지 무량함[四無量]의 개요로 다음과 같이 적고 있다.

"여기 비구는 자애가 함께한 마음으로 … 연민이 함께한 마음으로 … 함께 기뻐함이 함께한 마음으로 … 평온이 함께한 마음으로 한 방향을 가득 채우고 머문다. 그처럼 두 번째 방향을, 그처럼 세 번째 방향을, 그처럼 네 번째 방향을 가득 채우고 머문다. 이와 같이 위로, 아래로, 옆으로, 모든 곳에서 모두를 자신처럼 여기고, 모든 세상을 풍만하고, 광대하고, 무량하고, 원한 없고, 악의 없는, 평온이 함께한 마음으로 가득 채우고 머문다."(§642)

이 정형구는 니까야의 여러 곳에 나타나는데 『맛지마 니까야』 만 해도 M7 §14, M40 §10, M43 §31, M50, M52, M55, M62, M77, M83, M97, M118, M127 등에 나타나고 있다.

그런 뒤에 §§643~682에서 이것을 (1) 자애(mettā, §643 이하) (2) 연민(karuṇā, §653 이하) (3) 함께 기뻐함(muditā, §663 이하) (4) 평온(upekkhā, §673 이하)의 순서로 이 정형구에 포함된 여러 용어들을 분석하여 설명한다.

2. 아비담마에 따른 분석 방법

아비담마에 따른 분석 방법의 개요는 (1) 유익한 네 가지 무량함(§683 이하) (2) 과보로 나타난 네 가지 무량함(§691 이하) (3) 작용만 하는 네 가지 무량함(§696 이하)의 순서로 세 가지로 나타난다. 이 셋은 모두 "(1) 네 가지 무량함이 있으니, 자애[慈], 연민[悲], 함께 기뻐함[喜], 평온[捨]이다."(§683,

§691, §696)라고 먼저 개요로 정리한 후에 『담마상가니』 제1편 마음의 일어남 편에서 설명한 방법에 따라서 이들을 분석하여 설명하고 있다.

그래서 주석서는 "아비담마에 따른 분석 방법은 앞의 [『담마상가니』 제1편] 마음의 일어남 편에서 유익한 것과 과보로 나타난 것과 작용만 하는 것이라고 분류된 방법(bhājitanaya)에 의해서 분류되었다. 의미도 거기서 설한 방법대로 알아야 한다."(VbhA.380)라고 밝히고 있다.

3. [아비담마 마띠까를 통한] 질문의 제기(Pañhā-pucchaka)

본 장에서도 먼저 §699에서는 경에 따른 분석 방법의 §642에서 개요로 제시하였던 네 가지 무량함[四無量]의 정형구를 똑같이 개요로 제시한다. 그런 다음 §700에서 "네 가지 무량함 가운데 … pe(Dhs Mtk) … 몇 가지가 다툼을 가진 [법]이고, 몇 가지가 다툼이 없는 [법]인가?"라고 아비담마 마띠까에 토대한 122가지 질문을 제기한 뒤 §§701~702에서 "[네 가지 무량함은] 유익한 [법]일 수 있고, 결정할 수 없는[無記] [법]일 수 있다."(*cf.* ma3-1)와 "세 가지 무량함은 즐거운 느낌과 결합된 [법]이다. 평온은 괴롭지도 즐겁지도 않은 느낌과 결합된 [법]이다."(*cf.* ma3-2)라는 등의 방법으로 이들 122가지 질문에 대해서 하나하나 답을 제시하고 있다.

제14장 학습계목 위방가 요약

계(戒, sīla)의 항목은 열반의 실현을 목적으로 출가한 비구들뿐만 아니라 금생과 내생의 행복을 염원하는 모든 불자들이 반드시 닦아야 할 덕목이다. 그러므로 불교 수행의 토대이고 출발점이기도 하다. 그래서 『청정도론』은

> "계가 없이는 선남자가 교법에 발판을 얻지 못하니 …
> 계는 천상에 오르는 사다리요
> 열반의 도시로 들어가는 문이거늘
> 어디에 그런 사다리와 문이 또 있을까."(Vis.I.24)

라고 계를 찬탄하고 있다. 계를 닦는 토대는 바로 다섯 가지 학습계목이다.

그래서 『위방가』도 이러한 다섯 가지 학습계목을 설명하는 데 본 장을 할애하고 있다.

빠알리 삼장 가운데서 불교 계목의 기본이 되는 오계가 체계적이고 심도 있게 설명되는 곳은 바로 본서의 여기이다. 본 학습계목 위방가에는 경에 따른 분석 방법은 나타나지 않고 아비담마에 따른 분석만이 나타난다. 다섯 가지 학습계목은 니까야에서는 『디가 니까야』 「합송경」(D33)의 단 한 곳에만 "다섯 가지 학습 계목(sikkhāpada) — 생명을 죽이는 것을 금함, 주지 않은 것을 가지는 것을 금함, 삿된 음행을 금함, 거짓말을 금함, 취하게 하고 방일하는 이유가 되는 여러 종류의 술을 금함."(D33 §2.1 (9))으로 간략하게 정리되어 나타나고 이들에 대한 설명은 나타나지 않는다. 이처럼 경에서 이 구문을 구체적으로 설명한 부분이 없기 때문에 본서에서도 경에 따른 분석 방법은 나타나지 않는 것으로 생각된다. 대신에 오계에 대한 정확한 분석과 이해를 아비담마 즉 무비법(無比法, abhidhamma)의 영역으로 다루고 있는 것이다.

1. 아비담마에 따른 분석 방법

학습계목 위방가의 아비담마에 따른 분석 방법은 (1) 다섯 가지 학습계목의 정의(§§703~707) (2) 네 가지 지배와 학습계목(§§708~711) (3) 학습(공부지음, sikkhā, §§712~713)의 세 부분으로 전개된다.

(1) 먼저 다섯 가지 학습계목은 "다섯 가지 학습계목이 있으니, 생명을 죽이는 것을 금하는 학습계목, 주지 않은 것을 가지는 것을 금하는 학습계목, 삿된 음행을 금하는 학습계목, 거짓말을 금하는 학습계목, 취하게 하고 방일하는 이유가 되는 여러 종류의 술을 금하는 학습계목이다."(§703)로 정형화되어서 개요로 나타난다.

그런 뒤에 §§704~705에서는 이 가운데 첫 번째인 불살생 계목을 분석하여 설명하고 §§706~707에서는 나머지 네 가지 계목을 같은 방법으로 분석하여 설명하고 한다. §§704~707의 이러한 설명은 다섯 가지 학습계목의 다섯 가지를 용어의 정의에 초점을 맞추어서 각각의 계목을 세 가지로 정의하고 있는데 주석서는 이 세 가지를 각각 금함(virati)과 의도(cetanā)와 의도와 결합된 50가지가 넘는 법들(paropaṇṇāsadhammā)로 설명한다.(VbhA.381) 주석서는 "그런데 금함만이(viratiyeva) 학습계목이 아니라 의도(cetanā)도 학습계목이다. 이것을 드러내기 위해서 두 번째 방법을 보여주셨다. … [앞의] 두 가지 법만이 학습계목이 아니라 의도와 결합된 50가지가 넘는 법들(paropaṇṇāsadhammā)도 학습해야 하는 항목(sikkhitabba-koṭṭhāsa)이기 때문에 학습계목이다. 그래서 세 번째 방법을 보여주셨다."(VbhA.381)라고 덧붙이고 있다.

(2) 네 가지 지배와 학습계목(§§708~711)

본서는 두 번째로 §708에서 위의 §703과 똑같이 다섯 가지 학습계목의 개요를 밝힌 뒤에 §§709~711에서 이것을 네 가지 지배(adhipati)에 초점을 맞추어서 이를 각각 금함(virati)과 의도(cetanā)와 의도와 결합된 50가지가 넘는 법들(paropaṇṇāsadhammā)의 세 가지로 설명하고 있다.

(3) 그리고 세 번째로 §712에서 위의 §703과 똑같이 다섯 가지 학습계목의 개요를 밝힌 뒤에 §713에서 학습계목(sikkhāpada)의 학습(sikkhā, 공부지음)에 초점을 맞추어서 이 학습(공부지음)을 욕계와 색계와 무색계와 출세간의 유익한 마음으로 설명하고 있다. 주석서는 "이제 공부지음(학습, sikkhā)이 항목들로 확립된 상태를 통해서 다섯 가지 학습계목을 설하셨다. 여기서 네 가지 경지의 유익한 법들이 모두 공부지어야 하는 것(sikkhitabbabhāva)이기 때문에 공부지음(학습)이다. 이들을 보여주시기 위해서 '욕계의 유익한 마음이 일어날 때 …'라는 등을 말씀하셨다."(VbhA.384~385)라고 설명한다.

이처럼 학습계목 위방가는 아비담마에 따른 분석 방법으로 학습계목을 세 가지로 설명하고 있다.

2. [아비담마 마띠까를 통한] 질문의 제기(Pañhā-pucchaka)

본 장에서는 경에 따른 분석 방법이 나타나지 않기 때문에 먼저 §714에서는 아비담마에 따른 분석 방법의 §703 등에서 개요로 제시하였던 네 가지 무량함[四無量]의 정형구를 똑같이 개요로 제시한다. 그런 다음 §715에서 "다섯 가지 학습계목 가운데 … pe(Dhs Mtk) … 몇 가지가 다툼을 가진 [법]이고, 몇 가지가 다툼이 없는 [법]인가?"라고 아비담마 마띠까에 토대한 122가지 질문을 제기한 뒤 §§716~717에서 "[다섯 가지 학습계목은] 오직 유익한 [법]이다."(*cf* ma3-1)와 "즐거운 느낌과 함께하는 [법]일 수 있고, 괴롭지도 즐겁지도 않은 느낌과 함께하는 [법]일 수 있다."(*cf* ma3-2)라는 등의 방법으로 이들 122가지 질문에 대해서 하나하나 답을 제시하고 있다.

제15장 무애해체지(無礙解體智) 위방가 요약

앞의 14개 장에서 본서는 온·처·계·제·근·연의 6가지 초기불교 교학의 주제들과 4념처·4정근·4여의족·7각지·8정도·4선·4무량·5계의 8가지 수행의 주제들을 경에 따른 분석 방법과 아비담마에 따른 분석 방법과 [아비담마 마띠까를 통한] 질문의 제기를 통해서 자세하게 분석하고 정의하고 설명하였다. 이제 본서는 본 장에서 이러한 교학과 수행을 통해서 실현되고 드러나는 걸림 없는 해체의 지혜 즉 무애해체지를 분석하고 정의하고 설명하여 드러내고 있다. 역자가 이렇게 무애해체지를 교학과 수행을 통해서 실현되는 경지라고 한 이유는 아래에서 인용하는 주석서 문헌들의 설명에 근거를 하였다.

여기서 무애해체지(無礙解體智)로 옮긴 빠알리 용어는 paṭisambhida이다. 중국에서 無礙解(무애해)로 옮긴 pratisaṁvid와는 어원이 다르다. 이 불교 산스끄리뜨(BHS) pratisaṁvid(praṭi+saṁ+√vid, *to know*, MV.III. 321, 『아비달마 구사론』 등)는 빠알리 문헌에서는 주로 paṭisaṁvedeti(경험하다, 겪다)로 나타난다. "'온몸을 경험하면서(sabbakāya-paṭisaṁvedī) 들이쉬리라.'며 공부짓고 '온몸을 경험하면서 내쉬리라.'며 공부짓는다."(D22 §2)

라거나 "비구는 희열이 빛바랬기 때문에 평온하게 머물고, 마음챙기고 알아차리며 [正念 · 正知] 몸으로 행복을 경험한다(sukhañca kāyena paṭisaṁvedeti)."(제3선의 정형구) 등을 예로 들 수 있다. 이처럼 생생하게 안다, 철저하게 경험한다는 의미를 살려 중국에서 無礙解로 정착이 된 것 같다. CBETA로 검색해보면 무애해(無礙解)는 『대반야바라밀다경』이나 『대지도론』, 『대비바사론』, 『아비달마 구사론』 등의 도처에서 아주 많이 나타나고 있다.

그러나 무애해체지(無礙解體智)는 빠알리어 paṭisambhidā를 옮긴 것이다. 빠알리어 paṭisambhidā는 praṭi+saṁ+√bhid(*to split*)에서 파생된 여성명사이다.(PED s.v.) 이처럼 빠알리 문헌에서는 모두 동사 √bhid(*to split*)를 사용한 paṭisambhidā로 나타난다. 그래서 주석서는 "빠띠삼비다는 분석(pabhedā)이다. … 어떤 다른 것으로 분석하는 것이 아니라 오직 지혜로 분석하는 것(ñāṇasseva pabhedā)이라고 알아야 한다(paṭisambhidāti pabhedā … na aññassa kassaci pabhedā, ñāṇasseva pabhedāti veditabbā)." (VbhA.386)라고 적고 있다. 그러므로 √vid(*to know*)의 의미를 강조한 pratisaṁvid를 無礙解(무애해)로 옮긴 한문 술어를 √bhid(*to split*)의 의미를 강조한 빠알리 paṭisambhidā의 역어로 채택하는 데는 무리가 따른다고 역자는 생각하였다.

빠알리 paṭisambhidā의 어근인 √bhid(*to split*)의 의미를 강조하고 이것을 지혜(ñāṇa)로 해석하는 본서(atthe ñāṇaṁ atthapaṭisambhidā … §718)와 주석서 문헌들(VbhA.386 등)의 설명을 종합하면 빠알리어 paṭisambhidā는 '해체지(解體智)'나 '분석지(分析智)'를 뜻한다고 할 수 있다. PED는 *analytic insight*와 *discriminating knowledge*로 옮기고 있고 텃띨라 스님은 *analytic insight*를 채용하였으며 냐나몰리 스님은 *discrimination*으로 옮겼다.(MOL)

한편 『청정도론』은 "이 네 가지 무애해체지는 유학의 경지와 무학의 경지의 두 단계에서 통달하게 된다."(Vis.XIV.27)라고 하여 이 무애해체지는 범부는 통달하지 못하는 경지로 적고 있다. 교학과 수행을 통해서 깨달음을 실현한 성자들이 체득하는 것이 바로 이 무애해체지인 것이다. 계속해서 『청정도론』은 "이 네 가지 무애해체지는 유학의 경지와 무학의 경지의 두 단계에서 통달하게 된다. 그 가운데서 상수 제자들과 큰 제자들은 무학의 경지에서 통달했고 아난다 존자와 찟따 장자와 담미까 청신사와 우빨리(Upāli) 장자와 쿳줏따라(Khujjuttarā) 청신녀 등은 유학의 경지에서 통달했다."(Vis.XIV.27)라고 하여 범부는 통달하지 못하는 지혜로 적고 있다.

네 가지 무애해체지는 『청정도론』 XIV.21~31에서 통찰지[般若] 가운데 하나로 자세하게 설명이 되고 있으므로 참조하기 바란다.

역자는 빠알리 paṭisambhidā를 한글로 옮기면서 여러 가지 용어를 두고 고심하였다. 특히 초기불전연구원 원장 대림 스님과 긴 시간을 두고 논의를 하여 최종적으로 '무애해체지(無礙解體智)'로 정착시켰다. 그 이유는 아래의 일곱 가지로 정리할 수 있다.

먼저 ① 접두어 paṭisam을 무애(無礙)로 해석한 한문 역어를 참조하고 ② 동사 √bhid(*to split*, 나누다, 쪼개다)의 의미를 해체(解體)로 살려내어 먼저 과감하게 '무애해체(無礙解體)'로 이해하였다. 여기에다 특히 ③ 이 paṭisambhidā를 지혜(ñāṇa)로 해석하는 본서 §718 등(atthe ñāṇaṁ attha-paṭisambhidā …)과 ④ 분석에 몰입한 지혜(pabhedagata ñāṇa)라고 풀이하고 있는 앞의 문단에서 인용한 주석서 문헌(VbhA.386) 등의 설명을 존중하고 ⑤ *discriminating knowledge*와 *analytic insight*로 옮긴 PED와 텃떨라 스님의 입장을 참조하였다. 그리고 ⑥ "이 네 가지 무애해체지는 유학의 경지와 무학의 경지의 두 단계에서 통달하게 된다."(Vis.XIV. 27)라는 『청정도론』의 설명과 ⑦ 이 네 가지 무애해체지를 통찰지[般若, 慧, paññā] 가운데 하나로 자세하게 설명하고 있는 『청정도론』 XIV.21~31의 설명을 존중하여 최종적으로 '무애해체지(無礙解體智)'로 정착시켰다.

물론 이 paṭisambhidā라는 용어 자체에는 지혜[智]를 뜻하는 ñāṇa라는 용어가 들어있지 않다. 그러므로 무애해체지(無礙解體智) 보다는 무애해체(無礙解體)라는 용어가 더 적합해 보인다. 그러나 무애해체(無礙解體)라는 용어 자체만으로는 이 paṭisambhidā가 지혜(ñāṇa) 특히 유학의 경지와 무학의 경지에서 구족하게 되는 지혜라는 것을 드러내지 못한다는 점 때문에 최종적으로 '무애해체지(無礙解體智)'를 택했음을 밝힌다.

1. 경에 따른 분석 방법

무애해체지는 『앙굿따라 니까야』의 경들에서 언급이 되고 있다. 이 가운데 「무애해체지를 얻음 경」(Paṭisambhidāpatta-sutta, A5:86)은 이 무애해체지를 얻은 장로 비구를 대중들은 존경하고 따른다고 강조하며 「부동(不動) 경」(Akuppa-sutta, A5:95)은 무애해체지를 얻은 비구는 오래지 않아 부동의 경지를 얻게 된다고 설하신다. 그리고 「분석 경」(Vibhatti-sutta, A4:173)은 사리뿟따 존자가 비구들에게 자신이 구족계를 받은 지 보름 만에 이 무애해체지를 얻었음을 밝히면서 누구든지 의심과 혼란이 있는 자는 자신에게 질문하면 상세하게 설명하겠다고 밝히는 경이다. 이처럼 경들에서도 무애해체지의 가르침이 전승되어 오며 본서의 여기 무애해체지 위방가에서도 경에 따른 분석을 싣고 있다.

무애해체지 위방가의 경에 따른 분석 방법은 아래의 여섯 가지 부문으로 구성되어 있다.

(1) 길라잡이에 관한 부문(saṅgaha-vāra, §718)
(2) 진리에 관한 부문(sacca-vāra, §719)
(3) 원인에 관한 부문(hetu-vāra, §720)
(4) 법에 관한 부문(dhamma-vāra, §721)
(5) 연기에 관한 부문(paṭiccasamuppāda-vāra, §722)
(6) 교학에 관한 부문(pariyatti-vāra, §724)이다.

이 각 부문은 모두 "네 가지 무애해체지가 있으니, ① 뜻(attha)에 대한 무애해체지[義無礙解體智] ② 법(dhamma)에 대한 무애해체지[法無礙解體

智] ③ 언어(nirutti)에 대한 무애해체지[詞無礙解體智] ④ 영감(靈感, paṭibhāna)에 대한 무애해체지[辯無礙解體智]이다."(§718 등)라는 개요로 시작된다.

이 가운데 (1) 길라잡이에 관한 부문은 이 네 가지 무애해체지의 의미를 분석하여 정의하고 있고 (2) 진리에 관한 부문부터 (6) 교학에 관한 부문까지에서는 이 길라잡이에서 정의한 것을 각각 4성제, 원인, 태어나는 등의 법들, 12연기, 9분교라는 표제어를 중심으로 이들에 대한 이해를 네 가지 무애해체지로 분석하여 설명하고 있다.

2. 아비담마에 따른 분석 방법(Abhidhamma-bhājanīya)

무애해체지 위방가의 아비담마에 따른 분석 방법은 아래의 네 가지 부문과 무애해체지가 일어나는 곳의 다섯으로 구성되어 있다.

(1) 유익함에 관한 부문(kusala-vāra, §§725~729)

(2) 해로움에 관한 부문(akusala-vāra, §§730~731)

(3) 과보로 나타난 것에 관한 부문(vipāka-vāra, §§732~742)

(4) 작용만 하는 것에 관한 부문(kiriya-vāra, §§743~745)

(5) 무애해체지가 일어나는 곳(uppattiṭṭhāna, §746)

이 각 부문에도 모두 경에 따른 분석 방법에 나타나는 "네 가지 무애해체지가 있으니, ① 뜻에 대한 무애해체지[義無礙解體智] ② 법에 대한 무애해체지[法無礙解體智] ③ 언어에 대한 무애해체지[詞無礙解體智] ④ 영감에 대한 무애해체지[辯無礙解體智]이다."(§725 등)라는 개요가 똑같이 나타난다.

이 네 개의 부문은 이처럼 이 무애해체지의 개요를 중심에 두고 이것을 각각 『담마상가니』 제1편 마음의 일어남 편에 나타나는 유익한 마음과 해로운 마음과 과보로 나타나는 마음과 작용만 하는 마음에 적용시켜서 분석하여 설명하는 것이 이 아비담마에 따른 분석 방법이다.

(1) 유익함에 관한 부문(kusala-vāra, §§725~729)은 『담마상가니』 제1편 마음의 일어남 편에 나타나는 욕계와 색계와 무색계와 출세간의 유익한 마

음을 통해서 네 가지 무애해체지를 설명하고 있다.

(2) 해로움에 관한 부문(akusala-vāra, §§730~731)도 앞의 유익함에 관한 부문의 방법이 적용된다.(VbhA.391)

(3) 과보로 나타난 것에 관한 부문(vipāka-vāra, §§732~742)에 대해서 주석서는 "과보로 나타난 것과 작용만 하는 부문들에서는 과보로 나타난 마음들과 작용만 하는 마음들의 뜻과 조합되었기 때문에 [원인에 대한 무애해체지를 뜻하는] 법무애해체지는 제외한 뒤에 각각의 과보의 마음과 작용만 하는 마음에 세 가지씩의 무애해체지가 분석되었다. 그러나 성전은 표제어만을 보여주시면서 설명하여 간략하게 되었다."(VbhA.391)라고 설명하고 있다.

(4) 작용만 하는 것에 관한 부문(kiriya-vāra, §§743~746)도 『담마상가니』 제1편 마음의 일어남 편에 나타나는 작용만 하는 마음을 통해서 네 가지 무애해체지를 설명하고 있다.

(5) 무애해체지가 일어나는 곳(uppattiṭṭhāna, §746)에 대해서 주석서는 "이와 같이 유익한 마음의 일어남 등을 통해서 무애해체지를 분석한 뒤에 이제 이들의 일어나는 장소가 되는 들판(uppattiṭṭhānabhūta khetta)을 보여주기 위해서 다시 '네 가지 무애해체지가 있으니(catasso paṭisambhidā)'라는 등을 말씀하셨다."(VbhA.392)라고 설명한다.

한편 주석서는 네 가지 무애해체지를 다음과 같이 설명한다.

"여기서 세 가지 무애해체지는 세간적인 것(lokiyā)이다. 뜻에 대한 무애해체지는 세간적인 것과 출세간적인 것이 혼합된 것(lokiyalokuttara-missakā)이다. 이것은 열반을 대상으로 하는 도와 과의 지혜(maggaphala-ñāṇā)를 통해서 출세간적인 것이 되기 때문이다. 아비담마를 통한 분류 방법에서는 유익한 것과 해로운 것과 과보로 나타난 것과 작용만 하는 것(kusala-akusala-vipāka-kiriyā)을 통해서 네 가지 부문으로 분류가 되었다.

여기서는 [『담마상가니』 제1편] 마음의 일어남 편에서 유익한 마음들을 분석한 그 모든 것들을 통해서 각각의 마음의 해설에서 네 가지씩의 무

애해체지가 분석되었다고 알아야 한다."(VbhA.391)

3. [아비담마 마띠까를 통한] 질문의 제기(Pañhā-pucchaka)

본 장에서도 먼저 §747에서 경에 따른 분석 방법의 §718 등에서 개요로 제시하였던 네 가지 무애해체지의 정형구를 똑같이 개요로 제시한다. 그런 다음 §748에서 "네 가지 무애해체지 가운데 … pe(Dhs Mtk) … 몇 가지가 다툼을 가진 [법]이고, 몇 가지가 다툼이 없는 [법]인가?"라고 아비담마 마띠까에 토대한 122가지 질문을 제기한 뒤 §§749~750에서 "[네 가지 무애해체지는] 유익한 [법]일 수 있고, 결정할 수 없는[無記] [법]일 수 있다."(*cf* ma3-1)와 "즐거운 느낌과 결합된 [법]일 수 있고, 괴롭지도 즐겁지도 않은 느낌과 결합된 [법]일 수 있다."(*cf.* ma3-2)라는 등의 방법으로 이들 122가지 질문에 대해서 하나하나 답을 제시하고 있다.

제16장 지혜 위방가 요약

교학과 수행을 통해서 열반을 체험하고 깨달음을 실현한 성자들에게는 당연히 지혜 혹은 통찰지[般若]가 생긴다. 이처럼 성자들에게 생기는 특별한 지혜를 본서 제15장에서는 특히 무애해체지로 정리하였다. 이제 여기 본 장에서는 교학과 수행을 통해서 생기는 여러 가지 지혜를 일목요연하게 분류하고 있고 다음의 제17장에서는 극복해야 할 해로운 심리현상들을 작은 항목이라는 이름으로 정리하고 있으며 마지막인 제18장은 법의 심장이라는 제목으로 부처님 가르침의 핵심을 정리하고 있다.

여기 제16장, 제17장, 제18장은 경에 따른 분석 방법과 아비담마에 따른 분석 방법과 아비담마 마띠까를 통한 [아비담마 마띠까를 통한] 질문의 제기가 나타나지 않는다. 대신에 먼저 논의의 주제인 마띠까를 제시하고 이 마띠까에 대한 해설을 하는 형식으로 전개되고 있다. 초기불교와 아비담마에 나타나는 중요한 용어들은 대부분 이 세 곳에서 먼저 마띠까로 제시된 뒤에 하나하나 분석되고 정의되고 해설되고 설명되고 있다. 그만큼 초기불전에 나타나는 용어들을 이해하는 데 중요한 부분이다. 16장과 17장은 마띠까에서 논의의 주제들을 나열하고 분류한 뒤 이를 해설에서 설명하는 형식으로 되어 있고 18장은 맨 먼저 부처님 가르침의 핵심이 되는 용어들을 12가지로 설정하여 이를 마띠까로 삼아 이들을 여러 범주(pariccheda)에서 드러내어 보이는 데 초점을 맞추고 있다.

이처럼 부처님의 중요한 가르침을 한 개 조부터 열 개 조까지 모두 496개로 정리한 제16장 지혜의 위방가와 한 개 조부터 열한 개 조까지의 867개로 정리한 제17장 작은 항목 위방가는 『디가 니까야』 제3권 「합송경」(D33)과 같은 방법이라 할 수 있다. 그리고 논의의 주제들을 10개 부문으로 나누고 각 부문에 적용되는 논의의 주제들을 모두 12가지로 설정하여 10개 각각의 부문에서 모두 109가지 주제로 분류하여 논의를 전개하는 제18장 법의 심장 위방가는 『디가 니까야』 제3권 「십상경」(D34)과 견주어볼 수 있다 하겠다.

『디가 니까야』 「합송경」(D33)은 사리뿟따 존자가 1에 관계된 법들부터 시작해서 10에 관계된 법들까지 모두 230가지의 부처님 가르침을 정리해서 비구들에게 설한 것을 그 내용으로 한다. 합송경에서 사리뿟따 존자가 법수별로 정리하고 있는 것을 그 숫자만 적어보면, 1에 관계된 법(§1.8) — 2가지, 2에 관계된 법(§1.9) — 33가지, 3에 관계된 법(§1.10) — 60가지, 4에 관계된 법(§1.11) — 50가지, 5에 관계된 법(§2.1) — 26가지, 6에 관계된 법(§2.2) — 22가지, 7에 관계된 법(§2.3) — 14가지, 8에 관계된 법(§3.1) — 11가지, 9에 관계된 법(§3.2) — 6가지, 10에 관계된 법(§3.3) — 6가지로 모두 230가지 법들이 있다. 이러한 방법론은 부처님의 중요한 가르침을 한 개 조부터 열 개 조까지 모두 496개로 정리한 본서 제16장 지혜의 위방가와 한 개 조부터 열한 개 조까지의 867개로 정리한 본서 제17장 작은 항목 위방가와 같다.

한편 사리뿟따 존자는 『디가 니까야』 「십상경」(D34)에서 비구들이 받아 지니고 공부해야 할 주제를 ① 많은 것을 만드는 법 ② 닦아야 할 법 ③

철저히 알아야 할 법 ④ 버려야 할 법 ⑤ 퇴보에 빠진 법 ⑥ 수승함에 동참하는 법 ⑦ 꿰뚫기 어려운 법 ⑧ 일어나게 해야 하는 법 ⑨ 최상의 지혜로 알아야 하는 법 ⑩ 실현해야 하는 법이라는 열 가지로 정리한다. 그런 다음 이 열 가지에 해당되는 법들을 각각 하나의 법수부터 시작해서 10까지 증가하면서 설한다. 그래서 경의 제목을 다사-웃따라(Dasa-uttara, 다숫따라, 열 가지를 하나씩 증가하며, 혹은 열까지 하나씩 증가하며)라고 붙였고 십상(十上)으로 한역한 것이다. 이렇게 해서 십상경에서는 (1×10) + (2×10) + … + (10×10)으로 법수들을 나열하여 모두 550개의 가르침이 10가지 주제하에 일목요연하게 정리되어 설해지고 있다.

조금 다르기는 하지만 본서 제18장 법의 심장 위방가도 먼저 (1) 일체의 길라잡이에 관한 부문에서 무더기[蘊], 감각장소[處], 요소[界], 진리[諦], 기능[根], 원인[因], 음식[食], 감각접촉[觸], 느낌[受], 인식[想], 의도[思], 마음[心]이라는 12가지 주제로 구성된 마띠까를 제시한다. 그런 뒤에 이들을 (2) 일어남과 일어나지 않음에 관한 부문부터 (10) 세 개 조 등의 이해에 관한 부문까지의 아홉 가지 초기불교의 주제에 적용시켜 분석하고 있다.

이제 제16장 지혜 위방가를 살펴보자.

지혜 위방가는 I. 마띠까[論母, mātikā, §§751~760]와 II. 해설(niddesa, §§761~831)로 구성되어 있다. 마띠까에는 지혜의 토대(ñāṇavatthu)로 (1) 한 개 조 마띠까(ekaka-mātikā, §751)와 (2) 두 개 조 마띠까(duka-mātikā, §752)부터 (10) 열 개 조 마띠까(dasaka-mātikā, §760)까지의 모두 열 개의 모둠으로 구성된 마띠까(논모)를 나열하고 있다. 이 마띠까에는 아래와 같이 모두 496개의 논의의 주제가 담겨있다. 그런 다음에 다시 §761 이하에서 (1) 한 개 조에 대한 해설(ekaka-niddesa, §761)과 (2) 두 개 조에 대한 해설(duka-niddesa, §767 이하)부터 (10) 열 개 조에 대한 해설(dasaka-niddesa, §§809~831)까지를 통해서 이들을 해설하고 있다.

제16장 지혜 위방가에 포함된 주제들을 개수를 중심으로 정리해보면 다

음과 같다.

(1) 한 가지에 의한 지혜의 토대에는 다섯 가지 알음알이[前五識]에 대하여 모두 41+26 = 67개의 주제가 들어있다.

(2) 두 가지에 의한 지혜의 토대에는 세간적인 통찰지, 출세간의 통찰지 등의 35가지 항목에 70개의 주제가 들어있다.

(3) 세 가지에 의한 지혜의 토대에는 생각으로 이루어진 통찰지, 들음으로 이루어진 통찰지, 수행으로 이루어진 통찰지 등의 75가지 항목에 225개의 주제가 들어있다.

(4) 네 가지에 의한 지혜의 토대에는 업이 자신의 주인임을 [아는] 지혜, 진리에 수순하는 지혜, 도를 구족한 자의 지혜(*cf.* ma2-137-b), 과를 구족한 자의 지혜 등의 21가지 항목에 84개의 주제가 들어있다.

(5) 다섯 가지에 의한 지혜의 토대에는 1) 다섯 가지 구성요소를 가진 바른 삼매와 2) 다섯 가지 지혜를 가진 바른 삼매 두 가지 항목에 10개의 주제가 들어있다.

(6) 여섯 가지에 의한 지혜의 토대에는 여섯 가지 신통지(초월지)에 있는 통찰지 한 가지 항목에 6개의 주제가 들어있다.

(7) 일곱 가지에 의한 지혜의 토대에는 일흔일곱 가지 지혜의 토대 한 가지 항목에 77개의 주제가 들어있다.

(8) 여덟 가지에 의한 지혜의 토대에는 네 가지 도와 네 가지 과에 있는 통찰지로 모두 8개의 주제가 들어있다.

(9) 아홉 가지에 의한 지혜의 토대에는 아홉 가지 차례로 머묾의 증득[九次第住等至]에 있는 통찰지 9개가 들어있다.

(10) 열 가지에 의한 지혜의 토대에는 여래에게 있는 열 가지 여래의 힘[十力] 10개가 들어있다.

이렇게 하여 제16장 지혜 위방가에는 모두 205개 항목에 566개의 지혜의 토대가 들어있다.[42)]

제17장 작은 항목 위방가 요약

불교는 정진의 종교이다. 그래서 한국의 찬불가도 '정진하세, 정진하세. 물러섬이 없는 정진. 우리도 부처님같이, 우리도 부처님같이.'라고 힘주어서 권장하고 있다. 그러면 무엇이 정진인가? 우리는 초기불전 도처에서 강조하고 있고 그래서 본서 제8장 바른 노력 위방가에서도 "여기 비구는 아직 일어나지 않은 악하고 해로운 법들[不善法]을 일어나지 못하게 하기 위해서 열의를 일으키고 애를 쓰고 정진을 하고 마음을 다잡고 노력한다. 이미 일어난 악하고 해로운 법들을 제거하기 위해서 열의를 일으키고 애를 쓰고 정진을 하고 마음을 다잡고 노력한다. 아직 일어나지 않은 유익한 법들[善法]을 일어나게 하기 위해서 열의를 일으키고 애를 쓰고 정진을 하고 마음을 다잡고 노력한다. 이미 일어난 유익한 법들을 지속시키고 사라지지 않게 하고 증장시키고 충만하게 하고 닦아서 성취하기 위해서 열의를 일으키고 애를 쓰고 정진을 하고 마음을 다잡고 노력한다."(§390)라고 개요로 밝히고 있다.

여기서 보듯이 바른 노력과 바른 정진을 구성하는 네 가지는 불선법과 선법에 기초하고 있다. 그래서 궁극적 행복인 열반의 실현에 도움이 되지 않는 불선법들에 대해서는, "아직 일어나지 않은 악하고 해로운 법들[不善法]을 일어나지 못하게 하기 위해서 열의를 일으키고 애를 쓰고 정진을 하고 마음을 다잡고 노력한다. 이미 일어난 악하고 해로운 법들을 제거하기

---

42) 이를 정리해보면 다음과 같다.

1	41+26 =		67
2	35	35×2=	70
3	75	75×3=	225
4	21	21×4=	84
5	2	2×5=	10
6	1	1×6=	6
7	1	1×77=	77
8	1	1×8=	8
9	1	1×9=	9
10	1	1×10=	10
계	205		566개

위해서 열의를 일으키고 애를 쓰고 정진을 하고 마음을 다잡고 노력한다."(*Ibid.*)라고 두 가지로 강조하고 있다. 이처럼 불선법들을 일어나지 못하게 하고 제거하기 위해서는 다양한 모습으로 일어나서 자리를 잡게 되는 불선법들에 대해서 정확하게 알아야 한다. 불선법인지 알지도 못하면서 어떻게 불선법들을 버릴 수 있겠는가? 아무런 방편을 쓰지 않고 법들을 있는 그대로 대면하는 것을 생명으로 삼기 때문에 뛰어난 법, 비견할 수 없는 법이라고 자처하는 아비담마[無比法]에서는 특히 이러한 불선법들을 여러 가지 모둠으로 분류하고 분석하여 제시하고 있는데 이미 아비담마 마띠까에서 아홉 가지 모둠으로 정리해내고 있고[43] 아비담마 마띠까를 깊이 있게 주석하고 해석하고 있는 『담마상가니』 제1편과 제3편과 제4편에서도 중요한 주제로 다루어지고 있다.

본서에서도 여기 제17장에서 작은 항목 위방가라는 제목으로 다양한 문맥에서 다양한 모습으로 일어나는 불선법들을 마띠까로 제시하고 이들을 하나하나 분석하여 설명하고 있다.

이제 제17장 작은 항목 위방가에 대해서 살펴보자. 여기서 '작은'으로 옮긴 용어는 khuddaka인데 작은을 뜻하는 형용사 khudda에 '-ka' 어미를 붙여서 만든 형용사이다. 중국에서는 khudda의 산스끄리뜨 kṣudra를 雜穢(잡예)로 옮기기도 하였듯이 여기서 작은 것은 주된 것 혹은 주요한 것이 아닌 작고 소소하고 잡다한 것이란 의미를 담고 있다. 그래서 본서에서 주제목으로는 '작은'으로, 부제목에서는 '소소한'으로 옮겨보았다. 본 장에서는 여러 가지 불선법들을 숫자에 초점을 맞추어 불선법들을 모두 한 개 조부터 열한 개 조까지로 분류하여 모두 697개를 들고 열한 번째 갈애의 발생에 대한 마띠까에서 108개와 마지막으로 62가지 사견에 빠짐을 넣어서 170

43) 『담마상가니』 제1권 해제 §3-(3)-③ <『담마상가니』 두 개 조 마띠까에 대한 개관>(105쪽 이하)을 참조할 것. 이 아홉 가지 불선법의 모둠(gocchaka)은 『아비담맛타상가하』 제7장의 첫 번째인 해로운 범주의 내용으로 채택이 되었다. 『아비담마 길라잡이』 제7장 §§3~12를 참조하기 바란다.

가지를 들어서 모두 867개의 불선법들에 관계된 주제들을 모아서 분석하고 있다.

물론 여기서 작은 것을 뜻하는 khuddaka는 제18장의 제목 dhamma-hadaya에 나타나는 심장(hadaya, 핵심)과 대비가 되는데 소소하고 잡다한 것을 뜻하는 khuddaka를 심장이 되고 핵심이 되는 것을 나타내는 hadaya와 대비하여 드러내고 있다고 여겨진다.

작은 항목 위방가도 I. 마띠까[論母, mātikā, §§832~842]와 II. 해설(niddesa, §§843~977)로 구성되어 있다. 마띠까에는 지혜의 토대(ñāṇa-vatthu)로 (1) 한 개 조 마띠까(ekaka-mātikā, §832)와 (2) 두 개 조 마띠까(duka-mātikā, §833)부터 (10) 열 개 조 마띠까(dasaka-mātikā, §841)까지에다 열한 번째로 (11) 갈애의 발생에 대한 마띠까(taṇhāvicarita-mātika, §842)까지 모두 열한 개의 모둠으로 구성된 마띠까(논모)를 나열하고 있다. 이 마띠까에는 아래와 같이 모두 203개 항목에 867개의 논의의 주제가 담겨있다. 그런 다음에 다시 §843 이하에서 (1) 한 개 조에 대한 해설(ekaka-niddesa, §§843~890)과 (2) 두 개 조에 대한 해설(duka-niddesa, §891 이하)부터 (10) 열 개 조에 대한 해설(dasaka-niddesa, §§966~831)과 (11) 갈애의 발생에 대한 해설(taṇhāvicarita-niddesa, §§973~977)까지를 통해서 이들을 해설하고 있다.

제17장 작은 항목 위방가에 포함된 주제를 개수를 중심으로 정리하면 다음과 같다.

(1) 한 개 조 마띠까에는 ① 태생에 대한 교만부터 ⑬ 멸시받지 않음과 관련된 생각까지의 73개의 주제가 들어있다.

(2) 두 개 조 마띠까에는 ① 분노와 적의부터 ⑱ 안의 족쇄와 밖의 족쇄까지 18개 항목에 36개의 주제가 들어있다.

(3) 세 개 조 마띠까에는 ① 세 가지 해로움의 뿌리부터 ㉟ 이치에 어긋나게 마음에 잡도리함, 나쁜 길을 의지함, 정신적 태만까지 35가지 항목에

105개의 주제가 들어있다.

(4) 네 개 조 마띠까에는 ① 네 가지 번뇌부터 ⑮ 네 가지 [그릇된] 견해까지의 15가지 항목에 60개의 주제가 들어있다.

(5) 다섯 개 조 마띠까에는 ① 다섯 가지 낮은 단계의 족쇄[下分結]부터 ⑮ 다섯 가지 지금・여기에서의 열반을 주장함까지의 15가지 항목에 75개의 주제가 들어있다.

(6) 여섯 개 조 마띠까에는 ① 여섯 가지 분쟁의 뿌리부터 ⑭ 여섯 가지 [그릇된] 견해까지의 14가지 항목에 84개의 주제가 들어있다.

(7) 일곱 개 조 마띠까에는 ① 일곱 가지 잠재성향부터 ⑦ 일곱 가지 [그릇된] 견해까지의 일곱 가지 항목에 49개의 주제가 들어있다.

(8) 여덟 개 조 마띠까에는 ① 여덟 가지 오염원의 토대부터 ⑧ 여덟 가지 [사후에 자아가] 인식을 가진 것도 아니고 인식을 가지지 않은 것도 아니라는 주장까지의 여덟 가지 항목에 64개의 주제가 들어있다.

(9) 아홉 개 조 마띠까에는 ① 아홉 가지 원한이 [생기는] 토대부터 ⑨ 아홉 가지 형성된 것까지의 아홉 가지 항목에 81개의 주제가 들어있다.

(10) 열 개 조 마띠까에는 ① 열 가지 오염원의 토대부터 ⑦ 열 가지 토대를 가진 [양]극단을 취하는 견해까지의 일곱 가지 항목에 70개의 주제가 들어있다.

마지막으로 (11) 갈애의 발생에 대한 마띠까에는 108가지 갈애의 발생들과 「범망경」(D1)에서 말씀하신 62가지 사견에 빠짐을 더하여 170개의 주제가 들어있다.

이렇게 하여 제17장 작은 항목 위방가에는 모두 203개 항목에 867개의 주제가 들어있다.[44]

---

44) 이를 정리해보면 다음과 같다.

(1)	73	73×1=	73
(2)	18	18×2=	36
(3)	35	35×3=	105
(4)	15	15×4=	60

제18장 법의 심장 위방가 요약

『맛지마 니까야』 제2권 「굴릿사니 경」(M69)에서 사리뿟따 존자는 라자가하 대나무 숲의 다람쥐 보호구역에서 비구들에게 "도반들이여, 숲 속에 거주하는 비구는 높은 법과 높은 율에 전념해야 합니다."(M69 §17)라고 강조하였다.

여기에 대해서 주석서는 이렇게 말한다.

"'높은 법과 높은 율에 전념해야 한다(abhidhamme abhivinaye yogo kara-ṇīyo).'고 했다. 여기서 '높은 법(abhidhamma)'이란 논장(Abhidhamma-piṭaka)을 말하고 '높은 율(abhivinaya)'이란 율장(Vinaya-piṭaka)을 말하는데, 여기에는 각각의 성전(pāḷi)과 각각의 주석서(aṭṭha-kathā)를 합한 것을 말한다.

모든 것을 분석해서 도달한 결론으로 말하자면 최소한 논장에서는 [아비담마 마띠까의] 두 개 조와 세 개 조 마띠까(dukatikamātikā)와 더불어 법의 심장 위방가(dhammahadayavibhaṅga) 없이는 전개되지 않는다. 율장에는 갈마와 비갈마를 판별하는 것(kammākammavinicchaya)과 더불어 잘 판별된 두 가지 빠띠목카(suvinicchitāni dve pātimokkhāni) 없이는 전개되지 않는다."(MA.iii.185)

이처럼 주석서는 논장이 구성되는 최소치로서(sabbantimena paricchedena) 122개의 아비담마 마띠까와 바로 본서 제18장 법의 심장 위방가를 들고 있

---

(5)	15	15×5=	75
(6)	14	14×6=	84
(7)	7	7×7=	49
(8)	8	8×8=	64
(9)	9	9×9=	81
(10)	7	7×10=	70
(11)	2	108+62=	170
계	203		867

고 율장이 구성되는 최소치로서 율장의 마띠까인 두 가지 빠띠목카와 갈마・비갈마를 들고 있다. 이처럼 본 장은 논장을 구성하는 필수적인 부분으로 받아들여졌기 때문에 일찍부터 본서의 마지막 위방가인 본 장을 법의 심장(핵심, hadaya)이라고 명명하였을 것이다.

제18장 법의 심장 위방가를 개략적으로 살펴보면 법의 심장 위방가는 성전에 나타나는 용어들의 범주(pāḷi-pariccheda)를 (1) 일체의 길라잡이에 관한 부문(sabbasaṅgāhika-vāra, §978 이하)부터 (10) 세 개 조 등의 이해에 관한 부문(tikādidassana-vāra, §1038 이하)까지의 10가지로 분류한 뒤 이들을 하나하나 분석해서 설명하는 구조로 되어 있다. 그리고 개요(마띠까)와 분석(위방가)이라는 『위방가』의 기본구조로 살펴보면 본서 제18장 법의 심장 위방가는 법의 심장(핵심)을 드러내기 위해서 먼저 (1) 일체의 길라잡이에 관한 부문(sabbasaṅgāhika-vāra, §978 이하)에서 논의의 주제인 마띠까(개요)를 설정하고 이 마띠까를 토대로 하여 (2) 일어남과 일어나지 않음에 관한 부문(uppattānuppatti-vāra, §991 이하)부터 (10) 세 개 조 등의 이해에 관한 부문(tikādidassana-vāra, §1038 이하)까지의 아홉 가지 부문의 주제들을 분석하여 설명하는 구조로 전개되고 있다. 그리고 이 (10) 세 개 조 등의 이해에 관한 부문은 다시 Ⓐ 세 개 조(§1038 이하)와 Ⓑ 두 개 조(§1043 이하)로 나누어지기 때문에 이 분석의 부문들도 열 개로 구성되어 있다고 할 수 있다.

이제 이 열 가지 부문에 대해서 간략하게 살펴보자.

(1) 일체의 길라잡이에 관한 부문(sabbasaṅgāhika-vāra)

먼저 본서는 존재하는 모든 것을 분류하는 기준으로, "몇 가지 무더기[蘊]가 있고, 몇 가지 감각장소[處]가 있고, 몇 가지 요소[界]가 있고, 몇 가지 진리[諦]가 있고, 몇 가지 기능[根]이 있고, 몇 가지 원인[因]이 있고, 몇 가지 음식[食]이 있고, 몇 가지 감각접촉[觸]이 있고, 몇 가지 느낌[受]이 있고, 몇 가지 인식[想]이 있고, 몇 가지 의도[思]가 있고, 몇 가지 마음[心]이 있는가?"(§978)라고 문제를 제기한다. 그리고 다시 "다섯 가지 무더기가 있고,

12가지 감각장소가 있고, 18가지 요소가 있고, 네 가지 진리가 있고, 22가지 기능이 있고, 아홉 가지 원인이 있고, 네 가지 음식이 있고, 일곱 가지 감각접촉이 있고, 일곱 가지 느낌이 있고, 일곱 가지 인식이 있고, 일곱 가지 의도가 있고, 일곱 가지 마음이 있다."(*Ibid.*)라고 대답하여 ① 무더기[蘊] ② 감각장소[處] ③ 요소[界] ④ 진리[諦] ⑤ 기능[根] ⑥ 원인[因] ⑦ 음식[食] ⑧ 감각접촉[觸] ⑨ 느낌[受] ⑩ 인식[想] ⑪ 의도[思] ⑫ 마음[心]이라는 모두 12가지 항목이 법의 심장 위방가의 기본이 되는 개요(마띠까)임을 밝히고 있다.

그런 뒤에 §979부터 §990까지에서 이 12가지 항목에 포함되어 있는 것들을 "여기서 무엇이 '다섯 가지 무더기[五蘊, pañcakkhandhā]'인가? 물질의 무더기[色蘊], 느낌의 무더기[受蘊], 인식의 무더기[想蘊], 심리현상들의 무더기[行蘊], 알음알이의 무더기[識蘊] — 이를 일러 다섯 가지 무더기라 한다."(§979)라는 방법으로 나열하고 있다. 이렇게 하여 본서는 먼저 이 12가지 항목을 다시 5+12+18+4+22+9+4+7+7+7+7+7=109가지 주제어로 세분하고 있다.

(2) 일어남과 일어나지 않음에 관한 부문(uppattānuppatti-vāra)

본 무문은 앞의 (1) 일체의 길라잡이에 관한 부문의 §978에서 개요 혹은 마띠까로 설정한 12가지 항목을 먼저 ① 욕계의 요소(kāmadhātu)에 적용시켜 "욕계의 요소에는 다섯 가지 무더기(kāmadhātuyā pañcakkhandhā), 12가지 감각장소, 18가지 요소, 세 가지 진리, 22가지 기능, 아홉 가지 원인, 네 가지 음식, 일곱 가지 감각접촉, 일곱 가지 느낌, 일곱 가지 인식, 일곱 가지 의도, 일곱 가지 마음이 있다."(§991)라고 개요로 밝힌 뒤 §992에서 이들을 하나하나 분석하여 설명한다.

같은 방법으로 이들 12가지 항목을 ② 색계의 요소(rūpa-dhātu, §§993~994)와 ③ 무색계의 요소(arūpa-dhātu, §§995~996)와 ④ [세간에] 포함되지 않는 것[出世間, apariyāpanna, §§997~998] 즉 출세간에도 적용시켜 이들

을 분석하여 설명한다.

(3) 포함된 것과 포함되지 않는 것에 관한 부문(pariyāpannāpariyāpanna-vāra, §999 이하)에서도 같은 방법으로 위 12개 항목을 ① 욕계의 요소(kāma-dhātu. §§999~1000) ② 색계의 요소(rūpa-dhātu, §§1001~1002) ③ 무색계의 요소(arūpa-dhātu, §§1003~1004) ④ [세간에] 포함된 것과 [세간에] 포함되지 않는 것[出世間](§§1005~1006)에 적용시켜 이들을 분석하여 설명한다.

(4) 법들을 보여줌에 관한 부문(dhammadassana-vāra, §1007 이하)에서도 같은 방법으로 위 12개 항목을 먼저 ① 욕계의 요소(kāmadhātu, §§1007~1014)에 적용시켜 "욕계의 요소에 태어나는 순간에 몇 가지 무더기가 나타나고 … 몇 가지 마음이 나타나는가?"(§1007)라고 질문을 제기하고 다시 "욕계의 요소에 태어나는 순간에 모든 [존재]에게는 다섯 가지 무더기가 나타난다."(§1007)라는 등으로 답을 제시한다. 같은 방법으로 욕계의 요소에서 있을 수 있는 여러 경우들을 §1007부터 §1014까지에서도 모두 질문을 제기하고 그 질문에 답을 제시하는 방법으로 분석하여 설명한다.

같은 방법을 ② 색계의 요소(rūpa-dhātu, §§1015~1016) ③ 무상유정(asaññasattā, §1017) ④ 무색계의 요소(arūpa-dhātu, §§1018~1019)에도 적용시켜서 먼저 질문을 제기하고 그 질문에 답을 제시하는 방법으로 분석하여 설명한다.

(5) 경지의 특별함을 보여줌에 관한 부문(bhūmantara-dassana-vāra, §1020)은 §1020 한 문단으로만 구성되어 있다. 여기서는 먼저 "욕계에 속하는 법들, 욕계에 속하지 않는 법들, 색계에 속하는 법들, 색계에 속하지 않는 법들, 무색계에 속하는 법들, 무색계에 속하지 않는 법들, [세간에] 포함된 법들, [세간에] 포함되지 않는 법들[出世間法]이 있다."(§1020)라고 논의의 주제로 경지를 여덟 가지로 제시한 뒤 이들을 간략하게 정의한다.

이 가운데 ① 욕계에 속하는 법들과 ② 욕계에 속하지 않는 법들은 두 개 조 마띠까의 ma2-93과 같고 ③색계에 속하는 법들과 ④ 색계에 속하지 않는 법들은 두 개 조 마띠까 ma2-94와 같으며 ⑤ [세간에] 포함된 법들과 ⑥ [세간에] 포함되지 않는 법들은 두 개 조 마띠까 ma2-96과 같다. 그리고 이들에 대한 분석은 각각 『담마상가니』 제3편의 §1288부터 §1293까지와 동일하다.

(6) 태어나게 하는 업과 수명의 한계에 관한 부문(uppādakakamma-āyuppamāṇa-vāra)에서는 ① 태어나게 하는 업(uppādakakamma, §1021)과 ② 수명의 한계(āyuppamāṇa, §§1022~1029)를 설명하고 있다. ① §1021에서는 세 종류의 신들을 정의하고 이런 세상에 태어나게 하는 업으로 보시와 지계와 갈마를 들고 있다. ② 수명의 한계로는 인간 세상의 수명의 한계(§1022)부터 무색계 천상의 비상비비상처까지의 수명의 한계(§1028)를 분석한다.

그리고 §1029에서 게송으로 '중생들은 비록 이처럼 긴 수명을 누리더라도 수명이 다하면 떨어진다.'고 강조하면서 '늙음 · 죽음으로부터 해탈하기 위해서 으뜸가는 도를 닦을 것'을 강조하고 '열반에 듦으로 인도하는 청정한 도를 닦아서' '번뇌가 없는 반열반을 성취할 것'을 당부하신다.

(7) 최상의 지혜로 알아야 하는 것 등에 관한 부문(abhiññeyyādi-vāra, §1030)에서는 먼저 (1)에서 마띠까로 제시한 12개 항목의 각각에 대해서 "다섯 가지 무더기 가운데 몇 가지가 최상의 지혜로 알아져야 하는 것인가? 몇 가지가 철저하게 알아져야 하는 것인가? 몇 가지가 버려져야 하는 것인가? 몇 가지가 닦아져야 하는 것인가? 몇 가지가 실현되어야 하는 것인가? 몇 가지가 버려져서는 안 되고 닦아져서는 안 되고 실현되어서는 안 되는 것인가?"라는 방법으로 먼저 12개 항목에 대해서 ① 최상의 지혜로 알아져야 하는 것 ② 철저하게 알아져야 하는 것 ③ 버려져야 하는 것 ④ 닦아져야 하는 것 ⑤ 실현해야 하는 것 ⑥ 버려져서는 안 되고 닦아져서는 안 되고 실현해서는 안 되는 것의 여섯 가지로 질문을 제기한다. 그리고 §1031에

서는 이 12가지 질문에 대한 답을 제시하는 방법으로 분석하여 설명한다.

(8) 대상을 가진 것과 대상을 가지지 않은 것에 관한 부문(sārammaṇa-anārammaṇa-vāra, *cf* ma2-55)에서는 같은 방법으로 먼저 §1032에서 (1)의 12가지 항목 가운데 ① 몇 가지가 대상을 가진 것이고 ② 몇 가지가 대상을 가지지 않은 것인가라는 질문을 제기한다. 그리고 §1033에서는 이 12가지 질문에 대한 답을 제시하는 방법으로 분석하여 설명한다. 다시 §1034에서는 ③ 몇 가지가 대상을 취하는 대상을 가진 것이고 ④ 몇 가지가 대상을 취하지 않는 대상을 가진 것인가라는 질문을 제기하고 §1035에서는 이 12가지 질문에 대한 답을 제시하는 방법으로 분석하여 설명한다.

(9) 보이는 것과 들리는 것 등의 이해에 관한 부문(diṭṭhasutādidassana-vāra, §1036)에서도 먼저 §1036에서 (1)의 12가지 항목 가운데 ① 몇 가지가 보이는 것이고 ② 몇 가지가 들리는 것이고 ③ 몇 가지가 감지되는 것이고 ④ 몇 가지가 식별되는 것인가라는 질문을 제기한다. 그리고 §1037에서는 이 12가지 질문에 대한 답을 제시하는 방법으로 분석하여 설명한다.

(10) 세 개 조 등의 이해에 관한 부문(tikādidassana-vāra, §1038 이하)은 Ⓐ 세 개 조(§1038 이하)와 Ⓑ 두 개 조(§1043 이하)로 나누어서 Ⓐ 세 개 조에는 아비담마 마띠까의 세 개 조 마띠까 22가지 가운데 모두 다섯 개의 세 개 조를 아래와 같이 들고 있고 Ⓑ 두 개 조는 ① 물질의 두 개 조(rūpa-duka, §1043)와 ② 세간적인 것의 두 개 조(lokya-duka, *cf* ma2-12, §1044)를 들고 있다. 이제 이들을 개관해 보자.

Ⓐ 세 개 조

① 유익함의 세 개 조(kusalattika, *cf* ma3-1, §1038)는 먼저 §1038은 (1)에서 정리한 12가지 항목을 세 개 조 마띠까의 첫 번째인 '유익한 법들, 해로운 법들, 결정할 수 없는[無記] 법들'(ma3-1)에 적용시켜서 이들 가운데 "몇 가지가 유익한 것이고, 몇 가지가 해로운 것이고, 몇 가지가 결정할 수

없는 것[無記]인가?"(§1038)라고 질문을 제기한다. 그런 뒤 '물질의 무더기는 결정할 수 없는 것[無記]이다. 네 가지 무더기는 유익한 것일 수 있고 해로운 것일 수 있고 결정할 수 없는 것[無記]일 수 있다.'라는 등으로 이 12가지 질문에 대한 답을 제시하는 방법으로 분석하여 설명한다.

같은 방법으로 §1039에서는 ② 느낌의 세 개 조(vedanātika, *cf* ma3-2)에 대해서, §1040에서는 ③ 과보로 나타난 것의 세 개 조(vipākattika, *cf* ma3-3)에 대해서, §1041에서는 ④ 취착된 것의 세 개 조(upādinnattika, *cf* ma3-4)에 대해서, §1042에서는 ⑤ 일으킨 생각의 세 개 조(vitakkattika, *cf* ma3-6)에 대해서도 (1)의 12가지 항목을 적용시켜서 질문을 제기한 뒤 답을 제시하는 방법으로 설명을 전개하고 있다.

Ⓑ 두 개 조

① 물질의 두 개 조(rūpa-duka, §1043)는 먼저 (1)에서 정리한 12가지 항목 각각에 대해서 "다섯 가지 무더기 가운데 몇 가지가 '물질'인가? 몇 가지가 '비물질'인가? …"라고 질문을 제기한 뒤 이들 각각에 대해서 "물질의 무더기는 물질이고 네 가지 무더기는 비물질이다. …"라는 등으로 답을 제시하는 방법으로 설명을 전개한다.

그리고 ② 세간적인 것의 두 개 조(lokya-duka, *cf* ma2-12, §1044)도 같은 방법으로 12가지 항목 각각에 대해서 "다섯 가지 무더기 가운데 몇 가지가 세간적인 것인가? 몇 가지가 출세간의 것인가?"라고 질문을 제기한 뒤 이들 각각에 대해서 답을 제시하는 방법으로 설명을 전개한다.

이런 방법으로 제18장 법의 심장 위방가는 끝이 나고 이렇게 하여 전체 『위방가』도 마무리가 된다.

이상에서 살펴보았듯이 법의 심장 위방가는 (6) 태어나게 하는 업과 수명의 한계에 관한 부문(uppādakakamma-āyuppamāṇa-vāra)을 제외한 모든 부문은 (1) 일체의 길라잡이에 관한 부문(sabbasaṅgāhika-vāra)에서 정리한 12가지 항목과 연결되어 있다. 이렇게 하여 (1) 일체의 길라잡이에 관한 부문은 본 장의 마띠까가 된다. 이처럼 본 장은 맨 먼저 12가지 항목으로 구성된 마띠까를 제시하고 이들을 (6) 태어나게 하는 업과 수명의 한계에 관한 부문을 제외한 (2) 일어남과 일어나지 않음에 관한 부문(uppattānuppatti-vāra)부터 (10) 세 개 조 등의 이해에 관한 부문(tikādidassana-vāra, §1038 이하)까지의 여덟 가지 초기불교의 주제에 적용시켜 분석하고 있다.

7. 맺는말

이상으로 『위방가』를 여러 측면에서 살펴보았다. 본서뿐만 아니라 경장과 율장의 용례들을 통해서 위방가라는 용어는 '특정 주제에 대한 개요와 해설을 통한 분석적 설명'이라고 정의할 수 있다. 본서에서는 ① 경에 따른 분석 방법과 ② 아비담마에 따른 분석 방법과 ③ [아비담마 마띠까를 통한] 질문의 제기와 ④ 마띠까 - 해설의 방법이라는 네 가지 방법을 통해서 먼저 각 주제의 개요 혹은 마띠까를 제시하고 이 개요에 준해서 불교의 핵심이 되는 18가지 주제들을 분석하여 설명하고 있다.

이러한 네 가지 분석 방법으로 법들을 분석하여 설명하고 있는 본 『위방가』를 주석서 문헌들은 아비담마가 뛰어난 법이고 특별한 법인 이유를 설명하는 보기로 들고 있음도 살펴보았는데 아비담마의 주석서 문헌들은 경에는 경에 따른 분석 방법만 있기 때문에 부분적(ekadesa)으로 분석되었지만 논장의 아비담마 칠론 가운데 두 번째인 본 『위방가』는 경에 따른 분석 방법과 아비담마에 따른 분석 방법과 [아비담마 마띠까를 통한] 질문의 제기의 셋을 다 갖추고 있기 때문에 전체적(nippadesa)으로 분석되었다고 (DhsA.2; DhsAMṬ.13) 강조하는 것도 살펴보았다. 이처럼 『위방가』의 이 세 가지 분석 방법이나 여기에 마띠까 - 해설의 구조를 포함한 네 가지 분석 방법은 아비담마를 아비담마이게 하는 가장 중요한 방법이라 하겠다.

그런데 아비담마 칠론의 첫 번째인 『담마상가니』의 전체 네 편도 아비담마 마띠까에 대한 해설이며 <개요 - 해설의 구조>로 전개되고 있다. 그러므로 『담마상가니』도 『위방가』와 같은 구조로 되어 있다. 왜 똑같이 <개요 - 해설의 구조>로 구성되어 있는데 하나는 『담마상가니』(법의 갈무리)라 부르고 다른 하나는 『위방가』(분석)라 부르는가?

이 둘의 다른 점은 이 둘의 역할의 차이점에서 찾아야 한다. 『담마상가니』는 논장의 모태가 되는 아비담마 마띠까에 집중하고 『위방가』는 경장에서 결집한 불교의 기본 주제들에 집중한다. 『담마상가니』는 논장의 아비담마 마띠까 122개에서 정리하고 있는 법들에 대한 총괄적인 해설이기 때문에 『담마상가니』 즉 법의 갈무리라 이름지었다. 그러나 『위방가』(분석)라는 제목을 달고 있는 본서는 논장의 마띠까인 세 개 조 마띠까 22개와 두 개 조 마띠까 100개에 대한 분석적인 설명이 아니다. 논장의 마띠까에 대한 분석적인 설명은 『담마상가니』가 담당한다. 논장의 『위방가』는 오히려 경장에서 정리하여 결집한 부처님의 가르침들 가운데 그 핵심이 되는 교학과 수행과 지혜와 법에 관계된 18가지 주제를 먼저 개요(웃데사) 혹은 마띠까로 확정하고 이들을 경에 따른 분석 방법과 아비담마에 따른 분석 방법과 [아비담마 마띠까를 통한] 질문의 제기라는 새로운 방법론을 채택하여 상세하게 설명하고 있다. 이것이 논장의 『위방가』가 담당하는 새로운 역할이다.

결국 아비담마는 담마에 속하기 때문에(AAṬ.ii.83) 율장의 위방가가 율장의 마띠까인 비구·비구니 계목을 분석하고 설명하는 것이라면 논장의 『위방가』는 경장의 마띠까라 할 수 있는 교학과 수행과 지혜와 법에 해당하는 18가지 주제들을 담마 마띠까로 삼아서 이것을 분석하고 설명하는 체계라 할 수 있다. 즉 논장의 『담마상가니』는 논장의 마띠까에 대한 분석적 설명이요, 논장의 『위방가』는 이러한 분석 방법을 가져와서 경장의 토대가 되는 18가지 주제를 분석적으로 설명하는 체계라 할 수 있다. 이것이 『담마상가니』와 『위방가』의 역할의 차이라고 역자는 이해한다.

사리뿟따 존자를 상수로 하는 부처님의 직계 제자들은 부처님 재세 시 후반부에 이미 이러한 작업을 했음이 분명하다. 이것이 법의 사령관(dhamma-senāpati)으로 불리던 사리뿟따 존자(dhammasenāpati-Sāriputta-tthera, DA.i.15 등)의 가장 큰 임무였을 것이라고 역자는 감히 생각해본다. 이런 의미에서 경장이 깨달음과 열반의 실현에 초점을 맞춘 부처님의 가르침을 모은 것이라면 논장은 이러한 부처님의 가르침을 분류하고 분석하여 설명한 부처님 직계 제자들의 노력이 고스란히 담겨있는 체계가 아닐까 생각한다.

물론 율장의 두 개의 마띠까인 비구 계목과 비구니 계목이 부처님께서 제정하신 것이듯이 세 개 조 22개와 두 개 조 100개의 두 개의 마띠까로 구성된 아비담마 마띠까도 부처님께서 직접 제정하셨음이 분명하다. 율장의 주제(마띠까)와 논장의 주제(마띠까)를 이렇게 제정하고 이렇게 구성할 수 있는 분은 부처님 외에는 없기 때문이다.

끝으로 아비담마와 마띠까 등에 대한 설명과 해설 등 아비담마 일반에 대한 논의는 『담마상가니』 제1권의 역자 서문과 제1권 해제 및 제2권 해제와 제2권의 권말 부록으로 싣고 있는 『담마상가니 주석서』 서문을 참조하시기를 권하면서 『위방가』 해제를 마무리한다.

namo tassa bhagavato arahato sammāsambuddhassa
그분 부처님, 공양받아 마땅한 분, 바르게 깨달으신 분께 귀의합니다

제1장
무더기[蘊] 위방가

무더기에 대한 분석

Khandha-vibhaṅga

I. 경에 따른 분석 방법

Suttanta-bhājanīya

1. 다섯 가지 무더기[五蘊]가 있으니, 물질의 무더기[色蘊], 느낌의 무더기[受蘊], 인식의 무더기[想蘊], 심리현상들의 무더기[行蘊], 알음알이의 무더기[識蘊]이다.(D33 §2.1(1))

(1) 물질의 무더기[色蘊]

2. 여기서 무엇이 '물질의 무더기[色蘊, rūpakkhandha]'인가? 물질은 그 어떤 것이든, 그것이 과거의 것이든 미래의 것이든 현재의 것이든, 안에 있든 밖에 있든, 거칠든 미세하든, 저열하든 수승하든, 멀리 있든 가까이 있든 그 모두를 한데 모으고 간략히 해서[45] — 이를 일러 물질

45) '그 모두를 한데 모으고 간략히 해서'는 'tadekajjhaṁ abhisaññūhitvā abhisaṅkhipitvā'를 옮긴 것이다. 주석서는 '그 모두를 한데'를 "하나로 덩어리로 만들어서(ekato piṇḍaṁ katvā)"(VbhA.6)라고 설명한 뒤 abhisaññūhitvā를 '모은 뒤(abhisaṁharitvā)'로 abhisaṅkhipitvā를 '간략하

의 무더기라 한다.[46]

3. 여기서 무엇이 '① 과거의 물질(rūpa atīta)'인가? 지나갔고[47] 소멸하였고 떠나갔고 변하였고 사라졌고 철저하게 사라졌고 생겼다가 떠나갔고 지나갔고 지나간 것으로 분류되는[48](Dhs §1044) 물질인 네 가지 근본물질[四大]과 네 가지 근본물질로부터 파생된 물질 — 이를 일러 과

게 한 뒤(saṅkhepaṁ katvā)'로 설명하고 있다.(*Ibid.*) 그래서 이렇게 옮겼다.

46) 여기서 "물질이라고 하는 것은 그 어떤 것이든, 그것이 과거의 것이든 미래의 것이든 현재의 것이든, 안에 있든 밖에 있든, 거칠든 미세하든, 저열하든 수승하든, 멀리 있든 가까이 있든"까지는 M22 §27; S12:70; A3:131 등 초기불전의 수십 곳에서 정형구로 나타난다. 그러나 여기 물질의 무더기와 아래 느낌의 무더기 등에 나타나는 "그 모두를 한데 모으고 간략히 해서(tadekajjhaṁ abhisaññūhitvā abhisaṅkhipitvā)"는 여기서처럼 본 본서에만 나타나고 있다.

『청정도론』도 XIV.185에서 먼저 본서의 이 구절을 인용한 뒤에 XIV.186～196에서 이 정형구를 하나하나 설명하고 있다. 이 정형구에 대한 자세한 설명은 『청정도론』의 이 부분을 참조하기 바란다.

47) "'지나갔고(atītā)'라는 것은 [일어나고 머물고 무너지는] 세 찰나(khaṇattaya)가 지나간 것(atikkantā)이다."(DhsA.361)

『디가 니까야 복주서』는 세 찰나를 이렇게 설명한다.

"'세 찰나(khaṇattaya)'란 일어나고(uppāda) 머물고(ṭhiti) 무너지는(bhaṅga) 세 [아]찰나(khaṇā)이다."(DAṬ.iii.249)

하나의 찰나는 이렇게 일어나고 머물고 무너지는 세 부분으로 구성되어 있기 때문에 이 일어나고 머물고 무너지는 각각은 찰나보다 더 작은 단위의 용어로 표현해야 한다. 영어에서는 찰나를 *moment*로 옮기고 찰나를 구성하는 이 세 단계는 각각 *sub-moment*로 옮겼고 초기불전연구원에서는 '아찰나(亞刹那)'로 정착을 시켰다. 그러나 주석서 문헌들에서는 여기서 보듯이 세 찰나로 표현하고 있다. 주석서 문헌들에는 *sub-moment*나 아찰나(亞刹那)에 해당하는 용어가 나타나지 않는데 찰나를 존재를 구성하는 최소단위의 시간으로 여기기 때문인 듯하다.

48) 원문은 'atītaṁ niruddhaṁ vigataṁ vipariṇataṁ atthaṅgataṁ abbhatthaṅgataṁ uppajjitvā vigataṁ atītaṁ atītaṁsena saṅgahitaṁ'이다. 이 구문은 『담마상가니』 §1044 등에도 나타나는데 여기서는 문자적인 의미를 더 존중하여 『담마상가니』의 해당 부분과는 조금 다르게 옮겼다.

거의 물질이라 한다.

여기서 무엇이 '② 미래의 물질(rūpa anāgata)'인가? [아직] 태어나지 않았고 존재하지 않았고 출생하지 않았고 생기지 않았고 탄생하지 않았고 나타나지 않았고 일어나지 않았고 발생하지 않았고 생성되지 않았고 출현하지 않았고 오지 않았고 오지 않은 것으로 분류되는(Dhs §1042) 물질인 네 가지 근본물질[四大]과 네 가지 근본물질로부터 파생된 물질 — 이를 일러 미래의 물질이라 한다.

여기서 무엇이 '③ 현재의 물질(rūpa paccuppanna)'인가? 태어나 있고 존재해 있고 출생해 있고 생겨있고 탄생해 있고 나타나 있고 일어나 있고 발생해 있고 생성되어 있고 출현하여 있고 현존하고 현존하는 것으로 분류되는(Dhs §1046) 물질인 네 가지 [2] 근본물질[四大]과 네 가지 근본물질로부터 파생된 물질 — 이를 일러 현재의 물질이라 한다.

4. 여기서 무엇이 '④ 안에 있는 물질(rūpa ajjhatta)'인가? 이런저런 중생들의 안에 있고 개개인에 속하고 자기에게 생긴 것이고 각 개인에 속하는 것이고 취착된49)(Dhs §1050) 물질인 네 가지 근본물질[四大]과 네 가지 근본물질로부터 파생된 물질 — 이를 일러 안에 있는 물질이라 한다.

여기서 무엇이 '⑤ 밖에 있는 물질(rūpa bahiddhā)'인가? 이런저런 다른 중생들이나 다른 인간들의 안에 있고 개개인에 속하고 자기에게 생

49) "'취착된(upādiṇṇā) [물질]'이란 몸에 머물고 있는 것(sarīraṭṭhakā)이다. 이들은 업에서 생긴 것이거나 아닌 것이다(kamma-nibbattā vā hontu mā vā). 그러나 여기서는 가지고 거머쥐고 집착[固守]함(ādinna-gahita-parāmaṭṭha)을 통해서 취착된 것들(upādiṇṇā)이라고 하셨다."(DhsA. 361)
'취착된'으로 옮긴 upādiṇṇā에 대해서는 『담마상가니』 §652의 주해를 참조할 것.

긴 것이고 각 개인에 속하는 것이고 취착된(Dhs §1051) 물질인 네 가지 근본물질[四大]과 네 가지 근본물질로부터 파생된 물질 — 이를 일러 밖에 있는 물질이라 한다.

5. 여기서 무엇이 '⑥ 거친 물질(rūpa oḷārika)'인가? 눈의 감각장소[眼處], <귀의 감각장소[耳處], 코의 감각장소[鼻處], 혀의 감각장소[舌處], 몸의 감각장소[身處], 형색의 감각장소[色處], 소리의 감각장소[聲處], 냄새의 감각장소[香處], 맛의 감각장소[味處],>50) 감촉의 감각장소[觸處] — 이를 일러 거친 물질이라 한다.

여기서 무엇이 '⑦ 미세한 물질(rūpa sukhuma)'인가? 여자의 기능[女根], <남자의 기능[男根], 생명기능[命根],51) 몸의 암시[身表], 말의 암시[語表], 허공의 요소[空界], 물의 요소[水界],52) 물질의 가벼움[色輕快性], 물질의 부드러움[色柔軟性], 물질의 적합함[色適業性], 물질의 생성[色積集], 물질의 상속[色相續], 물질의 쇠퇴[色老性], 물질의 무상함[色無常

50) 여기 < > 안에 넣고 있는 '귀의 감각장소[耳處]'부터 '맛의 감각장소[味處]'까지는 VRI본과 PTS본에는 모두 반복되는 부분(뻬얄라, peyyala)의 생략으로 편집되어 있다. 본 문단은 본서에서 이 정형구가 처음 나타나는 곳이기 때문에 역자는 이들을 < > 안에 살려서 옮겼다.

51) 여기 < > 안에 넣고 있는 '남자의 기능[男根]'부터 '물질의 무상함[色無常性]'까지도 VRI본과 PTS본에는 모두 반복되는 부분의 생략으로 편집되어 있다. 같은 이유로 < > 안에 살려서 옮겼다.
한편 『청정도론』이나 『아비담맛타상가하』(아비담마 길라잡이) 같은 주석서 문헌들에는 '생명기능[命根]'과 '몸의 암시[身表]' 사이에는 심장토대가 들어있지만 논장의 첫 번째인 『담마상가니』에는 나타나지 않는다.(Dhs §595 등 참조) 여기에 대해서는 『담마상가니』 제2권 §595의 59번 주해와 제2권 해제 §3-(7)(40쪽)을 참조할 것.

52) 빠알리 논장에 의하면 땅의 요소[地界], 물의 요소[水界], 불의 요소[火界], 바람의 요소[風界]의 네 가지 근본물질 가운데 땅의 요소와 불의 요소와 바람의 요소, 이 세 가지는 감촉의 감각장소[觸處]에 해당하고(Dhs §647) 물의 요소는 여기 미세한 물질에 포함된다.(Vis.XIV.73)

性]>, 덩어리진 [먹는] 음식[段食] — 이를 일러 미세한 물질[53]이라 한다.(Dhs §595)

6. 여기서 무엇이 '⑧ 저열한 물질(rūpa hīna)'인가? 이런저런 중생들에게 있는[54] 얕보이고 경멸되고 천대받고 모욕 받고 존중되지 않고 저열하고 저열할 뿐이고 저열한 것으로 간주되고 원하지 않고 사랑스럽지 않고 마음에 들지 않는 물질인 형색, 소리, 냄새, 맛, 감촉 — 이를 일러 저열한 물질이라 한다.

여기서 무엇이 '⑨ 수승한 물질(rūpa paṇīta)'인가? 이런저런 중생들에게 있는 얕보이지 않고 경멸되지 않고 천대받지 않고 모욕 받지 않고 존중되고 수승하고 수승할 뿐이고 수승한 것으로 간주되고 원하고 사랑스럽고 마음에 드는 물질인 형색, 소리, 냄새, 맛, 감촉 — 이를 일러 수승한 물질이라 한다.

이 외에도 이 물질과 저 물질을 비교하고 비교하여 물질이 저열한지 수승한지를 알아야 한다.[55]

---

53) "다섯 가지 대상과 감성의 물질을 제외한 나머지 16가지가 미세한 물질이다(pañcārammaṇapasādāni ṭhapetvā sesāni soḷasa sukhumarūpāni.)" (VṬ.130)
미세한 물질에 대해서는 Vis.XIV.74와 『아비담마 길라잡이』 제6장 §7의 해설 등을 참조할 것.
16가지 미세한 물질에는 심장토대도 포함된다. 그러나 『담마상가니』를 위시한 빠알리 논장 칠론에는 심장토대가 나타나지 않는다. 그러므로 본서에도 심장토대는 나타나지 않는 것으로 이해해야 한다. 그러나 주석서 문헌들에는 심장토대가 나타나고 있다. 주석서 문헌에 속하는 『청정도론』(Vis. XIV.37)에도 심장토대는 나타나고 있다. 그래서 미세한 물질은 16가지가 되는 것이다. 물론 여기에는 물의 요소도 포함된다.(*cf* Dhs §915, §917)

54) "이런저런 중생들에게 있는"은 tesaṁ tesaṁ sattānaṁ(그 중생들의)을 옮긴 것인데 주석서는 이것을 "'많은 중생들에'(처소격)를 뜻하는 소유격(bahūsu sattesu sāmivacanaṁ)"(VbhA.8)이라고 설명하고 있어서 이렇게 풀어서 옮겼다.

7. 여기서 무엇이 '⑩ 멀리 있는 물질(rūpa dūre)'인가? 여자의 기능[女根] … (§5) … 덩어리진 [먹는] 음식[段食]이다. 그밖에도[56] 근처에 있지 않고 부근에 있지 않고 멀리 있고 가까이 있지 않은 다른 어떤 물

---

55) '이 외에도 이 물질과 저 물질을 비교하고 비교하여 물질이 저열한지 수승한지를 알아야 한다.'는 taṁ taṁ vā pana rūpaṁ upādāyupādāya rūpaṁ hīnaṁ paṇītaṁ daṭṭhabbaṁ을 옮긴 것이다.

주석서는 이 문장의 의미를 다음과 같이 설명하고 있다.
"'이 외에도'라고 하였다. 여기서는 [보통의 중생들에게 적용되었던 — VbhAMṬ.10] 앞의 방법(heṭṭhimanaya)이 적용되어서는 안 된다. 세존께서는 [보통의 중생들에게 적용되는 — *Ibid.*] 인습적인 것을 선호하여(sammuti-manāpa) 구분하신 것이 아니라 개인적인 것을 선호하여(puggala-manāpa) 구분하셨기 때문이다. 그래서 여기서 '이 외에도'의 구문(taṁtaṁvāpana)을 통해서 비교하고 비교하신 뒤에 저열함과 수승함을 말씀하신 것이라고 알아야 한다."(VbhA.11)

이렇게 설명한 뒤에 주석서는 이것의 보기로 다음을 들고 있다.
"즉 지옥 유정들(nerayikā)의 물질은 최저점이 되어(koṭippatta) 저열하다(.hīna)고 한다. 이와 비교하여 축생들(tiracchāna)에 있는 용과 금시조들의 물질은 수승하다(paṇīta)고 한다. [그러나] 이들의 물질은 저열하고 이와 비교하여 아귀들(petā)의 물질은 수승하다고 한다. … [그러나] 이와 비교하여 색구경천(色究竟天, Akaniṭṭha)의 신들의 물질은 최고점이 되어(matthakappatta) 수승하다고 한다."(VbhA.11~12)

다시 말하면 지옥에 있는 중생들의 몸과 축생의 세계에 있는 중생들의 몸을 비교해보면 지옥 중생들의 몸은 더 저열하고 축생들의 몸은 더 수승하지만 축생들 몸을 아귀들의 몸과 비교하면 더 저열하다. 물론 아귀들의 몸은 아수라들의 몸과 비교하면 더 저열하다. 이렇게 비교하고 비교하면 색계의 색구경천의 신들의 몸은 가장 수승하다. 그래서 "이 물질과 저 물질을 비교하고 비교하여 물질이 저열한지 수승한지를 알아야 한다."고 주석서는 설명하고 있다.

56) 여기서 '그밖에도'는 yaṁ vā pana를 옮긴 것이다. 이것은 『담마상가니』 제1편에서 '그밖에들(yevāpanaka)'로 옮기고 있는 후기 편(appanā-vāra = nigamana-vāra)과 같은 어법이다. 『담마상가니』에서는 복수를 지칭하기 때문에 'ye(그들) 혹은(vā) 그런데(pana)로 나타났고 여기서는 단수를 지칭하기 때문에 ye 대신에 yaṁ으로 나타나고 있다.
'그밖에들'에 대해서는 『담마상가니』 제1권 §57의 해당 주해를 참조할 것.

질 — 이를 일러 멀리 있는 물질이라 한다.

여기서 [3] 무엇이 '⑪ 가까이 있는 물질(rūpa santike)'인가? 눈의 감각장소[眼處] … (§5) … 감촉의 감각장소[觸處]이다. 그밖에도 근처에 있고 부근에 있고 멀리 있지 않고 가까이 있는 다른 어떤 물질 — 이를 일러 가까이 있는 물질이라 한다.

이 외에도57) 이 물질과 저 물질을 비교하고 비교하여 물질이 멀리 있는지 가까이 있는지를 알아야 한다.

(2) 느낌의 무더기[受蘊]

8. 여기서 무엇이 '느낌의 무더기[受蘊, vedanākkhandha]'인가? 느낌은 그 어떤 것이든, 그것이 과거의 것이든 미래의 것이든 현재의 것이든, 안에 있든 밖에 있든, 거칠든 미세하든, 저열하든 수승하든, 멀리 있든 가까이 있든 그 모두를 한데 모으고 간략히 해서 — 이를 일러 느낌의 무더기라 한다.

---

57) "'이 외에도(taṁ taṁ vā pana)'라고 하였다. 여기서는 앞의 방법(heṭṭhima-naya)이 적용되어서는 안 된다. 앞의 것은 구분하는 것이기(bhindamāno gato) 때문이다. 그러나 여기서는 특징에 따라(lakkhaṇato) 멀다고 구분하지 않고 오직 경우에 따라(okāsato) 멀다고 구분한다. 여기서는 비교하고 비교하여(upādāyupādāya) 멀리 있고 가까이 있는 것이 보아져야 하기 때문이다.

왜냐하면 자신의 물질(몸)을 가까이 있는 것이라 하고 뱃속에 든 것(antokucchigata)일지라도 남의 것은 멀리 있는 것이라 하기 때문이다. 뱃속에 든 것은 가까이 있는 것이고 밖에 있는 것은 멀리 있는 것이다. 같은 침상(ekamañca)에 놓여 있는 것은 가까운 것이고 밖의 베란다(툇마루, bahipamukha)에 있는 것은 멀리 있는 것이다. 벽의 안(antopariveṇa)에 있는 물질은 가까운 것이고 벽의 바깥에 있는 것은 멀리 있는 것이다. … 우주(cakkavāḷa, 輪圍山)의 안에 있는 물질은 가까운 것이고 우주의 바깥에 있는 것은 멀리 있는 것이다."(VbhA.13)

9. 여기서 무엇이 '① 과거의 느낌'인가? 지나갔고 소멸하였고 떠나갔고 변하였고 사라졌고 철저하게 사라졌고 생겼다가 떠나갔고 지나갔고 지나간 것으로 분류되는(*cf* Dhs §1044) 느낌인 즐거운 느낌, 괴로운 느낌, 괴롭지도 즐겁지도 않은 느낌 — 이를 일러 과거의 느낌이라 한다.

여기서 무엇이 '② 미래의 느낌'인가? [아직] 태어나지 않았고 존재하지 않았고 출생하지 않았고 생기지 않았고 탄생하지 않았고 나타나지 않았고 일어나지 않았고 발생하지 않았고 생성되지 않았고 출현하지 않았고 오지 않았고 오지 않은 것으로 분류되는(*cf* Dhs §1045) 느낌인 즐거운 느낌, 괴로운 느낌, 괴롭지도 즐겁지도 않은 느낌 — 이를 일러 미래의 느낌이라 한다.

여기서 무엇이 '③ 현재의 느낌'인가? 태어나 있고 존재해 있고 출생해 있고 생겨있고 탄생해 있고 나타나 있고 일어나 있고 발생해 있고 생성되어 있고 출현하여 있고 현존하고 현존하는 것으로 분류되는(Dhs §1046) 느낌인 즐거운 느낌, 괴로운 느낌, 괴롭지도 즐겁지도 않은 느낌 — 이를 일러 현재의 느낌이라 한다.

10. 여기서 무엇이 '④ 안에 있는 느낌'인가? 이런저런 중생들의 안에 있고 개개인에 속하고 자기에게 생긴 것이고 각 개인에 속하는 것이고 취착된(*cf* Dhs §1050) 느낌인 즐거운 느낌, 괴로운 느낌, 괴롭지도 즐겁지도 않은 느낌 — 이를 일러 안의 느낌이라 한다.

여기서 무엇이 '⑤ 밖에 있는 느낌'인가? 이런저런 다른 중생들이나 다른 인간들의 안에 있고 개개인에 속하고 자기에게 생긴 것이고 각 개인에 속하는 것이고 취착된(Dhs §1051) 느낌인 즐거운 느낌, 괴로운 느낌, 괴롭지도 즐겁지도 않은 느낌 — 이를 일러 밖에 있는 느낌이라 한다.

11. 여기서 무엇이 '⑥ 거친 느낌'이고 무엇이 '⑦ 미세한 느낌'인가?58) 해로운 느낌은 거칠고, 유익한 느낌과 결정할 수 없는[無記] 느낌은 미세하다. 유익한 느낌과 해로운 느낌은 거칠고, 결정할 수 없는 느낌은 미세하다.

괴로운 느낌은 [4] 거칠고, 즐거운 느낌과 괴롭지도 즐겁지도 않은 느낌은 미세하다. 즐거운 느낌과 괴로운 느낌은 거칠고, 괴롭지도 즐겁지도 않은 느낌은 미세하다.

증득하지 못한 자의 느낌은 거칠고, 증득한 자의 느낌은 미세하다.

번뇌의 대상인59) 느낌은 거칠고, 번뇌의 대상이 아닌 느낌은 미세하다.(*cf.* ma2-15)

이 외에도60) 이 느낌과 저 느낌을 비교하고 비교하여 느낌이 거친지

---

58) "여기서 괴로운 느낌 등은 고유성질을 통해서(sabhāvato), 증득하지 못한 자의 느낌 등은 개인을 통해서(puggalato), 번뇌의 대상인 느낌 등은 세간적이고 출세간적인 것을 통해서(lokiyalokuttarato) 거칠거나 미세한 상태(oḷārikasukhumabhāva)를 보여주기 위해서 설하신 것이다."(VbhA.14) "유익한 것들(kusalā)은 근심이 없다(niddaratha)는 뜻과 즐거운 과보를 가져온다(sukhavipāka)는 뜻에서 미세하다(sukhumā). 결정할 수 없는 것들(abyākatā)은 노력이 없다(nirussāha)는 뜻과 과보를 가져오지 않는다(avipāka)는 뜻에서 미세하다. 유익한 것들과 해로운 것들은 노력이 있다(saussāha)는 뜻과 과보를 가져온다(savipāka)는 뜻에서 거칠다. 결정할 수 없는 것들은 앞에서 설한 것에 의해서 미세하다."(*Ibid.*)

한편 『청정도론』은 본서를 인용하여 "(6)~(7) 거칠고 미세한 분류는 『위방가』에서 설한 대로 ① 종류(jāti)에 따라 ② 고유성질(sabhāva)에 따라 ③ 사람(puggala)에 따라 ④ 세간·출세간에 따라서 알아야 한다. 『위방가』에서 다음과 같이 설하셨기 때문이다. "해로운 느낌은 거칠고, 유익한 느낌과 결정할 수 없는 느낌은 미세하다.(Vbh §11)""(Vis.XIV.198)라고 밝힌 뒤에 이들을 하나하나 설명하고 있으므로(Vis.XIV.199~208) 참조하기 바란다.

59) '번뇌의 대상인'은 sāsava를 옮긴 것이다. 여기에 대해서는 아래 §206의 해당 주해를 참조할 것.

미세한지를 알아야 한다.

12. 여기서 무엇이 '⑧ 저열한 느낌'이고 무엇이 '⑨ 수승한 느낌'인가? 해로운 느낌은 저열하고, 유익한 느낌과 결정할 수 없는[無記] 느낌은 수승하다. 유익한 느낌과 해로운 느낌은 저열하고, 결정할 수 없는 느낌은 수승하다.

괴로운 느낌은 저열하고, 즐거운 느낌과 괴롭지도 즐겁지도 않은 느낌은 수승하다. 즐거운 느낌과 괴로운 느낌은 저열하고, 괴롭지도 즐겁지도 않은 느낌은 수승하다.

증득하지 못한 자의 느낌은 저열하고, 증득한 자의 느낌은 수승하다.

번뇌의 대상인 느낌은 저열하고, 번뇌의 대상이 아닌 느낌은 수승하다.

이 외에도 이 느낌과 저 느낌을 비교하고 비교하여 느낌이 저열한지 수승한지를 알아야 한다.

---

60) "'이 외에도(taṁ taṁ vā pana)'라고 하였다. 여기서는 앞의 방법(heṭṭhima-naya)이 적용되어서는 안 된다. '이외에도' 구문(taṁtaṁvāpana)을 통해서 설명되어야 하기 때문이다.
왜냐하면 두 가지 해로운 것(aniyatā)이 있으니 탐욕과 함께한 것(lobha-sahagatā)과 성냄과 함께한 것(dosasahagatā)이 있기 때문이다. 여기서 성냄과 함께한 것은 거칠고(oḷārikā) 탐욕과 함께한 것은 미세하다(sukhumā). 성냄과 함께한 것도 두 가지이니 결정된 것(niyatā)과 결정되지 않은 것(aniyatā)이다. 여기서 결정된 것은 거칠고 결정되지 않은 것은 미세하다. 결정된 것도 한 겁 동안 지속되는 것(kappaṭṭhitikā)은 거칠고 한 겁 동안 지속되지 않은 것은 미세하다. 한 겁 동안 지속되는 것도 자극받지 않은 것(asaṅkhārikā)은 거칠고 자극받은 것(sasaṅkhārikā)은 미세하다.

탐욕과 함께한 것들(lobhasahagatā)도 두 가지이니 사견과 결합된 것(diṭṭhisampayuttā)과 사견과 결합되지 않은 것(diṭṭhivippayuttā)이다. 여기서 사견과 결합된 것은 거칠고 사견과 결합되지 않은 것은 미세하다. 사견과 결합된 것들도 결정된 것은 거칠고 결정되지 않은 것은 미세하다. 이것도 자극받지 않은 것은 거칠고 자극받은 것은 미세하다."(VbhA.16)
더 자세한 것은 『청정도론』 XIV.205를 참조하기 바란다.

13. 여기서 무엇이 '⑩ 멀리 있는 느낌'인가? 해로운 느낌은 유익한 느낌과 결정할 수 없는 느낌으로부터 멀리 있고, 유익한 느낌과 결정할 수 없는 느낌은 해로운 느낌으로부터 멀리 있다. 유익한 느낌은 해로운 느낌과 결정할 수 없는 느낌으로부터 멀리 있고, 해로운 느낌과 결정할 수 없는 느낌은 유익한 느낌으로부터 멀리 있다. 결정할 수 없는 느낌은 유익한 느낌과 해로운 느낌으로부터 멀리 있고, 유익한 느낌과 해로운 느낌은 결정할 수 없는 느낌으로부터 멀리 있다.

괴로운 느낌은 즐거운 느낌과 괴롭지도 즐겁지도 않은 느낌으로부터 멀리 있고, 즐거운 느낌과 괴롭지도 즐겁지도 않은 느낌은 괴로운 느낌으로부터 멀리 있다. 즐거운 느낌은 괴로운 느낌과 괴롭지도 즐겁지도 않은 느낌으로부터 멀리 있고, 괴로운 느낌과 괴롭지도 즐겁지도 않은 느낌은 즐거운 느낌으로부터 멀리 있다. 괴롭지도 즐겁지도 않은 느낌은 즐거운 느낌과 괴로운 느낌으로부터 멀리 있고, 즐거운 느낌과 괴로운 느낌은 괴롭지도 즐겁지도 않은 느낌으로부터 멀리 있다.

증득하지 못한 자의 느낌은 증득한 자의 느낌으로부터 멀리 있고, 증득한 자의 느낌은 증득하지 못한 자의 느낌으로부터 멀리 있다.

번뇌의 대상인 느낌은 번뇌의 대상이 아닌 느낌으로부터 멀리 있고, 번뇌의 대상이 아닌 느낌은 번뇌의 대상인 느낌으로부터 멀리 있다.

— 이를 일러 멀리 있는 느낌이라 한다.

여기서 무엇이 '⑪ 가까이 있는 느낌'인가? 해로운 느낌은 해로운 느낌의 가까이에 있고, 유익한 느낌은 유익한 느낌의 가까이에 있고, 결정할 수 없는 느낌은 결정할 수 없는 느낌의 가까이에 있다.

괴로운 느낌은 괴로운 느낌의 가까이에 있고, 즐거운 느낌은 즐거운 느낌의 가까이에 있고, [5] 괴롭지도 즐겁지도 않은 느낌은 괴롭지도 즐겁지도 않은 느낌의 가까이에 있다.

증득하지 못한 자의 느낌은 증득하지 못한 자의 느낌의 가까이에 있고, 증득한 자의 느낌은 증득한 자의 느낌의 가까이에 있다.

번뇌의 대상인 느낌은 번뇌의 대상인 느낌의 가까이에 있고, 번뇌의 대상이 아닌 느낌은 번뇌의 대상이 아닌 느낌의 가까이에 있다.

— 이를 일러 가까이 있는 느낌이라 한다.

이 외에도[61] 이 느낌과 저 느낌을 비교하고 비교하여 느낌이 멀리 있는지 가까이 있는지를 알아야 한다.[62]

(3) 인식의 무더기[想蘊]

14. 여기서 무엇이 '인식의 무더기[想蘊, saññākkhandha]'인가? 인식은 그 어떤 것이든, 그것이 과거의 것이든 미래의 것이든 현재의 것이든, 안에 있든 밖에 있든, 거칠든 미세하든, 저열하든 수승하든, 멀리 있든 가까이 있든 그 모두를 한데 모으고 간략히 해서 — 이를 일러 인식의

---

61) "'이 외에도(taṁ taṁ vā pana)'라고 하였다. 여기서는 앞의 방법(heṭṭhima-naya)을 적용시키지 않고 '이외에도' 구문(taṁtaṁvāpana)을 통해서 설명되어야 한다. 설명한 것 가운데 멀리 있는 것으로부터 가까이 있는 것을 제외해서는 안 된다. 가까이 있는 것으로부터 멀리 있는 것은 제외해야 한다. 왜냐하면 두 가지 해로운 것(aniyatā)이 있으니 탐욕과 함께한 것(lobha-sahagatā)과 성냄과 함께한 것(dosasahagatā)이 있기 때문이다. 여기서 탐욕과 함께한 것은 탐욕과 함께한 것의 가까이에 있다고 하고 성냄과 함께한 것은 멀리 있다고 한다. 성냄과 함께한 것은 성냄과 함께한 것의 가까이에 있다고 하고 탐욕과 함께한 것은 멀리 있다고 한다. … 모든 것은 거칠고 미세한 두 개 조(§11)에서 설명한 것을 따른 뒤에 각각의 부문의 느낌(ekekakoṭṭhāsa-vedanā)은 이 외의 부문의 느낌(taṁtaṁkoṭṭhāsavedanā)의 가까이에 있고 이와 반대되는 것은 멀리 있다고 알아야 한다."(VbhA.18~19)

62) 『청정도론』(Vis.XIV.197~209)은 '느낌의 무더기의 과거 등의 분류에 대한 상세한 주석(vedanākkhandhassa atītādivibhāge vitthārakathā-mukha)'이라는 표제어로 느낌을 상세하게 설명하고 있으므로 참조하기 바란다.

무더기라 한다.

15. 여기서 무엇이 '① 과거의 인식'인가? 지나갔고 소멸하였고 떠나갔고 변하였고 사라졌고 철저하게 사라졌고 생겼다가 떠나갔고 지나갔고 지나간 것으로 분류되는(*cf.* Dhs §1044) 인식인 눈의 감각접촉에서 생긴 인식, 귀의 감각접촉에서 생긴 인식, 코의 감각접촉에서 생긴 인식, 혀의 감각접촉에서 생긴 인식, 몸의 감각접촉에서 생긴 인식, 마노의 감각접촉에서 생긴 인식 — 이를 일러 과거의 인식이라 한다.

여기서 무엇이 '② 미래의 인식'인가? [아직] 태어나지 않았고 존재하지 않았고 출생하지 않았고 생기지 않았고 탄생하지 않았고 나타나지 않았고 일어나지 않았고 발생하지 않았고 생성되지 않았고 출현하지 않았고 오지 않았고 오지 않은 것으로 분류되는(*cf.* Dhs §1045) 인식인 눈의 감각접촉에서 생긴 인식, 귀의 감각접촉에서 생긴 인식, 코의 감각접촉에서 생긴 인식, 혀의 감각접촉에서 생긴 인식, 몸의 감각접촉에서 생긴 인식, 마노의 감각접촉에서 생긴 인식 — 이를 일러 미래의 인식이라 한다.

여기서 무엇이 '③ 현재의 인식'인가? 태어나 있고 존재해 있고 출생해 있고 생겨있고 탄생해 있고 나타나 있고 일어나 있고 발생해 있고 생성되어 있고 출현하여 있고 현존하고 현존하는 것으로 분류되는(Dhs §1046) 인식인 눈의 감각접촉에서 생긴 인식, 귀의 감각접촉에서 생긴 인식, 코의 감각접촉에서 생긴 인식, 혀의 감각접촉에서 생긴 인식, 몸의 감각접촉에서 생긴 인식, 마노의 감각접촉에서 생긴 인식 — 이를 일러 현재의 인식이라 한다.

16. 여기서 무엇이 '④ 안에 있는 인식'인가? 이런저런 중생들의 안에 있고 개개인에 속하고 자기에게 생긴 것이고 각 개인에 속하는 것이고 취착된(*cf.* Dhs §1050) 인식인 눈의 감각접촉에서 생긴 인식, 귀의 감각접촉에서 생긴 인식, 코의 감각접촉에서 생긴 인식, 혀의 감각접촉에서 생긴 인식, 몸의 감각접촉에서 생긴 인식, 마노의 감각접촉에서 생긴 인식 — 이를 일러 안에 있는 인식이라 한다.

여기서 무엇이 '⑤ 밖에 있는 인식'인가? 이런저런 다른 중생들이나 다른 인간들의 안에 있고 개개인에 속하고 자기에게 생긴 것이고 각 개인에 속하는 것이고 취착된(Dhs §1051) 인식인 눈의 감각접촉에서 생긴 인식, 귀의 감각접촉에서 생긴 인식, 코의 감각접촉에서 생긴 인식, 혀의 감각접촉에서 생긴 인식, 몸의 감각접촉에서 생긴 인식, 마노의 감각접촉에서 생긴 인식 — 이를 일러 밖에 있는 인식이라 한다.

17. 여기서 [6] 무엇이 '⑥ 거친 인식'이고 무엇이 '⑦ 미세한 인식'인가? [오문인식과정에서] 부딪힘과 [함께한] 감각접촉에서 생긴 인식은 거칠고, [의문인식과정에서] 이름붙임과 [함께한] 감각접촉에서 생긴 인식은 미세하다.63)

해로운 인식은 거칠고, 유익한 인식과 결정할 수 없는[無記] 인식은 미세하다. 유익한 인식과 해로운 인식은 거칠고, 결정할 수 없는 인식은 미세하다.

괴로운 느낌과 결합된 인식은 거칠고, 즐거운 느낌과 결합된 인식과

---

63) 여기서 [ ] 안은 『위방가 주석서』의 해당 부분(VbhA.19~20)에 나타나는 '오문인식과정의 인식(pañcadvārika-saññā)'과 '의문인식과정의 인식(manodvārika-saññā)'이라는 용어를 참조하여서 넣은 것이다.
'부딪힘(paṭigha)'과 '이름붙임(adhivacana)'은 D15 §20, §22 등에도 인식(saññā)의 핵심 키워드로 나타나고 있으므로 참조하기 바란다.

괴롭지도 즐겁지도 않은 느낌과 결합된 인식은 미세하다. 즐거운 느낌이나 괴로운 느낌과 결합된 인식은 거칠고, 괴롭지도 즐겁지도 않은 느낌과 결합된 인식은 미세하다.

증득하지 못한 자의 인식은 거칠고, 증득한 자의 인식은 미세하다.

번뇌의 대상인 인식은 거칠고, 번뇌의 대상이 아닌 인식은 미세하다.

이 외에도 이 인식과 저 인식을 비교하고 비교하여 인식이 거친지 미세한지를 알아야 한다.

18. 여기서 무엇이 '⑧ 저열한 인식'이고 무엇이 '⑨ 수승한 인식'인가? 해로운 인식은 저열하고, 유익한 인식이나 결정할 수 없는[無記] 인식은 수승하다. 유익한 인식과 해로운 인식은 저열하고, 결정할 수 없는 인식은 수승하다. 괴로운 느낌과 결합된 인식은 저열하고, 즐거운 느낌이나 괴롭지도 즐겁지도 않은 느낌과 결합된 인식은 수승하다. 즐거운 느낌이나 괴로운 느낌과 결합된 인식은 저열하고, 괴롭지도 즐겁지도 않은 느낌과 결합된 인식은 수승하다. 증득하지 못한 자의 인식은 저열하고, 증득한 자의 인식은 수승하다. 번뇌의 대상인 인식은 저열하고, 번뇌의 대상이 아닌 인식은 수승하다.

이 외에도 이 인식과 저 인식을 비교하고 비교하여 인식이 저열한지 수승한지를 알아야 한다.

19. 여기서 무엇이 '⑩ 멀리 있는 인식'인가? 해로운 인식은 유익한 인식이나 결정할 수 없는[無記] 인식으로부터 멀리 있고, 유익한 인식이나 결정할 수 없는 인식은 해로운 인식으로부터 멀리 있다. 유익한 인식은 해롭거나 결정할 수 없는 인식으로부터 멀리 있고, 해롭거나 결정할 수 없는 인식은 유익한 인식으로부터 멀리 있다. 결정할 수 없는 인식은 유익한 인식이나 해로운 인식으로부터 멀리 있고, 유익한 인식이나 해

로운 인식은 결정할 수 없는 인식으로부터 멀리 있다.

괴로운 느낌과 결합된 인식은 즐거운 느낌이나 괴롭지도 즐겁지도 않은 느낌과 결합된 인식으로부터 멀리 있고, 즐거운 느낌이나 괴롭지도 즐겁지도 않은 느낌과 결합된 인식은 괴로운 느낌과 결합된 인식으로부터 멀리 있다. 즐거운 느낌과 결합된 인식은 괴로운 느낌이나 괴롭지도 즐겁지도 않은 느낌과 결합된 인식으로부터 멀리 있고, 괴로운 느낌이나 괴롭지도 즐겁지도 않은 느낌과 결합된 인식은 즐거운 느낌과 결합된 인식으로부터 멀리 있다. 괴롭지도 즐겁지도 않은 느낌과 결합된 인식은 즐거운 느낌이나 괴로운 느낌과 결합된 인식으로부터 멀리 있고, 즐거운 느낌이나 괴로운 느낌과 결합된 인식은 괴롭지도 즐겁지도 않은 느낌과 결합된 인식으로부터 멀리 있다.

증득하지 못한 자의 인식은 증득한 자의 인식으로부터 멀리 있고, 증득한 자의 인식은 [7] 증득하지 못한 자의 인식으로부터 멀리 있다.

번뇌의 대상인 인식은 번뇌의 대상이 아닌 인식으로부터 멀리 있고, 번뇌의 대상이 아닌 인식은 번뇌의 대상인 인식으로부터 멀리 있다.

— 이를 일러 멀리 있는 인식이라 한다.

여기서 무엇이 '⑪ 가까이 있는 인식'인가? 해로운 인식은 해로운 인식의 가까이에 있고, 유익한 인식은 유익한 인식의 가까이에 있고, 결정할 수 없는 인식은 결정할 수 없는 인식의 가까이에 있다.

괴로운 느낌과 결합된 인식은 괴로운 느낌과 결합된 인식의 가까이에 있고, 즐거운 느낌과 결합된 인식은 즐거운 느낌과 결합된 인식의 가까이에 있고, 괴롭지도 즐겁지도 않은 느낌과 결합된 인식은 괴롭지도 즐겁지도 않은 느낌과 결합된 인식의 가까이에 있다.

증득하지 못한 자의 인식은 증득하지 못한 자의 인식의 가까이에 있고, 증득한 자의 인식은 증득한 자의 인식의 가까이에 있다.

번뇌의 대상인 인식은 번뇌의 대상인 인식의 가까이에 있고, 번뇌의 대상이 아닌 인식은 번뇌의 대상이 아닌 인식의 가까이에 있다.

— 이를 일러 가까이 있는 인식이라 한다.

이 외에도 이 인식과 저 인식을 비교하고 비교하여 인식이 멀리 있는지 가까이 있는지를 알아야 한다.

(4) 심리현상들의 무더기[行蘊]

20. 여기서 무엇이 '심리현상들의 무더기[行蘊, saṅkhārakkhandha]'인가? 심리현상들은 그 어떤 것이든, 그것이 과거의 것이든 미래의 것이든 현재의 것이든, 안에 있든 밖에 있든, 거칠든 미세하든, 저열하든 수승하든, 멀리 있든 가까이 있든 그 모두를 한데 모으고 간략히 해서 — 이를 일러 심리현상들의 무더기라 한다.

21. 여기서 무엇이 '① 과거의 심리현상들'인가? 지나갔고 소멸하였고 떠나갔고 변하였고 사라졌고 철저하게 사라졌고 생겼다가 떠나갔고 지나갔고 지나간 것으로 분류되는(*cf.* Dhs §1044) 심리현상들인 눈의 감각접촉에서 생긴 의도,64) 귀의 감각접촉에서 생긴 의도, 코의 감각접

64) "'의도(cetanā)'라는 것은 [심리현상들 가운데] 최저점(heṭṭhimakoṭi)이 되는 주요한 심리현상(padhānasaṅkhāra)으로 설하셨다. 최저점으로 눈의 알음알이와 함께 성전에서 전승되어온 적어도 네 가지 심리현상(7가지 반드시들 가운데 느낌과 인식과 의도를 제외한 나머지 네 가지)이 일어나는데 이들 가운데 의도가 주요한 것(padhānā)이니 [업을] 축적함의 뜻(āyūhanaṭṭha)에 의해서 분명하기 때문이다(pākaṭattā). 그래서 이것만을 취하였다. 이것을 취함에 의해서 이것과 결합된 [49가지 — VbhAMṬ] 심리현상들(taṁsampayutasaṅkhārā)도 취한 것이 된다. 여기서도 앞의 다섯 가지 [의도]는 눈의 감성 등만을 토대로 가진다(cakkhupasādādivatthukāva). 마노의 감각접촉에서 생긴 [의도]는 심장토대를 가지기도 하고(hadayavatthukāpi) 토대가 없기도 하다(avatthukāpi). 이 모두는 네 가지 경지에 속하는 의도(catubhūmikacetanā)이다. 나머지는 느낌의 무더기와 같다."

촉에서 생긴 의도, 혀의 감각접촉에서 생긴 의도, 몸의 감각접촉에서 생긴 의도, 마노의 감각접촉에서 생긴 의도 — 이를 일러 과거의 심리현상들이라 한다.

여기서 무엇이 '② 미래의 심리현상들'인가? [아직] 태어나지 않았고 존재하지 않았고 출생하지 않았고 생기지 않았고 탄생하지 않았고 나타나지 않았고 일어나지 않았고 발생하지 않았고 생성되지 않았고 출현하지 않았고 오지 않았고 오지 않은 것으로 분류되는(*cf.* Dhs §1045) 심리현상들인 눈의 감각접촉에서 생긴 의도, 귀의 감각접촉에서 생긴 의도, 코의 감각접촉에서 생긴 의도, 혀의 감각접촉에서 생긴 의도, 몸의 감각접촉에서 생긴 의도, 마노의 감각접촉에서 생긴 의도 — 이를 일러 미래의 심리현상들이라 한다.

여기서 무엇이 '③ 현재의 심리현상들'인가? 태어나 있고 존재해 있고 출생해 있고 생겨있고 탄생해 있고 나타나 있고 일어나 있고 발생해 있고 생성되어 있고 출현하여 있고 현존하고 [8] 현존하는 것으로 분류되는(*cf.* Dhs §1046) 심리현상들인 눈의 감각접촉에서 생긴 의도, 귀의 감각접촉에서 생긴 의도, 코의 감각접촉에서 생긴 의도, 혀의 감각접촉에서 생긴 의도, 몸의 감각접촉에서 생긴 의도, 마노의 감각접촉에서 생긴 의도 — 이를 일러 현재의 심리현상들이라 한다.

22. 여기서 무엇이 '④ 안에 있는 심리현상들'인가? 이런저런 중생들의 안에 있고 개개인에 속하고 자기에게 생긴 것이고 각 개인에 속하는 것이고 취착된(*cf.* Dhs §1050) 심리현상들인 눈의 감각접촉에서 생긴 의도, 귀의 감각접촉에서 생긴 의도, 코의 감각접촉에서 생긴 의도, 혀의 감각접촉에서 생긴 의도, 몸의 감각접촉에서 생긴 의도, 마노의 감각

(VbhA.20)

접촉에서 생긴 의도 — 이를 일러 안에 있는 심리현상들이라 한다.

여기서 무엇이 '⑤ 밖에 있는 심리현상들'인가? 이런저런 다른 중생들이나 다른 인간들의 안에 있고 개개인에 속하고 자기에게 생긴 것이고 각 개인에 속하는 것이고 취착된(Dhs §1051) 심리현상들인 눈의 감각접촉에서 생긴 의도, 귀의 감각접촉에서 생긴 의도, 코의 감각접촉에서 생긴 의도, 혀의 감각접촉에서 생긴 의도, 몸의 감각접촉에서 생긴 의도, 마노의 감각접촉에서 생긴 의도 — 이를 일러 밖에 있는 심리현상들이라 한다.

23. 여기서 무엇이 '⑥ 거친 심리현상들'이고 무엇이 '⑦ 미세한 심리현상들'인가? 해로운 심리현상들은 거칠고, 유익한 심리현상들과 결정할 수 없는[無記] 심리현상들은 미세하다. 유익한 심리현상들과 해로운 심리현상들은 거칠고, 결정할 수 없는 심리현상들은 미세하다.

괴로운 느낌과 결합된 심리현상들은 거칠고, 즐거운 느낌과 결합된 심리현상들과 괴롭지도 즐겁지도 않은 느낌과 결합된 심리현상들은 미세하다. 즐거운 느낌이나 괴로운 느낌과 결합된 심리현상들은 거칠고, 괴롭지도 즐겁지도 않은 느낌과 결합된 심리현상들은 미세하다.

증득하지 못한 자의 심리현상들은 거칠고, 증득한 자의 심리현상들은 미세하다.

번뇌의 대상인 심리현상들은 거칠고, 번뇌의 대상이 아닌 심리현상들은 미세하다.

이 외에도 이 심리현상들과 저 심리현상들을 비교하고 비교하여 심리현상들이 거친지 미세한지를 알아야 한다.

24. 여기서 무엇이 '⑧ 저열한 심리현상들'이고 무엇이 '⑨ 수승한 심리현상들'인가? 해로운 심리현상들은 저열하고, 유익한 심리현상들

과 결정할 수 없는[無記] 심리현상들은 수승하다. 유익한 심리현상들과 해로운 심리현상들은 저열하고, 결정할 수 없는 심리현상들은 수승하다.

괴로운 느낌과 결합된 심리현상들은 저열하고, 즐거운 느낌이나 괴롭지도 즐겁지도 않은 느낌과 결합된 심리현상들은 수승하다. 즐거운 느낌이나 괴로운 느낌과 결합된 심리현상들은 저열하고, 괴롭지도 즐겁지도 않은 느낌과 결합된 심리현상들은 수승하다.

증득하지 못한 자의 심리현상들은 저열하고, 증득한 자의 심리현상들은 수승하다.

번뇌의 대상인 심리현상들은 저열하고, 번뇌의 대상이 아닌 심리현상들은 수승하다.

이 외에도 이 심리현상들과 저 심리현상들을 비교하고 비교하여 심리현상들이 저열한지 수승한지를 알아야 한다.

25. 여기서 무엇이 '⑩ 멀리 있는 심리현상들'인가? 해로운 심리현상들은 유익한 심리현상들과 결정할 수 없는[無記] 심리현상들로부터 멀리 있고, 유익한 심리현상들과 결정할 수 없는 심리현상들은 해로운 심리현상들로부터 멀리 있다. 유익한 심리현상들은 해로운 심리현상들과 결정할 수 없는 심리현상들로부터 멀리 있고, 해로운 심리현상들과 결정할 수 없는 심리현상들은 유익한 심리현상들로부터 멀리 있다. 결정할 수 없는 심리현상들은 [9] 유익한 심리현상들과 해로운 심리현상들로부터 멀리 있고, 유익한 심리현상들과 해로운 심리현상들은 결정할 수 없는 심리현상들로부터 멀리 있다.

괴로운 느낌과 결합된 심리현상들은 즐거운 느낌이나 괴롭지도 즐겁지도 않은 느낌과 결합된 심리현상들로부터 멀리 있고, 즐거운 느낌이나 괴롭지도 즐겁지도 않은 느낌과 결합된 심리현상들은 괴로운 느낌과 결합된 심리현상들로부터 멀리 있다. 즐거운 느낌과 결합된 심리현상들은 괴로운 느낌이나 괴롭지도 즐겁지도 않은 느낌과 결합된 심리현상들로부터 멀리 있고, 괴로운 느낌이나 괴롭지도 즐겁지도 않은 느낌과 결합된 심리현상들은 즐거운 느낌과 결합된 심리현상들로부터 멀리 있다. 괴롭지도 즐겁지도 않은 느낌과 결합된 심리현상들은 즐거운 느낌이나 괴로운 느낌과 결합된 심리현상들로부터 멀리 있고, 즐거운 느낌이나 괴로운 느낌과 결합된 심리현상들은 괴롭지도 즐겁지도 않은 느낌과 결합된 심리현상들로부터 멀리 있다.

증득하지 못한 자의 심리현상들은 증득한 자의 심리현상들로부터 멀리 있고, 증득한 자의 심리현상들은 증득하지 못한 자의 심리현상들로부터 멀리 있다.

번뇌의 대상인 심리현상들은 번뇌의 대상이 아닌 심리현상들로부터 멀리 있고, 번뇌의 대상이 아닌 심리현상들은 번뇌의 대상인 심리현상들로부터 멀리 있다.

— 이를 일러 멀리 있는 심리현상들이라 한다.

여기서 무엇이 '⑪ 가까이 있는 심리현상들'인가? 해로운 심리현상들은 해로운 심리현상들의 가까이에 있고, 유익한 심리현상들은 유익한 심리현상들의 가까이에 있고, 결정할 수 없는 심리현상들은 결정할 수 없는 심리현상들의 가까이에 있다.

괴로운 느낌과 결합된 심리현상들은 괴로운 느낌과 결합된 심리현상들의 가까이에 있고, 즐거운 느낌과 결합된 심리현상들은 즐거운 느낌과 결합된 심리현상들의 가까이에 있고, 괴롭지도 즐겁지도 않은 느낌과 결합된 심리현상들은 괴롭지도 즐겁지도 않은 느낌과 결합된 심리현상들의 가까이에 있다.

증득하지 못한 자의 심리현상들은 증득하지 못한 자의 심리현상들의 가까이에 있고, 증득한 자의 심리현상들은 증득한 자의 심리현상들의 가까이에 있다.

번뇌의 대상인 심리현상들은 번뇌의 대상인 심리현상들의 가까이에 있고, 번뇌의 대상이 아닌 심리현상들은 번뇌의 대상이 아닌 심리현상들의 가까이에 있다.

— 이를 일러 가까이 있는 심리현상들이라 한다.

이 외에도 이 심리현상들과 저 심리현상들을 비교하고 비교하여 심리현상들이 멀리 있는지 가까이 있는지를 알아야 한다.

(5) 알음알이의 무더기[識蘊]

26. 여기서 무엇이 '알음알이의 무더기[識蘊, viññāṇakkhandha]'인가? 알음알이는 그 어떤 것이든, 그것이 과거의 것이든 미래의 것이든 현재의 것이든, 안에 있든 밖에 있든, 거칠든 미세하든, 저열하든 수승하든, 멀리 있든 가까이 있든 그 모두를 한데 모으고 간략히 해서 — 이를 일러 알음알이의 무더기라 한다.

27. 여기서 무엇이 '① 과거의 알음알이'인가? 지나갔고 [10] 소멸하였고 떠나갔고 변하였고 사라졌고 철저하게 사라졌고 생겼다가 떠나갔고 지나갔고 지나간 것으로 분류되는(*cf.* Dhs §1044) 알음알이인 눈의 알음알이, 귀의 알음알이, 코의 알음알이, 혀의 알음알이, 몸의 알음알이, 마노의 알음알이 — 이를 일러 과거의 알음알이라 한다.

여기서 무엇이 '② 미래의 알음알이'인가? [아직] 태어나지 않았고 존재하지 않았고 출생하지 않았고 생기지 않았고 탄생하지 않았고 나타나지 않았고 일어나지 않았고 발생하지 않았고 생성되지 않았고 출현하지 않았고 오지 않았고 오지 않은 것으로 분류되는(*cf.* Dhs §1045) 알음알이인 눈의 알음알이, 귀의 알음알이, 코의 알음알이, 혀의 알음알이, 몸의 알음알이, 마노의 알음알이 — 이를 일러 미래의 알음알이라 한다.

여기서 무엇이 '③ 현재의 알음알이'인가? 태어나 있고 존재해 있고 출생해 있고 생겨있고 탄생해 있고 나타나 있고 일어나 있고 발생해 있고 생성되어 있고 출현하여 있고 현존하고 현존하는 것으로 분류되는 (Dhs §1046) 알음알이인 눈의 알음알이, 귀의 알음알이, 코의 알음알이, 혀의 알음알이, 몸의 알음알이, 마노의 알음알이 — 이를 일러 현재의 알음알이라 한다.

28. 여기서 무엇이 '④ 안에 있는 알음알이'인가? 이런저런 중생들의 안에 있고 개개인에 속하고 자기에게 생긴 것이고 각 개인에 속하는 것이고 취착된(*cf.* Dhs §1050) 알음알이인 눈의 알음알이, 귀의 알음알이, 코의 알음알이, 혀의 알음알이, 몸의 알음알이, 마노의 알음알이 — 이를 일러 안에 있는 알음알이라 한다.

여기서 무엇이 '⑤ 밖에 있는 알음알이'인가? 이런저런 다른 중생들이나 다른 인간들의 안에 있고 개개인에 속하고 자기에게 생긴 것이고 각 개인에 속하는 것이고 취착된(Dhs §1051) 알음알이인 눈의 알음알이, 귀의 알음알이, 코의 알음알이, 혀의 알음알이, 몸의 알음알이, 마노의 알음알이 — 이를 일러 밖에 있는 알음알이라 한다.

29. 여기서 무엇이 '⑥ 거친 알음알이'이고 무엇이 '⑦ 미세한 알음알이'인가? 해로운 알음알이는 거칠고, 유익한 알음알이와 결정할 수 없는[無記] 알음알이는 미세하다. 유익한 알음알이와 해로운 알음알이는 거칠고, 결정할 수 없는 알음알이는 미세하다.

괴로운 느낌과 결합된 알음알이는 거칠고, 즐거운 느낌과 결합된 알음알이와 괴롭지도 즐겁지도 않은 느낌과 결합된 알음알이는 미세하다.

즐거운 느낌이나 괴로운 느낌과 결합된 알음알이는 거칠고, 괴롭지도 즐겁지도 않은 느낌과 결합된 알음알이는 미세하다.

증득하지 못한 자의 알음알이는 거칠고, 증득한 자의 알음알이는 미세하다.

번뇌의 대상인 알음알이는 거칠고, 번뇌의 대상이 아닌 알음알이는 미세하다.

이 외에도 이 알음알이와 저 알음알이를 비교하고 비교하여 알음알이가 거친지 미세한지를 알아야 한다.

30. 여기서 무엇이 '⑧ 저열한 알음알이'이고 무엇이 '⑨ 수승한 알음알이'인가? 해로운 알음알이는 저열하고, 유익한 알음알이와 결정할 수 없는[無記] 알음알이는 수승하다. [11] 유익한 알음알이와 해로운 알음알이는 저열하고, 결정할 수 없는 알음알이는 수승하다.

괴로운 느낌과 결합된 알음알이는 저열하고, 즐거운 느낌이나 괴롭지도 즐겁지도 않은 느낌과 결합된 알음알이는 수승하다. 즐거운 느낌이나 괴로운 느낌과 결합된 알음알이는 저열하고, 괴롭지도 즐겁지도 않은 느낌과 결합된 알음알이는 수승하다.

증득하지 못한 자의 알음알이는 저열하고, 증득한 자의 알음알이는 수승하다.

번뇌의 대상인 알음알이는 저열하고, 번뇌의 대상이 아닌 알음알이는 수승하다.

이 외에도 이 알음알이와 저 알음알이를 비교하고 비교하여 알음알이가 저열한지 수승한지를 알아야 한다.

31. 여기서 무엇이 '⑩ 멀리 있는 알음알이'인가? 해로운 알음알이는 유익한 알음알이와 결정할 수 없는[無記] 알음알이로부터 멀리 있고,

유익한 알음알이와 결정할 수 없는 알음알이는 해로운 알음알이로부터 멀리 있다. 유익한 알음알이는 해로운 알음알이와 결정할 수 없는 알음알이로부터 멀리 있고, 해로운 알음알이와 결정할 수 없는 알음알이는 유익한 알음알이로부터 멀리 있다. 결정할 수 없는 알음알이는 유익한 알음알이와 해로운 알음알이로부터 멀리 있고, 유익한 알음알이와 해로운 알음알이는 결정할 수 없는 알음알이로부터 멀리 있다.

괴로운 느낌과 결합된 알음알이는 즐거운 느낌이나 괴롭지도 즐겁지도 않은 느낌과 결합된 알음알이로부터 멀리 있고, 즐거운 느낌이나 괴롭지도 즐겁지도 않은 느낌과 결합된 알음알이는 괴로운 느낌과 결합된 알음알이로부터 멀리 있다. 즐거운 느낌과 결합된 알음알이는 괴로운 느낌이나 괴롭지도 즐겁지도 않은 느낌과 결합된 알음알이로부터 멀리 있고, 괴로운 느낌이나 괴롭지도 즐겁지도 않은 느낌과 결합된 알음알이는 즐거운 느낌과 결합된 알음알이로부터 멀리 있다. 괴롭지도 즐겁지도 않은 느낌과 결합된 알음알이는 즐거운 느낌이나 괴로운 느낌과 결합된 알음알이로부터 멀리 있고, 즐거운 느낌이나 괴로운 느낌과 결합된 알음알이는 괴롭지도 즐겁지도 않은 느낌과 결합된 알음알이로부터 멀리 있다.

증득하지 못한 자의 알음알이는 증득한 자의 알음알이로부터 멀리 있고, 증득한 자의 알음알이는 증득하지 못한 자의 알음알이로부터 멀리 있다.

번뇌의 대상인 알음알이는 번뇌의 대상이 아닌 알음알이로부터 멀리 있고, 번뇌의 대상이 아닌 알음알이는 번뇌의 대상인 알음알이로부터 멀리 있다.

— 이를 일러 멀리 있는 알음알이라 한다.

여기서 무엇이 '⑪ 가까이 있는 알음알이'인가? 해로운 알음알이는 해로운 알음알이의 가까이에 있고, 유익한 알음알이는 [12] 유익한 알음알이의 가까이에 있고, 결정할 수 없는 알음알이는 결정할 수 없는 알음알이의 가까이에 있다.

괴로운 느낌과 결합된 알음알이는 괴로운 느낌과 결합된 알음알이의 가까이에 있고, 즐거운 느낌과 결합된 알음알이는 즐거운 느낌과 결합된 알음알이의 가까이에 있고, 괴롭지도 즐겁지도 않은 느낌과 결합된 알음알이는 괴롭지도 즐겁지도 않은 느낌과 결합된 알음알이의 가까이에 있다.

증득하지 못한 자의 알음알이는 증득하지 못한 자의 알음알이의 가까이에 있고, 증득한 자의 알음알이는 증득한 자의 알음알이의 가까이에 있다.

번뇌의 대상인 알음알이는 번뇌의 대상인 알음알이의 가까이에 있고, 번뇌의 대상이 아닌 알음알이는 번뇌의 대상이 아닌 알음알이의 가까이에 있다.

— 이를 일러 가까이 있는 알음알이라 한다.

이 외에도 이 알음알이와 저 알음알이를 비교하고 비교하여 알음알이가 멀리 있는지 가까이 있는지를 알아야 한다.

경에 따른 분석 방법이 [끝났다.]

II. 아비담마에 따른 분석 방법

Abhidhamma-bhājanīya

32. 다섯 가지 무더기[五蘊]가 있으니, 물질의 무더기[色蘊], 느낌의 무더기[受蘊], 인식의 무더기[想蘊], 심리현상들의 무더기[行蘊], 알음알이의 무더기[識蘊]이다.

(1) 물질의 무더기[色蘊]

33. 여기서 무엇이 '물질의 무더기'인가?

한 가지에 의한[65] 물질의 무더기가 있다.

모든 물질은[66] 원인이 아니다.[67](Rma-1-1)

원인을 가지지 않는다.(Rma-1-2)

원인과 결합되지 않는다.(Rma-1-3)

조건을 가진다.(Rma-1-4)

형성된 것이다.(Rma-1-5)

물질이다.(Rma-1-6)

---

65) '한 가지에 의한'은 ekavidhena를 옮긴 것이다. 주석서들은 '하나의 부분에 의한(ekakoṭṭhāsena)'(VbhA.36; Nd1A.207; Moh.261)으로 설명하기도 하고 '하나의 방법에 의한(ekappakārena)'(Moh.261)으로도 설명한다.

66) "여기서 '모든 물질은(sabbaṁ rūpaṁ)'이라는 [구절은] '모든 물질은 원인이 아니다.', '모든 물질은 원인을 가지지 않는다.'라고 모든 [43가지] 용어들과 함께 적용시켜야 한다."(DhsA.301)

67) "여기서 '원인이 아니다(na hetu).' 등의 43가지 용어들이 [개요로] 열거되었다. 이들 가운데 차례대로 40가지 용어들은 『담마상가니』 마띠까로부터 취해서 놓아졌고 마지막의 세 가지는 마띠까를 벗어난 것이다. 이와 같이 첫 번째 조합(한 개 조)에 의해서 [물질 편의] 성전을 정의하는 것을 알아야 한다. 두 번째 조합(두 개 조) 등에 대해서도 마찬가지이다."(DhsA.301)

세간적이다.(Rma-1-7)

번뇌의 대상이다.68)(Rma-1-8)

족쇄의 대상이다.(Rma-1-9)

매듭의 대상이다.(Rma-1-10)

폭류의 대상이다.(Rma-1-11)

속박의 대상이다.(Rma-1-12)

장애의 대상이다.(Rma-1-13)

집착의 대상이다.(Rma-1-14)

취착의 대상이다.(Rma-1-15)

오염원의 대상이다.(Rma-1-16)

결정할 수 없는 것[無記]이다.(Rma-1-17)

대상을 가지지 않는다.(Rma-1-18)

마음부수가 아닌 것이다.(Rma-1-19)

마음과 결합되지 않는다.(Rma-1-20)

과보로 나타난 것도 아니고 과보를 생기게 하는 것도 아니다.(Rma-1-21)

오염되지 않았지만 오염의 대상이다.(Rma-1-22)

일으킨 생각[尋]이 있고 지속적 고찰[伺]이 있는 것이 아니다.(Rma-1-23)

일으킨 생각은 없고 지속적 고찰만 있는 것이 아니다.(Rma-1-24)

일으킨 생각도 없고 지속적 고찰도 없다.(Rma-1-25)

희열이 함께하는 것이 아니다.(Rma-1-26)

행복이 함께하는 것이 아니다.(Rma-1-27)

평온이 함께하는 것이 아니다.(Rma-1-28)

---

68) 여기서 '번뇌의 대상이다.' 등으로 대상을 넣어서 옮긴 용어는 sāsavaṁ, saṁyojaniyaṁ, ganthaniyaṁ, oghaniyaṁ, yoganiyaṁ, nīvaraṇiyaṁ, parāmaṭṭhaṁ, upādāniyaṁ, saṁkilesikaṁ이다. 텃띨라 스님도 *the object of the defilements* 등으로 *object*를 넣어서 옮겼다.(텃띨라 스님, 16쪽 참조)

봄[見][69]으로도 닦음으로도 버려지는 것이 아니다.(Rma-1-29)

봄[見]이나 닦음으로 버려야 하는 원인을 가진 것도 아니다.(Rma-1-30)

[윤회를] 축적하게 하는 것도 감소시키는 것도 아니다.(Rma-1-31)

유학에도 무학에도 속하지 않는 것이다.(Rma-1-32)

제한된 것이다.(Rma-1-33)

욕계에 속하는 것이다.(Rma-1-34)

색계에 속하는 것이 아니다.(Rma-1-35)

무색계에 속하는 것이 아니다.(Rma-1-36)

[세간에] 포함된 것이다.(Rma-1-37)

[세간에] 포함되지 않는 것이 아니다.(Rma-1-38)

[과보를 가져오는 것(vipākadāna)으로] 정해진 것이 아니다.(Rma-1-39)

출리로 인도하지 못한다.(Rma-1-40)

현재의 것이 여섯 가지 알음알이를 통해서 식별된다.[70](Rma-1-41)

---

69) 여기서 '봄[見, dassana]'은 첫 번째 도를, '닦음[修, bhāvanā]은 나머지 세 가지 도를 말한다. 여기에 대해서는 본서 제1권 세 개 조 마띠까 ma3-8의 해당 주해들을 참조할 것.

70) '현재의 것이 여섯 가지 알음알이를 통해서 식별된다.'는 uppannaṁ chahi viññāṇehi viññeyyaṁ를 옮긴 것이다. VRI본에는 uppannaṁ, chahi viññāṇehi viññeyyaṁ로 표기되어 나타난다. 즉 uppannaṁ과 chahi viññāṇehi viññeyyaṁ을 각각 독립된 마띠까로 이해하고 있다. 뒷떨라 스님도 이렇게 독립된 것으로 옮겼다.

이 방법은 『담마상가니』에서도 마찬가지이다. VRI본 『담마상가니』 §584 한 개 조 물질의 마띠까에도 uppannaṁ, chahi viññāṇehi viññeyyaṁ로 표기되어 uppannaṁ과 chahi viññāṇehi viññeyyaṁ을 각각 독립된 마띠까로 이해하였다. 그런데 『담마상가니』의 한 개 조의 해설 §594에서는 uppannaṁ chahi viññāṇehi viññeyyaṁ로 표기하여 이 전체를 하나의 마띠까로 표기하고 있다.

전자로 표기하면 '현재의 것이다. 여섯 가지 알음알이를 통해서 식별된다.'로 해석하여 한 개 조 물질의 마띠까에는 모두 44개의 마띠까가 있는 것으로 해석할 수 있다. 그런데 『담마상가니 주석서』와 이에 대한 복주서인 『물라띠까』와 『아누띠까』에서는 모두 이렇게 uppannaṁ이 chahi viññāṇehi

무상할 뿐이다.(Rma-1-42)

쇠퇴하기 마련이다.(Rma-1-43)

이와 같이 한 가지에 의한 물질의 무더기가 있다.

두 가지에 의한[13] 물질의 무더기가 있다.

① 일반적인 두 개 조

파생된 물질이 있고, 파생되지 않은 물질이 있다.(Rma-2-1)

취착된 물질이 있고, 취착되지 않은 물질이 있다.(Rma-2-2)

취착되었고 취착의 대상인 물질이 있고, 취착되지 않았지만 취착의 대상인 물질이 있다.(Rma-2-3)

볼 수 있는 물질이 있고, 볼 수 없는 물질이 있다.(Rma-2-4)

부딪힘이 있는 물질이 있고, 부딪힘이 없는 물질이 있다.(Rma-2-5)

기능인 물질이 있고, 기능이 아닌 물질이 있다.(Rma-2-6)

근본물질인 물질71)이 있고, 근본물질이 아닌 물질이 있다.(Rma-2-7)

암시인 물질이 있고, 암시가 아닌 물질이 있다.(Rma-2-8)

마음에서 생긴 물질이 있고, 마음에서 생기지 않은 물질이 있다.(Rma-2-9)

---

viññeyyaṁ을 수식하는 것으로 해석하고 있다. 리스 데이비즈 여사도 이렇게 옮기고 있으며(리스 데이비즈, 170쪽 및 주6 참조) 무엇보다 『담마상가니 주석서』에서 이 한 개 조 마띠까를 43가지 용어들(tecattālīsa-padāni)이라고 언급하고 있기 때문에(DhsA.301) 이렇게 봐야 한다. 여기에 대해서는 『담마상가니』 §594의 해당 주해도 참조하기 바란다.

71) 본서 전체에서 '근본물질인 물질'은 rūpa mahābhūta를 옮긴 것이고 '근본물질이 아닌 물질'은 rūpa na mahābhūta를 옮긴 것이다. 초기불전연구원에서는 mahābhūta를 '근본물질'로 옮기고 있기 때문에 mahābhūta와 rūpa mahābhūta를 구분하기 위해서 후자를 '근본물질인 물질'로 옮긴 것이다. 물론 이 둘은 공히 땅의 요소, 물의 요소, 불의 요소, 바람의 요소의 네 가지 근본물질[四大]을 지칭한다. '근본물질(mahābhūta)'에 대해서는 §584의 해당 주해를 참조하기 바란다.

마음과 함께 존재하는 물질이 있고, 마음과 함께 존재하지 않는 물질이 있다.(Rma-2-10)

마음을 따르는 물질이 있고, 마음을 따르지 않는 물질이 있다.(Rma-2-11)

안에 있는 물질이 있고, 밖에 있는 물질이 있다.(Rma-2-12)

거친 물질이 있고, 미세한 물질이 있다.(Rma-2-13)

멀리 있는 물질이 있고, 가까이 있는 물질이 있다.(Rma-2-14)

② 토대의 두 개 조

눈의 감각접촉의 토대인 물질이 있고, 눈의 감각접촉의 토대가 아닌 물질이 있다.(Rma-2-15)

눈의 감각접촉에서 생긴 느낌의 … 인식의 … 의도의 … 눈의 알음알이의 토대인 물질이 있고, 눈의 알음알이의 토대가 아닌 물질이 있다.(Rma-2-16~19)

귀의 감각접촉의 … (Rma-2-20~24)

코의 감각접촉의 … (Rma-2-25~29)

혀의 감각접촉의 … (Rma-2-30~34)

몸의 감각접촉의 토대인 물질이 있고, 몸의 감각접촉의 토대가 아닌 물질이 있다.(Rma-2-35)

몸의 감각접촉에서 생긴 느낌의 … 인식의 … 의도의 … 몸의 알음알이의 토대인 물질이 있고, 몸의 알음알이의 토대가 아닌 물질이 있다.(Rma-2-36~39)

③ 대상의 두 개 조

눈의 감각접촉의 대상인 물질이 있고, 눈의 감각접촉의 대상이 아닌 물질이 있다.(Rma-2-40)

눈의 감각접촉에서 생긴 느낌의 … 인식의 … 의도의 … 눈의 알음알이의 대상인 물질이 있고, 눈의 알음알이의 대상이 아닌 물질이 있다.

(Rma-2-41~44)

귀의 감각접촉의 … (Rma-2-45~49)

코의 감각접촉의 … (Rma-2-50~54)

혀의 감각접촉의 … (Rma-2-55~59)

몸의 감각접촉의 대상인 물질이 있고, 몸의 감각접촉의 대상이 아닌 물질이 있다.(Rma-2-60)

몸의 감각접촉에서 생긴 느낌의 … 인식의 … 의도의 … 몸의 알음알이의 대상인 물질이 있고, 몸의 알음알이의 대상이 아닌 물질이 있다.(Rma-2-61~64)

④ 감각장소의 두 개 조

눈의 감각장소인 물질이 있고, 눈의 감각장소가 아닌 물질이 있다.(Rma-2-65)

귀의 감각장소인 … 코의 감각장소인 … 혀의 감각장소인 … 몸의 감각장소인 물질이 있고, 몸의 감각장소가 아닌 물질이 있다.(Rma-2-66~69)

형색의 감각장소[色處]인 물질이 있고, 형색의 감각장소가 아닌 물질이 있다.(Rma-2-70)

소리의 감각장소인 … 냄새의 감각장소인 … 맛의 감각장소인 … 감촉의 감각장소인 물질이 있고, 감촉의 감각장소가 아닌 물질이 있다.(Rma-2-71~74)

⑤ 요소의 두 개 조

눈의 요소인 물질이 있고, 눈의 요소가 아닌 물질이 있다.(Rma-2-75)

귀의 요소인 … 코의 요소인 … 혀의 요소인 … 몸의 요소인 물질이 있고, 몸의 요소가 아닌 물질이 있다.(Rma-2-76~79)

형색의 요소인 물질이 있고, 형색의 요소가 아닌 물질이 있다.(Rma-2-80)

소리의 요소인 … 냄새의 요소인 … 맛의 요소인 … 감촉의 요소인 물질이 있고, 감촉의 요소가 아닌 물질이 있다.(Rma-2-81~84)

⑥ 기능의 두 개 조

눈의 기능인 물질이 있고, 눈의 기능이 아닌 물질이 있다.(Rma-2-85)

귀의 기능인 … 코의 기능인 … 혀의 기능인 … 몸의 기능인 물질이 있고, 몸의 기능이 아닌 물질이 있다.(Rma-2-86~89)

여자의 기능인 물질이 있고, 여자의 기능이 아닌 물질이 있다.(Rma-2-90)

남자의 기능인 물질이 있고, 남자의 기능이 아닌 물질이 있다.(Rma-2-91)

생명기능인 물질이 있고, 생명기능이 아닌 물질이 있다.(Rma-2-92)

⑦ 미세한 물질의 두 개 조

몸의 암시인 물질이 있고, 몸의 암시가 아닌 물질이 있다.(Rma-2-93)

말의 암시인 물질이 있고, 말의 암시가 아닌 물질이 있다.(Rma-2-94)

허공의 요소인 물질이 있고, 허공의 요소가 아닌 물질이 있다.(Rma-2-95)

물의 요소인 물질이 있고, 물의 요소가 아닌 물질이 있다.(Rma-2-96)

물질의 가벼움인 물질이 있고, 물질의 가벼움이 아닌 물질이 있다.(Rma-2-97)

물질의 부드러움인 물질이 있고, 물질의 부드러움이 아닌 물질이 있다.(Rma-2-98)

물질의 적합함인 물질이 있고, 물질의 적합함이 아닌 물질이 있다.(Rma-2-99)

물질의 생성인 물질이 있고, 물질의 생성이 아닌 물질이 있다.(Rma-2-100)

물질의 상속인 물질이 있고, 물질의 상속이 아닌 물질이 있다.(Rma-

2-101)

물질의 쇠퇴함인 물질이 있고, 물질의 쇠퇴함이 아닌 물질이 있다.(Rma-2-102)

물질의 무상함인 물질이 있고, 물질의 무상함이 아닌 물질이 있다.(Rma-2-103)

덩어리진 [먹는] 음식인 물질이 있고, 덩어리진 [먹는] 음식이 아닌 물질이 있다.(Rma-2-104)

이와 같이 두 가지에 의한 물질의 무더기가 있다.(Dhs §584)

([『담마상가니』 제2편] 물질 편에서 분류한 대로 여기서 분류되어야 한다.)[72]

세 가지에 의한 물질의 무더기[73]가 있다.

① 일반적인 세 개 조

안에 있으면서 파생된 물질이 있고, 밖에 있으면서 파생된 물질이 있

72) 이 문장은 'yathā rūpakaṇḍe vibhattaṁ, tathā idha vibhajitabbaṁ.'을 옮긴 것이다. VRI본에는 여기처럼 ( )안에 넣어서 나타나고 있다. PTS본에는 나타나지 않고 각주에서 S^d에 나타나는 것으로 소개하고 있다.

73) "[『담마상가니』 의] 세 번째 길라잡이에는 103개의 세 개 조(tikāni)가 있다. 이 가운데 [① 일반적인 세 개 조(Rma-3-1~13)는] 두 번째 길라잡이의 ① 일반적인 두 개 조에서 설한 14가지 가운데 '안에 있는 물질이 있고, 밖에 있는 물질이 있다.'(Rma-2-12)라는 안의 두 개 조 하나를 제외한 13가지가 여기에 적용되는데 '안에 있는 파생된 물질이 있고, 밖에 있는 파생된 물질이 있고, 파생되지 않은 것이 있다.'(Rma-3-1)라는 방법으로 확립된 13가지 일반적인 세 개 조(pakiṇṇaka-tikā)로 구성되어 있다.
이렇게 하여 나머지 두 개 조들과 더불어 이 두 개 조를 적용시켜 '밖에 있는 눈의 감각접촉의 토대가 아닌 물질이 있고, 안에 있는 눈의 감각접촉의 토대인 물질이 있고, 안에 있는 눈의 감각접촉의 토대가 아닌 것이 있다.'(Rma-3-14)라는 방법으로 나머지 세 개 조들을 확립하였다. 이들의 이름(nāma)과 개수(gaṇanā)는 이들에 대응되는 토대의 두 개 조 등(vatthu-dukādi)을 통해서 알아야 한다. 이것이 세 번째 길라잡이에 있는 [물질 편에 대한] 성전의 분석이다."(DhsA.301~302)

고, 파생되지 않은 것이 있다.(Rma-3-1)[74)]

안에 있으면서 취착된 물질이 있고, 밖에 있으면서 취착된 물질이 있고, 취착되지 않은 것이 있다.(Rma-3-2)

안에 있으면서 취착되었고 취착의 대상인 물질이 있고, 밖에 있으면서 취착되었고 취착의 대상인 물질이 있고, 취착되지 않았지만 취착의 대상인 것이 있다.(Rma-3-3)

안에 있으면서 볼 수 없는 물질이 있고, 밖에 있으면서 볼 수 있는 물질이 있고, 볼 수 없는 것이 있다.(Rma-3-4)

안에 있으면서 부딪힘이 있는 물질이 있고, 밖에 있으면서 부딪힘이 있는 물질이 있고, 부딪힘이 없는 것이 있다.(Rma-3-5)

안에 있으면서 기능인 물질이 있고, 밖에 있으면서 기능인 물질이 있고, 기능이 아닌 것이 있다.(Rma-3-6)

안에 있으면서 근본물질이 아닌 물질이 있고, 밖에 있으면서 근본물질인 물질이 있고, 근본물질이 아닌 것이 있다.(Rma-3-7)

안에 있으면서 암시가 아닌 물질이 있고, 밖에 있으면서 암시인 물질이 있고, 암시가 아닌 것이 있다.(Rma-3-8)

안에 있으면서 마음에서 생기지 않은 물질이 있고, 밖에 있으면서 마음에서 생긴 물질이 있고, 마음에서 생기지 않은 것이 있다.(Rma-3-9)

안에 있으면서 마음과 함께 존재하지 않는 물질이 있고, 밖에 있으면서 마음과 함께 존재하는 물질이 있고, 마음과 함께 존재하지 않는 것이 있다.(Rma-3-10)

---

74) 『담마상가니』 제2편 물질 편의 III. 물질의 분석의 제3장 세 개 조의 해설(Dhs §§744~881)의 §746, §749 등에서 보듯이 세 개 조 물질의 마띠까에 포함된 103개의 마띠까의 세 번째 구문은 모두 각각의 두 번째 구문에서 언급된 것과 반대되는 사항을 서술하고 있다. 예를 들면 '안에 있으면서 파생된 물질이 있고, 밖에 있으면서 파생된 물질이 있고, 파생되지 않은 것이 있다.'라는 본 마띠까의 세 번째 구문인 '파생되지 않은 것이 있다.'는 '밖에 있으면서 파생되지 않은 것이 있다.'이다.

안에 있으면서 마음을 따르지 않는 물질이 있고, 밖에 있으면서 마음을 따르는 물질이 있고, 마음을 따르지 않는 것이 있다.(Rma-3-11)

안에 있으면서 거친 물질이 있고, 밖에 있으면서 거친 물질이 있고, 미세한 것이 있다.(Rma-3-12)

안에 있으면서 가까이 있는 물질이 있고, 밖에 있으면서 멀리 있는 물질이 있고, 가까운 것이 있다.(Rma-3-13)

② 토대의 세 개 조

밖에 있으면서 눈의 감각접촉의 토대가 아닌 물질이 있고, 안에 있으면서 눈의 감각접촉의 토대인 물질이 있고, 눈의 감각접촉의 토대가 아닌 것이 있다.(Rma-3-14)

밖에 있으면서 눈의 감각접촉에서 생긴 느낌의 … 인식의 … 의도의 … 눈의 알음알이의 토대가 아닌 물질이 있고, 안에 있으면서 눈의 알음알이의 토대인 물질이 있고, 눈의 알음알이의 토대가 아닌 것이 있다.(Rma-3-15~18)

밖에 있으면서 귀의 감각접촉의 … (Rma-3-19~23)

밖에 있으면서 코의 감각접촉의 … (Rma-3-24~28)

밖에 있으면서 혀의 감각접촉의 … (Rma-3-29~33)

밖에 있으면서 몸의 감각접촉의 토대가 아닌 물질이 있고, 안에 있으면서 몸의 감각접촉의 토대인 물질이 있고, 몸의 감각접촉의 토대가 아닌 것이 있다.(Rma-3-34)

밖에 있으면서 몸의 감각접촉에서 생긴 느낌의 … 인식의 … 의도의 … 몸의 알음알이의 토대가 아닌 물질이 있고, 안에 있으면서 몸의 알음알이의 토대인 물질이 있고, 몸의 알음알이의 토대가 아닌 것이 있다.(Rma-3-35~38)

③ 대상의 세 개 조

안에 있으면서 눈의 감각접촉의 대상이 아닌 물질이 있고, 밖에 있으면서 눈의 감각접촉의 대상인 물질이 있고, 눈의 감각접촉의 대상이 아닌 것이 있다.(Rma-3-39)

안에 있으면서 눈의 감각접촉에서 생긴 느낌의 … 인식의 … 의도의 … 눈의 알음알이의 대상이 아닌 물질이 있고, 밖에 있으면서 눈의 알음알이의 대상인 물질이 있고, 눈의 알음알이의 대상이 아닌 것이 있다.(Rma-3-40~43)

안에 있으면서 귀의 감각접촉의 … (Rma-3-44~48)

안에 있으면서 코의 감각접촉의 … (Rma-3-49~53)

안에 있으면서 혀의 감각접촉의 … (Rma-3-54~58)

안에 있으면서 몸의 감각접촉의 대상이 아닌 물질이 있고, 밖에 있으면서 몸의 감각접촉의 대상인 물질이 있고, 몸의 감각접촉의 대상이 아닌 것이 있다.(Rma-3-59)

안에 있으면서 몸의 감각접촉에서 생긴 느낌의 … 인식의 … 의도의 … 몸의 알음알이의 대상이 아닌 물질이 있고, 밖에 있으면서 몸의 알음알이의 대상인 물질이 있고, 몸의 알음알이의 대상이 아닌 것이 있다.(Rma-3-60~63)

④ 감각장소의 세 개 조

밖에 있으면서 눈의 감각장소가 아닌 물질이 있고, 안에 있으면서 눈의 감각장소인 물질이 있고, 눈의 감각장소가 아닌 것이 있다.(Rma-3-64)

밖에 있으면서 귀의 감각장소가 아닌 … 코의 감각장소가 아닌 … 혀의 감각장소가 아닌 … 몸의 감각장소가 아닌 물질이 있고, 안에 있으면서 몸의 감각장소인 물질이 있고, 몸의 감각장소가 아닌 것이 있다.(Rma-3-65~68)

안에 있으면서 형색의 감각장소가 아닌 물질이 있고, 밖에 있으면서 형색의 감각장소인 물질이 있고, 형색의 감각장소가 아닌 것이 있다.(Rma-3-69)

안에 있으면서 소리의 감각장소가 아닌 … 냄새의 감각장소가 아닌 … 맛의 감각장소가 아닌 … 감촉의 감각장소가 아닌 물질이 있고, 밖에 있으면서 감촉의 감각장소인 물질이 있고, 감촉의 감각장소가 아닌 것이 있다.(Rma-3-70~73)

⑤ 요소의 세 개 조

밖에 있으면서 눈의 요소가 아닌 물질이 있고, 안에 있으면서 눈의 요소인 물질이 있고, 눈의 요소가 아닌 것이 있다.(Rma-3-74)

밖에 있으면서 귀의 요소가 아닌 … 코의 요소가 아닌 … 혀의 요소가 아닌 … 몸의 요소가 아닌 물질이 있고, 안에 있으면서 몸의 요소인 물질이 있고, 몸의 요소가 아닌 것이 있다.(Rma-3-75~78)

안에 있으면서 형색의 요소가 아닌 물질이 있고, 밖에 있으면서 형색의 요소인 물질이 있고, 형색의 요소가 아닌 것이 있다.(Rma-3-79)

안에 있으면서 소리의 요소가 아닌 … 냄새의 요소가 아닌 … 맛의 요소가 아닌 … 감촉의 요소가 아닌 물질이 있고, 밖에 있으면서 감촉의 요소인 물질이 있고, 감촉의 요소가 아닌 것이 있다.(Rma-3-80~83)

⑥ 기능의 세 개 조

밖에 있으면서 눈의 기능이 아닌 물질이 있고, 안에 있으면서 눈의 기능인 물질이 있고, 눈의 기능이 아닌 것이 있다.(Rma-3-84)

밖에 있으면서 귀의 기능이 아닌 … 코의 기능이 아닌 … 혀의 기능이 아닌 … 몸의 기능이 아닌 물질이 있고, 안에 있으면서 몸의 기능인 물질이 있고, 몸의 기능이 아닌 것이 있다.(Rma-3-85~88)

안에 있으면서 여자의 기능[女根]이 아닌 물질이 있고, 밖에 있으면서

여자의 기능인 물질이 있고, 여자의 기능이 아닌 것이 있다.(Rma-3-89)

안에 있으면서 남자의 기능[男根]이 아닌 물질이 있고, 밖에 있으면서 남자의 기능인 물질이 있고, 남자의 기능이 아닌 것이 있다.(Rma-3-90)

안에 있으면서 생명기능이 아닌 물질이 있고, 밖에 있으면서 생명기능인 물질이 있고, 생명기능이 아닌 것이 있다.(Rma-3-91)

⑦ 미세한 물질의 세 개 조

안에 있으면서 몸의 암시가 아닌 물질이 있고, 밖에 있으면서 몸의 암시인 물질이 있고, 몸의 암시가 아닌 것이 있다.(Rma-3-92)

안에 있으면서 말의 암시가 아닌 물질이 있고, 밖에 있으면서 말의 암시인 물질이 있고, 말의 암시가 아닌 것이 있다.(Rma-3-93)

안에 있으면서 허공의 요소가 아닌 물질이 있고, 밖에 있으면서 허공의 요소인 물질이 있고, 허공의 요소가 아닌 것이 있다.(Rma-3-94)

안에 있으면서 물의 요소가 아닌 물질이 있고, 밖에 있으면서 물의 요소인 물질이 있고, 물의 요소가 아닌 것이 있다.(Rma-3-95)

안에 있으면서 물질의 가벼움이 아닌 물질이 있고, 밖에 있으면서 물질의 가벼움인 물질이 있고, 물질의 가벼움이 아닌 것이 있다.(Rma-3-96)

안에 있으면서 물질의 부드러움이 아닌 물질이 있고, 밖에 있으면서 물질의 부드러움인 물질이 있고, 물질의 부드러움이 아닌 것이 있다.(Rma-3-97)

안에 있으면서 물질의 적합함이 아닌 물질이 있고, 밖에 있으면서 물질의 적합함인 물질이 있고, 물질의 적합함이 아닌 것이 있다.(Rma-3-98)

안에 있으면서 물질의 생성이 아닌 물질이 있고, 밖에 있으면서 물질의 생성인 물질이 있고, 물질의 생성이 아닌 것이 있다.(Rma-3-99)

안에 있으면서 물질의 상속이 아닌 물질이 있고, 밖에 있으면서 물질의 상속인 물질이 있고, 물질의 상속이 아닌 것이 있다.(Rma-3-100)

안에 있으면서 물질의 쇠퇴함이 아닌 물질이 있고, 밖에 있으면서 물질의 쇠퇴함인 물질이 있고, 물질의 쇠퇴함이 아닌 것이 있다.(Rma-3-101)

안에 있으면서 물질의 무상함이 아닌 물질이 있고, 밖에 있으면서 물질의 무상함인 물질이 있고, 물질의 무상함이 아닌 것이 있다.(Rma-3-102)

안에 있으면서 덩어리진 [먹는] 음식이 아닌 물질이 있고, 밖에 있으면서 덩어리진 [먹는] 음식인 물질이 있고, 덩어리진 [먹는] 음식이 아닌 것이 있다.(Rma-3-103)

이와 같이 세 가지에 의한 물질의 무더기가 있다.(Dhs §585)

네 가지에 의한 물질의 무더기가 있다.

파생되었으면서 취착된 물질이 있고, 취착되지 않은 것이 있다. 파생되지 않았으면서 취착된 물질이 있고, 취착되지 않은 것이 있다.(Rma-4-1)

파생되었으면서 취착되었고 취착의 대상인 물질이 있고, 취착되지 않았지만 취착의 대상인 것이 있다. 파생되지 않았으면서 취착되었고 취착의 대상인 물질이 있고, 취착되지 않았지만 취착의 대상인 것이 있다.(Rma-4-2)

파생되었으면서 부딪힘이 있는 물질이 있고, 부딪힘이 없는 것이 있다. 파생되지 않았으면서 부딪힘이 있는 물질이 있고, 부딪힘이 없는 것이 있다.(Rma-4-3)

파생되었으면서 거친 물질이 있고, 미세한 것이 있다. 파생되지 않았으면서 거친 물질이 있고, 미세한 것이 있다.(Rma-4-4)

파생되었으면서 멀리 있는 물질이 있고, 가까이 있는 것이 있다. 파생되지 않았으면서 멀리 있는 물질이 있고, 가까이 있는 것이 있다.(Rma-4-5)

취착되었으면서 볼 수 있는 물질이 있고, 볼 수 없는 물질이 있다. 취착되지 않았으면서 볼 수 있는 물질이 있고, 볼 수 없는 것이 있다.(Rma-4-6)

취착되었으면서 부딪힘이 있는 물질이 있고, 부딪힘이 없는 물질이

있다. 취착되지 않았으면서 부딪힘이 있는 물질이 있고, 부딪힘이 없는 물질이 있다.(Rma-4-7)

취착되었으면서 근본물질인 물질이 있고, 근본물질이 아닌 것이 있다. 취착되지 않았으면서 근본물질인 물질이 있고, 근본물질이 아닌 것이 있다.(Rma-4-8)

취착되었으면서 거친 물질이 있고, 미세한 것이 있다. 취착되지 않았으면서 거친 물질이 있고, 미세한 것이 있다.(Rma-4-9)

취착되었으면서 멀리 있는 물질이 있고, 가까이 있는 것이 있다. 취착되지 않았으면서 멀리 있는 물질이 있고, 가까이 있는 것이 있다.(Rma-4-10)

취착되었고 취착의 대상이면서 볼 수 있는 물질이 있고, 볼 수 없는 것이 있다. 취착되지 않았지만 취착의 대상이면서 볼 수 있는 물질이 있고, 볼 수 없는 것이 있다.(Rma-4-11)

취착되었고 취착의 대상이면서 부딪힘이 있는 물질이 있고, 부딪힘이 없는 것이 있다. 취착되지 않았지만 취착의 대상이면서 부딪힘이 있는 물질이 있고, 부딪힘이 없는 것이 있다.(Rma-4-12)

취착되었고 취착의 대상이면서 근본물질인 물질이 있고, 근본물질이 아닌 것이 있다. 취착되지 않았지만 취착의 대상이면서 근본물질인 물질이 있고, 근본물질이 아닌 것이 있다.(Rma-4-13)

취착되었고 취착의 대상이면서 거친 물질이 있고, 미세한 것이 있다. 취착되지 않았지만 취착의 대상이면서 거친 물질이 있고, 미세한 것이 있다.(Rma-4-14)

취착되었고 취착의 대상이면서 멀리 있는 물질이 있고, 가까이 있는 것이 있다. 취착되지 않았지만 취착의 대상이면서 멀리 있는 물질이 있고, 가까이 있는 것이 있다.(Rma-4-15)

부딪힘이 있으면서 기능인 물질이 있고, 기능이 아닌 것이 있다. 부딪힘이 없으면서 기능인 물질이 있고, 기능이 아닌 것이 있다.(Rma-4-16)

부딪힘이 있으면서 근본물질인 물질이 있고, 근본물질이 아닌 것이 있다. 부딪힘이 없으면서 근본물질인 물질이 있고, 근본물질이 아닌 것이 있다.(Rma-4-17)

기능이면서 거친 물질이 있고, 미세한 것이 있다. 기능이 아니면서 거친 물질이 있고, 미세한 것이 있다.(Rma-4-18)

기능이면서 멀리 있는 물질이 있고, 가까이 있는 것이 있다. 기능이 아니면서 멀리 있는 물질이 있고, 가까이 있는 것이 있다.(Rma-4-19)

근본물질이면서 거친 물질이 있고, 미세한 것이 있다. 근본물질이 아니면서 거친 물질이 있고, 미세한 것이 있다.(Rma-4-20)

근본물질이면서 멀리 있는 물질이 있고, 가까이 있는 것이 있다. 근본물질이 아니면서 멀리 있는 물질이 있고, 가까이 있는 것이 있다.(Rma-4-21)

보이는, 들리는, 감지되는, 식별되는 물질이 있다.(Rma-4-22)

이와 같이 네 가지에 의한 물질의 무더기가 있다.(Dhs §586)

다섯 가지에 의한 물질의 무더기가 있다.

땅의 요소, 물의 요소, 불의 요소, 바람의 요소, 파생된 물질이다.(Rma-5)

이와 같이 다섯 가지에 의한 물질의 무더기가 있다.(Dhs §587)

여섯 가지에 의한 물질의 무더기가 있다.

눈으로 식별되는 물질, 귀로 식별되는 물질, 코로 식별되는 물질, 혀로 식별되는 물질, 몸으로 식별되는 물질, 마노로 식별되는 물질이다.(Rma-6)

이와 같이 여섯 가지에 의한 물질의 무더기가 있다.(Dhs §588)

일곱 가지에 의한 물질의 무더기가 있다.

눈으로 식별되는 물질, 귀로 식별되는 물질, 코로 식별되는 물질, 혀로 식별되는 물질, 몸으로 식별되는 물질, 마노의 요소로 식별되는 물질, 마노의 알음알이의 요소로 식별되는 물질이다.

이와 같이 일곱 가지에 의한 물질의 무더기가 있다.(Rma-7, Dhs §589)

여덟 가지에 의한 물질의 무더기가 있다.

눈으로 식별되는 물질, 귀로 식별되는 물질, 코로 식별되는 물질, 혀로 식별되는 물질, 즐거운 감각접촉이 있는 몸으로 식별되는 물질, 괴로운 감각접촉이 있는 [몸으로 식별되는 물질], 마노의 요소로 식별되는 물질, 마노의 알음알이의 요소로 식별되는 물질이다.(Rma-8)

이와 같이 여덟 가지에 의한 물질의 무더기가 있다.(Dhs §590)

아홉 가지에 의한 물질의 무더기가 있다.

눈의 기능, 귀의 기능, 코의 기능, 혀의 기능, 몸의 기능, 여자의 기능, 남자의 기능, 생명기능, 기능이 아닌 물질이다.(Rma-9)

이와 같이 아홉 가지에 의한 물질의 무더기가 있다.(Dhs §591)

열 가지에 의한 물질의 무더기가 있다.

눈의 기능, 귀의 기능, 코의 기능, 혀의 기능, 몸의 기능, 여자의 기능, 남자의 기능, 생명기능, 기능이 아니면서 부딪힘이 있는 물질, 부딪힘이 없는 물질이다.(Rma-10)

이와 같이 열 가지에 의한 물질의 무더기가 있다.(Dhs §592)

열한 가지에 의한 물질의 무더기가 있다.

눈의 감각장소, 귀의 감각장소, 코의 감각장소, 혀의 감각장소, 몸의 감각장소, 형색의 감각장소, 소리의 감각장소, 냄새의 감각장소, 맛의 감각장소, 감촉의 감각장소, 볼 수도 없고 부딪힘도 없는 법의 감각장소에 포함된 물질[法處所攝色][75]이다.(Rma-11)

---

75) '법의 감각장소에 포함된 물질[法處所攝色]'은 dhammāyatanapariyā-

이와 같이 열한 가지에 의한 물질의 무더기가 있다.(Dhs §593)
— 이를 일러 물질의 무더기라 한다.

(2) 느낌의 무더기[受蘊]76)

---

panna rūpa를 옮긴 것이다. 본서 §167에서 정의하고 있는 '법의 감각장소[法處, dhammāyatana]' 가운데 느낌의 무더기, 인식의 무더기, 심리현상들의 무더기와 형성되지 않은 요소[無爲界]를 제외한 나머지가 여기에 속한다.

중국에서는 『阿毘達磨集異門足論』(아비달마집이문족론)이나 『瑜伽師地論』(유가사지론)등 여러 논서들에서 法處所攝色(법처소섭색)으로 한역하였다. 한편 『담마상가니』는 §984에서 "여자의 기능 … 덩어리진 [먹는] 음식"을 볼 수도 없고 부딪힘도 없는 법의 감각장소에 포함된 물질[法處所攝色]로 정의하고 있는데 본서 §5에서 정의하고 있는 미세한 물질(rūpa sukhuma)이 바로 이것이다. 미세한 물질에 대해서는 §5의 해당 주해를 참조할 것.

76) "스승께서는 이 아비담마에 따른 분석 방법에서 느낌의 무더기를 분류하시면서 세 개 조(tika)를 가져와서 두 개 조들(dukā)에 놓기도 하시고(§34 이하) 두 개 조를 가져와서 세 개 조들에 놓기도 하시고(§38 이하) 두 개 조와 세 개 조와 양면으로 증가하는 부문(ubhatovaḍḍhananīhāra)의 방식을 가져오기도 하셨다(§43 이하). 그리고 일곱 가지에 의한 것, 24가지에 의한 것, 30가지에 의한 것, 여러 가지에 의한 것이라는 [방법으로] 모든 곳에서 여러 가지로 느낌의 무더기를 설명하신다(§61). 왜 그런가? ① [서로 다른] 개인의 성향(puggalajjhāsaya)을 [만족시키기] 위해서이고 ② 가르침을 장엄(desanā-vilāsa)하기 위해서이다.

법을 듣기 위해서 앉아있는 신들의 회중(devaparisā)에 있는 신의 아들들(devaputtā)은 세 개 조를 가져와서 두 개 조들에 넣어서 설해진 것들을 꿰뚫을 수 있는데 그들에게 적합함(sappāya)을 통해서 그렇게 만들어서 설하셨다. 그 외의 방법으로 설해진 것들을 꿰뚫을 수 있는 그런 자들에게는 그들에게 적합함을 통해서 설하셨다. 이것이 여기서 ① [서로 다른] 개인의 성향(puggalajjhāsaya)을 [만족시키기] 위한 것이다.

정등각자께서는 당신의 영역이 광대하기 때문에(mahāvisayatāya) 세 개 조를 가져와서 두 개 조들에 넣기도 하고 두 개 조를 가져와서 세 개 조들에 넣기도 하고 양면으로 증가하는 부문이나 일곱 가지에 의한 것 등으로 당신이 원하는 그대로 설하실 수 있다. 그래서 이러한 형태로도 이것을 설하실 수 있는데 이것은 ② 가르침을 장엄(desanā-vilāsa)하기 위해서이다."

① 두 개 조에 뿌리 한 부문[77)]

34. {1} 여기서 [14] 무엇이 '느낌의 무더기'인가?

한 가지에 의한 느낌의 무더기가 있다. — 감각접촉과 결합된 것이다.

두 가지에 의한 느낌의 무더기가 있다. — 원인을 가진 것이 있고, 원인을 가지지 않은 것이 있다.(*cf* ma2-2)

세 가지에 의한 느낌의 무더기가 있다. — 유익한 것이 있고, 해로운 것이 있고, 결정할 수 없는 것[無記]이 있다.(*cf* ma3-1)

네 가지에 의한 느낌의 무더기가 있다. — 욕계에 속하는 것이 있고, 색계에 속하는 것이 있고, 무색계에 속하는 것이 있고, [세간에] 포함되지 않는[出世間] 것이 있다.

다섯 가지에 의한 느낌의 무더기가 있다. 즐거움의 기능, 괴로움의 기능, 기쁨의 기능, 불만족의 기능, 평온의 기능이다. 이와 같이 다섯 가지에 의한 느낌의 무더기가 있다.[78)]

여섯 가지에 의한 느낌의 무더기가 있다. 눈의 감각접촉에서 생긴 느

(VbhA.37)

77) "여기서 세 개 조를 가져와서 두 개 조들에 놓아서 설하는 부문은 ① '두 개 조에 뿌리 한 [부문](dukamūlaka)'이라 한다. 두 개 조를 가져와서 세 개 조들에 놓아서 설하는 부문은 ② '세 개 조에 뿌리 한 [부문](tikamūlaka)'이라 한다. 두 개 조들과 세 개 조들을 양면으로 증가시켜 설하는 부문은 ③ '양면으로 증가하는 [부문](ubhatovaḍḍhaka)'이라 한다. 마지막으로 일곱 가지에 의한 것이라는 등의 부문(sattavidhenātiādi-vāra)은 ④ '여러 가지 부문(bahuvidha-vāra)'이라 한다. 이와 같은 이들 네 가지 큰 부문(cattāro mahā-vārā)이 있다."(VbhA.37)

78) 경에서 느낌은 주로 즐거운 느낌(sukha-vedanā)과 괴로운 느낌(dukkha-vedanā)과 괴롭지도 즐겁지도 않은 느낌(adukkhamasukha-vedanā)의 셋으로 분류되는데(S36:1 등) 아비담마에서 느낌은 여기서처럼 즐거움(sukha, 육체적 즐거움), 괴로움(dukkha, 육체적 괴로움), 기쁨(somanassa, 정신적 즐거움), 불만족(domanassa, 정신적 괴로움), 평온(upekkhā)의 다섯으로 분류된다. 『아비담마 길라잡이』 제3장 §2를 참조할 것.

낌, 귀의 감각접촉에서 생긴 느낌, 코의 감각접촉에서 생긴 느낌, 혀의 감각접촉에서 생긴 느낌, 몸의 감각접촉에서 생긴 느낌, 마노의 감각접촉에서 생긴 느낌이다. 이와 같이 여섯 가지에 의한 느낌의 무더기가 있다.

일곱 가지에 의한 느낌의 무더기가 있다. 눈의 감각접촉에서 생긴 느낌, 귀의 감각접촉에서 생긴 느낌, 코의 감각접촉에서 생긴 느낌, 혀의 감각접촉에서 생긴 느낌, 몸의 감각접촉에서 생긴 느낌, 마노의 요소의 감각접촉에서 생긴 느낌, 마노의 알음알이의 요소의 감각접촉에서 생긴 느낌이다. 이와 같이 일곱 가지에 의한 느낌의 무더기가 있다.

여덟 가지에 의한 느낌의 무더기가 있다. 눈의 감각접촉에서 생긴 느낌, 귀의 감각접촉에서 생긴 느낌, 코의 감각접촉에서 생긴 느낌, 혀의 감각접촉에서 생긴 느낌, 몸의 감각접촉에서 생긴 즐거운 느낌, [몸의 감각접촉에서 생긴] 괴로운 [느낌], 마노의 요소의 감각접촉에서 생긴 느낌, 마노의 알음알이의 요소의 감각접촉에서 생긴 느낌이다. 이와 같이 여덟 가지에 의한 느낌의 무더기가 있다.

아홉 가지에 의한 느낌의 무더기가 있다. 눈의 감각접촉에서 생긴 느낌, 귀의 감각접촉에서 생긴 느낌, 코의 감각접촉에서 생긴 느낌, 혀의 감각접촉에서 생긴 느낌, 몸의 감각접촉에서 생긴 느낌, 마노의 요소의 감각접촉에서 생긴 느낌, 마노의 알음알이의 요소의 감각접촉에서 생긴 유익한 느낌, 해로운 [느낌], 결정할 수 없는[無記] [느낌]이다. 이와 같이 아홉 가지에 의한 느낌의 무더기가 있다.

열 가지에 의한 느낌의 무더기가 있다. 눈의 감각접촉에서 생긴 느낌, 귀의 감각접촉에서 생긴 느낌, 코의 감각접촉에서 생긴 느낌, 혀의 감각접촉에서 생긴 느낌, 몸의 감각접촉에서 생긴 즐거운 느낌, [몸의 감각접촉에서 생긴] 괴로운 [느낌], 마노의 요소의 감각접촉에서 생긴 느낌, 마노의 알음알이의 요소의 감각접촉에서 생긴 유익한 느낌, 해로운 [느낌], 결정할 수 없는[無記] [느낌]이다. 이와 같이 열 가지에 의한 느낌의 무더기가 있다.

35. {2} 한 가지에 의한 느낌의 무더기가 있다. — 감각접촉과 결합된 것이다.

두 가지에 의한 [16] 느낌의 무더기가 있다. — 원인을 가진 것이 있고, 원인을 가지지 않은 것이 있다.(*cf* ma2-2)

세 가지에 의한 느낌의 무더기가 있다.79)

과보로 나타난 것이 있고, 과보를 생기게 하는 것이 있고,80) 과보로

---

79) 여기서 언급되는 세 가지에 의한 느낌의 분류에는 『담마상가니』 첫머리에 실려 있는 세 개 조 마띠까 22개 가운데 3가지를 제외한 19개의 마띠까가 적용이 되고 있다.

먼저 세 개 조 마띠까 가운데 마지막인 '볼 수 있음의 세 개 조(sanidassana-ttika, ma3-22)'는 물질에만 적용되는 것이므로 제외되었다. 그리고 즐거운 느낌과 결합된 법들, 괴로운 느낌과 결합된 법들, 괴롭지도 즐겁지도 않은 느낌과 결합된 법들인 ma3-2와 희열이 함께하는 법들, 행복이 함께하는 법들, 평온이 함께하는 법들인 ma3-7은 느낌과 관계된 마띠까이기 때문에 제외되었다. 그래서 주석서는 19개 세 개 조라고 언급하고 있다.(§37의 해당 주해 참조) 그런데 §36과 §38과 §39를 제외한 §35 등에서는 ma3-1도 제외가 되어 18개의 마띠까가 적용되기도 한다.

같은 방법으로 §64의 세 가지에 의한 인식의 분류에는 세 개 조 마띠까 22개 가운데 첫 번째와 두 번째와 22번째를 제외한 19개의 마띠까가 적용이 되고 있다. 그리고 §93의 세 가지에 의한 심리현상들의 분류와 §122의 세 가지에 의한 알음알이의 분류에는 첫 번째와 22번째를 제외한 20개의 마띠까가 적용이 되고 있다.

80) '과보를 생기게 하는 법들'은 vipāka-dhamma-dhammā를 주석서를 참조해서 옮긴 것이다. 주석서는 이렇게 설명하고 있다.

"'과보를 생기게 하는 법들(vipāka-dhamma-dhammā)'이란 과보를 [가져오는] 고유성질을 가진 법들(vipāka-sabhāva-dhammā)이다. 예를 들면 태어남과 늙음이라는 고유성질을 가졌고(jātijarā-sabhāvā) 태어나고 늙는 성질을 가진(jātijarā-pakatikā) 중생들(sattā)은 태어나기 마련인 법(jāti-dhammā)이고 늙기 마련인 법(jarā-dhammā)이라고 말하는 것처럼(S45:2 §5 등), 과보를 생기게 한다는 뜻(vipāka-janakaṭṭha)에서 과보를 [가져오는] 고유성질을 가졌고(vipāka-sabhāvā) 과보를 [가져오는] 성질

나타난 것도 아니고 과보를 생기게 하는 것도 아닌 것이 있다.(*cf* ma3-3)

취착되었고 취착의 대상인 것이 있고, 취착되지 않았지만 취착의 대상인 것이 있고, 취착되지 않았고 취착의 대상도 아닌 것이 있다.(*cf* ma3-4)

오염되었고 오염의 대상인 것이 있고, 오염되지 않았지만 오염의 대상인 것이 있고, 오염되지 않았고 오염의 대상도 아닌 것이 있다.(*cf* ma3-5)

일으킨 생각이 있고 지속적 고찰이 있는 것이 있고, 일으킨 생각은 없고 지속적 고찰만 있는 것이 있고, 일으킨 생각도 없고 지속적 고찰도 없는 것이 있다.(*cf* ma3-6)

봄[見]으로써 버려야 하는 것이 있고, 닦음으로써 버려야 하는 것이 있고, 봄[見]이나 닦음으로 버려야 하지 않는 것이 있다.(*cf* ma3-8)

봄[見]으로써 버려야 하는 원인을 가진 것이 있고, 닦음으로써 버려야 하는 원인을 가진 것이 있고, 봄[見]이나 닦음으로 버려야 하는 원인을 가지지 않은 것이 있다.(*cf* ma3-9)

[윤회를] 축적하게 하는 것이 있고, [윤회를] 감소시키는 것이 있고, [윤회를] 축적하게 하는 것도 [윤회를] 감소시키는 것도 아닌 것이 있다.(*cf* ma3-10)

유학에 속하는 것이 있고, 무학에 속하는 것이 있고, 유학에도 무학에도 속하지 않는 것이 있다.(*cf* ma3-11)

제한된 것이 있고, 고귀한 것이 있고, 무량한 것이 있다.(*cf* ma3-12)

제한된 대상을 가진 것이 있고, [17] 고귀한 대상을 가진 것이 있고, 무량한 대상을 가진 것이 있다.(*cf* ma3-13)

저열한 것이 있고, 중간인 것이 있고, 수승한 것이 있다.(*cf* ma3-14)

그릇된 것으로 확정된 것이 있고, 바른 것으로 확정된 것이 있고, 확

을 가진(vipāka-pakatikā) 법들이라는 뜻이다."(DhsA.42; Moh.108)

정되지 않은 것이 있다.(*cf* ma3-15)

도를 대상으로 가진 것이 있고, 도를 원인으로 가진 것이 있고, 도를 지배의 [요소로] 가진 것이 있다.(*cf* ma3-16)

일어난 것이 있고, 일어나지 않은 것이 있고, 일어나게 될 것이 있다.(*cf* ma3-17)

과거의 것이 있고, 미래의 것이 있고, 현재의 것이 있다.(*cf* ma3-18)

과거의 대상을 가진 것이 있고, 미래의 대상을 가진 것이 있고, 현재의 대상을 가진 것이 있다.(*cf* ma3-19)

안의 것이 있고, 밖의 것이 있고, 안과 밖의 것이 있다.(*cf* ma3-20)

안의 대상을 가진 것이 있고, 밖의 대상을 가진 것이 있고, 안과 밖의 대상을 가진 것이 있다.(*cf* ma3-21) … (§34) … 이와 같이 열 가지에 의한 느낌의 무더기가 있다.

36. {3} 한 가지에 의한 느낌의 무더기가 있다. — 감각접촉과 결합된 것이다.

두 가지에 의한 느낌의 무더기가 있다. —

원인과 결합된 것이 있고, 원인과 결합되지 않은 것이 있다.(*cf* ma2-3)[81)]

원인이 아니지만 원인을 가진 것이 있고, 원인이 아니면서 원인을 가지지 않은 것이 있다.(*cf* ma2-6)[82)]

---

81) VRI본에는 여기 '원인과 결합되지 않은 것이 있다.'와 아래의 '원인이 아니지만 원인을 가진 것이 있고,' 사이에 atthi hetuvippayutto___pe0___ atthi na hetusahetuko로 반복되는 부분(뻬얄라, peyyala)의 생략 표시가 나타나지만 PTS본에는 나타나지 않는다. 역자는 PTS본을 따라서 생략 표시가 없는 것으로 간주하였다. 띳띨라 스님의 영역본에도 나타나지 않는다. (띳띨라 스님 22쪽 참조)

82) 이 문장은 VRI본 §36 등에서는 atthi na hetusahetuko, atthi na hetu-ahetuko로 나타나는데 이해하기가 어려운 표현이다. 주석서도 별다른 설명

세간적인 것이 있고, 출세간의 것이 있다.(*cf* ma2-12)

어떤 것으로는 식별되는 것이 있고, 어떤 것으로는 식별되지 않는 것이 있다.(*cf* ma2-13)

번뇌의 대상인 것이 있고, [18] 번뇌의 대상이 아닌 것이 있다.(*cf* ma2-15)

번뇌와 결합된 것이 있고, 번뇌와 결합되지 않은 것이 있다.(*cf* ma2-16)

번뇌와 결합되지 않았지만 번뇌의 대상인 것이 있고, [번뇌와 결합되지 않았으면서] 번뇌의 대상이 아닌 것이 있다.(*cf* ma2-19)

족쇄의 대상인 것이 있고, 족쇄의 대상이 아닌 것이 있다.(*cf* ma2-21)

족쇄와 결합된 것이 있고, 족쇄와 결합되지 않은 것이 있다.(*cf* ma2-22)

족쇄와 결합되지 않았지만 족쇄의 대상인 것이 있고, [족쇄와 결합되지 않았으면서] 족쇄의 대상이 아닌 것이 있다.(*cf* ma2-25)

매듭의 대상인 것이 있고, 매듭의 대상이 아닌 것이 있다.(*cf* ma2-27)

매듭과 결합된 것이 있고, 매듭과 결합되지 않은 것이 있다.(*cf* ma2-28)

매듭과 결합되지 않았지만 매듭의 대상인 것이 있고, [매듭과 결합되지 않았으면서] 매듭의 대상이 아닌 것이 있다.(*cf* ma2-31)

폭류의 대상인 것이 있고, 폭류의 대상이 아닌 것이 있다.(*cf* ma2-33)

폭류와 결합된 것이 있고, 폭류와 결합되지 않은 것이 있다.(*cf* ma2-34)

폭류와 결합되지 않았지만 폭류의 대상인 것이 있고, [폭류와 결합되지 않았으면서] 폭류의 대상이 아닌 것이 있다.(*cf* ma2-37)

속박의 대상인 것이 있고, 속박의 대상이 아닌 것이 있다.(*cf* ma2-39)

이 없다. 그런데 이것은 본서 §73 등에 atthi na hetu sahetuko, atthi na hetu ahetuko로 나타난다. §73의 이 표기가 옳다고 해야 한다. 그래서 이렇게 옮겼다. 그리고 이것은 『담마상가니』 "ma2-6. 원인이 아니지만 원인을 가진 법들(ma2-6-a) [원인이 아니면서] 원인을 가지지 않은 법들(ma2-6-b) — na hetū kho pana dhammā sahetukāpi, ahetukāpi."와도 맥을 같이 한다.

PTS본에도 atthi na hetu sahetuko, atthi na hetu ahetuko로 나타나고 있다.

속박과 결합된 것이 있고, 속박과 결합되지 않은 것이 있다.(*cf* ma2-40)

속박과 결합되지 않았지만 속박의 대상인 것이 있고, [속박과 결합되지 않았으면서] 속박의 대상이 아닌 것이 있다.(*cf* ma2-43)

장애의 대상인 것이 있고, 장애의 대상이 아닌 것이 있다.(*cf* ma2-45)

장애와 결합된 것이 있고, 장애와 결합되지 않은 것이 있다.(*cf* ma2-46)

장애와 결합되지 않았지만 장애의 대상인 것이 있고, [장애와 결합되지 않았으면서] 장애의 대상이 아닌 것이 있다.(*cf* ma-49)

집착[固守]의 대상인 것이 있고, 집착의 대상이 아닌 것이 있다.(*cf* ma2-51)

집착과 결합된 것이 있고, 집착과 결합되지 않은 것이 있다.(*cf* ma2-52)

집착과 결합되지 않았지만 집착의 대상인 것이 있고, [집착과 결합되지 않았으면서] 집착의 대상이 아닌 것이 있다.(*cf* ma2-54)

취착된 것이 있고, 취착되지 않은 것이 있다.(*cf* ma2-68)[83]

취착의 대상인 것이 있고, 취착의 대상이 아닌 것이 있다.(*cf* ma2-70)

취착과 결합된 것이 있고, 취착과 결합되지 않은 것이 있다.(*cf* ma2-71)

취착과 결합되지 않았지만 취착의 대상인 것이 있고, [취착과 결합되지 않았으면서] 취착의 대상이 아닌 것이 있다.(*cf* ma2-74)

오염원의 대상인 것이 있고, 오염원의 대상이 아닌 것이 있다.(*cf* ma2-76)

오염된 것이 있고, 오염되지 않은 것이 있다.(*cf* ma2-77)

오염원과 결합된 것이 있고, 오염원과 결합되지 않은 것이 있다.(*cf* ma2-78)

오염원과 결합되지 않았지만 오염원의 대상인 것이 있고, [오염원과 결합되지 않았으면서] 오염원의 대상이 아닌 것이 있다.(*cf* ma2-82)

봄[見]으로써 버려야 하는 것이 있고, 봄[見]으로써 버려야 하는 것이

83) 마띠까에는 이 ma2-68이 틈새에 있는 긴 두 개 조(ma2-55~68)의 마지막으로 포함되어 있다.

아닌 것이 있다.(*cf.* ma2-83)

닦음[修]으로써 버려야 하는 것이 있고, 닦음[修]으로써 버려야 하는 것이 아닌 것이 있다.(*cf.* ma2-84)

봄으로써 버려야 하는 원인을 가진 것이 있고, 봄으로써 버려야 하는 원인을 가지지 않은 것이 있다.(*cf.* ma2-85)

닦음으로써 버려야 하는 원인을 가진 것이 있고, 닦음으로써 버려야 하는 원인을 가지지 않은 것이 있다.(*cf.* ma2-86)

일으킨 생각이 있는 것이 있고, 일으킨 생각이 없는 것이 있다.(*cf.* ma2-87)

지속적 고찰이 있는 것이 있고, 지속적 고찰이 없는 것이 있다.(*cf.* ma2-88)

희열이 있는 것이 있고, [19] 희열이 없는 것이 있다.(*cf.* ma2-89)

희열이 함께하는 것이 있고, 희열이 함께하지 않는 것이 있다.(*cf.* ma2-90)

욕계에 속하는 것이 있고, 욕계에 속하지 않는 것이 있다.(*cf.* ma2-93)

색계에 속하는 것이 있고, 색계에 속하지 않는 것이 있다.(*cf.* ma2-94)

무색계에 속하는 것이 있고, 무색계에 속하지 않는 것이 있다.(*cf.* ma2-95)

[세간에] 포함된 것이 있고, [세간에] 포함되지 않는[出世間] 것이 있다.(*cf.* ma2-96)

출리(出離)로 인도하는 것이 있고, 출리로 인도하지 못하는 것이 있다.(*cf.* ma2-97)

확정된 것이 있고, 확정되지 않은 것이 있다.(*cf.* ma2-98)

위가 있는 것이 있고, 위가 없는 것이 있다.(*cf.* ma2-99)

다툼을 가진 것이 있고, 다툼이 없는[無爭] 것이 있다.(*cf.* ma2-100)

세 가지에 의한 느낌의 무더기가 있다. 유익한 것이 있고, 해로운 것이 있고, 결정할 수 없는 것[無記]이 있다.(*cf.* ma3-1) … (§34) … 이와 같이 열 가지에 의한 느낌의 무더기가 있다.

37. {4} 한 가지에 의한 느낌의 무더기가 있다. — 감각접촉과 결합

된 것이다.

두 가지에 의한 느낌의 무더기가 있다. — 다툼을 가진 것이 있고, 다툼이 없는[無爭] 것이 있다.(*cf.* ma2-100)

세 가지에 의한 느낌의 무더기가 있다. — 과보로 나타난 것이 있고, 과보를 생기게 하는 것이 있고, 과보로 나타난 것도 아니고 과보를 생기게 하는 것도 아닌 것이 있다.(*cf.* ma3-3)

취착되었고 취착의 대상인 것이 있고(*cf.* ma3-4-a) … (§35) … 안의 대상을 가진 것이 있고, 밖의 대상을 가진 것이 있고, 안과 밖의 대상을 가진 것이 있다.(*cf.* ma3-21) … (§34) … 이와 같이 열 가지에 의한 느낌의 무더기가 있다.

두 개 조에 뿌리 한 부문이 [끝났다.][84)]

② 세 개 조에 뿌리 한 부문

38. {5} 한 가지에 의한 느낌의 무더기가 있다. — 감각접촉과 결합

---

84) "여기 ① '두 개 조에 뿌리 한 [부문](dukamūlaka)'에는 950가지의 부문들(vārā)이 있다. 그것은 다음과 같다. 두 개 조 [마띠까]들 가운데에서 얻어지는 [50가지의] 각각의 두 개 조가 있다. 그리고 [22가지] 세 개 조 [마띠까]들 가운데서 얻어지지 않는 느낌의 세 개 조(ma3-2)와 희열의 세 개 조(ma3-7)와 볼 수 있는 세 개 조(ma3-22)를 제외한(apanetvā) 나머지 19개 세 개 조를 이들 두 개 조와 함께 적용한다. 이렇게 하여 두 번째 두 개 조와 첫 번째 세 개 조를 적용하는 부문 등으로 (50×19=) 950가지 부문이 있게 된다. 이들 모두는 성전에서 생략되었고(saṁkhipitvā) 여기저기에서 보여줄 필요(dassetabbayuttaka)가 있을 때 보여주시며 말씀하셨다. 이것은 혼동하지 않는 자(asammuyhanta)에 의해서 자세하게 알아져야 한다." (VbhA.37)

본서는 이 두 개 조에 뿌리 한 부문에 단지 4개의 경우만을 나열하고 있지만 주석서는 이처럼 이 두 개 조에 뿌리 한 부문에는 이론적으로 모두 950개가 존재하게 된다고 설명하고 있다. 그리고 혼동하지 않는 자가 이 950개를 자세하게 알 수 있다고 말하고 있다.

된 것이다.

두 가지에 의한 [20] 느낌의 무더기가 있다. — 원인을 가진 것이 있고, 원인을 가지지 않은 것이 있다.(*cf.* ma2-2) (§35)

세 가지에 의한 느낌의 무더기가 있다. 유익한 것이 있고, 해로운 것이 있고, 결정할 수 없는 것[無記]이 있다.(*cf.* ma3-1) … (§34) … 이와 같이 열 가지에 의한 느낌의 무더기가 있다.

39. {6} 한 가지에 의한 느낌의 무더기가 있다. — 감각접촉과 결합된 것이다.

두 가지에 의한 느낌의 무더기가 있다. — 원인과 결합된 것이 있고, 원인과 결합되지 않은 것이 있다.(*cf.* ma2-3)

세 가지에 의한 느낌의 무더기가 있다. — 유익한 것이 있고, 해로운 것이 있고, 결정할 수 없는 것[無記]이 있다.(*cf.* ma3-1) … (§34) … 이와 같이 열 가지에 의한 느낌의 무더기가 있다.

40. {7}[85] 한 가지에 의한 느낌의 무더기가 있다. — 감각접촉과 결합된 것이다.

두 가지에 의한 느낌의 무더기가 있다. — 원인이 아니지만 원인을 가진 것이 있고, 원인이 아니면서 원인을 가지지 않은 것이 있다.(*cf.* ma2-6) 세간적인 것이 있고, 출세간의 것이 있다.(*cf.* ma2-12) 어떤 것으로는 식별되는 것이 있고, 어떤 것으로는 식별되지 않는 것이 있다.(*cf.* ma2-13)

번뇌의 대상인 것이 있고, 번뇌의 대상이 아닌 것이 있다.(*cf.* ma2-15)

번뇌와 결합된 것이 있고, 번뇌와 결합되지 않은 것이 있다.(*cf.* ma2-16)

번뇌와 결합되지 않았지만 번뇌의 대상인 것이 있고, [번뇌와 결합되

---

85) PTS 본은 이 {7}의 전체를 주로 편집하고 본문에는 싣지 않았다. 그래서 느낌의 무더기에 관계된 것이 {28}번까지 28개가 아니고 {27}번까지 모두 27개로 번호를 매기고 있다. 역자는 VRI본을 따라서 이 부분을 넣어서 옮겼다.

지 않았으면서] 번뇌의 대상이 아닌 것이 있다.(*cf* ma2-19) … (§36) … 다툼을 가진 것이 있고, 다툼이 없는[無爭] 것이 있다.(*cf* ma2-100)

세 가지에 의한 느낌의 무더기가 있다. 유익한 것이 있고, 해로운 것이 있고, 결정할 수 없는 것[無記]이 있다.(*cf* ma3-1) … (§34) … 이와 같이 열 가지에 의한 느낌의 무더기가 있다.

41. {8} 한 가지에 의한 느낌의 무더기가 있다. — 감각접촉과 결합된 것이다.

두 가지에 의한 느낌의 무더기가 있다. — 원인을 가진 것이 있고, 원인을 가지지 않은 것이 있다.(*cf* ma2-2) (§35)

세 가지에 의한 느낌의 무더기가 있다. —

과보로 나타난 것이 있고, 과보를 생기게 하는 것이 있고, 과보로 나타난 것도 아니고 과보를 생기게 하는 것도 아닌 것이 있다.(*cf* ma3-3)

취착되었고 취착의 대상인 것이 있고, 취착되지 않았지만 취착의 대상인 것이 있고, 취착되지 않았고 취착의 대상도 아닌 것이 있다.(*cf* ma3-4)

오염되었고 오염의 대상인 것이 있고, 오염되지 않았지만 오염의 대상인 것이 있고, 오염되지 않았고 오염의 대상도 아닌 것이 있다.(*cf* ma3-5)

일으킨 생각이 있고 지속적 고찰이 있는 것이 있고, 일으킨 생각은 없고 지속적 고찰만 있는 것이 있고, 일으킨 생각도 없고 지속적 고찰도 없는 것이 있다.(*cf* ma3-6)

봄[見]으로써 버려야 하는 것이 있고, 닦음으로써 버려야 하는 것이 있고, 봄[見]이나 닦음으로 버려야 하지 않는 것이 있다.(*cf* ma3-8)

봄[見]으로써 버려야 하는 원인을 가진 것이 있고, 닦음으로써 버려야 하는 원인을 가진 것이 있고, 봄[見]이나 닦음으로 버려야 하는 원인을 가지지 않은 것이 있다.(*cf* ma3-9)

[윤회를] 축적하게 하는 것이 있고, [윤회를] 감소시키는 것이 있고,

[윤회를] 축적하게 하는 것도 [윤회를] 감소시키는 것도 아닌 것이 있다.(*cf.* ma3-10)

유학에 속하는 것이 있고, 무학에 속하는 것이 있고, 유학에도 무학에도 속하지 않는 것이 있다.(*cf.* ma3-11)

제한된 것이 있고, 고귀한 것이 있고, 무량한 것이 있다.(*cf.* ma3-12)

제한된 대상을 가진 것이 있고, 고귀한 대상을 가진 것이 있고, 무량한 대상을 가진 것이 있다.(*cf.* ma3-13)

저열한 것이 있고, 중간인 것이 있고, 수승한 것이 있다.(*cf.* ma3-14)

그릇된 것으로 확정된 것이 있고, 바른 것으로 확정된 것이 있고, 확정되지 않은 것이 있다.(*cf.* ma3-15)

도를 대상으로 가진 것이 있고, 도를 원인으로 가진 것이 있고, 도를 지배의 [요소로] 가진 것이 있다.(*cf.* ma3-16)

일어난 것이 있고, 일어나지 않은 것이 있고, 일어나게 될 것이 있다.(*cf.* ma3-17)

과거의 것이 있고, 미래의 것이 있고, 현재의 것이 있다.(*cf.* ma3-18)

과거의 대상을 가진 것이 있고, 미래의 대상을 가진 것이 있고, 현재의 대상을 가진 것이 있다.(*cf.* ma3-19)

안의 것이 있고, 밖의 것이 있고, 안과 밖의 것이 있다.(*cf.* ma3-20)

안의 대상을 가진 것이 있고, 밖의 대상을 가진 것이 있고, 안과 밖의 대상을 가진 것이 있다.(*cf.* ma3-21) … (§34) … 이와 같이 열 가지에 의한 느낌의 무더기가 있다.[86]

42. {9} 한 가지에 의한 느낌의 무더기가 있다. — 감각접촉과 결합된 것이다.

---

86) 이렇게 하여 아비담마 세 개 조 마띠까 22가지 가운데 ma3-3, ma3-4, ma3-7의 세 가지를 제외한 19가지가 세 가지에 의한 느낌의 무더기에 나타나고 있다.

두 가지에 의한 느낌의 무더기가 있다. —

원인과 결합된 것이 있고, 원인과 결합되지 않은 것이 있다.(*cf.* ma2-3)

원인이 아니지만 원인을 가진 것이 있고, 원인이 아니면서 원인을 가지지 않은 것이 있다.(*cf.* ma2-6)

세간적인 것이 있고, 출세간의 것이 있다.(*cf.* ma2-12)

어떤 것으로는 식별되는 것이 있고, 어떤 것으로는 식별되지 않는 것이 있다.(*cf.* ma2-13)

번뇌의 대상인 것이 있고, 번뇌의 대상이 아닌 것이 있다.(*cf.* ma2-15)

번뇌와 결합된 것이 있고, 번뇌와 결합되지 않은 것이 있다.(*cf.* ma2-16)

번뇌와 결합되지 않았지만 번뇌의 대상인 것이 있고, [번뇌와 결합되지 않았으면서] 번뇌의 대상이 아닌 것이 있다.(*cf.* ma2-19)

족쇄의 대상인 것이 있고, 족쇄의 대상이 아닌 것이 있다.(*cf.* ma2-21)

… (§36) …

다툼을 가진 것이 있고, [21] 다툼이 없는[無爭] 것이 있다.(*cf.* ma2-100)

세 가지에 의한 느낌의 무더기가 있다. — 안의 대상을 가진 것이 있고, 밖의 대상을 가진 것이 있고, 안과 밖의 대상을 가진 것이 있다.(*cf.* ma3-21) … (§34) … 이와 같이 열 가지에 의한 느낌의 무더기가 있다.

세 개 조에 뿌리 한 부문이 [끝났다.][87]

---

87) "② '세 개 조에 뿌리 한 [부문](tikamūlaka)'에서도 세 개 조에서 얻어지는 각각의 세 개 조와 함께 두 개 조에서 얻어지지 않는 첫 번째 두 개 조 등의 두 개 조를 제외한 나머지 얻을 수 있는 원인을 가진 두 개 조(ma2-2) 등의 50개 두 개 조를 적용한다. 이렇게 하여 첫 번째 세 개 조와 두 번째 두 개 조를 적용하는 부문 등으로 950가지 부문이 된다. 이들 모두도 성전에서 생략되었고 여기저기에서 보여줄 필요가 있을 때 보여주시며 말씀하셨다. 이것은 혼동하지 않는 자(asammuyhanta)에 의해서 자세하게 알아져야 한다."(VbhA.37~38)

본서는 이 세 개 조에 뿌리 한 부문에 단지 5개의 경우만을 나열하고 있지만 주석서는 이처럼 이 세 개 조에 뿌리 한 부문에도 두 개 조에 뿌리한 부문처

③ 양면으로 증가하는 부문

43. {10}[88] 한 가지에 의한 느낌의 무더기가 있다. — 감각접촉과 결합된 것이다.

두 가지에 의한 느낌의 무더기가 있다. — 원인을 가진 것이 있고, 원인을 가지지 않은 것이 있다.(*cf.* ma2-2) (§35)

세 가지에 의한 느낌의 무더기가 있다. 유익한 것이 있고, 해로운 것이 있고, 결정할 수 없는 것[無記]이 있다.(*cf.* ma3-1) … (§34) … 이와 같이 열 가지에 의한 느낌의 무더기가 있다.

44. {11} 한 가지에 의한 느낌의 무더기가 있다. — 감각접촉과 결합된 것이다.

두 가지에 의한 느낌의 무더기가 있다. — 원인과 결합된 것이 있고,

럼 이론적으로 모두 950개가 존재하게 된다고 설명하고 있다. 그리고 혼동하지 않는 자가 이 950개를 자세하게 알 수 있다고 말하고 있다.

88) 이하 {10}부터 {28}까지(즉 §43부터 §61까지)의 19개 구문 가운데 두 개 조의 부문은 두 개 조 마띠까의 ma2-2부터 ma2-40까지 가운데 19가지가 순차적으로 언급이 되고 세 개 조의 부문은 세 개 조 마띠까 가운데 ma3-1부터 ma3-21까지 가운데 19가지가 순차적으로 언급되고 있다. 그래서 이 부문을 '양면으로 증가하는 부문(ubhatovaḍḍhaka)'이라 부르고 있다.

여기 양면으로 증가하는 부문에서도 세 개 조 마띠까 22개 가운데 마지막인 볼 수 있음의 세 개 조(sanidassana-ttika, ma3-22)는 물질에만 적용되는 것이므로 제외되었고 ma3-1에는 느낌이 포함되기 때문에 제외되었고 ma3-7 즉 희열이 함께하는 법들, 행복이 함께하는 법들, 평온이 함께하는 법들도 느낌 자체이기 때문에 제외되어 모두 19가지 마띠까가 적용된다.(본서 §35의 해당 주해도 참조할 것)

이렇게 하여 양면으로 증가하는 부문에서도 느낌의 무더기(수온)에는 여기 §43의 {10}부터 §61의 {28}까지의 19가지가, 인식의 무더기(상온)에는 §71의 {10}부터 §91의 {30}까지의 21가지가, 심리현상들의 무더기(행온)에는 §100의 {9}부터 §120의 {29}까지의 21가지가, 알음알이의 무더기(식온)에도 §129의 {9}부터 §149의 {29}까지의 21가지가 적용된다.

원인과 결합되지 않은 것이 있다.(*cf* ma2-3)

세 가지에 의한 [22] 느낌의 무더기가 있다. — 과보로 나타난 것이 있고, 과보를 생기게 하는 것이 있고, 과보로 나타난 것도 아니고 과보를 생기게 하는 것도 아닌 것이 있다.(*cf* ma3-3) … (§34) … 이와 같이 열 가지에 의한 느낌의 무더기가 있다.

45. {12} 한 가지에 의한 느낌의 무더기가 있다. — 감각접촉과 결합된 것이다.

두 가지에 의한 느낌의 무더기가 있다. — 원인이 아니지만 원인을 가진 것이 있고, 원인이 아니면서 원인을 가지지 않은 것이 있다.(*cf* ma2-6)

세 가지에 의한 느낌의 무더기가 있다. — 취착되었고 취착의 대상인 것이 있고, 취착되지 않았지만 취착의 대상인 것이 있고, 취착되지 않았고 취착의 대상도 아닌 것이 있다.(*cf* ma3-4) … (§34) … 이와 같이 열 가지에 의한 느낌의 무더기가 있다.

46. {13} 한 가지에 의한 느낌의 무더기가 있다. — 감각접촉과 결합된 것이다.

두 가지에 의한 느낌의 무더기가 있다. — 세간적인 것이 있고, 출세간의 것이 있다.(*cf* ma2-12)

세 가지에 의한 느낌의 무더기가 있다. — 오염되었고 오염의 대상인 것이 있고, 오염되지 않았지만 오염의 대상인 것이 있고, 오염되지 않았고 오염의 대상도 아닌 것이 있다.(*cf* ma3-5) … (§34) … 이와 같이 열 가지에 의한 느낌의 무더기가 있다.

47. {14} 한 가지에 의한 느낌의 무더기가 있다. — 감각접촉과 결합된 것이다.

두 가지에 의한 느낌의 무더기가 있다. — 어떤 것으로는 식별되는

것이 있고, 어떤 것으로는 식별되지 않는 것이 있다.(*cf.* ma2-13)

세 가지에 의한 느낌의 무더기가 있다. — 일으킨 생각이 있고 지속적 고찰이 있는 것이 있고, 일으킨 생각은 없고 지속적 고찰만 있는 것이 있고, 일으킨 생각도 없고 지속적 고찰도 없는 것이 있다.(*cf.* ma3-6) … (§34) … 이와 같이 열 가지에 의한 느낌의 무더기가 있다.

48. {15} 한 가지에 의한 느낌의 무더기가 있다. — 감각접촉과 결합된 것이다.

두 가지에 의한 느낌의 무더기가 있다. — 번뇌의 대상인 것이 있고, 번뇌의 대상이 아닌 것이 있다.(*cf.* ma2-15)

세 가지에 의한 [23] 느낌의 무더기가 있다. — 봄[見]으로써 버려야 하는 것이 있고, 닦음으로써 버려야 하는 것이 있고, 봄[見]이나 닦음으로 버려야 하지 않는 것이 있다.(*cf.* ma3-8) … (§34) … 이와 같이 열 가지에 의한 느낌의 무더기가 있다.

49. {16} 한 가지에 의한 느낌의 무더기가 있다. — 감각접촉과 결합된 것이다.

두 가지에 의한 느낌의 무더기가 있다. — 번뇌와 결합된 것이 있고, 번뇌와 결합되지 않은 것이 있다.(*cf.* ma2-16)

세 가지에 의한 느낌의 무더기가 있다. — 봄[見]으로써 버려야 하는 원인을 가진 것이 있고, 닦음으로써 버려야 하는 원인을 가진 것이 있고, 봄[見]이나 닦음으로 버려야 하는 원인을 가지지 않은 것이 있다.(*cf.* ma3-9) … (§34) … 이와 같이 열 가지에 의한 느낌의 무더기가 있다.

50. {17} 한 가지에 의한 느낌의 무더기가 있다. — 감각접촉과 결합된 것이다.

두 가지에 의한 느낌의 무더기가 있다. — 번뇌와 결합되지 않았지만 번뇌의 대상인 것이 있고, [번뇌와 결합되지 않았으면서] 번뇌의 대상이 아닌 것이 있다.(*cf* ma2-19)

세 가지에 의한 느낌의 무더기가 있다. — [윤회를] 축적하게 하는 것이 있고, [윤회를] 감소시키는 것이 있고, [윤회를] 축적하게 하는 것도 [윤회를] 감소시키는 것도 아닌 것이 있다.(*cf* ma3-10) … (§34) … 이와 같이 열 가지에 의한 느낌의 무더기가 있다.

51. {18} 한 가지에 의한 느낌의 무더기가 있다. — 감각접촉과 결합된 것이다.

두 가지에 의한 느낌의 무더기가 있다. — 족쇄의 대상인 것이 있고, 족쇄의 대상이 아닌 것이 있다.(*cf* ma2-21)

세 가지에 의한 느낌의 무더기가 있다. — 유학에 속하는 것이 있고, 무학에 속하는 것이 있고, 유학에도 무학에도 속하지 않는 것이 있다.(*cf* ma3-11) … (§34) … 이와 같이 열 가지에 의한 느낌의 무더기가 있다.

52. {19} 한 가지에 의한 느낌의 무더기가 있다. — 감각접촉과 결합된 것이다.

두 가지에 의한 느낌의 무더기가 있다. — 족쇄와 결합된 것이 있고, 족쇄와 결합되지 않은 것이 있다.(*cf* ma2-22)

세 가지에 의한 [24] 느낌의 무더기가 있다. — 제한된 것이 있고, 고귀한 것이 있고, 무량한 것이 있다.(*cf* ma3-12) … (§34) … 이와 같이 열 가지에 의한 느낌의 무더기가 있다.

53. {20} 한 가지에 의한 느낌의 무더기가 있다. — 감각접촉과 결합된 것이다.

두 가지에 의한 느낌의 무더기가 있다. — 족쇄와 결합되지 않았지만 족쇄의 대상인 것이 있고, [족쇄와 결합되지 않았으면서] 족쇄의 대상

이 아닌 것이 있다.(*cf* ma2-25)

세 가지에 의한 느낌의 무더기가 있다. — 제한된 대상을 가진 것이 있고, 고귀한 대상을 가진 것이 있고, 무량한 대상을 가진 것이 있다.(*cf* ma3-13) … (§34) … 이와 같이 열 가지에 의한 느낌의 무더기가 있다.

54. {21} 한 가지에 의한 느낌의 무더기가 있다. — 감각접촉과 결합된 것이다.

두 가지에 의한 느낌의 무더기가 있다. — 매듭의 대상인 것이 있고, 매듭의 대상이 아닌 것이 있다.(*cf* ma2-27)

세 가지에 의한 느낌의 무더기가 있다. — 저열한 것이 있고, 중간인 것이 있고, 수승한 것이 있다.(*cf* ma3-14) … (§34) … 이와 같이 열 가지에 의한 느낌의 무더기가 있다.

55. {22} 한 가지에 의한 느낌의 무더기가 있다. — 감각접촉과 결합된 것이다.

두 가지에 의한 느낌의 무더기가 있다. — 매듭과 결합된 것이 있고, 매듭과 결합되지 않은 것이 있다.(*cf* ma2-28)

세 가지에 의한 느낌의 무더기가 있다. — 그릇된 것으로 확정된 것이 있고, 바른 것으로 확정된 것이 있고, 확정되지 않은 것이 있다.(*cf* ma3-15) … (§34) … 이와 같이 열 가지에 의한 느낌의 무더기가 있다.

56. {23} 한 가지에 의한 느낌의 무더기가 있다. — 감각접촉과 결합된 것이다.

두 가지에 의한 느낌의 무더기가 있다. — 매듭과 결합되지 않았지만 매듭의 대상인 것이 있고, [매듭과 결합되지 않았으면서] 매듭의 대상이 아닌 것이 있다.(*cf* ma2-31)

세 가지에 의한 [25] 느낌의 무더기가 있다. — 도를 대상으로 가진 것이 있고, 도를 원인으로 가진 것이 있고, 도를 지배의 [요소로] 가진 것이 있다.(*cf.* ma3-16) … (§34) … 이와 같이 열 가지에 의한 느낌의 무더기가 있다.

57. {24} 한 가지에 의한 느낌의 무더기가 있다. — 감각접촉과 결합된 것이다.

두 가지에 의한 느낌의 무더기가 있다. — 폭류의 대상인 것이 있고, 폭류의 대상이 아닌 것이 있다.(*cf.* ma2-33)

세 가지에 의한 느낌의 무더기가 있다. — 일어난 것이 있고, 일어나지 않은 것이 있고, 일어나게 될 것이 있다.(*cf.* ma3-17) … (§34) … 이와 같이 열 가지에 의한 느낌의 무더기가 있다.

58. {25} 한 가지에 의한 느낌의 무더기가 있다. — 감각접촉과 결합된 것이다.

두 가지에 의한 느낌의 무더기가 있다. — 폭류와 결합된 것이 있고, 폭류와 결합되지 않은 것이 있다.(*cf.* ma2-34)

세 가지에 의한 느낌의 무더기가 있다. — 과거의 것이 있고, 미래의 것이 있고, 현재의 것이 있다.(*cf.* ma3-18) … (§34) … 이와 같이 열 가지에 의한 느낌의 무더기가 있다.

59. {26} 한 가지에 의한 느낌의 무더기가 있다. — 감각접촉과 결합된 것이다.

두 가지에 의한 느낌의 무더기가 있다. — 폭류와 결합되지 않았지만 폭류의 대상인 것이 있고, [폭류와 결합되지 않았으면서] 폭류의 대상이 아닌 것이 있다.(*cf.* ma2-37)

세 가지에 의한 느낌의 무더기가 있다. — 과거의 대상을 가진 것이 있고, 미래의 대상을 가진 것이 있고, 현재의 대상을 가진 것이 있다.(*cf.*

ma3-19) … (§34) … 이와 같이 열 가지에 의한 느낌의 무더기가 있다.

60. {27} 한 가지에 의한 느낌의 무더기가 있다. — 감각접촉과 결합된 것이다.

두 가지에 의한 느낌의 무더기가 있다. — 속박의 대상인 것이 있고, 속박의 대상이 아닌 것이 있다.(*cf* ma2-39)

세 가지에 의한 [26] 느낌의 무더기가 있다. — 안의 것이 있고, 밖의 것이 있고, 안과 밖의 것이 있다.(*cf* ma3-20) … (§34) … 이와 같이 열 가지에 의한 느낌의 무더기가 있다.

61. {28} 한 가지에 의한 느낌의 무더기가 있다. — 감각접촉과 결합된 것이다.

두 가지에 의한 느낌의 무더기가 있다. — 속박과 결합된 것이 있고, 속박과 결합되지 않은 것이 있다.(*cf* ma2-40)

세 가지에 의한 느낌의 무더기가 있다. — 안의 대상을 가진 것이 있고, 밖의 대상을 가진 것이 있고, 안과 밖의 대상을 가진 것이 있다.(*cf* ma3-21) … (§34) … 이와 같이 열 가지에 의한 느낌의 무더기가 있다.

양면으로 증가하는 부문이 [끝났다.][89]

---

89) 주석서는 이 양면으로 증가하는 부문에 포함된 19가지에 대해서 다음과 같이 설명하고 있다.

"③ '양면으로 증가하는 [부문](ubhatovaḍḍhaka)'에서는 두 가지로 분류되는 두 번째 두 개 조(ma2-2)와 세 가지로 분류되는 첫 번째 세 개 조(ma3-1)를 처음으로 하여 얻어지는데 [이런 방법으로] 19가지 두 개 조를 19가지 세 개 조에 적용한다. 이렇게 하여 두 번째 두 개 조와 첫 번째 세 개 조를 적용하는 부문 등에서부터 [40번째 두 개 조(ma2-40)와 21번째 세 개 조(ma3-21)를 적용하는 부문까지] 19가지 부문을 말씀하셨다. 이것은 두 개 조들과 세 개 조들을 통해서 양면으로 증가하기 때문에(ubhatovaḍḍhita-ttā) 양면으로 증가하는 것이라는 세 번째 큰 부문(mahā-vāra)이다." (VbhA.38)

④ 여러 가지 부문

{29} 일곱 가지에 의한 느낌의 무더기가 있다. — 유익한 것이 있고, 해로운 것이 있고, 결정할 수 없는 것[無記]이 있고,(*cf* ma3-1) 욕계에 속하는 것이 있고, 색계에 속하는 것이 있고, 무색계에 속하는 것이 있고, [세간에] 포함되지 않는[出世間] 것이 있다. 이와 같이 일곱 가지에 의한 느낌의 무더기가 있다.

{30} 또 다른 일곱 가지에 의한 느낌의 무더기가 있다. — 과보로 나타난 것이 있고,(*cf* ma3-3) … (§35) … 안의 대상을 가진 것이 있고, 밖의 대상을 가진 것이 있고, 안과 밖의 대상을 가진 것이 있고,(*cf* ma3-21) 욕계에 속하는 것이 있고, 색계에 속하는 것이 있고, 무색계에 속하는 것이 있고, [세간에] 포함되지 않는[出世間] 것이 있다. 이와 같이 일곱 가지에 의한 느낌의 무더기가 있다.

{31} 스물네 가지에 의한 느낌의 무더기가 있다. — 눈의 감각접촉을 조건으로 한 느낌의 무더기는 유익한 것이 있고, 해로운 것이 있고, 결정할 수 없는 것[無記]이 있다.[90](*cf* ma3-1) 귀의 감각접촉을 조건으로

---

90) "'눈의 감각접촉을 조건으로 한 느낌의 무더기는 유익한 것이 있고 …'라고 하셨다. 여기서 '유익한 것이 있고'는 욕계의 8가지 유익한 마음을 통해서 알아야 한다. '해로운 것이 있고'는 12가지 해로운 마음을 통해서 알아야 한다. '결정할 수 없는 것이 있다.'라는 것은 세 가지 마노의 요소, 세 가지 원인 없는 마노의 알음알이의 요소, 8가지 큰 과보, 10가지 욕계의 작용만 하는 마음이라는 24가지 마음을 통해서 알아야 한다.
여기서 8가지 유익한 마음과 12가지 해로운 마음은 속행(javana)을 통해서 얻어진다.

작용만 하는 마노의 요소는 전향(āvajjana)을 통해서 얻어진다. 과보로 나타난 마노의 요소 두 가지는 받아들이는 마음(sampaṭicchana)을 통해서, 과보로 나타난 마노의 알음알이의 요소 세 가지는 조사하는 마음과 여운의 마음(santīraṇa-tadārammaṇa)을 통해서, 작용만 하는 원인 없는 마노의 알음알이의 요소는 결정하는 마음(voṭṭhabbana)을 통해서, 8가지 큰 과보

한 느낌의 무더기는 … 코의 감각접촉을 조건으로 한 느낌의 무더기는 … 혀의 감각접촉을 조건으로 한 느낌의 무더기는 … 몸의 감각접촉을 조건으로 한 느낌의 무더기는 … 마노의 감각접촉을 조건으로 한 느낌의 무더기는 유익한 것이 있고, 해로운 것이 있고, 결정할 수 없는 것[無記]이 있다.(*cf.* ma3-1) [그리고] 눈의 감각접촉에서 생긴 느낌, 귀의 감각접촉에서 생긴 느낌, 코의 감각접촉에서 생긴 느낌, 혀의 감각접촉에서 생긴 느낌, 몸의 감각접촉에서 생긴 느낌, 마노의 감각접촉에서 생긴 느낌이다. 이와 같이 스물네 가지에 의한 느낌의 무더기가 있다.

{32} 또 다른 스물네 가지에 의한 느낌의 무더기가 있다. — 눈의 감각접촉을 조건으로 [27] 한 느낌의 무더기는 과보로 나타난 것이 있고,(*cf.* ma3-3) … (§35) … 안의 대상을 가진 것이 있고, 밖의 대상을 가진 것이 있고, 안과 밖의 대상을 가진 것이 있다.(*cf.* ma3-21) [그리고] 눈의 감각접촉에서 생긴 느낌 … 마노의 감각접촉에서 생긴 느낌이다.[91]

의 마음은 여운의 마음(tadārammaṇa)을 통해서, 아홉 가지 작용만 하는 마음은 속행을 통해서 얻어진다. 귀와 코와 혀와 몸의 문에서도 이 방법이 적용된다.

그러나 마노의 문에서는 '유익한 것이 있고'라는 것은 네 가지 경지에서의 유익한 마음(catubhūmakakusala)을 통해서 말씀하셨다. '해로운 것이 있고'라는 것은 12가지 해로운 마음을 통해서, '결정할 수 없는 것이 있다.'라는 것은 12가지 욕계의 과보로 나타난 마음(kāmāvacaravipākā)과 10가지 작용만 하는 마음과 아홉 가지 색계와 무색계의 작용만 하는 마음(rūpāvacara-arūpāvacara-kiriyā)과 네 가지 사문의 결실(sāmaññaphalā)이라고 불리는 34가지 마음의 일어남을 통해서 말씀하셨다.

여기서 네 가지 경지의 유익한 마음과 해로운 마음은 속행을 통해서 얻어진다. 작용만 하는 마음인 원인 없는 마노의 알음알이의 요소는 전향을 통해서, 11가지 과보로 나타난 마음은 여운의 마음을 통해서, 삼계에 속하는 작용만 하는 마음들과 사문의 결실들은 속행을 통해서 얻어진다."(VbhA.38~39)

91) "[그리고] 눈의 감각접촉에서 생긴 느낌 … 마노의 감각접촉에서 생긴 느낌이다.(cakkhusamphassajā vedanā__pe0__manosamphassajā veda-nā)"는 이 부분은 PTS 본에는 나타나지 않는다. 물론 이것은 반복되는 부

귀의 감각접촉을 조건으로 한 느낌의 무더기는 … 코의 감각접촉을 조건으로 한 느낌의 무더기는 … 혀의 감각접촉을 조건으로 한 느낌의 무더기는 … 몸의 감각접촉을 조건으로 한 느낌의 무더기는 … 마노의 감각접촉을 조건으로 한 느낌의 무더기는 과보로 나타난 것이 있고,(*cf* ma3-3) … (§35) … 안의 대상을 가진 것이 있고, 밖의 대상을 가진 것이 있고, 안과 밖의 대상을 가진 것이 있다.(*cf* ma3-21) [그리고] 눈의 감각접촉에서 생긴 느낌 … 마노의 감각접촉에서 생긴 느낌이다. 이와 같이 스물네 가지에 의한 느낌의 무더기가 있다.[92)]

{33} 서른 가지에 의한 느낌의 무더기가 있다. — 눈의 감각접촉을 조건으로 한 느낌의 무더기는 욕계에 속하는 것이 있고, 색계에 속하는 것이 있고, 무색계에 속하는 것이 있고, [세간에] 포함되지 않는[出世間] 것이 있다. 귀의 감각접촉을 조건으로 한 느낌의 무더기는 … 코의 감각접촉을 조건으로 한 느낌의 무더기는 … 혀의 감각접촉을 조건으로 한 느낌의 무더기는 … 몸의 감각접촉을 조건으로 한 느낌의 무더기는 … 마노의 감각접촉을 조건으로 한 느낌의 무더기는 욕계에 속하는 것이 있고, 색계에 속하는 것이 있고, 무색계에 속하는 것이 있고, [세간에] 포함되지 않는[出世間] 것이 있다.

[그리고] 눈의 감각접촉에서 생긴 느낌, 귀의 감각접촉에서 생긴 느낌, 코의 감각접촉에서 생긴 느낌, 혀의 감각접촉에서 생긴 느낌, 몸의 감각접촉에서 생긴 느낌, 마노의 감각접촉에서 생긴 느낌이다. 이와 같

분(빼얄라, peyyala)의 편집상의 문제라서 들어있어도 되고 없어도 된다. 역자는 VRI본을 따랐다.

92) 즉, 이것은 세 개 조이기 때문에 6근×3개조=18이 되고 여기에다 눈의 느낌 등 6가지를 더하여 24가지가 된다. 그리고 이것은 위 ma3-1과 여기 ma3-3에서처럼 나머지 세 개 조 마띠까 ma3-4부터 ma3-21까지의 각각에도 18+6=24가 적용되는 것으로 이해해야 한다.

이 서른 가지에 의한 느낌의 무더기가 있다.

{34} 여러 가지에 의한 느낌의 무더기가 있다. — 눈의 감각접촉을 조건으로 한 느낌의 무더기는 유익한 것이 있고, 해로운 것이 있고, 결정할 수 없는 것[無記]이 있고,(*cf* ma3-1) 욕계에 속하는 것이 있고, 색계에 속하는 것이 있고, 무색계에 속하는 것이 있고, [세간에] 포함되지 않는[出世間] 것이 있다.

귀의 감각접촉을 조건으로 한 느낌의 무더기는 … 코의 감각접촉을 조건으로 한 느낌의 무더기는 … 혀의 감각접촉을 조건으로 한 느낌의 무더기는 … 몸의 감각접촉을 조건으로 한 느낌의 무더기는 … 마노의 감각접촉을 조건으로 한 느낌의 무더기는 유익한 것이 있고, 해로운 것이 있고, 결정할 수 없는 것[無記]이 있고,(*cf* ma3-1) 욕계에 속하는 것이 있고, 색계에 속하는 것이 있고, 무색계에 속하는 것이 있고, [세간에] 포함되지 않는[出世間] 것이 있다.

[그리고] 눈의 감각접촉에서 생긴 느낌, 귀의 감각접촉에서 생긴 느낌, 코의 감각접촉에서 생긴 느낌, 혀의 감각접촉에서 생긴 느낌, 몸의 감각접촉에서 생긴 느낌, 마노의 감각접촉에서 생긴 느낌이다. 이와 같이 여러 가지에 의한 느낌의 무더기가 있다.[93)]

{35} 또 다른 여러 가지에 의한 느낌의 무더기가 있다. — 눈의 감각접촉을 조건으로 한 느낌의 무더기는 과보로 나타난 것이 있고,(*cf* ma3-3) … (§35) … 안의 대상을 가진 것이 있고, 밖의 대상을 가진 것이 있고, 안과 밖의 대상을 가진 것이 있고,(*cf* ma3-21) 욕계에 속하는 것이 있고, 색계에 속하는 것이 있고, 무색계에 속하는 것이 있고, [세간에] 포함되지 않는[出世間] 것이 있다.

---

93) 이 경우에는 6감각장소×(3+4)에 관계된 느낌 = 42가지 느낌이 되고 이 42가지 느낌에다 6가지 느낌을 더하여 48가지 느낌이 된다.

귀의 감각접촉을 조건으로 한 느낌의 무더기는 … 코의 감각접촉을 조건으로 한 느낌의 무더기는 … 혀의 감각접촉을 조건으로 한 느낌의 무더기는 … 몸의 감각접촉을 조건으로 한 느낌의 무더기는 … 마노의 감각접촉을 조건으로 한 느낌의 무더기는 과보로 나타난 것이 있고,(*cf.* ma3-3) … (§35) … 안의 대상을 가진 것이 있고, [28] 밖의 대상을 가진 것이 있고, 안과 밖의 대상을 가진 것이 있고,(*cf.* ma3-21) 욕계에 속하는 것이 있고, 색계에 속하는 것이 있고, 무색계에 속하는 것이 있고, [세간에] 포함되지 않는[出世間] 것이 있다.

[그리고] 눈의 감각접촉에서 생긴 느낌, 귀의 감각접촉에서 생긴 느낌, 코의 감각접촉에서 생긴 느낌, 혀의 감각접촉에서 생긴 느낌, 몸의 감각접촉에서 생긴 느낌, 마노의 감각접촉에서 생긴 느낌이다. 이와 같이 여러 가지에 의한 느낌의 무더기가 있다.[94] [95]

— 이를 일러 느낌의 무더기라 한다.[96]

---

94) 이 경우에는 6감각장소×(18마띠까+4경지)에 관계된 느낌=132가지 느낌, 132가지 느낌 + 6느낌 = 138가지 느낌이 된다.

95) "④ '여러 가지 부문(bahuvidha-vāra)' 가운데 일곱 종류에 대한 해설(sattavidha-niddesa)에서는 처음 시작하여 얻어지는 19가지 세 개 조 가운데 각각에 대해서 [욕계 · 색계 · 무색계 · 출세간의] 네 가지 경지를 적용한 뒤에 19가지 일곱 종류의 부문을 말씀하셨다. 그리고 24종류의 해설(catuvīsatividha-niddesa)에서도 이들 세 개 조를 통해서 19가지 부문을 말씀하셨다. 많은 종류의 부문(bahuvidha-vāra)에서도 마찬가지이다. 30가지 종류의 부문(tiṁsavidha-vāra)은 하나이기 때문에 이들은 모두 (19×3+1=) 58가지 부문이 된다."(VbhA.38)

본서에서는 이 여러 가지 부문에 단지 7개의 경우만을 나열하고 있지만 주석서는 이처럼 이 여러 가지 부문에도 58가지 부문이 있다고 설명하고 있다.

96) 한편 주석서는 이 서른 가지에 의한 느낌의 무더기의 주석에 이르러서 다음과 같이 적고 있다.
"이들 일곱 가지[에 의한 느낌의 무더기] 등 가운데서 어느 곳에서든지 멈춘 뒤에 설명할 수가 있지만 서른 가지[에 의한 느낌의 무더기]에서 멈춘 뒤에 예시하는 것(dīpiyamānāni)이 쉽게 예시할 수 있다고 해서 서른 가지[에 의한 느낌의 무더기]에서 멈춘 뒤에 예시하겠다. 이들 모든 마음들은 눈의

(3) 인식의 무더기[想蘊]97)

① 두 개 조에 뿌리 한 부문

62. 여기서 무엇이 '인식의 무더기'인가?

{1} 한 가지에 의한 인식의 무더기가 있다. — 감각접촉과 결합된 것이다.

두 가지에 의한 인식의 무더기가 있다. — 원인을 가진 것이 있고, 원인을 가지지 않은 것이 있다.(*cf* ma2-2)

세 가지에 의한 인식의 무더기가 있다. — 유익한 것이 있고, 해로운 것이 있고, 결정할 수 없는 것[無記]이 있다.(*cf* ma3-1)

네 가지에 의한 인식의 무더기가 있다. — 욕계에 속하는 것이 있고, 색계에 속하는 것이 있고, 무색계에 속하는 것이 있고, [세간에] 포함되지 않는[出世間] 것이 있다.

다섯 가지에 의한 인식의 무더기가 있다. — 즐거움의 기능과 결합된

문(cakkhudvāra)에서는 강하게 의지하는 시작점(upanissayakoṭi)과 극복함에 의함(samatikkamavasena)과 수행에 의함(bhāvanāvasena)의 셋으로 얻어진다. 그처럼 귀의 문(sotadvāra)과 마노의 문에서도 그러하다. 그러나 코와 혀와 몸의 문(ghānajivhākāyadvārā)에서는 극복함에 의함(samatikkamavasena)과 수행에 의함(bhāvanāvasena)의 두 가지 형태로 얻어진다고 알아야 한다."(VbhA.39)

그런 뒤에 계속해서 어떻게 수행자가 이러한 세 가지를 통해서 위빳사나를 증장시켜 아라한과를 증득하는지(vipassanaṁ vaḍḍhetvā, arahattaṁ pāpuṇanti)를 눈의 문과 귀의 문과 코·혀·몸의 문과 마노의 문으로 나누어서 자세하게 예시하면서 이러한 여러 상황에서 일어나는 느낌들을 욕계·색계·무색계·출세간 마음으로 설명하고 있다.(VbhA.39~42)

97) "인식의 무더기 등도 [느낌의 무더기의] 방법에 의해서 알아야 한다. 인식의 무더기의 해설(saññākkhandha-niddesa)에서는 세 개 조 가운데 느낌의 세 개 조(ma3-2)와 희열의 세 개 조(ma3-7)도 얻어진다. 그리고 두 개 조에서 행복이 함께하는 두 개 조(ma2-91)와 평온이 함께하는 두 개 조(ma2-92)가 얻어진다."(VbhA.42)

것, 괴로움의 기능과 결합된 것, 기쁨의 기능과 결합된 것, 불만족의 기능과 결합된 것, 평온의 기능과 결합된 것이다. 이와 같이 다섯 가지에 의한 인식의 무더기가 있다.

여섯 가지에 의한 인식의 무더기가 있다. — 눈의 감각접촉에서 생긴 인식, 귀의 감각접촉에서 생긴 인식, 코의 감각접촉에서 생긴 인식, 혀의 감각접촉에서 생긴 인식, 몸의 감각접촉에서 생긴 인식, 마노의 감각접촉에서 생긴 인식이다. 이와 같이 여섯 가지에 의한 인식의 무더기가 있다.

일곱 가지에 의한 인식의 무더기가 있다. — 눈의 감각접촉에서 생긴 인식, 귀의 감각접촉에서 생긴 인식, 코의 감각접촉에서 생긴 인식, 혀의 감각접촉에서 생긴 인식, 몸의 감각접촉에서 생긴 인식, 마노의 요소의 감각접촉에서 생긴 인식, 마노의 알음알이의 요소의 감각접촉에서 생긴 인식이다. 이와 같이 일곱 가지에 의한 인식의 무더기가 있다.

여덟 가지에 의한 인식의 무더기가 있다. — 눈의 감각접촉에서 생긴 인식 … 몸의 감각접촉에서 생긴 즐거움이 함께한 인식, [몸의 감각접촉에서 생긴] 괴로움이 함께한 [인식], 마노의 요소의 감각접촉에서 생긴 인식, 마노의 알음알이의 요소의 감각접촉에서 생긴 인식이다. 이와 같이 여덟 가지에 의한 인식의 무더기가 있다.

아홉 가지에 의한 인식의 무더기가 있다. — 눈의 감각접촉에서 생긴 인식 … 몸의 감각접촉에서 생긴 인식, 마노의 요소의 감각접촉에서 생긴 인식, 마노의 알음알이의 요소의 감각접촉에서 생긴 유익한 인식, 해로운 [인식], 결정할 수 없는[無記] [인식]이다. 이와 같이 아홉 가지에 의한 인식의 무더기가 있다.

열 가지에 의한 인식의 무더기가 있다. — 눈의 감각접촉에서 생긴 인식 … 몸의 감각접촉에서 생긴 즐거움이 함께한 인식, [몸의 감각접촉에서 생긴] 괴로움이 함께한 [인식], 마노의 요소의 감각접촉에서 생긴 인식, 마노의 알음알이의 요소의 감각접촉에서 생긴 유익한 인식, 해로운 [인식], 결정할 수 없는[無記] [인식]이다. 이와 같이 열 가지에 의한 인식의 무더기가 있다.

63. {2} 한 가지에 의한 인식의 무더기가 있다. — 감각접촉과 결합된 것이다.

두 가지에 의한 [29] 인식의 무더기가 있다. — 원인을 가진 것이 있고, 원인을 가지지 않은 것이 있다.(*cf.* ma2-2)

세 가지에 의한 인식의 무더기가 있다. — 즐거운 느낌과 결합된 것이 있고, 괴로운 느낌과 결합된 것이 있고, 괴롭지도 즐겁지도 않은 느낌과 결합된 것이 있다.(*cf.* ma3-2) … (§62) … 이와 같이 열 가지에 의한 인식의 무더기가 있다.

64. {3}98) 한 가지에 의한 인식의 무더기가 있다. — 감각접촉과 결합된 것이다.

두 가지에 의한 인식의 무더기가 있다. — 원인을 가진 것이 있고, 원인을 가지지 않은 것이 있다.(*cf.* ma2-2)

세 가지에 의한 인식의 무더기가 있다. —

과보로 나타난 것이 있고, 과보를 생기게 하는 것이 있고, 과보로 나타난 것도 아니고 과보를 생기게 하는 것도 아닌 것이 있다.(*cf.* ma3-3)

취착되었고 취착의 대상인 것이 있고, 취착되지 않았지만 취착의 대상인 것이 있고, 취착되지 않았고 취착의 대상도 아닌 것이 있다.(*cf.* ma3-4)

오염되었고 오염의 대상인 것이 있고, 오염되지 않았지만 오염의 대상인

98) PTS본에는 이 {3}에 해당하는 §64 전체가 빠져있고 번호도 하나씩 작게 매겨져 있다. 그래서 본서에는 §91까지 총 {30}의 번호가 매겨져 있지만 PTS본에는 총 {29}까지 번호가 매겨져 있다.
한편 VRI본에는 문단 번호만 매겨져 있고 이러한 단락 번호는 매겨져 있지 않다. 역자가 편의상 단락 번호를 매기고 있음을 밝힌다.

것이 있고, 오염되지 않았고 오염의 대상도 아닌 것이 있다.(*cf* ma3-5)

일으킨 생각이 있고 지속적 고찰이 있는 것이 있고, 일으킨 생각은 없고 지속적 고찰만 있는 것이 있고, 일으킨 생각도 없고 지속적 고찰도 없는 것이 있다.(*cf* ma3-6)

희열이 함께하는 것이 있고, 행복이 함께하는 것이 있고, 평온이 함께하는 것이 있다.(*cf* ma3-7)[99]

봄[見]으로써 버려야 하는 것이 있고, 닦음으로써 버려야 하는 것이 있고, 봄[見]이나 닦음으로 버려야 하지 않는 것이 있다.(*cf* ma3-8)

봄[見]으로써 버려야 하는 원인을 가진 것이 있고, 닦음으로써 버려야 하는 원인을 가진 것이 있고, 봄[見]이나 닦음으로 버려야 하는 원인을 가지지 않은 것이 있다.(*cf* ma3-9)

[윤회를] 축적하게 하는 것이 있고, [윤회를] 감소시키는 것이 있고, [윤회를] 축적하게 하는 것도 [윤회를] 감소시키는 것도 아닌 것이 있다.(*cf* ma3-10)

유학에 속하는 것이 있고, 무학에 속하는 것이 있고, 유학에도 무학에도 속하지 않는 것이 있다.(*cf* ma3-11)

제한된 것이 있고, 고귀한 것이 있고, 무량한 것이 있다.(*cf* ma3-12)

제한된 대상을 가진 것이 있고, 고귀한 대상을 가진 것이 있고, 무량한 대상을 가진 것이 있다.(*cf* ma3-13)

저열한 것이 있고, 중간인 것이 있고, 수승한 것이 있다.(*cf* ma3-14)

그릇된 것으로 확정된 것이 있고, 바른 것으로 확정된 것이 있고, 확정되지 않은 것이 있다.(*cf* ma3-15)

도를 대상으로 가진 것이 있고, 도를 원인으로 가진 것이 있고, 도를

---

99) 이 희열이 함께하는 것과 행복이 함께하는 것과 평온이 함께하는 것(*cf* ma3-7)은 느낌과 관련된 것이기 때문에 느낌의 무더기에는 나타나지 않지만 여기 인식의 무더기(§64, §77)와 심리현상들의 무더기(§93, §106)와 알음알이의 무더기(§122, §135)에는 나타나고 있다.

지배의 [요소로] 가진 것이 있다.(*cf* ma3-16)

일어난 것이 있고, 일어나지 않은 것이 있고, 일어나게 될 것이 있다. (*cf* ma3-17)

과거의 것이 있고, 미래의 것이 있고, 현재의 것이 있다.(*cf* ma3-18)

과거의 대상을 가진 것이 있고, 미래의 대상을 가진 것이 있고, 현재의 대상을 가진 것이 있다.(*cf* ma3-19)

안의 것이 있고, 밖의 것이 있고, 안과 밖의 것이 있다.(*cf* ma3-20)

안의 대상을 가진 것이 있고, 밖의 대상을 가진 것이 있고, 안과 밖의 대상을 가진 것이 있다.(*cf* ma3-21)

… (§62) … 이와 같이 열 가지에 의한 인식의 무더기가 있다.

65. {4} 한 가지에 의한 인식의 무더기가 있다. — 감각접촉과 결합된 것이다.

두 가지에 의한 인식의 무더기가 있다. — 원인과 결합된 것이 있고, 원인과 결합되지 않은 것이 있다.(*cf* ma2-3)

원인이 아니지만 원인을 가진 것이 있고, 원인이 아니면서 원인을 가지지 않은 것이 있다.(*cf* ma2-6)

세간적인 것이 있고, 출세간의 것이 있다.(*cf* ma2-12)

어떤 것으로는 식별되는 것이 있고, 어떤 것으로는 식별되지 않는 것이 있다.(*cf* ma2-13)

번뇌의 대상인 것이 있고, 번뇌의 대상이 아닌 것이 있다.(*cf* ma2-15)

번뇌와 결합된 것이 있고, 번뇌와 결합되지 않은 것이 있다.(*cf* ma2-16)

번뇌와 결합되지 않았지만 번뇌의 대상인 것이 있고, [30] [번뇌와 결합되지 않았으면서] 번뇌의 대상이 아닌 것이 있다.(*cf* ma2-19)

족쇄의 대상인 것이 있고, 족쇄의 대상이 아닌 것이 있다.(*cf* ma2-21)

족쇄와 결합된 것이 있고, 족쇄와 결합되지 않은 것이 있다.(*cf* ma2-22)

족쇄와 결합되지 않았지만 족쇄의 대상인 것이 있고, [족쇄와 결합되지 않았으면서] 족쇄의 대상이 아닌 것이 있다.(*cf* ma2-25)

매듭의 대상인 것이 있고, 매듭의 대상이 아닌 것이 있다.(*cf* ma2-27)

매듭과 결합된 것이 있고, 매듭과 결합되지 않은 것이 있다.(*cf* ma2-28)

매듭과 결합되지 않았지만 매듭의 대상인 것이 있고, [매듭과 결합되지 않았으면서] 매듭의 대상이 아닌 것이 있다.(*cf* ma2-31)

폭류의 대상인 것이 있고, 폭류의 대상이 아닌 것이 있다.(*cf* ma2-33)

폭류와 결합된 것이 있고, 폭류와 결합되지 않은 것이 있다.(*cf* ma2-34)

폭류와 결합되지 않았지만 폭류의 대상인 것이 있고, [폭류와 결합되지 않았으면서] 폭류의 대상이 아닌 것이 있다.(*cf* ma2-37)

속박의 대상인 것이 있고, 속박의 대상이 아닌 것이 있다.(*cf* ma2-39)

속박과 결합된 것이 있고, 속박과 결합되지 않은 것이 있다.(*cf* ma2-40)

속박과 결합되지 않았지만 속박의 대상인 것이 있고, [속박과 결합되지 않았으면서] 속박의 대상이 아닌 것이 있다.(*cf* ma2-43)

장애의 대상인 것이 있고, 장애의 대상이 아닌 것이 있다.(*cf* ma2-45)

장애와 결합된 것이 있고, 장애와 결합되지 않은 것이 있다.(*cf* ma2-46)

장애와 결합되지 않았지만 장애의 대상인 것이 있고, [장애와 결합되지 않았으면서] 장애의 대상이 아닌 것이 있다.(*cf* ma-49)

집착[固守]의 대상인 것이 있고, 집착의 대상이 아닌 것이 있다.(*cf* ma2-51)

집착과 결합된 것이 있고, 집착과 결합되지 않은 것이 있다.(*cf* ma2-52)

집착과 결합되지 않았지만 집착의 대상인 것이 있고, [집착과 결합되지 않았으면서] 집착의 대상이 아닌 것이 있다.(*cf* ma2-54)

취착된 것이 있고, 취착되지 않은 것이 있다.(*cf* ma2-68)

취착의 대상인 것이 있고, 취착의 대상이 아닌 것이 있다.(*cf* ma2-70)

취착과 결합된 것이 있고, 취착과 결합되지 않은 것이 있다.(*cf* ma2-71)

취착과 결합되지 않았지만 취착의 대상인 것이 있고, [취착과 결합되지 않았으면서] 취착의 대상이 아닌 것이 있다.(*cf.* ma2-74)

오염원의 대상인 것이 있고, 오염원의 대상이 아닌 것이 있다.(*cf.* ma2-76)

오염된 것이 있고, 오염되지 않은 것이 있다.(*cf.* ma2-77)

오염원과 결합된 것이 있고, 오염원과 결합되지 않은 것이 있다.(*cf.* ma2-78)

오염원과 결합되지 않았지만 오염원의 대상인 것이 있고, [오염원과 결합되지 않았으면서] 오염원의 대상이 아닌 것이 있다.(*cf.* ma2-82)

봄[見]으로써 버려야 하는 것이 있고, 봄[見]으로써 버려야 하는 것이 아닌 것이 있다.(*cf.* ma2-83)

닦음[修]으로써 버려야 하는 것이 있고, 닦음[修]으로써 버려야 하는 것이 아닌 것이 있다.(*cf.* ma2-84)

봄으로써 버려야 하는 원인을 가진 것이 있고, 봄으로써 버려야 하는 원인을 가지지 않은 것이 있다.(*cf.* ma2-85)

닦음으로써 버려야 하는 원인을 가진 것이 있고, 닦음으로써 버려야 하는 원인을 가지지 않은 것이 있다.(*cf.* ma2-86)

일으킨 생각이 있는 것이 있고, 일으킨 생각이 없는 것이 있다.(*cf.* ma2-87)

지속적 고찰이 있는 것이 있고, 지속적 고찰이 없는 것이 있다.(*cf.* ma2-88)

희열이 있는 것이 있고, 희열이 없는 것이 있다.(*cf.* ma2-89)

희열이 함께하는 것이 있고, 희열이 함께하지 않는 것이 있다.(*cf.* ma2-90)

행복이 함께하는 것이 있고, 행복이 함께하지 않는 것이 있다.(*cf.* ma2-91)[100)]

평온이 함께하는 것이 있고, 평온이 함께하지 않는 것이 있다.(*cf.* ma2-92)

욕계에 속하는 것이 있고, 욕계에 속하지 않는 것이 있다.(*cf.* ma2-93)

---

100) §36의 느낌의 경우에 빠져있던 이 ma2-91과 ma2-92가 여기서는 들어가 있다. 행복(sukha)과 평온(upekkhā)은 5가지 느낌에 속하기 때문이다.

색계에 속하는 것이 있고, 색계에 속하지 않는 것이 있다.(*cf.* ma2-94)

무색계에 속하는 것이 있고, 무색계에 속하지 않는 것이 있다.(*cf.* ma2-95)

[세간에] 포함된 것이 있고, [세간에] 포함되지 않는[出世間] 것이 있다.(*cf.* ma2-96)

출리(出離)로 인도하는 것이 있고, [31] 출리로 인도하지 못하는 것이 있다.(*cf.* ma2-97)

확정된 것이 있고, 확정되지 않은 것이 있다.(*cf.* ma2-98)

위가 있는 것이 있고, 위가 없는 것이 있다.(*cf.* ma2-99)

다툼을 가진 것이 있고, 다툼이 없는[無爭] 것이 있다.(*cf.* ma2-100)[101]

세 가지에 의한 인식의 무더기가 있다. 유익한 것이 있고, 해로운 것이 있고, 결정할 수 없는 것[無記]이 있다.(*cf.* ma3-1) … (§62) … 이와 같이 열 가지에 의한 인식의 무더기가 있다.

66. {5} 한 가지에 의한 인식의 무더기가 있다. — 감각접촉과 결합된 것이다.

두 가지에 의한 인식의 무더기가 있다. — 다툼을 가진 것이 있고, 다툼이 없는[無爭] 것이 있다.(*cf.* ma2-100)

세 가지에 의한 인식의 무더기가 있다. — 즐거운 느낌과 결합된 것이 있고, 괴로운 느낌과 결합된 것이 있고, 괴롭지도 즐겁지도 않은 느낌과 결합된 것이 있다.(*cf.* ma3-2)

과보로 나타난 것이 있고, 과보를 생기게 하는 것이 있고, 과보로 나타난 것도 아니고 과보를 생기게 하는 것도 아닌 것이 있다.(*cf.* ma3-3) … (§64) …

안의 대상을 가진 것이 있고, 밖의 대상을 가진 것이 있고, 안과 밖의 대상을 가진 것이 있다.(*cf.* ma3-21)

---

101) 두 개 조 마띠까 100개 가운데 여기에는 모두 51개 마띠까가 언급되었다.

… (§62) … 이와 같이 열 가지에 의한 인식의 무더기가 있다.

([『담마상가니』] 유익함의 세 개 조(ma3-1)에서 상세하게 설명한 대로 그와 같이 모든 세 개 조도 상세하게 설명되어야 한다.)102)

두 개 조에 뿌리 한 부문이 [끝났다.]

② 세 개 조에 뿌리 한 부문

67. {6} 한 가지에 의한 인식의 무더기가 있다. — 감각접촉과 결합된 것이다.

두 가지에 의한 인식의 무더기가 있다. — 원인을 가진 것이 있고, 원인을 가지지 않은 것이 있다.(*cf.* ma2-2)

세 가지에 의한 인식의 무더기가 있다. — 유익한 것이 있고, 해로운 것이 있고, 결정할 수 없는 것[無記]이 있다.(*cf.* ma3-1) … (§62) … 이와 같이 열 가지에 의한 인식의 무더기가 있다.

68. {7} 한 가지에 의한 인식의 무더기가 있다. — 감각접촉과 결합된 것이다.

두 가지에 의한 [32] 인식의 무더기가 있다. — 원인과 결합된 것이 있고, 원인과 결합되지 않은 것이 있다.(*cf.* ma2-3) … (§65) … 다툼을 가진 것이 있고, 다툼이 없는[無爭] 것이 있다.(*cf.* ma2-100)

세 가지에 의한 인식의 무더기가 있다. — 유익한 것이 있고, 해로운 것이 있고, 결정할 수 없는 것[無記]이 있다.(*cf.* ma3-1) … (§62) … 이와 같이 열 가지에 의한 인식의 무더기가 있다.

---

102) ( ) 안은 yathā kusalattike vitthāro, evaṁ sabbepi tikā vitthāretabbā.를 옮긴 것이다.
VRI본에는 이 문장이 ( ) 속에 나타나고 PTS본에는 나타나지 않지만 주로서 언급하고 있다.(31쪽) 역자는 VRI본 대로 ( ) 안에 넣어서 옮긴다. 팃띨라 스님도 [ ] 안에 넣어서 옮기고 있다.(팃띨라 스님, 38쪽)

69. {8} 한 가지에 의한 인식의 무더기가 있다. — 감각접촉과 결합된 것이다.

두 가지에 의한 인식의 무더기가 있다. — 원인을 가진 것이 있고, 원인을 가지지 않은 것이 있다.(*cf* ma2-2)

세 가지에 의한 인식의 무더기가 있다. — 즐거운 느낌과 결합된 것이 있고, 괴로운 느낌과 결합된 것이 있고, 괴롭지도 즐겁지도 않은 느낌과 결합된 것이 있다.(*cf* ma3-2) 과보로 나타난 것이 있고, 과보를 생기게 하는 것들이 있으며, 과보로 나타난 것도 아니고 과보를 생기게 하는 것도 아닌 것이 있다.(*cf* ma3-3) … (§64) … 안의 대상을 가진 것이 있고, 밖의 대상을 가진 것이 있고, 안과 밖의 대상을 가진 것이 있다.(*cf* ma3-21)

… (§62) … 이와 같이 열 가지에 의한 인식의 무더기가 있다.

70. {9} 한 가지에 의한 인식의 무더기가 있다. — 감각접촉과 결합된 것이다.

두 가지에 의한 인식의 무더기가 있다. — 원인과 결합된 것이 있고, 원인과 결합되지 않은 것이 있다.(*cf* ma2-3) … (§65) … 다툼을 가진 것이 있고, 다툼이 없는[無爭] 것이 있다.(*cf* ma2-100)

세 가지에 의한 [33] 인식의 무더기가 있다. — … (§64) …103) 안의 대상을 가진 것이 있고, 밖의 대상을 가진 것이 있고, 안과 밖의 대상을 가진 것이 있다.(*cf* ma3-21)

… (§62) … 이와 같이 열 가지에 의한 인식의 무더기가 있다.

세 개 조에 뿌리 한 부문이 [끝났다.]

---

103) PTS본에는 이 반복되는 부분(뻬얄라, peyyala)의 생략이 나타나지 않는다.

③ 양면으로 증가하는 부문[104)]

71. {10} 한 가지에 의한 인식의 무더기가 있다. — 감각접촉과 결합된 것이다.

두 가지에 의한 인식의 무더기가 있다. — 원인을 가진 것이 있고, 원인을 가지지 않은 것이 있다.(*cf.* ma2-2)

세 가지에 의한 인식의 무더기가 있다. — 유익한 것이 있고, 해로운 것이 있고, 결정할 수 없는 것[無記]이 있다.(*cf.* ma3-1) … (§62) … 이와 같이 열 가지에 의한 인식의 무더기가 있다.

72. {11} 한 가지에 의한 인식의 무더기가 있다. — 감각접촉과 결합된 것이다.

두 가지에 의한 인식의 무더기가 있다. — 원인과 결합된 것이 있고, 원인과 결합되지 않은 것이 있다.(*cf.* ma2-3-b)

세 가지에 의한 인식의 무더기가 있다. — 즐거운 느낌과 결합된 것이 있고, 괴로운 느낌과 결합된 것이 있고, 괴롭지도 즐겁지도 않은 느낌과 결합된 것이 있다.(*cf.* ma3-2) … (§62) … 이와 같이 열 가지에 의한 인식의 무더기가 있다.

73. {12} 한 가지에 의한 인식의 무더기가 있다. — 감각접촉과 결합된 것이다.

두 가지에 의한 인식의 무더기가 있다. — 원인이 아니지만 원인을 가진 것이 있고, 원인이 아니면서 원인을 가지지 않은 것이 있다.(*cf.* ma2-6)

세 가지에 의한 인식의 무더기가 있다. — 과보로 나타난 것이 있고,

---

104) '양면으로 증가하는 부문(ubhatovaḍḍhaka)'에 대해서는 §43의 주해를 참조할 것.

과보를 생기게 하는 것이 있고, 과보로 나타난 것도 아니고 과보를 생기게 하는 것도 아닌 것이 있다.(*cf.* ma3-3) … pe … 이와 같이 열 가지에 의한 인식의 무더기가 있다.

74. {13} 한 가지에 의한 인식의 무더기가 있다. — 감각접촉과 결합된 것이다.

두 가지에 의한 [34] 인식의 무더기가 있다. — 세간적인 것이 있고, 출세간의 것이 있다.(*cf.* ma2-12)

세 가지에 의한 인식의 무더기가 있다. — 취착되었고 취착의 대상인 것이 있고, 취착되지 않았지만 취착의 대상인 것이 있고, 취착되지 않았고 취착의 대상도 아닌 것이 있다.(*cf.* ma3-4) … (§62) … 이와 같이 열 가지에 의한 인식의 무더기가 있다.

75. {14} 한 가지에 의한 인식의 무더기가 있다. — 감각접촉과 결합된 것이다.

두 가지에 의한 인식의 무더기가 있다. — 어떤 것으로는 식별되는 것이 있고, 어떤 것으로는 식별되지 않는 것이 있다.(*cf.* ma2-13)

세 가지에 의한 인식의 무더기가 있다. — 오염되었고 오염의 대상인 것이 있고, 오염되지 않았지만 오염의 대상인 것이 있고, 오염되지 않았고 오염의 대상도 아닌 것이 있다.(*cf.* ma3-5) … (§62) … 이와 같이 열 가지에 의한 인식의 무더기가 있다.

76. {15} 한 가지에 의한 인식의 무더기가 있다. — 감각접촉과 결합된 것이다.

두 가지에 의한 인식의 무더기가 있다. — 번뇌의 대상인 것이 있고, 번뇌의 대상이 아닌 것이 있다.(*cf.* ma2-15)

세 가지에 의한 인식의 무더기가 있다. — 일으킨 생각이 있고 지속적 고찰이 있는 것이 있고, 일으킨 생각은 없고 지속적 고찰만 있는 것이 있고, 일으킨 생각도 없고 지속적 고찰도 없는 것이 있다.(*cf* ma3-6) … (§62) … 이와 같이 열 가지에 의한 인식의 무더기가 있다.

77. {16} 한 가지에 의한 인식의 무더기가 있다. — 감각접촉과 결합된 것이다.

두 가지에 의한 인식의 무더기가 있다. — 번뇌와 결합된 것이 있고, 번뇌와 결합되지 않은 것이 있다.(*cf* ma2-16)

세 가지에 의한 인식의 무더기가 있다. 희열이 함께하는 것이 있고, 행복이 함께하는 것이 있고, 평온이 함께하는 것이 있다.(*cf* ma3-7) … (§62) … 이와 같이 열 가지에 의한 인식의 무더기가 있다.

78. {17} 한 가지에 의한 인식의 무더기가 있다. — 감각접촉과 결합된 것이다.

두 가지에 의한 [35] 인식의 무더기가 있다. — 번뇌와 결합되지 않았지만 번뇌의 대상인 것이 있고, [번뇌와 결합되지 않았으면서] 번뇌의 대상이 아닌 것이 있다.(*cf* ma2-19)

세 가지에 의한 인식의 무더기가 있다. — 봄[見]으로써 버려야 하는 것이 있고, 닦음으로써 버려야 하는 것이 있고, 봄[見]이나 닦음으로 버려야 하지 않는 것이 있다.(*cf* ma3-8) … (§62) … 이와 같이 열 가지에 의한 인식의 무더기가 있다.

79. {18} 한 가지에 의한 인식의 무더기가 있다. — 감각접촉과 결합된 것이다.

두 가지에 의한 인식의 무더기가 있다. — 족쇄의 대상인 것이 있고, 족쇄의 대상이 아닌 것이 있다.(*cf* ma2-21)

세 가지에 의한 인식의 무더기가 있다. — 봄[見]으로써 버려야 하는 원인을 가진 것이 있고, 닦음으로써 버려야 하는 원인을 가진 것이 있고, 봄[見]이나 닦음으로 버려야 하는 원인을 가지지 않은 것이 있다.(*cf* ma3-9) … (§62) … 이와 같이 열 가지에 의한 인식의 무더기가 있다.

80. {19} 한 가지에 의한 인식의 무더기가 있다. — 감각접촉과 결합된 것이다.

두 가지에 의한 인식의 무더기가 있다. — 족쇄와 결합된 것이 있고, 족쇄와 결합되지 않은 것이 있다.(*cf* ma2-22)

세 가지에 의한 인식의 무더기가 있다. — [윤회를] 축적하게 하는 것이 있고, [윤회를] 감소시키는 것이 있고, [윤회를] 축적하게 하는 것도 [윤회를] 감소시키는 것도 아닌 것이 있다.(*cf* ma3-10) … (§62) … 이와 같이 열 가지에 의한 인식의 무더기가 있다.

81. {20} 한 가지에 의한 인식의 무더기가 있다. — 감각접촉과 결합된 것이다.

두 가지에 의한 인식의 무더기가 있다. — 족쇄와 결합되지 않았지만 족쇄의 대상인 것이 있고, [족쇄와 결합되지 않았으면서] 족쇄의 대상이 아닌 것이 있다.(*cf* ma2-25)

세 가지에 의한 [36] 인식의 무더기가 있다. — 유학에 속하는 것이 있고, 무학에 속하는 것이 있고, 유학에도 무학에도 속하지 않는 것이 있다.(*cf* ma3-11) … (§62) … 이와 같이 열 가지에 의한 인식의 무더기가 있다.

82. {21} 한 가지에 의한 인식의 무더기가 있다. — 감각접촉과 결합된 것이다.

두 가지에 의한 인식의 무더기가 있다. — 매듭의 대상인 것이 있고, 매듭의 대상이 아닌 것이 있다.(*cf* ma2-27)

세 가지에 의한 인식의 무더기가 있다. — 제한된 것이 있고, 고귀한 것이 있고, 무량한 것이 있다.(*cf.* ma3-12) … (§62) … 이와 같이 열 가지에 의한 인식의 무더기가 있다.

83. {22} 한 가지에 의한 인식의 무더기가 있다. — 감각접촉과 결합된 것이다.

두 가지에 의한 인식의 무더기가 있다. — 매듭과 결합된 것이 있고, 매듭과 결합되지 않은 것이 있다.(*cf.* ma2-28)

세 가지에 의한 인식의 무더기가 있다. — 제한된 대상을 가진 것이 있고, 고귀한 대상을 가진 것이 있고, 무량한 대상을 가진 것이 있다.(*cf.* ma3-13) … (§62) … 이와 같이 열 가지에 의한 인식의 무더기가 있다.

84. {23} 한 가지에 의한 인식의 무더기가 있다. — 감각접촉과 결합된 것이다.

두 가지에 의한 인식의 무더기가 있다. — 매듭과 결합되지 않았지만 매듭의 대상인 것이 있고, [매듭과 결합되지 않았으면서] 매듭의 대상이 아닌 것이 있다.(*cf.* ma2-31)

세 가지에 의한 인식의 무더기가 있다. — 저열한 것이 있고, 중간인 것이 있고, 수승한 것이 있다.(*cf.* ma3-14) … (§62) … 이와 같이 열 가지에 의한 인식의 무더기가 있다.

85. {24} 한 가지에 의한 인식의 무더기가 있다. — 감각접촉과 결합된 것이다.

두 가지에 의한 인식의 무더기가 있다. — 폭류의 대상인 것이 있고, 폭류의 대상이 아닌 것이 있다.(*cf.* ma2-33)

세 가지에 의한 [37] 인식의 무더기가 있다. — 그릇된 것으로 확정된 것이 있고, 바른 것으로 확정된 것이 있고, 확정되지 않은 것이 있다.(*cf.*

ma3-15) … (§62) … 이와 같이 열 가지에 의한 인식의 무더기가 있다.

86. {25} 한 가지에 의한 인식의 무더기가 있다. — 감각접촉과 결합된 것이다.

두 가지에 의한 인식의 무더기가 있다. — 폭류와 결합된 것이 있고, 폭류와 결합되지 않은 것이 있다.(*cf.* ma2-34)

세 가지에 의한 인식의 무더기가 있다. — 도를 대상으로 가진 것이 있고, 도를 원인으로 가진 것이 있고, 도를 지배의 [요소로] 가진 것이 있다.(*cf.* ma3-16) … (§62) … 이와 같이 열 가지에 의한 인식의 무더기가 있다.

87. {26} 한 가지에 의한 인식의 무더기가 있다. — 감각접촉과 결합된 것이다.(*cf.* §57)

두 가지에 의한 인식의 무더기가 있다. — 폭류와 결합되지 않았지만 폭류의 대상인 것이 있고, [폭류와 결합되지 않았으면서] 폭류의 대상이 아닌 것이 있다.(*cf.* ma2-37)

세 가지에 의한 인식의 무더기가 있다. — 일어난 것이 있고, 일어나지 않은 것이 있고, 일어나게 될 것이 있다.(*cf.* ma3-17) … (§62) … 이와 같이 열 가지에 의한 인식의 무더기가 있다.

88. {27} 한 가지에 의한 인식의 무더기가 있다. — 감각접촉과 결합된 것이다.

두 가지에 의한 인식의 무더기가 있다. — 속박의 대상인 것이 있고, 속박의 대상이 아닌 것이 있다.(*cf.* ma2-39)

세 가지에 의한 인식의 무더기가 있다. 과거의 것이 있고, 미래의 것이 있고, 현재의 것이 있다.(*cf.* ma3-18) … (§62) … 이와 같이 열 가지에 의한 인식의 무더기가 있다.

89. {28} 한 가지에 의한 인식의 무더기가 있다. — 감각접촉과 결합된 것이다.

두 가지에 의한 인식의 무더기가 있다. — 속박과 결합된 것이 있고, 속박과 결합되지 않은 것이 있다.(*cf.* ma2-40)

세 가지에 의한 [38] 인식의 무더기가 있다. — 과거의 대상을 가진 것이 있고, 미래의 대상을 가진 것이 있고, 현재의 대상을 가진 것이 있다.(*cf.* ma3-19) … (§62) … 이와 같이 열 가지에 의한 인식의 무더기가 있다.

90. {29} 한 가지에 의한 인식의 무더기가 있다. — 감각접촉과 결합된 것이다.

두 가지에 의한 인식의 무더기가 있다. — 속박과 결합되지 않았지만 속박의 대상인 것이 있고, [속박과 결합되지 않았으면서] 속박의 대상이 아닌 것이 있다.(*cf.* ma2-43)

세 가지에 의한 인식의 무더기가 있다. — 안의 것이 있고, 밖의 것이 있고, 안과 밖의 것이 있다.(*cf.* ma3-20) … (§62) … 이와 같이 열 가지에 의한 인식의 무더기가 있다.

91. {30} 한 가지에 의한 인식의 무더기가 있다. — 감각접촉과 결합된 것이다.

두 가지에 의한 인식의 무더기가 있다. — 장애의 대상인 것이 있고, 장애의 대상이 아닌 것이 있다.(*cf.* ma2-45)

세 가지에 의한 인식의 무더기가 있다. — 안의 대상을 가진 것이 있고, 밖의 대상을 가진 것이 있고, 안과 밖의 대상을 가진 것이 있다.(*cf.* ma3-21) … (§62) … 이와 같이 열 가지에 의한 인식의 무더기가 있다.

양면으로 증가하는 부문이 [끝났다.]

④ 여러 가지 부문

{31} 일곱 가지에 의한 인식의 무더기가 있다. — 유익한 것이 있고, 해로운 것이 있고, 결정할 수 없는 것[無記]이 있고,(*cf* ma3-1) 욕계에 속하는 것이 있고, 색계에 속하는 것이 있고, 무색계에 속하는 것이 있고, [세간에] 포함되지 않는[出世間] 것이 있다. 이와 같이 일곱 가지에 의한 인식의 무더기가 있다.

{32} 또 다른 일곱 가지에 의한 인식의 무더기가 있다. — 즐거운 느낌과 결합된 것이 있고, 괴로운 느낌과 결합된 것이 있고, 괴롭지도 즐겁지도 않은 느낌과 결합된 것이 있고,(*cf* ma3-2) 욕계에 속하는 것이 있고, 색계에 속하는 것이 있고, 무색계에 속하는 것이 있고, [세간에] 포함되지 않는[出世間] 것이 있다. … (§64) … 안의 대상을 가진 것이 있고, 밖의 대상을 가진 것이 있고, 안과 밖의 대상을 가진 것이 있다.(*cf* ma3-21) 욕계에 속하는 것이 있고, 색계에 속하는 것이 있고, 무색계에 속하는 것이 있고, [세간에] 포함되지 않는[出世間] 것이 있다. 이와 같이 일곱 가지에 의한 인식의 무더기가 있다.

{33} 스물네 가지에 의한 [39] 인식의 무더기가 있다. — 눈의 감각접촉을 조건으로 한 인식의 무더기는 유익한 것이 있고, 해로운 것이 있고, 결정할 수 없는 것[無記]이 있다.(*cf* ma3-1) 귀의 감각접촉을 조건으로 한 인식의 무더기는 … 코의 감각접촉을 조건으로 한 인식의 무더기는 … 혀의 감각접촉을 조건으로 한 인식의 무더기는 … 몸의 감각접촉을 조건으로 한 인식의 무더기는 … 마노의 감각접촉을 조건으로 한 인식의 무더기는 유익한 것이 있고, 해로운 것이 있고, 결정할 수 없는 것[無記]이 있다.(*cf* ma3-1) [그리고] 눈의 감각접촉에서 생긴 인식, [귀의 감각접촉에서 생긴 인식, 코의 감각접촉에서 생긴 인식, 혀의 감각접촉에

서 생긴 인식,] 몸의 감각접촉에서 생긴 인식, 마노의 감각접촉에서 생긴 인식이다. 이와 같이 스물네 가지에 의한 인식의 무더기가 있다.

{34} 또 다른 스물네 가지에 의한 인식의 무더기가 있다. — 눈의 감각접촉을 조건으로 한 인식의 무더기는 즐거운 느낌과 결합된 것이 있고, 괴로운 느낌과 결합된 것이 있고, 괴롭지도 즐겁지도 않은 느낌과 결합된 것이 있다.(*cf.* ma3-2) … (§64) … 안의 대상을 가진 것이 있고, 밖의 대상을 가진 것이 있고, 안과 밖의 대상을 가진 것이 있다.(*cf.* ma3-21) [그리고] 눈의 감각접촉에서 생긴 인식 … 마노의 감각접촉에서 생긴 인식이다.[105)]

귀의 감각접촉을 조건으로 한 인식의 무더기는 … 코의 감각접촉을 조건으로 한 인식의 무더기는 … 혀의 감각접촉을 조건으로 한 인식의 무더기는 … 몸의 감각접촉을 조건으로 한 인식의 무더기는 … 마노의 감각접촉을 조건으로 한 인식의 무더기는 즐거운 느낌과 결합된 것이 있고, 괴로운 느낌과 결합된 것이 있고, 괴롭지도 즐겁지도 않은 느낌과 결합된 것이 있다.(*cf.* ma3-2) … (§64) … 안의 대상을 가진 것이 있고, 밖의 대상을 가진 것이 있고, 안과 밖의 대상을 가진 것이 있다.(*cf.* ma3-21) [그리고] 눈의 감각접촉에서 생긴 인식 … 마노의 감각접촉에서 생긴 인식이다. 이와 같이 스물네 가지에 의한 인식의 무더기가 있다.

---

105) '[그리고] 눈의 감각접촉에서 생긴 인식 … 마노의 감각접촉에서 생긴 인식이다.'라는 이 구절은 본서 §61의 해당 부분 주해에서 설명하였듯이 없는 것이 좋다. PTS본과 띳띨라 스님의 영역본에도 나타나지 않는다. 물론 이것은 반복되는 부분(peyyala)을 어떻게 설정하는가에 관계된 것으로 있어도 되고 없어도 된다. 내용에는 문제가 없다. 역자는 VRI본을 따랐다.

여기서도 느낌의 무더기에서처럼(§61 참조) 6감각장소×3개조=18가지가 되고 여기에다 눈의 느낌 등 6을 더하여 24가지가 된다. 그리고 이것은 위 ma3-1과 여기 ma3-2처럼 나머지 ma3-3부터 ma3-21까지의 19가지 마띠까에도 적용이 되는 것으로 이해해야 한다.

{35} 서른 가지에 의한 인식의 무더기가 있다. — 눈의 감각접촉을 조건으로 한 인식의 무더기는 욕계에 속하는 것이 있고, 색계에 속하는 것이 있고, 무색계에 속하는 것이 있고, [세간에] 포함되지 않는[出世間] 것이 있다. 귀의 감각접촉을 조건으로 한 인식의 무더기는 … 코의 감각접촉을 조건으로 한 인식의 무더기는 … 혀의 감각접촉을 조건으로 한 인식의 무더기는 … 몸의 감각접촉을 조건으로 한 인식의 무더기는 … 마노의 감각접촉을 조건으로 한 인식의 무더기는 욕계에 속하는 것이 있고, 색계에 속하는 것이 있고, 무색계에 속하는 것이 있고, [세간에] 포함되지 않는[出世間] 것이 있다. [그리고] 눈의 감각접촉에서 생긴 인식 … 마노의 감각접촉에서 생긴 인식이다. 이와 같이 서른 가지에 의한 인식의 무더기가 있다.

{36} 여러 가지에 의한 인식의 무더기가 있다. — 눈의 감각접촉을 조건으로 한 인식의 무더기는 유익한 것이 있고, 해로운 것이 있고, 결정할 수 없는 것[無記]이 있고,(*cf.* ma3-1) 욕계에 속하는 것이 있고, 색계에 속하는 것이 있고, 무색계에 속하는 것이 있고, [세간에] 포함되지 않는[出世間] 것이 있다.

귀의 감각접촉을 조건으로 한 인식의 무더기는 … 코의 감각접촉을 조건으로 한 인식의 무더기는 … 혀의 감각접촉을 조건으로 한 인식의 무더기는 … 몸의 감각접촉을 조건으로 한 인식의 무더기는 … 마노의 감각접촉을 조건으로 한 인식의 무더기는 유익한 것이 있고, 해로운 것이 있고, 결정할 수 없는 것[無記]이 있고,(*cf.* ma3-1) 욕계에 속하는 것이 있고 [40], 색계에 속하는 것이 있고, 무색계에 속하는 것이 있고, [세간에] 포함되지 않는[出世間] 것이 있다.

[그리고] 눈의 감각접촉에서 생긴 인식 … 마노의 감각접촉에서 생긴 인식이다. 이와 같이 여러 가지에 의한 인식의 무더기가 있다.

{37} 또 다른 여러 가지에 의한 인식의 무더기가 있다. —

눈의 감각접촉을 조건으로 한 인식의 무더기는 즐거운 느낌과 결합된 것이 있고, 괴로운 느낌과 결합된 것이 있고, 괴롭지도 즐겁지도 않은 느낌과 결합된 것이 있다.(*cf.* ma3-2) … (§64) …[106] 안의 대상을 가진 것이 있고, 밖의 대상을 가진 것이 있고, 안과 밖의 대상을 가진 것이 있다.(*cf.* ma3-21) 욕계에 속하는 것이 있고, 색계에 속하는 것이 있고, 무색계에 속하는 것이 있고, [세간에] 포함되지 않는[出世間] 것이 있다.

귀의 감각접촉을 조건으로 한 인식의 무더기는 … 코의 감각접촉을 조건으로 한 인식의 무더기는 … 혀의 감각접촉을 조건으로 한 인식의 무더기는 … 몸의 감각접촉을 조건으로 한 인식의 무더기는 … 마노의 감각접촉을 조건으로 한 인식의 무더기는 [즐거운 느낌과 결합된 것이 있고, 괴로운 느낌과 결합된 것이 있고, 괴롭지도 즐겁지도 않은 느낌과 결합된 것이 있다.(*cf.* ma3-2) … (§64) …][107] 안의 대상을 가진 것이 있고, 밖의 대상을 가진 것이 있고, 안과 밖의 대상을 가진 것이 있다.(*cf.* ma3-21) 욕계에 속하는 것이 있고, 색계에 속하는 것이 있고, 무색계에 속하는 것이 있고, [세간에] 포함되지 않는[出世間] 것이 있다.

[그리고] 눈의 감각접촉에서 생긴 인식, 귀의 감각접촉에서 생긴 인

---

106) "즐거운 느낌과 결합된 것이 있고, 괴로운 느낌과 결합된 것이 있고, 괴롭지도 즐겁지도 않은 느낌과 결합된 것이 있다.(*cf.* ma3-2) … pe …"는 VRI본에는 있지만 PTS본에는 나타나지 않는다. PTS본의 각주에서는 "S[d] inserts atthi sukhāya vedanāya sampayutto …"라고 언급하고 있고 "B. inserts only the first of these triplets."라고 하여 버마본(미얀마본)에는 눈의 감각접촉을 조건으로 한 인식의 무더기에만 이 부분이 나타나고 있음을 밝히고 있다.(PTS본 40쪽 각주 참조)

107) 앞의 주해에서 밝힌 VRI본에 나타났던 [ ] 안은 여기서는 나타나지 않는다. 텃떨라 스님은 이 부분을 ( ) 안에 넣어서 옮기고 있고 "* Omitted in Caṭṭhasaṅgāyanā Text"라고 밝히고 있다.(텃떨라 스님 47쪽 참조) 역자는 텃떨라 스님을 따라서 [ ] 안에 넣어서 옮겼다.

식, 코의 감각접촉에서 생긴 인식, 혀의 감각접촉에서 생긴 인식, 몸의 감각접촉에서 생긴 인식, 마노의 감각접촉에서 생긴 인식이다. 이와 같이 여러 가지에 의한 인식의 무더기가 있다.

— 이를 일러 인식의 무더기라 한다.

(4) 심리현상들의 무더기[行蘊][108]

① 두 개 조에 뿌리 한 부문

92. 여기서 무엇이 '심리현상들의 무더기'인가?

{1} 한 가지에 의한 심리현상들의 무더기가 있다. — 마음과 결합된 것이다.

두 가지에 의한 심리현상들의 무더기가 있다. — 원인인 것이 있고, 원인이 아닌 것이 있다.(*cf.* ma2-1)

세 가지에 의한 심리현상들의 무더기가 있다. — 유익한 것이 있고, 해로운 것이 있고, 결정할 수 없는 것[無記]이 있다.(*cf.* ma3-1)

네 가지에 의한 심리현상들의 무더기가 있다. — 욕계에 속하는 것이 있고, 색계에 속하는 것이 있고, 무색계에 속하는 것이 있고, [세간에] 포함되지 않는[出世間] 것이 있다.

다섯 가지에 의한 심리현상들의 무더기가 있다. — 즐거움의 기능과 결합된 것, 괴로움의 기능과 결합된 것, 기쁨의 기능과 결합된 것, 불만족의 기능과 결합된 것, 평온의 기능과 결합된 것이다. 이와 같이 다섯 가지에 의한 심리현상들의 무더기가 있다.

---

108) "심리현상들의 무더기의 해설(saṅkhārakkhandha-niddesa)에서는 감각접촉[觸, phassa]도 심리현상들의 무더기에 포함되기 때문에 감각접촉과 결합된 것이라고 설하지 않으시고 마음과 결합된 것(cittasampayutta)이라고 설하셨다. 두 개 조에서는 원인의 두 개 조(ma2-1) 등도 얻어진다. 세 개 조는 인식의 무더기와 같다."(VbhA.42)

여섯 가지에 의한 심리현상들의 무더기가 있다. — 눈의 감각접촉에서 생긴 의도, 귀의 감각접촉에서 생긴 의도, 코의 감각접촉에서 생긴 의도, 혀의 감각접촉에서 생긴 의도, 몸의 감각접촉에서 생긴 의도, 마노의 감각접촉에서 생긴 의도이다. 이와 같이 여섯 가지에 의한 심리현상들의 무더기가 있다.

일곱 가지에 의한 심리현상들의 무더기가 있다. — 눈의 감각접촉에서 생긴 의도, 귀의 감각접촉에서 생긴 의도, 코의 감각접촉에서 생긴 의도, 혀의 감각접촉에서 생긴 의도, 몸의 감각접촉에서 생긴 의도, 마노의 요소의 감각접촉에서 생긴 [41] 의도, 마노의 알음알이의 요소의 감각접촉에서 생긴 의도이다. 이와 같이 일곱 가지에 의한 심리현상들의 무더기가 있다.

여덟 가지에 의한 심리현상들의 무더기가 있다. — 눈의 감각접촉에서 생긴 의도 … 몸의 감각접촉에서 생긴 즐거움이 함께한 의도, [몸의 감각접촉에서 생긴] 괴로움이 함께한 [의도], 마노의 요소의 감각접촉에서 생긴 의도, 마노의 알음알이의 요소의 감각접촉에서 생긴 의도이다. 이와 같이 여덟 가지에 의한 심리현상들의 무더기가 있다.

아홉 가지에 의한 심리현상들의 무더기가 있다. — 눈의 감각접촉에서 생긴 의도, [귀의 감각접촉에서 생긴 의도, 코의 감각접촉에서 생긴 의도, 혀의 감각접촉에서 생긴 의도,] 몸의 감각접촉에서 생긴 의도, 마노의 요소의 감각접촉에서 생긴 의도, 마노의 알음알이의 요소의 감각접촉에서 생긴 유익한 의도, 해로운 [의도], 결정할 수 없는[無記] [의도]이다. 이와 같이 아홉 가지에 의한 심리현상들의 무더기가 있다.

열 가지에 의한 심리현상들의 무더기가 있다. — 눈의 감각접촉에서 생긴 의도, [귀의 감각접촉에서 생긴 의도, 코의 감각접촉에서 생긴 의도, 혀의 감각접촉에서 생긴 의도,] 몸의 감각접촉에서 생긴 즐거움이 함께한 의도, [몸의 감각접촉에서 생긴] 괴로움이 함께한 [의도], 마노의 요소의 감각접촉에서 생긴 의도, 마노의 알음알이의 요소의 감각접촉에서 생긴 유익한 의도, 해로운 [의도], 결정할 수 없는[無記] [의도]이다. 이와 같이 열 가지에 의한 심리현상들의 무더기가 있다.

93. {2} 한 가지에 의한 심리현상들의 무더기가 있다. — 마음과 결합된 것이다.(*cf.* §35)

두 가지에 의한 심리현상들의 무더기가 있다. — 원인인 것이 있고, 원인이 아닌 것이 있다.(*cf.* ma2-1)

세 가지에 의한 심리현상들의 무더기가 있다. —

즐거운 느낌과 결합된 것이 있고, 괴로운 느낌과 결합된 것이 있고, 괴롭지도 즐겁지도 않은 느낌과 결합된 것이 있다.(*cf.* ma3-2)

과보로 나타난 것이 있고, 과보를 생기게 하는 것이 있고, 과보로 나타난 것도 아니고 과보를 생기게 하는 것도 아닌 것이 있다.(*cf.* ma3-3)

취착되었고 취착의 대상인 것이 있고, 취착되지 않았지만 취착의 대상인 것이 있고, 취착되지 않았고 취착의 대상도 아닌 것이 있다.(*cf.* ma3-4)

오염되었고 오염의 대상인 것이 있고, 오염되지 않았지만 오염의 대상인 것이 있고, 오염되지 않았고 오염의 대상도 아닌 것이 있다.(*cf.* ma3-5)

일으킨 생각이 있고 지속적 고찰이 있는 것이 있고, 일으킨 생각은 없고 지속적 고찰만 있는 것이 있고, 일으킨 생각도 없고 지속적 고찰도 없는 것이 있다.(*cf.* ma3-6)

희열이 함께하는 것이 있고, 행복이 함께하는 것이 있고, 평온이 함께하는 것이 있다.(*cf.* ma3-7)

봄[見]으로써 버려야 하는 것이 있고, 닦음으로써 버려야 하는 것이 있고, 봄[見]이나 닦음으로 버려야 하지 않는 것이 있다.(*cf.* ma3-8)

봄[見]으로써 버려야 하는 원인을 가진 것이 있고, 닦음으로써 버려야 하는 원인을 가진 것이 있고, 봄[見]이나 닦음으로 버려야 하는 원인을 가지지 않은 것이 있다.(*cf* ma3-9)

[윤회를] 축적하게 하는 것이 있고, [윤회를] 감소시키는 것이 있고, [윤회를] 축적하게 하는 것도 [윤회를] 감소시키는 것도 아닌 것이 있다.(*cf* ma3-10)

유학에 속하는 것이 있고, 무학에 속하는 것이 있고, 유학에도 무학에도 속하지 않는 것이 있다.(*cf* ma3-11)

제한된 것이 있고, 고귀한 것이 있고, 무량한 것이 있다.(*cf* ma3-12)

제한된 대상을 가진 것이 있고, 고귀한 대상을 가진 것이 있고, 무량한 대상을 가진 것이 있다.(*cf* ma3-13)

저열한 것이 있고, 중간인 것이 있고, 수승한 것이 있다.(*cf* ma3-14)

그릇된 것으로 확정된 것이 있고, 바른 것으로 확정된 것이 있고, 확정되지 않은 것이 있다.(*cf* ma3-15)

도를 대상으로 가진 것이 있고, 도를 원인으로 가진 것이 있고, 도를 지배의 [요소로] 가진 것이 있다.(*cf* ma3-16)

일어난 것이 있고, 일어나지 않은 것이 있고, 일어나게 될 것이 있다.(*cf* ma3-17)

과거의 것이 있고, 미래의 것이 있고, 현재의 것이 있다.(*cf* ma3-18)

과거의 대상을 가진 것이 있고, 미래의 대상을 가진 것이 있고, 현재의 대상을 가진 것이 있다.(*cf* ma3-19)

안의 것이 있고, 밖의 것이 있고, 안과 밖의 것이 있다.(*cf* ma3-20)

안의 대상을 가진 것이 있고, 밖의 대상을 가진 것이 있고, 안과 밖의 대상을 가진 것이 있다.(*cf* ma3-21)

… (§92) … 이와 같이 열 가지에 의한 심리현상들의 무더기가 있다.

94. {3} 한 가지에 의한 심리현상들의 무더기가 있다. — 마음과 결합된 것이다.

두 가지에 의한[109] 심리현상들의 무더기가 있다.(*cf* §36, §65) —

원인을 가진 것이 [42] 있고, 원인을 가지지 않은 것이 있다.(*cf* ma2-2)

원인과 결합된 것이 있고, 원인과 결합되지 않은 것이 있다.(*cf* ma2-3)

원인이면서 원인을 가진 것이 있고, 원인을 가졌지만 원인이 아닌 것이 있다.(*cf* ma2-4)

원인이면서 원인과 결합된 것이 있고, 원인과 결합되었지만 원인이 아닌 것이 있다.(*cf* ma2-5)

원인이 아니지만 원인을 가진 것이 있고, 원인이 아니면서 원인을 가지지 않은 것이 있다.(*cf* ma2-6)

세간적인 것이 있고, 출세간의 것이 있다.(*cf* ma2-12)

어떤 것으로는 식별되는 것이 있고, 어떤 것으로는 식별되지 않는 것이 있다.(*cf* ma2-13)

번뇌인 것이 있고, 번뇌가 아닌 것이 있다.(*cf* ma2-14)

번뇌의 대상인 것이 있고, 번뇌의 대상이 아닌 것이 있다.(*cf* ma2-15)

번뇌와 결합된 것이 있고, 번뇌와 결합되지 않은 것이 있다.(*cf* ma2-16)

번뇌이면서 번뇌의 대상인 것이 있고, 번뇌의 대상이지만 번뇌가 아닌 것이 있다.(*cf* ma2-17)

---

109) 여기 §94에 포함되어 있는 두 가지에 의한 심리현상들의 무더기는 모두 81가지로 구성되어 있다. 이 81가지는 『담마상가니』 두 개 조 마띠까에 포함된 100개의 두 개 조 마띠까들 가운데 19가지가 제외된 것이다. 즉 (1) 원인의 모둠(hetu-gocchaka) 가운데 ma2-1이 제외되었고 (2) 틈새에 있는 짧은 두 개 조(cūḷantara-duka, ma2-7~ma2-13)에 포함된 7개 마띠까 가운데 ma2-12과 ma2-13의 두 가지 외의 5가지가 제외되었고 (10) 틈새에 있는 긴 두 개 조(mahantara-duka, ma2-55~ma2-68)에 포함된 14개 마띠까 가운데 마지막인 ma2-68 외의 13가지가 제외되어 모두 19가지가 제외되었다.

번뇌이면서 번뇌와 결합된 것이 있고, 번뇌와 결합되었지만 번뇌가 아닌 것이 있다.(*cf.* ma2-18)

번뇌와 결합되지 않았지만 번뇌의 대상인 것이 있고, [번뇌와 결합되지 않았으면서] 번뇌의 대상이 아닌 것이 있다.(*cf.* ma2-19)

족쇄인 것이 있고, 족쇄가 아닌 것이 있다.(*cf.* ma2-20)

족쇄의 대상인 것이 있고, 족쇄의 대상이 아닌 것이 있다.(*cf.* ma2-21)

족쇄와 결합된 것이 있고, 족쇄와 결합되지 않은 것이 있다.(*cf.* ma2-22)

족쇄이면서 족쇄의 대상인 것이 있고, 족쇄의 대상이지만 족쇄가 아닌 것이 있다.(*cf.* ma2-23)

족쇄이면서 족쇄와 결합된 것이 있고, 족쇄와 결합되었지만 족쇄가 아닌 것이 있다.(*cf.* ma2-24)

족쇄와 결합되지 않았지만 족쇄의 대상인 것이 있고, [족쇄와 결합되지 않았으면서] 족쇄의 대상이 아닌 것이 있다.(*cf.* ma2-25)

매듭인 것이 있고, 매듭이 아닌 것이 있다.(*cf.* ma2-26)

매듭의 대상인 것이 있고, 매듭의 대상이 아닌 것이 있다.(*cf.* ma2-27)

매듭과 결합된 것이 있고, 매듭과 결합되지 않은 것이 있다.(*cf.* ma2-28)

매듭이면서 매듭의 대상인 것이 있고, 매듭의 대상이지만 매듭이 아닌 것이 있다.(*cf.* ma2-29)

매듭이면서 매듭과 결합된 것이 있고, 매듭과 결합되었지만 매듭이 아닌 것이 있다.(*cf.* ma2-30)

매듭과 결합되지 않았지만 매듭의 대상인 것이 있고, [43] [매듭과 결합되지 않았으면서] 매듭의 대상이 아닌 것이 있다.(*cf.* ma2-31)

폭류인 것이 있고, 폭류가 아닌 것이 있다.(*cf.* ma2-32)

폭류의 대상인 것이 있고, 폭류의 대상이 아닌 것이 있다.(*cf.* ma2-33)

폭류와 결합된 것이 있고, 폭류와 결합되지 않은 것이 있다.(*cf.* ma2-34)

폭류이면서 폭류의 대상인 것이 있고, 폭류의 대상이지만 폭류가 아

닌 것이 있다.(*cf.* ma2-35)

폭류이면서 폭류와 결합된 것이 있고, 폭류와 결합되었지만 폭류가 아닌 것이 있다.(*cf.* ma2-36)

폭류와 결합되지 않았지만 폭류의 대상인 것이 있고, [폭류와 결합되지 않았으면서] 폭류의 대상이 아닌 것이 있다.(*cf.* ma2-37)

속박인 것이 있고, 속박이 아닌 것이 있다.(*cf.* ma2-38)

속박의 대상인 것이 있고, 속박의 대상이 아닌 것이 있다.(*cf.* ma2-39)

속박과 결합된 것이 있고, 속박과 결합되지 않은 것이 있다.(*cf.* ma2-40)

속박이면서 속박의 대상인 것이 있고, 속박의 대상이지만 속박이 아닌 것이 있다.(*cf.* ma2-41)

속박이면서 속박과 결합된 것이 있고, 속박과 결합되었지만 속박이 아닌 것이 있다.(*cf.* ma2-42)

속박과 결합되지 않았지만 속박의 대상인 것이 있고, [속박과 결합되지 않았으면서] 속박의 대상이 아닌 것이 있다.(*cf.* ma2-43)

장애인 것이 있고, 장애가 아닌 것이 있다.(*cf.* ma2-44)

장애의 대상인 것이 있고, 장애의 대상이 아닌 것이 있다.(*cf.* ma2-45)

장애와 결합된 것이 있고, 장애와 결합되지 않은 것이 있다.(*cf.* ma2-46)

장애이면서 장애의 대상인 것이 있고, 장애의 대상이지만 장애가 아닌 것이 있다.(*cf.* ma2-47)

장애이면서 장애와 결합된 것이 있고, 장애와 결합되었지만 장애가 아닌 것이 있다.(*cf.* ma2-48)

장애와 결합되지 않았지만 장애의 대상인 것이 있고, [장애와 결합되지 않았으면서] 장애의 대상이 아닌 것이 있다.(*cf.* ma2-49)

집착[固守]인 것이 있고, 집착이 아닌 것이 있다.(*cf.* ma2-50)

집착의 대상인 것이 있고, 집착의 대상이 아닌 것이 있다.(*cf.* ma2-51)

집착과 결합된 것이 있고, 집착과 결합되지 않은 것이 있다.(*cf.* ma2-52)

집착이면서 집착의 대상인 것이 있고, 집착의 대상이지만 집착이 아닌 것이 있다.(*cf.* ma2-53)

집착과 결합되지 않았지만 집착의 대상인 것이 있고, [44] [집착과 결합되지 않았으면서] 집착의 대상이 아닌 것이 있다.(*cf.* ma2-54)

취착된 것이 있고, 취착되지 않은 것이 있다(*cf.* ma2-68)

취착인 것이 있고, 취착이 아닌 것이 있다.(*cf.* ma2-69)

취착의 대상인 것이 있고, 취착의 대상이 아닌 것이 있다.(*cf.* ma2-70)

취착과 결합된 것이 있고, 취착과 결합되지 않은 것이 있다.(*cf.* ma2-71)

취착이면서 취착의 대상인 것이 있고, 취착의 대상이지만 취착이 아닌 것이 있다.(*cf.* ma2-72)

취착이면서 취착과 결합된 것이 있고, 취착과 결합되었지만 취착이 아닌 것이 있다.(*cf.* ma2-73)

취착과 결합되지 않았지만 취착의 대상인 것이 있고, [취착과 결합되지 않았으면서] 취착의 대상이 아닌 것이 있다.(*cf.* ma2-74)

오염원인 것이 있고, 오염원이 아닌 것이 있다.(*cf.* ma2-75)

오염원의 대상인 것이 있고, 오염원의 대상이 아닌 것이 있다.(*cf.* ma2-76)

오염된 것이 있고, 오염되지 않은 것이 있다.(*cf.* ma2-77)

오염원과 결합된 것이 있고, 오염원과 결합되지 않은 것이 있다.(*cf.* ma2-78)

오염원이면서 오염원의 대상인 것이 있고, 오염원의 대상이지만 오염원이 아닌 것이 있다.(*cf.* ma2-79)

오염원이면서 오염된 것이 있고, 오염되었지만 오염원이 아닌 것이 있다.(*cf.* ma2-80)

오염원이면서 오염원과 결합된 것이 있고, 오염원과 결합되었지만 오염원이 아닌 것이 있다.(*cf.* ma2-81)

오염원과 결합되지 않았지만 오염원의 대상인 것이 있고, [오염원과

결합되지 않았으면서] 오염원의 대상이 아닌 것이 있다.(*cf.* ma2-82)

봄[見]으로써 버려야 하는 것이 있고, 봄[見]으로써 버려야 하는 것이 아닌 것이 있다.(*cf.* ma2-83)

닦음[修]으로써 버려야 하는 것이 있고, 닦음[修]으로써 버려야 하는 것이 아닌 것이 있다.(*cf.* ma2-84)

봄으로써 버려야 하는 원인을 가진 것이 있고, 봄으로써 버려야 하는 원인을 가지지 않은 것이 있다.(*cf.* ma2-85)

닦음으로써 버려야 하는 원인을 가진 것이 있고, 닦음으로써 버려야 하는 원인을 가지지 않은 것이 있다.(*cf.* ma2-86)

일으킨 생각이 있는 것이 있고, 일으킨 생각이 없는 것이 있다.(*cf.* ma2-87)

지속적 고찰이 있는 것이 있고, 지속적 고찰이 없는 것이 있다.(*cf.* ma2-88)

희열이 있는 것이 있고, 희열이 없는 것이 있다.(*cf.* ma2-89)

희열이 함께하는 것이 있고, [45] 희열이 함께하지 않는 것이 있다.(*cf.* ma2-90)

행복이 함께하는 것이 있고, 행복이 함께하지 않는 것이 있다.(*cf.* ma2-91)

평온이 함께하는 것이 있고, 평온이 함께하지 않는 것이 있다.(*cf.* ma2-92)

욕계에 속하는 것이 있고, 욕계에 속하지 않는 것이 있다.(*cf.* ma2-93)

색계에 속하는 것이 있고, 색계에 속하지 않는 것이 있다.(*cf.* ma2-94)

무색계에 속하는 것이 있고, 무색계에 속하지 않는 것이 있다.(*cf.* ma2-95)

[세간에] 포함된 것이 있고, [세간에] 포함되지 않는[出世間] 것이 있다.(*cf.* ma2-96)

출리(出離)로 인도하는 것이 있고, 출리로 인도하지 못하는 것이 있다.(*cf.* ma2-97)

확정된 것이 있고, 확정되지 않은 것이 있다.(*cf.* ma2-98)

위가 있는 것이 있고, 위가 없는 것이 있다.(*cf.* ma2-99)

다툼을 가진 것이 있고, 다툼이 없는[無爭] 것이 있다.(*cf.* ma2-100)

세 가지에 의한 심리현상들의 무더기가 있다. — 유익한 것이 있고, 해로운 것이 있고, 결정할 수 없는 것[無記]이 있다.(*cf.* ma3-1) … (§92) … 이와 같이 열 가지에 의한 심리현상들의 무더기가 있다.

95. {4} 한 가지에 의한 심리현상들의 무더기가 있다. — 마음과 결합된 것이다.

두 가지에 의한 심리현상들의 무더기가 있다. — 다툼을 가진 것이 있고, 다툼이 없는[無爭] 것이 있다.(*cf.* ma2-100)

세 가지에 의한 심리현상들의 무더기가 있다. — 즐거운 느낌과 결합된 것이 있고, 괴로운 느낌과 결합된 것이 있고, 괴롭지도 즐겁지도 않은 느낌과 결합된 것이 있다.(*cf.* ma3-2) … (§93) … 안의 대상을 가진 것이 있고, 밖의 대상을 가진 것이 있고, 안과 밖의 대상을 가진 것이 있다.(*cf.* ma3-21) … (§92) … 이와 같이 열 가지에 의한 심리현상들의 무더기가 있다.

두 개 조에 뿌리 한 부문이 [끝났다.]

② 세 개 조에 뿌리 한 부문

96. {5} 한 가지에 의한 심리현상들의 무더기가 있다. — 마음과 결합된 것이다.

두 가지에 의한 [46] 심리현상들의 무더기가 있다. — 원인인 것이 있고, 원인이 아닌 것이 있다.(*cf.* ma2-1)

세 가지에 의한 심리현상들의 무더기가 있다. — 유익한 것이 있고, 해로운 것이 있고, 결정할 수 없는 것[無記]이 있다.(*cf.* ma3-1) … (§92) … 이와 같이 열 가지에 의한 심리현상들의 무더기가 있다.

97. {6} 한 가지에 의한 심리현상들의 무더기가 있다. — 마음과 결합된 것이다.

두 가지에 의한 심리현상들의 무더기가 있다. — 다툼을 가진 것이 있고, 다툼이 없는[無爭] 것이 있다.(*cf* ma2-100)

세 가지에 의한 심리현상들의 무더기가 있다. — 유익한 것이 있고, 해로운 것이 있고, 결정할 수 없는 것[無記]이 있다.(*cf* ma3-1) … (§92) … 이와 같이 열 가지에 의한 심리현상들의 무더기가 있다.

98. {7} 한 가지에 의한 심리현상들의 무더기가 있다. — 마음과 결합된 것이다.

두 가지에 의한 심리현상들의 무더기가 있다. — 원인인 것이 있고, 원인이 아닌 것이 있다.(*cf* ma2-1)

세 가지에 의한 심리현상들의 무더기가 있다. — 안의 대상을 가진 것이 있고, 밖의 대상을 가진 것이 있고, 안과 밖의 대상을 가진 것이 있다.(*cf* ma3-21) … (§92) … 이와 같이 열 가지에 의한 심리현상들의 무더기가 있다.

99. {8} 한 가지에 의한 심리현상들의 무더기가 있다. — 마음과 결합된 것이다.

두 가지에 의한 심리현상들의 무더기가 있다. — 다툼을 가진 것이 있고, 다툼이 없는[無爭] 것이 있다.(*cf* ma2-100)

세 가지에 의한 심리현상들의 무더기가 있다. — 안의 대상을 가진 것이 있고, 밖의 대상을 가진 것이 있고, 안과 밖의 대상을 가진 것이 있다.(*cf* ma3-21) … (§92) … 이와 같이 열 가지에 의한 심리현상들의 무더기가 있다.

세 개 조에 뿌리 한 부문이 [끝났다.]

③ 양면으로 증가하는 부문

100. {9} 한 가지에 의한 심리현상들의 무더기가 있다. — 마음과 결합된 것이다.

두 가지에 의한 [47] 심리현상들의 무더기가 있다. — 원인인 것이 있고, 원인이 아닌 것이 있다.(*cf* ma2-1)

세 가지에 의한 심리현상들의 무더기가 있다. — 유익한 것이 있고, 해로운 것이 있고, 결정할 수 없는 것[無記]이 있다.(*cf* ma3-1) … (§92) … 이와 같이 열 가지에 의한 심리현상들의 무더기가 있다.

101. {10} 한 가지에 의한 심리현상들의 무더기가 있다. — 마음과 결합된 것이다.

두 가지에 의한 심리현상들의 무더기가 있다. — 원인을 가진 것이 있고, 원인을 가지지 않은 것이 있다.(*cf* ma2-2)

세 가지에 의한 심리현상들의 무더기가 있다. — 즐거운 느낌과 결합된 것이 있고, 괴로운 느낌과 결합된 것이 있고, 괴롭지도 즐겁지도 않은 느낌과 결합된 것이 있다.(*cf* ma3-2) … (§92) … 이와 같이 열 가지에 의한 심리현상들의 무더기가 있다.

102. {11} 한 가지에 의한 심리현상들의 무더기가 있다. — 마음과 결합된 것이다.

두 가지에 의한 심리현상들의 무더기가 있다. — 원인과 결합된 것이 있고, 원인과 결합되지 않은 것이 있다.(*cf* ma2-3-b)

세 가지에 의한 심리현상들의 무더기가 있다. — 과보로 나타난 것이 있고, 과보를 생기게 하는 것이 있고, 과보로 나타난 것도 아니고 과보를 생기게 하는 것도 아닌 것이 있다.(*cf* ma3-3) … (§92) … 이와 같이 열 가지에 의한 심리현상들의 무더기가 있다.

103. {12} 한 가지에 의한 심리현상들의 무더기가 있다. — 마음과 결합된 것이다.

두 가지에 의한 심리현상들의 무더기가 있다. — 원인이면서 원인을 가진 것이 있고, 원인을 가졌지만 원인이 아닌 것이 있다.(*cf* ma2-4)

세 가지에 의한 심리현상들의 무더기가 있다. — 취착되었고 취착의 대상인 것이 있고, 취착되지 않았지만 취착의 대상인 것이 있고, 취착되지 않았고 취착의 대상도 아닌 것이 있다.(*cf* ma3-4) … (§92) … 이와 같이 열 가지에 의한 심리현상들의 무더기가 있다.

104. {13} 한 가지에 의한 심리현상들의 무더기가 있다. — 마음과 결합된 것이다.

두 가지에 의한 [48] 심리현상들의 무더기가 있다. — 원인이면서 원인과 결합된 것이 있고, 원인과 결합되었지만 원인이 아닌 것이 있다.(*cf* ma2-5)

세 가지에 의한 심리현상들의 무더기가 있다. — 오염되었고 오염의 대상인 것이 있고, 오염되지 않았지만 오염의 대상인 것이 있고, 오염되지 않았고 오염의 대상도 아닌 것이 있다.(*cf* ma3-5) … (§92) … 이와 같이 열 가지에 의한 심리현상들의 무더기가 있다.

105. {14} 한 가지에 의한 심리현상들의 무더기가 있다. — 마음과 결합된 것이다.

두 가지에 의한 심리현상들의 무더기가 있다. — 원인이 아니지만 원인을 가진 것이 있고, 원인이 아니면서 원인을 가지지 않은 것이 있다.(*cf* ma2-6)

세 가지에 의한 심리현상들의 무더기가 있다. — 일으킨 생각이 있고 지속적 고찰이 있는 것이 있고, 일으킨 생각은 없고 지속적 고찰만 있는 것이 있고, 일으킨 생각도 없고 지속적 고찰도 없는 것이 있다.(*cf.* ma3-6) … (§92) … 이와 같이 열 가지에 의한 심리현상들의 무더기가 있다.

106. {15} 한 가지에 의한 심리현상들의 무더기가 있다. — 마음과 결합된 것이다.

두 가지에 의한 심리현상들의 무더기가 있다. — 세간적인 것이 있고, 출세간의 것이 있다.(*cf.* ma2-12)

세 가지에 의한 심리현상들의 무더기가 있다. — 희열이 함께하는 것이 있고, 행복이 함께하는 것이 있고, 평온이 함께하는 것이 있다.(*cf.* ma3-7) … (§92) … 이와 같이 열 가지에 의한 심리현상들의 무더기가 있다.

107. {16} 한 가지에 의한 심리현상들의 무더기가 있다. — 마음과 결합된 것이다.

두 가지에 의한 심리현상들의 무더기가 있다. — 어떤 것으로는 식별되는 것이 있고, 어떤 것으로는 식별되지 않는 것이 있다.(*cf.* ma2-13)

세 가지에 의한 심리현상들의 무더기가 있다. — 봄[見]으로써 버려야 하는 것이 있고, 닦음으로써 버려야 하는 것이 있고, 봄[見]이나 닦음으로 버려야 하지 않는 것이 있다.(*cf.* ma3-8) … (§92) … 이와 같이 열 가지에 의한 심리현상들의 무더기가 있다.

108. {17}[110] 한 가지에 의한 심리현상들의 무더기가 있다. — 마음과 결합된 것이다.

두 가지에 의한 심리현상들의 무더기가 있다. — 번뇌인 것이 있고,

---

110) VRI본 §108의 내용인 {17}은 PTS본에는 나타나지 않는다. 그래서 PTS본의 문단 번호는 하나씩 줄어들어 본서의 {18}이 PTS본의 {17}이 되어 PTS본에는 모두 {28}까지 문단 번호가 나타나고 본서에는 모두 {29}의 문단 번호가 매겨져 있다.

번뇌가 아닌 것이 있다.(*cf.* ma2-14)

세 가지에 의한 심리현상들의 무더기가 있다. — 봄[見]으로써 버려야 하는 원인을 가진 것이 있고, 닦음으로써 버려야 하는 원인을 가진 것이 있고, 봄[見]이나 닦음으로 버려야 하는 원인을 가지지 않은 것이 있다.(*cf.* ma3-9) … (§92) … 이와 같이 열 가지에 의한 심리현상들의 무더기가 있다.

109. {18} 한 가지에 의한 심리현상들의 무더기가 있다. — 마음과 결합된 것이다.

두 가지에 의한 [49] 심리현상들의 무더기가 있다. — 번뇌의 대상인 것이 있고, 번뇌의 대상이 아닌 것이 있다.(*cf.* ma2-15)

세 가지에 의한 심리현상들의 무더기가 있다. — [윤회를] 축적하게 하는 것이 있고, [윤회를] 감소시키는 것이 있고, [윤회를] 축적하게 하는 것도 [윤회를] 감소시키는 것도 아닌 것이 있다.(*cf.* ma3-10) … (§92) … 이와 같이 열 가지에 의한 심리현상들의 무더기가 있다.

110. {19} 한 가지에 의한 심리현상들의 무더기가 있다. — 마음과 결합된 것이다.

두 가지에 의한 심리현상들의 무더기가 있다. — 번뇌와 결합된 것이 있고, 번뇌와 결합되지 않은 것이 있다.(*cf.* ma2-16)

세 가지에 의한 심리현상들의 무더기가 있다. — 유학에 속하는 것이 있고, 무학에 속하는 것이 있고, 유학에도 무학에도 속하지 않는 것이 있다.(*cf.* ma3-11) … (§92) … 이와 같이 열 가지에 의한 심리현상들의 무더기가 있다.

111. {20} 한 가지에 의한 심리현상들의 무더기가 있다. — 마음과 결합된 것이다.

두 가지에 의한 심리현상들의 무더기가 있다. — 번뇌이면서 번뇌의 대상인 것이 있고, 번뇌의 대상이지만 번뇌가 아닌 것이 있다.(*cf* ma2-17)

세 가지에 의한 심리현상들의 무더기가 있다. — 제한된 것이 있고, 고귀한 것이 있고, 무량한 것이 있다.(*cf* ma3-12) … (§92) … 이와 같이 열 가지에 의한 심리현상들의 무더기가 있다.

112. {21} 한 가지에 의한 심리현상들의 무더기가 있다. — 마음과 결합된 것이다.

두 가지에 의한 심리현상들의 무더기가 있다. — 번뇌이면서 번뇌와 결합된 것이 있고, 번뇌와 결합되었지만 번뇌가 아닌 것이 있다.(*cf* ma2-18)

세 가지에 의한 심리현상들의 무더기가 있다. — 제한된 대상을 가진 것이 있고, 고귀한 대상을 가진 것이 있고, 무량한 대상을 가진 것이 있다.(*cf* ma3-13) … (§92) … 이와 같이 열 가지에 의한 심리현상들의 무더기가 있다.

113. {22} 한 가지에 의한 심리현상들의 무더기가 있다. — 마음과 결합된 것이다.

두 가지에 의한 [50] 심리현상들의 무더기가 있다. — 번뇌와 결합되지 않았지만 번뇌의 대상인 것이 있고, [번뇌와 결합되지 않았으면서] 번뇌의 대상이 아닌 것이 있다.(*cf* ma2-19)

세 가지에 의한 심리현상들의 무더기가 있다. — 저열한 것이 있고, 중간인 것이 있고, 수승한 것이 있다.(*cf* ma3-14) … (§92) … 이와 같이 열 가지에 의한 심리현상들의 무더기가 있다.

114. {23} 한 가지에 의한 심리현상들의 무더기가 있다. — 마음과 결합된 것이다.

두 가지에 의한 심리현상들의 무더기가 있다. — 족쇄인 것이 있고,

족쇄가 아닌 것이 있다.(*cf.* ma2-20)

세 가지에 의한 심리현상들의 무더기가 있다. — 그릇된 것으로 확정된 것이 있고, 바른 것으로 확정된 것이 있고, 확정되지 않은 것이 있다.(*cf.* ma3-15) … (§92) … 이와 같이 열 가지에 의한 심리현상들의 무더기가 있다.

115. {24} 한 가지에 의한 심리현상들의 무더기가 있다. — 마음과 결합된 것이다.

두 가지에 의한 심리현상들의 무더기가 있다. — 족쇄의 대상인 것이 있고, 족쇄의 대상이 아닌 것이 있다.(*cf.* ma2-21)

세 가지에 의한 심리현상들의 무더기가 있다. — 도를 대상으로 가진 것이 있고, 도를 원인으로 가진 것이 있고, 도를 지배의 [요소로] 가진 것이 있다.(*cf.* ma3-16) … (§92) … 이와 같이 열 가지에 의한 심리현상들의 무더기가 있다.

116. {25} 한 가지에 의한 심리현상들의 무더기가 있다. — 마음과 결합된 것이다.

두 가지에 의한 심리현상들의 무더기가 있다. — 족쇄와 결합된 것이 있고, 족쇄와 결합되지 않은 것이 있다.(*cf.* ma2-22)

세 가지에 의한 심리현상들의 무더기가 있다. — 일어난 것이 있고, 일어나지 않은 것이 있고, 일어나게 될 것이 있다.(*cf.* ma3-17) … (§92) … 이와 같이 열 가지에 의한 심리현상들의 무더기가 있다.

117. {26} 한 가지에 의한 심리현상들의 무더기가 있다. — 마음과 결합된 것이다.

두 가지에 의한 [51] 심리현상들의 무더기가 있다. — 족쇄이면서 족쇄의 대상인 것이 있고, 족쇄의 대상이지만 족쇄가 아닌 것이 있다.(*cf.* ma2-23)

세 가지에 의한 심리현상들의 무더기가 있다. — 과거의 것이 있고, 미래의 것이 있고, 현재의 것이 있다.(*cf.* ma3-18) … (§92) … 이와 같이 열 가지에 의한 심리현상들의 무더기가 있다.

118. {27} 한 가지에 의한 심리현상들의 무더기가 있다. — 마음과 결합된 것이다.

두 가지에 의한 심리현상들의 무더기가 있다. — 족쇄이면서 족쇄와 결합된 것이 있고, 족쇄와 결합되었지만 족쇄가 아닌 것이 있다.(*cf.* ma2-24)

세 가지에 의한 심리현상들의 무더기가 있다. — 과거의 대상을 가진 것이 있고, 미래의 대상을 가진 것이 있고, 현재의 대상을 가진 것이 있다.(*cf.* ma3-19) … (§92) … 이와 같이 열 가지에 의한 심리현상들의 무더기가 있다.

119. {28} 한 가지에 의한 심리현상들의 무더기가 있다. — 마음과 결합된 것이다.

두 가지에 의한 심리현상들의 무더기가 있다. — 족쇄와 결합되지 않았지만 족쇄의 대상인 것이 있고, [족쇄와 결합되지 않았으면서] 족쇄의 대상이 아닌 것이 있다.(*cf.* ma2-25)

세 가지에 의한 심리현상들의 무더기가 있다. — 안의 것이 있고, 밖의 것이 있고, 안과 밖의 것이 있다.(*cf.* ma3-20) … (§92) … 이와 같이 열 가지에 의한 심리현상들의 무더기가 있다.

120. {29} 한 가지에 의한 심리현상들의 무더기가 있다. — 마음과 결합된 것이다.

두 가지에 의한 심리현상들의 무더기가 있다. — 매듭인 것이 있고, 매듭이 아닌 것이 있다.(*cf.* ma2-26)

세 가지에 의한 심리현상들의 무더기가 있다. — 안의 대상을 가진 것이 있고, 밖의 대상을 가진 것이 있고, 안과 밖의 대상을 가진 것이 있다.(*cf.* ma3-21) … (§92) … 이와 같이 열 가지에 의한 심리현상들의 무더기가 있다.

양면으로 증가하는 부문이 [끝났다.]

④ 여러 가지 부문

{30} 일곱 가지에 의한 [52] 심리현상들의 무더기가 있다. — 유익한 것이 있고, 해로운 것이 있고, 결정할 수 없는 것[無記]이 있고, 욕계에 속하는 것이 있고, 색계에 속하는 것이 있고, 무색계에 속하는 것이 있고, [세간에] 포함되지 않는[出世間] 것이 있다. 이와 같이 일곱 가지에 의한 심리현상들의 무더기가 있다.

{31} 또 다른 일곱 가지에 의한 심리현상들의 무더기가 있다. — 즐거운 느낌과 결합된 것이 있고, 괴로운 느낌과 결합된 것이 있고, 괴롭지도 즐겁지도 않은 느낌과 결합된 것이 있고,(*cf.* ma3-2) 욕계에 속하는 것이 있고, 색계에 속하는 것이 있고, 무색계에 속하는 것이 있고, [세간에] 포함되지 않는[出世間] 것이 있다. … (§93) … 안의 대상을 가진 것이 있고, 밖의 대상을 가진 것이 있고, 안과 밖의 대상을 가진 것이 있고,(*cf.* ma3-21) 욕계에 속하는 것이 있고, 색계에 속하는 것이 있고, 무색계에 속하는 것이 있고, [세간에] 포함되지 않는[出世間] 것이 있다. 이와 같이 일곱 가지에 의한 심리현상들의 무더기가 있다.

{32} 스물네 가지에 의한 심리현상들의 무더기가 있다. — 눈의 감각접촉을 조건으로 한 심리현상들의 무더기는 유익한 것이 있고, 해로운 것이 있고, 결정할 수 없는 것[無記]이 있다.(*cf.* ma3-1) 귀의 감각접촉을 조건으로 한 심리현상들의 무더기는 … 코의 감각접촉을 조건으로 한 심리현상들의 무더기는 … 혀의 감각접촉을 조건으로 한 심리현상들의

무더기는 … 몸의 감각접촉을 조건으로 한 심리현상들의 무더기는 … 마노의 감각접촉을 조건으로 한 심리현상들의 무더기는 유익한 것이 있고, 해로운 것이 있고, 결정할 수 없는 것[無記]이 있다.(*cf* ma3-1) [그리고] 눈의 감각접촉에서 생긴 의도, 귀의 감각접촉에서 생긴 의도, 코의 감각접촉에서 생긴 의도, 혀의 감각접촉에서 생긴 의도, 몸의 감각접촉에서 생긴 의도, 마노의 감각접촉에서 생긴 의도이다. 이와 같이 스물네 가지에 의한 심리현상들의 무더기가 있다.

{33} 또 다른 스물네 가지에 의한 심리현상들의 무더기가 있다. — 눈의 감각접촉을 조건으로 한 심리현상들의 무더기는 즐거운 느낌과 결합된 것이 있고, 괴로운 느낌과 결합된 것이 있고, 괴롭지도 즐겁지도 않은 느낌과 결합된 것이 있다.(*cf* ma3-2) … (§93) … 안의 대상을 가진 것이 있고, 밖의 대상을 가진 것이 있고, 안과 밖의 대상을 가진 것이 있다.(*cf* ma3-21) [그리고] 눈의 감각접촉에서 생긴 의도 … 마노의 감각접촉에서 생긴 의도이다.

귀의 감각접촉을 조건으로 한 … 코의 감각접촉을 조건으로 한 … 혀의 감각접촉을 조건으로 한 … 몸의 감각접촉을 조건으로 한 … 마노의 감각접촉을 조건으로 한 심리현상들의 무더기는 즐거운 느낌과 결합된 것이 있고, 괴로운 느낌과 결합된 것이 있고, 괴롭지도 즐겁지도 않은 느낌과 결합된 것이 있다.(*cf* ma3-2) … (§93) … 안의 대상을 가진 것이 있고, 밖의 대상을 가진 것이 있고, 안과 밖의 대상을 가진 것이 있다.(*cf* ma3-21) [그리고] 눈의 감각접촉에서 생긴 의도, 귀의 감각접촉에서 생긴 의도, 코의 감각접촉에서 생긴 의도, 혀의 감각접촉에서 생긴 의도, 몸의 감각접촉에서 생긴 의도, 마노의 감각접촉에서 생긴 의도이다. 이와 같이 스물네 가지에 의한 심리현상들의 무더기가 있다.

{34} 서른 가지에 의한 심리현상들의 무더기가 있다. — 눈의 감각접

촉을 조건으로 한 심리현상들의 무더기는 욕계에 속하는 것이 있고, 색계에 속하는 것이 있고, 무색계에 속하는 것이 있고, [세간에] 포함되지 않는[出世間] 것이 있다. 귀의 감각접촉을 조건으로 한 … 코의 감각접촉을 조건으로 한 [53] … 혀의 감각접촉을 조건으로 한 … 몸의 감각접촉을 조건으로 한 … 마노의 감각접촉을 조건으로 한 심리현상들의 무더기는 욕계에 속하는 것이 있고, 색계에 속하는 것이 있고, 무색계에 속하는 것이 있고, [세간에] 포함되지 않는[出世間] 것이 있다. [그리고] 눈의 감각접촉에서 생긴 의도 … 마노의 감각접촉에서 생긴 의도이다. 이와 같이 서른 가지에 의한 심리현상들의 무더기가 있다.

{35} 여러 가지에 의한 심리현상들의 무더기가 있다. — 눈의 감각접촉을 조건으로 한 심리현상들의 무더기는 유익한 것이 있고, 해로운 것이 있고, 결정할 수 없는 것[無記]이 있고, 욕계에 속하는 것이 있고, 색계에 속하는 것이 있고, 무색계에 속하는 것이 있고, [세간에] 포함되지 않는[出世間] 것이 있다.

귀의 감각접촉을 조건으로 한 심리현상들의 무더기는 … 코의 감각접촉을 조건으로 한 심리현상들의 무더기는 … 혀의 감각접촉을 조건으로 한 심리현상들의 무더기는 … 몸의 감각접촉을 조건으로 한 심리현상들의 무더기는 … 마노의 감각접촉을 조건으로 한 심리현상들의 무더기는 유익한 것이 있고, 해로운 것이 있고, 결정할 수 없는 것[無記]이 있고, 욕계에 속하는 것이 있고, 색계에 속하는 것이 있고, 무색계에 속하는 것이 있고, [세간에] 포함되지 않는[出世間] 것이 있다.

[그리고] 눈의 감각접촉에서 생긴 의도, 귀의 감각접촉에서 생긴 의도, 코의 감각접촉에서 생긴 의도, 혀의 감각접촉에서 생긴 의도, 몸의 감각접촉에서 생긴 의도, 마노의 감각접촉에서 생긴 의도이다. 이와 같이 여러 가지에 의한 심리현상들의 무더기가 있다.

{36} 또 다른 여러 가지에 의한 심리현상들의 무더기가 있다. — 눈의 감각접촉을 조건으로 한 심리현상들의 무더기는 즐거운 느낌과 결합된 것이 있고, 괴로운 느낌과 결합된 것이 있고, 괴롭지도 즐겁지도 않은 느낌과 결합된 것이 있다.(*cf* ma3-2) … (§93) … 안의 대상을 가진 것이 있고, 밖의 대상을 가진 것이 있고, 안과 밖의 대상을 가진 것이 있다.(*cf* ma3-21) 욕계에 속하는 것이 있고, 색계에 속하는 것이 있고, 무색계에 속하는 것이 있고, [세간에] 포함되지 않는[出世間] 것이 있다.

귀의 감각접촉을 조건으로 한 심리현상들의 무더기는 … 코의 감각접촉을 조건으로 한 심리현상들의 무더기는 … 혀의 감각접촉을 조건으로 한 심리현상들의 무더기는 … 몸의 감각접촉을 조건으로 한 심리현상들의 무더기는 … 마노의 감각접촉을 조건으로 한 심리현상들의 무더기는 즐거운 느낌과 결합된 것이 있고, 괴로운 느낌과 결합된 것이 있고, 괴롭지도 즐겁지도 않은 느낌과 결합된 것이 있다.(*cf* ma3-2) … (§93) … 안의 대상을 가진 것이 있고, 밖의 대상을 가진 것이 있고, 안과 밖의 대상을 가진 것이 있다.(*cf* ma3-21) 욕계에 속하는 것이 있고, 색계에 속하는 것이 있고, 무색계에 속하는 것이 있고, [세간에] 포함되지 않는[出世間] 것이 있다.

[그리고] 눈의 감각접촉에서 생긴 의도, 귀의 감각접촉에서 생긴 의도, 코의 감각접촉에서 생긴 의도, 혀의 감각접촉에서 생긴 의도, 몸의 감각접촉에서 생긴 의도, 마노의 감각접촉에서 생긴 의도이다. 이와 같이 여러 가지에 의한 심리현상들의 무더기가 있다.

— 이를 일러 심리현상들의 무더기라 한다.

(5) 알음알이의 무더기[識蘊][111]

① 두 개 조에 뿌리 한 부문

121. 여기서 무엇이 '알음알이의 무더기'인가?

{1} 한 가지에 의한 알음알이의 무더기가 있다. — 감각접촉과 결합된 것이다.

두 가지에 의한 [54] 알음알이의 무더기가 있다. — 원인을 가진 것이 있고, 원인을 가지지 않은 것이 있다.(*cf.* ma2-2)

세 가지에 의한 알음알이의 무더기가 있다. — 유익한 것이 있고, 해로운 것이 있고, 결정할 수 없는 것[無記]이 있다.(*cf.* ma3-1)

네 가지에 의한 알음알이의 무더기가 있다. — 욕계에 속하는 것이 있고, 색계에 속하는 것이 있고, 무색계에 속하는 것이 있고, [세간에] 포함되지 않는[出世間] 것이 있다.

다섯 가지에 의한 알음알이의 무더기가 있다. — 즐거움의 기능과 결합된 것, 괴로움의 기능과 결합된 것, 기쁨의 기능과 결합된 것, 불만족의 기능과 결합된 것, 평온의 기능과 결합된 것이다. 이와 같이 다섯 가지에 의한 알음알이의 무더기가 있다.

여섯 가지에 의한 알음알이의 무더기가 있다. — 눈의 알음알이 … 마노의 알음알이이다. 이와 같이 여섯 가지에 의한 알음알이의 무더기가 있다.

일곱 가지에 의한 알음알이의 무더기가 있다. — 눈의 알음알이, 귀의

---

111) "알음알이의 무더기의 해설(viññāṇakkhandha-niddesa)에서 눈의 감각접촉에서 생긴 것 등의 상태(cakkhusamphassajādi-bhāva)로 설하시지 않고 눈의 알음알이라는 등을 설하셨다. 알음알이를 두고 마노의 감각접촉에서 생긴 것(*cf.* manosamphassaja)이라고 해설할 수 없기 때문이다. 나머지는 인식의 무더기에서 설하신 것과 같다."(VbhA.42)

알음알이, 코의 알음알이, 혀의 알음알이, 몸의 알음알이, 마노의 요소, 마노의 알음알이의 요소이다. 이와 같이 일곱 가지에 의한 알음알이의 무더기가 있다.

여덟 가지에 의한 알음알이의 무더기가 있다. — 눈의 알음알이, 귀의 알음알이, 코의 알음알이, 혀의 알음알이, 즐거움이 함께한 몸의 알음알이, 괴로움이 함께한 [몸의 알음알이], 마노의 요소, 마노의 알음알이의 요소이다. 이와 같이 여덟 가지에 의한 알음알이의 무더기가 있다.

아홉 가지에 의한 알음알이의 무더기가 있다. — 눈의 알음알이, 귀의 알음알이, 코의 알음알이, 혀의 알음알이, 몸의 알음알이, 마노의 요소, 유익한 마노의 알음알이의 요소, 해로운 [마노의 알음알이의 요소], 결정할 수 없는[無記] [마노의 알음알이의 요소]이다. 이와 같이 아홉 가지에 의한 알음알이의 무더기가 있다.

열 가지에 의한 알음알이의 무더기가 있다. — 눈의 알음알이, [귀의 알음알이, 코의 알음알이, 혀의 알음알이,] 즐거움이 함께한 몸의 알음알이, 괴로움이 함께한 [몸의 알음알이], 마노의 요소, 유익한 마노의 알음알이의 요소, 해로운 [마노의 알음알이의 요소], 결정할 수 없는[無記] [마노의 알음알이의 요소]이다. 이와 같이 열 가지에 의한 알음알이의 무더기가 있다.

122. {2} 한 가지에 의한 알음알이의 무더기가 있다. — 감각접촉과 결합된 것이다.

두 가지에 의한 알음알이의 무더기가 있다. — 원인을 가진 것이 있고, 원인을 가지지 않은 것이 있다.(*cf* ma2-2)

세 가지에 의한 알음알이의 무더기가 있다.112) —

즐거운 느낌과 결합된 것이 있고, 괴로운 느낌과 결합된 것이 있고,

---

112) 여기에 언급되는 세 개 조 20가지는 §93의 심리현상들의 무더기와 같다.

괴롭지도 즐겁지도 않은 느낌과 결합된 것이 있다.(*cf.* ma3-2)

과보로 나타난 것이 있고, [55] 과보를 생기게 하는 것이 있고, 과보로 나타난 것도 아니고 과보를 생기게 하는 것도 아닌 것이 있다.(*cf.* ma3-3)

취착되었고 취착의 대상인 것이 있고, 취착되지 않았지만 취착의 대상인 것이 있고, 취착되지 않았고 취착의 대상도 아닌 것이 있다.(*cf.* ma3-4)

오염되었고 오염의 대상인 것이 있고, 오염되지 않았지만 오염의 대상인 것이 있고, 오염되지 않았고 오염의 대상도 아닌 것이 있다.(*cf.* ma3-5)

일으킨 생각이 있고 지속적 고찰이 있는 것이 있고, 일으킨 생각은 없고 지속적 고찰만 있는 것이 있고, 일으킨 생각도 없고 지속적 고찰도 없는 것이 있다.(*cf.* ma3-6)

희열이 함께하는 것이 있고, 행복이 함께하는 것이 있고, 평온이 함께하는 것이 있다.(*cf.* ma3-7)

봄[見]으로써 버려야 하는 것이 있고, 닦음으로써 버려야 하는 것이 있고, 봄[見]이나 닦음으로 버려야 하지 않는 것이 있다.(*cf.* ma3-8)

봄[見]으로써 버려야 하는 원인을 가진 것이 있고, 닦음으로써 버려야 하는 원인을 가진 것이 있고, 봄[見]이나 닦음으로 버려야 하는 원인을 가지지 않은 것이 있다.(*cf.* ma3-9)

[윤회를] 축적하게 하는 것이 있고, [윤회를] 감소시키는 것이 있고, [윤회를] 축적하게 하는 것도 [윤회를] 감소시키는 것도 아닌 것이 있다.(*cf.* ma3-10)

유학에 속하는 것이 있고, 무학에 속하는 것이 있고, 유학에도 무학에도 속하지 않는 것이 있다.(*cf.* ma3-11)

제한된 것이 있고, 고귀한 것이 있고, 무량한 것이 있다.(*cf.* ma3-12)

제한된 대상을 가진 것이 있고, 고귀한 대상을 가진 것이 있고, 무량

한 대상을 가진 것이 있다.(*cf.* ma3-13)

저열한 것이 있고, 중간인 것이 있고, 수승한 것이 있다.(*cf.* ma3-14)

그릇된 것으로 확정된 것이 있고, 바른 것으로 확정된 것이 있고, 확정되지 않은 것이 있다.(*cf.* ma3-15)

도를 대상으로 가진 것이 있고, 도를 원인으로 가진 것이 있고, 도를 지배의 [요소로] 가진 것이 있다.(*cf.* ma3-16)

일어난 것이 있고, 일어나지 않은 것이 있고, 일어나게 될 것이 있다.(*cf.* ma3-17)

과거의 것이 있고, 미래의 것이 있고, 현재의 것이 있다.(*cf.* ma3-18)

과거의 대상을 가진 것이 있고, 미래의 대상을 가진 것이 있고, 현재의 대상을 가진 것이 있다.(*cf.* ma3-19)

안의 것이 있고, 밖의 것이 있고, 안과 밖의 것이 있다.(*cf.* ma3-20)

안의 대상을 가진 것이 있고, 밖의 대상을 가진 것이 있고, 안과 밖의 대상을 가진 것이 있다.(*cf.* ma3-21) … (§121) … 이와 같이 열 가지에 의한 알음알이의 무더기가 있다.

123. {3} 한 가지에 의한 알음알이의 무더기가 있다. — 감각접촉과 결합된 것이다.

두 가지에 의한 알음알이의 무더기가 있다. —

원인과 결합된 것이 있고, 원인과 결합되지 않은 것이 있다.(*cf.* ma2-3)

원인이 아니지만 원인을 가진 것이 있고, 원인이 아니면서 원인을 가지지 않은 것이 있다.(*cf.* ma2-6)

세간적인 것이 있고, 출세간의 것이 있다.(*cf.* ma2-12)

어떤 것으로는 식별되는 것이 있고, 어떤 것으로는 식별되지 않는 것이 있다.(*cf.* ma2-13)

번뇌의 대상인 것이 있고, 번뇌의 대상이 아닌 것이 있다.(*cf.* ma2-15)

번뇌와 결합된 것이 있고, 번뇌와 결합되지 않은 것이 있다.(*cf.* ma2-16)

번뇌와 결합되지 않았지만 번뇌의 대상인 것이 있고, [번뇌와 결합되지 않았으면서] 번뇌의 대상이 아닌 것이 있다.(*cf.* ma2-19)

족쇄의 대상인 것이 있고, 족쇄의 대상이 아닌 것이 있다.(*cf.* ma2-21)

족쇄와 결합된 것이 있고, 족쇄와 결합되지 않은 것이 있다.(*cf.* ma2-22)

족쇄와 결합되지 않았지만 족쇄의 대상인 것이 있고, [족쇄와 결합되지 않았으면서] 족쇄의 대상이 아닌 것이 있다.(*cf.* ma2-25)

매듭의 대상인 것이 있고, 매듭의 대상이 아닌 것이 있다.(*cf.* ma2-27)

매듭과 결합된 것이 있고, 매듭과 결합되지 않은 것이 있다.(*cf.* ma2-28)

매듭과 결합되지 않았지만 매듭의 대상인 것이 있고, [매듭과 결합되지 않았으면서] 매듭의 대상이 아닌 것이 있다.(*cf.* ma2-31)

폭류의 대상인 것이 있고, 폭류의 대상이 아닌 것이 있다.(*cf.* ma2-33)

폭류와 결합된 것이 있고, 폭류와 결합되지 않은 것이 있다.(*cf.* ma2-34)

폭류와 결합되지 않았지만 폭류의 대상인 것이 있고, [폭류와 결합되지 않았으면서] 폭류의 대상이 아닌 것이 있다.(*cf.* ma2-37)

속박의 대상인 것이 있고, 속박의 대상이 아닌 것이 있다.(*cf.* ma2-39)

속박과 결합된 것이 있고, 속박과 결합되지 않은 것이 있다.(*cf.* ma2-40)

속박과 결합되지 않았지만 속박의 대상인 것이 있고, [속박과 결합되지 않았으면서] 속박의 대상이 아닌 것이 있다.(*cf.* ma2-43)

장애의 대상인 것이 있고, 장애의 대상이 아닌 것이 있다.(*cf.* ma2-45)

장애와 결합된 것이 있고, 장애와 결합되지 않은 것이 있다.(*cf.* ma2-46)

장애와 결합되지 않았지만 장애의 대상인 것이 있고, [장애와 결합되지 않았으면서] 장애의 대상이 아닌 것이 있다.(*cf.* ma2-49)

집착의 대상인 것이 있고, [56] 집착의 대상이 아닌 것이 있다.(*cf.* ma2-51)

집착과 결합된 것이 있고, 집착과 결합되지 않은 것이 있다.(*cf.* ma2-52)

집착과 결합되지 않았지만 집착의 대상인 것이 있고, [집착과 결합되

지 않았으면서] 집착의 대상이 아닌 것이 있다.(*cf* ma2-54)

취착된 것이 있고, 취착되지 않은 것이 있다.(*cf* ma2-68)

취착의 대상인 것이 있고, 취착의 대상이 아닌 것이 있다.(*cf* ma2-70)

취착과 결합된 것이 있고, 취착과 결합되지 않은 것이 있다.(*cf* ma2-71)

취착과 결합되지 않았지만 취착의 대상인 것이 있고, [취착과 결합되지 않았으면서] 취착의 대상이 아닌 것이 있다.(*cf* ma2-74)

오염원의 대상인 것이 있고, 오염원의 대상이 아닌 것이 있다.(*cf* ma2-76)

오염된 것이 있고, 오염되지 않은 것이 있다.(*cf* ma2-77)

오염원과 결합된 것이 있고, 오염원과 결합되지 않은 것이 있다.(*cf* ma2-78)

오염원과 결합되지 않았지만 오염원의 대상인 것이 있고, [오염원과 결합되지 않았으면서] 오염원의 대상이 아닌 것이 있다.(*cf* ma2-82)

봄[見]으로써 버려야 하는 것이 있고, 봄[見]으로써 버려야 하는 것이 아닌 것이 있다.(*cf* ma2-83)

닦음[修]으로써 버려야 하는 것이 있고, 닦음[修]으로써 버려야 하는 것이 아닌 것이 있다.(*cf* ma2-84)

봄으로써 버려야 하는 원인을 가진 것이 있고, 봄으로써 버려야 하는 원인을 가지지 않은 것이 있다.(*cf* ma2-85)

닦음으로써 버려야 하는 원인을 가진 것이 있고, 닦음으로써 버려야 하는 원인을 가지지 않은 것이 있다.(*cf* ma2-86)

일으킨 생각이 있는 것이 있고, 일으킨 생각이 없는 것이 있다.(*cf* ma2-87)

지속적 고찰이 있는 것이 있고, 지속적 고찰이 없는 것이 있다.(*cf* ma2-88)

희열이 있는 것이 있고, 희열이 없는 것이 있다.(*cf* ma2-89)

희열이 함께하는 것이 있고, 희열이 함께하지 않는 것이 있다.(*cf* ma2-90)

행복이 함께하는 것이 있고, 행복이 함께하지 않는 것이 있다.(*cf* ma2-91)

평온이 함께하는 것이 있고, 평온이 함께하지 않는 것이 있다.(*cf* ma2-92)

욕계에 속하는 것이 있고, 욕계에 속하지 않는 것이 있다.(*cf.* ma2-93)

색계에 속하는 것이 있고, 색계에 속하지 않는 것이 있다.(*cf.* ma2-94)

무색계에 속하는 것이 있고, 무색계에 속하지 않는 것이 있다.(*cf.* ma2-95)

[세간에] 포함된 것이 있고, [세간에] 포함되지 않는[出世間] 것이 있다.(*cf.* ma2-96)

출리(出離)로 인도하는 것이 있고, 출리로 인도하지 못하는 것이 있다.(*cf.* ma2-97)

확정된 것이 있고, 확정되지 않은 것이 있다.(*cf.* ma2-98)

위가 있는 것이 있고, 위가 없는 것이 있다.(*cf.* ma2-99)

다툼을 가진 것이 있고, 다툼이 없는[無爭] 것이 있다.(*cf.* ma2-100)

세 가지에 의한 [57] 알음알이의 무더기가 있다. — 유익한 것이 있고, 해로운 것이 있고, 결정할 수 없는 것[無記]이 있다.(*cf.* ma3-1) … (§121) … 이와 같이 열 가지에 의한 알음알이의 무더기가 있다.

124. {4} 한 가지에 의한 알음알이의 무더기가 있다. — 감각접촉과 결합된 것이다.

두 가지에 의한 알음알이의 무더기가 있다. — 다툼을 가진 것이 있고, 다툼이 없는[無爭] 것이 있다.(*cf.* ma2-100)

세 가지에 의한 알음알이의 무더기가 있다. — 즐거운 느낌과 결합된 것이 있고, 괴로운 느낌과 결합된 것이 있고, 괴롭지도 즐겁지도 않은 느낌과 결합된 것이 있다.(*cf.* ma3-2) 과보로 나타난 것이 있고 … (§122) … 안의 대상을 가진 것이 있고, 밖의 대상을 가진 것이 있고, 안과 밖의 대상을 가진 것이 있다.(*cf.* ma3-21) … (§121) … 이와 같이 열 가지에 의한 알음알이의 무더기가 있다.

두 개 조에 뿌리 한 부문이 [끝났다.]

② 세 개 조에 뿌리 한 부문

125. {5} 한 가지에 의한 알음알이의 무더기가 있다. — 감각접촉과 결합된 것이다.

두 가지에 의한 알음알이의 무더기가 있다. — 원인을 가진 것이 있고, 원인을 가지지 않은 것이 있다.(*cf.* ma2-2)

세 가지에 의한 알음알이의 무더기가 있다. — 유익한 것이 있고, 해로운 것이 있고, 결정할 수 없는 것[無記]이 있다.(*cf.* ma3-1) … (§121) … 이와 같이 열 가지에 의한 알음알이의 무더기가 있다.

126. {6} 한 가지에 의한 알음알이의 무더기가 있다. — 감각접촉과 결합된 것이다.

두 가지에 의한 알음알이의 무더기가 있다. — 원인과 결합된 것이 있고, 원인과 결합되지 않은 것이 있다.(*cf.* ma2-3) … (§122) … 다툼을 가진 것이 있고, 다툼이 없는[無爭] 것이 있다.(*cf.* ma2-100)

세 가지에 의한 알음알이의 무더기가 있다. — 유익한 것이 있고, 해로운 것이 있고, 결정할 수 없는 것[無記]이 있다.(*cf.* ma3-1) … (§121) … 이와 같이 열 가지에 의한 알음알이의 무더기가 있다.

127. {7} 한 가지에 의한 알음알이의 무더기가 있다. — 감각접촉과 결합된 것이다.

두 가지에 의한 [58] 알음알이의 무더기가 있다. — 원인을 가진 것이 있고, 원인을 가지지 않은 것이 있다.(*cf.* ma2-2)

세 가지에 의한 알음알이의 무더기가 있다. — 즐거운 느낌과 결합된 것이 있고, 괴로운 느낌과 결합된 것이 있고, 괴롭지도 즐겁지도 않은 느낌과 결합된 것이 있다.(*cf.* ma3-2)

과보로 나타난 것이 있고, 과보를 생기게 하는 것이 있고, 과보로 나타난 것도 아니고 과보를 생기게 하는 것도 아닌 것이 있다.(*cf* ma3-3) … (§122) … 안의 대상을 가진 것이 있고, 밖의 대상을 가진 것이 있고, 안과 밖의 대상을 가진 것이 있다.(*cf* ma3-21) … (§121) … 이와 같이 열 가지에 의한 알음알이의 무더기가 있다.

128. {8} 한 가지에 의한 알음알이의 무더기가 있다. — 감각접촉과 결합된 것이다.

두 가지에 의한 알음알이의 무더기가 있다. — 원인과 결합된 것이 있고, 원인과 결합되지 않은 것이 있다.(*cf* ma2-3) … (§122) … 다툼을 가진 것이 있고, 다툼이 없는[無爭] 것이 있다.(*cf* ma2-100)

세 가지에 의한 알음알이의 무더기가 있다. — 안의 대상을 가진 것이 있고, 밖의 대상을 가진 것이 있고, 안과 밖의 대상을 가진 것이 있다.(*cf* ma3-21) … (§121) … 이와 같이 열 가지에 의한 알음알이의 무더기가 있다.

세 개 조에 뿌리 한 부문이 [끝났다.]

③ 양면으로 증가하는 부문

129. {9} 한 가지에 의한 알음알이의 무더기가 있다. — 감각접촉과 결합된 것이다.

두 가지에 의한 알음알이의 무더기가 있다. — 원인을 가진 것이 있고, 원인을 가지지 않은 것이 있다.(*cf* ma2-2)

세 가지에 의한 알음알이의 무더기가 있다. — 유익한 것이 있고, 해로운 것이 있고, 결정할 수 없는 것[無記]이 있다.(*cf* ma3-1) … (§121) … 이와 같이 열 가지에 의한 알음알이의 무더기가 있다.

130. {10} 한 가지에 의한 알음알이의 무더기가 있다. — 감각접촉

과 결합된 것이다.

두 가지에 의한 [59] 알음알이의 무더기가 있다. — 원인과 결합된 것이 있고, 원인과 결합되지 않은 것이 있다.(*cf* ma2-3)

세 가지에 의한 알음알이의 무더기가 있다. — 즐거운 느낌과 결합된 것이 있고, 괴로운 느낌과 결합된 것이 있고, 괴롭지도 즐겁지도 않은 느낌과 결합된 것이 있다.(*cf* ma3-2) … (§121) … 이와 같이 열 가지에 의한 알음알이의 무더기가 있다.

131. {11} 한 가지에 의한 알음알이의 무더기가 있다. — 감각접촉과 결합된 것이다.

두 가지에 의한 알음알이의 무더기가 있다. — 원인이 아니지만 원인을 가진 것이 있고, 원인이 아니면서 원인을 가지지 않은 것이 있다.(*cf* ma2-6)

세 가지에 의한 알음알이의 무더기가 있다. — 과보로 나타난 것이 있고, 과보를 생기게 하는 것이 있고, 과보로 나타난 것도 아니고 과보를 생기게 하는 것도 아닌 것이 있다.(*cf* ma3-3) … (§121) … 이와 같이 열 가지에 의한 알음알이의 무더기가 있다.

132. {12} 한 가지에 의한 알음알이의 무더기가 있다. — 감각접촉과 결합된 것이다.

두 가지에 의한 알음알이의 무더기가 있다. — 세간적인 것이 있고, 출세간의 것이 있다.(*cf* ma2-12)

세 가지에 의한 알음알이의 무더기가 있다. — 취착되었고 취착의 대상인 것이 있고, 취착되지 않았지만 취착의 대상인 것이 있고, 취착되지 않았고 취착의 대상도 아닌 것이 있다.(*cf* ma3-4) … (§121) … 이와 같이 열 가지에 의한 알음알이의 무더기가 있다.[113]

133. {13} 한 가지에 의한 알음알이의 무더기가 있다. — 감각접촉과 결합된 것이다.

두 가지에 의한 알음알이의 무더기가 있다. — 어떤 것으로는 식별되는 것이 있고, 어떤 것으로는 식별되지 않는 것이 있다.(*cf.* ma2-13)

세 가지에 의한 알음알이의 무더기가 있다. — 오염되었고 오염의 대상인 것이 있고, 오염되지 않았지만 오염의 대상인 것이 있고, 오염되지 않았고 오염의 대상도 아닌 것이 있다.(*cf.* ma3-5) … (§121) … 이와 같이 열 가지에 의한 알음알이의 무더기가 있다.

134. {14} 한 가지에 의한 알음알이의 무더기가 있다. — 감각접촉과 결합된 것이다.

두 가지에 의한 알음알이의 무더기가 있다. — 번뇌의 대상인 것이 있고, 번뇌의 대상이 아닌 것이 있다.(*cf.* ma2-15)

세 가지에 의한 알음알이의 무더기가 있다. — 일으킨 생각이 있고 지속적 고찰이 있는 것이 있고, 일으킨 생각은 없고 지속적 고찰만 있는 것이 있고, 일으킨 생각도 없고 지속적 고찰도 없는 것이 있다.(*cf.* ma3-6) … (§121) … 이와 같이 열 가지에 의한 알음알이의 무더기가 있다.

135. {15} 한 가지에 의한 알음알이의 무더기가 있다. — 감각접촉과 결합된 것이다.

두 가지에 의한 알음알이의 무더기가 있다. — 번뇌와 결합된 것이 있고, 번뇌와 결합되지 않은 것이 있다.(*cf.* ma2-16)

세 가지에 의한 알음알이의 무더기가 있다. — 희열이 함께하는 것이

---

113) VRI본에 나타나는 아래 §133의 {14}부터 §149의 {29}까지는 PTS본에는 나타나지 않는다. 대신에 PTS본에는 여기 {12} 아래에 "Note — Yathā saññākkhandhassa Ubhatovaḍḍhanakaṁ evaṁ viññāṇakkhandhassa vitthāretabbaṁ"으로 표기하고 있다.

있고, 행복이 함께하는 것이 있고, 평온이 함께하는 것이 있다.(*cf.* ma3-7) … (§121) … 이와 같이 열 가지에 의한 알음알이의 무더기가 있다.

136. {16} 한 가지에 의한 알음알이의 무더기가 있다. — 감각접촉과 결합된 것이다.

두 가지에 의한 알음알이의 무더기가 있다. — 번뇌와 결합되지 않았지만 번뇌의 대상인 것이 있고, [번뇌와 결합되지 않았으면서] 번뇌의 대상이 아닌 것이 있다.(*cf.* ma2-19)

세 가지에 의한 알음알이의 무더기가 있다. — 봄[見]으로써 버려야 하는 것이 있고, 닦음으로써 버려야 하는 것이 있고, 봄[見]이나 닦음으로 버려야 하지 않는 것이 있다.(*cf.* ma3-8) … (§121) … 이와 같이 열 가지에 의한 알음알이의 무더기가 있다.

137. {17} 한 가지에 의한 알음알이의 무더기가 있다. — 감각접촉과 결합된 것이다.

두 가지에 의한 알음알이의 무더기가 있다. — 족쇄의 대상인 것이 있고, 족쇄의 대상이 아닌 것이 있다.(*cf.* ma2-21)

세 가지에 의한 알음알이의 무더기가 있다. — 봄[見]으로써 버려야 하는 원인을 가진 것이 있고, 닦음으로써 버려야 하는 원인을 가진 것이 있고, 봄[見]이나 닦음으로 버려야 하는 원인을 가지지 않은 것이 있다.(*cf.* ma3-9) … (§121) … 이와 같이 열 가지에 의한 알음알이의 무더기가 있다.

138. {18} 한 가지에 의한 알음알이의 무더기가 있다. — 감각접촉과 결합된 것이다.

두 가지에 의한 알음알이의 무더기가 있다. — 족쇄와 결합된 것이 있고, 족쇄와 결합되지 않은 것이 있다.(*cf.* ma2-22)

세 가지에 의한 알음알이의 무더기가 있다. — [윤회를] 축적하게 하는 것이 있고, [윤회를] 감소시키는 것이 있고, [윤회를] 축적하게 하는 것도 [윤회를] 감소시키는 것도 아닌 것이 있다.(*cf.* ma3-10) … (§121) … 이와 같이 열 가지에 의한 알음알이의 무더기가 있다.

139. {19} 한 가지에 의한 알음알이의 무더기가 있다. — 감각접촉과 결합된 것이다.

두 가지에 의한 알음알이의 무더기가 있다. — 족쇄와 결합되지 않았지만 족쇄의 대상인 것이 있고, [족쇄와 결합되지 않았으면서] 족쇄의 대상이 아닌 것이 있다.(*cf.* ma2-25)

세 가지에 의한 알음알이의 무더기가 있다. — 유학에 속하는 것이 있고, 무학에 속하는 것이 있고, 유학에도 무학에도 속하지 않는 것이 있다.(*cf.* ma3-11) … (§121) … 이와 같이 열 가지에 의한 알음알이의 무더기가 있다.

140. {20} 한 가지에 의한 알음알이의 무더기가 있다. — 감각접촉과 결합된 것이다.

두 가지에 의한 알음알이의 무더기가 있다. — 매듭의 대상인 것이 있고, 매듭의 대상이 아닌 것이 있다.(*cf.* ma2-27)

세 가지에 의한 알음알이의 무더기가 있다. — 제한된 것이 있고, 고귀한 것이 있고, 무량한 것이 있다.(*cf.* ma3-12) … (§121) … 이와 같이 열 가지에 의한 알음알이의 무더기가 있다.

141. {21} 한 가지에 의한 알음알이의 무더기가 있다. — 감각접촉과 결합된 것이다.

두 가지에 의한 알음알이의 무더기가 있다. — 매듭과 결합된 것이 있고, 매듭과 결합되지 않은 것이 있다.(*cf.* ma2-28)

세 가지에 의한 알음알이의 무더기가 있다. — 제한된 대상을 가진 것이 있고, 고귀한 대상을 가진 것이 있고, 무량한 대상을 가진 것이 있다.(*cf* ma3-13) … (§121) … 이와 같이 열 가지에 의한 알음알이의 무더기가 있다.

142. {22} 한 가지에 의한 알음알이의 무더기가 있다. — 감각접촉과 결합된 것이다.

두 가지에 의한 알음알이의 무더기가 있다. — 매듭과 결합되지 않았지만 매듭의 대상인 것이 있고(*cf* ma2-31-a) [매듭과 결합되지 않았으면서] 매듭의 대상이 아닌 것이 있다.(*cf* ma2-31-b)

세 가지에 의한 알음알이의 무더기가 있다. — 저열한 것이 있고, 중간인 것이 있고, 수승한 것이 있다.(*cf* ma3-14) … (§121) … 이와 같이 열 가지에 의한 알음알이의 무더기가 있다.

143. {23} 한 가지에 의한 알음알이의 무더기가 있다. — 감각접촉과 결합된 것이다.

두 가지에 의한 알음알이의 무더기가 있다. — 폭류의 대상인 것이 있고 폭류의 대상이 아닌 것이 있다.(*cf* ma2-33)

세 가지에 의한 알음알이의 무더기가 있다. — 그릇된 것으로 확정된 것이 있고, 바른 것으로 확정된 것이 있고, 확정되지 않은 것이 있다.(*cf* ma3-15) … (§121) … 이와 같이 열 가지에 의한 알음알이의 무더기가 있다.

144. {24} 한 가지에 의한 알음알이의 무더기가 있다. — 감각접촉과 결합된 것이다.

두 가지에 의한 알음알이의 무더기가 있다. — 폭류와 결합된 것이 있고 폭류와 결합되지 않은 것이 있다.(*cf* ma2-34)

세 가지에 의한 알음알이의 무더기가 있다. — 도를 대상으로 가진 것이 있고, 도를 원인으로 가진 것이 있고, 도를 지배의 [요소로] 가진 것이 있다.(*cf.* ma3-16) … (§121) … 이와 같이 열 가지에 의한 알음알이의 무더기가 있다.

145. {25} 한 가지에 의한 알음알이의 무더기가 있다. — 감각접촉과 결합된 것이다.

두 가지에 의한 알음알이의 무더기가 있다. — 폭류와 결합되지 않았지만 폭류의 대상인 것이 있고, [폭류와 결합되지 않았으면서] 폭류의 대상이 아닌 것이 있다.(*cf.* ma2-37)

세 가지에 의한 알음알이의 무더기가 있다. — 일어난 것이 있고, 일어나지 않은 것이 있고, 일어나게 될 것이 있다.(*cf.* ma3-17) … (§121) … 이와 같이 열 가지에 의한 알음알이의 무더기가 있다.

146. {26} 한 가지에 의한 알음알이의 무더기가 있다. — 감각접촉과 결합된 것이다.

두 가지에 의한 알음알이의 무더기가 있다. — 속박의 대상인 것이 있고, 속박의 대상이 아닌 것이 있다.(*cf.* ma2-39)

세 가지에 의한 알음알이의 무더기가 있다. — 과거의 것이 있고, 미래의 것이 있고, 현재의 것이 있다.(*cf.* ma3-18) … (§121) … 이와 같이 열 가지에 의한 알음알이의 무더기가 있다.

147. {27} 한 가지에 의한 알음알이의 무더기가 있다. — 감각접촉과 결합된 것이다.

두 가지에 의한 알음알이의 무더기가 있다. — 속박과 결합된 것이 있고, 속박과 결합되지 않은 것이 있다.(*cf.* ma2-40)

세 가지에 의한 알음알이의 무더기가 있다. — 과거의 대상을 가진 것이 있고, 미래의 대상을 가진 것이 있고, 현재의 대상을 가진 것이 있다.(*cf* ma3-19) … (§121) … 이와 같이 열 가지에 의한 알음알이의 무더기가 있다.

148. {28} 한 가지에 의한 알음알이의 무더기가 있다. — 감각접촉과 결합된 것이다.

두 가지에 의한 알음알이의 무더기가 있다. — 속박과 결합되지 않았지만 속박의 대상인 것이 있고, [속박과 결합되지 않았으면서] 속박의 대상이 아닌 것이 있다.(*cf* ma2-43)

세 가지에 의한 알음알이의 무더기가 있다. — 안의 것이 있고, 밖의 것이 있고, 안과 밖의 것이 있다.(*cf* ma3-20) … (§121) … 이와 같이 열 가지에 의한 알음알이의 무더기가 있다.

149. {29} 한 가지에 의한 알음알이의 무더기가 있다. — 감각접촉과 결합된 것이다.

두 가지에 의한 알음알이의 무더기가 있다. — 장애의 대상인 것이 있고, 장애의 대상이 아닌 것이 있다.(*cf* ma2-45)

세 가지에 의한 알음알이의 무더기가 있다. — 안의 대상을 가진 것이 있고, 밖의 대상을 가진 것이 있고, 안과 밖의 대상을 가진 것이 있다.(*cf* ma3-21) … (§121) … 이와 같이 열 가지에 의한 알음알이의 무더기가 있다.[114]

양면으로 증가하는 부문이 [끝났다.]

---

114) "이 [인식과 심리현상들과 알음알이의] 세 가지 무더기의 해설에서는 느낌의 무더기의 해설에서보다 훨씬 더 많은 세 개 조와 두 개 조(atireka-tikadukā)가 얻어졌다. 이들을 통해서 부문들의 구분이 알아져야 한다. (VbhA.42~43)

④ 여러 가지 부문

{30} 일곱 가지에 의한 [60] 알음알이의 무더기가 있다. — 유익한 것이 있고, 해로운 것이 있고, 결정할 수 없는 것[無記]이 있고,(*cf.* ma3-1) 욕계에 속하는 것이 있고, 색계에 속하는 것이 있고, 무색계에 속하는 것이 있고, [세간에] 포함되지 않는[出世間] 것이 있다. 이와 같이 일곱 가지에 의한 알음알이의 무더기가 있다.

{31} 또 다른 일곱 가지에 의한 알음알이의 무더기가 있다. — 즐거운 느낌과 결합된 것이 있고, 괴로운 느낌과 결합된 것이 있고, 괴롭지도 즐겁지도 않은 느낌과 결합된 것이 있고,(*cf.* ma3-2) 욕계에 속하는 것이 있고, 색계에 속하는 것이 있고, 무색계에 속하는 것이 있고, [세간에] 포함되지 않는[出世間] 것이 있다. … (§122) … 안의 대상을 가진 것이 있고, 밖의 대상을 가진 것이 있고, 안과 밖의 대상을 가진 것이 있고,(*cf.* ma3-21) 욕계에 속하는 것이 있고, 색계에 속하는 것이 있고, 무색계에 속하는 것이 있고, [세간에] 포함되지 않는[出世間] 것이 있다. 이와 같이 일곱 가지에 의한 알음알이의 무더기가 있다.

{32} 스물네 가지에 의한 알음알이의 무더기가 있다. — 눈의 감각접촉을 조건으로 한 알음알이의 무더기는 유익한 것이 있고, 해로운 것이 있고, 결정할 수 없는 것[無記]이 있다.(*cf.* ma3-1) 귀의 감각접촉을 조건으로 한 알음알이의 무더기는 … 코의 감각접촉을 조건으로 한 알음알이의 무더기는 … 혀의 감각접촉을 조건으로 한 알음알이의 무더기는 … 몸의 감각접촉을 조건으로 한 알음알이의 무더기는 … 마노의 감각접촉을 조건으로 한 알음알이의 무더기는 유익한 것이 있고, 해로운 것이 있고, 결정할 수 없는 것[無記]이 있다.(*cf.* ma3-1) [그리고] 눈의 알음알이, 귀의 알음알이, 코의 알음알이, 혀의 알음알이, 몸의 알음알이, 마

노의 알음알이이다. 이와 같이 스물네 가지에 의한 알음알이의 무더기가 있다.

{33} 또 다른 스물네 가지에 의한 알음알이의 무더기가 있다. — 눈의 감각접촉을 조건으로 한 알음알이의 무더기는 즐거운 느낌과 결합된 것이 있고, 괴로운 느낌과 결합된 것이 있고, 괴롭지도 즐겁지도 않은 느낌과 결합된 것이 있다.(*cf.* ma3-2) … (§122) … 안의 대상을 가진 것이 있고, 밖의 대상을 가진 것이 있고, 안과 밖의 대상을 가진 것이 있다.(*cf.* ma3-21) [그리고] 눈의 알음알이 … 몸의 알음알이, 마노의 알음알이이다.

귀의 감각접촉을 조건으로 한 알음알이의 무더기는 … 코의 감각접촉을 조건으로 한 알음알이의 무더기는 … 혀의 감각접촉을 조건으로 한 알음알이의 무더기는 … 몸의 감각접촉을 조건으로 한 알음알이의 무더기는 … 마노의 감각접촉을 조건으로 한 알음알이의 무더기는 즐거운 느낌과 결합된 것이 있고, 괴로운 느낌과 결합된 것이 있고, 괴롭지도 즐겁지도 않은 느낌과 결합된 것이 있다.(*cf.* ma3-2) … (§122) … 안의 대상을 가진 것이 있고, 밖의 대상을 가진 것이 있고, 안과 밖의 대상을 가진 것이 있다.(*cf.* ma3-21) [그리고] 눈의 알음알이, 귀의 알음알이, 코의 알음알이, 혀의 알음알이, 몸의 알음알이, 마노의 알음알이이다. 이와 같이 스물네 가지에 의한 알음알이의 무더기가 있다.

{34} 서른 가지에 의한 알음알이의 무더기가 있다. — 눈의 감각접촉을 조건으로 한 알음알이의 무더기는 욕계에 속하는 것이 있고, 색계에 속하는 것이 있고, 무색계에 속하는 것이 있고, [세간에] 포함되지 않는[出世間] 것이 있다. 귀의 감각접촉을 조건으로 한 알음알이의 무더기는 … 코의 감각접촉을 조건으로 한 알음알이의 무더기는 … 혀의 감각접촉을 조건으로 한 알음알이의 무더기는 … 몸의 감각접촉을 조건으로

한 알음알이의 무더기는 … 마노의 감각접촉을 조건으로 한 알음알이의 무더기는 욕계에 속하는 것이 있고, 색계에 속하는 것이 있고, 무색계에 속하는 것이 있고, [세간에] 포함되지 않는[出世間] 것이 있다.

[그리고] 눈의 알음알이, [61] 귀의 알음알이, 코의 알음알이, 혀의 알음알이, 몸의 알음알이, 마노의 알음알이이다. 이와 같이 서른 가지에 의한 알음알이의 무더기가 있다.

{35} 여러 가지에 의한 알음알이의 무더기가 있다. — 눈의 감각접촉을 조건으로 한 알음알이의 무더기는 유익한 것이 있고, 해로운 것이 있고, 결정할 수 없는 것[無記]이 있고,(*cf* ma3-1) 욕계에 속하는 것이 있고, 색계에 속하는 것이 있고, 무색계에 속하는 것이 있고, [세간에] 포함되지 않는[出世間] 것이 있다.115)

귀의 감각접촉을 조건으로 한 알음알이의 무더기는 … 코의 감각접촉을 조건으로 한 알음알이의 무더기는 … 혀의 감각접촉을 조건으로 한 알음알이의 무더기는 … 몸의 감각접촉을 조건으로 한 알음알이의 무더기는 … 마노의 감각접촉을 조건으로 한 알음알이의 무더기는 유익한 것이 있고, 해로운 것이 있고, 결정할 수 없는 것[無記]이 있고,(*cf* ma3-1) 욕계에 속하는 것이 있고, 색계에 속하는 것이 있고, 무색계에 속하는 것이 있고, [세간에] 포함되지 않는[出世間] 것이 있다.

[그리고] 눈의 알음알이 … 마노의 알음알이이다. 이와 같이 여러 가지에 의한 알음알이의 무더기가 있다.

{36} 또 다른 여러 가지에 의한 알음알이의 무더기가 있다. — 눈의 감

---

115) 이다음에 VRI본에는 "cakkhuviññāṇaṁ___pe0___ manoviññāṇaṁ"가 나타나는데 이것은 편집상의 실수이다. PTS본에는 나타나지 않는다. 이것은 문맥상으로도 없어야 맞고 텃떨라 스님의 영역에도 나타나지 않는다.(텃떨라 스님 75쪽 참조)

각접촉을 조건으로 한 알음알이의 무더기는 즐거운 느낌과 결합된 것이 있고, 괴로운 느낌과 결합된 것이 있고, 괴롭지도 즐겁지도 않은 느낌과 결합된 것이 있다.(*cf* ma3-2) … (§122) … 안의 대상을 가진 것이 있고, 밖의 대상을 가진 것이 있고, 안과 밖의 대상을 가진 것이 있다.(*cf* ma3-21) 욕계에 속하는 것이 있고, 색계에 속하는 것이 있고, 무색계에 속하는 것이 있고, [세간에] 포함되지 않는[出世間] 것이 있다.

귀의 감각접촉을 조건으로 한 알음알이의 무더기는 … 코의 감각접촉을 조건으로 한 알음알이의 무더기는 … 혀의 감각접촉을 조건으로 한 알음알이의 무더기는 … 몸의 감각접촉을 조건으로 한 알음알이의 무더기는 … 마노의 감각접촉을 조건으로 한 알음알이의 무더기는 즐거운 느낌과 결합된 것이 있고, 괴로운 느낌과 결합된 것이 있고, 괴롭지도 즐겁지도 않은 느낌과 결합된 것이 있다. … (§122) … 안의 대상을 가진 것이 있고, 밖의 대상을 가진 것이 있고, 안과 밖의 대상을 가진 것이 있다.(*cf* ma3-21) 욕계에 속하는 것이 있고, 색계에 속하는 것이 있고, 무색계에 속하는 것이 있고, [세간에] 포함되지 않는[出世間] 것이 있다.

[그리고] 눈의 알음알이, 귀의 알음알이, 코의 알음알이, 혀의 알음알이, 몸의 알음알이, 마노의 알음알이이다. 이와 같이 여러 가지에 의한 알음알이의 무더기가 있다.

— 이를 일러 알음알이의 무더기라 한다.

아비담마에 따른 분석 방법이 [끝났다.]

III. [아비담마 마띠까를 통한] 질문의 제기

Pañhāpucchaka[116)]

150. 다섯 가지 무더기[五蘊]가 있으니, 물질의 무더기[色蘊], 느낌의 무더기[受蘊], 인식의 무더기[想蘊], 심리현상들의 무더기[行蘊], 알음알이의 무더기[識蘊]이다.

151. 다섯 가지 무더기 가운데 몇 가지가 유익한 [법]이고, 몇 가지가 해로운 [법]이고, 몇 가지가 결정할 수 없는[無記] [법]인가?(*cf.* ma3-1) … pe(Dhs Mtk) … 몇 가지가 다툼을 가진 [법]이고, 몇 가지가 다툼이 없는 [법]인가?(*cf.* ma2-100)

(1) 세 개 조

152. 물질의 무더기는 [62] 결정할 수 없는[無記] [법]이다. 네 가지 무더기는 유익한 [법]일 수 있고, 해로운 [법]일 수 있고, 결정할 수 없는[無記] [법]일 수 있다.(*cf.* ma3-1)[117)]

---

116) 『담마상가니 주석서』가 언급하고 있듯이 본서의 각 장은 '① 경에 따른 분석 방법(Suttanta-bhājanīya)'과 '② 아비담마에 따른 분석 방법(Abhidhamma-bhājanīya)'과 '③ [아비담마 마띠까를 통한] 질문의 제기(Pañhā-pucchaka)'로 나누어서 전개된다.

이 가운데 ① 경에 따른 분석 방법은 니까야의 정형구를 의지하여 설명을 하고 있고, ② 아비담마에 따른 분석 방법은 아비담마에서 정착시킨 정형구에 토대를 두고 논의를 전개하고 있다. 그리고 ③ [아비담마 마띠까를 통한] 질문의 제기(Pañhāpucchaka) 품은 본서 가운데 제6장, 제16장, 제17장, 제18장을 제외한 나머지 14개 장에 포함되어 있는데 이것은『담마상가니』제1권의 첫머리에 실려있는 세 개 조 마띠까 22개와 두 개 조 아비담마 마띠까 100개를 통해서 본서의 14개 장의 주제들에 포함되어 있는 법수들을 엄밀하게 분석해서 살펴보는 곳이다.

두 가지 무더기는 즐거운 느낌과 결합된 [법]이라고도 괴로운 느낌과 결합된 [법]이라고도 괴롭지도 즐겁지도 않은 느낌과 결합된 [법]이라고도 말해서는 안 된다. 세 가지 무더기는 즐거운 느낌과 결합된 [법]일 수 있고, 괴로운 느낌과 결합된 [법]일 수 있고, 괴롭지도 즐겁지도 않은 느낌과 결합된 [법]일 수 있다.(*cf.* ma3-2)

물질의 무더기는 과보로 나타난 [법]도 아니고 과보를 생기게 하는 [법]도 아니다. 네 가지 무더기는 과보로 나타난 [법]일 수 있고, 과보를 생기게 하는 [법]일 수 있고, 과보로 나타난 [법]도 아니고 과보를 생기게 하는 것도 아닌 [법]일 수 있다.(*cf.* ma3-3)

물질의 무더기는 취착되었고 취착의 대상인 [법]일 수 있고, 취착되지 않았지만 취착의 대상인 [법]일 수 있다. 네 가지 무더기는 취착되었고 취착의 대상인 [법]일 수 있고, 취착되지 않았지만 취착의 대상인 [법]일 수 있으며, 취착되지 않았고 취착의 대상도 아닌 [법]일 수 있다.(*cf.* ma3-4)

물질의 무더기는 오염되지 않았지만 오염의 대상인 [법]이다. 네 가지 무더기는 오염되었고 오염의 대상인 [법]일 수 있고, 오염되지 않았고 오염의 대상도 아닌 [법]일 수 있다.(*cf.* ma3-5)

---

117) 여기 본서의 여러 장에 나타나는 [아비담마 마띠까를 통한] 질문의 제기(Pañhāpucchaka)와 『담마상가니』 제4편 주석 편에는 이 두 곳을 제외하고는 삼장의 그 어디에도 나타나지 않는, 법을 설명하는 독특한 세 가지 구문이 나타난다. 그것은 ① '일 수 있다(siyā).' ② '~라고 말해서는 안 되는 경우가 있다(siyā na vattabbaṁ ~tipi).' ③ '~라고 말해서는 안 된다(na vattabbā ~tipi).'라는 어법이다.

역자는 『담마상가니』 제2권의 해제에서 이들 셋을 각각 ① 'siyā 구문' ② 'siyā na vattabba ~tipi 구문' ③ 'na vattabba ~tipi 구문'이라고 불렀다. 그리고 『담마상가니』 제2권의 해제에서 이들에 대해서 분석하여 설명을 하였다. 여기에 대해서는 『담마상가니』 제2권 해제(71~80쪽) <7. 제4편 주석 편에서 법을 설명하는 세 가지 독특한 구문>을 참조하기 바란다.

물질의 무더기는 일으킨 생각도 없고 지속적 고찰도 없는 [법]이다. 세 가지 무더기는 일으킨 생각이 있고 지속적 고찰이 있는 [법]일 수 있고, 일으킨 생각은 없고 지속적 고찰만 있는 [법]일 수 있고, 일으킨 생각도 없고 지속적 고찰도 없는 [법]일 수 있다. 심리현상들의 무더기는 일으킨 생각이 있고 지속적 고찰이 있는 [법]일 수 있고, 일으킨 생각은 없고 지속적 고찰만 있는 [법]일 수 있고, 일으킨 생각도 없고 지속적 고찰도 없는 [법]일 수 있다. [그러나] 일으킨 생각이 있고 지속적 고찰이 있는 [법]이라고도, 일으킨 생각은 없고 지속적 고찰만 있는 [법]이라고도 일으킨 생각도 없고 지속적 고찰도 없는 [법]이라고도 말해서는 안 되는 경우가 있다.(*cf.* ma3-6)

물질의 무더기는 희열이 함께하는 [법]이라고도 행복이 함께하는 [법]이라고도 평온이 함께하는 [법]이라고도 말해서는 안 된다. 느낌의 무더기는 희열이 함께하는 [법]일 수 있지만 행복이 함께하는 [법]은 아니고 평온이 함께하는 [법]은 아니다. [그러나] 희열이 함께하는 [법]이라고 말해서는 안 되는 경우가 있다. 세 가지 무더기는 희열이 함께하는 [법]일 수 있고, 행복이 함께하는 [법]일 수 있고, 평온이 함께하는 [법]일 수 있다. [그러나] 희열이 함께하는 [법]이라고도 행복이 함께하는 [법]이라고도 평온이 함께하는 [법]이라고도 말해서는 안 되는 경우가 있다.(*cf.* ma3-7)

물질의 무더기는 봄이나 닦음으로 버려야 하지 않는 [법]이다. 네 가지 무더기는 봄으로써 버려야 하는 [법]일 수 있고, 닦음으로써 버려야 하는 [법]일 수 있고, 봄이나 닦음으로 버려야 하지 않는 [법]일 수 있다.(*cf.* ma3-8)

물질의 무더기는 봄이나 닦음으로 버려야 하는 원인을 가지지 않은 [법]이다. 네 가지 무더기는 봄으로써 버려야 하는 원인을 가진 [법]일 수 있고, 닦음으로써 버려야 하는 원인을 가진 [법]일 수 있고, 봄이나

닦음으로 버려야 하는 원인을 가지지 않은 [법]일 수 있다.(*cf.* ma3-9)

물질의 무더기는 [윤회를] 축적하게 하는 것도 [윤회를] 감소시키는 것도 아닌 [법]이다. 네 가지 무더기는 [윤회를] 축적하게 하는 [법]일 수 있고, [윤회를] 감소시키는 [법]일 수 있고, [윤회를] 축적하게 하는 것도 [윤회를] 감소시키는 것도 아닌 [법]일 수 있다.(*cf.* ma3-10)

물질의 무더기는 유학에도 무학에도 속하지 않는 [법]이다. 네 가지 무더기는 유학에 속하는 [법]일 수 있고, 무학에 속하는 [법]일 수 있고, 유학에도 무학에도 속하지 않는 [법]일 수 있다.(*cf.* ma3-11)

물질의 무더기는 제한된 [법]이다. 네 가지 무더기는 제한된 [법]일 수 있고, 고귀한 [법]일 수 있고, 무량한 [법]일 수 있다.(*cf.* ma3-12)

물질의 무더기는 대상을 가지지 않는다. 네 가지 무더기는 제한된 대상을 가진 [법]일 수 있고, 고귀한 대상을 가진 [법]일 수 있고, 무량한 대상을 가진 [법]일 수 있다. [그러나] 제한된 대상을 가진 [법]이라고도 [63] 고귀한 대상을 가진 [법]이라고도 무량한 대상을 가진 [법]이라고도 말해서는 안 되는 경우가 있다.(*cf.* ma3-13)

물질의 무더기는 중간인 [법]이다. 네 가지 무더기는 저열한 [법]일 수 있고, 중간인 [법]일 수 있고, 수승한 [법]일 수 있다.(*cf.* ma3-14)

물질의 무더기는 확정되지 않은 [법]이다. 네 가지 무더기는 그릇된 것으로 확정된 [법]일 수 있고, 바른 것으로 확정된 [법]일 수 있고, 확정되지 않은 [법]일 수 있다.(*cf.* ma3-15)

물질의 무더기는 대상을 가지지 않는다. 네 가지 무더기는 도를 대상으로 가진 [법]일 수 있고, 도를 원인으로 가진 [법]일 수 있고, 도를 지배의 [요소]로 가진 [법]일 수 있다. [그러나] 도를 대상으로 가진 [법]이라고도 도를 원인으로 가진 [법]이라고도 도를 지배의 [요소]로 가진 [법]이라고도 말해서는 안 되는 경우가 있다.(*cf.* ma3-16)

[다섯 가지 무더기는] 일어난 [법]일 수 있고, 일어나지 않은 [법]일

수 있고, 일어나게 될 [법]일 수 있다.(*cf* ma3-17)

[다섯 가지 무더기는] 과거의 [법]일 수 있고, 미래의 [법]일 수 있고, 현재의 [법]일 수 있다.(*cf* ma3-18)

물질의 무더기는 대상을 가지지 않는다. 네 가지 무더기는 과거의 대상을 가진 [법]일 수 있고, 미래의 대상을 가진 [법]일 수 있고, 현재의 대상을 가진 [법]일 수 있다. [그러나] 과거의 대상을 가진 [법]이라고도 미래의 대상을 가진 [법]이라고도 현재의 대상을 가진 [법]이라고도 말해서는 안 되는 경우가 있다.(*cf* ma3-19)

[다섯 가지 무더기는] 안의 [법]일 수 있고, 밖의 [법]일 수 있고, 안과 밖의 [법]일 수 있다.(*cf* ma3-20)

물질의 무더기는 대상을 가지지 않는다. 네 가지 무더기는 안의 대상을 가진 [법]일 수 있고, 밖의 대상을 가진 [법]일 수 있고, 안과 밖의 대상을 가진 [법]일 수 있다. [그러나] 안의 대상을 가진 [법]이라고도 밖의 대상을 가진 [법]이라고도 안과 밖의 대상을 가진 [법]이라고도 말해서는 안 되는 경우가 있다.(*cf* ma3-21)

네 가지 무더기는 볼 수도 없고 부딪힘도 없는 [법]이다. 물질의 무더기는 볼 수도 있고 부딪힘도 있는 [법]일 수 있고, 볼 수는 없지만 부딪힘은 있는 [법]일 수 있고, 볼 수도 없고 부딪힘도 없는 [법]일 수 있다.(*cf* ma3-22)

(2) 두 개 조

① 원인의 모둠(ma2-1~6)

153. 네 가지 무더기는 원인이 아닌 [법]이다.[118] 심리현상들의 무

118) '원인이 아닌 [법]이다.'는 na hetū를 옮긴 것이다. 문장이나 단어 그 자체로 보면 '원인이 아니다.'로 옮기는 것이 타당해 보일 수가 있다. 그러나 이것은

더기는 원인인 [법]일 수 있고, 원인이 아닌 [법]일 수 있다.(*cf.* ma2-1)

물질의 무더기는 원인을 가지지 않은 [법]이다. 네 가지 무더기는 원인을 가진 [법]일 수 있고, 원인을 가지지 않은 [법]일 수 있다.(*cf.* ma2-2)

물질의 무더기는 원인과 결합되지 않은 [법]이다. 네 가지 무더기는 원인과 결합된 [법]일 수 있고, 원인과 결합되지 않은 [법]일 수 있다.(*cf.* ma2-3)

물질의 무더기는 원인이면서 원인을 가진 [법]이라고도 원인을 가졌지만 원인이 아닌 [법]이라고도 말해서는 안 된다. 세 가지 무더기는 원인이면서 원인을 가진 [법]이라고 말해서는 안 된다. 원인을 가졌지만 원인이 아닌 [법]일 수 있다. [그러나] 원인을 가졌지만 원인이 아닌 [법]이라고 말해서는 안 되는 경우가 있다. 심리현상들의 무더기는 원인이면서 원인을 가진 [법]일 수 있고, 원인을 가졌지만 원인이 아닌 [법]일 수 있고, 원인이면서 원인을 가진 [법]이라고도 원인을 가졌지만 원인이 아닌 [법]이라고도 말해서는 안 되는 경우가 있다.(*cf.* ma2-4)

물질의 무더기는 원인이면서 원인과 결합된 [법]이라고도 원인과 결합되었지만 원인이 아닌 [법]이라고도 말해서는 안 된다. 세 가지 무더기는 원인이면서 원인과 결합된 [법]이라고 말해서는 안 된다. 원인과 결합되었지만 원인이 아닌 [법]일 수 있다. [그러나] 원인과 결합되었지만 원인이 아닌 [법]이라고 말해서는 안 되는 경우가 있다. 심리현상들의 무더기는 원인이면서 원인과 결합된 [법]일 수 있고, 원인과 결합되었지만 원인이 아닌 [법]일 수 있고, 원인이면서 원인과 결합된 [법]이라고도 원인과 결합되었지만 원인이 아닌 [법]이라고도 말해서는 안 되

'원인이 아닌 법들'로 옮겨지는 두 개 조 마띠까의 na hetū dhammā(ma2-1-b)에 대응하는 것이기 때문에 본 문맥에서도 '네 가지 무더기는 원인이 아닌 법이다.'로 이해가 되어야 한다. 이러한 배경에서 '원인이 아니다.'나 '원인이 아닌 것이다.'로 옮기지 않고 '원인이 아닌 [법]이다.'로 옮겼음을 밝힌다. 이것은 나머지 모든 마띠까들의 경우에도 적용이 된다.

는 경우가 있다.(*cf* ma2-5)

물질의 무더기는 원인이 아니면서 원인을 가지지 않은 [법]이다. [64] 세 가지 무더기는 원인이 아니지만 원인을 가진 [법]일 수 있고, 원인이 아니면서 원인을 가지지 않은 [법]일 수 있다. 심리현상들의 무더기는 원인이 아니지만 원인을 가진 [법]일 수 있고, 원인이 아니면서 원인을 가지지 않은 [법]일 수 있다. [그러나] 원인이 아니지만 원인을 가진 [법]이라고도 원인이 아니면서 원인을 가지지 않은 [법]이라고도 말해서는 안 되는 경우가 있다.(*cf* ma2-6)

② 틈새에 있는 짧은 두 개 조(ma2-7~13)

[다섯 가지 무더기는] 조건을 가진 [법]이다.(*cf* ma2-7-a)

[다섯 가지 무더기는] 형성된 것[有爲]이다.(*cf* ma2-8-a)

네 가지 무더기는 볼 수 없는 [법]이다. 물질의 무더기는 볼 수 있는 [법]일 수 있고, 볼 수 없는 [법]일 수 있다.(*cf* ma2-9)

네 가지 무더기는 부딪힘이 없는 [법]이다. 물질의 무더기는 부딪힘이 있는 [법]일 수 있고, 부딪힘이 없는 [법]일 수 있다.(*cf* ma2-10)

물질의 무더기는 물질인 [법]이다. 네 가지 무더기는 비물질인 [법]이다.(*cf* ma2-11)

물질의 무더기는 세간적인 [법]이다. 네 가지 무더기는 세간적인 [법]일 수 있고, 출세간의 [법]일 수 있다.(*cf* ma2-12)

[다섯 가지 무더기는] 어떤 것으로는 식별되는 [법]이고, 어떤 것으로는 식별되지 않는 [법]이다.(*cf* ma2-13)

③ 번뇌의 모둠(ma2-14~19)

네 가지 무더기는 번뇌가 아닌 [법]이다. 심리현상들의 무더기는 번뇌인 [법]일 수 있고, 번뇌가 아닌 [법]일 수 있다.(*cf* ma2-14)

물질의 무더기는 번뇌의 대상인 [법]이다. 네 가지 무더기는 번뇌의

대상인 [법]일 수 있고, 번뇌의 대상이 아닌 [법]일 수 있다.(*cf.* ma2-15)

물질의 무더기는 번뇌와 결합되지 않은 [법]이다. 네 가지 무더기는 번뇌와 결합된 [법]일 수 있고, 번뇌와 결합되지 않은 [법]일 수 있다.(*cf.* ma2-16)

물질의 무더기는 번뇌이면서 번뇌의 대상인 [법]이라고 말해서는 안 된다. 번뇌의 대상이지만 번뇌가 아닌 [법]이다. 세 가지 무더기는 번뇌이면서 번뇌의 대상인 [법]이라고 말해서는 안 된다. 번뇌의 대상이지만 번뇌가 아닌 [법]일 수 있다. [그러나] 번뇌의 대상이지만 번뇌가 아닌 [법]일 수 있다고 말해서는 안 되는 경우가 있다. 심리현상들의 무더기는 번뇌이면서 번뇌의 대상인 [법]일 수 있고, 번뇌의 대상이지만 번뇌가 아닌 [법]일 수 있다. [그러나] 번뇌이면서 번뇌의 대상인 [법]이라고도 번뇌의 대상이지만 번뇌가 아닌 [법]이라고도 말해서는 안 되는 경우가 있다.(*cf.* ma2-17)

물질의 무더기는 번뇌이면서 번뇌와 결합된 [법]이라고도 번뇌와 결합되었지만 번뇌가 아닌 [법]이라고도 말해서는 안 된다. 세 가지 무더기는 번뇌이면서 번뇌와 결합된 [법]이라고 말해서는 안 된다. 번뇌와 결합되었지만 번뇌가 아닌 [법]일 수 있다. [그러나] 번뇌와 결합되었지만 번뇌가 아닌 [법]이라고 말해서는 안 되는 경우가 있다. 심리현상들의 무더기는 번뇌이면서 번뇌와 결합된 [법]일 수 있고, 번뇌와 결합되었지만 번뇌가 아닌 [법]일 수 있다. [그러나] 번뇌이면서 번뇌와 결합된 [법]이라고도 번뇌와 결합되었지만 번뇌가 아닌 [법]이라고도 말해서는 안 되는 경우가 있다.(*cf.* ma2-18)

물질의 무더기는 번뇌와 결합되지 않았지만 번뇌의 대상인 [법]이다. 네 가지 무더기는 번뇌와 결합되지 않았지만 번뇌의 대상인 [법]일 수 있고, 번뇌와 결합되지 않았지만 번뇌의 대상이 아닌 [법]일 수 있다. [그러나] 번뇌와 결합되지 않았지만 번뇌의 대상인 [법]이라고도 번뇌와 결합되지 않았지만 번뇌의 대상이 아닌 [법]이라고도 말해서는 안 되는 경우가 있다.(*cf.* ma2-19)

④ 족쇄의 모둠(ma2-20~25)

네 가지 무더기는 족쇄가 아닌 [법]이다. 심리현상들의 무더기는 족쇄인 [법]일 수 있고, 족쇄가 아닌 [법]일 수 있다.(*cf.* ma2-20)

물질의 무더기는 족쇄의 대상인 [법]이다. 네 가지 무더기는 족쇄의 대상인 [법]일 수 있고, 족쇄의 대상이 아닌 [법]일 수 있다.(*cf.* ma2-21)

물질의 무더기는 족쇄와 결합되지 않은 [법]이다. 네 가지 무더기는 족쇄와 결합된 [법]일 수 있고, 족쇄와 결합되지 않은 [법]일 수 있다.(*cf.* ma2-22)

물질의 무더기는 족쇄이면서 족쇄의 대상인 [법]이라고 말해서는 안 된다. [물질의 무더기는] 족쇄의 대상이지만 족쇄가 아닌 [법]이다. 세 가지 무더기는 족쇄이면서 족쇄의 대상인 [법]이라고 말해서는 안 된다. 족쇄의 대상이지만 [65] 족쇄가 아닌 [법]일 수 있다. [그러나] 족쇄의 대상이지만 족쇄가 아닌 [법]이라고 말해서는 안 되는 경우가 있다. 심리현상들의 무더기는 족쇄이면서 족쇄의 대상인 [법]일 수 있고, 족쇄의 대상이지만 족쇄가 아닌 [법]일 수 있다. [그러나] 족쇄이면서 족쇄의 대상인 [법]이라고도 족쇄의 대상이지만 족쇄가 아닌 [법]이라고도 말해서는 안 되는 경우가 있다.(*cf.* ma2-23)

물질의 무더기는 족쇄이면서 족쇄와 결합된 [법]이라고도 족쇄와 결합되었지만 족쇄가 아닌 [법]이라고도 말해서는 안 된다. 세 가지 무더기는 족쇄이면서 족쇄와 결합된 [법]이라고 말해서는 안 된다. 족쇄와 결합되었지만 족쇄가 아닌 [법]일 수 있다. [그러나] 족쇄와 결합되었지만 족쇄가 아닌 [법]이라고 말해서는 안 되는 경우가 있다. 심리현상들의 무더기는 족쇄이면서 족쇄와 결합된 [법]일 수 있고, 족쇄와 결합되었지만 족쇄가 아닌 [법]일 수 있다. [그러나] 족쇄이면서 족쇄와 결합된 [법]이라고도 족쇄와 결합되었지만 족쇄가 아닌 [법]이라고도 말해서는 안 되는 경우가 있다.(*cf* ma2-24)

물질의 무더기는 족쇄와 결합되지 않았지만 족쇄의 대상인 [법]이다. 네 가지 무더기는 족쇄와 결합되지 않았지만 족쇄의 대상인 [법]일 수 있고, 족쇄와 결합되지 않았으면서 족쇄의 대상이 아닌 [법]일 수 있다. [그러나] 족쇄와 결합되지 않았지만 족쇄의 대상인 [법]이라고도 족쇄와 결합되지 않았으면서 족쇄의 대상이 아닌 [법]이라고도 말해서는 안 되는 경우가 있다.(*cf* ma2-25)

⑤ 매듭의 모둠(ma2-26~31)

네 가지 무더기는 매듭이 아닌 [법]이다. 심리현상들의 무더기는 매듭인 [법]일 수 있고, 매듭이 아닌 [법]일 수 있다.(*cf* ma2-26)

물질의 무더기는 매듭의 대상인 [법]이다. 네 가지 무더기는 매듭의 대상인 [법]일 수 있고, 매듭의 대상이 아닌 [법]일 수 있다.(*cf* ma2-27)

물질의 무더기는 매듭과 결합되지 않은 [법]이다. 네 가지 무더기는 매듭과 결합된 [법]일 수 있고, 매듭과 결합되지 않은 [법]일 수 있다.(*cf* ma2-28)

물질의 무더기는 매듭이면서 매듭의 대상인 [법]이라고 말해서는 안 된다. [이것은] 매듭의 대상이지만 매듭이 아닌 [법]이다. 세 가지 무더기는 매듭이면서 매듭의 대상인 [법]이라고 말해서는 안 된다. 매듭의 대상이지만 매듭이 아닌 [법]일 수 있다. 그러나 매듭의 대상이지만 매듭이 아닌 [법]이라고 말해서는 안 되는 경우가 있다. 심리현상들의 무더기는 매듭이면서 매듭의 대상인 [법]일 수 있고, 매듭의 대상이지만 매듭이 아닌 [법]일 수 있다. [그러나] 매듭이면서 매듭의 대상인 [법]이라고도 매듭의 대상이지만 매듭이 아닌 [법]이라고도 말해서는 안 되는 경우가 있다.(*cf* ma2-29)

물질의 무더기는 매듭이면서 매듭과 결합된 [법]이라고도 매듭과 결합되었지만 매듭이 아닌 [법]이라고도 말해서는 안 된다. 세 가지 무더기는 매듭이면서 매듭과 결합된 [법]이라고 말해서는 안 된다. 매듭과 결합되었지만 매듭이 아닌 [법]일 수 있다. [그러나] 매듭과 결합되었지만 매듭이 아닌 [법]이라고 말해서는 안 되는 경우가 있다. 심리현상들의 무더기는 매듭이면서 매듭과 결합된 [법]일 수 있고, 매듭과 결합되었지만 매듭이 아닌 [법]일 수 있다. [그러나] 매듭이면서 매듭과 결합된 [법]이라고도 매듭과 결합되었지만 매듭이 아닌 [법]이라고도 말해서는 안 되는 경우가 있다.(*cf* ma2-30)

물질의 무더기는 매듭과 결합되지 않았지만 매듭의 대상인 [법]이다. 네 가지 무더기는 매듭과 결합되지 않았지만 매듭의 대상인 [법]일 수 있고, 매듭과 결합되지 않았으면서 매듭의 대상이 아닌 [법]일 수 있다. [그러나] 매듭과 결합되지 않았지만 매듭의 대상인 [법]이라고도 매듭과 결합되지 않았으면서 매듭의 대상이 아닌 [법]이라고도 말해서는 안 되는 경우가 있다.(*cf* ma2-31)

⑥ 폭류의 모둠(ma2-32~37)

네 가지 무더기는 폭류가 아닌 [법]이다. … pe … (*cf* ma2-32~37)

⑦ 속박의 모둠(ma2-38~43)

네 가지 무더기는 속박이 아닌 [법]이다. … pe … (*cf* ma2-38~43)

⑧ 장애의 모둠(ma2-44~49)

네 가지 무더기는 [66] 장애가 아닌 [법]이다. 심리현상들의 무더기는 장애인 [법]일 수 있고, 장애가 아닌 [법]일 수 있다.(*cf* ma2-44)

물질의 무더기는 장애의 대상인 [법]이다. 네 가지 무더기는 장애의 대상인 [법]일 수 있고, 장애의 대상이 아닌 [법]일 수 있다.(*cf* ma2-45)

물질의 무더기는 장애와 결합되지 않은 [법]이다. 네 가지 무더기는

장애와 결합된 [법]일 수 있고, 장애와 결합되지 않은 [법]일 수 있다.(*cf* ma2-46)

물질의 무더기는 장애이면서 장애의 대상인 [법]이라고 말해서는 안 된다. [물질의 무더기는] 장애의 대상이지만 장애가 아닌 [법]이다. 세 가지 무더기는 장애이면서 장애의 대상인 [법]이라고 말해서는 안 된다. 장애의 대상이지만 장애가 아닌 [법]일 수 있다. [그러나] 장애의 대상이지만 장애가 아닌 [법]이라고 말해서는 안 되는 경우가 있다. 심리현상들의 무더기는 장애이면서 장애의 대상인 [법]일 수 있고, 장애의 대상이지만 장애가 아닌 [법]일 수 있다. [그러나] 장애이면서 장애의 대상인 [법]이라고도 장애의 대상이지만 장애가 아닌 [법]이라고도 말해서는 안 되는 경우가 있다.(*cf* ma2-47)

물질의 무더기는 장애이면서 장애와 결합된 [법]이라고도 장애와 결합되었지만 장애가 아닌 [법]이라고도 말해서는 안 된다. 세 가지 무더기는 장애이면서 장애와 결합된 [법]이라고 말해서는 안 된다. 장애와 결합되었지만 장애가 아닌 [법]일 수 있다. [그러나] 장애와 결합되었지만 장애가 아닌 [법]이라고 말해서는 안 되는 경우가 있다. 심리현상들의 무더기는 장애이면서 장애와 결합된 [법]일 수 있고, 장애와 결합되었지만 장애가 아닌 [법]일 수 있다. [그러나] 장애이면서 장애와 결합된 [법]이라고도 장애와 결합되었지만 장애가 아닌 [법]이라고도 말해서는 안 되는 경우가 있다.(*cf* ma2-48)

물질의 무더기는 장애와 결합되지 않았지만 장애의 대상인 [법]이다. 네 가지 무더기는 장애와 결합되지 않았지만 장애의 대상인 [법]일 수 있고, 장애와 결합되지 않았으면서 장애의 대상이 아닌 [법]일 수 있다. [그러나] 장애와 결합되지 않았지만 장애의 대상인 [법]이라고도 장애와 결합되지 않았으면서 장애의 대상이 아닌 [법]이라고도 말해서는 안 되는 경우가 있다.(*cf* ma2-49)

⑨ 집착[固守]의 모둠(ma2-50~54)

네 가지 무더기는 집착[固守]이 아닌 [법]이다. 심리현상들의 무더기는 집착[固守]인 [법]일 수 있고, 집착[固守]이 아닌 [법]일 수 있다.(*cf.* ma2-50)

물질의 무더기는 집착[固守]의 대상인 [법]이다. 네 가지 무더기는 집착[固守]의 대상인 [법]일 수 있고, 집착[固守]의 대상이 아닌 [법]일 수 있다.(*cf.* ma2-51)

물질의 무더기는 집착[固守]과 결합되지 않은 [법]일 수 있다. 세 가지 무더기는 집착[固守]과 결합된 [법]일 수 있고, 집착[固守]과 결합되지 않은 [법]일 수 있다. 심리현상들의 무더기는 집착[固守]과 결합된 [법]일 수 있고, 집착[固守]과 결합되지 않은 [법]일 수 있다. [그러나] 집착[固守]과 결합된 [법]이라고도 집착[固守]과 결합되지 않은 [법]이라고도 말해서는 안 되는 경우가 있다.(*cf.* ma2-52)

물질의 무더기는 집착[固守]이면서 집착[固守]의 대상인 [법]이라고도 집착[固守]의 대상이지만 집착[固守]이 아닌 [법]이라고도 말해서는 안 된다. 세 가지 무더기는 집착[固守]이면서 집착[固守]의 대상인 [법]이라고 말해서는 안 된다. 집착[固守]의 대상이지만 집착[固守]이 아닌 [법]일 수 있다. [그러나] 집착[固守]의 대상이지만 집착[固守]이 아닌 [법]이라고 말해서는 안 되는 경우가 있다. 심리현상들의 무더기는 집착[固守]이면서 집착[固守]의 대상인 [법]일 수 있고, 집착[固守]의 대상이지만 집착[固守]이 아닌 [법]일 수 있다. [그러나] 집착[固守]이면서 집착[固守]의 대상인 [법]이라고도 집착[固守]의 대상이지만 집착[固守]이 아닌 [법]이라고도 말해서는 안 되는 경우가 있다.(*cf.* ma2-53)

물질의 무더기는 집착[固守]과 결합되지 않았지만 집착[固守]의 대상인 [법]이다. 네 가지 무더기는 집착[固守]과 결합되지 않았지만 집착[固

守]의 대상인 [법]일 수 있고, 집착[固守]과 결합되지 않았으면서 집착[固守]의 대상이 아닌 [법]일 수 있다. [67] [그러나] 집착[固守]과 결합되지 않았지만 집착[固守]의 대상인 [법]이라고도 집착[固守]과 결합되지 않았으면서 집착[固守]의 대상이 아닌 [법]이라고도 말해서는 안 되는 경우가 있다.(*cf* ma2-54)

⑩ 틈새에 있는 긴 두 개 조(ma2-55~68)

물질의 무더기는 대상이 없는 [법][119]이다. 네 가지 무더기는 대상을 가진 [법]이다.(*cf* ma2-55)

알음알이의 무더기는 마음인 [법]이다. 네 가지 무더기는 마음이 아닌 [법]이다.(*cf* ma2-56)

세 가지 무더기는 마음부수[心所, cetasika]인 [법]이다. 두 가지 무더기는 마음부수가 아닌 [법]이다.(*cf* ma2-57)

세 가지 무더기는 마음과 결합된 [법]이다. 물질의 무더기는 마음과 결합되지 않은 [법]이다. 알음알이의 무더기는 마음과 결합된 [법]이라고도 마음과 결합되지 않은 [법]이라고도 말해서는 안 된다.(*cf* ma2-58)

세 가지 무더기는 마음과 결속된 [법]이다. 물질의 무더기는 마음과 결속되지 않은 [법]이다. 알음알이의 무더기는 마음과 결속된 [법]이라고도 마음과 결속되지 않은 [법]이라고도 말해서는 안 된다.(*cf* ma2-59)

세 가지 무더기는 마음에서 생긴 [법]이다. 알음알이의 무더기는 마음에서 생기지 않은 [법]이다. 물질의 무더기는 마음에서 생긴 [법]일 수 있고, 마음에서 생기지 않은 [법]일 수 있다.(*cf* ma2-60)

---

119) 본서에서는 anārammaṇa를 '대상을 가지지 않은 것'(§1032 이하 참조)과 여기서처럼 '대상이 없는 [법]'의 두 가지로 옮기고 있다. 여기서처럼 마띠까(대상이 없는 법들, anārammaṇamā dhammā, 2-55-b)로 나타날 때는 '대상이 없는 [법]'으로 옮기고 그 외는 '대상을 가지지 않은 것'으로 옮겼다. 『담마상가니』에서도 이렇게 구분하여 옮겼다.(『담마상가니』 제2권 603쪽 찾아보기 참조)

세 가지 무더기는 마음과 함께 존재하는 [법]이다. 알음알이의 무더기는 마음과 함께 존재하지 않는 [법]이다. 물질의 무더기는 마음과 함께 존재하는 [법]일 수 있고, 마음과 함께 존재하지 않는 [법]일 수 있다.(*cf* ma2-61)

세 가지 무더기는 마음을 따르는 [법]이다. 알음알이의 무더기는 마음을 따르지 않는 [법]이다. 물질의 무더기는 마음을 따르는 [법]일 수 있고, 마음을 따르지 않는 [법]일 수 있다.(*cf* ma2-62)

세 가지 무더기는 마음과 결속되어 있고 마음에서 생긴 [법]이다. 두 가지 무더기는 마음과 결속된 것도 마음에서 생긴 것도 아닌 [법]이다.(*cf* ma2-63)

세 가지 무더기는 마음과 결속되어 있고 마음에서 생겼고 마음과 함께 존재하는 [법]이다. 두 가지 무더기는 마음과 결속된 것도 마음에서 생긴 것도 마음과 함께 존재하는 것도 아닌 [법]이다.(*cf* ma2-64)

세 가지 무더기는 마음과 결속되어 있고 마음에서 생겼고 마음을 따르는 [법]이다. 두 가지 무더기는 마음과 결속된 것도 마음에서 생긴 것도 마음을 따르는 것도 아닌 [법]이다.(*cf* ma2-65)

알음알이의 무더기는 안에 있는 [법]이다. 세 가지 무더기는 밖에 있는 [법]이다. 물질의 무더기는 안에 있는 [법]일 수 있고, 밖에 있는 [법]일 수 있다.(*cf* ma2-66)

네 가지 무더기는 파생되지 않은 [법]이다. 물질의 무더기는 파생된 [법]일 수 있고, 파생되지 않은 [법]일 수 있다.(*cf* ma2-67)

[다섯 가지 무더기는] 취착된 [법]일 수 있고, 취착되지 않은 [법]일 수 있다.(*cf* ma2-68)

⑪ 취착의 모둠(ma2-69~74)

네 가지 무더기는 취착이 아닌 [법]이다. 심리현상들의 무더기는 취착인 [법]일 수 있고 취착이 아닌 [법]일 수 있다.(*cf* ma2-69)

물질의 무더기는 취착의 대상인 [법]이다. 네 가지 무더기는 취착의 대상인 [법]일 수 있고, 취착의 대상이 아닌 [법]일 수 있다.(*cf.* ma2-70)

물질의 무더기는 취착과 결합되지 않은 [법]이다. 네 가지 무더기는 취착과 결합된 [법]일 수 있고, 취착과 결합되지 않은 [법]일 수 있다.(*cf.* ma2-71)

물질의 무더기는 취착이면서 취착의 대상인 [법]이라고 말해서는 안 된다. [68] [이것은] 취착의 대상이지만 취착이 아닌 [법]이다. 세 가지 무더기는 취착이면서 취착의 대상인 [법]이라고 말해서는 안 된다. [이들은] 취착의 대상이지만 취착이 아닌 [법]일 수 있다. [그러나] 취착의 대상이지만 취착이 아닌 [법]이라고 말해서는 안 되는 경우가 있다. 심리현상들의 무더기는 취착이면서 취착의 대상인 [법]일 수 있고, 취착의 대상이지만 취착이 아닌 [법]일 수 있다. [그러나] 취착이면서 취착의 대상인 [법]이라고도 취착의 대상이지만 취착이 아닌 [법]이라고도 말해서는 안 되는 경우가 있다.(*cf.* ma2-72)

물질의 무더기는 취착이면서 취착과 결합된 [법]이라고도 취착과 결합되었지만 취착이 아닌 [법]이라고도 말해서는 안 된다. 세 가지 무더기는 취착이면서 취착과 결합된 [법]이라고 말해서는 안 된다. 취착과 결합되었지만 취착이 아닌 [법]일 수 있다. [그러나] 취착과 결합되었지만 취착이 아닌 [법]이라고 말해서는 안 되는 경우가 있다. 심리현상들의 무더기는 취착이면서 취착과 결합된 [법]일 수 있고, 취착과 결합되었지만 취착이 아닌 [법]일 수 있다. [그러나] 취착이면서 취착과 결합된 [법]이라고도 취착과 결합되었지만 취착이 아닌 [법]이라고도 말해서는 안 되는 경우가 있다.(*cf.* ma2-73)

물질의 무더기는 취착과 결합되지 않았지만 취착의 대상인 [법]이다. 네 가지 무더기는 취착과 결합되지 않았지만 취착의 대상인 [법]일 수 있고, 취착과 결합되지 않았으면서 취착의 대상이 아닌 [법]일 수 있다.

[그러나] 취착과 결합되지 않았지만 취착의 대상인 [법]이라고도 취착과 결합되지 않았으면서 취착의 대상이 아닌 [법]이라고도 말해서는 안 되는 경우가 있다.(*cf.* ma2-74)

⑫ 오염원의 모둠(ma2-75~82)

네 가지 무더기는 오염원이 아닌 [법]이다. 심리현상들의 무더기는 오염원인 [법]일 수 있고, 오염원이 아닌 [법]일 수 있다.(*cf.* ma2-75)

물질의 무더기는 오염원의 대상인 [법]이다. 네 가지 무더기는 오염원의 대상인 [법]일 수 있고, 오염원의 대상이 아닌 [법]일 수 있다.(*cf.* ma2-76)

물질의 무더기는 오염되지 않은 [법]이다. 네 가지 무더기는 오염된 [법]일 수 있고 오염되지 않은 [법]일 수 있다.(*cf.* ma2-77)[120]

물질의 무더기는 오염원과 결합되지 않은 [법]이다. 네 가지 무더기는 오염원과 결합된 [법]일 수 있고, 오염원과 결합되지 않은 [법]일 수 있다.(*cf.* ma2-78)

물질의 무더기는 오염원이면서 오염원의 대상인 [법]이라고 말해서는 안 된다. [이것은] 오염원의 대상이지만 오염원이 아닌 [법]이다. 세 가지 무더기는 오염원이면서 오염원의 대상인 [법]이라고 말해서는 안 된다. [이것들은] 오염원의 대상이지만 오염원이 아닌 [법]일 수 있다. [그러나] 오염원의 대상이지만 오염원이 아닌 [법]이라고 말해서는 안 되는 경우가 있다. 심리현상들의 무더기는 오염원이면서 오염원의 대상인 [법]일 수 있고, 오염원의 대상이지만 오염원이 아닌 [법]일 수 있다. [그러나] 오염원이면서 오염원의 대상인 [법]이라고도 오염원의 대상이

120) 오염원의 모둠(kilesa-gocchaka, ma2-75~ma2-82)에는 이처럼 "오염된 법들과 오염되지 않은 법들"(ma2-77)과 아래의 "오염원이면서 오염된 법들과 오염되었지만 오염원이 아닌 법들"(ma2-80)이 더 들어가서 모두 8개의 마띠까로 되어 있다. 여기에 대해서는 『담마상가니』 제1권 앞부분에 싣고 있는 마띠까(ma2-77과 ma2-80)를 참조하기 바란다.

지만 오염원이 아닌 [법]이라고도 말해서는 안 되는 경우가 있다.(*cf* ma2-79)

물질의 무더기는 오염원이면서 오염된 [법]이라고도 오염되었지만 오염원이 아닌 [법]이라고도 말해서는 안 된다. 세 가지 무더기는 오염원이면서 오염된 [법]이라고 말해서는 안 된다. [이들은] 오염되었지만 오염원이 아닌 [법]일 수 있다. [그러나] 오염되었지만 오염원이 아닌 [법]이라고 말해서는 안 되는 경우가 있다. 심리현상들의 무더기는 오염원이면서 오염된 [법]일 수 있고 오염되었지만 오염원이 아닌 [법]일 수 있다. [그러나] 오염원이면서 오염된 [법]이라고도 오염되었지만 오염원이 아닌 [법]이라고도 말해서는 안 되는 경우가 있다.(*cf* ma2-80)

물질의 무더기는 오염원이면서 오염원과 결합된 [법]이라고도 오염원과 결합되었지만 오염원이 아닌 [법]이라고도 말해서는 안 된다. 세 가지 무더기는 오염원이면서 오염원과 결합된 [법]이라고 말해서는 안 된다. [이것들은] 오염원과 결합되었지만 오염원이 아닌 [법]일 수 있다. [그러나] 오염원과 결합되었지만 오염원이 아닌 [법]이라고 말해서는 안 되는 경우가 있다. 심리현상들의 무더기는 오염원이면서 오염원과 결합된 [법]일 수 있고, 오염원과 결합되었지만 오염원이 아닌 [법]일 수 있다. [그러나] 오염원이면서 오염원과 결합된 [법]이라고도 오염원과 결합되었지만 오염원이 아닌 [법]이라고도 말해서는 안 되는 경우가 있다.(*cf* ma2-81)

물질의 무더기는 오염원과 결합되지 않았지만 오염원의 대상인 [법]이다. 네 가지 무더기는 오염원과 결합되지 않았지만 오염원의 대상인 [법]일 수 있고, [69] 오염원과 결합되지 않았으면서 오염원의 대상이 아닌 [법]일 수 있다. [그러나] 오염원과 결합되지 않았지만 오염원의 대상인 [법]이라고도 오염원과 결합되지 않았으면서 오염원의 대상이 아닌 [법]이라고도 말해서는 안 되는 경우가 있다.(*cf* ma2-82)

⑬ 마지막 두 개 조(ma2-83~100)

물질의 무더기는 봄으로써 버려야 하는 것이 아닌 [법]이다. 네 가지 무더기는 봄으로써 버려야 하는 [법]일 수 있고, 봄으로써 버려야 하는 것이 아닌 [법]일 수 있다.(*cf* ma2-83)

물질의 무더기는 닦음으로써 버려야 하는 것이 아닌 [법]이다. 네 가지 무더기는 닦음으로써 버려야 하는 [법]일 수 있고, 닦음으로써 버려야 하는 것이 아닌 [법]일 수 있다.(*cf* ma2-84)

물질의 무더기는 봄으로써 버려야 하는 원인을 가지지 않은 [법]이다. 네 가지 무더기는 봄으로써 버려야 하는 원인을 가진 [법]일 수 있고, 봄으로써 버려야 하는 원인을 가지지 않은 [법]일 수 있다.(*cf* ma2-85)

물질의 무더기는 닦음으로써 버려야 하는 원인을 가지지 않은 [법]이다. 네 가지 무더기는 닦음으로써 버려야 하는 원인을 가진 [법]일 수 있고, 닦음으로써 버려야 하는 원인을 가지지 않은 [법]일 수 있다.(*cf* ma2-86)

물질의 무더기는 일으킨 생각이 없는 [법]이다. 네 가지 무더기는 일으킨 생각이 있는 [법]일 수 있고, 일으킨 생각이 없는 [법]일 수 있다.(*cf* ma2-87)

물질의 무더기는 지속적 고찰이 없는 [법]이다. 네 가지 무더기는 지속적 고찰이 있는 [법]일 수 있고, 지속적 고찰이 없는 [법]일 수 있다.(*cf* ma2-88)

물질의 무더기는 희열이 없는 [법]이다. 네 가지 무더기는 희열이 있는 [법]일 수 있고, 희열이 없는 [법]일 수 있다.(*cf* ma2-89)

물질의 무더기는 희열이 함께하지 않는 [법]이다. 네 가지 무더기는 희열이 함께하는 [법]일 수 있고, 희열이 함께하지 않는 [법]일 수 있다.(*cf* ma2-90)

두 가지 무더기는 행복이 함께하지 않는 [법]이다. 세 가지 무더기는 행복이 함께하는 [법]일 수 있고, 행복이 함께하지 않는 [법]일 수 있다.

(cf. ma2-91)

두 가지 무더기는 평온이 함께하지 않는 [법]이다. 세 가지 무더기는 평온이 함께하는 [법]일 수 있고, 평온이 함께하지 않는 [법]일 수 있다. (cf. ma2-92)

물질의 무더기는 욕계에 속하는 [법]이다. 네 가지 무더기는 욕계에 속하는 [법]일 수 있고, 욕계에 속하지 않는 [법]일 수 있다.(cf. ma2-93)

물질의 무더기는 색계에 속하지 않는 [법]이다. 네 가지 무더기는 색계에 속하는 [법]일 수 있고, 색계에 속하지 않는 [법]일 수 있다.(cf. ma2-94)

물질의 무더기는 무색계에 속하지 않는 [법]이다. 네 가지 무더기는 무색계에 속하는 [법]일 수 있고, 무색계에 속하지 않는 [법]일 수 있다. (cf. ma2-95)

물질의 무더기는 [세간에] 포함된 [법]이다. 네 가지 무더기는 [세간에] 포함된 [법]일 수 있고, [세간에] 포함되지 않는 [법]일 수 있다.(cf. ma2-96)

물질의 무더기는 출리로 인도하지 못하는 [법]이다. 네 가지 무더기는 출리로 인도하는 [법]일 수 있고, 출리로 인도하지 못하는 [법]일 수 있다.(cf. ma2-97)

물질의 무더기는 확정되지 않은 [법]이다. 네 가지 무더기는 확정된 [법]일 수 있고, 확정되지 않은 [법]일 수 있다.(cf. ma2-98)

물질의 무더기는 위가 있는 [법]이다. 네 가지 무더기는 위가 있는 [법]일 수 있고, 위가 없는 [법]일 수 있다.(cf. ma2-99)

물질의 무더기는 다툼이 없는 [법]이다. 네 가지 무더기는 다툼을 가진 [법]일 수 있고, 다툼이 없는 [법]일 수 있다.(cf. ma2-100)

[아비담마 마띠까를 통한] 질문의 제기가 [끝났다.]

무더기에 대한 분석이 [끝났다.]

제2장
감각장소[處] 위방가

감각장소에 대한 분석

Āyatana-vibhaṅga

I. 경에 따른 분석 방법

Suttanta-bhājanīya

154. 열두 가지 감각장소[處]가 있으니, [70] 눈의 감각장소[眼處], 형색의 감각장소[色處], 귀의 감각장소[耳處], 소리의 감각장소[聲處], 코의 감각장소[鼻處], 냄새의 감각장소[香處], 혀의 감각장소[舌處], 맛의 감각장소[味處], 몸의 감각장소[身處], 감촉의 감각장소[觸處], 마노의 감각장소[意處], 법의 감각장소[法處]이다.

눈은 무상하고 괴로움이고 무아이고 변하기 마련인 법이다.121) 형색은 무상하고 괴로움이고 무아이고 변하기 마련인 법이다. 귀는 무상하고 괴로움이고 무아이고 변하기 마련인 법이다. 소리는 무상하고 괴로

---

121) '변하기 마련인 법'은 vipariṇāma-dhamma를 옮긴 것이다.
주석서는 "존재하지 않음으로 간 것이기 때문에(vibhavagatikato), 이전과 이후를 통해서 존재의 변이(옮겨감)로 갔기 때문에(bhavasaṅkanti-gamanato), 그리고 평소의 성질을 버렸기 때문에(pakatibhāva-vijahana-to) '변하기 마련인 법'이다."(VbhA.49)라고 설명한다.
중국에서는 vipariṇāma를 變, 變壞, 變異, 壞, 失(변, 변괴, 변이, 괴, 실)로 옮겼다.

움이고 무아이고 변하기 마련인 법이다. 코는 무상하고 괴로움이고 무아이고 변하기 마련인 법이다. 냄새는 무상하고 괴로움이고 무아이고 변하기 마련인 법이다. 혀는 무상하고 괴로움이고 무아이고 변하기 마련인 법이다. 맛은 무상하고 괴로움이고 무아이고 변하기 마련인 법이다. 몸은 무상하고 괴로움이고 무아이고 변하기 마련인 법이다. 감촉은 무상하고 괴로움이고 무아이고 변하기 마련인 법이다. 마노[意]는 무상하고 괴로움이고 무아이고 변하기 마련인 법이다. 법은 무상하고 괴로움이고 무아이고 변하기 마련인 법이다.[122]

경에 따른 분석 방법이 [끝났다.][123]

122) '무상하고 괴로움이고 무아이고 변하기 마련인 법'은 aniccaṁ dukkhaṁ anattā vipariṇāmadhammaṁ을 옮긴 것이다. 그런데 M13 §36; M22 §26; S12:70; S22:26; A3:101 등 경장의 여러 곳에서는 '무상하고 괴로움이고 변하기 마련인 법', 즉 anicca-dukkha-vipariṇāmadhamma로 anatta(무아)가 없이 나타난다. 여기서처럼 '무상하고 괴로움이고 무아이고 변하기 마련인 법', 즉 anicca-dukkha-anatta-vipariṇāma-dhamma로 anatta가 포함되어 네 가지로 나타나는 경우는 본서의 이곳과 이를 인용하는 주석서 문헌 두어 군데뿐인 것으로 조사되었다.

123) "그런데 여기서 간략하게 설명하면 열 가지 감각장소는 욕계에 속하고(kāmāvacarāni) 두 가지는 세 가지 경지에 속한다(tebhūmakāni). 이 모두에 대해서 명상하는 과정(sammasanacāra)이 설명된 것이라고 알아야 한다. … [여기 경에 따른 분석 방법]에서는 위빳사나를 하는 자들에게 도움을 주시기 위해서(vipassakānaṁ upakāratthāya) '눈의 감각장소, 형색의 감각장소'라는 쌍으로 감각장소들을 설하셨다."(VbhA.51)

"명상의 과정이 명상하는 과정(sammasanacāra)이다. 이것은 삼계에 속하는 법들의 동의어이다.(sammasanassa cāro sammasanacāro, tebhūmaka-dhammānaṁ adhivacanaṁ)"(VbhAMṬ.45)

"여기서 명상의 과정이라고 해서 명상하는 과정(sammasanacāra)인데 이것은 위빳사나의 영역이고, 이것이 명상하는 과정이다(sammasanaṁ carati etthāti sammasanacāro, vipassanābhūmi, taṁ sammasanacāraṁ)."(MAṬ.ii.274)

여기서 '명상하는 과정'은 sammasanacāra를 옮긴 것인데 냐나몰리 스님의

II. 아비담마에 따른 분석 방법

Abhidhamma-bhājanīya

155. 열두 가지 감각장소가 있으니, 눈의 감각장소[眼處], 귀의 감각장소[耳處], 코의 감각장소[鼻處], 혀의 감각장소[舌處], 몸의 감각장소[身處], 마노의 감각장소[意處], 형색의 감각장소[色處], 소리의 감각장소[聲處], 냄새의 감각장소[香處], 맛의 감각장소[味處], 감촉의 감각장소[觸處], 법의 감각장소[法處]이다.[124)]

156. 여기서 무엇이 '눈의 감각장소[眼處, cakkhāyatana]'인가?

눈은 네 가지 근본물질에서 파생된 감성의 [물질]이고, 자기 존재(몸)에 포함된 것이고, 볼 수 없고, 부딪힘이 있다.

① 이러한 볼 수 없고 부딪힘이 있는 눈으로, [71] 볼 수 있고 부딪힘이 있는 형색을 ⓐ 보았거나 ⓑ 보거나 ⓒ 볼 것이거나 ⓓ 볼 수 있다.

이것은 눈이기도 하고, 이것은 눈의 감각장소이기도 하고, 이것은 눈의 요소이기도 하고, 이것은 눈의 기능이기도 하고, 이것은 세상이기도 하고, 이것은 문이기도 하고, 이것은 바다이기도 하고, 이것은 깨끗한

'*the procedure of comprehension*'을 참조하여 옮겼다.(냐나몰리 스님, 60쪽). 이 명상하는 과정은 『청정도론』 제20장 도와 도 아님에 대한 지와 견에 의한 청정의 §6 이하에서 설명되는 깔라빠에 대한 명상(kalāpa-sammasana) 가운데 특히 §10을 참조하기 바란다.

124) "앞의 [경에 따른 분석 방법]에서는 위빳사나를 하는 자들에게 도움을 주시기 위해서(vipassakānaṁ upakāratthāya) '눈의 감각장소, 형색의 감각장소'라는 쌍으로 감각장소들을 설하셨다. 그러나 여기 아비담마에 따른 분석 방법에서는 그렇게 설하시지 않고 안에 있고 밖에 있는 것들을 모든 측면에서(sabbākārato) 그 고유성질을 보여주시기 위해서(sabhāvadassana-tthaṁ) '눈의 감각장소, 귀의 감각장소'라고 이처럼 안에 있고 밖에 있는 것을 구분하는 방법(ajjhattikabāhira-vavatthāna-naya)으로 설하셨다." (VbhA.51)

것이기도 하고, 이것은 들판이기도 하고, 이것은 토대이기도 하고, 이것은 길잡이이기도 하고, 이것은 안내자이기도 하고, 이것은 이쪽 언덕[此岸]이기도 하고, 이것은 텅 빈 마을이기도 하다. — 이를 일러 눈의 감각장소라 한다.(*cf.* Dhs §596)

157. 여기서 무엇이 '귀의 감각장소[耳處, sotāyatana]'인가?

귀는 네 가지 근본물질에서 파생된 감성의 [물질]이고, 자기 존재(몸)에 포함된 것이고, 볼 수 없고, 부딪힘이 있다.

① 이러한 볼 수 없고 부딪힘이 있는 귀로, 볼 수 없고 부딪힘이 있는 소리를 ⓐ 들었거나 ⓑ 듣거나 ⓒ 들을 것이거나 ⓓ 들을 수 있다.

이것은 귀이기도 하고, 이것은 귀의 감각장소이기도 하고, 이것은 귀의 요소이기도 하고, 이것은 귀의 기능이기도 하고, 이것은 세상이기도 하고, 이것은 문이기도 하고, 이것은 바다이기도 하고, 이것은 깨끗한 것이기도 하고, 이것은 들판이기도 하고, 이것은 토대이기도 하고, 이것은 이쪽 언덕[此岸]이기도 하고, 이것은 텅 빈 마을이기도 하다. — 이를 일러 귀의 감각장소라 한다.(*cf.* Dhs §600)

158. 여기서 무엇이 '코의 감각장소[鼻處, ghānāyatana]'인가?

코는 네 가지 근본물질에서 파생된 감성의 [물질]이고, 자기 존재(몸)에 포함된 것이고, 볼 수 없고, 부딪힘이 있다.

① 이러한 볼 수 없고 부딪힘이 있는 코로, 볼 수 없고 부딪힘이 있는 냄새를 ⓐ 맡았거나 ⓑ 맡거나 ⓒ 맡을 것이거나 ⓓ 맡을 수 있다.

이것은 코이기도 하고, 이것은 코의 감각장소이기도 하고, 이것은 코의 요소이기도 하고, 이것은 코의 기능이기도 하고, 이것은 세상이기도 하고, 이것은 문이기도 하고, 이것은 바다이기도 하고, 이것은 깨끗한 것이기도 하고, 이것은 들판이기도 하고, 이것은 토대이기도 하고, 이것은 이쪽 언덕[此岸]이기도 하고, 이것은 텅 빈 마을이기도 하다. — 이를

일러 코의 감각장소라 한다.(*cf.* Dhs §604)

159. 여기서 무엇이 '혀의 감각장소[舌處, jivhāyatana]'인가?

혀는 네 가지 근본물질에서 파생된 감성의 [물질]이고, 자기 존재(몸)에 포함된 것이고, 볼 수 없고, 부딪힘이 있다.

① 이러한 볼 수 없고 부딪힘이 있는 혀로, 볼 수 없고 부딪힘이 있는 맛을 ⓐ 맛보았거나 ⓑ 맛보거나 ⓒ 맛볼 것이거나 ⓓ 맛볼 수 있을 것이다.

이것은 혀이기도 하고, 이것은 혀의 감각장소이기도 하고, 이것은 혀의 요소이기도 하고, 이것은 혀의 기능이기도 하고, 이것은 세상이기도 하고, 이것은 문이기도 하고, 이것은 바다이기도 하고, 이것은 깨끗한 것이기도 하고, 이것은 들판이기도 하고, 이것은 토대이기도 하고, 이것은 이쪽 언덕[此岸]이기도 하고, 이것은 텅 빈 마을이기도 하다. — 이를 일러 혀의 감각장소라 한다.(*cf.* Dhs §608)

160. 여기서 무엇이 '몸의 감각장소[身處, kāyāyatana]'인가?

몸은 네 가지 근본물질에서 파생된 감성의 [물질]이고, 자기 존재(몸)에 포함된 것이고, 볼 수 없고, 부딪힘이 있다.

① 이러한 볼 수 없고 부딪힘이 있는 몸으로, 볼 수 없고 부딪힘이 있는 감촉을 ⓐ 감촉했거나 ⓑ 감촉하거나 ⓒ 감촉할 것이거나 ⓓ 감촉할 수 있다.

이것은 몸이기도 하고, 이것은 몸의 감각장소이기도 하고, 이것은 몸의 요소이기도 하고, 이것은 몸의 기능이기도 하고, 이것은 세상이기도 하고, 이것은 문이기도 하고, 이것은 바다이기도 하고, 이것은 깨끗한 것이기도 하고, 이것은 들판이기도 하고, 이것은 토대이기도 하고, 이것은 이쪽 언덕[此岸]이기도 하고, 이것은 텅 빈 마을이기도 하다. — 이를 일러 몸의 감각장소라 한다.(*cf.* Dhs §612)

161. 여기서 무엇이 '마노의 감각장소[意處, manāyatana]'인가?[125]

{1} 한 가지에 의한 마노의 감각장소가 있다. — 감각접촉과 결합된 것이다.

두 가지에 의한 마노의 감각장소가 있다. — 원인을 가진 것이 있고, 원인을 가지지 않은 것이 있다.(*cf* ma2-2)

세 가지에 의한 마노의 감각장소가 있다. — 유익한 것이 있고, 해로운 것이 있고, 결정할 수 없는 것[無記]이 있다.(*cf* ma3-1)

네 가지에 의한 마노의 감각장소가 있다. — 욕계에 속하는 것이 있고, 색계에 속하는 것이 있고, 무색계에 속하는 것이 있고, [세간에] 포함되지 않는[出世間] 것이 있다.

다섯 가지에 의한 마노의 감각장소가 있다. — 즐거움의 기능과 결합된 것, 괴로움의 기능과 결합된 것, 기쁨의 기능과 결합된 것, 불만족의 기능과 결합된 것, 평온의 기능과 결합된 것이다.

여섯 가지에 의한 마노의 감각장소가 있다. 눈의 알음알이, 귀의 알음알이, 코의 알음알이, 혀의 알음알이, 몸의 알음알이, 마노의 알음알이이다. 이와 같이 여섯 가지에 의한 마노의 감각장소가 있다.

일곱 가지에 의한 마노의 감각장소가 있다. 눈의 알음알이, 귀의 알음알이, 코의 알음알이, 혀의 알음알이, 몸의 알음알이, 마노의 요소, 마노의 알음알이의 요소이다. 이와 같이 일곱 가지에 의한 마노의 감각장소가 있다.

여덟 가지에 의한 마노의 감각장소가 있다. 눈의 알음알이, 귀의 알음알이, 코의 알음알이, 혀의 알음알이, 즐거움이 함께한 몸의 알음알이, 괴로움이 함께한 [몸의 알음알이], 마노의 요소, 마노의 알음알이의 요소이다. 이와 같이 여덟 가지에 의한 마노의 감각장소가 있다.

---

125) 이하 마노의 감각장소에 대한 설명(§161 전부)은 본서 §§121~149에 나타나는 알음알이의 무더기에 대한 설명과 동일하다.

아홉 가지에 의한 마노의 감각장소가 있다. 눈의 알음알이, 귀의 알음알이, 코의 알음알이, 혀의 알음알이, 몸의 알음알이, 마노의 요소, 유익한 마노의 알음알이의 요소, 해로운 [마노의 알음알이의 요소], 결정할 수 없는[無記] [마노의 알음알이의 요소]이다. 이와 같이 아홉 가지에 의한 마노의 감각장소가 있다.

열 가지에 의한 마노의 감각장소가 있다. 눈의 알음알이, 귀의 알음알이, 코의 알음알이, 혀의 알음알이, 즐거움이 함께한 몸의 알음알이, 괴로움이 함께한 [몸의 알음알이], 마노의 요소, 유익한 마노의 알음알이의 요소, 해로운 [마노의 알음알이의 요소], 결정할 수 없는[無記] [마노의 알음알이의 요소]이다. 이와 같이 열 가지에 의한 마노의 감각장소가 있다.

한 가지에 의한 마노의 감각장소가 있다. — 감각접촉과 결합된 것이다.

두 가지에 의한 마노의 감각장소가 있다. — 원인을 가진 것이 있고, 원인을 가지지 않은 것이 있다.(*cf.* ma2-2)

세 가지에 의한 마노의 감각장소가 있다. — 즐거운 느낌과 결합된 것이 있고, 괴로운 느낌과 결합된 것이 있고, 괴롭지도 즐겁지도 않은 느낌과 결합된 것이 있다.(*cf.* ma3-2) … (§§122~149) … 이와 같이 여러 가지에 의한 마노의 감각장소가 있다.

— 이를 일러 마노의 감각장소라 한다.

162. 여기서 [72] 무엇이 '형색의 감각장소[色處, rūpāyatana]'인가?

형색은 네 가지 근본물질에서 파생된 것이고, 색깔로 빛나고, 볼 수 있고, 부딪힘이 있고, 파랗고 노랗고 붉고 희고 검고 심홍색이고 황금색이고 녹색이고 망고의 싹과 같은 색이고, 길고 짧고, 작고 크고, 둥글고 구형이고 사각형이고 육각형이고 팔각형이고 십육각형이고, 낮고 높고, 그늘지고 뙤약볕이고, 밝고 어둡고, 먹구름 색이고 서리처럼 희고 연기가 자욱한 [색깔]이고 먼지투성이 [색깔]이고, 달의 원반의 색깔로 빛나고 태양의 원반의 색깔로 빛나고 별빛의 색깔로 빛나고 거울의 원반의 색깔로 빛나고 보석과 고둥과 진주와 녹주석의 색깔로 빛나고 금과 은의 색깔로 빛난다.

그리고 어떠한 다른 형색이 있다 하더라도 그것은 네 가지 근본물질에서 파생된 것이고, 색깔로 빛나고, 볼 수 있고, 부딪힘이 있다.

① 이러한 볼 수 있고 부딪힘이 있는 형색을, 볼 수 없고 부딪힘이 있는 눈으로 ⓐ 보았거나 ⓑ 보거나 ⓒ 볼 것이거나 ⓓ 볼 수 있다.

이것은 형색이기도 하고, 이것은 형색의 감각장소이기도 하고, 이것은 형색의 요소이기도 하다. — 이를 일러 형색의 감각장소라 한다.(*cf* Dhs §616)

163. 여기서 무엇이 '소리의 감각장소[聲處, saddāyatana]'인가?

소리는 네 가지 근본물질에서 파생된 것이고, 볼 수 없고, 부딪힘이 있고, 북소리, 작은북 소리, 고둥 소리, 빠나와 북소리, 노래 소리, 음악 소리, 심벌즈 소리, 손뼉 소리, 중생들이 외치는 소리, 요소들이 부딪히는 소리, 바람소리, 물소리, 인간의 소리, 비인간의 소리이다.

그리고 어떠한 다른 소리가 있다 하더라도 그것은 네 가지 근본물질에서 파생된 것이고, 볼 수 없고, 부딪힘이 있다.

① 이러한 볼 수 없고 부딪힘이 있는 소리를, 볼 수 없고 부딪힘이 있는 귀로 ⓐ 들었거나 ⓑ 듣거나 ⓒ 들을 것이거나 ⓓ 들을 수 있다.

이것은 소리이기도 하고, 이것은 소리의 감각장소이기도 하고, 이것은 소리의 요소이기도 하다. — 이를 일러 소리의 감각장소라 한다.(*cf* Dhs §620)

164. 여기서 무엇이 '냄새의 감각장소[香處, gandhāyatana]'인가?

냄새는 네 가지 근본물질에서 파생된 것이고, 볼 수 없고, 부딪힘이 있고, 뿌리 냄새, 고갱이 냄새, 껍질 냄새, 잎사귀 냄새, 꽃 냄새, 과일 냄새, 비린 냄새, 썩는 냄새, 좋은 냄새, 나쁜 냄새이다.

그리고 어떠한 다른 냄새가 있다 하더라도 그것은 네 가지 근본물질에서 파생된 것이고, 볼 수 없고, 부딪힘이 있다.

① 이러한 볼 수 없고 부딪힘이 있는 냄새를, 볼 수 없고 부딪힘이 있는 코로 냄새를 ⓐ 맡았거나 ⓑ 맡거나 ⓒ 맡을 것이거나 ⓓ 맡을 수 있다.

이것은 냄새이기도 하고, 이것은 냄새의 감각장소이기도 하고, 이것은 냄새의 요소이기도 하다. — 이를 일러 냄새의 감각장소라 한다.(*cf* Dhs §624)

165. 여기서 무엇이 '맛의 감각장소[味處, rasāyatana]'인가?

맛은 네 가지 근본물질에서 파생된 것이고, 볼 수 없고, 부딪힘이 있고, 뿌리의 맛, 줄기의 맛, 껍질의 맛, 잎사귀의 맛, 꽃의 맛, 과일의 맛, 신맛, 단맛, 쓴맛, 떫은맛, 짠맛, 알싸한 맛, 시큼한 맛, 매운맛, 좋은 맛, 역겨운 맛이다.

그리고 어떠한 다른 맛이 있다 하더라도 그것은 네 가지 근본물질에서 파생된 것이고, 볼 수 없고, 부딪힘이 있다.

① 이러한 볼 수 없고 부딪힘이 있는 맛을, 볼 수 없고 부딪힘이 있는 혀로 ⓐ 맛보았거나 ⓑ 맛보거나 ⓒ 맛볼 것이거나 ⓓ 맛볼 수 있다.

이것은 맛이기도 하고, 이것은 맛의 감각장소이기도 하고, 이것은 맛의 요소이기도 하다. — 이를 일러 맛의 감각장소라 한다.(*cf* Dhs §628)

166. 여기서 무엇이 '감촉의 감각장소[觸處, phoṭṭhabbāyatana]'인가?

땅의 요소, 불의 요소, 바람의 요소인데, 단단하고, 부드럽고, 매끄럽고, 거칠고, 즐거운 감각접촉이고 괴로운 감각접촉이고, 무겁고, 가벼운 것이다.

① 이러한 볼 수 없고 부딪힘이 있는 감촉을, 볼 수 없고 부딪힘이 있

는 몸으로 ⓐ 감촉했거나 ⓑ 감촉하거나 ⓒ 감촉할 것이거나 ⓓ 감촉할 수 있다.

이것은 감촉이기도 하고, 이것은 감촉의 감각장소이기도 하고, 이것은 감촉의 요소이기도 하다. — 이를 일러 감촉의 감각장소라 한다.(*cf* Dhs §647)

167. 여기서 무엇이 '법의 감각장소[法處, dhammāyatana]'인가? 느낌의 무더기, 인식의 무더기, 심리현상들의 무더기와 볼 수도 없고 부딪힘도 없는 법의 감각장소에 포함된 물질[法處所攝色]과 형성되지 않은 요소[無爲界]이다.126)

그러면 무엇이 '느낌의 무더기'인가?

한 가지에 의한 느낌의 무더기가 있다. — 감각접촉과 결합된 것이다.

두 가지에 의한 느낌의 무더기가 있다. — 원인을 가진 것이 있고, 원인을 가지지 않은 것이 있다.(*cf* ma2-2)

세 가지에 의한 느낌의 무더기가 있다. — 유익한 것이 있고, 해로운 것이 있고, 결정할 수 없는 것[無記]이 있다.(*cf* ma3-1) … (§34) … 이와 같이 열 가지에 의한 느낌의 무더기가 있다.

… (§§35~61) … 이와 같이 여러 가지에 의한 느낌의 무더기가 있다.

— 이를 일러 느낌의 무더기라 한다.

그러면 무엇이 '인식의 무더기'인가?

한 가지에 의한 인식의 무더기가 있다. — 감각접촉과 결합된 것이다.

두 가지에 의한 인식의 무더기가 있다. — 원인을 가진 것이 있고, 원인을 가지지 않은 것이 있다.(*cf* ma2-2)

세 가지에 의한 인식의 무더기가 있다. — 유익한 것이 있고, 해로운

---

126) 『청정도론』도 "법의 감각장소는 느낌, 인식, 심리현상들, 미세한 물질, 열반 — 이들의 다양한 고유성질의 분류에 따라 여러 가지이다."(Vis.XV.10)라고 정의하고 있다.

것이 있고, 결정할 수 없는 것[無記]이 있다.(*cf* ma3-1) … (§62) … 이와 같이 열 가지에 의한 인식의 무더기가 있다.

… (§§63~91) … 이와 같이 여러 가지에 의한 인식의 무더기가 있다.

— 이를 일러 인식의 무더기라 한다.

그러면 무엇이 '심리현상들의 무더기'인가?

한 가지에 의한 심리현상들의 무더기가 있다. — 마음과 결합된 것이다.

두 가지에 의한 심리현상들의 무더기가 있다. — 원인인 것이 있고, 원인이 아닌 것이 있다.(*cf* ma2-1)

세 가지에 의한 심리현상들의 무더기가 있다. — 유익한 것이 있고, 해로운 것이 있고, 결정할 수 없는 것[無記]이 있다.(*cf* ma3-1) … (§92) … 이와 같이 열 가지에 의한 심리현상들의 무더기가 있다.

… (§§93~120) … 이와 같이 여러 가지에 의한 심리현상들의 무더기가 있다.

— 이를 일러 심리현상들의 무더기라 한다.

여기서 무엇이 '볼 수도 없고 부딪힘도 없는 법의 감각장소에 포함된 물질[法處所攝色, rūpa anidassanāppaṭigha dhammāyatanapariyāpanna]' 인가?

여자의 기능[女根], 남자의 기능[男根] … (§5) … 덩어리진 [먹는] 음식[段食] — 이를 일러 볼 수도 없고 부딪힘도 없는 법의 감각장소에 포함된 물질이라 한다.127)

여기서 무엇이 '형성되지 않은 요소[無爲界, asaṅkhatā dhātu]'인가? 갈망의 멸진, [73] 성냄의 멸진, 어리석음의 멸진 — 이를 일러 형성되지 않은 요소라 한다.128)

---

127) 이것은 미세한 물질(sukhuma-rūpa)이기도 하다. 여기에 대해서는 본서 §5와 주해들을 참조할 것.

128) "'형성되지 않은 요소[無爲界, asaṅkhatā dhātu]'는 형성되지 않음이라는

— 이를 일러 법의 감각장소라 한다.

아비담마에 따른 분석 방법이 [끝났다.][129]

III. [아비담마 마띠까를 통한] 질문의 제기

Pañhāpucchaka

168. 열두 가지 감각장소가 있으니, 눈의 감각장소[眼處], 형색의 감각장소[色處], 귀의 감각장소[耳處], 소리의 감각장소[聲處], 코의 감각장소[鼻處], 냄새의 감각장소[香處], 혀의 감각장소[舌處], 맛의 감각장소[味處], 몸의 감각장소[身處], 감촉의 감각장소[觸處], 마노의 감각장소[意處], 법의 감각장소[法處]이다.[130]

169. 열두 가지 감각장소 가운데 몇 가지가 유익한 [법]이고, 몇 가지가 해로운 [법]이고, 몇 가지가 결정할 수 없는[無記] [법]인가? …

고유성질을 가진 열반(asaṅkhatasabhāva nibbāna)이다. 이것이 오면 갈망 등이 멸진하기 때문에(yasmā panetaṁ āgamma rāgādayo khīyanti) 그래서 '갈망의 멸진(rāgakkhaya)', '성냄의 멸진(dosakkhaya)', '어리석음의 멸진(mohakkhaya)'이라고 설하셨다. 이것이 여기서 스승들(ācariyā)의 공통되는 주석(samānatthakathā)이다."(VbhA.51)

129) "여기서도 열 가지 감각장소는 욕계에 속하고 두 가지는 네 가지 경지에 속하는 세간적인 것과 출세간적인 것이 혼합된 것(catubhūmakāni lokiya-lokuttaramissakāni)이라고 알아야 한다."(VbhA.54)

130) §154의 경에 따른 분석 방법에서는 '눈의 감각장소[眼處], 형색의 감각장소[色處] …'로 나타났지만 §155의 아비담마에 따른 분석 방법에서는 '눈의 감각장소[眼處], 귀의 감각장소[耳處] …'로 나타났고 여기 §168의 [아비담마 마띠까를 통한] 질문의 제기에서는 다시 경에 따른 분석 방법에서처럼 '눈의 감각장소[眼處], 형색의 감각장소[色處] …'의 순서로 나타나고 있다.

pe(Dhs Mtk) … 몇 가지가 다툼을 가진 [법]이고, 몇 가지가 다툼이 없는 [법]인가?(*cf.* ma2-100)

(1) 세 개 조

170. 열 가지 감각장소는 결정할 수 없는[無記] [법]이다. 두 가지 감각장소는 유익한 [법]일 수 있고, 해로운 [법]일 수 있고, 결정할 수 없는[無記] [법]일 수 있다.(*cf.* ma3-1)

열 가지 감각장소는 즐거운 느낌과 결합된 [법]이라고도 괴로운 느낌과 결합된 [법]이라고도 괴롭지도 즐겁지도 않은 느낌과 결합된 [법]이라고도 말해서는 안 된다. 마노의 감각장소는 즐거운 느낌과 결합된 [법]일 수 있고, 괴로운 느낌과 결합된 [법]일 수 있고, 괴롭지도 즐겁지도 않은 느낌과 결합된 [법]일 수 있다. 법의 감각장소는 즐거운 느낌과 결합된 [법]일 수 있고, 괴로운 느낌과 결합된 [법]일 수 있고, 괴롭지도 즐겁지도 않은 느낌과 결합된 [법]일 수 있다. [그러나] 즐거운 느낌과 결합된 [법]이라고도 괴로운 느낌과 결합된 [법]이라고도 괴롭지도 즐겁지도 않은 느낌과 결합된 [법]이라고도 말해서는 안 되는 경우가 있다.(*cf.* ma3-2)

열 가지 감각장소는 과보로 나타난 것도 아니고 과보를 생기게 하는 것도 아닌 [법]이다. 두 가지 감각장소는 과보로 나타난 [법]일 수 있고, 과보를 생기게 하는 [법]일 수 있고, 과보로 나타난 것도 아니고 과보를 생기게 하는 것도 아닌 [법]일 수 있다. (*cf.* ma3-3)

다섯 가지 감각장소는 취착되었고 취착의 대상인 [법]이다. 소리의 감각장소는 취착되지 않았지만 취착의 대상인 [법]일 수 있다. 네 가지 감각장소는 취착되었고 취착의 대상인 [법]일 수 있고, 취착되지 않았지만 취착의 대상인 [법]일 수 있고, 취착되지 않았고 취착의 대상도 아닌 [법]일 수 있다. 두 가지 감각장소는 취착되었고 취착의 대상인 [법]일 수 있고, 취착되지 않았지만 취착의 대상인 [법]일 수 있고, 취착되지 않았고 취착의 대상도 아닌 [법]일 수 있다.(*cf* ma3-4)

열 가지 감각장소는 오염되지 않았지만 오염의 대상인 [법]이다. 두 가지 감각장소는 오염되었고 오염의 대상인 [법]일 수 있고, 오염되지 않았지만 오염의 대상인 [법]일 수 있고, 오염되지 않았고 오염의 대상도 아닌 [법]일 수 있다.(*cf* ma3-5)

열 가지 감각장소는 일으킨 생각도 없고 지속적 고찰도 없는 [법]이다. 마노의 감각장소는 일으킨 생각이 있고 지속적 고찰이 있는 [법]일 수 있고, 일으킨 생각은 없고 지속적 고찰만 있는 [법]일 수 있고, 일으킨 생각도 없고 지속적 고찰도 없는 [법]일 수 있다. 법의 감각장소는 일으킨 생각이 있고 지속적 고찰이 있는 [법]일 수 있고, 일으킨 생각은 없고 지속적 고찰만 있는 [법]일 수 있고, 일으킨 생각도 없고 지속적 고찰도 없는 [법]일 수 있다. [그러나] 일으킨 생각이 있고 지속적 고찰이 있는 [법]이라고도 일으킨 생각은 없고 지속적 고찰만 있는 [법]이라고도 일으킨 생각도 없고 지속적 고찰도 없는 [법]이라고도 말해서는 안 되는 경우가 있다.(*cf* ma3-6)

열 가지 감각장소는 희열이 함께하는 [법]이라고도 [74] 행복이 함께하는 [법]이라고도 평온이 함께하는 [법]이라고도 말해서는 안 된다. 두 가지 감각장소는 희열이 함께하는 [법]일 수 있고, 행복이 함께하는 [법]일 수 있고, 평온이 함께하는 [법]일 수 있다. [그러나] 희열이 함께하는 [법]이라고도 행복이 함께하는 [법]이라고도 평온이 함께하는 [법]이라고도 말해서는 안 되는 경우가 있다.(*cf* ma3-7)

열 가지 감각장소는 봄이나 닦음으로 버려야 하지 않는 [법]이다. 두 가지 감각장소는 봄으로써 버려야 하는 [법]일 수 있고, 닦음으로써 버려야 하는 [법]일 수 있고, 봄이나 닦음으로 버려야 하지 않는 [법]일 수

있다.(*cf* ma3-8)

열 가지 감각장소는 봄이나 닦음으로 버려야 하는 원인을 가지지 않은 [법]이다. 두 가지 감각장소는 봄으로써 버려야 하는 원인을 가진 [법]일 수 있고, 닦음으로써 버려야 하는 원인을 가진 [법]일 수 있고, 봄이나 닦음으로 버려야 하는 원인을 가지지 않은 [법]일 수 있다.(*cf* ma3-9)

열 가지 감각장소는 [윤회를] 축적하게 하는 것도 [윤회를] 감소시키는 것도 아닌 [법]이다. 두 가지 감각장소는 [윤회를] 축적하게 하는 [법]일 수 있고, [윤회를] 감소시키는 [법]일 수 있고, [윤회를] 축적하게 하는 것도 [윤회를] 감소시키는 것도 아닌 [법]일 수 있다.(*cf* ma3-10)

열 가지 감각장소는 유학에도 무학에도 속하지 않는 [법]이다. 두 가지 감각장소는 유학에 속하는 [법]일 수 있고, 무학에 속하는 [법]일 수 있고, 유학에도 무학에도 속하지 않는 [법]일 수 있다.(*cf* ma3-11)

열 가지 감각장소는 제한된 [법]이다. 두 가지 감각장소는 제한된 [법]일 수 있고, 고귀한 [법]일 수 있고, 무량한 [법]일 수 있다.(*cf* ma3-12)

열 가지 감각장소는 대상을 가지지 않는다. 두 가지 감각장소는 제한된 대상을 가진 [법]일 수 있고, 고귀한 대상을 가진 [법]일 수 있고, 무량한 대상을 가진 [법]일 수 있다. [그러나] 제한된 대상을 가진 [법]이라고도 고귀한 대상을 가진 [법]이라고도 무량한 대상을 가진 [법]이라고도 말해서는 안 되는 경우가 있다.(*cf* ma3-13)

열 가지 감각장소는 중간인 [법]이다. 두 가지 감각장소는 저열한 [법]일 수 있고, 중간인 [법]일 수 있고, 수승한 [법]일 수 있다.(*cf* ma3-14)

열 가지 감각장소는 확정되지 않은 [법]이다. 두 가지 감각장소는 그릇된 것으로 확정된 것일 수 있고, 바른 것으로 확정된 [법]일 수 있고, 확정되지 않은 [법]일 수 있다.(*cf* ma3-15)

열 가지 감각장소는 대상을 가지지 않는다. 두 가지 감각장소는 도를 대상으로 가진 [법]일 수 있고, 도를 원인으로 가진 [법]일 수 있고, 도를 지배의 [요소]로 가진 [법]일 수 있다. [그러나] 도를 대상으로 가진 [법]이라고도 도를 원인으로 가진 [법]이라고도 도를 지배의 [요소]로 가진 [법]이라고도 말해서는 안 되는 경우가 있다.(*cf.* ma3-16)

다섯 가지 감각장소는 일어난 [법]일 수 있고, 일어나게 될 [법]일 수 있다. 일어나지 않은 [법]이라고 말해서는 안 된다. 소리의 감각장소는 일어난 [법]일 수 있고, 일어나지 않은 [법]일 수 있다. 일어나게 될 [법]이라고 말해서는 안 된다. 다섯 가지 감각장소는 일어난 [법]일 수 있고, 일어나지 않은 [법]일 수 있고, 일어나게 될 [법]일 수 있다. 법의 감각장소는 일어난 [법]일 수 있고, 일어나지 않은 [법]일 수 있고, 일어나게 될 [법]일 수 있다. [그러나] 일어난 [법]이라고도 일어나지 않은 [법]이라고도 일어나게 될 [법]이라고도 말해서는 안 되는 경우가 있다.(*cf.* ma3-17)

열한 가지 감각장소는 과거의 [법]일 수 있고, 미래의 [법]일 수 있고, 현재의 [법]일 수 있다. 법의 감각장소는 과거의 [법]일 수 있고, 미래의 [법]일 수 있고, 현재의 [법]일 수 있다. [그러나] 과거의 [법]이라고도 미래의 [법]이라고도 현재의 [법]이라고도 말해서는 안 되는 경우가 있다.(*cf.* ma3-18)

열 가지 감각장소는 대상을 가지지 않는다. 두 가지 감각장소는 과거의 대상을 가진 [법]일 수 있고, 미래의 대상을 가진 [법]일 수 있고, 현재의 대상을 가진 [법]일 수 있다. [그러나] [75] 과거의 대상을 가진 [법]이라고도 미래의 대상을 가진 [법]이라고도 현재의 대상을 가진 [법]이라고도 말해서는 안 되는 경우가 있다.(*cf.* ma3-19)

[열두 가지 감각장소는] 안의 [법]일 수 있고, 밖의 [법]일 수 있고, 안과 밖의 [법]일 수 있다.(*cf.* ma3-20)

열 가지 감각장소는 대상을 가지지 않는다. 두 가지 감각장소는 안의 대상을 가진 [법]일 수 있고, 밖의 대상을 가진 [법]일 수 있고, 안과 밖의 대상을 가진 [법]일 수 있다. [그러나] 안의 대상을 가진 [법]이라고도 밖의 대상을 가진 [법]이라고도 안과 밖의 대상을 가진 [법]이라고도 말해서는 안 되는 경우가 있다.(*cf* ma3-21)

형색의 감각장소는 볼 수도 있고 부딪힘도 있는 [법]이다. 아홉 가지 감각장소는 볼 수는 없지만 부딪힘은 있는 [법]이다. 두 가지 감각장소는 볼 수도 없고 부딪힘도 없는 [법]이다.(*cf* ma3-22)

(2) 두개 조

① 원인의 모둠

171. 열한 가지 감각장소는 원인이 아닌 [법]이다. 법의 감각장소는 원인인 [법]일 수 있고 원인이 아닌 [법]일 수 있다.(*cf* ma2-1)

열 가지 감각장소는 원인을 가지지 않은 [법]이다. 두 가지 감각장소는 원인을 가진 [법]일 수 있고, 원인을 가지지 않은 [법]일 수 있다.(*cf* ma2-2)

열 가지 감각장소는 원인과 결합되지 않은 [법]이다. 두 가지 감각장소는 원인과 결합된 [법]일 수 있고, 원인과 결합되지 않은 [법]일 수 있다.(*cf* ma2-3)

열 가지 감각장소는 원인이면서 원인을 가진 [법]이라고도 원인을 가졌지만 원인이 아닌 [법]이라고도 말해서는 안 된다. 마노의 감각장소는 원인이면서 원인을 가진 [법]이라고 말해서는 안 된다. [이들은] 원인을 가졌지만 원인이 아닌 [법]일 수 있다. [그러나] 원인을 가졌지만 원인이 아닌 [법]이라고도 말해서는 안 되는 경우가 있다. 법의 감각장소는 원인이면서 원인을 가진 [법]일 수 있고, 원인을 가졌지만 원인이 아닌 [법]일 수 있다. [그러나] 원인이면서 원인을 가진 [법]이라고도 원인을 가졌지만 원인이 아닌 [법]이라고도 말해서는 안 되는 경우가 있다.(*cf* ma2-4)

열 가지 감각장소는 원인이면서 원인과 결합된 [법]이라고도 원인과 결합되었지만 원인이 아닌 [법]이라고도 말해서는 안 된다. 마노의 감각장소는 원인이면서 원인과 결합된 [법]이라고 말해서는 안 된다. 원인과 결합되었지만 원인이 아닌 [법]일 수 있다. [그러나] 원인과 결합되었지만 원인이 아닌 [법]이라고 말해서는 안 되는 경우가 있다. 법의 감각장소는 원인이면서 원인과 결합된 [법]일 수 있고, 원인과 결합되었지만 원인이 아닌 [법]일 수 있다. [그러나] 원인이면서 원인과 결합된 [법]이라고도 원인과 결합되었지만 원인이 아닌 [법]이라고도 말해서는 안 되는 경우가 있다.(*cf.* ma2-5)

열 가지 감각장소는 원인이 아니면서 원인을 가지지 않은 [법]이다. 마노의 감각장소는 원인이 아니지만 원인을 가진 [법]일 수 있고, 원인이 아니면서 원인을 가지지 않은 [법]일 수 있다. 법의 감각장소는 원인이 아니지만 원인을 가진 [법]일 수 있고, 원인이 아니면서 원인을 가지지 않은 [법]일 수 있다. [그러나] 원인이 아니지만 원인을 가진 [법]이라고도 원인이 아니면서 원인을 가지지 않은 [법]이라고도 말해서는 안 되는 경우가 있다.(*cf.* ma2-6)

② 틈새에 있는 짧은 두 개 조

열한 가지 감각장소는 조건을 가진 [법]이다. 법의 감각장소는 조건을 가진 [법]일 수 있고, 조건을 가지지 않은 [법]일 수 있다.(*cf.* ma2-7)

열한 가지 감각장소는 형성된 것[有爲]이다. 법의 감각장소는 형성된 [법]일 수 있고, 형성되지 않은 것[無爲]일 수 있다.(*cf.* ma2-8)

형색의 감각장소는 볼 수 있는 [법]이다. 열한 가지 감각장소는 볼 수 없는 [법]이다.(*cf.* ma2-9)

열 가지 감각장소는 [76] 부딪힘이 있는 [법]이다. 두 가지 감각장소는 부딪힘이 없는 [법]이다.(*cf.* ma2-10)

열 가지 감각장소는 물질인 [법]이다. 마노의 감각장소는 비물질인 [법]이다. 법의 감각장소는 물질인 [법]일 수 있고, 비물질인 [법]일 수 있다.(*cf.* ma2-11)

열 가지 감각장소는 세간적인 [법]이다. 두 가지 감각장소는 세간적인 [법]일 수 있고, 출세간의 [법]일 수 있다.(*cf.* ma2-12)

[열두 가지 감각장소는] 어떤 것으로는 식별되는 [법]이고, 어떤 것으로는 식별되지 않는 [법]이다.(*cf.* ma2-13)

③ 번뇌의 모둠

열한 가지 감각장소는 번뇌(āsava)가 아닌 [법]이다. 법의 감각장소는 번뇌인 [법]일 수 있고, 번뇌가 아닌 [법]일 수 있다.(*cf.* ma2-14)

열 가지 감각장소는 번뇌의 대상인 [법]이다. 두 가지 감각장소는 번뇌의 대상인 [법]일 수 있고, 번뇌의 대상이 아닌 [법]일 수 있다.(*cf.* ma2-15)

열 가지 감각장소는 번뇌와 결합되지 않은 [법]이다. 두 가지 감각장소는 번뇌와 결합된 [법]일 수 있고, 번뇌와 결합되지 않은 [법]일 수 있다.(*cf.* ma2-16)

열 가지 감각장소는 번뇌이면서 번뇌의 대상인 [법]이라고 말해서는 안 된다. [이들은] 번뇌의 대상이지만 번뇌가 아닌 [법]이다. 마노의 감각장소는 번뇌이면서 번뇌의 대상인 [법]이라고 말해서는 안 된다. 번뇌의 대상이지만 번뇌가 아닌 [법]일 수 있다. [그러나] 번뇌의 대상이지만 번뇌가 아닌 [법]일 수 있다고 말해서는 안 되는 경우가 있다. 법의 감각장소는 번뇌이면서 번뇌의 대상인 [법]일 수 있고, 번뇌의 대상이지만 번뇌가 아닌 [법]일 수 있다. [그러나] 번뇌이면서 번뇌의 대상인 [법]이라고도 번뇌의 대상이지만 번뇌가 아닌 [법]이라고도 말해서는 안 되는 경우가 있다.(*cf.* ma2-17)

열 가지 감각장소는 번뇌이면서 번뇌와 결합된 [법]이라고도 번뇌와 결합되었지만 번뇌가 아닌 [법]이라고도 말해서는 안 된다. 마노의 감각장소는 번뇌이면서 번뇌와 결합된 [법]이라고 말해서는 안 된다. 번뇌와 결합되었지만 번뇌가 아닌 [법]일 수 있다. [그러나] 번뇌와 결합되었지만 번뇌가 아닌 [법]이라고 말해서는 안 되는 경우가 있다. 법의 감각장소는 번뇌이면서 번뇌와 결합된 [법]일 수 있고, 번뇌와 결합되었지만 번뇌가 아닌 [법]일 수 있다. [그러나] 번뇌이면서 번뇌와 결합된 [법]이라고도 번뇌와 결합되었지만 번뇌가 아닌 [법]이라고도 말해서는 안 되는 경우가 있다.(*cf.* ma2-18)

열 가지 감각장소는 번뇌와 결합되지 않았지만 번뇌의 대상인 [법]이다. 두 가지 감각장소는 번뇌와 결합되지 않았지만 번뇌의 대상인 [법]일 수 있고, 번뇌와 결합되지 않았으면서 번뇌의 대상이 아닌 [법]일 수 있다. [그러나] 번뇌와 결합되지 않았지만 번뇌의 대상인 [법]이라고도 번뇌와 결합되지 않았으면서 번뇌의 대상이 아닌 [법]이라고도 말해서는 안 되는 경우가 있다.(*cf.* ma2-19)

④ 족쇄의 모둠

열한 가지 감각장소는 족쇄가 아닌 [법]이다. 법의 감각장소는 족쇄인 [법]일 수 있고, 족쇄가 아닌 [법]일 수 있다.(*cf.* ma2-20)

열 가지 감각장소는 족쇄의 대상인 [법]이다. 두 가지 감각장소는 족쇄의 대상인 [법]일 수 있고, 족쇄의 대상이 아닌 [법]일 수 있다.(*cf.* ma2-21)

열 가지 감각장소는 족쇄와 결합되지 않은 [법]이다. 두 가지 감각장소는 족쇄와 결합된 [법]일 수 있고, 족쇄와 결합되지 않은 [법]일 수 있다.(*cf.* ma2-22)

열 가지 감각장소는 족쇄이면서 족쇄의 대상인 [법]이라고 말해서는 안 된다. [이들은] 족쇄의 대상이지만 족쇄가 아닌 [법]이다. 마노의 감각장소는 족쇄이면서 족쇄의 대상인 [법]이라고 말해서는 안 된다. 족쇄의 대상이지만 족쇄가 아닌 [법]일 수 있다. [그러나] 족쇄의 대상이지만 족쇄가 아닌 [법]이라고 말해서는 안 되는 경우가 있다. 법의 감각장소는 족쇄이면서 족쇄의 대상인 [법]일 수 있고, 족쇄의 대상이지만 족쇄가 아닌 [법]일 수 있다. [그러나] 족쇄이면서 족쇄의 대상인 [법]이라고도 족쇄의 대상이지만 족쇄가 아닌 [법]이라고도 말해서는 안 되는 경우가 있다.(*cf* ma2-23)

열 가지 감각장소는 족쇄이면서 족쇄와 결합된 [법]이라고도 족쇄와 결합되었지만 족쇄가 아닌 [법]이라고도 말해서는 안 된다. 마노의 감각장소는 [77] 족쇄이면서 족쇄와 결합된 [법]이라고 말해서는 안 된다. 족쇄와 결합되었지만 족쇄가 아닌 [법]일 수 있다. [그러나] 족쇄와 결합되었지만 족쇄가 아닌 [법]이라고 말해서는 안 되는 경우가 있다. 법의 감각장소는 족쇄이면서 족쇄와 결합된 [법]일 수 있고, 족쇄와 결합되었지만 족쇄가 아닌 [법]일 수 있다. [그러나] 족쇄이면서 족쇄와 결합된 [법]이라고도 족쇄와 결합되었지만 족쇄가 아닌 [법]이라고도 말해서는 안 되는 경우가 있다.(*cf* ma2-24)

열 가지 감각장소는 족쇄와 결합되지 않았지만 족쇄의 대상인 [법]이다. 두 가지 감각장소는 족쇄와 결합되지 않았지만 족쇄의 대상인 [법]일 수 있고, 족쇄와 결합되지 않았으면서 족쇄의 대상이 아닌 [법]일 수 있다. [그러나] 족쇄와 결합되지 않았지만 족쇄의 대상인 [법]이라고도 족쇄와 결합되지 않았으면서 족쇄의 대상이 아닌 [법]이라고도 말해서는 안 되는 경우가 있다.(*cf* ma2-25)

⑤ 매듭의 모둠

열한 가지 감각장소는 매듭이 아닌 [법]이다. 법의 감각장소는 매듭인 [법]일 수 있고, 매듭이 아닌 [법]일 수 있다.(*cf* ma2-26)

열 가지 감각장소는 매듭의 대상인 [법]이다. 두 가지 감각장소는 매

듭의 대상인 [법]일 수 있고, 매듭의 대상이 아닌 [법]일 수 있다.(*cf* ma2-27)

열 가지 감각장소는 매듭과 결합되지 않은 [법]이다. 두 가지 감각장소는 매듭과 결합된 [법]일 수 있고, 매듭과 결합되지 않은 [법]일 수 있다.(*cf* ma2-28)

열 가지 감각장소는 매듭이면서 매듭의 대상인 [법]이라고 말해서는 안 된다. [이들은] 매듭의 대상이지만 매듭이 아닌 [법]이다. 마노의 감각장소는 매듭이면서 매듭의 대상인 [법]이라고 말해서는 안 된다. 매듭의 대상이지만 매듭이 아닌 [법]일 수 있다. [그러나] 매듭의 대상이지만 매듭이 아닌 [법]이라고 말해서는 안 되는 경우가 있다. 법의 감각장소는 매듭이면서 매듭의 대상인 [법]일 수 있고, 매듭의 대상이지만 매듭이 아닌 [법]일 수 있다. [그러나] 매듭이면서 매듭의 대상인 [법]이라고도 매듭의 대상이지만 매듭이 아닌 [법]이라고도 말해서는 안 되는 경우가 있다.(*cf* ma2-29)

열 가지 감각장소는 매듭이면서 매듭과 결합된 [법]이라고도 매듭과 결합되었지만 매듭이 아닌 [법]이라고도 말해서는 안 된다. 마노의 감각장소는 매듭이면서 매듭과 결합된 [법]이라고 말해서는 안 된다. 매듭과 결합되었지만 매듭이 아닌 [법]일 수 있다. [그러나] 매듭과 결합되었지만 매듭이 아닌 [법]이라고 말해서는 안 되는 경우가 있다. 법의 감각장소는 매듭이면서 매듭과 결합된 [법]일 수 있고, 매듭과 결합되었지만 매듭이 아닌 [법]일 수 있다. [그러나] 매듭이면서 매듭과 결합된 [법]이라고도 매듭과 결합되었지만 매듭이 아닌 [법]이라고도 말해서는 안 되는 경우가 있다.(*cf* ma2-30)

열 가지 감각장소는 매듭과 결합되지 않았지만 매듭의 대상인 [법]이다. 두 가지 감각장소는 매듭과 결합되지 않았지만 매듭의 대상인 [법]일 수 있고, 매듭과 결합되지 않았으면서 매듭의 대상이 아닌 [법]일 수 있다. [그러나] 매듭과 결합되지 않았지만 매듭의 대상인 [법]이라고도 매듭과 결합되지 않았으면서 매듭의 대상이 아닌 [법]이라고도 말해서는 안 되는 경우가 있다.(*cf.* ma2-31)

⑥ 폭류의 모둠

열한 가지 감각장소는 폭류가 아닌 [법]이다. … pe … (*cf.* ma2-32~37)

⑦ 속박의 모둠

열한 가지 감각장소는 속박이 아닌 [법]이다. … pe … (*cf.* ma2-38~43)

⑧ 장애의 모둠

열한 가지 감각장소는 장애가 아닌 [법]이다. 법의 감각장소는 장애인 [법]일 수 있고, 장애가 아닌 [법]일 수 있다.(*cf.* ma2-44)

열 가지 감각장소는 장애의 대상인 [법]이다. 두 가지 감각장소는 장애의 대상인 [법]일 수 있고, 장애의 대상이 아닌 [법]일 수 있다.(*cf.* ma2-45)

열 가지 감각장소는 장애와 결합되지 않은 [법]이다. 두 가지 감각장소는 [78] 장애와 결합된 [법]일 수 있고, 장애와 결합되지 않은 [법]일 수 있다.(*cf.* ma2-46)

열 가지 감각장소는 장애이면서 장애의 대상인 [법]이라고 말해서는 안 된다. [이들은] 장애의 대상이지만 장애가 아닌 [법]이다. 마노의 감각장소는 장애이면서 장애의 대상인 [법]이라고 말해서는 안 된다. 장애의 대상이지만 장애가 아닌 [법]일 수 있다. [그러나] 장애의 대상이지만 장애가 아닌 [법]이라고 말해서는 안 되는 경우가 있다. 법의 감각장소는 장애이면서 장애의 대상인 [법]일 수 있고, 장애의 대상이지만 장애가 아닌 [법]일 수 있다. [그러나] 장애이면서 장애의 대상인 [법]이라고도 장애의 대상이지만 장애가 아닌 [법]이라고도 말해서는 안 되는 경우가 있다.(*cf.* ma2-47)

열 가지 감각장소는 장애이면서 장애와 결합된 [법]이라고도 장애와 결합되었지만 장애가 아닌 [법]이라고도 말해서는 안 된다. 마노의 감각장소는 장애이면서 장애와 결합된 [법]이라고 말해서는 안 된다. 장애와 결합되었지만 장애가 아닌 [법]일 수 있다. [그러나] 장애와 결합되었지만 장애가 아닌 [법]이라고 말해서는 안 되는 경우가 있다. 법의 감각장소는 장애이면서 장애와 결합된 [법]일 수 있고, 장애와 결합되었지만 장애가 아닌 [법]일 수 있다. [그러나] 장애이면서 장애와 결합된 [법]이라고도 장애와 결합되었지만 장애가 아닌 [법]이라고도 말해서는 안 되는 경우가 있다.(*cf.* ma2-48)

열 가지 감각장소는 장애와 결합되지 않았지만 장애의 대상인 [법]이다. 두 가지 감각장소는 장애와 결합되지 않았지만 장애의 대상인 [법]일 수 있고, 장애와 결합되지 않았으면서 장애의 대상이 아닌 [법]일 수 있다. [그러나] 장애와 결합되지 않았지만 장애의 대상인 [법]이라고도 장애와 결합되지 않았으면서 장애의 대상이 아닌 [법]이라고도 말해서는 안 되는 경우가 있다.(*cf.* ma2-49)

⑨ 집착[固守]의 모둠

열한 가지 감각장소는 집착[固守]이 아닌 [법]이다. 법의 감각장소는 집착[固守]인 [법]일 수 있고, 집착[固守]이 아닌 [법]일 수 있다.(*cf.* ma2-50)

열 가지 감각장소는 집착[固守]의 대상인 [법]이다. 두 가지 감각장소는 집착[固守]의 대상인 [법]일 수 있고, 집착[固守]의 대상이 아닌 [법]일 수 있다.(*cf.* ma2-51)

열 가지 감각장소는 집착[固守]과 결합되지 않은 [법]일 수 있다. 마노의 감각장소는 집착[固守]과 결합된 [법]일 수 있고, 집착[固守]과 결합되지 않은 [법]일 수 있다. 법의 감각장소는 집착[固守]과 결합된 [법]일 수 있고, 집착[固守]과 결합되지 않은 [법]일 수 있다. [그러나] 집착[固守]

과 결합된 [법]이라고도 집착[固守]과 결합되지 않은 [법]이라고도 말해서는 안 되는 경우가 있다.(*cf* ma2-52)

열 가지 감각장소는 집착[固守]이면서 집착[固守]의 대상인 [법]이라고도 집착[固守]의 대상이지만 집착[固守]이 아닌 [법]이라고도 말해서는 안 된다. 마노의 감각장소는 집착[固守]이면서 집착[固守]의 대상인 [법]이라고 말해서는 안 된다. 집착[固守]의 대상이지만 집착[固守]이 아닌 [법]일 수 있다. [그러나] 집착[固守]의 대상이지만 집착[固守]이 아닌 [법]이라고 말해서는 안 되는 경우가 있다. 법의 감각장소는 집착[固守]이면서 집착[固守]의 대상인 [법]일 수 있고, 집착[固守]의 대상이지만 집착[固守]이 아닌 [법]일 수 있다. [그러나] 집착[固守]이면서 집착[固守]의 대상인 [법]이라고도 집착[固守]의 대상이지만 집착[固守]이 아닌 [법]이라고도 말해서는 안 되는 경우가 있다.(*cf* ma2-53)

열 가지 감각장소는 집착[固守]과 결합되지 않았지만 집착[固守]의 대상인 [법]이다. 두 가지 감각장소는 집착[固守]과 결합되지 않았지만 집착[固守]의 대상인 [법]일 수 있고, 집착[固守]과 결합되지 않았으면서 집착[固守]의 대상이 아닌 [법]일 수 있다. [그러나] 집착[固守]과 결합되지 않았지만 집착[固守]의 대상인 [법]이라고도 [79] 집착[固守]과 결합되지 않았으면서 집착[固守]의 대상이 아닌 [법]이라고도 말해서는 안 되는 경우가 있다.(*cf* ma2-54)

⑩ 틈새에 있는 긴 두 개 조

열 가지 감각장소는 대상이 없는 [법]이다. 마노의 감각장소는 대상을 가진 [법]이다. 법의 감각장소는 대상을 가진 [법]일 수 있고, 대상이 없는 [법]일 수 있다.(*cf* ma2-55)

마노의 감각장소는 마음인 [법]이다. 열한 가지 감각장소는 마음이 아닌 [법]이다.(*cf* ma2-56)

열한 가지 감각장소는 마음부수[心所]가 아닌 [법]이다. 법의 감각장소는 마음부수인 [법]일 수 있고, 마음부수가 아닌 [법]일 수 있다.(*cf* ma2-57)

열 가지 감각장소는 마음과 결합되지 않은 [법]이다. 법의 감각장소는 마음과 결합된 [법]일 수 있고, 마음과 결합되지 않은 [법]일 수 있다. 마노의 감각장소는 마음과 결합된 [법]이라고도 마음과 결합되지 않은 [법]이라고도 말해서는 안 된다.(*cf* ma2-58)

열 가지 감각장소는 마음과 결속되지 않은 [법]이다. 법의 감각장소는 마음과 결속된 [법]일 수 있고, 마음과 결속되지 않은 [법]일 수 있다. 마노의 감각장소는 마음과 결속된 [법]이라고도 마음과 결속되지 않은 [법]이라고도 말해서는 안 된다.(*cf* ma2-59)

여섯 가지 감각장소는 마음에서 생기지 않은 [법]이다. 여섯 가지 감각장소는 마음에서 생긴 [법]일 수 있고, 마음에서 생기지 않은 [법]일 수 있다.(*cf* ma2-60)

열한 가지 감각장소는 마음과 함께 존재하지 않는 [법]이다. 법의 감각장소는 마음과 함께 존재하는 [법]일 수 있고, 마음과 함께 존재하지 않는 [법]일 수 있다.(*cf* ma2-61)

열한 가지 감각장소는 마음을 따르지 않는 [법]이다. 법의 감각장소는 마음을 따르는 [법]일 수 있고, 마음을 따르지 않는 [법]일 수 있다.(*cf* ma2-62)

열한 가지 감각장소는 마음과 결속된 것도 마음에서 생긴 것도 아닌 [법]이다. 법의 감각장소는 마음과 결속되어 있고 마음에서 생긴 [법]일 수 있고, 마음과 결속된 것도 마음에서 생긴 것도 아닌 [법]일 수 있다.(*cf* ma2-63)

열한 가지 감각장소는 마음과 결속된 것도 마음에서 생긴 것도 마음과 함께 존재하는 것도 아닌 [법]이다. 법의 감각장소는 마음과 결속되어 있고 마음에서 생겼고 마음과 함께 존재하는 [법]일 수 있고, 마음과 결속된 것도 마음에서 생긴 것도 마음과 함께 존재하는 것도 아닌 [법]일 수 있다.(*cf.* ma2-64)

열한 가지 감각장소는 마음과 결속된 것도 마음에서 생긴 것도 마음을 따르는 것도 아닌 [법]이다. 법의 감각장소는 마음과 결속되어 있고 마음에서 생겼고 마음을 따르는 [법]일 수 있고, 마음과 결속된 것도 마음에서 생긴 것도 마음을 따르는 것도 아닌 [법]일 수 있다.(*cf.* ma2-65)

여섯 가지 감각장소는 안에 있는 [법]이다. 여섯 가지 감각장소는 밖에 있는 [법]이다.(*cf.* ma2-66)

아홉 가지 감각장소는 파생된 [법]이다. 두 가지 감각장소는 파생되지 않은 [법]이다. 법의 감각장소는 파생된 [법]일 수 있고, 파생되지 않은 [법]일 수 있다.(*cf.* ma2-67)

다섯 가지 감각장소는 취착된 [법]이다. 소리의 감각장소는 취착되지 않은 [법]이다. 여섯 가지 감각장소는 취착된 [법]일 수 있고, 취착되지 않은 [법]일 수 있다.(*cf.* ma2-68)

⑪ 취착의 모둠

열한 가지 감각장소는 취착이 아닌 [법]이다. 법의 감각장소는 취착인 [법]일 수 있고, 취착이 아닌 [법]일 수 있다.(*cf.* ma2-69)

열 가지 감각장소는 취착의 대상인 [법]이다.(upādāniya) 두 가지 감각장소는 취착의 대상인 [법]일 수 있고, 취착의 대상이 아닌 [법]일 수 있다.(*cf.* ma2-70)

열 가지 감각장소는 취착과 결합되지 않은 [법]이다. 두 가지 감각장소는 취착과 결합된 [법]일 수 있고, 취착과 결합되지 않은 [법]일 수 있다.(*cf.* ma2-71)

열 가지 감각장소는 취착이면서 취착의 대상인 [법]이라고 말해서는 안 된다. [이들은] 취착의 대상이지만 취착이 아닌 [법]이다. 마노의 감각장소는 취착이면서 취착의 대상인 [법]이라고 말해서는 안 된다. 취착의 대상이지만 취착이 아닌 [법]일 수 있다. [그러나] 취착의 대상이지만 취착이 아닌 [법]이라고 말해서는 안 되는 경우가 있다. 법의 감각장소는 취착이면서 취착의 대상인 [법]일 수 있고, 취착의 대상이지만 취착이 아닌 [법]일 수 있다. [그러나] 취착이면서 취착의 대상인 [법]이라고도 [80] 취착의 대상이지만 취착이 아닌 [법]이라고도 말해서는 안 되는 경우가 있다.(*cf.* ma2-72)

열 가지 감각장소는 취착이면서 취착과 결합된 [법]이라고도 취착과 결합되었지만 취착이 아닌 [법]이라고도 말해서는 안 된다. 마노의 감각장소는 취착이면서 취착과 결합된 [법]이라고[131] 말해서는 안 된다. 취착과 결합되었지만 취착이 아닌 [법]일 수 있다. [그러나] 취착과 결합되었지만 취착이 아닌 [법]이라고 말해서는 안 되는 경우가 있다. 법의 감각장소는 취착이면서 취착과 결합된 [법]일 수 있고, 취착과 결합되었지만 취착이 아닌 [법]일 수 있다. [그러나] 취착이면서 취착과 결합된 [법]이라고도 취착과 결합되었지만 취착이 아닌 [법]이라고도 말해서는 안 되는 경우가 있다.(*cf.* ma2-73)

열 가지 감각장소는 취착과 결합되지 않았지만 취착의 대상인 [법]이다. 두 가지 감각장소는 취착과 결합되지 않았지만 취착의 대상인 [법]일 수 있고, 취착과 결합되지 않았으면서 취착의 대상이 아닌 [법]일 수 있다. [그러나] 취착과 결합되지 않았지만 취착의 대상인 [법]이라고도 취착과 결합되지 않았으면서 취착의 대상이 아닌 [법]이라고도 말해서는 안 되는 경우가 있다.(*cf.* ma2-74)

---

131) '취착이면서 취착과 결합된 [법]이라고'는 upādānañceva upādānasampa-yuttañcāti를 옮긴 것이다. VRI본에는 upādāniyañceva upādāna-sampayuttañcāti로 나타나는데 이것은 ma2-73-a에 해당하는 upādānañ-ceva upādānasampayuttañcāti의 오기이다. PTS본에는 바르게 표기되어 있고 텃띨라 스님도 이렇게 영역하였다.(텃띨라 스님, 103쪽 맨 아래 줄)

⑫ 오염원의 모둠

열한 가지 감각장소는 오염원이 아닌 [법]이다. 법의 감각장소는 오염원인 [법]일 수 있고, 오염원이 아닌 [법]일 수 있다.(*cf* ma2-75)

열 가지 감각장소는 오염원의 대상인 [법]이다. 두 가지 감각장소는 오염원의 대상인 [법]일 수 있고, 오염원의 대상이 아닌 [법]일 수 있다.(*cf* ma2-76)

열 가지 감각장소는 오염되지 않은 [법]이다. 두 가지 감각장소는 오염된 [법]일 수 있고, 오염되지 않은 [법]일 수 있다.(*cf* ma2-77)

열 가지 감각장소는 오염원과 결합되지 않은 [법]이다. 두 가지 감각장소는 오염원과 결합된 [법]일 수 있고, 오염원과 결합되지 않은 [법]일 수 있다.(*cf* ma2-78)

열 가지 감각장소는 오염원이면서 오염원의 대상인 [법]이라고 말해서는 안 된다. [이들은] 오염원의 대상이지만 오염원이 아닌 [법]이다. 마노의 감각장소는 오염원이면서 오염원의 대상인 [법]이라고 말해서는 안 된다. [이들은] 오염원의 대상이지만 오염원이 아닌 [법]일 수 있다. [그러나] 오염원의 대상이지만 오염원이 아닌 [법]이라고 말해서는 안 되는 경우가 있다. 법의 감각장소는 오염원이면서 오염원의 대상인 [법]일 수 있고, 오염원의 대상이지만 오염원이 아닌 [법]일 수 있다. [그러나] 오염원이면서 오염원의 대상인 [법]이라고도 오염원의 대상이지만 오염원이 아닌 [법]이라고도 말해서는 안 되는 경우가 있다.(*cf* ma2-79)

열 가지 감각장소는 오염원이면서 오염된 [법]이라고도 오염되었지만 오염원이 아닌 [법]이라고도 말해서는 안 된다. 마노의 감각장소는 오염원이면서 오염된 [법]이라고 말해서는 안 된다. [이들은] 오염되었지만 오염원이 아닌 [법]일 수 있다. [그러나] 오염되었지만 오염원이 아닌 [법]이라고 말해서는 안 되는 경우가 있다. 법의 감각장소는 오염원이면서 오염된 [법]일 수 있고 오염되었지만 오염원이 아닌 [법]일 수 있다. [그러나] 오염원이면서 오염된 [법]이라고도 오염되었지만 오염원이 아닌 [법]이라고도 말해서는 안 되는 경우가 있다.(*cf.* ma2-80)

열 가지 감각장소는 오염원이면서 오염원과 결합된 [법]이라고도 오염원과 결합되었지만 오염원이 아닌 [법]이라고도 말해서는 안 된다. 마노의 감각장소는 오염원이면서 오염원과 결합된 [법]이라고 말해서는 안 된다. [이것은] 오염원과 결합되었지만 오염원이 아닌 [법]일 수 있다. [그러나] 오염원과 결합되었지만 오염원이 아닌 [법]이라고 말해서는 안 되는 경우가 있다. 법의 감각장소는 오염원이면서 오염원과 결합된 [법]일 수 있고, 오염원과 결합되었지만 오염원이 아닌 [법]일 수 있다. [그러나] 오염원이면서 오염원과 결합된 [법]이라고도 오염원과 결합되었지만 오염원이 아닌 [법]이라고도 말해서는 안 되는 경우가 있다.(*cf.* ma2-81)

열 가지 감각장소는 오염원과 결합되지 않았지만 오염원의 대상인 [법]이다. 두 가지 감각장소는 오염원과 결합되지 않았지만 오염원의 대상인 [법]일 수 있고, 오염원과 결합되지 않았으면서 오염원의 대상이 아닌 [법]일 수 있다. [81] [그러나] 오염원과 결합되지 않았지만 오염원의 대상인 [법]이라고도 오염원과 결합되지 않았으면서 오염원의 대상이 아닌 [법]이라고도 말해서는 안 되는 경우가 있다.(*cf.* ma2-82)

⑬ 마지막 두 개 조

열 가지 감각장소는 봄으로써 버려야 하는 것이 아닌 [법]이다. 두 가지 감각장소는 봄으로써 버려야 하는 [법]일 수 있고, 봄으로써 버려야 하는 것이 아닌 [법]일 수 있다.(*cf.* ma2-83)

열 가지 감각장소는 닦음으로써 버려야 하는 것이 아닌 [법]이다. 두 가지 감각장소는 닦음으로써 버려야 하는 [법]일 수 있고, 닦음으로써

버려야 하는 것이 아닌 [법]일 수 있다.(*cf.* ma2-84)

열 가지 감각장소는 봄으로써 버려야 하는 원인을 가지지 않은 [법]이다. 두 가지 감각장소는 봄으로써 버려야 하는 원인을 가진 [법]일 수 있고, 봄으로써 버려야 하는 원인을 가지지 않은 [법]일 수 있다.(*cf.* ma2-85)

열 가지 감각장소는 닦음으로써 버려야 하는 원인을 가지지 않은 [법]이다. 두 가지 감각장소는 닦음으로써 버려야 하는 원인을 가진 [법]일 수 있고, 닦음으로써 버려야 하는 원인을 가지지 않은 [법]일 수 있다.(*cf.* ma2-86)

열 가지 감각장소는 일으킨 생각이 없는 [법]이다. 두 가지 감각장소는 일으킨 생각이 있는 [법]일 수 있고, 일으킨 생각이 없는 [법]일 수 있다.(*cf.* ma2-87)

열 가지 감각장소는 지속적 고찰이 없는 [법]이다. 두 가지 감각장소는 지속적 고찰이 있는 [법]일 수 있고, 지속적 고찰이 없는 [법]일 수 있다.(*cf.* ma2-88)

열 가지 감각장소는 희열이 없는 [법]이다. 두 가지 감각장소는 희열이 있는 [법]일 수 있고, 희열이 없는 [법]일 수 있다.(*cf.* ma2-89)

열 가지 감각장소는 희열이 함께하지 않는다. 두 가지 감각장소는 희열이 함께하는 [법]일 수 있고, 희열이 함께하지 않는 [법]일 수 있다.(*cf.* ma2-90)

열 가지 감각장소는 행복이 함께하지 않는다. 두 가지 감각장소는 행복이 함께하는 [법]일 수 있고, 행복이 함께하지 않는 [법]일 수 있다.(*cf.* ma2-91)

열 가지 감각장소는 평온이 함께하지 않는다. 두 가지 감각장소는 평온이 함께하는 [법]일 수 있고, 평온이 함께하지 않는 [법]일 수 있다.(*cf.* ma2-92)

열 가지 감각장소는 욕계에 속하는 [법]이다. 두 가지 감각장소는 욕

계에 속하는 [법]일 수 있고, 욕계에 속하지 않는 [법]일 수 있다.(*cf* ma2-93)

열 가지 감각장소는 색계에 속하지 않는 [법]이다. 두 가지 감각장소는 색계에 속하는 [법]일 수 있고, 색계에 속하지 않는 [법]일 수 있다.(*cf* ma2-94)

열 가지 감각장소는 무색계에 속하지 않는 [법]이다. 두 가지 감각장소는 무색계에 속하는 [법]일 수 있고, 무색계에 속하지 않는 [법]일 수 있다.(*cf* ma2-95)

열 가지 감각장소는 [세간에] 포함된 [법]이다. 두 가지 감각장소는 [세간에] 포함된 [법]일 수 있고, [세간에] 포함되지 않는 [법]일 수 있다.(*cf* ma2-95)

열 가지 감각장소는 출리로 인도하지 못하는 [법]이다. 두 가지 감각장소는 출리로 인도하는 [법]일 수 있고, 출리로 인도하지 못하는 [법]일 수 있다.(*cf* ma2-97)

열 가지 감각장소는 확정되지 않은 [법]이다. 두 가지 감각장소는 확정된 [법]일 수 있고, 확정되지 않은 [법]일 수 있다.(*cf* ma2-98)

열 가지 감각장소는 위가 있는 [법]이다. 두 가지 감각장소는 위가 있는 [법]일 수 있고, 위가 없는 [법]일 수 있다.(*cf* ma2-99)

열 가지 감각장소는 다툼이 없는 [법]이다. 두 가지 감각장소는 다툼을 가진 [법]일 수 있고, 다툼이 없는 [법]일 수 있다.(*cf* ma2-100)

[아비담마 마띠까를 통한] 질문의 제기가 [끝났다.]

감각장소에 대한 분석이 [끝났다.]

제3장

요소[界] 위방가

요소에 대한 분석

Dhātu-vibhaṅga

I. 경에 따른 분석 방법

Suttanta-bhājanīya

(1) 여섯 가지 요소

172. (1) 여섯 가지 요소가 [82] 있으니, 땅의 요소, 물의 요소, 불의 요소, 바람의 요소, 허공의 요소, 알음알이의 요소이다.132)

---

132) 여기서처럼 니까야의 몇몇 경들(D33 §2.2 (16), M112 §7, M115 §5, M140 §8, M143 §10, S18:9, S25:9, S26:9, S27:9, A3:61 §5 등)은 네 가지 근본물질[四大, cattāro mahā-bhūta]에다 '허공의 요소(ākāsa-dhātu)'와 '알음알이의 요소(viññāṇa-dhātu)'를 첨가하여 여섯 가지 요소[六大, cha dhātu]를 설하고 있다. 주석서 문헌들에 의하면 여기서 허공의 요소는 물질을 한정(pariccheda)하기 때문에 파생된 물질(upādā-rūpa)에 속하고 알음알이의 요소는 정신[名, nāma] 즉 모든 마음과 마음부수[心·心所]를 다 포함한다고 한다. 이렇게 해서 이 여섯 가지 요소[六大]는 삼계의 정신·물질[名色, nāma-rūpa]을 모두 다 포함한다고 설명하고 있다.(SA.ii.214; SAṬ.ii.159; AA.ii.278; DhsA.326 등)

그리고 여섯 가지 요소를 설명하는 이 이하 본 장의 §§172~177은 같은 이름을 가진 『맛지마 니까야』 제4권 「요소의 분석 경」(Dhātuvibhaṅga Sutta, M140)의 §§13~18과 같다. 알음알이의 요소를 설명하는 본서 §178과 「요소의 분석 경」(M140)의 §19는 다르다.

173. 여기서 무엇이 '땅의 요소[地界, pathavīdhātu]'인가? 땅의 요소는 두 가지이니 내적인 것이 있고 외적인 것이 있다.

여기서 무엇이 '내적인 땅의 요소(ajjhattikā pathavīdhātu)'인가? [자신의] 안에 있고 개개인에 속하는 것[133]으로 단단한 것과 견고하게 된 것과 단단함과 단단한 성질[堅固性]과 안에 있는 취착된 것[134]이다.(*cf.* Dhs §967) 예를 들면 머리털·몸털·손발톱·이·살갗·살·힘줄·뼈·골수·콩팥·심장·간·근막·비장·허파·창자·장간막·위 속의 음식[135]·똥[136]이다. 그밖에도 [자신의] 안에 있고 개개인에 속하는

---

133) "'안에 있고(ajjhattaṁ)'와 '개개인에 속하는(paccattaṁ)'은 자신과 동의어(niyaka-adhivacana)이다."(VbhA.55)

134) '취착된'으로 옮긴 원어는 upādiṇṇa/upādinna인데 과거수동분사로서 '움켜쥔, 취착된' 등의 뜻이다. 삼장과 주석서에서 upādiṇṇa와 upādinna는 혼용되고 있다. 본서에 해당하는 VRI본에는 upādinna로, PTS본에는 upādiṇṇa로 표기되어 있고 『담마상가니』에서는 VRI본과 PTS본 모두 upādiṇṇa로 표기되어 있다. 주석서 문헌에서도 이 둘은 혼용되고 있다. 그리고 주석서 문헌에는 upādiṇṇaka나 upādinnaka로 '-ka'어미를 첨가하여 표기한 경우도 아주 많이 나타난다. 뜻에는 변화가 없다.

upādiṇṇa와 upādinna는 둘 다 upa+ā+√dā(*to give*)의 과거수동분사로 이해해야 한다. PED는 upādiṇṇa를 upa +ā+√dṛ(*to split*)의 과거수동분사로 설명하는 것은 어원을 잘못 밝힌 것이라고 적고 있다.(PED *s.v.* upādiṇṇa) PED, NMD 등에서는 upādiṇṇa를 표제어로 하고 BDD에서는 upādinna를 표제어로 하고 있다. 초기불전연구원에서는 주로 upādiṇṇa로 표기하지만 문맥에 따라 원전에 나타나는 대로 upādinna로 표기하기도 한다.

이 경우의 upādiṇṇa를 주석서는 '몸에 머물고 있는 것(sarīraṭṭhaka = sarīra+ṭhaka)'(MA.ii.222)으로 설명하고 있는데 냐나몰리 스님은 이것을 *organic matter*(유기물)로 설명하고 있는 것이다. 왜냐하면 아래에 언급되는 '위 속의 음식'과 '똥' 등은 업에서 생긴 것이 아니기 때문이다. 그래서 이 경우에 upādiṇṇa를 업에서 생긴 것으로 옮기면 모든 경우를 다 포함할 수가 없다. 그래서 주석서도 이 경우의 upādiṇṇa를 몸에 머물고 있는 것으로 설명하고 있는 것이다. 여기에 대해서는 『담마상가니』 제2권 §652의 해당 주해와 §1050의 취착된 물질에 대한 주해를 참조하기 바란다.

135) '위 속의 음식'은 udariya를 옮긴 것이다. 이것은 위(胃)를 뜻하는 udara에

것으로 단단한 것과 견고하게 된 것과 단단함과 단단한 성질[堅固性]과 안에 있는 취착된 것 — 이를 일러 내적인 땅의 요소라 한다.(*cf.* M28 등)

여기서 무엇이 '외적인 땅의 요소(bāhirā pathavīdhātu)'인가? [자신의] 밖에 있는 단단한 것과 견고하게 된 것과 단단함과 단단한 성질[堅固性]과 밖에 있는 취착되지 않은 것이다. 예를 들면 철, 구리, 주석, 납, 은, 진주, 수정, 녹주석, 조개껍질, 돌, 산호, 은화, 금, 루비, 묘안석, 풀, 장작, 자갈, 그릇조각, 땅, 바위, 산이다. 그밖에도 [자신의] 밖에 있는 단단한 것과 견고하게 된 것과 단단함과 단단한 성질[堅固性]과 밖에 있는 취착되지 않은 것 — 이를 일러 외적인 땅의 요소라 한다.

내적인 땅의 요소와 외적인 땅의 요소를 한데 모으고 간략히 해서 이를 일러 땅의 요소라 한다.

174. 여기서 [83] 무엇이 '물의 요소(āpodhātu)'인가? 물의 요소는 두 가지이니 내적인 것과 외적인 것이 있다.

여기서 무엇이 '내적인 물의 요소'인가?

[자신의] 안에 있고 개개인에 속하고 물과 물로 된 것과 액체와 액체로 된 것과 물질의 응집성(*cf.* Dhs §651)과 안에 있는 취착된 것이다.

예를 들면 담즙 · 가래 · 고름 · 피 · 땀 · [피하]지방 · 눈물 · 피지 · 침 · 콧물 · 관절활액 · 오줌이다. 그밖에도 [자신의] 안에 있고 개개인에 속하고 물과 물로 된 것과 액체와 액체로 된 것과 물질의 응집성(*cf.* Dhs §651)과 안에 있는 취착된 것 — 이를 일러 내적인 물의 요소라 한다.

서 파생된 중성명사로 위에 든 것을 뜻한다. 여기에 대해서는 『청정도론』(Vis.VIII.120 이하)을 참조하기 바란다.

136) 여기서는 31가지 혹은 32가지 몸의 부분들 가운데 '지계(地界, paṭhavī-dhātu)'에 관계된 처음의 19가지만 언급되고 담즙 등의 나머지 12가지 분비물들은 다음 §174의 물의 요소[水界, apo-dhātu]에서 언급되고 있다. 31가지 혹은 32가지 몸의 부분들(dvattiṁs-ākārā 혹은 dvattiṁsa-koṭṭhāsā)에 대해서는 본서 §356의 주해를 참조할 것.

여기서 무엇이 '외적인 물의 요소'인가? [자신의] 밖에 있고 물과 물로 된 것과 액체와 액체로 된 것과 물질의 응집성(*cf.* Dhs §651)과 밖에 있는 취착되지 않은 것이다. 예를 들면 뿌리의 물기, 줄기의 물기, 껍질의 물기, 잎의 물기, 꽃의 물기, 열매의 물기, 우유, 응유, 버터기름, 버터, 참기름, 꿀, 당밀, 땅에 있는 물기, 허공에 있는 물기이다. 그밖에도 [자신의] 밖에 있는 물과 물로 된 것과 액체와 액체로 된 것과 물질의 응집성(*cf.* Dhs §651)과 밖에 있는 취착되지 않은 것 — 이를 일러 외적인 물의 요소라 한다.

내적인 물의 요소와 외적인 물의 요소를 한데 모으고 간략히 해서 이를 일러 물의 요소라 한다.

175. 여기서 무엇이 '불의 요소(tejodhātu)'인가? 불의 요소는 두 가지이니 내적인 것과 외적인 것이 있다.

여기서 무엇이 '내적인 불의 요소'인가? [자신의] 안에 있고 개개인에 속하는 것으로 불과 불로 된 것과 뜨거운 것과 뜨거운 것으로 된 것[熱性]과 따뜻한 것과 따뜻한 것으로 된 것(Dhs §969)과 안에 있는 취착된 것이다. 예를 들면 그것 때문에 따뜻해지고 늙고 타버린다거나 그것 때문에 먹고 마시고 씹고 맛본 것이 완전히 소화된다든지 하는 것이다. 그밖에도 [자신의] 안에 있고 개개인에 속하는 것으로 불과 불로 된 것과 뜨거운 것과 뜨거운 것으로 된 것과 따뜻한 것과 따뜻한 것으로 된 것과 안에 있는 취착된 것 — 이를 일러 내적인 불의 요소라 한다.

여기서 무엇이 '외적인 불의 요소'인가? [자신의] 밖에 있고 불과 불로 된 것과 뜨거운 것과 뜨거운 것으로 된 것과 따뜻한 것과 따뜻한 것으로 된 것과 밖에 있고 취착되지 않은 것이다. 예를 들면 장작불, 모닥불, 짚불, 쇠똥 불, 왕겨 불, 쓰레기 불, 번갯불, 불의 열기, 태양의 열기, 장작이 타는 열기, 건초가 타는 열기, 곡물이 타는 열기, 재물이 타는 열기이다. 그밖에도 [자신의] 밖에 있고 불과 불로 된 것과 뜨거운 것과 뜨거운 것으로 된 것과 따뜻한 것과 따뜻한 것으로 된 것과 밖에 있고 취착되지 않은 것 — 이를 일러 외적인 불의 요소라 한다.

내적인 불의 요소와 [84] 외적인 불의 요소를 한데 모으고 간략히 해서 이를 일러 불의 요소라 한다.

176. 여기서 무엇이 '바람의 요소(vāyodhātu)'인가? 바람의 요소는 두 가지이니 내적인 것과 외적인 것이 있다.

여기서 무엇이 '내적인 바람의 요소'인가? [자신의] 안에 있고 개개인에 속하는 것으로 바람과 바람 기운과 물질의 팽창성[137]과 안에 있는 취착된 것이다. 예를 들면 올라가는 바람, 내려가는 바람, 복부에 있는 바람, 창자에 있는 바람, 사지를 통해서 움직이는 바람,[138] 칼로 자르는 바람, 면도날로 도려내는 바람, [심장을] 터지게 하는 바람, 들숨과 날숨이다. 그밖에도 [자신의] 안에 있고 개개인에 속하는 것으로 바람과 바

---

137) 여기서 '팽창성'으로 옮긴 원어는 thambhitatta이다. VRI본과 PTS본 둘 다에 이렇게 나타난다. 그러나 『담마상가니』 §970에 해당하는 VRI본에는 thambhitatta(당황스러움)으로, PTS본에는 chambhitatta(놀람)로 표기되어 있다. 주석서는 별다른 설명을 하지 않고 있다. 초기불전연구원에서는 이 문맥에서 thambhitatta/chambhitatta는 바람의 요소[風大]가 가지는 팽창하는 성질을 뜻한다고 이해해서 '팽창성'으로 옮겼다.(Dhs §970)

리스 데이비즈 여사도 *inflation*(부풀림, 팽창)으로 옮기고 있다.(리스 데이비즈, 242쪽 참조) 본서 §847에서는 그곳의 문맥에 따라 '완고한 상태'로 옮겼고 §915에서는 '당황스러움'으로 옮겼다. thambhitatta(당황스러움)에 대해서는 『담마상가니』 §425의 해당 주해를 참조할 것. 한편 『청정도론』 XI.89~92에는 vāyodhātuyā vitthambhitā(바람의 요소에 의해 팽창되는)로 나타나고 있다.

138) '사지를 통해서 움직이는 바람'은 aṅgamaṅgānusārino vātā를 옮긴 것이다. 주석서에서 "혈관의 그물망을 따라 움직임(dhamanijālānusāra)에 의해서 온몸(sakalasarīra)에서 사지를 통해서 흘러가는(aṅgamaṅgāni anu-saṭā) 굽히고 펴는 등을 생성시키는(samiñjanapasāraṇādi-nibbattakā) 바람"(VbhA.70)이라고 설명하고 있어서 이렇게 옮겼다.

람 기운과 물질의 팽창성과 안에 있고 취착된 것 — 이를 일러 내적인 바람의 요소라 한다.

여기서 무엇이 '외적인 바람의 요소'인가? [자신의] 밖에 있고 바람과 바람 기운과 물질의 팽창성과 밖에 있는 취착되지 않은 것이다. 예를 들면 동풍, 서풍, 북풍, 남풍, 먼지 섞인 바람, 먼지 없는 바람, 찬 바람, 더운 바람, 약한 바람, 강한 바람, 검은 [구름을 동반한] 바람, 고지대에서 부는 바람, [새의] 날갯짓에서 생긴 바람, 금시조에 의해서 생긴 바람, 야자잎에서 생긴 바람, 부채의 바람이다. 그밖에도 [자신의] 밖에 있고 바람과 바람 기운과 물질의 팽창성과 밖에 있고 취착되지 않은 것 — 이를 일러 외적인 바람의 요소라 한다.

내적인 바람의 요소와 외적인 바람의 요소를 한데 모으고 간략히 해서 이를 일러 바람의 요소라 한다.

177. 여기서 무엇이 '허공의 요소(ākāsadhātu)'인가?139) 허공의 요소는 두 가지이니 내적인 것과 외적인 것이 있다.

여기서 무엇이 '내적인 허공의 요소'인가? [자신의] 안에 있고 개개인에 속하는 것으로 허공과 허공으로 된 것과 빈 것과 빈 것으로 된 것과

---

139) "『맛지마 니까야』 제1권 「코끼리 발자국 비유의 긴 경」(M28)에서는 네 가지 근본물질(cattāri mahā-bhūtāni)만 설명하셨지만 여기서는 파생된 물질(upādā-rūpa)을 보이기 위하여 허공의 요소(ākāsa-dhātu)도 상세하게 언급하신다."(MA.iii.138)

세존께서는 이렇듯 어떤 곳에서는(『맛지마 니까야』 제1권 「코끼리 발자국 비유의 긴 경」(M28)) 네 가지 요소를, 또 여기서처럼 어떤 경에서는 허공의 요소[空界]를 넣어 다섯 가지 요소를, 또 다른 경에서는(『맛지마 니까야』 제4권 「요소의 분석 경」(M140) §8; 『디가 니까야』 제3권 「합송경」(D33) §2.2 (16)); 『앙굿따라 니까야』 제1권 「외도의 주장 경」(A3:61)) 알음알이의 요소[識界, viññāṇa-dhātu]를 더하여 여섯 가지 요소를 말씀하신다. 여기에 관한 설명은 『맛지마 니까야』 제4권 「여섯 가지 청정 경」(M112) §7의 주해와 「요소의 분석 경」(M140) §8의 주해를 참조할 것.

열린 것과 열린 것으로 된 것과 살과 피에 의해서 닿지 않으며 안에 있고 취착된 것이다. 예를 들면 귓구멍, 콧구멍, 입이다. 그리고 먹고 마시고 씹고 맛본 것이 넘어가는 [목구멍과], 먹고 마시고 씹고 맛본 것이 머무는 곳, 먹고 마시고 씹고 맛본 것이 나가는 곳이다. 그밖에도 [자신의] 안에 있고 개개인에 속하는 것으로 허공과 허공으로 된 것과 빈 것과 빈 것으로 된 것과 열린 것과 열린 것으로 된 것과 살과 피에 의해서 닿지 않으며 안에 있고 취착된 것 — 이를 일러 내적인 허공의 요소라 한다.

여기서 무엇이 '외적인 허공의 요소'인가? [자신의] 밖에 있는 허공과 허공으로 된 것과 빈 것과 빈 것으로 된 것과 [85] 열린 것과 열린 것으로 된 것과 네 가지 근본물질에 의해서 닿지 않으며 밖에 있고 취착되지 않은 것 — 이를 일러 외적인 허공의 요소라 한다.

내적인 허공의 요소와 외적인 허공의 요소를 한데 모으고 간략히 해서 이를 일러 허공의 요소라 한다.

178. 여기서 무엇이 '알음알이의 요소(viññāṇadhātu)'인가? — 눈의 알음알이의 요소, 귀의 알음알이의 요소, 코의 알음알이의 요소, 혀의 알음알이의 요소, 몸의 알음알이의 요소, 마노의 알음알이의 요소이다. — 이를 일러 알음알이의 요소라 한다.

— 이것이 여섯 가지 요소이다.

(2) 다른 여섯 가지 요소

179. (2) 다른 여섯 가지 요소가 있으니, 즐거움의 요소, 괴로움의 요소, 기쁨의 요소, 불만족의 요소, 평온의 요소, 무명의 요소이다.

180. 여기서 무엇이 '즐거움의 요소(sukhadhātu)'인가? 육체적인 만족감, 육체적인 즐거움, 몸의 감각접촉에서 생긴 만족하고 즐겁게 느

껴지는 것, 몸의 감각접촉에서 생긴 만족하고 즐거운 느낌140) — 이를 일러 즐거움의 요소라 한다.(*cf.* Dhs §445)

여기서 무엇이 '괴로움의 요소(dukkhadhātu)'인가? 육체적인 불만족감, 육체적인 괴로움, 몸의 감각접촉에서 생긴 만족하지 못하고 괴롭게 느껴지는 것, 몸의 감각접촉에서 생긴 만족하지 못하고 괴로운 느낌 — 이를 일러 괴로움의 요소라 한다.(*cf.* Dhs §558)

여기서 무엇이 '기쁨의 요소(somanassadhātu)'인가? 정신적인 만족감, 정신적인 즐거움, 정신의 감각접촉에서 생긴 만족하고 즐겁게 느껴지는 것, 정신의 감각접촉에서 생긴 만족하고 즐거운 느낌 — 이를 일러 기쁨의 요소라 한다.

여기서 무엇이 '불만족의 요소(domanassadhātu)'인가? 정신적인 불만족감, 정신적인 괴로움, 정신의 감각접촉에서 생긴 만족하지 못하고 괴롭게 느껴지는 것, 정신의 감각접촉에서 생긴 만족하지 못하고 괴로운 느낌 — 이를 일러 불만족의 요소라 한다.

여기서 무엇이 '평온의 요소(upekkhādhātu)'인가? 정신적인 만족감도 불만족감도 아니고 정신의 감각접촉에서 생긴 괴롭지도 즐겁지도 않게 느껴지는 것, 정신의 감각접촉에서 생긴 괴롭지도 즐겁지도 않은 느낌 — 이를 일러 평온의 요소라 한다.

여기서 무엇이 '무명의 요소(avijjādhātu)'인가? 무지함, 봄[見]이 없음, 관통하지 못함, 깨닫지 못함, 완전히 깨닫지 못함, 꿰뚫지 못함, 제어하지 못함, 깊이 들어가지 못함, 공평하지 못함, 반조하지 못함, 직접 인지하지 못함, 명민하지 못함, 바보스러움, 알아차리지 못함, 어리석음, 크게 어리석음, 미혹, 무명, 무명의 폭류, 무명의 속박, 무명의 잠재성향, [86] 무명의 얽매임, 무명의 장벽, 어리석음이라는 해로움의 뿌리141) —

140) 본서 전체에서 '육체적인'은 kāyika를, '정신적인'은 cetasika를, '몸'은 kāya를, '정신'은 ceto를 옮긴 것이다.

이를 일러 무명의 요소라 한다.

— 이것이 여섯 가지 요소이다.

(3) 또 다른 여섯 가지 요소

181. (3) 또 다른 여섯 가지 요소가 있으니, 감각적 쾌락의 요소,[142] 악의의 요소, 해코지의 요소, 출리의 요소, 악의 없음의 요소, 해코지 않음의 요소이다.

182. 여기서 무엇이 '감각적 쾌락의 요소(kāmadhātu)'인가? 감각적 쾌락과 관련된 생각, 일으킨 생각, 사유, 전념, 몰입, 마음을 [대상에] 겨냥하게 함, 그릇된 사유(Dhs §371, §7 등) — 이를 일러 감각적 쾌락의 요소라 한다. 아래로는 무간지옥을 경계로 하고 위로는 타화자재천의 신들을 끝으로 하여 이 안에 있고 여기에 속하고 여기에 포함되어 있는 무더기와 요소와 감각장소와 물질과 느낌과 인식과 심리현상들과 알음알이[143](Dhs §1287) — 이를 일러 감각적 쾌락의 요소라 한다.

여기서 무엇이 '악의의 요소(byāpādadhātu)'인가? 악의와 관련된 생

---

141) 본 정형구에 나타나는 용어들의 설명은 Dhs §390의 주해들을 참조할 것.

142) '감각적 쾌락의 요소'는 kāmadhātu를 옮긴 것이다. kāmadhātu는 문맥에 따라 '감각적 쾌락의 요소'로도 옮기고 '욕계의 요소'로도 옮긴다. 전자는 대부분 여기서처럼 감각적 쾌락의 요소, 악의의 요소, 해코지의 요소(kāmadhātu, byāpādadhātu, vihiṁsādhātu)의 문맥에서 나타나고 후자는 욕계의 요소, 색계의 요소, 무색계의 요소(kāmadhātu, rūpadhātu, arūpadhātu, §991 등)의 문맥에서 나타난다. 여기에 대해서는 §991의 해당 주해를 참조할 것.

143) '여기에 속하고 여기에 포함되어 있는 무더기와 요소와 감각장소와 물질과 느낌과 인식과 심리현상들과 알음알이'는 ettha pariyāpannā khandhadhātuāyatanā rūpā [rūpaṁ (syā0)]vedanā saññā saṅkhārā viññāṇaṁ을 옮긴 것이다. 같은 문장이 본서 §1020에는 ettha pariyāpannā khandhadhātuāyatanā; rūpaṁ, vedanā, saññā, saṅkhārā, viññāṇaṁ로 편집되어 나타나고 있다.

각, 일으킨 생각 … 그릇된 사유 — 이를 일러 악의의 요소라 한다. 열 가지 원한의 토대에 대한 마음[心]의 원한, 적대감, 적의, 반목, 화, 노여움, 격노함, 성냄, 아주 성냄, 격하게 성냄, 마음[意]의 악의, 마음[意]이 노함, 분노, 분노함, 분노한 상태, 성냄, 성마름, 성난 상태, 악의에 참, 악의를 가짐, [악의를 가진 상태],144) 불화, 반목, 잔혹함, 잘 제어되지 못함, 마음의 언짢음(*cf* Dhs §1066 등) — 이를 일러 악의의 요소라 한다.

여기서 무엇이 '해코지의 요소(vihiṁsādhātu)'인가? 해코지와 관련된 생각, 일으킨 생각 … 그릇된 사유 — 이를 일러 해코지의 요소라 한다. 여기 어떤 사람은 손이나 흙덩어리나 몽둥이나 칼이나 밧줄이나 여러 가지 다른 것으로 중생들을 해코지한다. 이런 형태의 괴롭힘, 고통을 줌, 공격함, 해코지, 격분케 함, 모욕을 줌, 남을 파멸시킴 — 이를 일러 해코지의 요소라 한다.145)

여기서 무엇이 '출리의 요소(nekkhammadhātu)'인가? 출리와 관련된 생각, 일으킨 생각 … 바른 사유 — 이를 일러 출리의 요소라 한다. 모든 유익한 법들도 역시 출리의 요소이다.

여기서 무엇이 '악의 없음의 요소(abyāpādadhātu)'인가? 악의 없음과 관련된 생각, 일으킨 생각 … 바른 사유 — 이를 일러 악의 없음의 요소라 한다. 중생들에 대한 자애로움, 자애를 가짐, 자애로운 상태, 자애를 통한 마음의 해탈[慈心解脫] — 이를 일러 악의 없음의 요소라 한다.

여기서 무엇이 '해코지 않음의 요소(avihiṁsādhātu)'인가? 해코지 않음과 관련된 생각, 일으킨 생각 … [87] 바른 사유 — 이를 일러 해코지 않음의 요소라 한다. 중생들에 대한 연민, 연민을 가짐, 연민하는 상태,

---

144) '악의를 가진 상태'는 byāpajjitattaṁ을 옮긴 것이다. 『담마상가니』의 해당 정형구들(*cf* Dhs §1066 등)에는 이 용어가 들어있지만 여기 『위방가』에는 모두 빠져있다. 그래서 [ ] 속에 넣었다.

145) 이 '해코지(vihiṁsā)'나 '해침(vihesā, §926)'의 정형구는 빠알리 삼장 가운데 본서의 여기와 제17장의 §926에만 나타난다.

연민을 통한 마음의 해탈[悲心解脫] — 이를 일러 해코지 않음의 요소라 한다.

— 이것이 여섯 가지 요소이다.146)

이와 같이 세 가지의 여섯 개 조를 하나로 하여 한데 모으고 간략히 해서 열여덟 가지 요소가 있다.

경에 따른 분석 방법이 [끝났다.]147)

---

146) 한편『맛지마 니까야』제4권「여러 종류의 요소 경」(Bahudhātuka Sutta, M115)에서 세존께서는 요소에 능숙함(dhātukusala, §§4~9)을 ① 18계에 능숙함(§4) ② 지·수·화·풍·공·식의 여섯 가지 요소에 능숙함(§5) ③ 즐거움의 요소, 괴로움의 요소, 기쁨의 요소, 불만족의 요소, 평온의 요소, 무명의 요소의 여섯 가지 요소에 능숙함(§6) ④ 감각적 쾌락의 요소, 출리의 요소, 악의의 요소, 악의 없음의 요소, 해코지의 요소, 해코지 않음의 요소의 또 다른 여섯 가지 요소에 능숙함(§7) ⑤ 욕계·색계·무색계의 삼계의 요소들에 능숙함(§8) ⑥ 형성된 요소[有爲界]와 형성되지 않은 요소[無爲界]의 두 가지 요소에 능숙함(§9)의 여섯 가지로 상세하게 설명하고 계신다. 이 가운데 두 번째와 세 번째와 네 번째가 본서의 여기 경에 따른 분석 방법의 세 가지와 일치한다. 이들에 대한 설명은『맛지마 니까야』제4권「여러 종류의 요소 경」(M115) §§5~7의 주해도 참조하기 바란다.

아울러『상윳따 니까야』의 열네 번째 주제인「요소 상윳따」(Dhātu-saṁyutta, S14)에는 네 가지로 분류되는 요소들이 포함되어 나타나고 있다. 그리고 초기불전에 나타나는 법수들을 일목요연하게 정리하고 있는『디가 니까야』「합송경」(D33)에는 여덟 종류의 요소들을 들고 있다. 이 여덟 가지의 분류가 초기불전에 나타나는 요소에 대한 가장 자세한 분류라고 할 수 있다. 이들은 졸저『초기불교 이해』<제13장 존재란 무엇인가 — 18계(요소)>에서 모두 열거하고 있으므로 참조하기 바란다.

147) "이처럼 이 경에 따른 분석 방법에서 16가지 요소는 욕계에 속하고, [악의 없음의 요소와 해코지 않음의 요소] 두 가지는 [욕계·색계·무색계의] 세 가지 경지(tebhūmikā) 즉 명상하는 과정(sammasanacāra = 위빳사나의 영역(vipassanābhūmi — MAṬ.ii.274))에 속한다고 알아야 한다."(VbhA.54)

명상하는 과정에 대해서는 본서 §154의 마지막 주해를 참조할 것.

II. 아비담마에 따른 분석 방법

Abhidhamma-bhājanīya

183. 열여덟 가지 요소가 있으니, 눈의 요소[眼界], 형색의 요소[色界], 눈의 알음알이의 요소[眼識界], 귀의 요소[耳界], 소리의 요소[聲界], 귀의 알음알이의 요소[耳識界], 코의 요소[鼻界], 냄새의 요소[香界], 코의 알음알이의 요소[鼻識界], 혀의 요소[舌界], 맛의 요소[味界], 혀의 알음알이의 요소[舌識界], 몸의 요소[身界], 감촉의 요소[觸界], 몸의 알음알이의 요소[身識界], 마노의 요소[意界], 법의 요소[法界], 마노의 알음알이의 요소[意識界]이다.

184. 여기서 무엇이 '눈의 요소[眼界]'인가? 눈은 네 가지 근본물질에서 파생된 감성의 [물질]이고 … (§156) … 이것은 텅 빈 마을이기도 하다. — 이를 일러 눈의 요소라 한다.

여기서 무엇이 '형색의 요소[色界]'인가? 형색은 네 가지 근본물질에서 파생된 것이고, 색깔로 빛나고 … (§162) … 이것은 형색의 요소이기도 하다. — 이를 일러 형색의 요소라 한다.(*cf* §162, *cf* Dhs §616)

여기서 무엇이 '눈의 알음알이의 요소[眼識界]'인가? 눈과 형색을 조건으로 일어나는 마음, 마노[意], 정신작용, 심장, 깨끗한 것, 마노, 마노의 감각장소, 마노의 기능, 알음알이, 알음알이의 무더기, 그것에 적합한148) 눈의 알음알이의 요소(Dhs §6 등) — 이를 일러 눈의 알음알이의 요소라 한다.

여기서 무엇이 '귀의 요소[耳界]'인가? 귀는 네 가지 근본물질에서 파

148) 여기서 '그것에 적합한'은 tajjā(그것에서 생긴)을 옮긴 것인데 주석서에서 "그것에 적합한(tassa anucchavikā sāruppā)"(DhsA.139)으로 설명하고 있어서 이렇게 옮겼다.

생된 감성의 [물질]이고 … (§157) … 이것은 텅 빈 마을이기도 하다. — 이를 일러 귀의 요소라 한다.

여기서 무엇이 '소리의 요소[聲界]'인가? 소리는 네 가지 근본물질에서 파생된 것이고, 볼 수 없고, 부딪힘이 있고 … (§163) … 이것은 소리의 요소이기도 하다. — 이를 일러 소리의 요소라 한다.

여기서 무엇이 '귀의 알음알이의 요소[耳識界]'인가? 귀와 소리를 조건으로 일어나는 마음, 마노[意], 정신작용, 심장, 깨끗한 것, 마노, 마노의 감각장소, 마노의 기능, 알음알이, 알음알이의 무더기, 그것에 적합한 귀의 알음알이의 요소(Dhs §6 등) — 이를 일러 귀의 알음알이의 요소라 한다.

여기서 무엇이 '코의 요소[鼻界]'인가? 코는 [88] 네 가지 근본물질에서 파생된 감성의 [물질]이고 … (§158) … 이것은 텅 빈 마을이기도 하다. — 이를 일러 코의 요소라 한다.

여기서 무엇이 '냄새의 요소[香界]'인가? 냄새는 네 가지 근본물질에서 파생된 것이고, 볼 수 없고, 부딪힘이 있고 … (§164) … 이것은 냄새의 요소이기도 하다. — 이를 일러 냄새의 요소라 한다.

여기서 무엇이 '코의 알음알이의 요소[鼻識界]인가? 코와 냄새를 조건으로 일어나는 마음, 마노[意], 정신작용, 심장, 깨끗한 것, 마노, 마노의 감각장소, 마노의 기능, 알음알이, 알음알이의 무더기, 그것에 적합한 코의 알음알이의 요소(Dhs §6 등) — 이를 일러 코의 알음알이의 요소라 한다.

여기서 무엇이 '혀의 요소[舌界]'인가? 혀는 네 가지 근본물질에서 파생된 감성의 [물질]이고 … (§159) … 이것은 텅 빈 마을이기도 하다. — 이를 일러 혀의 요소라 한다.

여기서 무엇이 '맛의 요소[味界]'인가? 맛은 네 가지 근본물질에서 파생된 것이고, 볼 수 없고, 부딪힘이 있고 … (§165) … 이것은 맛의 요소이기도 하다. — 이를 일러 맛의 요소라 한다.

여기서 무엇이 '혀의 알음알이의 요소[舌識界]'인가? 혀와 맛을 조건으로 일어나는 마음, 마노[意], 정신작용, 심장, 깨끗한 것, 마노, 마노의 감각장소, 마노의 기능, 알음알이, 알음알이의 무더기, 그것에 적합한 혀의 알음알이의 요소(Dhs §6 등) — 이를 일러 혀의 알음알이의 요소라 한다.

여기서 무엇이 '몸의 요소[身界]'인가? 몸은 네 가지 근본물질에서 파생된 감성의 [물질]이고 … (§160) … 이것은 텅 빈 마을이기도 하다. — 이를 일러 몸의 요소라 한다.

여기서 무엇이 '감촉의 요소[觸界]'인가? 땅의 요소 … (§166) … 이것은 감촉의 요소이기도 하다. — 이를 일러 감촉의 요소라 한다.

여기서 무엇이 '몸의 알음알이의 요소[身識界]'인가? 몸과 감촉을 조건으로 일어나는 마음, 마노[意], 정신작용, 심장, 깨끗한 것, 마노, 마노의 감각장소, 마노의 기능, 알음알이, 알음알이의 무더기, 그것에 적합한 몸의 알음알이의 요소(Dhs §6 등) — 이를 일러 몸의 알음알이의 요소라 한다.

여기서 무엇이 '마노의 요소[意界]'인가?

눈의 알음알이의 요소가 생겼다가 사라지고 틈 없이 뒤따르는[等無間] 마음, 마노[意], 정신작용, 심장, 깨끗한 것, 마노, 마노의 감각장소, 마노의 기능, 알음알이, 알음알이의 무더기, 그것에 적합한 마노의 요소가 [89] 일어난다. 귀의 알음알이의 요소가 … 코의 알음알이의 요소가 … 혀의 알음알이의 요소가 … 몸의 알음알이의 요소가 생겼다가 사라지고 틈 없이 뒤따르는 마음, 마노[意], 정신작용, 심장, 깨끗한 것, 마노, 마노의 감각장소, 마노의 기능, 알음알이, 알음알이의 무더기, 그것에 적합한 마노의 요소(Dhs §6 등)가 일어난다.

모든 법들 가운데 처음에 전향하는(Vis.XIV.134) 마음, 마노[意], 정신작용, 심장, 깨끗한 것, 마노, 마노의 감각장소, 마노의 기능, 알음알이, 알음알이의 무더기, 그것에 적합한 마노의 요소(Dhs §6 등) — 이를 일러 마노의 요소라 한다.149)

여기서 무엇이 '법의 요소[法界]'인가? 느낌의 무더기, 인식의 무더기, 심리현상들의 무더기와 볼 수도 없고 부딪힘도 없는 법의 감각장소에 포함된 물질[法處所攝色]과 형성되지 않은[無爲] 요소이다.(§167)

여기서 무엇이 '느낌의 무더기'인가?

한 가지에 의한 느낌의 무더기가 있다. — 감각접촉과 결합된 것이다.

두 가지에 의한 느낌의 무더기가 있다. — 원인을 가진 것이 있고, 원인을 가지지 않은 것이 있다.(*cf* ma2-2)

세 가지에 의한 느낌의 무더기가 있다. — 유익한 것이 있고, 해로운 것이 있고, 결정할 수 없는 것[無記]이 있다.(*cf* ma3-1) … (§34) … 이와 같이 열 가지에 의한 느낌의 무더기가 있다.

… (§§35~61) … 이와 같이 여러 가지에 의한 느낌의 무더기가 있다.

— 이를 일러 느낌의 무더기라 한다.

여기서 무엇이 '인식의 무더기'인가?

한 가지에 의한 인식의 무더기가 있다. — 감각접촉과 결합된 것이다.

두 가지에 의한 인식의 무더기가 있다. — 원인을 가진 것이 있고, 원인을 가지지 않은 것이 있다.(*cf* ma2-2)

세 가지에 의한 인식의 무더기가 있다. — 유익한 것이 있고, 해로운 것이 있고, 결정할 수 없는 것[無記]이 있다.(*cf* ma3-1) … (§62) … 이와 같이 열 가지에 의한 인식의 무더기가 있다.

---

149) 이렇게 하여 두 가지 받아들이는 마음과 한 가지 오문전향의 마음으로 모두 세 가지 마노의 요소를 드러내고 있다.
오문전향과 받아들이는 마음에 대해서는 『아비담마 길라잡이』 제3장 §8 역할의 분석의 해설을 참조하기 바란다.

… (§§63~91) … 이와 같이 여러 가지에 의한 인식의 무더기가 있다.

— 이를 일러 인식의 무더기라 한다.

여기서 무엇이 '심리현상들의 무더기'인가?

한 가지에 의한 심리현상들의 무더기가 있다. — 마음과 결합된 것이다.

두 가지에 의한 심리현상들의 무더기가 있다. — 원인인 것이 있고, 원인이 아닌 것이 있다.(*cf.* ma2-1)

세 가지에 의한 심리현상들의 무더기가 있다. — 유익한 것이 있고, 해로운 것이 있고, 결정할 수 없는 것[無記]이 있다.(*cf.* ma3-1) … (§92) … 이와 같이 열 가지에 의한 심리현상들의 무더기가 있다.

… (§§93~120) … 이와 같이 여러 가지에 의한 심리현상들의 무더기가 있다.

— 이를 일러 심리현상들의 무더기라 한다.

여기서 무엇이 '볼 수도 없고 부딪힘도 없는 법의 감각장소에 포함된 물질[法處所攝色]'인가?

여자의 기능[女根] … (§5) … 덩어리진 [먹는] 음식[段食] — 이를 일러 볼 수도 없고 부딪힘도 없는 법의 감각장소에 포함된 물질이라 한다.

여기서 무엇이 '형성되지 않은 요소[無爲界]'인가? 갈망의 멸진, 성냄의 멸진, 어리석음의 멸진 — 이를 일러 형성되지 않은 요소라 한다.

— 이를 일러 법의 요소라 한다.(§167)

여기서 무엇이 '마노의 알음알이의 요소[意識界]'인가? 눈의 알음알이의 요소가 생겼다가 사라지고 틈 없이 뒤따르는 마노의 요소가 있고, 마노의 요소가 생겼다가 사라지고 틈 없이 뒤따르는 마음, 마노[意], 정신작용 … (§184) … 그것에 적합한 마노의 알음알이의 요소(Dhs §6 등)가 있다. 귀의 알음알이의 요소가 … 코의 알음알이의 요소가 … 혀의 알음알이의 요소가 … 몸의 알음알이의 요소가 생겼다가 사라지고 틈 없이 뒤따르는 [90] 마노의 요소가 있고, 마노의 요소가 생겼다가 사라지고 틈 없이 뒤따르는 마음, 마노[意], 정신작용 … (§184) … 그것에 적합한 마노의 알음알이의 요소(Dhs §6 등)가 있다. 마노와 법을 조건으로 일어나는 마음, 마노[意], 정신작용, 심장, 깨끗한 것, 마노, 마노의 감각장소, 마노의 기능, 알음알이, 알음알이의 무더기, 그것에 적합한 마노의 알음알이의 요소(Dhs §6 등)가 있다. — 이를 일러 마노의 알음알이의 요소라 한다.

아비담마에 따른 분석 방법이 [끝났다.][150)]

III. [아비담마 마띠까를 통한] 질문의 제기

Pañhāpucchaka

185. 열여덟 가지 요소가 있으니, 눈의 요소, 형색의 요소, 눈의 알음알이의 요소, 귀의 요소, 소리의 요소, 귀의 알음알이의 요소, 코의 요소, 냄새의 요소, 코의 알음알이의 요소, 혀의 요소, 맛의 요소, 혀의 알음알이의 요소, 몸의 요소, 감촉의 요소, 몸의 알음알이의 요소, 마노의 요소, 법의 요소, 마노의 알음알이의 요소이다.

186. 열여덟 가지 요소 가운데 몇 가지가 유익한 [법]이고, 몇 가지가 해로운 [법]이고, 몇 가지가 결정할 수 없는[無記] [법]인가? … pe(Dhs Mtk) … 몇 가지가 다툼을 가진 [법]이고, 몇 가지가 다툼이 없는 [법]인가?

---

150) "그런데 이 아비담마에 따른 분석 방법에서 16가지 요소는 욕계에 속하고 두 가지는 네 가지 경지에 속하는 세간적인 것과 출세간적인 것이 혼합된 것(catubhūmakāni lokiyalokuttaramissakāni)이라고 알아야 한다."(VbhA.82)

(1) 세 개 조

187. 열여섯 가지 요소는 결정할 수 없는[無記] [법]이다. 두 가지 요소는 유익한 [법]일 수 있고, 해로운 [법]일 수 있고, 결정할 수 없는[無記] [법]일 수 있다.(*cf.* ma3-1)

열 가지 요소는 즐거운 느낌과 결합된 [법]이라고도 괴로운 느낌과 결합된 [법]이라고도 괴롭지도 즐겁지도 않은 느낌과 결합된 [법]이라고도 말해서는 안 된다(na vattabbā). 다섯 가지 요소는 괴롭지도 즐겁지도 않은 느낌과 결합된 [법]이다. 몸의 알음알이의 요소는 즐거운 느낌과 결합된 [법]일 수 있고, 괴로운 느낌과 결합된 [법]일 수 있다. 마노의 알음알이의 요소는 즐거운 느낌과 결합된 [법]일 수 있고, 괴로운 느낌과 결합된 [법]일 수 있고, 괴롭지도 즐겁지도 않은 느낌과 결합된 [법]일 수 있다. 법의 요소는 즐거운 느낌과 결합된 [법]일 수 있고, 괴로운 느낌과 결합된 [법]일 수 있고, 괴롭지도 즐겁지도 않은 느낌과 결합된 [법]일 수 있다. [그러나] 즐거운 느낌과 결합된 [법]이라고도 괴로운 느낌과 결합된 [법]이라고도 괴롭지도 즐겁지도 않은 느낌과 결합된 [법]이라고도 말해서는 안 되는 경우가 있다.(*cf.* ma3-2)

열 가지 요소는 과보로 나타난 것도 아니고 과보를 생기게 하는 것도 아니다. 다섯 가지 요소는 [91] 과보로 나타난 [법]이다. 마노의 요소는 과보로 나타난 [법]일 수 있고, 과보로 나타난 것도 아니고 과보를 생기게 하는 것도 아닌 [법]일 수 있다. 두 가지 요소는 과보로 나타난 [법]일 수 있고, 과보를 생기게 하는 [법]일 수 있고, 과보로 나타난 것도 아니고 과보를 생기게 하는 것도 아닌 [법]일 수 있다.(*cf.* ma3-3)

열 가지 요소는 취착되었고 취착의 대상인 [법]이다. 소리의 요소는 취착되지 않았지만 취착의 대상인 [법]이다. 다섯 가지 요소는 취착되었고 취착의 대상인 [법]일 수 있고, 취착되지 않았지만 취착의 대상인

[법]일 수 있다. 두 가지 요소는 취착되었고 취착의 대상인 [법]일 수 있고, 취착되지 않았지만 취착의 대상인 [법]일 수 있고, 취착되지 않았고 취착의 대상도 아닌 [법]일 수 있다.(*cf* ma3-4)

열여섯 가지 요소는 오염되지 않았지만 오염의 대상인 [법]이다. 두 가지 요소는 오염되었고 오염의 대상인 [법]일 수 있고, 오염되지 않았지만 오염의 대상인 [법]일 수 있고, 오염되지 않았고 오염의 대상도 아닌 [법]일 수 있다.(*cf* ma3-5)

열다섯 가지 요소는 일으킨 생각도 없고 지속적 고찰도 없는 [법]이다. 마노의 요소는 일으킨 생각이 있고 지속적 고찰이 있는 [법]이다. 마노의 알음알이의 요소는 일으킨 생각이 있고 지속적 고찰이 있는 [법]일 수 있고, 일으킨 생각은 없고 지속적 고찰만 있는 [법]일 수 있고, 일으킨 생각도 없고 지속적 고찰도 없는 [법]일 수 있다. 법의 요소는 일으킨 생각이 있고 지속적 고찰이 있는 [법]일 수 있고, 일으킨 생각은 없고 지속적 고찰만 있는 [법]일 수 있고, 일으킨 생각도 없고 지속적 고찰도 없는 [법]일 수 있다. [그러나] 일으킨 생각이 있고 지속적 고찰이 있는 [법]이라고도 일으킨 생각은 없고 지속적 고찰만 있는 [법]이라고도 일으킨 생각도 없고 지속적 고찰도 없는 [법]이라고도 말해서는 안 되는 경우가 있다.(*cf* ma3-6)

열 가지 요소는 희열이 함께하는 [법]이라고도 행복이 함께하는 [법]이라고도 평온이 함께하는 [법]이라고도 말해서는 안 된다. 다섯 가지 요소는 평온이 함께하는 [법]이다. 몸의 알음알이의 요소는 희열이 함께하는 [법]이 아니다. 행복이 함께하는 [법]일 수 있고, 평온이 함께하는 [법]이 아니다. 행복이 함께하는 [법]이라고 말해서는 안 되는 경우가 있다. 두 가지 요소는 희열이 함께하는 [법]일 수 있고, 행복이 함께하는 [법]일 수 있고, 평온이 함께하는 [법]일 수 있다. [그러나] 희열이 함께하는 [법]이라고도 행복이 함께하는 [법]이라고도 평온이 함께하는

[법]이라고도 말해서는 안 되는 경우가 있다.(*cf.* ma3-7)

열여섯 가지 요소는 봄이나 닦음으로 버려야 하지 않는 [법]이다. 두 가지 요소는 봄으로써 버려야 하는 [법]일 수 있고, 닦음으로써 버려야 하는 [법]일 수 있고, 봄이나 닦음으로 버려야 하지 않는 [법]일 수 있다.(*cf.* ma3-8)

열여섯 가지 요소는 봄이나 닦음으로 버려야 하는 원인을 가지지 않은 [법]이다. 두 가지 요소는 봄으로써 버려야 하는 원인을 가진 [법]일 수 있고, 닦음으로써 버려야 하는 원인을 가진 [법]일 수 있고, 봄이나 닦음으로 버려야 하는 원인을 가지지 않은 [법]일 수 있다.(*cf.* ma3-9)

열여섯 가지 요소는 [윤회를] 축적하게 하는 것도 [윤회를] 감소시키는 것도 아닌 [법]이다. 두 가지 요소는 [윤회를] 축적하게 하는 [법]일 수 있고, [윤회를] 감소시키는 [법]일 수 있고, [윤회를] 축적하게 하는 것도 [윤회를] 감소시키는 것도 아닌 [법]일 수 있다.(*cf.* ma3-10)

열여섯 가지 요소는 유학에도 무학에도 속하지 않는 [법]이다. 두 가지 요소는 유학에 속하는 [법]일 수 있고, 무학에 속하는 [법]일 수 있고, 유학에도 무학에도 속하지 않는 [법]일 수 있다.(*cf.* ma3-11)

열여섯 가지 요소는 제한된 [법]이다. 두 가지 요소는 제한된 [법]일 수 있고, 고귀한 [법]일 수 있고, 무량한 [법]일 수 있다.(*cf.* ma3-12)

열 가지 요소는 [92] 대상을 가지지 않는다. 여섯 가지 요소는 제한된 대상을 가진 [법]이다. 두 가지 요소는 제한된 대상을 가진 [법]일 수 있고, 고귀한 대상을 가진 [법]일 수 있고, 무량한 대상을 가진 [법]일 수 있다. [그러나] 제한된 대상을 가진 [법]이라고도 고귀한 대상을 가진 [법]이라고도 무량한 대상을 가진 [법]이라고도 말해서는 안 되는 경우가 있다.(*cf.* ma3-13)

열여섯 가지 요소는 중간인 [법]이다. 두 가지 요소는 저열한 [법]일 수 있고, 중간인 [법]일 수 있고, 수승한 [법]일 수 있다.(*cf.* ma3-14)

열여섯 가지 요소는 확정되지 않은 [법]이다. 두 가지 요소는 그릇된 것으로 확정된 [법]일 수 있고, 바른 것으로 확정된 [법]일 수 있고, 확정되지 않은 [법]일 수 있다.(*cf.* ma3-15)

열 가지 요소는 대상을 가지지 않는다. 여섯 가지 요소는 도를 대상으로 가진 [법]이라고도 도를 원인으로 가진 [법]이라고도 도를 지배의 [요소]로 가진 [법]이라고도 말해서는 안 된다. 두 가지 요소는 도를 대상으로 가진 [법]일 수 있고, 도를 원인으로 가진 [법]일 수 있고, 도를 지배의 [요소]로 가진 [법]일 수 있다. [그러나] 도를 대상으로 가진 [법]이라고도 도를 원인으로 가진 [법]이라고도 도를 지배의 [요소]로 가진 [법]이라고도 말해서는 안 되는 경우가 있다.(*cf.* ma3-16)

열 가지 요소는 일어난 [법]일 수 있고, 일어나게 될 [법]일 수 있다. [그러나] 일어나지 않은 [법]이라고 말해서는 안 된다.151) 소리의 요소는 일어난 [법]일 수 있고, 일어나지 않은 [법]일 수 있다. [그러나] 일어나게 될 [법]이라고 말해서는 안된다. 여섯 가지 요소는 일어난 [법]일 수 있고, 일어나지 않은 [법]일 수 있고, 일어나게 될 [법]일 수 있다. 법의 요소는 일어난 [법]일 수 있고, 일어나지 않은 [법]일 수 있고, 일어나게 될 [법]일 수 있다. [그러나] 일어난 [법]이라고도 일어나지 않은 [법]이라고도 일어나게 될 [법]이라고도 말해서는 안 되는 경우가 있다.(*cf.*

151) VRI본에는 "열 가지 요소는 … 일어나지 않은 [법]이라고 말해서는 안 되는 경우가 있다(siyā na vattabbā uppādinīti)."로 나타나지만 PTS본에는 "열 가지 요소는 … 일어나지 않은 [법]이라고 말해서는 안 된다(na vattabbā uppādinīti)."로 나타난다. 그런데 §170의 감각장소에서는 VRI본과 PTS본에서 모두 "다섯 가지 감각장소는 … 일어나지 않은 [법]이라고 말해서는 안 된다(na vattabbā)."로 나타났다.
그리고 텃떨라 스님도 "*should not be said to be, not arisen.*"으로 siyā에 해당하는 *sometimes*를 넣지 않고 옮기고 있다.(텃떨라 스님, 97쪽 11째 줄) 역자도 PTS본과 텃떨라 스님을 따라서 "열 가지 요소는 … 일어나지 않은 [법]이라고 말해서는 안 된다."로 옮겼다. 소리의 요소에서도 마찬가지이다.

ma3-17)

열일곱 가지 요소는 과거의 [법]일 수 있고, 미래의 [법]일 수 있고, 현재의 [법]일 수 있다. 법의 요소는 과거의 [법]일 수 있고, 미래의 [법]일 수 있고, 현재의 [법]일 수 있다. [그러나] 과거의 [법]이라고도 미래의 [법]이라고도 현재의 [법]이라고도 말해서는 안 되는 경우가 있다.(*cf* ma3-18)

열 가지 요소는 대상을 가지지 않는다. 여섯 가지 요소는 현재의 대상을 가진 [법]이다. 두 가지 요소는 과거의 대상을 가진 [법]일 수 있고, 미래의 대상을 가진 [법]일 수 있고, 현재의 대상을 가진 [법]일 수 있다. [그러나] 과거의 대상을 가진 [법]이라고도 미래의 대상을 가진 [법]이라고도 현재의 대상을 가진 [법]이라고도 말해서는 안 되는 경우가 있다.(*cf* ma3-19)

[열여덟 가지 요소는] 안의 [법]일 수 있고, 밖의 [법]일 수 있고, 안과 밖의 [법]일 수 있다.(*cf* ma3-20)

열 가지 요소는 대상을 가지지 않는다. 여섯 가지 요소는 안의 대상을 가진 [법]일 수 있고, 밖의 대상을 가진 [법]일 수 있고, 안과 밖의 대상을 가진 [법]일 수 있다. 두 가지 요소는 안의 대상을 가진 [법]일 수 있고, 밖의 대상을 가진 [법]일 수 있고, 안과 밖의 대상을 가진 [법]일 수 있다. [그러나] 안의 대상을 가진 [법]이라고도 밖의 대상을 가진 [법]이라고도 안과 밖의 대상을 가진 [법]이라고도 말해서는 안 되는 경우가 있다.(*cf* ma3-21)

형색의 요소는 볼 수도 있고 부딪힘도 있는 [법]이다. 아홉 가지 요소는 볼 수는 없지만 부딪힘은 있다.[152] 여덟 가지 요소는 볼 수도 없고 부딪힘도 없는 [법]이다.(*cf* ma3-22)

---

152) VRI본에는 nava dhātuyo anidassanāppaṭighā로 나타나 있는데 잘못이다. 그러나 PTS본에는 dhātuyo anidassanasappaṭighā로 바르게 되어 있다.

(2) 두 개 조

① 원인의 모둠

188. 열일곱 가지 요소는 원인이 아닌 [법]이다. 법의 요소는 원인인 [법]일 수 있고 원인이 아닌 [법]일 수 있다.(*cf* ma2-1)

열여섯 가지 요소는 원인을 가지지 않은 [법]이다. 두 가지 요소는 원인을 가진 [법]일 수 있고, 원인을 가지지 않은 [법]일 수 있다.(*cf* ma2-2)

열여섯 가지 요소는 원인과 결합되지 않은 [법]이다. [93] 두 가지 요소는 원인과 결합된 [법]일 수 있고, 원인과 결합되지 않은 [법]일 수 있다.(*cf* ma2-3)

열여섯 가지 요소는 원인이면서 원인을 가진 [법]이라고도 원인을 가졌지만 원인이 아닌 [법]이라고도 말해서는 안 된다. 마노의 알음알이의 요소는 원인이면서 원인을 가진 [법]이라고 말해서는 안 된다. [이들은] 원인을 가졌지만 원인이 아닌 [법]일 수 있다. [그러나] 원인을 가졌지만 원인이 아닌 [법]이라고 말해서는 안 되는 경우가 있다. 법의 요소는 원인이면서 원인을 가진 [법]일 수 있고, 원인을 가졌지만 원인이 아닌 [법]일 수 있다. [그러나] 원인이면서 원인을 가진 [법]이라고도 원인을 가졌지만 원인이 아닌 [법]이라고도 말해서는 안 되는 경우가 있다. (*cf* ma2-4)

열여섯 가지 요소는 원인이면서 원인과 결합된 [법]이라고도 원인과 결합되었지만 원인이 아닌 [법]이라고도 말해서는 안 된다. 마노의 알음알이의 요소는 원인이면서 원인과 결합된 [법]이라고 말해서는 안 된다. 원인과 결합되었지만 원인이 아닌 [법]일 수 있다. [그러나] 원인과 결합되었지만 원인이 아닌 [법]이라고 말해서는 안 되는 경우가 있다. 법의 요소는 원인이면서 원인과 결합된 [법]일 수 있고, 원인과 결합되었지만 원인이 아닌 [법]일 수 있다. [그러나] 원인이면서 원인과 결합된 [법]이라고도 원인과 결합되었지만 원인이 아닌 [법]이라고도 말해서는 안 되는 경우가 있다.(*cf.* ma2-5)

열여섯 가지 요소는 원인이 아니면서 원인을 가지지 않은 [법]이다. 마노의 알음알이의 요소는 원인이 아니지만 원인을 가진 [법]일 수 있고, 원인이 아니면서 원인을 가지지 않은 [법]일 수 있다. 법의 요소는 원인이 아니지만 원인을 가진 [법]일 수 있고, 원인이 아니면서 원인을 가지지 않은 [법]일 수 있다. [그러나] 원인이 아니지만 원인을 가진 [법]이라고도 원인이 아니면서 원인을 가지지 않은 [법]이라고도 말해서는 안 되는 경우가 있다.(*cf.* ma2-6)

② 틈새에 있는 짧은 두 개 조

열일곱 가지 요소는 조건을 가진 [법]이다. 법의 요소는 조건을 가진 [법]일 수 있고, 조건을 가지지 않은 [법]일 수 있다.(*cf.* ma2-7)

열일곱 가지 요소는 형성된 것[有爲]이다. 법의 요소는 형성된 [법]일 수 있고, 형성되지 않은 것[無爲]일 수 있다.(*cf.* ma2-8)

형색의 요소는 볼 수 있는 [법]이다. 열일곱 가지 요소는 볼 수 없는 [법]이다.(*cf.* ma2-9)

열 가지 요소는 부딪힘이 있는 [법]이다. 여덟 가지 요소는 부딪힘이 없는 [법]이다.(*cf.* ma2-10)

열 가지 요소는 물질인 [법]이다. 일곱 가지 요소는 비물질인 [법]이다. 법의 요소는 물질인 [법]일 수 있고, 비물질인 [법]일 수 있다.(*cf.* ma2-11)

열여섯 가지 요소는 세간적인 [법]이다. 두 가지 요소는 세간적인 [법]일 수 있고, 출세간의 [법]일 수 있다.(*cf.* ma2-12)

[열여덟 가지 요소는] 어떤 것으로는 식별되는 [법]이고, 어떤 것으로는 식별되지 않는 [법]이다.(*cf.* ma2-13)

③ 번뇌의 모둠

열일곱 가지 요소는 번뇌가 아닌 [법]이다. 법의 요소는 번뇌인 [법]일 수 있고, 번뇌가 아닌 [법]일 수 있다.(*cf.* ma2-14)

열여섯 가지 요소는 번뇌의 대상인 [법]이다. 두 가지 요소는 번뇌의 대상인 [법]일 수 있고, 번뇌의 대상이 아닌 [법]일 수 있다.(*cf.* ma2-15)

열여섯 가지 요소는 번뇌와 결합되지 않은 [법]이다. 두 가지 요소는 번뇌와 결합된 [법]일 수 있고, 번뇌와 결합되지 않은 [법]일 수 있다.(*cf.* ma2-16)

열여섯 가지 요소는 번뇌이면서 번뇌의 대상인 [법]이라고 말해서는 안 된다. [이들은] 번뇌의 대상이지만 [94] 번뇌가 아닌 [법]이다. 마노의 알음알이의 요소는 번뇌이면서 번뇌의 대상인 [법]이라고 말해서는 안 된다. 번뇌의 대상이지만 번뇌가 아닌 [법]일 수 있다. [그러나] 번뇌의 대상이지만 번뇌가 아닌 [법]이라고 말해서는 안 되는 경우가 있다. 법의 요소는 번뇌이면서 번뇌의 대상인 [법]일 수 있고, 번뇌의 대상이지만 번뇌가 아닌 [법]일 수 있다. [그러나] 번뇌이면서 번뇌의 대상인 [법]이라고도 번뇌의 대상이지만 번뇌가 아닌 [법]이라고도 말해서는 안 되는 경우가 있다.(*cf.* ma2-17)

열여섯 가지 요소는 번뇌이면서 번뇌와 결합된 [법]이라고도 번뇌와 결합되었지만 번뇌가 아닌 [법]이라고도 말해서는 안 된다. 마노의 알음알이의 요소는 번뇌이면서 번뇌와 결합된 [법]이라고 말해서는 안 된다. 번뇌와 결합되었지만 번뇌가 아닌 [법]일 수 있다. [그러나] 번뇌와 결합되었지만 번뇌가 아닌 [법]이라고 말해서는 안 되는 경우가 있다. 법의 요소는 번뇌이면서 번뇌와 결합된 [법]일 수 있고, 번뇌와 결합되었지만 번뇌가 아닌 [법]일 수 있다. [그러나] 번뇌이면서 번뇌와 결합된 [법]이라고도 번뇌와 결합되었지만 번뇌가 아닌 [법]이라고도 말해서는 안 되는 경우가 있다.(*cf.* ma2-18)

열여섯 가지 요소는 번뇌와 결합되지 않았지만 번뇌의 대상인 [법]이다. 두 가지 요소는 번뇌와 결합되지 않았지만 번뇌의 대상인 [법]일 수 있고, 번뇌와 결합되지 않았으면서 번뇌의 대상이 아닌 [법]일 수 있다. [그러나] 번뇌와 결합되지 않았지만 번뇌의 대상인 [법]이라고도 번뇌와 결합되지 않았으면서 번뇌의 대상이 아닌 [법]이라고도 말해서는 안 되는 경우가 있다.(*cf.* ma2-19)

④ 족쇄의 모둠

열일곱 가지 요소는 족쇄가 아닌 [법]이다. 법의 요소는 족쇄인 [법]일 수 있고, 족쇄가 아닌 [법]일 수 있다.(*cf.* ma2-20)

열여섯 가지 요소는 족쇄의 대상인 [법]이다. 두 가지 요소는 족쇄의 대상인 [법]일 수 있고, 족쇄의 대상이 아닌 [법]일 수 있다.(*cf.* ma2-21)

열여섯 가지 요소는 족쇄와 결합되지 않은 [법]이다. 두 가지 요소는 족쇄와 결합된 [법]일 수 있고, 족쇄와 결합되지 않은 [법]일 수 있다.(*cf.* ma2-22)

열여섯 가지 요소는 족쇄이면서 족쇄의 대상인 [법]이라고 말해서는 안 된다. [이들은] 족쇄의 대상이지만 족쇄가 아닌 [법]이다. 마노의 알음알이의 요소는 족쇄이면서 족쇄의 대상인 [법]이라고 말해서는 안 된다. 족쇄의 대상이지만 족쇄가 아닌 [법]일 수 있다. [그러나] 족쇄의 대상이지만 족쇄가 아닌 [법]이라고 말해서는 안 되는 경우가 있다. 법의 요소는 족쇄이면서 족쇄의 대상인 [법]일 수 있고, 족쇄의 대상이지만 족쇄가 아닌 [법]일 수 있다. [그러나] 족쇄이면서 족쇄의 대상인 [법]이라고도 족쇄의 대상이지만 족쇄가 아닌 [법]이라고도 말해서는 안 되는 경우가 있다.(*cf.* ma2-23)

열여섯 가지 요소는 족쇄이면서 족쇄와 결합된 [법]이라고도 족쇄와 결합되었지만 족쇄가 아닌 [법]이라고도 말해서는 안 된다. 마노의 알음알이의 요소는 족쇄이면서 족쇄와 결합된 [법]이라고 말해서는 안 된다. 족쇄와 결합되었지만 족쇄가 아닌 [법]일 수 있다. [그러나] 족쇄와 결합되었지만 족쇄가 아닌 [법]이라고 말해서는 안 되는 경우가 있다. 법의 요소는 족쇄이면서 족쇄와 결합된 [법]일 수 있고, 족쇄와 결합되었지만 족쇄가 아닌 [법]일 수 있다. [그러나] 족쇄이면서 족쇄와 결합된 [법]이라고도 족쇄와 결합되었지만 족쇄가 아닌 [법]이라고도 말해서는 안 되는 경우가 있다.(*cf.* ma2-24)

열여섯 가지 요소는 족쇄와 결합되지 않았지만 족쇄의 대상인 [법]이다. [95] 두 가지 요소는 족쇄와 결합되지 않았지만 족쇄의 대상인 [법]일 수 있고, 족쇄와 결합되지 않았으면서 족쇄의 대상이 아닌 [법]일 수 있다. [그러나] 족쇄와 결합되지 않았지만 족쇄의 대상인 [법]이라고도 족쇄와 결합되지 않았으면서 족쇄의 대상이 아닌 [법]이라고도 말해서는 안 되는 경우가 있다.(*cf.* ma2-25)

⑤ 매듭의 모둠

열일곱 가지 요소는 매듭이 아닌 [법]이다. 법의 요소는 매듭인 [법]일 수 있고, 매듭이 아닌 [법]일 수 있다.(*cf.* ma2-26)

열여섯 가지 요소는 매듭의 대상인 [법]이다. 두 가지 요소는 매듭의 대상인 [법]일 수 있고, 매듭의 대상이 아닌 [법]일 수 있다.(*cf.* ma2-27)

열여섯 가지 요소는 매듭과 결합되지 않은 [법]이다. 두 가지 요소는 매듭과 결합된 [법]일 수 있고, 매듭과 결합되지 않은 [법]일 수 있다.(*cf.* ma2-28)

열여섯 가지 요소는 매듭이면서 매듭의 대상인 [법]이라고 말해서는 안 된다. [이들은] 매듭의 대상이지만 매듭이 아닌 [법]이다. 마노의 알음알이의 요소는 매듭이면서 매듭의 대상인 [법]이라고 말해서는 안 된다. 매듭의 대상이지만 매듭이 아닌 [법]일 수 있다. [그러나] 매듭의 대상이지만 매듭이 아닌 [법]이라고 말해서는 안 되는 경우가 있다. 법의 요소는 매듭이면서 매듭의 대상인 [법]일 수 있고, 매듭의 대상이지만 매듭이 아닌 [법]일 수 있다. [그러나] 매듭이면서 매듭의 대상인 [법]이라고도 매듭의 대상이지만 매듭이 아닌 [법]이라고도 말해서는 안 되는 경우가 있다.(*cf.* ma2-29)

열여섯 가지 요소는 매듭이면서 매듭과 결합된 [법]이라고도 매듭과 결합되었지만 매듭이 아닌 [법]이라고도 말해서는 안 된다. 마노의 알음알이의 요소는 매듭이면서 매듭과 결합된 [법]이라고 말해서는 안 된다. 매듭과 결합되었지만 매듭이 아닌 [법]일 수 있다. [그러나] 매듭과 결합되었지만 매듭이 아닌 [법]이라고 말해서는 안 되는 경우가 있다. 법의 요소는 매듭이면서 매듭과 결합된 [법]일 수 있고, 매듭과 결합되었지만 매듭이 아닌 [법]일 수 있다. [그러나] 매듭이면서 매듭과 결합된 [법]이라고도 매듭과 결합되었지만 매듭이 아닌 [법]이라고도 말해서는 안 되는 경우가 있다.(*cf.* ma2-30)

열여섯 가지 요소는 매듭과 결합되지 않았지만 매듭의 대상인 [법]이다. 두 가지 요소는 매듭과 결합되지 않았지만 매듭의 대상인 [법]일 수 있고, 매듭과 결합되지 않았으면서 매듭의 대상이 아닌 [법]일 수 있다. [그러나] 매듭과 결합되지 않았지만 매듭의 대상인 [법]이라고도 매듭과 결합되지 않았으면서 매듭의 대상이 아닌 [법]이라고도 말해서는 안 되는 경우가 있다.(*cf.* ma2-31)

⑥ 폭류의 모둠

열일곱 가지 요소는 폭류가 아닌 [법]이다. … pe … (*cf.* ma2-32~37)

⑦ 속박의 모둠

열일곱 가지 요소는 속박이 아닌 [법]이다. … pe … (*cf.* ma2-38~43)

⑧ 장애의 모둠

열일곱 가지 요소는 장애가 아닌 [법]이다. 법의 요소는 장애인 [법]일 수 있고, 장애가 아닌 [법]일 수 있다.(*cf.* ma2-44)

열여섯 가지 요소는 장애의 대상인 [법]이다. 두 가지 요소는 장애의 대상인 [법]일 수 있고, 장애의 대상이 아닌 [법]일 수 있다.(*cf.* ma2-45)

열여섯 가지 요소는 장애와 결합되지 않은 [법]이다. 두 가지 요소는 장애와 결합된 [법]일 수 있고, 장애와 결합되지 않은 [법]일 수 있다.(*cf.* ma2-46)

열여섯 가지 요소는 장애이면서 장애의 대상인 [법]이라고 말해서는 안 된다. [이들은] 장애의 대상이지만 장애가 아닌 [법]이다. 마노의 알음알이의 요소는 장애이면서 장애의 대상인 [법]이라고 말해서는 안 된다. 장애의 대상이지만 장애가 아닌 [법]일 수 있다. [그러나] 장애의 대상이지만 장애가 아닌 [법]이라고 말해서는 안 되는 경우가 있다. 법의 요소는 장애이면서 장애의 대상인 [법]일 수 있고, 장애의 대상이지만 장애가 아닌 [법]일 수 있다. [그러나] 장애이면서 장애의 대상인 [법]이라고도 장애의 대상이지만 장애가 아닌 [법]이라고도 말해서는 안 되는 경우가 있다.(*cf.* ma2-47)

열여섯 가지 요소는 장애이면서 장애와 결합된 [법]이라고도 장애와 결합되었지만 장애가 아닌 [법]이라고도 말해서는 안 된다. 마노의 알음알이의 요소는 장애이면서 장애와 결합된 [법]이라고 말해서는 안 된다. 장애와 결합되었지만 장애가 아닌 [법]일 수 있다. [그러나] 장애와 결합되었지만 장애가 아닌 [법]이라고 말해서는 안 되는 경우가 있다. 법의 요소는 장애이면서 장애와 결합된 [법]일 수 있고, 장애와 결합되었지만 장애가 아닌 [법]일 수 있다. [그러나] 장애이면서 장애와 결합된 [법]이라고도 장애와 결합되었지만 장애가 아닌 [법]이라고도 말해서는 안 되는 경우가 있다.(*cf.* ma2-48)

열여섯 가지 요소는 장애와 결합되지 않았지만 장애의 대상인 [법]이다. 두 가지 요소는 장애와 결합되지 않았지만 장애의 대상인 [법]일 수 있고, 장애와 결합되지 않았으면서 장애의 대상이 아닌 [법]일 수 있다. [그러나] 장애와 결합되지 않았지만 장애의 대상인 [법]이라고도 장애와 결합되지 않았으면서 장애의 대상이 아닌 [법]이라고도 말해서는 안 되는 경우가 있다.(*cf.* ma2-49)

⑨ 집착[固守]의 모둠

열일곱 가지 요소는 집착[固守]이 아닌 [법]이다. 법의 요소는 집착[固守]인 [법]일 수 있고, 집착[固守]이 아닌 [법]일 수 있다.(*cf.* ma2-50)

열여섯 가지 요소는 집착[固守]의 대상인 [법]이다. 두 가지 요소는 집착[固守]의 대상인 [법]일 수 있고, 집착[固守]의 대상이 아닌 [법]일 수 있다.(*cf.* ma2-51)

열여섯 가지 요소는 집착[固守]과 결합되지 않은 [법]일 수 있다. 마노의 알음알이의 요소는 집착[固守]과 결합된 [법]일 수 있고, 집착[固守]과 결합되지 않은 [법]일 수 있다. 법의 요소는 집착[固守]과 결합된 [법]일 수 있고, 집착[固守]과 결합되지 않은 [법]일 수 있다. [그러나] 집착[固守]과 결합된 [법]이라고도 집착[固守]과 결합되지 않은 [법]이라고도 말해서는 안 되는 경우가 있다.(*cf.* ma2-52)

열여섯 가지 요소는 집착[固守]이면서 집착[固守]의 대상인 [법]이라고도 집착[固守]의 대상이지만 집착[固守]이 아닌 [법]이라고도 말해서는 안 된다. 마노의 알음알이의 요소는 집착[固守]이면서 집착[固守]의 대상인 [법]이라고 말해서는 안 된다. 집착[固守]의 대상이지만 집착[固守]이 아닌 [법]일 수 있다. 집착[固守]의 대상이지만 집착[固守]이 아닌 [법]이라고 말해서는 안 되는 경우가 있다. 법의 요소는 집착[固守]이면서 집착[固守]의 대상인 [법]일 수 있고, 집착[固守]의 대상이지만 집착

[固守]이 아닌 [법]일 수 있다. [그러나] 집착[固守]이면서 집착[固守]의 대상인 [법]이라고도 집착[固守]의 대상이지만 집착[固守]이 아닌 [법]이라고도 말해서는 안 되는 경우가 있다.(*cf* ma2-53)

열여섯 가지 요소는 집착[固守]과 결합되지 않았지만 집착[固守]의 대상인 [법]이다. 두 가지 요소는 집착[固守]과 결합되지 않았지만 집착[固守]의 대상인 [법]일 수 있고, 집착[固守]과 결합되지 않았으면서 집착[固守]의 대상이 아닌 [법]일 수 있다. [그러나] 집착[固守]과 결합되지 않았지만 집착[固守]의 대상인 [법]이라고도 집착[固守]과 결합되지 않았으면서 집착[固守]의 대상이 아닌 [법]이라고도 말해서는 안 되는 경우가 있다.(*cf* ma2-54)

⑩ 틈새에 있는 긴 두 개 조

열 가지 요소는 대상이 없는 [법]이다. 일곱 가지 요소는 대상을 가진 [법]이다. 법의 요소는 대상을 가진 [법]일 수 있고, 대상이 없는 [법]일 수 있다.(*cf* ma2-55)

일곱 가지 요소는 마음인 [법]이다. 열한 가지 요소는 마음이 아닌 [법]이다.(*cf* ma2-56)

열일곱 가지 요소는 마음부수[心所]가 아닌 [법]이다. 법의 요소는 마음부수인 [법]일 수 있고, 마음부수가 아닌 [법]일 수 있다.(*cf* ma2-57)

열 가지 요소는 마음과 결합되지 않은 [법]이다. 법의 요소는 마음과 결합된 [법]일 수 있고, 마음과 결합되지 않은 [법]일 수 있다. 일곱 가지 요소는 마음과 결합된 [법]이라고도 마음과 결합되지 않은 [법]이라고도 말해서는 안 된다.(*cf* ma2-58)

열 가지 요소는 마음과 결속되지 않은 [법]이다. 법의 요소는 마음과 결속된 [법]일 수 있고, 마음과 결속되지 않은 [법]일 수 있다. 일곱 가지 요소는 마음과 결속된 [법]이라고도 마음과 결속되지 않은 [법]이라고

도 말해서는 안 된다.(*cf* ma2-59)

열두 가지 요소는 마음에서 생기지 않은 [법]이다. 여섯 가지 요소는 마음에서 생긴 [법]일 수 있고, 마음에서 생기지 않은 [법]일 수 있다.(*cf* ma2-60)

열일곱 가지 요소는 [96] 마음과 함께 존재하지 않는 [법]이다. 법의 요소는 마음과 함께 존재하는 [법]일 수 있고, 마음과 함께 존재하지 않는 [법]일 수 있다.(*cf* ma2-61)

열일곱 가지 요소는 마음을 따르지 않는 [법]이다. 법의 요소는 마음을 따르는 [법]일 수 있고, 마음을 따르지 않는 [법]일 수 있다.(*cf* ma2-62)

열일곱 가지 요소는 마음과 결속된 것도 마음에서 생긴 것도 아닌 [법]이다. 법의 요소는 마음과 결속되어 있고 마음에서 생긴 [법]일 수 있고, 마음과 결속된 것도 마음에서 생긴 것도 아닌 [법]일 수 있다.(*cf* ma2-63)

열일곱 가지 요소는 마음과 결속된 것도 마음에서 생긴 것도 마음과 함께 존재하는 것도 아닌 [법]이다. 법의 요소는 마음과 결속되어 있고 마음에서 생겼고 마음과 함께 존재하는 [법]일 수 있고, 마음과 결속된 것도 마음에서 생긴 것도 마음과 함께 존재하는 것도 아닌 [법]일 수 있다.(*cf* ma2-64)

열일곱 가지 요소는 마음과 결속된 것도 마음에서 생긴 것도 마음을 따르는 것도 아닌 [법]이다. 법의 요소는 마음과 결속되어 있고 마음에서 생겼고 마음을 따르는 [법]일 수 있고, 마음과 결속된 것도 마음에서 생긴 것도 마음을 따르는 것도 아닌 [법]일 수 있다.(*cf* ma2-65)

열두 가지 요소는 안에 있는 [법]이다. 여섯 가지 요소는 밖에 있는 [법]이다.(*cf* ma2-66)

아홉 가지 요소는 파생된 [법]이다. 여덟 가지 요소는 파생되지 않은

[법]이다. 법의 요소는 파생된 [법]일 수 있고, 파생되지 않은 [법]일 수 있다.(*cf* ma2-67)

열 가지 요소는 취착된 [법]이다. 소리의 요소는 취착되지 않은 [법]이다. 일곱 가지 요소는 취착된 [법]일 수 있고, 취착되지 않은 [법]일 수 있다.(*cf* ma2-68)

⑪ 취착의 모둠

열일곱 가지 요소는 취착이 아닌 [법]이다. 법의 요소는 취착인 [법]일 수 있고, 취착이 아닌 [법]일 수 있다.(*cf* ma2-69)

열여섯 가지 요소는 취착의 대상인 [법]이다. 두 가지 요소는 취착의 대상인 [법]일 수 있고, 취착의 대상이 아닌 [법]일 수 있다.(*cf* ma2-70)

열여섯 가지 요소는 취착과 결합되지 않은 [법]이다. 두 가지 요소는 취착과 결합된 [법]일 수 있고, 취착과 결합되지 않은 [법]일 수 있다.(*cf* ma2-71)

열여섯 가지 요소는 취착이면서 취착의 대상인 [법]이라고 말해서는 안 된다. [이들은] 취착의 대상이지만 취착이 아닌 [법]이다. 마노의 알음알이의 요소는 취착이면서 취착의 대상인 [법]이라고 말해서는 안 된다. 취착의 대상이지만 취착이 아닌 [법]일 수 있다. [그러나] 취착의 대상이지만 취착이 아닌 [법]이라고 말해서는 안 되는 경우가 있다. 법의 요소는 취착이면서 취착의 대상인 [법]일 수 있고, 취착의 대상이지만 취착이 아닌 [법]일 수 있다. [그러나] 취착이면서 취착의 대상인 [법]이라고도 취착의 대상이지만 취착이 아닌 [법]이라고도 말해서는 안 되는 경우가 있다.(*cf* ma2-72)

열여섯 가지 요소는 취착이면서 취착과 결합된 [법]이라고도 취착과 결합되었지만 취착이 아닌 [법]이라고도 말해서는 안 된다. 마노의 알음알이의 요소는 취착이면서 취착과 결합된 [법]이라고 말해서는 안 된다. 취착과 결합되었지만 취착이 아닌 [법]일 수 있다. [그러나] 취착과 결합되었지만 취착이 아닌 [법]이라고 말해서는 안 되는 경우가 있다. 법의 요소는 취착이면서 취착과 결합된 [법]일 수 있고, 취착과 결합되었지만 취착이 아닌 [법]일 수 있다. [그러나] 취착이면서 취착과 결합된 [법]이라고도 취착과 결합되었지만 취착이 아닌 [법]이라고도 말해서는 안 되는 경우가 있다.(*cf.* ma2-73)

열여섯 가지 요소는 취착과 결합되지 않았지만 취착의 대상인 [법]이다. 두 가지 요소는 취착과 결합되지 않았지만 취착의 대상인 [법]일 수 있고, 취착과 결합되지 않았으면서 취착의 대상이 아닌 [법]일 수 있다. [그러나] 취착과 결합되지 않았지만 취착의 대상인 [법]이라고도 취착과 결합되지 않았으면서 취착의 대상이 아닌 [법]이라고도 말해서는 안 되는 경우가 있다.(*cf.* ma2-74)

⑫ 오염원의 모둠

열일곱 가지 요소는 오염원이 아닌 [법]이다. 법의 요소는 오염원인 [법]일 수 있고, 오염원이 아닌 [법]일 수 있다.(*cf.* ma2-75)

열여섯 가지 요소는 오염원의 대상인 [법]이다. 두 가지 요소는 오염원의 대상인 [법]일 수 있고, 오염원의 대상이 아닌 [법]일 수 있다.(*cf.* ma2-76)

열여섯 가지 요소는 오염되지 않은 [법]이다. 두 가지 요소는 오염된 [법]일 수 있고 오염되지 않은 [법]일 수 있다.(*cf.* ma2-77)

열여섯 가지 요소는 오염원과 결합되지 않은 [법]이다. 두 가지 요소는 오염원과 결합된 [법]일 수 있고, 오염원과 결합되지 않은 [법]일 수 있다.(*cf.* ma2-78)

열여섯 가지 요소는 오염원이면서 오염원의 대상인 [법]이라고 말해서는 안 된다. [이들은] 오염원의 대상이지만 오염원이 아닌 [법]이다. 마노의 알음알이의 요소는 [97] 오염원이면서 오염원의 대상인 [법]이라고 말해서는 안 된다. [이들은] 오염원의 대상이지만 오염원이 아닌 [법]일 수 있다. [그러나] 오염원의 대상이지만 오염원이 아닌 [법]이라고 말해서는 안 되는 경우가 있다. 법의 요소는 오염원이면서 오염원의 대상인 [법]일 수 있고, 오염원의 대상이지만 오염원이 아닌 [법]일 수 있다. [그러나] 오염원이면서 오염원의 대상인 [법]이라고도 오염원의 대상이지만 오염원이 아닌 [법]이라고도 말해서는 안 되는 경우가 있다.(*cf.* ma2-79)

열여섯 가지 요소는 오염원이면서 오염된 [법]이라고도 오염되었지만 오염원이 아닌 [법]이라고도 말해서는 안 된다. 마노의 알음알이의 요소는 오염원이면서 오염된 [법]이라고 말해서는 안 된다. [이들은] 오염되었지만 오염원이 아닌 [법]일 수 있다. [그러나] 오염되었지만 오염원이 아닌 [법]이라고 말해서는 안 되는 경우가 있다. 법의 요소는 오염원이면서 오염된 [법]일 수 있고 오염되었지만 오염원이 아닌 [법]일 수 있다. [그러나] 오염원이면서 오염된 [법]이라고도 오염되었지만 오염원이 아닌 [법]이라고도 말해서는 안 되는 경우가 있다.(*cf.* ma2-80)

열여섯 가지 요소는 오염원이면서 오염원과 결합된 [법]이라고도 오염원과 결합되었지만 오염원이 아닌 [법]이라고도 말해서는 안 된다. 마노의 알음알이의 요소는 오염원이면서 오염원과 결합된 [법]이라고 말해서는 안 된다. [이들은] 오염원과 결합되었지만 오염원이 아닌 [법]일 수 있다. [그러나] 오염원과 결합되었지만 오염원이 아닌 [법]이라고 말해서는 안 되는 경우가 있다. 법의 요소는 오염원이면서 오염원과 결합된 [법]일 수 있고, 오염원과 결합되었지만 오염원이 아닌 [법]일 수 있다. [그러나] 오염원이면서 오염원과 결합된 [법]이라고도 오염원과 결합되었지만 오염원이 아닌 [법]이라고도 말해서는 안 되는 경우가 있다.(*cf.* ma2-81)

열여섯 가지 요소는 오염원과 결합되지 않았지만 오염원의 대상인

[법]이다. 두 가지 요소는 오염원과 결합되지 않았지만 오염원의 대상인 [법]일 수 있고, 오염원과 결합되지 않았으면서 오염원의 대상이 아닌 [법]일 수 있다. [그러나] 오염원과 결합되지 않았지만 오염원의 대상인 [법]이라고도 오염원과 결합되지 않았으면서 오염원의 대상이 아닌 [법]이라고도 말해서는 안 되는 경우가 있다.(*cf.* ma2-82)

⑬ 마지막 두 개 조

열여섯 가지 요소는 봄으로써 버려야 하는 것이 아닌 [법]이다. 두 가지 요소는 봄으로써 버려야 하는 [법]일 수 있고, 봄으로써 버려야 하는 것이 아닌 [법]일 수 있다.(*cf.* ma2-83)

열여섯 가지 요소는 닦음으로써 버려야 하는 것이 아닌 [법]이다. 두 가지 요소는 닦음으로써 버려야 하는 [법]일 수 있고, 닦음으로써 버려야 하는 것이 아닌 [법]일 수 있다.(*cf.* ma2-84)

열여섯 가지 요소는 봄으로써 버려야 하는 원인을 가지지 않은 [법]이다. 두 가지 요소는 봄으로써 버려야 하는 원인을 가진 [법]일 수 있고, 봄으로써 버려야 하는 원인을 가지지 않은 [법]일 수 있다.(*cf.* ma2-85)

열여섯 가지 요소는 닦음으로써 버려야 하는 원인을 가지지 않은 [법]이다. 두 가지 요소는 닦음으로써 버려야 하는 원인을 가진 [법]일 수 있고, 닦음으로써 버려야 하는 원인을 가지지 않은 [법]일 수 있다.(*cf.* ma2-86)

열다섯 가지 요소는 일으킨 생각이 없는 [법]이다. 마노의 요소는 일으킨 생각이 있는 [법]이다. 두 가지 요소는 일으킨 생각이 있는 [법]일 수 있고, 일으킨 생각이 없는 [법]일 수 있다.(*cf.* ma2-87)

열다섯 가지 요소는 지속적 고찰이 없는 [법]이다. 마노의 요소는 지속적 고찰이 있는 [법]이다. 두 가지 요소는 지속적 고찰이 있는 [법]일 수 있고, 지속적 고찰이 없는 [법]일 수 있다.(*cf.* ma2-88)

열여섯 가지 요소는 희열이 없는 [법]이다. 두 가지 요소는 희열이 있

는 [법]일 수 있고, 희열이 없는 [법]일 수 있다.(*cf.* ma2-89)

열여섯 가지 요소는 희열이 함께하지 않는 [법]이다. 두 가지 요소는 희열이 함께하는 [법]일 수 있고, 희열이 함께하지 않는 [법]일 수 있다.(*cf.* ma2-90)

열다섯 가지 요소는 행복이 함께하지 않는 [법]이다. 세 가지 요소는 행복이 함께하는 [법]일 수 있고, 행복이 함께하지 않는 [법]일 수 있다.(*cf.* ma2-91)

열한 가지 요소는 평온이 함께하지 않는 [법]이다. 다섯 가지 요소는 평온이 함께한다. 두 가지 요소는 평온이 함께하는 [법]일 수 있고, 평온이 함께하지 않는 [법]일 수 있다.(*cf.* ma2-92)

열여섯 가지 요소는 욕계에 속하는 [법]이다. 두 가지 요소는 욕계에 속하는 [법]일 수 있고, 욕계에 속하지 않는 [법]일 수 있다.(*cf.* ma2-93)

열여섯 가지 요소는 색계에 속하지 않는 [법]이다. 두 가지 요소는 색계에 속하는 [법]일 수 있고, 색계에 속하지 않는 [법]일 수 있다.(*cf.* ma2-94)

열여섯 가지 요소는 무색계에 속하지 않는 [법]이다. 두 가지 요소는 무색계에 속하는 [법]일 수 있고, 무색계에 속하지 않는 [법]일 수 있다.(*cf.* ma2-95)

열여섯 가지 요소는 [세간에] 포함된 [법]이다. 두 가지 요소는 [세간에] 포함된 [법]일 수 있고, [세간에] 포함되지 않는 [법]일 수 있다.(*cf.* ma2-96)

열여섯 가지 요소는 출리로 인도하지 못하는 [법]이다. 두 가지 요소는 출리로 인도하는 [법]일 수 있고, 출리로 인도하지 못하는 [법]일 수 있다.(*cf.* ma2-97)

열여섯 가지 요소는 확정되지 않은 [법]이다. 두 가지 요소는 확정된 [법]일 수 있고, 확정되지 않은 [법]일 수 있다.(*cf.* ma2-98)

열여섯 가지 요소는 위가 있는 [법]이다. 두 가지 요소는 위가 있는 [법]일 수 있고, 위가 없는 [법]일 수 있다.(*cf.* ma2-99)

열여섯 가지 [98] 요소는 다툼이 없는 [법]이다. 두 가지 요소는 다툼을 가진 [법]일 수 있고, 다툼이 없는 [법]일 수 있다.(*cf.* ma2-100)

[아비담마 마띠까를 통한] 질문의 제기가 [끝났다.]

요소에 대한 분석이 [끝났다.]

第4장
진리[諦] 위방가
진리에 대한 분석
Sacca-vibhaṅga

I. 경에 따른 분석 방법
Suttanta-bhājanīya

189. 네 가지 성스러운 진리[四聖諦]가 [99] 있으니, ① 괴로움의 성스러운 진리[苦聖諦] ② 괴로움의 일어남의 성스러운 진리[苦集聖諦] ③ 괴로움의 소멸의 성스러운 진리[苦滅聖諦] ④ 괴로움의 소멸로 인도하는 도닦음의 성스러운 진리[苦滅道聖諦]이다.

(1) 괴로움의 진리[苦諦]

190. 여기서 무엇이 '괴로움의 성스러운 진리[苦聖諦, dukkha ariya-sacca]'인가? 태어남도 괴로움이다. 늙음도 괴로움이다. [병도 괴로움이다.][153] 죽음도 괴로움이다. 슬픔·비탄·육체적 고통·정신적 고

153) '병도 괴로움이다(vyādhipi dukkhā).'는 본 『위방가』의 VRI본과 PTS본에는 나타나지 않는다. 그러나 「초전법륜경」(S56:11) VRI본과 PTS본에는 나타나고 있다. 그래서 여기서는 [ ] 안에 넣어서 옮겼음을 밝힌다. 텃떨라 스님은 옮기지 않았다.(텃떨라 스님, 130쪽) 초기불전의 여러 곳에서 생·노·병·사가 언급되는 곳은 판본에 따라서 병이 언급되지 않고 생·노·사만 나타나는 곳이 많다. 예를 들면 『디가 니까야』 제2권 「대념처

통 · 절망도 괴로움이다. 싫어하는 [대상]들과 만나는 것도 괴로움이다. 좋아하는 [대상]들과 헤어지는 것도 괴로움이다. 원하는 것을 얻지 못하는 것도 괴로움이다. 요컨대[154] 취착의 [대상인] 다섯 가지 무더기[五取蘊]가 괴로움이다.(S56:11)

191. 여기서 무엇이 '태어남(jāti)'인가? 이런저런 중생들의 무리 가운데 이런저런 중생들의 태어남, 출생, 입태, 탄생, 오온의 나타남, 감각장소[處]를 획득함[155] — 이를 일러 태어남이라 한다.

192. 여기서 무엇이 '늙음(jarā)'인가? 이런저런 중생들의 무리 가운데 이런저런 중생들의 쇠퇴[老, 늙음],[156] 노쇠함, 부서진 [이빨], 희어진 [머리털], 주름진 피부, 수명의 줄어듦, 기능[根]의 무르익음(Dhs §643) — 이를 일러 늙음이라 한다.

경」(D22) §18과 『맛지마 니까야』 제1권 「바른 견해 경」(M9) §15에서 Ee에는 "병도 괴로움이다(vyādhi pi dukkhā)."가 나타나지만 Be에는 나타나지 않는다.

154) "'요컨대(saṁkhittena)'라는 것은 가르침(desanā)을 두고 말씀하신 것이다. 괴로움은 '이만큼이 괴로움이다.'라거나 '이만큼이 1,000의 괴로움이다.'라거나 '이만큼이 십만의 괴로움이다.'라고 요약할 수가 없지만 가르침을 [요약하는 것은] 가능하다. 그래서 '괴로움이란 것은 다른 것이 아니라(aññaṁ kiñci natthi) 요컨대 취착의 [대상인] 다섯 가지 무더기가 괴로움이다.'라고 가르침을 요약하시어(saṅkhipento) 이렇게 말씀하셨다."(VbhA.109)

155) '태어남, 출생, 입태, 탄생, 오온의 나타남, 감각장소[處]를 획득함'은 jāti sañjāti okkanti abhinibbatti khandhānaṁ pātubhāvo āyatanānaṁ paṭilābho를 옮긴 것이다. '생김'으로 옮기는 nibbatti는 여기는 나타나지 않지만 S12:2에는 나타나고 있다.

156) 여기서 '쇠퇴'로 옮긴 용어는 일반적으로 늙음으로 옮기는 jarā이다. 그런데 이 정형구에 대한 『담마상가니 주석서』 등은 "쇠퇴[老, 늙음, jarā]라는 용어는 고유성질(sabhāva)을 통해서 드러내는 것이기 때문에 이것은 고유성질에 대한 해설이다."(DhsA.328)라고 설명하고 있어서 늙음이라는 개념적인 용어 대신에 쇠퇴로 옮겼다.

193. 여기서 무엇이 '죽음(maraṇa)'인가? 이런저런 중생들의 무리 가운데 이런저런 중생들의 임종, 사거, 부서짐, 사라짐, 사망, 죽음, 서거, 오온의 부서짐, 시체를 안치함, 생명기능[命根]의 끊어짐 — 이를 일러 죽음이라 한다.(S12:2)

194. 여기서 무엇이 '슬픔(soka)'인가? 친척 때문에 불행에 맞닿고 재산 때문에 불행에 맞닿고 병 때문에 불행에 맞닿고 [나쁜] 계행 때문에 불행에 맞닿고 [그릇된] 견해 때문에 [100] 불행에 맞닿고157) 이런저런 불행을 만나고 이런저런 괴로운 법158)에 맞닿은 사람의 슬픔, 슬퍼함, 슬픈 상태, 내면의 슬픔, 내면의 모진 슬픔, 마음을 태움,159) 정신적 고통, 슬픔의 화살 — 이를 일러 슬픔이라 한다.160)

195. 여기서 무엇이 '비탄(parideva)'인가? 친척 때문에 불행에 맞

---

157) 본서의 여기 슬픔(soka, §237), 비탄(parideva §238), 절망(upāyāsa, §241)의 정형구에 나타나는 "친척 때문에 불행에 맞닿고 재산 때문에 불행에 맞닿고 병 때문에 불행에 맞닿고 [나쁜] 계행 때문에 불행에 맞닿고 [그릇된] 견해 때문에 불행에 맞닿고(ñātibyasanena vā phuṭṭhassa, bhoga-byasanena vā phuṭṭhassa rogabyasanena vā phuṭṭhassa, sīla-byasanena vā phuṭṭhassa, diṭṭhibyasanena vā phuṭṭhassa)"는 D22 §18 등과 M141 §14 등의 해당 부분에는 나타나지 않는다. 『닛데사』에는 나타나고 있다.(Nd1.128 등)

158) "여기서 '괴로운 법(dukkhadhamma)'이란 살해하고 포박하는 등의 괴로운 이유(dukkhakāraṇa = 괴로움의 조건(dukkhuppattiyā paccaya-samodhānaṁ — SAṬ.i.171))를 [말한다.]"(DA.iii.799)

159) "'마음을 태움(cetaso parijjhāyanā)'이란 마음의 타는 상태(jhāyanākāra)이다. 슬픔이 생기면 불처럼 마음을 태우고 타게 만들어서(jhāpeti paridahati) '내 속이 탄다. 내게 아무것도 떠오르지 않는다.'고 내뱉게 한다(vadāpeti)."(VbhA.103)

160) '마음을 태움, 정신적 고통, 슬픔의 화살(cetaso parijjhāyanā domanassaṁ sokasallaṁ)'은 D22 §18; M141 §14 등의 경에는 나타나지 않는다. 여기 『위방가』에만 나타나고 있다.

닿고 재산 때문에 불행에 맞닿고 병 때문에 불행에 맞닿고 [나쁜] 계행 때문에 불행에 맞닿고 [그릇된] 견해 때문에 불행에 맞닿고 이런저런 불행을 만나고 이런저런 괴로운 법에 맞닿은 사람의 한탄, 비탄, 한탄함, 비탄함, 한탄스러움, 비탄스러움, [슬픔에 찬] 말, 절규, 울부짖음, 통곡, 통곡함, 통곡하는 상태 — 이를 일러 비탄이라 한다.(D22 §18)

196. 여기서 무엇이 '육체적 고통(dukkha)'인가? 육체적인 불만족감, 육체적인 괴로움, 몸의 감각접촉에서 생긴 만족하지 못하고 괴롭게 느껴지는 것, 몸의 감각접촉에서 생긴 만족하지 못하고 괴로운 느낌(Dhs §559 등) — 이를 일러 육체적 고통이라 한다.

197. 여기서 무엇이 '정신적 고통(domanassa)'인가? 정신적인 불만족감, 정신적인 괴로움, 정신의 감각접촉에서 생긴 만족하지 못하고 괴롭게 느껴지는 것, 정신의 감각접촉에서 생긴 만족하지 못하고 괴로운 느낌(Dhs §415 등) — 이를 일러 정신적 고통이라 한다.

198. 여기서 무엇이 '절망(upāyāsa)'인가? 친척 때문에 불행에 맞닿고 재산 때문에 불행에 맞닿고 병 때문에 불행에 맞닿고 [나쁜] 계행 때문에 불행에 맞닿고 [그릇된] 견해 때문에 이런저런 불행을 만나고 이런저런 괴로운 법에 맞닿은 사람의 실망, 절망, 실망함, 절망함 — 이를 일러 절망이라 한다.(D22 §18)

199. 여기서 무엇이 '싫어하는 [대상]들과 만나는 괴로움(appiyehi sampayoga dukkha)'인가? 여기 원하지 않고 사랑스럽지 않고 마음에 들지 않는 형색, 소리, 냄새, 맛, 감촉들이 있고, 이로움을 바라지 않고 복리를 바라지 않고 편안함을 바라지 않고 안은을 바라지 않는 자들이 있는데, 이런 [대상]들과 조우하고 함께하고 합류하고 섞이는 것 — 이를 일러 싫어하는 [대상]들과 만나는 괴로움이라 한다.161)

200. 여기서 무엇이 '좋아하는 [대상]들과 헤어지는 괴로움(piyehi vippayoga dukkha)'인가? 여기 원하고 사랑스럽고 마음에 드는 형색, 소리, 냄새, 맛, 감촉들이 있고, 이로움을 바라고 복리를 바라고 편안함을 바라고 안은을 바라는 어머니나 아버지나 형제나 자매나 친구나 동료나 친척이나 혈족이 있는데, 이런 [대상]들과 조우하지 못하고 함께하지 못하고 합류하지 못하고 협력하지 못하는 것 — 이를 일러 좋아하는 [대상]들과 헤어지는 괴로움이라 한다.

201. 여기서 [101] 무엇이 '원하는 것을 얻지 못하는 괴로움(yampicchaṁ na labhati tampi dukkhaṁ)'인가? 태어나기 마련인 중생들에게 이런 바람이 일어난다. '오, 참으로 우리에게 태어나는 법이 있지 않기를! 참으로 그 태어남이 우리에게 오지 않기를!'이라고. 그러나 이것은 원한다 해서 얻어지지 않는다. 이것 역시 원하는 것을 얻지 못하는 괴로움이다.

늙기 마련인 중생들에게 … 병들기 마련인 중생들에게 … 죽기 마련인 중생들에게 … 슬픔・비탄・육체적 고통・정신적 고통・절망을 하기 마련인 중생들에게 이런 바람이 일어난다. '오, 참으로 우리에게 슬픔・비탄・육체적 고통・정신적 고통・절망이라는 법이 있지 않기를! 참으로 그 슬픔・비탄・육체적 고통・정신적 고통・절망이 우리에게 오지 않기를!'이라고. 그러나 이것은 원한다 해서 얻어지지 않는다. 이것 역시 원하는 것을 얻지 못하는 괴로움이다.(D22 §18)

---

161) PTS본에 의하면 §199의 이 '싫어하는 [대상]들과 만나는 괴로움(appiyehi sampayoga dukkha)'의 정형구와 §200의 '좋아하는 [대상]들과 헤어지는 괴로움(piyehi vippayoga dukkha)'의 정형구는 삼장 가운데 본서의 여기에만 나타나고 있다. VRI본에 의하면 D22, M10에는 이 두 정형구가 나타나지만 PTS본에는 나타나지 않는다. 그래서 PTS본을 저본으로 옮긴 초기불전연구원의 한글 4부 니까야에는 옮기지 않았다.

202. 여기서 무엇이 '요컨대 취착의 [대상인] 다섯 가지 무더기[五取蘊]가 괴로움이다(saṁkhittena pañcupādānakkhandhā dukkhā).'인가? 그것은 바로 취착의 [대상인] 물질의 무더기[色取蘊], 취착의 [대상인] 느낌의 무더기[受取蘊], 취착의 [대상인] 인식의 무더기[想取蘊], 취착의 [대상인] 심리현상들의 무더기[行取蘊], 취착의 [대상인] 알음알이의 무더기[識取蘊]이다. — 이를 일러 요컨대 취착의 [대상인] 다섯 가지 무더기가 괴로움이다라 한다.(D22 §18)

— 이를 일러 괴로움의 성스러운 진리라 한다.

(2) 일어남의 진리[集諦]

203. 여기서 무엇이 '괴로움의 일어남의 성스러운 진리[苦集聖諦, dukkhasamudaya ariyasacca]'인가? 그것은 갈애이니, 다시 태어남을 가져오고 환희와 탐욕이 함께하며 여기저기서 즐기는 것이다. 즉 감각적 쾌락에 대한 갈애[慾愛], 존재에 대한 갈애[有愛], 존재하지 않음에 대한 갈애[無有愛]가 그것이다.

이런 갈애는 어디서 일어나서 어디서 자리 잡는가? 세상에서 사랑스럽고 기분 좋은 것이 있으면 거기서 이 갈애는 일어나서 거기서 자리 잡는다.

그러면 무엇이 '세상에서 사랑스럽고 기분 좋은 것(loke piyarūpaṁ sātarūpaṁ)'인가? 눈은 세상에서 사랑스럽고 기분 좋은 것이다. 여기서 이 갈애는 일어나서 여기서 자리 잡는다. 귀는 … 코는 … 혀는 … 몸은 … 마노는 세상에서 사랑스럽고 기분 좋은 것이다. 여기서 이 갈애는 일어나서 여기서 자리 잡는다.

형색은 세상에서 사랑스럽고 기분 좋은 것이다. 여기서 이 갈애는 일어나서 여기서 자리 잡는다. 소리는 … 냄새는 … 맛은 … 감촉은

… [마노의 대상인] 법(法)은 세상에서 [102] 사랑스럽고 기분 좋은 것이다. 여기서 이 갈애는 일어나서 여기서 자리 잡는다.

눈의 알음알이는 세상에서 사랑스럽고 기분 좋은 것이다. 여기서 이 갈애는 일어나서 여기서 자리 잡는다. 귀의 알음알이는 … 코의 알음알이는 … 혀의 알음알이는 … 몸의 알음알이는 … 마노의 알음알이는 세상에서 사랑스럽고 기분 좋은 것이다. 여기서 이 갈애는 일어나서 여기서 자리 잡는다.

눈의 감각접촉[觸]은 세상에서 사랑스럽고 기분 좋은 것이다. 여기서 이 갈애는 일어나서 여기서 자리 잡는다. 귀의 감각접촉은 … 코의 감각접촉은 … 혀의 감각접촉은 … 몸의 감각접촉은 … 마노의 감각접촉은 세상에서 사랑스럽고 기분 좋은 것이다. 여기서 이 갈애는 일어나서 여기서 자리 잡는다.

눈의 감각접촉에서 생긴 느낌은 세상에서 사랑스럽고 기분 좋은 것이다. 여기서 이 갈애는 일어나서 여기서 자리 잡는다. 귀의 감각접촉에서 생긴 느낌은 … 코의 감각접촉에서 생긴 느낌은 … 혀의 감각접촉에서 생긴 느낌은 … 몸의 감각접촉에서 생긴 느낌은 … 마노의 감각접촉에서 생긴 느낌은 세상에서 사랑스럽고 기분 좋은 것이다. 여기서 이 갈애는 일어나서 여기서 자리 잡는다.

형색에 대한 인식162)은 세상에서 사랑스럽고 기분 좋은 것이다. 여기서 이 갈애는 일어나서 여기서 자리 잡는다. 소리에 대한 인식은 … 냄새에 대한 인식은 … 맛에 대한 인식은 … 감촉에 대한 인식은 … 법에 대한 인식은 세상에서 사랑스럽고 기분 좋은 것이다. 여기서 이

---

162) '형색에 대한 인식'은 rūpasaññā를 옮긴 것인데 복주서에서 "rūpe saññā (형색에 대한 인식)"(DAṬ.ii.206)로 풀이하고 있어서 이렇게 옮겼다. 『디가 니까야 주석서는 "형색을 대상으로 삼아서 일어난 인식(rūpaṁ ārammaṇaṁ katvā uppannā saññā)이 '형색에 대한 인식'이다. 이러한 방법은 나머지에도 적용된다."(DA.iii.1034)라고 풀이하고 있다.

갈애는 일어나서 여기서 자리 잡는다.

형색에 대한 의도는 세상에서 사랑스럽고 기분 좋은 것이다. 여기서 이 갈애는 일어나서 여기서 자리 잡는다. 소리에 대한 의도는 … 냄새에 대한 의도는 … 맛에 대한 의도는 … 감촉에 대한 의도는 … 법에 대한 의도는 세상에서 사랑스럽고 기분 좋은 것이다. 여기서 이 갈애는 일어나서 여기서 자리 잡는다.

형색에 대한 갈애는 세상에서 사랑스럽고 기분 좋은 것이다. 여기서 이 갈애는 일어나서 여기서 자리 잡는다. 소리에 대한 갈애는 … 냄새에 대한 갈애는 … 맛에 대한 갈애는 … 감촉에 대한 갈애는 … 법에 대한 갈애는 세상에서 사랑스럽고 기분 좋은 것이다. 여기서 이 갈애는 일어나서 여기서 자리 잡는다.

형색에 대한 일으킨 생각[尋]은 세상에서 사랑스럽고 기분 좋은 것이다. 여기서 이 갈애는 일어나서 여기서 자리 잡는다. 소리에 대한 일으킨 생각은 … 냄새에 대한 일으킨 생각은 … 맛에 대한 일으킨 생각은 … 감촉에 대한 일으킨 생각은 … 법에 대한 일으킨 생각은 세상에서 사랑스럽고 기분 좋은 것이다. 여기서 이 갈애는 일어나서 여기서 자리 잡는다.

형색에 대한 지속적 고찰[伺]은 [103] 세상에서 사랑스럽고 기분 좋은 것이다. 여기서 이 갈애는 일어나서 여기서 자리 잡는다. 소리에 대한 지속적 고찰은 세상에서 사랑스럽고 기분 좋은 것이다. 여기서 이 갈애는 일어나서 여기서 자리 잡는다. 냄새에 대한 지속적 고찰은 세상에서 사랑스럽고 기분 좋은 것이다. 여기서 이 갈애는 일어나서 여기서 자리 잡는다. 맛에 대한 지속적 고찰은 세상에서 사랑스럽고 기분 좋은 것이다. 여기서 이 갈애는 일어나서 여기서 자리 잡는다. 감촉에 대한 지속적 고찰은 세상에서 사랑스럽고 기분 좋은 것이다. 여기서 이 갈애는 일어나서 여기서 자리 잡는다. 법에 대한 지속적 고찰은 세

상에서 사랑스럽고 기분 좋은 것이다. 여기서 이 갈애는 일어나서 여기서 자리 잡는다.(D22 §19)

— 이를 일러 괴로움의 일어남의 성스러운 진리라 한다.

(3) 소멸의 진리[滅諦]

204. 여기서 무엇이 '괴로움의 소멸의 성스러운 진리[苦滅聖諦, dukkhanirodha ariyasacca]'인가? 갈애가 남김없이 빛바래어 소멸함, 버림, 놓아버림, 벗어남, 집착 없음이다. — 이를 일러 괴로움의 소멸의 성스러운 진리라 한다.

이런 갈애는 어디서 없어지고 어디서 소멸되는가? 세상에서 사랑스럽고 기분 좋은 것이 있으면 거기서 이 갈애는 없어지고 거기서 소멸된다.

그러면 무엇이 '세상에서 사랑스럽고 기분 좋은 것'인가? 눈은 세상에서 사랑스럽고 기분 좋은 것이다. 여기서 이 갈애는 없어지고 여기서 소멸된다. 귀는 … 코는 … 혀는 … 몸은 … 마음은 세상에서 사랑스럽고 기분 좋은 것이다. 여기서 이 갈애는 없어지고 여기서 소멸된다.

형색은 세상에서 사랑스럽고 기분 좋은 것이다. 여기서 이 갈애는 없어지고 여기서 소멸된다. 소리는 … 냄새는 … 맛은 … 감촉은 … [마노의 대상인] 법(法)은 세상에서 사랑스럽고 기분 좋은 것이다. 여기서 이 갈애는 없어지고 여기서 소멸된다.

눈의 알음알이는 세상에서 사랑스럽고 기분 좋은 것이다. 여기서 이 갈애는 없어지고 여기서 소멸된다. 귀의 알음알이는 … 코의 알음알이는 … 혀의 알음알이는 … 몸의 알음알이는 … 마노의 알음알이는 세상에서 사랑스럽고 기분 좋은 것이다. 여기서 이 갈애는 없어지고 여기서 소멸된다.

눈의 감각접촉은 세상에서 사랑스럽고 기분 좋은 것이다. 여기서 이 갈애는 없어지고 여기서 소멸된다. 귀의 감각접촉은 … 코의 감각접촉은 … 혀의 감각접촉은 … 몸의 감각접촉은 … 마노의 감각접촉은 세상에서 사랑스럽고 기분 좋은 것이다. 여기서 이 갈애는 없어지고 여기서 소멸된다.

눈의 감각접촉에서 생긴 느낌은 세상에서 사랑스럽고 기분 좋은 것이다. 여기서 이 갈애는 없어지고 여기서 소멸된다. 귀의 감각접촉에서 생긴 느낌은 … 코의 감각접촉에서 생긴 느낌은 … 혀의 감각접촉에서 생긴 느낌은 … 몸의 감각접촉에서 생긴 느낌은 … 마노의 감각접촉에서 생긴 느낌은 세상에서 [104] 사랑스럽고 기분 좋은 것이다. 여기서 이 갈애는 없어지고 여기서 소멸된다.

형색에 대한 인식은 세상에서 사랑스럽고 기분 좋은 것이다. 여기서 이 갈애는 없어지고 여기서 소멸된다. 소리에 대한 인식은 … 냄새에 대한 인식은 … 맛에 대한 인식은 … 감촉에 대한 인식은 … 법에 대한 인식은 세상에서 사랑스럽고 기분 좋은 것이다. 여기서 이 갈애는 없어지고 여기서 소멸된다.

형색에 대한 의도는 세상에서 사랑스럽고 기분 좋은 것이다. 여기서 이 갈애는 없어지고 여기서 소멸된다. 소리에 대한 의도는 … 냄새에 대한 의도는 … 맛에 대한 의도는 … 감촉에 대한 의도는 … 법에 대한 의도는 세상에서 사랑스럽고 기분 좋은 것이다. 여기서 이 갈애는 없어지고 여기서 소멸된다.

형색에 대한 갈애는 세상에서 사랑스럽고 기분 좋은 것이다. 여기서 이 갈애는 없어지고 여기서 소멸된다. 소리에 대한 갈애는 … 냄새에 대한 갈애는 … 맛에 대한 갈애는 … 감촉에 대한 갈애는 … 법에 대한 갈애는 세상에서 사랑스럽고 기분 좋은 것이다. 여기서 이 갈애는 없어지고 여기서 소멸된다.

형색에 대한 일으킨 생각은 세상에서 사랑스럽고 기분 좋은 것이다. 여기서 이 갈애는 없어지고 여기서 소멸된다. 소리에 대한 일으킨 생각은 … 냄새에 대한 일으킨 생각은 … 맛에 대한 일으킨 생각은 … 감촉에 대한 일으킨 생각은 … 법에 대한 일으킨 생각은 세상에서 사랑스럽고 기분 좋은 것이다. 여기서 이 갈애는 없어지고 여기서 소멸된다.

형색에 대한 지속적 고찰은 세상에서 사랑스럽고 기분 좋은 것이다. 여기서 이 갈애는 없어지고 여기서 소멸된다. 소리에 대한 지속적 고찰은 … 냄새에 대한 지속적 고찰은 … 맛에 대한 지속적 고찰은 … 감촉에 대한 지속적 고찰은 … 법에 대한 지속적 고찰은 세상에서 사랑스럽고 기분 좋은 것이다. 여기서 이 갈애는 없어지고 여기서 소멸된다.(D22 §20)

— 이를 일러 괴로움의 소멸의 성스러운 진리라 한다.

(4) 도의 진리[道諦]

205. 여기서 무엇이 '괴로움의 소멸로 인도하는 도닦음의 성스러운 진리[苦滅道聖諦, dukkhanirodhagāminī paṭipadā ariyasacca]'인가? 그것은 여덟 가지 구성요소를 가진 성스러운 도[八支聖道]이니, 그것은 바로 바른 견해[正見], 바른 사유[正思惟], 바른 말[正語], 바른 행위[正業], 바른 생계[正命], 바른 정진[正精進], 바른 마음챙김[正念], 바른 삼매[正定]이다.

여기서 무엇이 '바른 견해[正見, sammādiṭṭhi]'인가?

괴로움에 대한 지혜, 괴로움의 일어남에 대한 지혜, 괴로움의 소멸에 대한 지혜, 괴로움의 소멸로 인도하는 도닦음에 대한 지혜 — 이를 일러 바른 견해라 한다.

여기서 무엇이 '바른 사유[正思惟, sammāsaṅkappa]'인가?

출리(出離)에 대한 사유, 악의 없음에 대한 사유, 해코지 않음[不害]에 대한 사유 — 이를 일러 바른 사유라 한다.

여기서 [105] 무엇이 '바른 말[正語, sammāvācā]'인가?

거짓말을 금하고 중상모략을 금하고 욕설을 금하고 잡담을 금하는 것 — 이를 일러 바른 말이라 한다.

여기서 무엇이 '바른 행위[正業, sammākammanta]'인가?

살생을 금하고 도둑질을 금하고 그릇된 음행을 금하는 것 — 이를 일러 바른 행위라 한다.

여기서 무엇이 '바른 생계[正命, sammā-ājīva]'인가?

여기 성스러운 제자는 그릇된 생계를 버리고 바른 생계로 생계를 유지한다. — 이를 일러 바른 생계라 한다.

여기서 무엇이 '바른 정진[正精進, sammāvāyāma]'인가?

여기 비구는 아직 일어나지 않은 악하고 해로운 법들[不善法]을 일어나지 못하게 하기 위해서 열의를 일으키고 애를 쓰고 정진을 하고 마음을 다잡고 노력한다.163) 이미 일어난 악하고 해로운 법들을 제거하기 위해서 열의를 일으키고 애를 쓰고 정진을 하고 마음을 다잡고 노력한다. 아직 일어나지 않은 유익한 법들[善法]을 일어나게 하기 위해서 열의를 일으키고 애를 쓰고 정진을 하고 마음을 다잡고 노력한다. 이미 일어난 유익한 법들을 지속시키고 사라지지 않게 하고 증장시키고 충만하게 하고 닦아서 성취하기 위해서 열의를 일으키고 애를 쓰고 정진을 하고 마음을 다잡고 노력한다. — 이를 일러 바른 정진이라 한다.

---

163) 여기서 "열의를 일으키고 애를 쓰고 정진을 하고 마음을 다잡고 노력한다."는 chandaṁ janeti, vāyamati, vīriyaṁ ārabhati, cittaṁ paggaṇhāti, padahati를 옮긴 것이다. 여기에 대해서는 본서 §390의 해당 주해를 참조하기 바란다.

여기서 무엇이 '바른 마음챙김[正念, sammāsati]'인가?

여기 비구는 몸에서 몸을 관찰하며[身隨觀] 머문다. 세상에 대한 욕심164)과 싫어하는 마음을 버리면서 근면하게, 분명하게 알아차리고 마음챙기면서 머문다. 느낌들에서 … 마음에서 … 법들에서 법을 관찰하며[法隨觀] 머문다. 세상에 대한 욕심과 싫어하는 마음을 버리면서 근면하게, 분명하게 알아차리고 마음챙기면서 머문다. — 이를 일러 바른 마음챙김이라 한다.

여기서 무엇이 '바른 삼매[正定, sammāsamādhi]'인가?

여기 비구는 감각적 쾌락들을 완전히 떨쳐버리고 해로운 법들[不善法]을 떨쳐버린 뒤, 일으킨 생각[尋]과 지속적 고찰[伺]이 있고, 떨쳐버렸음에서 생긴 희열[喜]과 행복[樂]이 있는 초선(初禪)을 구족하여 머문다.

일으킨 생각과 지속적 고찰을 가라앉혔기 때문에 [더 이상 존재하지 않으며], 자기 내면의 것이고, 확신이 있으며, 마음의 단일한 상태이고, 일으킨 생각과 지속적 고찰은 없고, 삼매에서 생긴 희열과 행복이 있는 제2선을 구족하여 머문다.

희열이 빛바랬기 때문에 평온하게 머물고, 마음챙기고 알아차리며 몸으로 행복을 경험한다. 이 [禪 때문에] '평온하고 마음챙기며 행복하게 머문다.'고 성자들이 묘사하는 제3선을 구족하여 머문다.

행복도 버리고 괴로움도 버리고, 아울러 그 이전에 이미 기쁨과 불만족이 소멸되었으므로 괴롭지도 즐겁지도 않으며, 평온으로 인해 마음챙김이 청정한[捨念淸淨] 제4선을 구족하여 머문다. — 이를 일러 바른 삼매라 한다.(S45:8)

---

164) 여기서 '욕심'은 abhijjhā를 옮긴 것이다. 초기불전연구원에서는 abhijjhā가 단독으로 나타날 때는 주로 '간탐'으로 옮겼고(Dhs §35; 길라잡이 제2장 §2 등) 여기서처럼 '싫어하는 마음'(domanassa)과 함께 나타날 때는 욕심으로 옮기고 있다.(D2 §64; M7 §3; S35:120 §5 등) 본서에서는 단독으로 나타날 때도 모두 '욕심'으로 통일해서 옮겼다.

이를 [106] 일러 괴로움의 소멸로 인도하는 도닦음의 성스러운 진리라 한다.165)

경에 따른 분석 방법이 [끝났다.]

II. 아비담마에 따른 분석 방법

Abhidhamma-bhājanīya

(1) 여덟 가지 구성요소를 가진 부문166)

206. 네 가지 진리[四諦]167)가 있으니, ① 괴로움[苦] ② 괴로움의

---

165) 본 문단에 나타나는 여덟 가지 구성요소를 가진 성스러운 도[八支聖道] 즉 팔정도의 정형구와 각각의 구성요소에 대한 정의는 본서 제8장 도의 구성요소[道支] 위방가 §§486~487과 똑같으며 이 정형구는 『디가 니까야』 제2권 「대념처경」(D22/ii.311~313) §21과 『맛지마 니까야』 제4권 「진리의 분석 경」(M141) §§23~31과 『상윳따 니까야』 제5권 「분석 경」(S45:8)에도 나타나고 있다.

166) 여기에 채택한 (1) 여덟 가지 구성요소를 가진 부문(aṭṭhaṅgika-vāra, §206)과 (2) 다섯 가지 구성요소를 가진 부문(pañcaṅgika-vāra, §211)과 (3) 모든 것을 포함하는 부문(sabbasaṅgāhika-vāra, §213)이라는 세 가지 표제어는 아래 §214의 주해에서 인용하고 있는 『위방가 주석서』를 참조한 것이다.

167) "여기서 '성스러운 진리[聖諦, ariyasaccāni]'라고 말씀하시지 않고 '네 가지 진리[四諦, cattāri saccāni]'라고 말씀하신 것은 전체적으로(남김없이, 포괄적으로, nippadesa) 조건이라 불리는(paccayasaṅkhāta) 일어남[集, samudaya]을 보여주시기 위한 것이다. 성스러운 진리라고 말씀하시면 '[갈애를 제외한] 나머지 오염원들(avasesā kilesā)'과 '나머지 불선법들(avasesā akusalā dhammā)'과 '번뇌의 대상이 되는 세 가지 유익함의 뿌리(tīṇi kusalamūlāni sāsavāni)'와 '번뇌의 대상인 나머지 유익한 법들(avasesā sāsavā kusalā dhammā)'이 포함되지 않기 때문이다. 갈애만(taṇhāva)이 전적으로 괴로움을 발생하게 하는 것(samudāneti)이 아니라

일어남[苦集] ③ 괴로움의 소멸[苦滅] ④ 괴로움의 소멸로 인도하는 도닦음[苦滅道]이다.

ⓐ 여기서 무엇이 '괴로움의 일어남[苦集, dukkhasamudaya]'인가?[168] 갈애 — 이를 일러 괴로움의 일어남이라 한다.

여기서 무엇이 '괴로움[苦, dukkha]'인가? [갈애를 제외한] 나머지 오염원들, 나머지 해로운 법들,[169] 번뇌의 대상인[170] 세 가지 유익함의 뿌리, 번뇌의 대상인 나머지 유익한 법들, 번뇌의 대상인 유익한 [법들]이나 해로운 법들의 과보로 나타난 것들,[171] 유익한 것도 아니고 해로

이 남아있는 오염원들 등도 역시 조건이 되어 [괴로움을] 발생하게 한다. 이와 같이 이 조건들도 역시 괴로움을 발생하게 한다고 전체적으로 조건이라 불리는 일어남[集]을 보여주시기 위해서 '성스러운 진리'라고 말씀하시지 않고 '네 가지 진리'라고 말씀하신 것이다."(VbhA.122)

168) "해설의 부문(niddesa-vāra)에서 괴로움을 첫 번째로 해설하지 않고 괴로움의 원인을 해설하신 것은 괴로움을 쉽게 해설하기 위한 것(dukkhassa sukha-niddesattha)이다. 이것이 해설되면 '나머지 오염원들(avasesā kilesā)'이라는 등의 방법으로 괴로움의 진리는 쉽게 해설되기 때문이다." (VbhA.123)

169) '나머지 오염원과 나머지 해로운 법들'은 avasesā ca kilesā, avasesā ca akusalā dhammā를 옮긴 것이다. 이것은 '남아있는 오염원과 남아있는 해로운 법들'로도 옮길 수 있지만 여기서는 제거하고 남아있는 오염원이나 해로운 법들을 뜻하는 것이 아니라 갈애를 제외한 나머지 법들을 뜻한다. 그래서 이렇게 옮겼다.(Dhs §1019, §1025 등도 참조할 것) M14 §2와 Vis.XXII.19 등에서 이 단어의 과거분사인 avasiṭṭha는 '남아있는'으로 옮겼다.

170) '번뇌의 대상인'은 번뇌와 함께하는으로 직역할 수 있는 sāsava를 옮긴 것이다. 주석서는 "자신의 대상이 되어서 전개되는 번뇌와 함께하는 것이 '번뇌의 대상인 법들(sāsavā)'이다(attānaṁ ārammaṇaṁ katvā pavattehi saha āsavehīti sāsavā.)."(DhsA.48)라고 설명하고 있어서 이렇게 옮겼다.

171) "'유익한 [법들]이나 해로운 법들의 과보로 나타난 것들(kusalākusalānaṁ dhammānaṁ vipākā)'이라고 하셨다. 이와 같이 하여 과보로 나타난 결정할 수 없는 것(vipākābyākata)을 ① 유익한 과보로 나타난 것(kusala-vipāka)과 ② 해로운 과보로 나타난 것(akusala-vipāka)을 통해서 이 두

운 것도 아니며 업의 과보로 나타난 것도 아닌 작용만 하는 법들, 모든 물질 — 이를 일러 괴로움이라 한다.172)

여기서 무엇이 '괴로움의 소멸[苦滅, dukkhanirodha]'인가? 갈애를 버림 — 이를 일러 괴로움의 소멸이라 한다.

여기서 무엇이 '괴로움의 소멸로 인도하는 도닦음[苦滅道, dukkha-nirodhagāminī paṭipadā]'인가? 여기 비구는 사견에 빠짐을 버리고173) 첫 번째 경지[初地, 예류과]를 얻기 위하여, 출리로 인도하고 [윤회를] 감소시키는 출세간禪을 닦아서, 감각적 쾌락들을 완전히 떨쳐버리고 … (§205) … ① 도닦음도 어렵고 초월지도 느린 초선을 구족하여 머물 때,(Dhs §277 등) 그때에 여덟 가지 구성요소를 가진 도가 있으니 바른 견해[正見] … 바른 삼매[正定]이다.174)

용어를 취하여 보여주신 것이다."(DhsA.296)

172) '괴로움의 일어남(dukkhasamudaya)'과 '괴로움(dukkha)'에 대한 이러한 정의는 삼장 전체에서 본서의 §206 이하의 이 문맥에서만 나타나는 것으로 조사된다. 본서의 이 §206에 포함되어 있는 이 괴로움의 원인과 괴로움의 정의에 포함된 8가지 가운데 '갈애'와 '나머지 오염원들'과 '나머지 해로운 법들'과 '번뇌의 대상인 세 가지 유익함의 뿌리'와 '번뇌의 대상인 나머지 유익한 법들'이라는 이 다섯 가지는 여기 §206부터 §210까지에서 하나씩 괴로움의 원인에 포함되어 괴로움의 원인의 구성요소는 하나씩 증가하고 괴로움의 구성요소는 하나씩 줄어드는 특이하면서도 음미해볼 필요가 있는 구조로 되어 있다. 여기서 번뇌의 대상인 유익한 [법들]이나 해로운 법들의 과보로 나타난 것들, 유익한 것도 아니고 해로운 것도 아니며 업의 과보로 나타난 것도 아닌 작용만 하는 법들, 모든 물질 — 이 세 가지는 각각 과보로 나타난 것이고 작용만 하는 것이고 물질이기 때문에 괴로움의 원인은 될 수가 없다.

173) "'사견에 빠짐을 버리고(diṭṭhi-gatānaṁ pahānāya)'라고 했다. 여기서 사견들(diṭṭhiyo)이 바로 '사견에 빠짐(diṭṭhi-gatāni)'이다."(DhsA.214) 여기에 대한 주석서의 자세한 설명은 Dhs §277의 해당 주해를 참조할 것. 한편 diṭṭhigata는 『아비담마 길라잡이』에서는 '사견'으로 통일하였고 『담마상가니』에서는 주로 '사견에 빠진 것'이나 '사견에 빠짐'으로 옮겼는데 본서에서는 '사견에 빠짐'으로 통일하였다.

174) 이 아비담마에 따른 분석 방법에서 언급되는 '괴로움의 소멸로 인도하는 도닦음의 진리'에 대한 주석은 본서 제11장 도의 구성요소 위방가의 아비담마

여기서 무엇이 '바른 견해'인가? 통찰지, 통찰함 … (§525 = Dhs §297) … 어리석음 없음, 법의 간택, 바른 견해, 법을 간택하는 깨달음의 구성요소, 도의 구성요소, 도에 포함됨 — 이를 일러 바른 견해라 한다.

여기서 무엇이 '바른 사유'인가? 그때에 있는 생각, 일으킨 생각 … (§182 = Dhs §298) … 바른 사유, 도의 구성요소, 도에 포함됨 — 이를 일러 바른 사유라 한다.

여기서 무엇이 '바른 말'인가? 네 가지 말로 짓는 나쁜 행위를 억제함,[175] 절제함, 제어함, 금함, 행하지 않음,[176] 짓지 않음, 넘지 않음, 한계를 넘지 않음,[177] 다리를 없앰,[178] 바른 말, 도의 구성요소, 도에 포함

에 따른 분석 방법에 대한 주석을 참조하라고 주석서는 밝히고 있는데(VbhA.123) 그 부분의 주해들을 참조하기 바란다.

175) "억제함을 통해서 지낸다고 해서 '억제함(ārati)'이다. [이러한 네 가지 말로 짓는 나쁜 행위들이] 없이 지낸다고 해서 '절제함(virati)'이다. 여기저기에서 잘 막아서 [이러한 네 가지가] 없이 지내는 것이 '제어함(paṭivirati)'이다. 혹은 접두어로 문자를 늘여서 말한 것이다. 이 세 단어 모두는 금지하는 상태(oramaṇa-bhāva)에 대한 동의어이다. 한계를 잰다(veraṁ maṇati), 없게 한다(vināseti)고 해서 '금함(veramaṇī)'이다. 이것도 금지하는 상태의 동의어이다."(DhsA.218)

176) "그런데 의도적(cetanā)으로 거짓말 등을 하는 것은 짓는 것이 된다. 이 [바른 말은] 출세간도의 절제이기 때문에 이것이 생겨서 그런 행위를 하는 것을 허락하지 않는다. 그래서 행위의 길(kiriyā-patha)을 끊어버린다고 해서 '행하지 않음(akiriyā)'이다. 이처럼 그런 행을 하는 것을 허락하지 않아서 행하는 길(karaṇa-patha)을 끊어버린다고 해서 '짓지 않음(akaraṇa)'이다. 의도적으로 네 가지 말로 짓는 나쁜 행위들을 하면서 그것을 넘게 된다. 그러나 이 [출세간도의 절제가] 생긴 뒤 넘어버리는 것을 허락하지 않는다고 해서 '넘지 않음(anajjhāpatti)'이다."(DhsA.219)

177) "'한계를 넘지 않음(velā-anatikkama)'이라고 하였다. … 여기서 한계란 경계(sīmā)를 뜻한다. 넘지 않음이란 뜻에서 네 가지 말로 짓는 좋은 행위(vacī-sucaritāni)를 한계라고 지칭하는 것이다. 이처럼 의도적으로 네 가지 말로 짓는 나쁜 행위를 말하면서 한계를 넘지 않게 된다. 이 [출세간도의 절제가] 생긴 뒤 그 한계를 넘음을 허락하지 않는다는 뜻이다. 혹은 부순다(velāyati)고 해서 한계(velā)이다. 흔들어버린다(calayati), 감소시킨다(viddhaṁseti)는 뜻이다. 무엇을 부수는가? 네 가지 말로 짓는 나쁜 행위이

됨(Dhs §299) — 이를 일러 바른 말이라 한다.

여기서 무엇이 '바른 행위'인가? 세 가지 몸으로 짓는 나쁜 행위를 억제함, 절제함, 제어함, 금함, 행하지 않음, 짓지 않음, 넘지 않음, 한계를 넘지 않음, 다리를 없앰, 바른 행위, [107] 도의 구성요소, 도에 포함됨(Dhs §300) — 이를 일러 바른 행위라 한다.

여기서 무엇이 '바른 생계'인가? 그릇된 생계를 억제함, 절제함, 제어함, 금함, 행하지 않음, 짓지 않음, 넘지 않음, 한계를 넘지 않음, 다리를 없앰, 바른 생계, 도의 구성요소, 도에 포함됨(Dhs §301) — 이를 일러 바른 생계라 한다.

여기서 무엇이 '바른 정진'인가? 정신적인 정진을 시작함 … (§220 = Dhs §302) … 바른 정진, 정진의 깨달음의 구성요소, 도의 구성요소, 도에 포함됨 — 이를 일러 바른 정진이라 한다.

여기서 무엇이 '바른 마음챙김'인가? 마음챙김, 계속해서 마음챙김[隨念] … (§220 = Dhs §303) … 바른 마음챙김[正念], 마음챙김의 깨달음의 구성요소, 도의 구성요소, 도에 포함됨 — 이를 일러 바른 마음챙김이라 한다.

여기서 무엇이 '바른 삼매'인가? 마음의 머묾, 잘 머묾 … (§220 = Dhs §304) … 바른 삼매, 삼매의 깨달음의 구성요소, 도의 구성요소, 도에 포

다. 이처럼 부순다고 해서 한계이다. 인간의 이익과 행복을 넘어서지 않고서 존재한다고 해서 넘지 않음이다. 이와 같은 두 개의 단어를 통해서 그 뜻을 알아야 한다."(DhsA.219)

178) "다리를 없앤다고 해서 '다리를 없앰(setu-ghāta)'이다. 네 가지 말로 짓는 나쁜 행위의 토대를 없앤다, 조건을 없앤다는 뜻이다. 여기서 다리[橋, setu]란 조건(paccaya)을 두고 한 말이기 때문이다. 이것이 문자적인 뜻이다. — 탐욕 등을 가진 네 가지 말로 짓는 나쁜 행위의 조건은 윤회에서 사람을 묶는다, 얽어맨다고 해서 다리이다. 다리를 없애는 것이 '다리를 없앰'이다. 이것은 말로 짓는 나쁜 행위들의 조건을 뿌리 뽑는 절제와 동의어이다."(DhsA.219)

함됨 — 이를 일러 바른 삼매라 한다.

— 이를 일러 괴로움의 소멸로 인도하는 도닦음이라 한다.

괴로움의 소멸로 인도하는 도닦음과 결합된 나머지 법들도 있다.179)

207. ⓑ 여기서 무엇이 '괴로움의 일어남'인가? 갈애, 나머지 오염원들 — 이를 일러 괴로움의 일어남이라 한다.

여기서 무엇이 '괴로움'인가? 나머지 해로운 법들, 번뇌의 대상인 세 가지 유익함의 뿌리, 번뇌의 대상인 나머지 유익한 법들, 번뇌의 대상인 유익한 [법들]이나 해로운 법들의 과보로 나타난 것들, 유익한 것도 아니고 해로운 것도 아니며 업의 과보로 나타난 것도 아닌 작용만 하는 법들, 모든 물질 — 이를 일러 괴로움이라 한다.

여기서 무엇이 '괴로움의 소멸'인가? 갈애와 나머지 오염원들을 버림 — 이를 일러 괴로움의 소멸이라 한다.

여기서 무엇이 '괴로움의 소멸로 인도하는 도닦음'인가? 여기 비구는 사견에 빠짐을 버리고 첫 번째 경지[初地, 예류과]를 얻기 위하여, 출리로 인도하고 [윤회를] 감소시키는 출세간禪을 닦아서, 감각적 쾌락들을 완

179) '괴로움의 소멸로 인도하는 도닦음과 결합된 나머지 법들도 있다.'는 avasesā dhammā dukkhanirodhagāminiyā paṭipadāya sampayuttā를 옮긴 것이다. 'avasesā dhammā XX sampayuttā'로 정형화된 이런 어법은 빠알리 삼장 가운데 여기 『위방가』에만 130여 군데에서 나타나고 있다. 주석서 문헌들에는 여기에 대한 별다른 설명이 없다.
이러한 어법은 『담마상가니』의 '그밖에들(예와빠나까, yevāpanaka)'과 견주어볼 수 있다. 『담마상가니』에서는 특정한 마음(citta)이 일어나는 순간에 함께 일어나는 여러 마음부수들(cetasikā)을 열거하고 설명하면서 이름을 명시하지 않은 다른 마음부수들도 특정한 마음이 일어날 때 함께 일어난다(aññe pi atthi … dhammā)고 언급하고 있다. 이처럼 이름이 명시되지 않은 마음부수들을 『담마상가니』에서는 '그밖에들(예와빠나까)'이라 부르고 있다.(그밖에들(예와빠나까)에 대해서는 『담마상가니』 제1권 §57의 해당 주해를 참조할 것.) 본서는 이러한 '그밖에들(예와빠나까)'의 방법을 채용하지 않는 대신에 이 'avasesā dhammā XX sampayuttā'로 특정한 무리의 법들과 결합된 나머지 법들이 있음을 밝히고 있는 것으로 여겨진다.

전히 떨쳐버리고 … (§205) … ① 도닦음도 어렵고 초월지도 느린 초선을 구족하여 머물 때, 그때에 여덟 가지 구성요소를 가진 도가 있으니 그것은 바른 견해[正見] … 바른 삼매[正定]이다. — 이를 일러 괴로움의 소멸로 인도하는 도닦음이라 한다. [108]

괴로움의 소멸로 인도하는 도닦음과 결합된 나머지 법들도 있다.

208. ⓒ 여기서 무엇이 '괴로움의 일어남'인가? 갈애, 나머지 오염원들, 나머지 해로운 법들 — 이를 일러 괴로움의 일어남이라 한다.

여기서 무엇이 '괴로움'인가? 번뇌의 대상인 세 가지 유익함의 뿌리, 번뇌의 대상인 나머지 유익한 법들, 번뇌의 대상인 유익한 [법들]이나 해로운 법들의 과보로 나타난 것들, 유익한 것도 아니고 해로운 것도 아니며 업의 과보로 나타난 것도 아닌 작용만 하는 법들, 모든 물질 — 이를 일러 괴로움이라 한다.

여기서 무엇이 '괴로움의 소멸'인가? 갈애와 나머지 오염원들과 나머지 해로운 법들을 제거하거함 — 이를 일러 괴로움의 소멸이라 한다.

여기서 무엇이 '괴로움의 소멸로 인도하는 도닦음'인가? 여기 비구는 사견에 빠짐을 버리고 첫 번째 경지[初地, 예류과]를 얻기 위하여, 출리로 인도하고 [윤회를] 감소시키는 출세간禪을 닦아서, 감각적 쾌락들을 완전히 떨쳐버리고 … (§205) … ① 도닦음도 어렵고 초월지도 느린 초선을 구족하여 머물 때, 그때에 여덟 가지 구성요소를 가진 도가 있으니 그것은 바른 견해[正見] … 바른 삼매[正定]이다. — 이를 일러 괴로움의 소멸로 인도하는 도닦음이라 한다.

괴로움의 소멸로 인도하는 도닦음과 결합된 나머지 법들도 있다.

209. ⓓ 여기서 무엇이 '괴로움의 일어남'인가? 갈애, 나머지 오염원들, 나머지 해로운 법들, 번뇌의 대상인 세 가지 유익함의 뿌리 — 이를 일러 괴로움의 일어남이라 한다.

여기서 무엇이 '괴로움'인가? 번뇌의 대상인 나머지 유익한 법들, 번뇌의 대상인 유익한 [법들]이나 해로운 법들의 과보로 나타난 것들, 유익한 것도 아니고 해로운 것도 아니며 업의 과보로 나타난 것도 아닌 작용만 하는 법들, 모든 물질 — 이를 일러 괴로움이라 한다.

여기서 [109] 무엇이 '괴로움의 소멸'인가? 갈애와 나머지 오염원들과 나머지 해로운 법들과 번뇌의 대상인 세 가지 유익함의 뿌리를 버림 — 이를 일러 괴로움의 소멸이라 한다.

여기서 무엇이 '괴로움의 소멸로 인도하는 도닦음'인가? 여기 비구는 사견에 빠짐을 버리고 첫 번째 경지[初地, 예류과]를 얻기 위하여, 출리로 인도하고 [윤회를] 감소시키는 출세간禪을 닦아서, 감각적 쾌락들을 완전히 떨쳐버리고 … (§205) … ① 도닦음도 어렵고 초월지도 느린 초선을 구족하여 머물 때, 그때에 여덟 가지 구성요소를 가진 도가 있으니 그것은 바른 견해[正見] … 바른 삼매[正定]이다. — 이를 일러 괴로움의 소멸로 인도하는 도닦음이라 한다.

괴로움의 소멸로 인도하는 도닦음과 결합된 나머지 법들도 있다.

210. ⓔ 여기서 무엇이 '괴로움의 일어남'인가? 갈애, 나머지 오염원들, 나머지 해로운 법들, 번뇌의 대상인 세 가지 유익함의 뿌리, 번뇌의 대상인 나머지 유익한 법들 — 이를 일러 괴로움의 일어남이라 한다.

여기서 무엇이 '괴로움'인가? 번뇌의 대상인 유익한 [법들]이나 해로운 법들의 과보로 나타난 것들, 유익한 것도 아니고 해로운 것도 아니며 업의 과보로 나타난 것도 아닌 작용만 하는 법들, 모든 물질 — 이를 일러 괴로움이라 한다.[180)]

180) 여기서 괴로움으로 언급되고 있는 이 세 가지는 각각 과보이고 작용만 하는 것이고 물질이기 때문에 괴로움의 원인은 될 수가 없다. 그래서 하나씩 줄여 나가는 것은 여기서 끝이 난다. 그리고 아래 §211 등에서는 도닦음에서 위의 팔정도 대신에 정어·정업·정명이 빠진 다섯 가지 도를 언급하는 것으로

여기서 무엇이 '괴로움의 소멸'인가? 갈애와 나머지 오염원들과 나머지 해로운 법들과 번뇌의 대상인 세 가지 유익함의 뿌리와 번뇌의 대상인 나머지 유익한 법들을 버림 — 이를 일러 괴로움의 소멸이라 한다.

여기서 무엇이 '괴로움의 소멸로 인도하는 도닦음'인가? 여기 비구는 사견에 빠짐을 버리고 첫 번째 경지[初地, 예류과]를 얻기 위하여, 출리로 인도하고 [윤회를] 감소시키는 출세간禪을 닦아서, 감각적 쾌락들을 완전히 떨쳐버리고 … (§205) … ① 도닦음도 어렵고 초월지도 느린 초선을 구족하여 머물 때, 그때에 여덟 가지 구성요소를 가진 도가 있으니 그것은 바른 견해[正見] … 바른 삼매[正定]이다. — 이를 일러 괴로움의 소멸로 인도하는 도닦음이라 한다.

괴로움의 소멸로 인도하는 도닦음과 결합된 나머지 법들도 있다.

(2) 다섯 가지 구성요소를 가진 부문

211. 네 가지 진리[四諦]가 [110] 있으니, ① 괴로움[苦] ② 괴로움의 일어남[苦集] ③ 괴로움의 소멸[苦滅] ④ 괴로움의 소멸로 인도하는 도닦음[苦滅道]이다.

ⓐ 여기서 무엇이 '괴로움의 일어남'인가? 갈애 — 이를 일러 괴로움의 일어남이라 한다.

여기서 무엇이 '괴로움'인가? [갈애를 제외한] 나머지 오염원들, 나머지 해로운 법들, 번뇌의 대상인 세 가지 유익함의 뿌리, 번뇌의 대상인 나머지 유익한 법들, 번뇌의 대상인 유익한 [법들]이나 해로운 법들의 과보로 나타난 것들, 유익한 것도 아니고 해로운 것도 아니며 업의 과보로 나타난 것도 아닌 작용만 하는 법들, 모든 물질 — 이를 일러 괴로움

다시 §206과 같은 방법으로 전개되고 있다.

이라 한다.

여기서 무엇이 '괴로움의 소멸'인가? 갈애를 버림 — 이를 일러 괴로움의 소멸이라 한다.

여기서 무엇이 '괴로움의 소멸로 인도하는 도닦음'인가? 여기 비구는 사견에 빠짐을 버리고 첫 번째 경지[初地, 예류과]를 얻기 위하여, 출리로 인도하고 [윤회를] 감소시키는 출세간禪을 닦아서, 감각적 쾌락들을 완전히 떨쳐버리고 … (§205) … ① 도닦음도 어렵고 초월지도 느린 초선을 구족하여 머물 때, 그때에 다섯 가지 구성요소를 가진 도[181]가 있으니 그것은 바른 견해[正見], 바른 사유[正思惟], 바른 정진[正精進], 바른 마음챙김[正念], 바른 삼매[正定]이다.

여기서 무엇이 '바른 견해'인가? 통찰지, 통찰함 … (§525) … 어리석음 없음, 법의 간택, 바른 견해, 법을 간택하는 깨달음의 구성요소, 도의 구성요소, 도에 포함됨 — 이를 일러 바른 견해라 한다.

여기서 무엇이 '바른 사유'인가? 그때에 있는 생각, 일으킨 생각 … (§182) … 바른 사유, 도의 구성요소, 도에 포함됨 — 이를 일러 바른 사유라 한다.

여기서 무엇이 '바른 정진'인가? 정신적인 정진을 시작함 … (§220) … 바른 정진, 정진의 깨달음의 구성요소, 도의 구성요소, 도에 포함됨 — 이를 일러 바른 정진이라 한다.

여기서 무엇이 '바른 마음챙김'인가? 마음챙김, 계속해서 마음챙김[隨念] … (§220) … 마음챙김의 깨달음의 구성요소, 도의 구성요소, 도에 포함됨 — 이를 일러 바른 마음챙김이라 한다.

---

181) 주석서는 이 다섯 가지 구성요소를 가진 도도 여덟 가지 구성요소를 가진 도와 다르지 않다고 『맛지마 니까야』 제4권 「위대한 여섯 감각장소 경」(M149)을 인용하면서 강조하고 있다. 여기에 대해서는 본서 제11장 §494의 해당 주해를 참조하기 바란다.

여기서 무엇이 '바른 삼매'인가? 마음의 머묾, 잘 머묾 … (§220) … 바른 삼매, 삼매의 깨달음의 구성요소, 도의 구성요소, 도에 포함됨 — 이를 일러 바른 삼매라 한다.

— 이를 일러 괴로움의 소멸로 인도하는 도닦음이라 한다.

괴로움의 소멸로 인도하는 도닦음과 결합된 나머지 법들도 있다.

212. ⓑ 여기서 [111] 무엇이 '괴로움의 일어남'인가? 갈애, 나머지 오염원들, 나머지 해로운 법들, 번뇌의 대상인 세 가지 유익함의 뿌리, 번뇌의 대상인 나머지 유익한 법들 — 이를 일러 괴로움의 일어남이라 한다.

여기서 무엇이 '괴로움'인가? 번뇌의 대상인 유익한 [법들]이나 해로운 법들의 과보로 나타난 것들, 유익한 것도 아니고 해로운 것도 아니며 업의 과보로 나타난 것도 아닌 작용만 하는 법들, 모든 물질 — 이를 일러 괴로움이라 한다.

여기서 무엇이 '괴로움의 소멸'인가? 갈애와 나머지 오염원들과 나머지 해로운 법들과 번뇌의 대상인 세 가지 유익함의 뿌리와 번뇌의 대상인 나머지 유익한 법들을 버림 — 이를 일러 괴로움의 소멸이라 한다.

여기서 무엇이 '괴로움의 소멸로 인도하는 도닦음'인가? 여기 비구는 사견에 빠짐을 버리고 첫 번째 경지[初地, 예류과]를 얻기 위하여, 출리로 인도하고 [윤회를] 감소시키는 출세간禪을 닦아서, 감각적 쾌락들을 완전히 떨쳐버리고 … (§205) … ① 도닦음도 어렵고 초월지도 느린 초선을 구족하여 머물 때, 그때에 다섯 가지 구성요소를 가진 도가 있으니 그것은 바른 견해[正見], 바른 사유[正思惟], 바른 정진[正精進], 바른 마음챙김[正念], 바른 삼매[正定]이다. — 이를 일러 괴로움의 소멸로 인도하는 도닦음이라 한다.

괴로움의 소멸로 인도하는 도닦음과 결합된 나머지 법들도 있다.

(3) 모든 것을 포함하는 부문(sabbasaṅgāhika-vāra)

213. 네 가지 진리[四諦]가 있으니, ① 괴로움[苦] ② 괴로움의 일어남[苦集] ③ 괴로움의 소멸[苦滅] ④ 괴로움의 소멸로 인도하는 도닦음[苦滅道]이다.

ⓐ 여기서 무엇이 '괴로움의 일어남'인가? 갈애 — 이를 일러 괴로움의 일어남이라 한다.

여기서 무엇이 '괴로움'인가? 나머지 오염원들, 나머지 해로운 법들, 번뇌의 대상인 세 가지 유익함의 뿌리, 번뇌의 대상인 나머지 유익한 법들, 번뇌의 대상인 유익한 [법들]이나 해로운 법들의 과보로 나타난 것들, 유익한 것도 아니고 해로운 것도 아니며 업의 과보로 나타난 것도 아닌 작용만 하는 법들, 모든 물질 — 이를 일러 괴로움이라 한다.

여기서 무엇이 '괴로움의 소멸'인가? 갈애를 버림 — 이를 일러 괴로움의 소멸이라 한다.

여기서 무엇이 '괴로움의 소멸로 인도하는 도닦음'인가? 여기 비구는 사견에 빠짐을 버리고 첫 번째 경지[初地, 예류과]를 얻기 위하여, 출리로 인도하고 [112] [윤회를] 감소시키는 출세간禪을 닦아서, 감각적 쾌락들을 완전히 떨쳐버리고 … (§205) … ① 도닦음도 어렵고 초월지도 느린 초선을 구족하여 머물 때, 그때에 감각접촉이 있고 … (Dhs §277) … 산란하지 않음이 있다. — 이를 일러 괴로움의 소멸로 인도하는 도닦음이라 한다.

214. ⓑ 여기서 무엇이 '괴로움의 일어남'인가? 갈애, 나머지 오염원들, 나머지 해로운 법들, 번뇌의 대상인 세 가지 유익함의 뿌리, 번뇌의 대상인 나머지 유익한 법들 — 이를 일러 괴로움의 일어남이라 한다.

여기서 무엇이 '괴로움'인가? 번뇌의 대상인 유익한 [법들]이나 해로운 법들의 과보로 나타난 것들, 유익한 것도 아니고 해로운 것도 아니며 업의 과보로 나타난 것도 아닌 작용만 하는 법들, 모든 물질 — 이를 일러 괴로움이라 한다.

여기서 무엇이 '괴로움의 소멸'인가? 갈애와 나머지 오염원들과 나머지 해로운 법들과 번뇌의 대상인 세 가지 유익함의 뿌리와 번뇌의 대상인 나머지 유익한 법들을 버림 — 이를 일러 괴로움의 소멸이라 한다.

여기서 무엇이 '괴로움의 소멸로 인도하는 도닦음'인가? 여기 비구는 사견에 빠짐을 버리고 첫 번째 경지[初地, 예류과]를 얻기 위하여, 출리로 인도하고 [윤회를] 감소시키는 출세간禪을 닦아서, 감각적 쾌락들을 완전히 떨쳐버리고 … (§205) … ① 도닦음도 어렵고 초월지도 느린 초선을 구족하여 머물 때, 그때에 감각접촉이 있고 … (Dhs §277) … 산란하지 않음이 있다. — 이를 일러 괴로움의 소멸로 인도하는 도닦음이라 한다.

아비담마에 따른 분석 방법이 [끝났다.][182]

---

182) "여기서 여덟 가지 구성요소를 가진 부문(aṭṭhaṅgika-vāra)의 "갈애와 나머지 오염원들을 버림(taṇhāya avasesānañca kilesānaṁ pahānaṁ)" (§207)이라는 등의 다섯 가지 항목 가운데서 첫 번째 항목에서, 예류도에 있는 禪에 대한 천착(jhānābhinivesa)에는 다시 순수한 도닦음(suddhika-paṭipadā, Dhs §§277~344, §§505~509)과 순수한 공함(suddhika-suññatā, Dhs §§343~344, §§510~513)과 공한 도닦음(suññata-paṭipadā, Dhs §§345~349, §§514~518)과 순수한 원함 없음(suddhika-appaṇihitā, Dhs §§350~351, §§519~522)과 원함 없음의 도닦음(appaṇihita-paṭipadā, Dhs §§352~356, §§523~527)의 다섯 가지 부문(vārā)이 있다. 이들에 대해서 각각 둘씩인 4종선과 5종선의 방법(catukka-pañcakanayā)을 통해서 열 가지 방법이 있다.

이와 같이 나머지 [19가지] 천착(abhinivesā)에서도(『담마상가니』 §357의 vīsati mahānayā 참조) 그러하여 20가지 천착에 의해서 200가지 방법이 된다.

III. [아비담마 마띠까를 통한] 질문의 제기

Pañhāpucchaka

215. 네 가지 성스러운 진리[四聖諦]가 있으니, ① 괴로움의 성스러운 진리[苦聖諦] ② 괴로움의 일어남의 성스러운 진리[苦集聖諦] ③ 괴로움의 소멸의 성스러운 진리[苦滅聖諦] ④ 괴로움의 소멸로 인도하는 도닦음의 성스러운 진리[苦滅道聖諦]이다.

216. 네 가지 성스러운 진리 가운데 몇 가지가 유익한 [법]이고, 몇 가지가 해로운 [법]이고, 몇 가지가 결정할 수 없는[無記] [법]인가? … pe(Dhs Mtk) … 몇 가지가 다툼을 가진 [법]이고, 몇 가지가 다툼이 없는 [법]인가?

이들은 네 가지 지배(catu adhipati, 상가니 §358 참조)에 의해서 네 배가 되어(catuggunịta) 800이 된다. 이와 같이 순수한 것들이(suddhikāni) 200개이고 지배와 함께하는 것들(sādhipatī)이 800개가 되어서 모두 1,000개의 방법이 있다.

예류도의 경우에서처럼 나머지 도들(sesamaggā)에서도 그러하여 4,000개가 된다. 마치 첫 번째 항목(paṭhama-koṭṭhāsa)에서 4개였듯이 나머지 여덟 가지 구성요소를 가진 부문(aṭṭhaṅgika-vāra)에 있는 다섯 가지 항목에서(pañcasu koṭṭhāsesu) (4,000×5=) 20,000개가 있다.
그와 같이 다섯 가지 구성요소를 가진 부문(pañcaṅgika-vāra)과 모든 것을 포함하는 부문(sabbasaṅgāhika-vāra)에서도 그러하여서 모두 60,000개를 스승(satthārā)께서는 분류하셨다(vibhattāni).

그러나 성전에는 간략하게 전승되어 온다(saṅkhepena āgatā). 이와 같이 이 세 가지 큰 부문(mahā-vāra)과 15가지 항목(koṭṭhāsa)과 60,000가지로 장엄된(paṭimaṇḍita) 아비담마에 따른 분석 방법이 해설되었다고 알아야 한다."(VbhA.124~125)

(1) 세 개 조

217. 일어남의 진리는 해로운 [법]이다. 도의 진리는 유익한 [법]이다. 소멸의 진리는 결정할 수 없는[無記] [법]이다. 괴로움의 진리는 유익한 [법]일 수 있고, 해로운 [법]일 수 있고, 결정할 수 없는[無記] [법]일 수 있다.(*cf.* ma3-1)

두 가지 진리는 즐거운 느낌과 결합된 [법]일 수 있고, 괴롭지도 즐겁지도 않은 느낌과 결합된 [113] [법]일 수 있다. 소멸의 진리는 즐거운 느낌과 결합된 [법]이라고도 괴로운 느낌과 결합된 [법]이라고도 괴롭지도 즐겁지도 않은 느낌과 결합된 [법]이라고도 말해서는 안 된다. 괴로움의 진리는 즐거운 느낌과 결합된 [법]일 수 있고, 괴로운 느낌과 결합된 [법]일 수 있고, 괴롭지도 즐겁지도 않은 느낌과 결합된 [법]일 수 있다. [그러나] 즐거운 느낌과 결합된 [법]이라고도 괴로운 느낌과 결합된 [법]이라고도 괴롭지도 즐겁지도 않은 느낌과 결합된 [법]이라고도 말해서는 안 되는 경우가 있다.(*cf.* ma3-2)

두 가지 진리는 과보를 생기게 하는 [법]이다. 소멸의 진리는 과보로 나타난 것도 아니고 과보를 생기게 하는 것도 아닌 [법]이다. 괴로움의 진리는 과보로 나타난 [법]일 수 있고, 과보를 생기게 하는 [법]일 수 있고, 과보로 나타난 것도 아니고 과보를 생기게 하는 것도 아닌 [법]일 수 있다.(*cf.* ma3-3)

일어남의 진리는 취착되지 않았지만 취착의 대상인 [법]이다. 두 가지 진리는 취착되지 않았고 취착의 대상도 아닌 [법]이다. 괴로움의 진리는 취착되었고 취착의 대상인 [법]일 수 있고, 취착되지 않았지만 취착의 대상인 [법]일 수 있다.(*cf.* ma3-4)

일어남의 진리는 오염되었고 오염의 대상인 [법]이다. 두 가지 진리는 오염되지 않았고 오염의 대상도 아닌 [법]이다. 괴로움의 진리는 오염되었고 오염의 대상인 [법]일 수 있고, 오염되지 않았지만 오염의 대상인 [법]일 수 있다.(*cf* ma3-5)

일어남의 진리는 일으킨 생각이 있고 지속적 고찰이 있는 [법]이다. 소멸의 진리는 일으킨 생각도 없고 지속적 고찰도 없는 [법]이다. 도의 진리는 일으킨 생각이 있고 지속적 고찰이 있는 [법]일 수 있고, 일으킨 생각은 없고 지속적 고찰만 있는 [법]일 수 있고, 일으킨 생각도 없고 지속적 고찰도 없는 [법]일 수 있다. 괴로움의 진리는 일으킨 생각이 있고 지속적 고찰이 있는 [법]일 수 있고, 일으킨 생각은 없고 지속적 고찰만 있는 [법]일 수 있고, 일으킨 생각도 없고 지속적 고찰도 없는 [법]일 수 있다. [그러나] 일으킨 생각이 있고 지속적 고찰이 있는 [법]이라고도 일으킨 생각은 없고 지속적 고찰만 있는 [법]이라고도 일으킨 생각도 없고 지속적 고찰도 없는 [법]이라고도 말해서는 안 되는 경우가 있다.(*cf* ma3-6)

두 가지 진리는 희열이 함께하는 [법]일 수 있고, 행복이 함께하는 [법]일 수 있고, 평온이 함께하는 [법]일 수 있다. 소멸의 진리는 희열이 함께하는 [법]이라고도 행복이 함께하는 [법]이라고도 평온이 함께하는 [법]이라고도 말해서는 안 된다. 괴로움의 진리는 희열이 함께하는 [법]일 수 있고, 행복이 함께하는 [법]일 수 있고, 평온이 함께하는 [법]일 수 있다. [그러나] 희열이 함께하는 [법]이라고도 행복이 함께하는 [법]이라고도 평온이 함께하는 [법]이라고도 말해서는 안 되는 경우가 있다.(*cf* ma3-7)

두 가지 진리는 봄이나 닦음으로 버려야 하지 않는 [법]이다. 일어남의 진리는 봄으로써 버려야 하는 [법]일 수 있고, 닦음으로써 버려야 하는 [법]일 수 있다. 괴로움의 진리는 봄으로써 버려야 하는 [법]일 수 있고, 닦음으로써 버려야 하는 [법]일 수 있고, 봄이나 닦음으로 버려야 하지 않는 [법]일 수 있다.(*cf* ma3-8)

두 가지 진리는 봄이나 닦음으로 버려야 하는 원인을 가지지 않은 [법]이다. 일어남의 진리는 봄으로써 버려야 하는 원인을 가진 [법]일 수 있고, 닦음으로써 버려야 하는 원인을 가진 [법]일 수 있다. 괴로움의 진리는 봄으로써 버려야 하는 원인을 가진 [법]일 수 있고, 닦음으로써 버려야 하는 원인을 가진 [법]일 수 있고, 봄이나 닦음으로 버려야 하는 원인을 가지지 않은 [법]일 수 있다.(*cf.* ma3-9)

일어남의 진리는 [윤회를] 축적하게 하는 [법]이다. 도의 진리는 [윤회를] 감소시키는 [법]이다. 소멸의 진리는 [114] [윤회를] 축적하게 하는 것도 [윤회를] 감소시키는 것도 아닌 [법]이다. 괴로움의 진리는 [윤회를] 축적하게 하는 [법]일 수 있고, [윤회를] 축적하게 하는 것도 [윤회를] 감소시키는 것도 아닌 [법]일 수 있다.(*cf.* ma3-10)

도의 진리는 유학에 속하는 [법]이다. 세 가지 진리는 유학에도 무학에도 속하지 않는 [법]이다.(*cf.* ma3-11)

일어남의 진리는 제한된 [법]이다. 두 가지 진리는 무량한 [법]이다. 괴로움의 진리는 제한된 [법]일 수 있고, 고귀한 [법]일 수 있다.(*cf.* ma3-12)

소멸의 진리는 대상을 가지지 않는다. 도의 진리는 무량한 대상을 가진 [법]이다. 일어남의 진리는 제한된 대상을 가진 [법]일 수 있고, 고귀한 대상을 가진 [법]일 수 있다. 무량한 대상을 가진 [법]이 아니다. [그러나] 제한된 대상을 가진 [법]이라고도 고귀한 대상을 가진 [법]이라고도 말해서는 안 되는 경우가 있다. 괴로움의 진리는 제한된 대상을 가진 [법]일 수 있고, 고귀한 대상을 가진 [법]일 수 있고, 무량한 대상을 가진 [법]일 수 있다. [그러나] 제한된 대상을 가진 [법]이라고도 고귀한 대상을 가진 [법]이라고도 무량한 대상을 가진 [법]이라고도 말해서는 안 되는 경우가 있다.(*cf.* ma3-13)

일어남의 진리는 저열한 [법]이다. 두 가지 진리는 수승한 [법]이다. 괴로움의 진리는 저열한 [법]일 수 있고, 중간인 [법]일 수 있다.(*cf* ma3-14)

소멸의 진리는 확정되지 않은 [법]이다. 도의 진리는 바른 것으로 확정된 [법]이다. 두 가지 진리는 그릇된 것으로 확정된 [법]일 수 있고, 확정되지 않은 [법]일 수 있다.(*cf* ma3-15)

소멸의 진리는 대상을 가지지 않는다. 일어남의 진리는 도를 대상으로 가진 [법]이라고도 도를 원인으로 가진 [법]이라고도 도를 지배의 [요소]로 가진 [법]이라고도 말해서는 안 된다. 도의 진리는 도를 대상으로 가진 [법]이 아니고, 도를 원인으로 가진 [법]이 아니다. 도를 지배의 [요소]로 가진 [법]일 수 있다. [그러나] 도를 지배의 [요소]로 가진 [법]이라고 말해서는 안 되는 경우가 있다. 괴로움의 진리는 도를 대상으로 가진 [법]일 수 있고, 도를 원인으로 가진 [법]은 아니고, 도를 지배의 [요소]로 가진 [법]일 수 있다. [그러나] 도를 대상으로 가진 [법]이라고도 도를 지배의 [요소]로 가진 [법]이라고도 말해서는 안 되는 경우가 있다.(*cf* ma3-16)

두 가지 진리는 일어난 [법]일 수 있고, 일어나지 않은 [법]일 수 있다. 일어나게 될 [법]이라고는 말해서는 안 된다. 소멸의 진리는 일어난 [법]이라고도 일어나지 않은 [법]이라고도 일어나게 될 [법]이라고도 말해서는 안 된다. 괴로움의 진리는 일어난 [법]일 수 있고, 일어나지 않은 [법]일 수 있고, 일어나게 될 [법]일 수 있다.(*cf* ma3-17)

세 가지 진리는 과거의 [법]일 수 있고, 미래의 [법]일 수 있고, 현재의 [법]일 수 있다. 소멸의 진리는 과거의 [법]이라고도 미래의 [법]이라고도 현재의 [법]이라고도 말해서는 안 된다.(*cf* ma3-18)

소멸의 진리는 대상을 가지지 않는다. 도의 진리는 과거의 대상을 가진 [법]이라고도 미래의 대상을 가진 [법]이라고도 현재의 대상을 가진

[법]이라고도 말해서는 안 된다. 두 가지 진리는 과거의 대상을 가진 [법]일 수 있고, 미래의 대상을 가진 [법]일 수 있고, 현재의 대상을 가진 [법]일 수 있다. [그러나] 과거의 대상을 가진 [법]이라고도 미래의 대상을 가진 [법]이라고도 현재의 대상을 가진 [법]이라고도 말해서는 안 되는 경우가 있다.(*cf.* ma3-19)

소멸의 진리는 [115] 밖의 [법]이다. 세 가지 진리는 안의 [법]일 수 있고, 밖의 [법]일 수 있고, 안과 밖의 [법]일 수 있다.(*cf.* ma3-20)

소멸의 진리는 대상을 가지지 않는다. 도의 진리는 밖의 대상을 가진 [법]이다. 일어남의 진리는 안의 대상을 가진 [법]일 수 있고, 밖의 대상을 가진 [법]일 수 있고, 안과 밖의 대상을 가진 [법]일 수 있다. 괴로움의 진리는 안의 대상을 가진 [법]일 수 있고, 밖의 대상을 가진 [법]일 수 있고, 안과 밖의 대상을 가진 [법]일 수 있다. [그러나] 안의 대상을 가진 [법]이라고도 밖의 대상을 가진 [법]이라고도 안과 밖의 대상을 가진 [법]이라고도 말해서는 안 되는 경우가 있다.(*cf.* ma3-21)

세 가지 진리는 볼 수도 없고 부딪힘도 없는 [법]이다. 괴로움의 진리는 볼 수도 있고 부딪힘도 있는 [법]일 수 있고, 볼 수는 없지만 부딪힘은 있는 [법]일 수 있고, 볼 수도 없고 부딪힘도 없는 [법]일 수 있다.(*cf.* ma3-22)

(2) 두 개 조

① 원인의 모둠

218. 일어남의 진리는 원인인 [법]이다. 소멸의 진리는 원인이 아닌 [법]이다. 두 가지 진리는 원인인 [법]일 수 있고 원인이 아닌 [법]일 수 있다.(*cf.* ma2-1)

두 가지 진리는 원인을 가진 [법]이다. 소멸의 진리는 원인을 가지지 않은 [법]이다. 괴로움의 진리는 원인을 가진 [법]일 수 있고, 원인을 가지지 않은 [법]일 수 있다.(*cf.* ma2-2)

두 가지 진리는 원인과 결합된 [법]이다. 소멸의 진리는 원인과 결합되지 않은 [법]이다. 괴로움의 진리는 원인과 결합된 [법]일 수 있고, 원인과 결합되지 않은 [법]일 수 있다.(*cf.* ma2-3)

일어남의 진리는 원인이면서 원인을 가진 [법]이다. 소멸의 진리는 원인이면서 원인을 가진 [법]이라고도 원인을 가졌지만 원인이 아닌 [법]이라고도 말해서는 안 된다. 도의 진리는 원인이면서 원인을 가진 [법]일 수 있고, 원인을 가졌지만 원인이 아닌 [법]일 수 있다. 괴로움의 진리는 원인이면서 원인을 가진 [법]일 수 있고, 원인을 가졌지만 원인이 아닌 [법]일 수 있다. [그러나] 원인이면서 원인을 가진 [법]이라고도 원인을 가졌지만 원인이 아닌 [법]이라고도 말해서는 안 되는 경우가 있다.(*cf.* ma2-4)

일어남의 진리는 원인이면서 원인과 결합된 [법]이다. 소멸의 진리는 원인이면서 원인과 결합된 [법]이라고도 원인과 결합되었지만 원인이 아닌 [법]이라고도 말해서는 안 된다. 도의 진리는 원인이면서 원인과 결합된 [법]일 수 있고, 원인과 결합되었지만 원인이 아닌 [법]일 수 있다. 괴로움의 진리는 원인이면서 원인과 결합된 [법]일 수 있고, 원인과 결합되었지만 원인이 아닌 [법]일 수 있다. [그러나] 원인이면서 원인과 결합된 [법]이라고도 원인과 결합되었지만 원인이 아닌 [법]이라고도 말해서는 안 되는 경우가 있다.(*cf.* ma2-5)

소멸의 진리는 원인이 아니면서 원인을 가지지 않은 [법]이다. 일어남의 진리는 원인이 아니지만 원인을 가진 [법]이라고도 원인이 아니면서 원인을 가지지 않은 [법]이라고도 말해서는 안 된다. 도의 진리는 원인이 아니지만 원인을 가진 [법]일 수 있다. [그러나] 원인이 아니지만 원인을 가진 [법]이라고도 원인이 아니면서 원인을 가지지 않은 [법]이라고도 말해서는 안 되는 경우가 있다.183) 괴로움의 진리는 원인이 아니지만 원인을 가진 [법]일 수 있고, 원인이 아니면서 원인을 가지지 않은 [법]일 수 있다. [그러나] 원인이 아니지만 원인을 가진 [법]이라고도 원인이 아니면서 원인을 가지지 않은 [법]이라고도 말해서는 안 되는 경우가 있다.(*cf.* ma2-6)

② 틈새에 있는 짧은 두 개 조

세 가지 진리는 [116] 조건을 가진 [법]이다. 소멸의 진리는 조건을 가지지 않은 [법]이다.(*cf.* ma2-7)

세 가지 진리는 형성된 것[有爲]이다. 소멸의 진리는 형성되지 않은 것[無爲]이다.(*cf.* ma2-8)

세 가지 진리는 볼 수 없는 [법]이다. 괴로움의 진리는 볼 수 있는 [법]일 수 있고, 볼 수 없는 [법]일 수 있다.(*cf.* ma2-9)

세 가지 진리는 부딪힘이 없는 [법]이다. 괴로움의 진리는 부딪힘이 있는 [법]일 수 있고, 부딪힘이 없는 [법]일 수 있다.(*cf.* ma2-10)

세 가지 진리는 비물질인 [법]이다. 괴로움의 진리는 물질인 [법]일 수 있고, 비물질인 [법]일 수 있다.(*cf.* ma2-11)

두 가지 진리는 세간적인 [법]이다. 두 가지 진리는 출세간의 [법]이다.(*cf.* ma2-12)

[네 가지 진리는] 어떤 것으로는 식별되는 [법]이고, 어떤 것으로는 식별되지 않는 [법]이다.(*cf.* ma2-13)

---

183) '[그러나] 원인이 아니지만 원인을 가진 [법]이라고도 원인이 아니면서 원인을 가지지 않은 [법]이라고도 말해서는 안 되는 경우가 있다.'는 VRI본 'siyā na vattabbaṁ — "na hetusahetuka"ntipi, "na hetuahetuka"ntipi.'를 옮긴 것이다. 그런데 PTS본에는 'siyā na vattabbaṁ — na hetu sahetukanti', 즉 '[그러나] 원인이 아니지만 원인을 가진 [법]이라고 말해서는 안 되는 경우가 있다.'로 나타나고 있다.

③ 번뇌의 모둠

일어남의 진리는 번뇌인 [법]이다. 두 가지 진리는 번뇌가 아닌 [법]이다. 괴로움의 진리는 번뇌인 [법]일 수 있고, 번뇌가 아닌 [법]일 수 있다.(*cf.* ma2-14)

두 가지 진리는 번뇌의 대상인 [법]이다. 두 가지 진리는 번뇌의 대상이 아닌 [법]이다.(*cf.* ma2-15)

일어남의 진리는 번뇌와 결합된 [법]이다. 두 가지 진리는 번뇌와 결합되지 않은 [법]이다. 괴로움의 진리는 번뇌와 결합된 [법]일 수 있고, 번뇌와 결합되지 않은 [법]일 수 있다.(*cf.* ma2-16)

일어남의 진리는 번뇌이면서 번뇌의 대상인 [법]이다. 두 가지 진리는 번뇌이면서 번뇌의 대상인 [법]이라고도 번뇌의 대상이지만 번뇌가 아닌 [법]이라고도 말해서는 안 된다. 괴로움의 진리는 번뇌이면서 번뇌의 대상인 [법]일 수 있고, 번뇌의 대상이지만 번뇌가 아닌 [법]일 수 있다.(*cf.* ma2-17)

일어남의 진리는 번뇌이면서 번뇌와 결합된 [법]이다. 두 가지 진리는 번뇌이면서 번뇌와 결합된 [법]이라고도 번뇌와 결합되었지만 번뇌가 아닌 [법]이라고도 말해서는 안 된다. 괴로움의 진리는 번뇌이면서 번뇌와 결합된 [법]일 수 있고, 번뇌와 결합되었지만 번뇌가 아닌 [법]일 수 있다. [그러나] 번뇌이면서 번뇌와 결합된 [법]이라고도 번뇌와 결합되었지만 번뇌가 아닌 [법]이라고도 말해서는 안 되는 경우가 있다.(*cf.* ma2-18)

두 가지 진리는 번뇌와 결합되지 않았으면서 번뇌의 대상이 아닌 [법]이다. 일어남의 진리는 번뇌와 결합되지 않았지만 번뇌의 대상인 [법]이라고도 번뇌와 결합되지 않았으면서 번뇌의 대상이 아닌 [법]이라고도 말해서는 안 된다. 괴로움의 진리는 번뇌와 결합되지 않았지만 번뇌의 대상인 [법]일 수 있다. [그러나] 번뇌와 결합되지 않았지만 번뇌의 대상인 [법]이라고도 번뇌와 결합되지 않았으면서 번뇌의 대상이 아닌 [법]이라고도 말해서는 안 되는 경우가 있다.(*cf.* ma2-19)

④ 족쇄의 모둠

일어남의 진리는 족쇄인 [법]이다. 두 가지 진리는 족쇄가 아닌 [법]이다. 괴로움의 진리는 족쇄인 [법]일 수 있고, 족쇄가 아닌 [법]일 수 있다.(*cf.* ma2-20)

두 가지 진리는 족쇄의 대상인 [법]이다. 두 가지 진리는 족쇄의 대상이 아닌 [법]이다.(*cf.* ma2-21)

일어남의 진리는 족쇄와 결합된 [법]이다. 두 가지 진리는 족쇄와 결합되지 않은 [법]이다. 괴로움의 진리는 족쇄와 결합된 [법]일 수 있고, 족쇄와 결합되지 않은 [법]일 수 있다.(*cf.* ma2-22)

일어남의 진리는 족쇄이면서 족쇄의 대상인 [법]이다. 두 가지 진리는 족쇄이면서 족쇄의 대상인 [법]이라고도 족쇄의 대상이지만 족쇄가 아닌 [법]이라고도 말해서는 안 된다. 괴로움의 진리는 족쇄이면서 족쇄의 대상인 [법]일 수 있고, 족쇄의 대상이지만 족쇄가 아닌 [법]일 수 있다.(*cf.* ma2-23)

일어남의 진리는 족쇄이면서 족쇄와 결합된 [법]이다. 두 가지 진리는 [117] 족쇄이면서 족쇄와 결합된 [법]이라고도 족쇄와 결합되었지만 족쇄가 아닌 [법]이라고도 말해서는 안 된다. 괴로움의 진리는 족쇄이면서 족쇄와 결합된 [법]일 수 있고, 족쇄와 결합되었지만 족쇄가 아닌 [법]일 수 있다. [그러나] 족쇄이면서 족쇄와 결합된 [법]이라고도 족쇄와 결합되었지만 족쇄가 아닌 [법]이라고도 말해서는 안 되는 경우가 있다.(*cf.* ma2-24)

두 가지 진리는 족쇄와 결합되지 않았으면서 족쇄의 대상이 아닌 [법]이다. 일어남의 진리는 족쇄와 결합되지 않았지만 족쇄의 대상인 [법]이라고도 족쇄와 결합되지 않았으면서 족쇄의 대상이 아닌 [법]이라고도 말해서는 안 된다. 괴로움의 진리는 족쇄와 결합되지 않았지만 족쇄의 대상인 [법]일 수 있다. [그러나] 족쇄와 결합되지 않았지만 족쇄의 대상인 [법]이라고도 족쇄와 결합되지 않았으면서 족쇄의 대상이 아닌 [법]이라고도 말해서는 안 되는 경우가 있다.(*cf.* ma2-25)

⑤ 매듭의 모둠

일어남의 진리는 매듭인 [법]이다. 두 가지 진리는 매듭이 아닌 [법]이다. 괴로움의 진리는 매듭인 [법]일 수 있고, 매듭이 아닌 [법]일 수 있다.(*cf.* ma2-26)

두 가지 진리는 매듭의 대상인 [법]이다. 두 가지 진리는 매듭의 대상이 아닌 [법]이다.(*cf.* ma2-27)

두 가지 진리는 매듭과 결합되지 않은 [법]이다. 두 가지 진리는 매듭과 결합된 [법]일 수 있고, 매듭과 결합되지 않은 [법]일 수 있다.(*cf.* ma2-28)

일어남의 진리는 매듭이면서 매듭의 대상인 [법]이다. 두 가지 진리는 매듭이면서 매듭의 대상인 [법]이라고도 매듭의 대상이지만 매듭이 아닌 [법]이라고도 말해서는 안 된다. 괴로움의 진리는 매듭이면서 매듭의 대상인 [법]일 수 있고, 매듭의 대상이지만 매듭이 아닌 [법]일 수 있다.(*cf.* ma2-29)

일어남의 진리는 매듭이면서 매듭과 결합된 [법]이다. [그러나] 매듭이면서 매듭과 결합된 [법]이라고도 매듭과 결합되었지만 매듭이 아닌 [법]이라고도 말해서는 안 되는 경우가 있다. 두 가지 진리는 매듭이면서 매듭과 결합된 [법]이라고도 매듭과 결합되었지만 매듭이 아닌 [법]

이라고도 말해서는 안 된다. 괴로움의 진리는 매듭이면서 매듭과 결합된 [법]일 수 있고, 매듭과 결합되었지만 매듭이 아닌 [법]일 수 있다. [그러나] 매듭이면서 매듭과 결합된 [법]이라고도 매듭과 결합되었지만 매듭이 아닌 [법]이라고도 말해서는 안 되는 경우가 있다.(*cf.* ma2-30)

두 가지 진리는 매듭과 결합되지 않았으면서 매듭의 대상이 아닌 [법]이다. 두 가지 진리는 매듭과 결합되지 않았지만 매듭의 대상인 [법]일 수 있다. [그러나] 매듭과 결합되지 않았지만 매듭의 대상인 [법]이라고도 매듭과 결합되지 않았으면서 매듭의 대상이 아닌 [법]이라고도 말해서는 안 되는 경우가 있다.(*cf.* ma2-31)

⑥ 폭류의 모둠

일어남의 진리는 폭류인 [법]이다. … pe … (*cf.* ma2-32~37)

⑦ 속박의 모둠

일어남의 진리는 속박인 [법]이다. … pe … (*cf.* ma2-38~43)

⑧ 장애의 모둠

일어남의 진리는 장애인 [법]이다. 두 가지 진리는 장애가 아닌 [법]이다. 괴로움의 진리는 장애일 수 있고, 장애가 아닌 [법]일 수 있다.(*cf.* ma2-44)

두 가지 진리는 장애의 대상인 [법]이다. 두 가지 진리는 장애의 대상이 아닌 [법]이다.(*cf.* ma2-45)

일어남의 진리는 장애와 결합된 [법]이다. 두 가지 진리는 장애와 결합되지 않은 [법]이다. 괴로움의 진리는 장애와 결합된 [법]일 수 있고, 장애와 결합되지 않은 [법]일 수 있다.(*cf.* ma2-46)

일어남의 진리는 [118] 장애이면서 장애의 대상인 [법]이다. 두 가지 진리는 장애이면서 장애의 대상인 [법]이라고도 장애의 대상이지만 장애가 아닌 [법]이라고도 말해서는 안 된다. 괴로움의 진리는 장애이면서 장애의 대상인 [법]일 수 있고, 장애의 대상이지만 장애가 아닌 [법]일 수 있다.(*cf.* ma2-47)

일어남의 진리는 장애이면서 장애와 결합된 [법]이다. 두 가지 진리는 장애이면서 장애와 결합된 [법]이라고도 장애와 결합되었지만 장애가 아닌 [법]이라고도 말해서는 안 된다. 괴로움의 진리는 장애이면서 장애와 결합된 [법]일 수 있고, 장애와 결합되었지만 장애가 아닌 [법]일 수 있다. [그러나] 장애이면서 장애와 결합된 [법]이라고도 장애와 결합되었지만 장애가 아닌 [법]이라고도 말해서는 안 되는 경우가 있다.(*cf.* ma2-48)

두 가지 진리는 장애와 결합되지 않았으면서 장애의 대상이 아닌 [법]이다. 일어남의 진리는 장애와 결합되지 않았지만 장애의 대상인 [법]이라고도 장애와 결합되지 않았으면서 장애의 대상이 아닌 [법]이라고도 말해서는 안 된다. 괴로움의 진리는 장애와 결합되지 않았지만 장애의 대상인 [법]일 수 있다. [그러나] 장애와 결합되지 않았지만 장애의 대상인 [법]이라고도 장애와 결합되지 않았으면서 장애의 대상이 아닌 [법]이라고도 말해서는 안 되는 경우가 있다.(*cf.* ma2-49)

⑨ 집착[固守]의 모둠

세 가지 진리는 집착[固守]이 아닌 [법]이다. 괴로움의 진리는 집착[固守]인 [법]일 수 있고, 집착[固守]이 아닌 [법]일 수 있다.(*cf.* ma2-50)

두 가지 진리는 집착[固守]의 대상인 [법]이다. 두 가지 진리는 집착[固守]의 대상이 아닌 [법]이다.(*cf.* ma2-51)

두 가지 진리는 집착[固守]과 결합되지 않은 [법]이다. 일어남의 진리는 집착[固守]과 결합된 [법]일 수 있고, 집착[固守]과 결합되지 않은 [법]일 수 있다. 괴로움의 진리는 집착[固守]과 결합된 [법]일 수 있고, 집착

[固守]과 결합되지 않은 [법]일 수 있다. [그러나] 집착[固守]과 결합된 [법]이라고도 집착[固守]과 결합되지 않은 [법]이라고도 말해서는 안 되는 경우가 있다.(*cf.* ma2-52)

일어남의 진리는 집착[固守]이면서 집착[固守]의 대상인 [법]이라고 말해서는 안 된다. 집착[固守]의 대상이지만 집착[固守]이 아닌 [법]이다. 두 가지 진리는 집착[固守]이면서 집착[固守]의 대상인 [법]이라고도 집착[固守]의 대상이지만 집착[固守]이 아닌 [법]이라고도 말해서는 안 된다. 괴로움의 진리는 집착[固守]이면서 집착[固守]의 대상인 [법]일 수 있고, 집착[固守]의 대상이지만 집착[固守]이 아닌 [법]일 수 있다.(*cf.* ma2-53)

두 가지 진리는 집착[固守]과 결합되지 않았으면서 집착[固守]의 대상이 아닌 [법]이다. 두 가지 진리는 집착[固守]과 결합되지 않았지만 집착[固守]의 대상인 [법]일 수 있다. [그러나] 집착[固守]과 결합되지 않았지만 집착[固守]의 대상인 [법]이라고도 집착[固守]과 결합되지 않았으면서 집착[固守]의 대상이 아닌 [법]이라고도 말해서는 안 되는 경우가 있다.(*cf.* ma2-54)

⑩ 틈새에 있는 긴 두 개 조

두 가지 진리는 대상을 가진 [법]이다. 소멸의 진리는 대상이 없는 [법]이다. 괴로움의 진리는 대상을 가진 [법]일 수 있고, 대상이 없는 [법]일 수 있다.(*cf.* ma2-55)

세 가지 진리는 마음이 아닌 [법]이다. 괴로움의 진리는 마음일 수 있고, 마음이 아닌 [법]일 수 있다.(*cf.* ma2-56)

두 가지 진리는 마음부수[心所]인 [법]이다. 소멸의 진리는 마음부수가 아닌 [법]이다. 괴로움의 진리는 마음부수일 수 있고, 마음부수가 아닌 [법]일 수 있다.(*cf.* ma2-57)

두 가지 진리는 마음과 결합된 [법]이다. [119] 소멸의 진리는 마음과 결합되지 않은 [법]이다. 괴로움의 진리는 마음과 결합된 [법]일 수 있고, 마음과 결합되지 않은 [법]일 수 있다. [그러나] 마음과 결합된 [법]이라고도 마음과 결합되지 않은 [법]이라고도 말해서는 안 되는 경우가 있다.(*cf* ma2-58)

두 가지 진리는 마음과 결속된 [법]이다. 소멸의 진리는 마음과 결속되지 않은 [법]이다. 괴로움의 진리는 마음과 결속된 [법]일 수 있고, 마음과 결속되지 않은 [법]일 수 있다. [그러나] 마음과 결속된 [법]이라고도 마음과 결속되지 않은 [법]이라고도 말해서는 안 되는 경우가 있다.(*cf* ma2-59)

두 가지 진리는 마음에서 생긴 [법]이다. 소멸의 진리는 마음에서 생기지 않은 [법]이다. 괴로움의 진리는 마음에서 생긴 [법]일 수 있고, 마음에서 생기지 않은 [법]일 수 있다.(*cf* ma2-60)

두 가지 진리는 마음과 함께 존재하는 [법]이다. 소멸의 진리는 마음과 함께 존재하지 않는 [법]이다. 괴로움의 진리는 마음과 함께 존재하는 [법]일 수 있고, 마음과 함께 존재하지 않는 [법]일 수 있다.(*cf* ma2-61)

두 가지 진리는 마음을 따르는 [법]이다. 소멸의 진리는 마음을 따르지 않는 [법]이다. 괴로움의 진리는 마음을 따르는 [법]일 수 있고, 마음을 따르지 않는 [법]일 수 있다.(*cf* ma2-62)

두 가지 진리는 마음과 결속되어 있고 마음에서 생긴 [법]이다. 소멸의 진리는 마음과 결속된 것도 마음에서 생긴 것도 아닌 [법]이다. 괴로움의 진리는 마음과 결속되어 있고 마음에서 생긴 [법]일 수 있고, 마음과 결속된 것도 마음에서 생긴 것도 아닌 [법]일 수 있다.(*cf* ma2-63)

두 가지 진리는 마음과 결속되어 있고 마음에서 생겼고 마음과 함께 존재하는 [법]이다. 소멸의 진리는 마음과 결속된 것도 마음에서 생긴 것도 마음과 함께 존재하는 것도 아닌 [법]이다. 괴로움의 진리는 마음과 결속되어 있고 마음에서 생겼고 마음과 함께 존재하는 [법]일 수 있고, 마음과 결속된 것도 마음에서 생긴 것도 마음과 함께 존재하는 것도 아닌 [법]일 수 있다.(*cf* ma2-64)

두 가지 진리는 마음과 결속되어 있고 마음에서 생겼고 마음을 따르는 [법]이다. 소멸의 진리는 마음과 결속된 것도 마음에서 생긴 것도 마음을 따르는 것도 아닌 [법]이다. 괴로움의 진리는 마음과 결속되어 있고 마음에서 생겼고 마음을 따르는 [법]일 수 있고, 마음과 결속된 것도 마음에서 생긴 것도 마음을 따르는 것도 아닌 [법]일 수 있다.(*cf* ma2-65)

세 가지 진리는 밖에 있는 [법]이다. 괴로움의 진리는 안에 있는 [법]일 수 있고, 밖에 있는 [법]일 수 있다.(*cf* ma2-66)

세 가지 진리는 파생되지 않은 [법]이다. 괴로움의 진리는 파생된 [법]일 수 있고, 파생되지 않은 [법]일 수 있다.(*cf* ma2-67)

세 가지 진리는 취착되지 않은 [법]이다. 괴로움의 진리는 취착된 [법]일 수 있고, 취착되지 않은 [법]일 수 있다.(*cf* ma2-68)

⑪ 취착의 모둠

일어남의 진리는 취착인 [법]이다. 두 가지 진리는 취착이 아닌 [법]이다. 괴로움의 진리는 취착인 [법]일 수 있고, 취착이 아닌 [법]일 수 있다.(*cf* ma2-69)

두 가지 진리는 취착의 대상인 [법]이다. 두 가지 진리는 취착의 대상이 아닌 [법]이다.(*cf* ma2-70)

두 가지 진리는 취착과 결합되지 않은 [법]이다. 두 가지 진리는 취착과 결합된 [법]일 수 있고, 취착과 결합되지 않은 [법]일 수 있다.(*cf* ma2-71)

일어남의 진리는 취착이면서 취착의 대상인 [법]이다. 두 가지 진리는 취착이면서 취착의 대상인 [법]이라고도 취착의 대상이지만 취착이 아닌 [법]이라고도 말해서는 안 된다. 괴로움의 진리는 취착이면서 취착의 대상인 [법]일 수 있고, 취착의 대상이지만 취착이 아닌 [법]일 수 있다.(*cf* ma2-72)

일어남의 진리는 취착이면서 취착과 결합된 [법]일 수 있다. [그러나] 취착이면서 [120] 취착과 결합된 [법]이라고도 취착과 결합되었지만 취착이 아닌 [법]이라고도 말해서는 안 되는 경우가 있다. 두 가지 진리는 취착이면서 취착과 결합된 [법]이라고도 취착과 결합되었지만 취착이 아닌 [법]이라고도 말해서는 안 된다. 괴로움의 진리는 취착이면서 취착과 결합된 [법]일 수 있고, 취착과 결합되었지만 취착이 아닌 [법]일 수 있다. [그러나] 취착이면서 취착과 결합된 [법]이라고도 취착과 결합되었지만 취착이 아닌 [법]이라고도 말해서는 안 되는 경우가 있다.(*cf* ma2-73)

두 가지 진리는 취착과 결합되지 않았으면서 취착의 대상이 아닌 [법]이다. 두 가지 진리는 취착과 결합되지 않았지만 취착의 대상인 [법]이다. [그러나] 취착과 결합되지 않았지만 취착의 대상인 [법]이라고도 취착과 결합되지 않았으면서 취착의 대상이 아닌 [법]이라고도 말해서는 안 되는 경우가 있다.(*cf* ma2-74)

⑫ 오염원의 모둠

일어남의 진리는 오염원인 [법]이다. 두 가지 진리는 오염원이 아닌 [법]이다. 괴로움의 진리는 오염원인 [법]일 수 있고, 오염원이 아닌 [법]일 수 있다.(*cf* ma2-75)

두 가지 진리는 오염원의 대상인 [법]이다. 두 가지 진리는 오염원의 대상이 아닌 [법]이다.(*cf* ma2-76)

일어남의 진리는 오염된 [법]이다. 두 가지 진리는 오염되지 않은 [법]이다. 괴로움의 진리는 오염된 [법]일 수 있고 오염되지 않은 [법]일 수 있다.(*cf.* ma2-77)

일어남의 진리는 오염원과 결합된 [법]이다. 두 가지 진리는 오염원과 결합되지 않은 [법]이다. 괴로움의 진리는 오염원과 결합된 [법]일 수 있고, 오염원과 결합되지 않은 [법]일 수 있다.(*cf.* ma2-78)

일어남의 진리는 오염원이면서 오염원의 대상인 [법]이다. 두 가지 진리는 오염원이면서 오염원의 대상인 [법]이라고도 오염원의 대상이지만 오염원이 아닌 [법]이라고도 말해서는 안 된다. 괴로움의 진리는 오염원이면서 오염원의 대상인 [법]일 수 있고, 오염원의 대상이지만 오염원이 아닌 [법]일 수 있다.(*cf.* ma2-79)

일어남의 진리는 오염원이면서 오염된 [법]이다. 두 가지 진리는 오염원이면서 오염된 [법]이라고도 오염되었지만 오염원이 아닌 [법]이라고도 말해서는 안 된다. 괴로움의 진리는 오염원이면서 오염된 [법]일 수 있고 오염되었지만 오염원이 아닌 [법]일 수 있다. [그러나] 오염원이면서 오염된 [법]이라고도 오염되었지만 오염원이 아닌 [법]이라고도 말해서는 안 되는 경우가 있다.(*cf.* ma2-80)

일어남의 진리는 오염원이면서 오염원과 결합된 [법]이다. 두 가지 진리는 오염원이면서 오염원과 결합된 [법]이라고도 오염원과 결합되었지만 오염원이 아닌 [법]이라고도 말해서는 안 된다. 괴로움의 진리는 오염원이면서 오염원과 결합된 [법]일 수 있고, 오염원과 결합되었지만 오염원이 아닌 [법]일 수 있다. [그러나] 오염원이면서 오염원과 결합된 [법]이라고도 오염원과 결합되었지만 오염원이 아닌 [법]이라고도 말해서는 안 되는 경우가 있다.(*cf.* ma2-81)

두 가지 진리는 오염원과 결합되지 않았으면서 오염원의 대상이 아닌 [법]이다. 일어남의 진리는 오염원과 결합되지 않았지만 오염원의 대상인 [법]이라고도 오염원과 결합되지 않았으면서 오염원의 대상이 아닌 [법]이라고도 말해서는 안 된다. 괴로움의 진리는 오염원과 결합되지 않았지만 오염원의 대상인 [법]일 수 있다. [그러나] 오염원과 결합되지 않았지만 오염원의 대상인 [법]이라고도 오염원과 결합되지 않았으면서 오염원의 대상이 아닌 [법]이라고도 말해서는 안 되는 경우가 있다.(*cf.* ma2-82)

⑬ 마지막 두 개 조

두 가지 진리는 [121] 봄으로써 버려야 하는 것이 아닌 [법]이다. 두 가지 진리는 봄으로써 버려야 하는 [법]일 수 있고, 봄으로써 버려야 하는 것이 아닌 [법]일 수 있다.(*cf.* ma2-83)

두 가지 진리는 닦음으로써 버려야 하는 것이 아닌 [법]이다. 두 가지 진리는 닦음으로써 버려야 하는 [법]일 수 있고, 닦음으로써 버려야 하는 것이 아닌 [법]일 수 있다.(*cf.* ma2-84)

두 가지 진리는 봄으로써 버려야 하는 원인을 가지지 않은 [법]이다. 두 가지 진리는 봄으로써 버려야 하는 원인을 가진 [법]일 수 있고, 봄으로써 버려야 하는 원인을 가지지 않은 [법]일 수 있다.(*cf.* ma2-85)

두 가지 진리는 닦음으로써 버려야 하는 원인을 가지지 않은 [법]이다. 두 가지 진리는 닦음으로써 버려야 하는 원인을 가진 [법]일 수 있고, 닦음으로써 버려야 하는 원인을 가지지 않은 [법]일 수 있다.(*cf.* ma2-86)

일어남의 진리는 일으킨 생각이 있는 [법]이다. 소멸의 진리는 일으킨 생각이 없는 [법]이다. 두 가지 진리는 일으킨 생각이 있는 [법]일 수 있고, 일으킨 생각이 없는 [법]일 수 있다.(*cf.* ma2-87)

일어남의 진리는 지속적 고찰이 있는 [법]이다. 소멸의 진리는 지속적 고찰이 없는 [법]이다. 두 가지 진리는 지속적 고찰이 있는 [법]일 수 있고, 지속적 고찰이 없는 [법]일 수 있다.(*cf.* ma2-88)

소멸의 진리는 희열이 없는 [법]이다. 세 가지 진리는 희열이 있는 [법]일 수 있고, 희열이 없는 [법]일 수 있다.(*cf.* ma2-89)

소멸의 진리는 희열이 함께하지 않는 [법]이다. 세 가지 진리는 희열이 함께하는 [법]일 수 있고, 희열이 함께하지 않는 [법]일 수 있다.(*cf.* ma2-90)

소멸의 진리는 행복이 함께하지 않는 [법]이다. 세 가지 진리는 행복이 함께하는 [법]일 수 있고, 행복이 함께하지 않는 [법]일 수 있다.(*cf.* ma2-91)

소멸의 진리는 평온이 함께하지 않는 [법]이다. 세 가지 진리는 평온이 함께하는 [법]일 수 있고, 평온이 함께하지 않는 [법]일 수 있다.(*cf.* ma2-92)

일어남의 진리는 욕계에 속하는 [법]이다. 두 가지 진리는 욕계에 속하지 않는 [법]이다. 괴로움의 진리는 욕계에 속하는 [법]일 수 있고, 욕계에 속하지 않는 [법]일 수 있다.(*cf.* ma2-93)

세 가지 진리는 색계에 속하지 않는 [법]이다. 괴로움의 진리는 색계에 속하는 [법]일 수 있고, 색계에 속하지 않는 [법]일 수 있다.(*cf.* ma2-94)

세 가지 진리는 무색계에 속하지 않는 [법]이다. 괴로움의 진리는 무색계에 속하는 [법]일 수 있고, 무색계에 속하지 않는 [법]일 수 있다.(*cf.* ma2-95)

두 가지 진리는 [세간에] 포함된 [법]이다. 두 가지 진리는 [세간에] 포함되지 않는 [법]이다.(*cf.* ma2-96)

도의 진리는 출리로 인도하는 [법]이다. 세 가지 진리는 출리로 인도하지 못하는 [법]이다.(*cf.* ma2-97)

도의 진리는 확정된 [법]이다. 소멸의 진리는 확정되지 않은 [법]이다. 두 가지 진리는 확정된 [법]일 수 있고, 확정되지 않은 [법]일 수 있다.(*cf.* ma2-98)

두 가지 진리는 위가 있는 [법]이다. 두 가지 진리는 위가 없는 [법]이다.(*cf.* ma2-99)

일어남의 진리는 다툼을 가진 [법]이다. 두 가지 진리는 다툼이 없는 [법]이다. 괴로움의 진리는 다툼을 가진 [법]일 수 있고, 다툼이 없는 [법]일 수 있다.(*cf* ma2-100)

[아비담마 마띠까를 통한] 질문의 제기가 [끝났다.]

진리에 대한 분석이 [끝났다.]

제5장

기능[根] 위방가

기능에 대한 분석

Indriya-vibhaṅga

I. 아비담마에 따른 분석 방법[184)]

Suttanta-bhājanīya

219. 22가지 기능[根]이 [122] 있으니,[185)] ① 눈의 기능[眼根] ② 귀

184) "여기 [기능 위방가에는] 경에 따른 분석 방법이 취해지지 않았다. 왜 그런가? 경(suttanta)에서는 이러한 순서(paṭipāṭi)로 22가지 기능이 전승되어 오지 않기 때문이다(anāgatattā). 경에서는 어떤 때는 두 가지 기능이 설해졌고 어떤 때는 세 가지가 어떤 때는 다섯 가지가 설해졌지만 이와 같이 22가지가 끊어짐이 없이(nirantaraṁ) 전승되어온 것은 없다. 여기서 이것은 주석서에서 [설명하는] 방법(aṭṭhakathānaya)이다."(VbhA.125)

이처럼 22근의 가르침은 경의 가르침이 아니라 아비담마에서 체계화된 것이 분명하다. 북방불교의 『반야심경』에도 온·처·계·제·연은 언급이 되지만 근은 나타나지 않는다.

185) 계속해서 『위방가 주석서』는
"이들은 ―
① 뜻에 따라 ② 특징 등에 따라 ③ 순서에 따라
④ 분류되는 것과 분류되지 않는 것에 따라
⑤ 역할에 따라 ⑥ 일어나는 곳에 따라
판별을 알아야 한다."(VbhA.125)
라고 게송으로 논의의 항목들을 나열한 뒤에 이들을 하나씩 설명하는 방식으로 주석을 달고 있는데 이것은 『청정도론』 제16장 §§1～12에 나타나는 '기능(根)에 대한 상세한 주석(indriyavitthārakathā)'과 같은 내용을 담고

의 기능[耳根] ③ 코의 기능[鼻根] ④ 혀의 기능[舌根] ⑤ 몸의 기능[身根] ⑥ 마노의 기능[意根][186] ⑦ 여자의 기능[女根] ⑧ 남자의 기능[男根] ⑨ 생명기능[命根] ⑩ 즐거움의 기능[樂根] ⑪ 괴로움의 기능[苦根] ⑫ 기쁨의 기능[喜根] ⑬ 불만족의 기능[憂根] ⑭ 평온의 기능[捨根] ⑮ 믿음의 기능[信根] ⑯ 정진의 기능[精進根] ⑰ 마음챙김의 기능[念根] ⑱ 삼매의 기능[定根] ⑲ 통찰지의 기능[慧根] ⑳ 구경의 지혜를 가지려는 기능[未知當知根][187] ㉑ 구경의 지혜의 기능[已知根] ㉒ 구경의 지혜를 구족한 기능[具知根]이다.

220. 여기서 무엇이 '눈의 기능[眼根, cakkhundriya]'인가? 눈은 네 가지 근본물질에서 파생된 감성의 [물질]이고 … (§156) … 이것은 텅 빈 마을이기도 하다. — 이를 일러 눈의 기능이라 한다.

여기서 무엇이 '귀의 기능[耳根, sotindriya]'인가? … '코의 기능[鼻根, ghānindriya]'인가? … '혀의 기능[舌根, jivhindriya]'인가? … '몸의 기능[身根, kāyindriya]'인가? 몸은 네 가지 근본물질에서 파생된 감성의 [물

있다.

186) 『청정도론』 등에도 22근은 모두 이 순서로 나타나고 한역경 『大寶積經』(대보적경), 『大方等大集經』(대방등대집경) 등에도 그렇다. 마노의 기능[意根]이 생명기능[命根]과 즐거움의 기능[樂根] 사이의 9번째에 나타나는 것은 『아비담맛타상가하』(아비담마 길라잡이) 등 후대의 개설서에서부터이다. 여기에 대해서는 본서 해제(90~91쪽)와 『아비담마 길라잡이』 제7장 §18의 해당 주해를 참조할 것.

187) "'구경의 지혜를 가지려는 기능[未知當知根, anaññātaññassāmītindriya]'은 '나는 그 시작을 알지 못하는 윤회에서(anamatagge saṁsāre) 전에 알지 못했던 법을 알게 될 것이다.'라고 도를 닦는 자(paṭipanna)가 예류도의 순간(sotāpatti-magga-kkhaṇa)에 일어난 기능이다. '구경의 지혜의 기능[已知根, aññindriya]'은 그렇게 법을 안 자들에게 속하는 예류과(sotāpatti-phala)로부터 [아라한도까지의] 여섯 경우에 일어난 기능이다. '구경의 지혜를 구족한 자의 기능 [具知根, aññātāvindriya]'은 구경의 지혜를 구족한 자들에게 속하는 아라한과의 법(arahatta-phala-dhamma)들에서 일어난 기능이다."(SA.iii.237)

질]이고 … (§160) … 이것은 텅 빈 마을이기도 하다. — 이를 일러 몸의 기능이라 한다.

여기서 무엇이 '마노의 기능[意根, manindriya]'인가? 한 가지에 의한 마노의 기능이 있다. — 감각접촉과 결합된 것이다.

두 가지에 의한 마노의 기능이 있다. — 원인을 가진 것이 있고, 원인을 가지지 않은 것이 있다.(*cf* ma2-2)

세 가지에 의한 마노의 기능이 있다. — 유익한 것이 있고, 해로운 것이 있고, 결정할 수 없는 것[無記]이 있다.(*cf* ma3-1)

네 가지에 의한 마노의 기능이 있다. — 욕계에 속하는 것이 있고, 색계에 속하는 것이 있고, 무색계에 속하는 것이 있고, [세간에] 포함되지 않는[出世間] 것이 있다.

다섯 가지에 의한 마노의 기능이 있다. — 즐거움의 기능과 결합된 것, 괴로움의 기능과 결합된 것, 기쁨의 기능과 결합된 것, 불만족의 기능과 결합된 것, 평온의 기능과 결합된 것이다.

여섯 가지에 의한 마노의 기능이 있다. 눈의 알음알이 … 마노의 알음알이이다. 이와 같이 여섯 가지에 의한 마노의 기능이 있다.

일곱 가지에 의한 마노의 기능이 있다. 눈의 알음알이 … 몸의 알음알이, 마노의 요소, 마노의 알음알이의 요소이다. 이와 같이 일곱 가지에 의한 마노의 기능이 있다.

여덟 가지에 의한 마노의 기능이 있다. 눈의 알음알이, 귀의 알음알이, 코의 알음알이, 혀의 알음알이, 즐거움이 함께한 몸의 알음알이, 괴로움이 함께한 [몸의 알음알이], 마노의 요소, 마노의 알음알이의 요소이다. 이와 같이 여덟 가지에 의한 마노의 기능이 있다.

아홉 가지에 의한 마노의 기능이 있다. 눈의 알음알이, 귀의 알음알이, 코의 알음알이, 혀의 알음알이, 몸의 알음알이, 마노의 요소, 유익한 마노의 알음알이의 요소, 해로운 [마노의 알음알이의 요소], 결정할 수 없는[無記] [마노의 알음알이의 요소]이다. 이와 같이 아홉 가지에 의한 마노의 기능이 있다.

열 가지에 의한 마노의 기능이 있다. 눈의 알음알이, 귀의 알음알이, 코의 알음알이, 혀의 알음알이, 즐거움이 함께한 몸의 알음알이, 괴로움이 함께한 [몸의 알음알이], 마노의 요소, 유익한 마노의 알음알이의 요소, 해로운 [마노의 알음알이의 요소], 결정할 수 없는[無記] [마노의 알음알이의 요소]이다. 이와 같이 열 가지에 의한 마노의 기능이 있다.

… (§§122~149) … 이와 같이 여러 가지에 의한 마노의 기능이 있다.

— 이를 일러 마노의 기능이라 한다.

여기서 무엇이 '여자의 기능[女根, itthindriya]'인가? 여자가 가지는 여자의 생김새, 여자의 [외관상의] 표상, 여자다운 행위, 여자의 모습, 여자됨, 여자의 상태 — 이를 일러 여자의 기능이라 한다.(*cf.* Dhs §632)

여기서 무엇이 '남자의 기능[男根, purisindriya]'인가? 남자가 가지는 남자의 생김새, 남자의 [외관상의] 표상, 남자다운 행위, 남자의 모습, [123] 남자됨, 남자의 상태 — 이를 일러 남자의 기능이라 한다.(*cf.* Dhs §633)

여기서 무엇이 '생명기능[命根, jīvitindriya]'인가? 생명기능은 두 가지이니, 물질의 생명기능과 비물질의 생명기능이다.

여기서 무엇이 '물질의 생명기능(rūpajīvitindriya)'인가? 물질인 법들의 수명, 머묾, 지속, 유지, 나아감, 계속됨, 보존, 생명, 생명기능(*cf.* Dhs §634) — 이를 일러 물질의 생명기능이라 한다.

여기서 무엇이 '비물질의 생명기능(arūpajīvitindriya)'인가? 비물질인 법들의 수명, 머묾, 지속, 유지, 나아감, 계속됨, 보존, 생명, 생명기능(Dhs §19) — 이를 일러 비물질의 생명기능이라 한다.

— 이를 일러 생명기능이라 한다.

여기서 무엇이 '즐거움의 기능[樂根, sukhindriya]'인가? 육체적인 만족감, 육체적인 즐거움, 몸의 감각접촉에서 생긴 만족하고 즐겁게 느껴지는 것, 몸의 감각접촉에서 생긴 만족하고 즐거운 느낌 — 이를 일러 즐거움의 기능이라 한다.

여기서 무엇이 '괴로움의 기능[苦根, dukkhindriya]'인가? 육체적인 불만족감, 육체적인 괴로움, 몸의 감각접촉에서 생긴 만족하지 못하고 괴롭게 느껴지는 것, 몸의 감각접촉에서 생긴 만족하지 못하고 괴로운 느낌 — 이를 일러 괴로움의 기능이라 한다.

여기서 무엇이 '기쁨의 기능[喜根, somanassindriya]'인가? 정신적인 만족감, 정신적인 즐거움, 정신의 감각접촉에서 생긴 만족하고 즐겁게 느껴지는 것, 정신의 감각접촉에서 생긴 만족하고 즐거운 느낌(Dhs §10 등) — 이를 일러 기쁨의 기능이라 한다.

여기서 무엇이 '불만족의 기능[憂根, domanassindriya]'인가? 정신적인 불만족감, 정신적인 괴로움, 정신의 감각접촉에서 생긴 만족하지 못하고 괴롭게 느껴지는 것, 정신의 감각접촉에서 생긴 만족하지 못하고 괴로운 느낌(Dhs §415 등) — 이를 일러 불만족의 기능이라 한다.

여기서 무엇이 '평온의 기능[捨根, upekkhindriya]'인가? 정신적인 만족감도 불만족감도 아니고 정신의 감각접촉에서 생긴 괴롭지도 즐겁지도 않게 느껴지는 것, 정신의 감각접촉에서 생긴 괴롭지도 즐겁지도 않은 느낌(Dhs §152 등) — 이를 일러 평온의 기능이라 한다.[188)]

여기서 무엇이 '믿음의 기능[信根, saddhindriya]'인가? 믿음, 믿는 것, 신뢰, 깨끗한 믿음, 믿음, 믿음의 기능, 믿음의 힘(Dhs §12 등) — 이를 일러 믿음의 기능이라 한다.

여기서 무엇이 '정진의 기능[精進根, vīriyindriya]'인가? 정신적인 정진을 시작함, 부지런함, 노력, 애씀, 힘씀, 전력을 다함, 분발, 강인함, 강건

188) 본서 §180과 여기서 보듯이 평온[捨, upekkhā]은 정신적인 것에만 해당한다. 육체적인 평온이란 존재하지 않는다.

함, 해이하지 않고 노력함, 열의를 내려놓지 않음, 의무를 내려놓지 않음, 의무를 움켜쥠, 정진, [124] 정진의 기능, 정진의 힘 — 이를 일러 정진의 기능이라 한다.

여기서 무엇이 '마음챙김의 기능[念根, satindriya]'인가? 마음챙김, 계속해서 마음챙김[隨念], 거듭해서 마음챙김, 마음챙김, 챙겨있음, 간직함, 떠다니지 않음, 잊어버리지 않음, 마음챙김, 마음챙김의 기능, 마음챙김의 힘, 바른 마음챙김[正念] — 이를 일러 마음챙김의 기능이라 한다.

여기서 무엇이 '삼매의 기능[定根, samādhindriya]'인가? 마음의 머묾, 잘 머묾, 확고함, 산만하지 않음, 산란하지 않음, 산만하지 않은 마음 상태, 사마타, 삼매의 기능, 삼매의 힘, 바른 삼매 — 이를 일러 삼매의 기능이라 한다.189)

여기서 무엇이 '통찰지의 기능[慧根, paññindriya]'인가? 통찰지, 통찰함 … (§525) … 어리석음 없음, 법의 간택, 바른 견해 — 이를 일러 통찰지의 기능이라 한다.

여기서 무엇이 '구경의 지혜를 가지려는 기능[未知當知根, anaññāta-ññassāmītindriya]'인가? 알아지지 않았고 보이지 않았고 증득되지 않았고 체득되지 않았고 실현되지 않은 그런 법들을 실현하기 위한 통찰지, 통찰함 … (§525) … 어리석음 없음, 법의 간택, 바른 견해, 법을 간택하는 깨달음의 구성요소, 도의 구성요소, 도에 포함됨 — 이를 일러 구경

---

189) "정진의 기능과 삼매의 기능의 해설 등(vīriyindriya-samādhindriya-niddesādī)에서 바른 노력과 그릇된 노력(sammāvāyāma micchā-vāyāma), 바른 삼매와 그릇된 삼매(sammāsamādhi micchāsamādhi)라는 등은 설해지지 않았다. 왜 그런가? [이 22가지 기능이] 모든 것을 포함하기 때문이다(sabbasaṅgāhakattā). [기능으로서 존재하는] 모든 것을 포함하여 여기서 기능들은 설명되었기 때문이다."(VbhA.126)
"'모든 것을 포함함(sabbasaṅgāhakattā)'이라고 하였다. 그 경지에서 존재하지 않는 것은 [그 경지에] 포함되는 것이 아니라는 뜻이다(na yassā bhūmiyā yāni na vijjanti, tesaṁ saṅgāhakattāti attho)."(VbhAMṬ.81)

의 지혜를 가지려는 기능[未知當知根]이라 한다.

여기서 무엇이 '구경의 지혜의 기능[已知根, aññindriya]'인가? 알아졌고 보아졌고 증득되었고 체득되었고 실현된 그런 법들을 실현하기 위한[190] 통찰지, 통찰함 … (§525) … 어리석음 없음, 법의 간택, 바른 견해, 법을 간택하는 깨달음의 구성요소, 도의 구성요소, 도에 포함됨 — 이를 일러 구경의 지혜의 기능[已知根]이라 한다.

여기서 무엇이 '구경의 지혜를 구족한 기능[具知根, aññātāvindriya]'인가? 구경의 지혜로 안 분들에 의해서 알아졌고 보아졌고 증득되었고 체득되었고 실현된 그런 법들을 실현하기 위한[191] 통찰지, 통찰함 … (§525) … 어리석음 없음, 법의 간택, 바른 견해, 법을 간택하는 깨달음의

190) '실현된 그런 법들을 실현하기 위한 통찰지'는 tesaṁ dhammānaṁ … sacchikatānaṁ sacchikiriyāya paññā를 옮긴 것이다. 앞의 §219의 주해에서 보았듯이 구경의 지혜를 가지려는 기능 [未知當知根]은 예류도의 순간에 일어난 기능이고 이 구경의 지혜의 기능[已知根]은 그렇게 법을 안 자들에게 속하는 예류과로부터 아라한도까지의 여섯 경우에 일어난 기능이다.(SA.iii.237) 그러므로 여기서 '실현된 것들을 실현하기 위한(sacchikatānaṁ sacchikiriyāya) 통찰지'라는 표현은 예류과부터 아라한도까지에 속하는 성자들이 이미 실현한 예류도를 기반으로 하여 아라한과를 실현하기 위한 통찰지로 이해하면 되겠다. 주석서들은 별다른 설명이 없다.

191) '구경의 지혜로 안 분들에 의해서 알아졌고 보아졌고 증득되었고 체득되었고 실현된 그런 법들을 실현하기 위한'은 VRI본의 "yā tesaṁ dhammānaṁ aññātāvīnaṁ diṭṭhānaṁ pattānaṁ viditānaṁ sacchikatānaṁ sacchikiriyāya"를 옮긴 것이다. 틧띨라 스님도 이것을 영역하였다.(틧띨라 스님, 163쪽 참조) 그런데 PTS본에는 yā tesaṁ aññātāvīnaṁ dhammānaṁ aññā paññā pajānanā …(그때에 있는 구경의 지혜로 안 분들의 법들에 대한 구경의 지혜, 통찰지, 통찰함 …)로 나타난다. 그리고 VRI본과 PTS본 『담마상가니』 (Dhs §555)에도 이 후자로 나타난다.

한편 이 구경의 지혜[具知根]를 설명하는 정형구는 빠알리 삼장 가운데 『담마상가니』 (Dhs §555)와 여기 『위방가』 §220에만 나타난다. VRI본에 의하면 이처럼 이 두 가지는 서로 다르고 PTS본에 의하면 서로 같다. 역자는 저본으로 삼고 있는 VRI본에 준해서 옮겼다. 틧띨라 스님도 VRI본을 따라서 옮기고 있다. 여기에 대해서는 『담마상가니』 제1권 §555의 해당 주해도 참조하기 바란다.

구성요소, 도의 구성요소, 도에 포함됨 — 이를 일러 구경의 지혜를 구족한 기능[具知根]이라 한다.

아비담마에 따른 분석 방법이 [끝났다.][192]

II. [아비담마 마띠까를 통한] 질문의 제기

Pañhāpucchaka

221. 22가지 기능[根, indriya]은 ① 눈의 기능[眼根] ② 귀의 기능[耳根] ③ 코의 기능[鼻根] ④ 혀의 기능[舌根] ⑤ 몸의 기능[身根] ⑥ 마노의 기능[意根] ⑦ 여자의 기능[女根] ⑧ 남자의 기능[男根] ⑨ 생명기능[命根] ⑩ 즐거움의 기능[樂根] ⑪ 괴로움의 기능[苦根] ⑫ 기쁨의 기능[喜根] ⑬ 불만족의 기능[憂根] ⑭ 평온의 기능[捨根] ⑮ 믿음의 기능[信根] ⑯ 정진의 기능[精進根] ⑰ 마음챙김의 기능[念根] ⑱ 삼매의 기능[定根] ⑲ 통찰지의 기능[慧根] [125] ⑳ 구경의 지혜를 가지려는 기능[未知當知根] ㉑ 구경의 지혜의 기능[已知根] ㉒ 구경의 지혜를 구족한 기능[具知根]이다.

222. 22가지 기능 가운데 몇 가지가 유익한 [법]이고, 몇 가지가 해로운 [법]이고, 몇 가지가 결정할 수 없는[無記] [법]인가? … pe(Dhs Mtk) … 몇 가지가 다툼을 가진 [법]이고, 몇 가지가 다툼이 없는 [법]인가?

192) "여기서 10가지 기능은 세간적인 것이고 욕계에 속하는 것이다. 세 가지는 출세간적인 것이고 아홉 가지는 세간적인 것과 출세간적인 것이 혼합된 것(lokiyalokuttaramissakāni)이라고 알아야 한다."(VbhA.126)

(1) 세개 조

223. 열 가지 기능은 결정할 수 없는[無記] [법]이다. 불만족의 기능은 해로운 [법]이다. 구경의 지혜를 가지려는 기능[未知當知根]은 유익한 [법]이다. 네 가지 기능은 유익한 [법]일 수 있고, 결정할 수 없는[無記] [법]일 수 있다. 여섯 가지 기능은 유익한 [법]일 수 있고, 해로운 [법]일 수 있고, 결정할 수 없는[無記] [법]일 수 있다.(*cf* ma3-1)

열두 가지 기능은 즐거운 느낌과 결합된 [법]이라고도 괴로운 느낌과 결합된 [법]이라고도 괴롭지도 즐겁지도 않은 느낌과 결합된 [법]이라고도 말해서는 안 된다. 여섯 가지 기능은 즐거운 느낌과 결합된 [법]일 수 있고, 괴롭지도 즐겁지도 않은 느낌과 결합된 [법]일 수 있다. 세 가지 기능은 즐거운 느낌과 결합된 [법]일 수 있고, 괴로운 느낌과 결합된 [법]일 수 있고, 괴롭지도 즐겁지도 않은 느낌과 결합된 [법]일 수 있다. 생명기능은 즐거운 느낌과 결합된 [법]일 수 있고, 괴로운 느낌과 결합된 [법]일 수 있고, 괴롭지도 즐겁지도 않은 느낌과 결합된 [법]일 수 있다. [그러나] 즐거운 느낌과 결합된 [법]이라고도 괴로운 느낌과 결합된 [법]이라고도 괴롭지도 즐겁지도 않은 느낌과 결합된 [법]이라고도 말해서는 안 되는 경우가 있다.(*cf* ma3-2)

일곱 가지 기능은 과보로 나타난 것도 아니고 과보를 생기게 하는 것도 아닌 [법]이다. 세 가지 기능은 과보로 나타난 [법]이다. 두 가지 기능은 과보를 생기게 하는 [법]이다. 구경의 지혜의 기능[已知根]은 과보로 나타난 [법]일 수 있고, 과보를 생기게 하는 [법]일 수 있다. 아홉 가지 기능은 과보로 나타난 [법]일 수 있고, 과보를 생기게 하는 [법]일 수 있고, 과보로 나타난 것도 아니고 과보를 생기게 하는 것도 아닌 [법]일 수 있다.(*cf* ma3-3)

아홉 가지 기능은 취착되었고 취착의 대상인 [법]이다. 불만족의 기능은 취착되지 않았지만 취착의 대상인 [법]이다. 세 가지 기능은 취착되지 않았고 취착의 대상도 아닌 [법]이다. 아홉 가지 기능은 취착되었고 취착의 대상인 [법]일 수 있고, 취착되지 않았지만 취착의 대상인 [법]일 수 있고, 취착되지 않았고 취착의 대상도 아닌 [법]일 수 있다.(*cf.* ma3-4)

아홉 가지 기능은 오염되지 않았지만 오염의 대상인 [법]이다. 불만족의 기능은 오염되었고 오염의 대상인 [법]이다. 세 가지 기능은 오염되지 않았고 오염의 대상도 아닌 [법]이다. 세 가지 기능은 오염되지 않았지만 오염의 대상인 [법]일 수 있고, 오염되지 않았고 오염의 대상도 아닌 [법]일 수 있다. 여섯 가지 기능은 오염되었고 오염의 대상인 [법]일 수 있고, 오염되지 않았지만 오염의 대상인 [법]일 수 있고, 오염되지 않았고 오염의 대상도 아닌 [법]일 수 있다.(*cf.* ma3-5)

아홉 가지 기능은 일으킨 생각도 없고 지속적 고찰도 없는 [법]이다. 불만족의 기능은 일으킨 생각도 있고 지속적 고찰도 있다. 평온의 기능은 일으킨 생각이 있고 지속적 고찰이 있는 [법]일 수 있고, 일으킨 생각도 없고 지속적 고찰도 없는 [법]일 수 있다. 열한 가지 기능은 일으킨 생각이 있고 지속적 고찰이 있는 [법]일 수 있고, 일으킨 생각은 없고 지속적 고찰만 있는 [법]일 수 있고, 일으킨 생각도 없고 지속적 고찰도 없는 [법]일 수 있다.(*cf.* ma3-6)

열한 가지 기능은 희열이 함께하는 [법]이라고도 행복이 함께하는 [법]이라고도 평온이 함께하는 [법]이라고도 말해서는 안 된다. 기쁨의 기능은 희열이 함께하는 [법]일 수 있지만 행복이 함께하는 [법]이 아니고 평온이 함께하는 [법]이 아니다. 희열이 함께하는 [법]이라고 [126] 말해서는 안 되는 경우가 있다. 여섯 가지 기능은 희열이 함께하는 [법]일 수 있고, 행복이 함께하는 [법]일 수 있고, 평온이 함께하는 [법]일 수 있다. 네 가지 기능은 희열이 함께하는 [법]일 수 있고, 행복이 함께하는

[법]일 수 있고, 평온이 함께하는 [법]일 수 있다. [그러나] 희열이 함께하는 [법]이라고도 행복이 함께하는 [법]이라고도 평온이 함께하는 [법]이라고도 말해서는 안 되는 경우가 있다.(cf. ma3-7)

열다섯 가지 기능은 봄이나 닦음으로 버려야 하지 않는 [법]이다. 불만족의 기능은 봄으로써 버려야 하는 [법]일 수 있고, 닦음으로써 버려야 하는 [법]일 수 있다. 여섯 가지 기능은 봄으로써 버려야 하는 [법]일 수 있고, 닦음으로써 버려야 하는 [법]일 수 있고, 봄이나 닦음으로 버려야 하지 않는 [법]일 수 있다.(cf. ma3-8)

열다섯 가지 기능은 봄이나 닦음으로 버려야 하는 원인을 가지지 않은 [법]이다. 불만족의 기능은 봄으로써 버려야 하는 원인을 가진 [법]일 수 있고, 닦음으로써 버려야 하는 원인을 가진 [법]일 수 있다. 여섯 가지 기능은 봄으로써 버려야 하는 원인을 가진 [법]일 수 있고, 닦음으로써 버려야 하는 원인을 가진 [법]일 수 있고, 봄이나 닦음으로 버려야 하는 원인을 가지지 않은 [법]일 수 있다.(cf. ma3-9)

열 가지 기능은 [윤회를] 축적하게 하는 것도 [윤회를] 감소시키는 것도 아닌 [법]이다. 불만족의 기능은 [윤회를] 축적하게 하는 [법]이다. 구경의 지혜를 가지려는 기능[未知當知根]은 [윤회를] 감소시키는 [법]이다. 구경의 지혜의 기능[已知根]은 [윤회를] 감소시키는 [법]일 수 있고, [윤회를] 축적하게 하는 것도 [윤회를] 감소시키는 것도 아닌 [법]일 수 있다. 아홉 가지 기능은 [윤회를] 축적하게 하는 [법]일 수 있고, [윤회를] 감소시키는 [법]일 수 있고, [윤회를] 축적하게 하는 것도 [윤회를] 감소시키는 것도 아닌 [법]일 수 있다.(cf. ma3-10)

열 가지 기능은 유학에도 무학에도 속하지 않는 [법]이다. 두 가지 기능은 유학에 속하는 [법]이다. 구경의 지혜를 구족한 기능[具知根]은 무학에 속하는 [법]이다. 아홉 가지 기능은 유학에 속하는 [법]일 수 있고, 무학에 속하는 [법]일 수 있고, 유학에도 무학에도 속하지 않는 [법]일

수 있다.(*cf* ma3-11)

열 가지 기능은 제한된 [법]이다. 세 가지 기능은 무량한 [법]이다. 아홉 가지 기능은 제한된 [법]일 수 있고, 고귀한 [법]일 수 있고, 무량한 [법]일 수 있다.(*cf* ma3-12)

일곱 가지 기능은 대상을 가지지 않는다. 두 가지 기능은 제한된 대상을 가진 [법]이다. 세 가지 기능은 무량한 대상을 가진 [법]이다. 불만족의 기능은 제한된 대상을 가진 [법]일 수 있고, 고귀한 대상을 가진 [법]일 수 있지만 무량한 대상을 가진 [법]은 아니다. [그러나] 제한된 대상을 가진 [법]이라고도 고귀한 대상을 가진 [법]이라고도 말해서는 안 되는 경우가 있다. 아홉 가지 기능은 제한된 대상을 가진 [법]일 수 있고, 고귀한 대상을 가진 [법]일 수 있고, 무량한 대상을 가진 [법]일 수 있다. [그러나] 제한된 대상을 가진 [법]이라고도 고귀한 대상을 가진 [법]이라고도 무량한 대상을 가진 [법]이라고도 말해서는 안 되는 경우가 있다.(*cf* ma3-13)

아홉 가지 기능은 중간인 [법]이다. 불만족의 기능은 저열한 [법]이다. 세 가지 기능은 수승한 [법]이다. 세 가지 기능은 중간인 [법]일 수 있고, 수승한 [법]일 수 있다. 여섯 가지 기능은 저열한 [법]일 수 있고, 중간인 [법]일 수 있고, 수승한 [법]일 수 있다.(*cf* ma3-14)

열 가지 기능은 확정되지 않은 [법]이다. 구경의 지혜를 가지려는 기능[未知當知根]은 바른 것으로 확정된 [법]이다. 네 가지 기능은 바른 것으로 확정된 [법]일 수 있고, 확정되지 않은 [법]일 수 있다. 불만족의 기능은 그릇된 것으로 확정된 [법]일 수 있고, 확정되지 않은 [법]일 수 있다. [127] 여섯 가지 기능은 그릇된 것으로 확정된 [법]일 수 있고, 바른 것으로 확정된 [법]일 수 있고, 확정되지 않은 [법]일 수 있다.(*cf* ma3-15)

일곱 가지 기능은 대상을 가지지 않는다. 네 가지 기능은 도를 대상으로 가진 [법]이라고도 도를 원인으로 가진 [법]이라고도 도를 지배의

[요소]로 가진 [법]이라고도 말해서는 안 된다. 구경의 지혜를 가지려는 기능[未知當知根]은 도를 대상으로 가진 [법]이 아니다. 도를 원인으로 가진 [법]일 수 있고, 도를 지배의 [요소]로 가진 [법]일 수 있다. [그러나] 도를 원인으로 가진 [법]이라고도 도를 지배의 [요소]로 가진 [법]이라고도 말해서는 안 되는 경우가 있다. 구경의 지혜의 기능[已知根]은 도를 대상으로 가진 [법]이 아니다. 도를 원인으로 가진 [법]일 수 있고, 도를 지배의 [요소]로 가진 [법]일 수 있다. [그러나] 도를 원인으로 가진 [법]이라고도 도를 지배의 [요소]로 가진 [법]이라고도 말해서는 안 되는 경우가 있다. 아홉 가지 기능은 도를 대상으로 가진 [법]일 수 있고, 도를 원인으로 가진 [법]일 수 있고, 도를 지배의 [요소]로 가진 [법]일 수 있다. [그러나] 도를 대상으로 가진 [법]이라고도 도를 원인으로 가진 [법]이라고도 도를 지배의 [요소]로 가진 [법]이라고도 말해서는 안 되는 경우가 있다.(*cf.* ma3-16)

열 가지 기능은 일어난 [법]일 수 있고, 일어나게 될 [법]일 수 있다. 일어나지 않은 [법]이라고 말해서는 안 된다. 두 가지 기능은 일어난 [법]일 수 있고, 일어나지 않은 [법]일 수 있다. 일어나게 될 [법]이라고 말해서는 안 된다. 열 가지 기능은 일어난 [법]일 수 있고, 일어나지 않은 [법]일 수 있고, 일어나게 될 [법]일 수 있다.(*cf.* ma3-17)

[22가지 기능은] 과거의 [법]일 수 있고, 미래의 [법]일 수 있고, 현재의 [법]일 수 있다.(*cf.* ma3-18)

일곱 가지 기능은 대상을 가지지 않는다. 두 가지 기능은 현재의 대상을 가진 [법]이다. 세 가지 기능은 과거의 대상을 가진 [법]이라고도 미래의 대상을 가진 [법]이라고도 현재의 대상을 가진 [법]이라고도 말해서는 안 된다. 열 가지 기능은 과거의 대상을 가진 [법]일 수 있고, 미래의 대상을 가진 [법]일 수 있고, 현재의 대상을 가진 [법]일 수 있다. [그러나] 과거의 대상을 가진 [법]이라고도 미래의 대상을 가진 [법]이라고

도 현재의 대상을 가진 [법]이라고도 말해서는 안 되는 경우가 있다.(*cf* ma3-19)

[22가지 기능은] 안의 [법]일 수 있고, 밖의 [법]일 수 있고, 안과 밖의 [법]일 수 있다.(*cf* ma3-20)

일곱 가지 기능은 대상을 가지지 않는다. 세 가지 기능은 밖의 대상을 가진 [법]이다. 네 가지 기능은 안의 대상을 가진 [법]일 수 있고, 밖의 대상을 가진 [법]일 수 있고, 안과 밖의 대상을 가진 [법]일 수 있다. 여덟 가지 기능은 안의 대상을 가진 [법]일 수 있고, 밖의 대상을 가진 [법]일 수 있고, 안과 밖의 대상을 가진 [법]일 수 있다. [그러나] 안의 대상을 가진 [법]이라고도 밖의 대상을 가진 [법]이라고도 안과 밖의 대상을 가진 [법]이라고도 말해서는 안 되는 경우가 있다.(*cf* ma3-21)

다섯 가지 기능은 볼 수는 없지만 부딪힘은 있는 [법]이다. 열일곱 가지 기능은 볼 수도 없고 부딪힘도 없는 [법]이다.(*cf* ma3-22)

(2) 두 개 조

① 원인의 모둠

224. 네 가지 기능은 원인인 [법]이다. 열여덟 가지 기능은 원인이 아닌 [법]이다.(*cf* ma2-1)

일곱 가지 기능은 원인을 가진 [법]이다. 아홉 가지 기능은 원인을 가지지 않은 [법]이다. 여섯 기능은 원인을 가진 [법]일 수 있고, 원인을 가지지 않은 [법]일 수 있다.(*cf* ma2-2)

일곱 가지 기능은 원인과 결합된 [법]이다. 아홉 가지 기능은 원인과 결합되지 않은 [법]이다. 여섯 가지 기능은 원인과 결합된 [법]일 수 있고, 원인과 결합되지 않은 [법]일 수 있다.(*cf* ma2-3)

네 가지 기능은 원인이면서 원인을 가진 [법]이다. [128] 아홉 가지 기능은 원인이면서 원인을 가진 [법]이라고도 원인을 가졌지만 원인이 아닌 [법]이라고도 말해서는 안 된다. 세 가지 기능은 원인이면서 원인을 가진 [법]이라고 말해서는 안 된다. [이들은] 원인을 가졌지만 원인이 아닌 [법]이다. 여섯 가지 기능은 원인이면서 원인을 가진 [법]이라고 말해서는 안 된다. 원인을 가졌지만 원인이 아닌 [법]일 수 있다. [그러나] 원인을 가졌지만 원인이 아닌 [법]이라고 말해서는 안 되는 경우가 있다.(*cf.* ma2-4)

네 가지 기능은 원인이면서 원인과 결합된 [법]이다. 아홉 가지 기능은 원인이면서 원인과 결합된 [법]이라고도 원인과 결합되었지만 원인이 아닌 [법]이라고도 말해서는 안 된다. 세 가지 기능은 원인이면서 원인과 결합된 [법]이라고 말해서는 안 된다. [이들은] 원인과 결합되었지만 원인이 아닌 [법]이다. 여섯 가지 지능은 원인이면서 원인과 결합된 [법]이라고 말해서는 안 된다. 원인과 결합되었지만 원인이 아닌 [법]일 수 있다. [그러나] 원인과 결합되었지만 원인이 아닌 [법]이라고 말해서는 안 되는 경우가 있다.(*cf.* ma2-5)

아홉 가지 기능은 원인이 아니면서 원인을 가지지 않은 [법]이다. 세 가지 기능은 원인이 아니지만 원인을 가진 [법]이다. 네 가지 기능은 원인이 아니지만 원인을 가진 [법]이라고도 원인이 아니면서 원인을 가지지 않은 [법]이라고도 말해서는 안 된다. 여섯 가지 기능은 원인이 아니지만 원인을 가진 [법]일 수 있고, 원인이 아니면서 원인을 가지지 않은 [법]일 수 있다.(*cf.* ma2-6)

② 틈새에 있는 짧은 두 개 조

[22가지 기능은] 조건을 가진 [법]이다.(*cf.* ma2-7)

[22가지 기능은] 형성된 것[有爲]이다.(*cf.* ma2-8)

[22가지 기능은] 볼 수 없는 [법]이다.(*cf.* ma2-9)

다섯 가지 기능은 부딪힘이 있는 [법]이다. 열일곱 가지 기능은 부딪힘이 없는 [법]이다.(*cf* ma2-10)

일곱 가지 기능은 물질인 [법]이다. 열네 가지 기능은 비물질인 [법]이다. 생명기능은 물질인 [법]일 수 있고, 비물질인 [법]일 수 있다.(*cf* ma2-11)

열 가지 기능은 세간적인 [법]이다. 세 가지 기능은 출세간의 [법]이다. 아홉 가지 기능은 세간적인 [법]일 수 있고, 출세간의 [법]일 수 있다.(*cf* ma2-12)

[22가지 기능은] 어떤 것으로는 식별되는 [법]이고, 어떤 것으로는 식별되지 않는 [법]이다.(*cf* ma2-13)

③ 번뇌의 모둠

[22가지 기능은] 번뇌가 아닌 [법]이다.(*cf* ma2-14)

열 가지 기능은 번뇌의 대상인 [법]이다. 세 가지 기능은 번뇌의 대상이 아닌 [법]이다. 아홉 가지 기능은 번뇌의 대상인 [법]일 수 있고, 번뇌의 대상이 아닌 [법]일 수 있다.(*cf* ma2-15)

열다섯 가지 기능은 번뇌와 결합되지 않은 [법]이다. 불만족의 기능은 번뇌와 결합된 [법]이다. 여섯 가지 지능은 번뇌와 결합된 [법]일 수 있고, 번뇌와 결합되지 않은 [법]일 수 있다.(*cf* ma2-16)

열 가지 기능은 번뇌이면서 번뇌의 대상인 [법]이라고 말해서는 안 된다. 번뇌의 대상이지만 번뇌가 아닌 [법]이다. 세 가지 기능은 번뇌이면서 번뇌의 대상인 [법]이라고도 번뇌의 대상이지만 번뇌가 아닌 [법]이라고도 말해서는 안 된다. 아홉 가지 기능은 번뇌이면서 번뇌의 대상인 [법]이라고 말해서는 안 된다. 번뇌의 대상이지만 번뇌가 아닌 [법]일 수 있다. [그러나] 번뇌의 대상이지만 번뇌가 아닌 [법]이라고 말해서는 안 되는 경우가 있다.(*cf* ma2-17)

열다섯 가지 기능은 번뇌이면서 번뇌와 결합된 [법]이라고도 번뇌와 결합되었지만 번뇌가 아닌 [법]이라고도 말해서는 안 된다. 불만족의 기능은 번뇌이면서 번뇌와 결합된 [법]이라고 말해서는 안 된다. [이들은] 번뇌와 결합되었지만 번뇌가 아닌 [법]이다. 여섯 가지 기능은 번뇌이면서 번뇌와 결합된 [법]이라고 말해서는 안 된다. 번뇌와 결합되었지만 번뇌가 아닌 [법]일 수 있다. [그러나] 번뇌와 결합되었지만 번뇌가 아닌 [법]이라고 말해서는 안 되는 경우가 있다.(*cf* ma2-18)

아홉 가지 기능은 번뇌와 결합되지 않았지만 번뇌의 대상인 [법]이다. 세 가지 기능은 번뇌와 결합되지 않았으면서 번뇌의 대상이 아닌 [법]이다. 불만족의 기능은 번뇌와 결합되지 않았지만 번뇌의 대상인 [법]이라고도 번뇌와 결합되지 않았으면서 번뇌의 대상이 아닌 [법]이라고도 말해서는 안 된다. 세 가지 기능은 번뇌와 결합되지 않았지만 번뇌의 대상인 [법]일 수 있고, 번뇌와 결합되지 않았으면서 번뇌의 대상이 아닌 [법]일 수 있다. 여섯 가지 기능은 번뇌와 결합되지 않았지만 번뇌의 대상인 [법]일 수 있고, 번뇌와 결합되지 않았으면서 번뇌의 대상이 아닌 [법]일 수 있다. [그러나] 번뇌와 결합되지 않았지만 번뇌의 대상인 [법]이라고도 번뇌와 결합되지 않았으면서 번뇌의 대상이 아닌 [법]이라고도 말해서는 안 되는 경우가 있다.(*cf* ma2-19)

④ 족쇄의 모둠

[22가지 기능은] 족쇄가 아닌 [법]이다.(*cf* ma2-20)

열 가지 기능은 족쇄의 대상인 [법]이다. 세 가지 기능은 족쇄의 대상이 아닌 [법]이다. 아홉 가지 기능은 족쇄의 대상인 [법]일 수 있고, 족쇄의 대상이 아닌 [법]일 수 있다.(*cf* ma2-21)

열다섯 가지 기능은 족쇄와 결합되지 않은 [법]이다. 불만족의 기능은 족쇄와 결합된 [법]이다. 여섯 가지 기능은 족쇄와 결합된 [법]일 수

있고, [129] 족쇄와 결합되지 않은 [법]일 수 있다.(*cf* ma2-22)

열 가지 기능은 족쇄이면서 족쇄의 대상인 [법]이라고 말해서는 안 된다. [이들은] 족쇄의 대상이지만 족쇄가 아닌 [법]이다. 세 가지 기능은 족쇄이면서 족쇄의 대상인 [법]이라고도 족쇄의 대상이지만 족쇄가 아닌 [법]이라고도 말해서는 안 된다. 아홉 가지 기능은 족쇄이면서 족쇄의 대상인 [법]이라고 말해서는 안 된다. 족쇄의 대상이지만 족쇄가 아닌 [법]일 수 있다. [그러나] 족쇄의 대상이지만 족쇄가 아닌 [법]이라고 말해서는 안 되는 경우가 있다.(*cf* ma2-23)

열다섯 가지 기능은 족쇄이면서 족쇄와 결합된 [법]이라고도 족쇄와 결합되었지만 족쇄가 아닌 [법]이라고도 말해서는 안 된다. 불만족의 기능은 족쇄이면서 족쇄와 결합된 [법]이라고 말해서는 안 된다. 족쇄와 결합되었지만 족쇄가 아닌 [법]이다. 여섯 가지 기능은 족쇄이면서 족쇄와 결합된 [법]이라고 말해서는 안 된다. 족쇄와 결합되었지만 족쇄가 아닌 [법]일 수 있다. [그러나] 족쇄와 결합되었지만 족쇄가 아닌 [법]이라고 말해서는 안 되는 경우가 있다.(*cf* ma2-24)

아홉 가지 기능은 족쇄와 결합되지 않았지만 족쇄의 대상인 [법]이다. 세 가지 기능은 족쇄와 결합되지 않았으면서 족쇄의 대상이 아닌 [법]이다. 불만족의 기능은 족쇄와 결합되지 않았지만 족쇄의 대상인 [법]이라고도 족쇄와 결합되지 않았으면서 족쇄의 대상이 아닌 [법]이라고도 말해서는 안 된다. 세 가지 기능은 족쇄와 결합되지 않았지만 족쇄의 대상인 [법]일 수 있고, 족쇄와 결합되지 않았으면서 족쇄의 대상이 아닌 [법]일 수 있다. 여섯 가지 기능은 족쇄와 결합되지 않았지만 족쇄의 대상인 [법]일 수 있고, 족쇄와 결합되지 않았으면서 족쇄의 대상이 아닌 [법]일 수 있다. [그러나] 족쇄와 결합되지 않았지만 족쇄의 대상인 [법]이라고도 족쇄와 결합되지 않았으면서 족쇄의 대상이 아닌 [법]이라고도 말해서는 안 되는 경우가 있다.(*cf* ma2-25)

⑤ 매듭의 모둠

[22가지 기능은] 매듭이 아닌 [법]이다.(*cf.* ma2-26)

열 가지 기능은 매듭의 대상인 [법]이다. 세 가지 기능은 매듭의 대상이 아닌 [법]이다. 아홉 가지 기능은 매듭의 대상인 [법]일 수 있고, 매듭의 대상이 아닌 [법]일 수 있다.(*cf.* ma2-27)

열다섯 가지 기능은 매듭과 결합되지 않은 [법]이다. 불만족의 기능은 매듭과 결합된 [법]이다. 여섯 가지 기능은 매듭과 결합된 [법]일 수 있고, 매듭과 결합되지 않은 [법]일 수 있다.(*cf.* ma2-28)

열 가지 기능은 매듭이면서 매듭의 대상인 [법]이라고 말해서는 안 된다. [이들은] 매듭의 대상이지만 매듭이 아닌 [법]이다. 세 가지 기능은 매듭이면서 매듭의 대상인 [법]이라고도 매듭의 대상이지만 매듭이 아닌 [법]이라고도 말해서는 안 된다. 아홉 가지 기능은 매듭이면서 매듭의 대상인 [법]이라고 말해서는 안 된다. 매듭의 대상이지만 매듭이 아닌 [법]일 수 있다. [그러나] 매듭의 대상이지만 매듭이 아닌 [법]이라고 말해서는 안 되는 경우가 있다.(*cf.* ma2-29)

열다섯 가지 기능은 매듭이면서 매듭과 결합된 [법]이라고도 매듭과 결합되었지만 매듭이 아닌 [법]이라고도 말해서는 안 된다. 불만족의 기능은 매듭이면서 매듭과 결합된 [법]이라고 말해서는 안 된다. 매듭과 결합되었지만 매듭이 아닌 [법]이다. 여섯 가지 기능은 매듭이면서 매듭과 결합된 [법]이라고 말해서는 안 된다. 매듭과 결합되었지만 매듭이 아닌 [법]일 수 있다. [그러나] 매듭과 결합되었지만 매듭이 아닌 [법]이라고 말해서는 안 되는 경우가 있다.(*cf.* ma2-30)

아홉 가지 기능은 매듭과 결합되지 않았지만 매듭의 대상인 [법]이다. 세 가지 기능은 매듭과 결합되지 않았으면서 매듭의 대상이 아닌 [130] [법]이다. 불만족의 기능은 매듭과 결합되지 않았지만 매듭의 대상인

[법]이라고도 매듭과 결합되지 않았으면서 매듭의 대상이 아닌 [법]이라고도 말해서는 안 된다. 세 가지 기능은 매듭과 결합되지 않았지만 매듭의 대상인 [법]일 수 있고, 매듭과 결합되지 않았으면서 매듭의 대상이 아닌 [법]일 수 있다. 여섯 가지 기능은 매듭과 결합되지 않았지만 매듭의 대상인 [법]일 수 있고, 매듭과 결합되지 않았으면서 매듭의 대상이 아닌 [법]일 수 있다. [그러나] 매듭과 결합되지 않았지만 매듭의 대상인 [법]이라고도 매듭과 결합되지 않았으면서 매듭의 대상이 아닌 [법]이라고도 말해서는 안 되는 경우가 있다.(*cf.* ma2-31)

⑥ 폭류의 모둠

[22가지 기능은] 폭류가 아닌 [법]이다. … pe … (*cf.* ma2-32~37)

⑦ 속박의 모둠

[22가지 기능은] 속박이 아닌 [법]이다. … pe … (*cf.* ma2-38~43)

⑧ 장애의 모둠

[22가지 기능은] 장애가 아닌 [법]이다.(*cf.* ma2-44)

열 가지 기능은 장애의 대상인 [법]이다. 세 가지 기능은 장애의 대상이 아닌 [법]이다. 아홉 가지 기능은 장애의 대상인 [법]일 수 있고, 장애의 대상이 아닌 [법]일 수 있다.(*cf.* ma2-45)

열다섯 가지 기능은 장애와 결합되지 않은 [법]이다. 불만족의 기능은 장애와 결합된 [법]이다. 여섯 가지 기능은 장애와 결합된 [법]일 수 있고, 장애와 결합되지 않은 [법]일 수 있다.(*cf.* ma2-46)

열 가지 기능은 장애이면서 장애의 대상인 [법]이라고 말해서는 안 된다. [이들은] 장애의 대상이지만 장애가 아닌 [법]이다. 세 가지 기능은 장애이면서 장애의 대상인 [법]이라고도 장애의 대상이지만 장애가 아닌 [법]이라고도 말해서는 안 된다. 아홉 가지 기능은 장애이면서 장애의 대상인 [법]이라고 말해서는 안 된다. 장애의 대상이지만 장애가 아닌 [법]일 수 있다. [그러나] 장애의 대상이지만 장애가 아닌 [법]이라고 말해서는 안 되는 경우가 있다.(*cf.* ma2-47)

열다섯 가지 기능은 장애이면서 장애와 결합된 [법]이라고도 장애와 결합되었지만 장애가 아닌 [법]이라고도 말해서는 안 된다. 불만족의 기능은 장애이면서 장애와 결합된 [법]이라고 말해서는 안 된다. 장애와 결합되었지만 장애가 아닌 [법]이다. 여섯 가지 기능은 장애이면서 장애와 결합된 [법]이라고 말해서는 안 된다. 장애와 결합되었지만 장애가 아닌 [법]일 수 있다. [그러나] 장애와 결합되었지만 장애가 아닌 [법]이라고 말해서는 안 되는 경우가 있다.(*cf.* ma2-48)

아홉 가지 기능은 장애와 결합되지 않았지만 장애의 대상인 [법]이다. 세 가지 기능은 장애와 결합되지 않았으면서 장애의 대상이 아닌 [법]이다. 불만족의 기능은 장애와 결합되지 않았지만 장애의 대상인 [법]이라고도 장애와 결합되지 않았으면서 장애의 대상이 아닌 [법]이라고도 말해서는 안 된다. 세 가지 기능은 장애와 결합되지 않았지만 장애의 대상인 [법]일 수 있고, 장애와 결합되지 않았으면서 장애의 대상이 아닌 [법]일 수 있다. 여섯 가지 기능은 장애와 결합되지 않았지만 장애의 대상인 [법]일 수 있고, 장애와 결합되지 않았으면서 장애의 대상이 아닌 [법]일 수 있다. [그러나] 장애와 결합되지 않았지만 장애의 대상인 [법]이라고도 장애와 결합되지 않았으면서 장애의 대상이 아닌 [법]이라고도 말해서는 안 되는 경우가 있다.(*cf.* ma2-49)

⑨ 집착[固守]의 모둠

[22가지 기능은] 집착[固守]이 아닌 [법]이다.(*cf.* ma2-50)

열 가지 기능은 집착[固守]의 대상인 [법]이다. 세 가지 기능은 집착[固守]의 대상이 아닌 [법]이다. 아홉 가지 기능은 집착[固守]의 대상인 [법]

일 수 있고, 집착[固守]의 대상이 아닌 [법]일 수 있다.(*cf.* ma2-51)

열여섯 가지 기능은 집착[固守]과 결합되지 않은 [법]이다. 여섯 가지 기능은 집착[固守]과 결합된 [법]일 수 있고, 집착[固守]과 결합되지 않은 [법]일 수 있다.(*cf.* ma2-52)

열 가지 기능은 집착[固守]이면서 집착[固守]의 대상인 [법]이라고 말해서는 안 된다. [이들은] 집착[固守]의 대상이지만 집착[固守]이 아닌 [법]이다. 세 가지 기능은 집착[固守]이면서 집착[固守]의 대상인 [131] [법]이라고도 집착[固守]의 대상이지만 집착[固守]이 아닌 [법]이라고도 말해서는 안 된다. 아홉 가지 기능은 집착[固守]이면서 집착[固守]의 대상인 [법]이라고 말해서는 안 된다. 집착[固守]의 대상이지만 집착[固守]이 아닌 [법]일 수 있다. [그러나] 집착[固守]의 대상이지만 집착[固守]이 아닌 [법]이라고 말해서는 안 되는 경우가 있다.(*cf.* ma2-53)

열 가지 기능은 집착[固守]과 결합되지 않았지만 집착[固守]의 대상인 [법]이다. 세 가지 기능은 집착[固守]과 결합되지 않았으면서 집착[固守]의 대상이 아닌 [법]이다. 세 가지 기능은 집착[固守]과 결합되지 않았지만 집착[固守]의 대상인 [법]일 수 있고, 집착[固守]과 결합되지 않았으면서 집착[固守]의 대상이 아닌 [법]일 수 있다. 여섯 가지 기능은 집착[固守]과 결합되지 않았지만 집착[固守]의 대상인 [법]일 수 있고, 집착[固守]과 결합되지 않았으면서 집착[固守]의 대상이 아닌 [법]일 수 있다. [그러나] 집착[固守]과 결합되지 않았지만 집착[固守]의 대상인 [법]이라고도 집착[固守]과 결합되지 않았으면서 집착[固守]의 대상이 아닌 [법]이라고도 말해서는 안 되는 경우가 있다.(*cf.* ma2-54)

⑩ 틈새에 있는 긴 두 개 조

일곱 가지 기능은 대상이 없는 [법]이다. 열네 가지 기능은 대상을 가진 [법]이다. 생명기능은 대상을 가진 [법]일 수 있고, 대상이 없는 [법]

일 수 있다.(*cf.* ma2-55)

스물한 가지 기능은 마음이 아닌 [법]이다. 마노의 기능은 마음인 [법]이다.(*cf.* ma2-56)

열세 가지 기능은 마음부수[心所]이다. 여덟 가지 기능은 마음부수가 아닌 [법]이다. 생명기능은 마음부수일 수 있고, 마음부수가 아닌 [법]일 수 있다.(*cf.* ma2-57)

열세 가지 기능은 마음과 결합된 [법]이다. 일곱 가지 기능은 마음과 결합되지 않은 [법]이다. 생명기능은 마음과 결합된 [법]일 수 있고, 마음과 결합되지 않은 [법]일 수 있다. 마노의 기능은 마음과 결합된 [법]이라고도 마음과 결합되지 않은 [법]이라고도 말해서는 안 된다.(*cf.* ma2-58)

열세 가지 기능은 마음과 결속된 [법]이다. 일곱 가지 기능은 마음과 결속되지 않은 [법]이다. 생명기능은 마음과 결속된 [법]일 수 있고, 마음과 결속되지 않은 [법]일 수 있다. 마노의 기능은 마음과 결속된 [법]이라고도 마음과 결속되지 않은 [법]이라고도 말해서는 안 된다.(*cf.* ma2-59)

열세 가지 기능은 마음에서 생긴 [법]이다. 여덟 가지 기능은 마음에서 생기지 않은 [법]이다. 생명기능은 마음에서 생긴 [법]일 수 있고, 마음에서 생기지 않은 [법]일 수 있다.(*cf.* ma2-60)

열세 가지 기능은 마음과 함께 존재하는 [법]이다. 여덟 가지 기능은 마음과 함께 존재하지 않는 [법]이다. 생명기능은 마음과 함께 존재하는 [법]일 수 있고, 마음과 함께 존재하지 않는 [법]일 수 있다.(*cf.* ma2-61)

열세 가지 기능은 마음을 따르는 [법]이다. 여덟 가지 기능은 마음을 따르지 않는 [법]이다. 생명기능은 마음을 따르는 [법]일 수 있고, 마음을 따르지 않는 [법]일 수 있다.(*cf.* ma2-62)

열세 가지 기능은 마음과 결속되어 있고 마음에서 생긴 [법]이다. 여덟 가지 기능은 마음과 결속된 것도 마음에서 생긴 것도 아닌 [법]이다. 생명기능은 마음과 결속되어 있고 마음에서 생긴 [법]일 수 있고, 마음과 결속된 것도 마음에서 생긴 것도 아닌 [법]일 수 있다.(*cf.* ma2-63)

열세 가지 기능은 마음과 결속되어 있고 마음에서 생겼고 마음과 함께 존재하는 [법]이다. 여덟 가지 기능은 마음과 결속된 것도 마음에서 생긴 것도 마음과 함께 존재하는 것도 아닌 [법]이다. 생명기능은 마음과 결속되어 있고 마음에서 생겼고 마음과 함께 존재하는 [법]일 수 있고, 마음과 결속된 것도 마음에서 생긴 것도 마음과 함께 존재하는 것도 아닌 [법]일 수 있다.(*cf.* ma2-64)

열세 가지 기능은 마음과 결속되어 있고 마음에서 생겼고 마음을 따르는 [법]이다. 여덟 가지 기능은 마음과 결속된 것도 마음에서 생긴 것도 마음을 따르는 것도 아닌 [법]이다. 생명기능은 마음과 결속되어 있고 마음에서 생겼고 마음을 따르는 [법]일 수 있고, 마음과 결속된 것도 마음에서 생긴 것도 마음을 따르는 것도 아닌 [법]일 수 있다.(*cf.* ma2-65)

여섯 가지 기능은 안에 있는 [법]이다. 열여섯 가지 기능은 밖에 있는 [법]이다.(*cf.* ma2-66)

일곱 가지 기능은 [132] 파생된 [법]이다. 열네 가지 기능은 파생되지 않은 [법]이다. 생명기능은 파생된 [법]일 수 있고, 파생되지 않은 [법]일 수 있다.(*cf.* ma2-67)

아홉 가지 기능은 취착된 [법]이다. 네 가지 기능은 취착되지 않은 [법]이다. 아홉 가지 기능은 취착된 [법]일 수 있고, 취착되지 않은 [법]일 수 있다.(*cf.* ma2-68)

⑪ 취착의 모둠

[22가지 기능은] 취착이 아닌 [법]이다.(*cf* ma2-69)

열 가지 기능은 취착의 대상인 [법]이다. 세 가지 기능은 취착의 대상이 아닌 [법]이다. 아홉 가지 기능은 취착의 대상인 [법]일 수 있고, 취착의 대상이 아닌 [법]일 수 있다.(*cf* ma2-70)

열여섯 가지 기능은 취착과 결합되지 않은 [법]이다. 여섯 가지 기능은 취착과 결합된 [법]일 수 있고, 취착과 결합되지 않은 [법]일 수 있다.(*cf* ma2-71)

열 가지 기능은 취착이면서 취착의 대상인 [법]이라고 말해서는 안 된다. [이들은] 취착의 대상이지만 취착이 아닌 [법]이다. 세 가지 기능은 취착이면서 취착의 대상인 [법]이라고도 취착의 대상이지만 취착이 아닌 [법]이라고도 말해서는 안 된다. 아홉 가지 기능은 취착이면서 취착의 대상인 [법]이라고 말해서는 안 된다. 취착의 대상이지만 취착이 아닌 [법]일 수 있다. [그러나] 취착의 대상이지만 취착이 아닌 [법]이라고 말해서는 안 되는 경우가 있다.[193](*cf* ma2-72)

---

193) "아홉 가지 기능은 취착이면서 취착의 대상인 [법]이라고 말해서는 안 된다. 취착의 대상이지만 취착이 아닌 [법]일 수 있다. [그러나] 취착의 대상이지만 취착이 아닌 [법]이라고 말해서는 안 되는 경우가 있다.(*cf* ma2-72)"는 PTS본 "navindriyā na vattabbā upādānā ceva upādāniyā cāti siyā upādāniyā ceva no ca upādānā siyā na vattabbā upādāniyā ceva no ca upādānā ti."를 옮긴 것이다.

그러나 VRI본에는 "navindriyā na vattabbā — 'upādānā ceva upādāniyā cā'ti, siyā upādāniyā ceva no ca upādānā. dasindriyā siyā upādāniyā ceva no ca upādānā, siyā na vattabbā — 'upādāniyā ceva no ca upādānā'ti."로 나타난다. 이것은 "아홉 가지 기능은 취착이면서 취착의 대상인 [법]이라고 말해서는 안 된다. 취착의 대상이지만 취착이 아닌 [법]일 수 있다. 열 가지 기능은 취착의 대상이지만 취착이 아닌 [법]일 수 있다. [그러나] 취착의 대상이지만 취착이 아닌 [법]이라고 말해서는 안 되는 경우가 있다."로 옮겨진다. 텃띨라 스님은 이 VRI본에 따라서 영역을 하였열여섯 가지 기능은 취착이면서 취착과 결합된 [법]이라고도 취착과 결합되었지만 취착이 아닌 [법]이라고도 말해서는 안 된다. 여섯 가지 기능은 취착이면서 취착과 결합된 [법]이라고 말해서는 안 된다. 취착과 결합되었지만 취착이 아닌 [법]일 수 있다. [그러나] 취착과 결합되었지만 취착이 아닌 [법]이라고 말해서는 안 되는 경우가 있다.(*cf.* ma2-73)

열 가지 기능은 취착과 결합되지 않았지만 취착의 대상인 [법]이다. 세 가지 기능은 취착과 결합되지 않았으면서 취착의 대상이 아닌 [법]이다. 세 가지 기능은 취착과 결합되지 않았지만 취착의 대상인 [법]일 수 있고, 취착과 결합되지 않았으면서 취착의 대상이 아닌 [법]일 수 있다. 여섯 가지 기능은 취착과 결합되지 않았지만 취착의 대상인 [법]일 수 있고, 취착과 결합되지 않았으면서 취착의 대상이 아닌 [법]일 수 있다. [그러나] 취착과 결합되지 않았지만 취착의 대상인 [법]이라고도 취착과 결합되지 않았으면서 취착의 대상이 아닌 [법]이라고도 말해서는 안 되는 경우가 있다.(*cf.* ma2-74)

⑫ 오염원의 모둠

[22가지 기능은] 오염원이 아닌 [법]이다.(*cf.* ma2-75)

열 가지 기능은 오염원의 대상인 [법]이다. 세 가지 기능은 오염원의 대상이 아닌 [법]이다. 아홉 가지 기능은 오염원의 대상인 [법]일 수 있고, 오염원의 대상이 아닌 [법]일 수 있다.(*cf.* ma2-76)

열다섯 가지 기능은 오염되지 않은 [법]이다. 불만족의 기능은 오염된 [법]이다. 여섯 가지 기능은 오염된 [법]일 수 있고, 오염되지 않은 [법]일 수 있다.(*cf.* ma2-77)

다(띳띨라 스님, 175쪽 아래서 일곱째 줄 이하 참조).

그런데 VRI본 대로 여기서 다시 열 가지 기능이 들어가면 전체는 32가지 기능이 되어버린다. 그래서 역자는 PTS을 존중하여 옮겼음을 밝힌다.

열다섯 가지 기능은 오염원과 결합되지 않은 [법]이다. 불만족의 기능은 오염원과 결합된 [법]이다. 여섯 가지 기능은 오염원과 결합된 [법]일 수 있고, 오염원과 결합되지 않은 [법]일 수 있다.(*cf.* ma2-78)

열 가지 기능은 오염원이면서 오염원의 대상인 [법]이라고 말해서는 안 된다. [이들은] 오염원의 대상이지만 오염원이 아닌 [법]이다. 세 가지 기능은 오염원이면서 오염원의 대상인 [법]이라고도 오염원의 대상이지만 오염원이 아닌 [법]이라고도 말해서는 안 된다. 아홉 가지 기능은 오염원이면서 오염원의 대상인 [법]이라고 말해서는 안 된다. 오염원의 대상이지만 오염원이 아닌 [법]일 수 있다. [그러나] 오염원의 대상이지만 오염원이 아닌 [법]이라고 말해서는 안 되는 경우가 있다.(*cf.* ma2-79)

열다섯 가지 기능은 오염원이면서 오염된 [법]이라고도 오염되었지만 오염원이 아닌 [법]이라고도 말해서는 안 된다. 불만족의 기능은 오염원이면서 오염된 [법]이라고 [133] 말해서는 안 된다. [이것은] 오염되었지만 오염원이 아닌 [법]이다. 여섯 가지 기능은 오염원이면서 오염된 [법]이라고 말해서는 안 된다. 오염되었지만 오염원이 아닌 [법]일 수 있다. [그러나] 오염되었지만 오염원이 아닌 [법]이라고 말해서는 안 되는 경우가 있다.(*cf.* ma2-80)

열다섯 가지 기능은 오염원이면서 오염원과 결합된 [법]이라고도 오염원과 결합되었지만 오염원이 아닌 [법]이라고도 말해서는 안 된다. 불만족의 기능은 오염원이면서 오염원과 결합된 [법]이라고 말해서는 안 된다. [이것은] 오염원과 결합되었지만 오염원이 아닌 [법]이다. 여섯 가지 기능은 오염원이면서 오염원과 결합된 [법]이라고 말해서는 안 된다. [이들은] 오염원과 결합되었지만 오염원이 아닌 [법]일 수 있다. [그러나] 오염원과 결합되었지만 오염원이 아닌 [법]이라고 말해서는 안 되는 경우가 있다.(*cf.* ma2-81)

아홉 가지 기능은 오염원과 결합되지 않았지만 오염원의 대상인 [법]이다. 세 가지 기능은 오염원과 결합되지 않았으면서 오염원의 대상이 아닌 [법]이다. 불만족의 기능은 오염원과 결합되지 않았지만 오염원의 대상인 [법]이라고도 오염원과 결합되지 않았으면서 오염원의 대상이 아닌 [법]이라고도 말해서는 안 된다. 세 가지 기능은 오염원과 결합되지 않았지만 오염원의 대상인 [법]일 수 있고, 오염원과 결합되지 않았으면서 오염원의 대상이 아닌 [법]일 수 있다. 여섯 가지 기능은 오염원과 결합되지 않았지만 오염원의 대상인 [법]일 수 있고, 오염원과 결합되지 않았으면서 오염원의 대상이 아닌 [법]일 수 있다. [그러나] 오염원과 결합되지 않았지만 오염원의 대상인 [법]이라고도 오염원과 결합되지 않았으면서 오염원의 대상이 아닌 [법]이라고도 말해서는 안 되는 경우가 있다.(*cf* ma2-82)

⑬ 마지막 두 개 조

열다섯 가지 기능은 봄으로써 버려야 하는 것이 아닌 [법]이다. 일곱 가지 기능은 봄으로써 버려야 하는 [법]일 수 있고, 봄으로써 버려야 하는 것이 아닌 [법]일 수 있다.(*cf* ma2-83)

열다섯 가지 기능은 닦음으로써 버려야 하는 것이 아닌 [법]이다. 일곱 가지 기능은 닦음으로써 버려야 하는 [법]일 수 있고, 닦음으로써 버려야 하는 것이 아닌 [법]일 수 있다.(*cf* ma2-84)

열다섯 가지 기능은 봄으로써 버려야 하는 원인을 가지지 않은 [법]이다. 일곱 가지 기능은 봄으로써 버려야 하는 원인을 가진 [법]일 수 있고, 봄으로써 버려야 하는 원인을 가지지 않은 [법]일 수 있다.(*cf* ma2-85)

열다섯 가지 기능은 닦음으로써 버려야 하는 원인을 가지지 않은 [법]이다. 일곱 가지 기능은 닦음으로써 버려야 하는 원인을 가진 [법]일 수 있고, 닦음으로써 버려야 하는 원인을 가지지 않은 [법]일 수 있다.(*cf* ma2-86)

아홉 가지 기능은 일으킨 생각이 없는 [법]이다. 불만족의 기능은 일으킨 생각이 있는 [법]이다. 열두 가지 기능은 일으킨 생각이 있는 [법]일 수 있고, 일으킨 생각이 없는 [법]일 수 있다.(*cf.* ma2-87)

아홉 가지 기능은 지속적 고찰이 없는 [법]이다. 불만족의 기능은 지속적 고찰이 있는 [법]이다. 열두 가지 기능은 지속적 고찰이 있는 [법]일 수 있고, 지속적 고찰이 없는 [법]일 수 있다.(*cf.* ma2-88)

열한 가지 기능은 희열이 없는 [법]이다. 열한 가지 기능은 희열이 있는 [법]일 수 있고, 희열이 없는 [법]일 수 있다.(*cf.* ma2-89)

열한 가지 기능은 희열이 함께하지 않는 [법]이다. 열한 가지 기능은 희열이 함께하는 [법]일 수 있고, 희열이 함께하지 않는 [법]일 수 있다.(*cf.* ma2-90)

열두 가지 기능은 행복이 함께하지 않는 [법]이다. 열 가지 기능은 행복이 함께하는 [법]일 수 있고, 행복이 함께하지 않는 [법]일 수 있다.(*cf.* ma2-91)

열두 가지 기능은 평온이 함께하지 않는 [법]이다. 열 가지 기능은 평온이 함께하는 [법]일 수 있고, 평온이 함께하지 않는 [법]일 수 있다.(*cf.* ma2-92)

열 가지 기능은 욕계에 속하는 [법]이다. 세 가지 기능은 욕계에 속하지 않는 [법]이다. 아홉 가지 기능은 욕계에 속하는 [법]일 수 있고, 욕계에 속하지 않는 [법]일 수 있다.(*cf.* ma2-93)

열세 가지 기능은 색계에 속하지 않는 [법]이다. 아홉 가지 기능은 색계에 속하는 [법]일 수 있고, 색계에 속하지 않는 [법]일 수 있다.(*cf.* ma2-94)

열네 가지 기능은 무색계에 속하지 않는 [법]이다. 여덟 가지 기능은 무색계에 속하는 [법]일 수 있고, 무색계에 속하지 않는 [법]일 수 있다.(*cf.* ma2-95)

열 가지 기능은 [세간에] 포함된 [법]이다. 세 가지 기능은 [세간에]

포함되지 않는 [법]이다. 아홉 가지 기능은 [세간에] 포함된 [법]일 수 있고, [세간에] 포함되지 않는 [법]일 수 있다.(*cf* ma2-96)

열한 가지 기능은 [134] 출리로 인도하지 못하는 [법]이다. 구경의 지혜를 가지려는 기능[未知當知根]은 출리로 인도하는 [법]이다. 열 가지 기능은 출리로 인도하는 [법]일 수 있고, 출리로 인도하지 못하는 [법]일 수 있다.(*cf* ma2-97)

열 가지 기능은 확정되지 않은 [법]이다. 구경의 지혜를 가지려는 기능은 확정된 [법]이다. 열한 가지 기능은 확정된 [법]일 수 있고, 확정되지 않은 [법]일 수 있다.(*cf* ma2-98)

열 가지 기능은 위가 있는 [법]이다. 세 가지 기능은 위가 없는 [법]이다. 아홉 가지 기능은 위가 있는 [법]일 수 있고, 위가 없는 [법]일 수 있다.(*cf* ma2-99)

열다섯 가지 기능은 다툼이 없는 [법]이다. 불만족의 기능은 다툼이 있는 [법]이다. 여섯 가지 기능은 다툼을 가진 [법]일 수 있고, 다툼이 없는 [법]일 수 있다.(*cf* ma2-100)

[아비담마 마띠까를 통한] 질문의 제기가 [끝났다.]

기능에 대한 분석이 [끝났다.]

제6장
연기(緣起) 위방가
연기에 대한 분석
Paṭiccasamuppāda-vibhaṅga

I. 경에 따른 분석 방법
Suttanta-bhājanīya

225. ① 무명을 조건으로 하여[194] [135] [업]형성들[行]이,[195] ②

194) 초기불전연구원에서는 그간 12연기의 정형구에서 'A-paccayā B'를 'A를 조건으로 B가'로 옮겼다. 본서에서는 문장의 애매함을 피하기 위해서 모두 'A를 조건으로 하여 B가'로 통일시켰다. 문법적으로도 'A-paccayā B'에서 paccayā는 탈격(*Ablative*)이기 때문에 'A의 조건으로부터 B가'로 직역이 된다. 그래서 '조건으로 하여'로 옮기는 것이 문법적으로도 더 타당하다 할 수 있다.
특히 아래 §244 등에서 'ⓐ … 무명을 조건으로 무명이 그 원인인 [업]형성이'로 옮기면 오해의 소지가 많기 때문에 'ⓐ … 무명을 조건하여 무명이 그 원인인 [업]형성이' 등으로 '하고'나 '하여'를 넣어서 옮겨야 오해의 소지가 줄어든다.

195) "그것을 조건으로 하여(paṭicca) 결과가 오기(eti) 때문에 조건(paccaya)이라 한다. 조건으로 하여라는 것은 그것이 없이는 안 된다, 거부하지 않고라는 뜻이다. 온다(eti)는 것은 일어난다, 생긴다는 뜻이다. 나아가서 도와준다는 것(upakāraka)이 조건의 뜻이다. 무명이 바로 그 조건이기 때문에 무명이 조건이다(avijjā ca sā paccayo cāti avijjāpaccayo) 그러므로 '무명(avijjā)을 조건으로 하여(paccayā)'라고 했다. 형성된 것을 계속 형성한다(abhisaṅkharonti)고 해서 상카라(行)들이라 한다. 이것은 두 가지이다. 즉 ① 무명을 조건으로 한 상카라들과 ② 상카라라는 이름으로 전승되어온 상카라들이다.

[업]형성들을 조건으로 하여 알음알이[識]가, ③ 알음알이를 조건으로 하여 정신·물질[名色]이, ④ 정신·물질을 조건으로 하여 여섯 감각장소[六入]가, ⑤ 여섯 감각장소를 조건으로 하여 감각접촉[觸]이, ⑥ 감각접촉을 조건으로 하여 느낌[受]이, ⑦ 느낌을 조건으로 하여 갈애[愛]가, ⑧ 갈애를 조건으로 하여 취착[取]이, ⑨ 취착을 조건으로 하여 존재[有]가, ⑩ 존재를 조건으로 하여 태어남[生]이, ⑪ 태어남을 조건으로 하여 늙음·죽음[老死], 슬픔·비탄·육체적 고통·정신적 고통·절망이 발생한다. 이와 같이 전체 괴로움의 무더기[苦蘊]가 일어난다.

226. 여기서 무엇이 '무명(無明, avijjā)'인가? 괴로움에 대한 무지, 괴로움의 일어남에 대한 무지, 괴로움의 소멸에 대한 무지, 괴로움의 소멸로 인도하는 도닦음에 대한 무지(*cf* Dhs §1067 등) — 이를 일러 무명이라 한다.

무엇이 '(1) 무명을 조건으로 하여 [발생하는] [업]형성들[無明緣行, avijjāpaccayā saṅkhārā]'인가? ① 공덕이 되는 [업]형성 ② 공덕이 아닌

이 가운데서 무명을 조건으로 한 상카라들은 공덕이 되는 [업]형성(puñña-abhisaṅkhāra), 공덕이 아닌 [업]형성(apuñña-abhisaṅkhāra), 흔들림 없는 [업]형성(āneñja-abhisaṅkhāra)의 세 가지와 몸의 상카라(身行), 말의 상카라(口行), 마음의 상카라(心行)의 세 가지 — 이 여섯 가지이다.(이 여섯 가지는 Vis.XVII.60~61)에서 설명됨) 이들은 모두 세간적인 유익함과 해로움(善·不善)의 의도(cetanā)일 뿐이다."(VbhA.134; Vis.XVII.44)

"그 무명을 조건으로 하기 때문에(tasmā avijjāpaccayā) [업]형성들이 발생한다(saṅkhārā sambhavanti)고 적용시켜야 한다. 이와 같이 '발생한다'는 단어를 나머지 구문들에도 적용시켜야 한다."(DA.ii.10; NdA.i.221; PsA.i.357)

한편 『청정도론』(Vis.XVII.45 이하)과 『위방가 주석서』(VbhA.134)는 계속해서 ② 상카라라는 이름으로 전승되어온 상카라들을 ⓐ 형성된 상카라(saṅkhata-saṅkhāra) ⓑ 계속 형성된 상카라(abhisaṅkhata-saṅkhāra) ⓒ 계속 형성하는 상카라(abhisaṅkharaṇaka-saṅkhāra) ⓓ 몰두하는 상카라(payoga-abhisaṅkhāra)의 넷으로 든 뒤에 이들을 설명하고 있다.

[업]형성 ③ 흔들림 없는 [업]형성 ④ 몸의 [업]형성 ⑤ 말의 [업]형성 ⑥ 마음의 [업]형성이다.(*cf.* Vis.XVII.60 이하)

여기서 무엇이 '공덕이 되는 [업]형성(puññābhisaṅkhāra)'인가? 보시로 이루어지고 계행으로 이루어지고 수행으로 이루어진[196] 욕계에 속하거나 색계에 속하는 유익한 의도(cetanā) — 이를 일러 공덕이 되는 [업]형성이라 한다.

여기서 무엇이 '공덕이 아닌 [업]형성(apuññābhisaṅkhāra)'인가? 욕계에 속하는 해로운 의도 — 이를 일러 공덕이 아닌 [업]형성이라 한다.

여기서 무엇이 '흔들림 없는 [업]형성(āneñjābhisaṅkhāra)'인가? 무색계에 속하는 유익한 의도 — 이를 일러 흔들림 없는 [업]형성이라 한다.

여기서 무엇이 '몸의 [업]형성(kāyasaṅkhāra)'인가? 몸으로 짓는 의도가 몸의 [업]형성이고, 말로 짓는 의도가 '말의 [업]형성(vacīsaṅkhāra)'이고, 마노[意]로 짓는 의도가 '마음의 [업]형성(cittasaṅkhāra)'이다. — 이를 일러 무명을 조건으로 하여 [발생하는] [업]형성들이라 한다.

227. 여기서 [136] 무엇이 '(2) [업]형성들을 조건으로 하여 [발생하는] 알음알이[行緣識, saṅkhārapaccayā viññāṇaṁ]'인가? 눈의 알음알이, 귀의 알음알이, 코의 알음알이, 혀의 알음알이, 몸의 알음알이, 마노의 알음알이 — 이를 일러 [업]형성들을 조건으로 하여 [발생하는] 알음알이라 한다.

---

196) '보시로 이루어지고 계행으로 이루어지고 수행으로 이루어진'은 dānamayā sīlamayā bhāvanāmayā를 옮긴 것이다. 본서 §769는 dānamayā를 "보시를 기반으로 하고 보시를 실천하여 생긴(dānaṁ ārabbha dānādhigacchayā uppajjati)"으로 설명하고 있다.
주석서 문헌들은 "보시가 바로 보시로 이루어진 것이다(dānameva dānamayaṁ). 여기서 '이루어진'이란 단어(maya-sadda)는 단지 문장을 원만하게 하기 위한 것(padapūraṇamatta)이다."(DAṬ.iii.267)로 설명하고 있다.

228. 여기서 무엇이 '(3) 알음알이를 조건으로 하여 [발생하는] 정신 · 물질[識緣名色, viññāṇapaccayā nāmarūpaṁ]'인가? 정신이 있고 물질이 있다.

여기서 무엇이 '정신[名]'인가? 느낌의 무더기, 인식의 무더기, 심리현상들의 무더기 — 이를 일러 정신이라 한다.

여기서 무엇이 '물질[色]'인가? 네 가지 근본물질과 네 가지 근본물질에서 파생된 물질 — 이를 일러 물질이라 한다.

이처럼 이것이 정신이고 이것이 물질이다. 이를 일러 알음알이를 조건으로 하여 [발생하는] 정신 · 물질이라 한다.

229. 여기서 무엇이 '(4) 정신 · 물질을 조건으로 하여 [발생하는] 여섯 감각장소[名色緣六入, nāmarūpapaccayā saḷāyatanaṁ]'인가? 눈의 감각장소[眼處], 귀의 감각장소[耳處], 코의 감각장소[鼻處], 혀의 감각장소[舌處], 몸의 감각장소[身處], 마노의 감각장소[意處] — 이를 일러 정신 · 물질을 조건으로 하여 [발생하는] 여섯 감각장소라 한다.

230. 여기서 무엇이 '(5) 여섯 감각장소를 조건으로 하여 [발생하는] 감각접촉[六入緣觸, saḷāyatanapaccayā phasso]'인가? 눈의 감각접촉, 귀의 감각접촉, 코의 감각접촉, 혀의 감각접촉, 몸의 감각접촉, 마노의 감각접촉 — 이를 일러 여섯 감각장소를 조건으로 하여 [발생하는] 감각접촉이라 한다.

231. 여기서 무엇이 '(6) 감각접촉을 조건으로 하여 [발생하는] 느낌[觸緣受, phassapaccayā vedanā]'인가? 눈의 감각접촉에서 생긴 느낌, 귀의 감각접촉에서 생긴 느낌, 코의 감각접촉에서 생긴 느낌, 혀의 감각접촉에서 생긴 느낌, 몸의 감각접촉에서 생긴 느낌, 마노의 감각접촉에서 생긴 느낌 — 이를 일러 감각접촉을 조건으로 하여 [발생하는] 느낌

이라 한다.

232. 여기서 무엇이 '(7) 느낌을 조건으로 하여 [발생하는] 갈애[受緣愛, vedanāpaccayā taṇhā]'인가? 형색에 대한 갈애, 소리에 대한 갈애, 냄새에 대한 갈애, 맛에 대한 갈애, 감촉에 대한 갈애, 법에 대한 갈애 — 이를 일러 느낌을 조건으로 하여 [발생하는] 갈애라 한다.

233. 여기서 무엇이 '(8) 갈애를 조건으로 하여 [발생하는] 취착[愛緣取, taṇhāpaccayā upādānaṁ]'인가? 감각적 쾌락에 대한 취착[慾取], 견해에 대한 취착[見取], 계율과 의식에 대한 취착[戒禁取], 자아의 교설에 대한 취착[我語取] — 이를 일러 갈애를 조건으로 하여 [발생하는] 취착이라 한다.

234. 여기서 무엇이 '(9) 취착을 조건으로 하여 [발생하는] 존재[取緣有, upādānapaccayā bhavo]'인가? — 존재에는 [137] 두 가지가 있다. 업으로서의 존재[業有]가 있고 재생으로서의 존재[生有]가 있다.

여기서 무엇이 '업으로서의 존재[業有, kammabhava]'인가? 공덕이 되는 [업]형성, 공덕이 아닌 [업]형성, 흔들림 없는 [업]형성 — 이를 일러 업으로서의 존재라 한다. 존재로 인도하는 업도 모두 업으로서의 존재이다.

여기서 무엇이 '재생으로서의 존재[生有, upapattibhava]'인가? 욕계의 존재, 색계의 존재, 무색계의 존재, 인식을 가진 존재, 인식이 없는 존재, 비상비비상처의 존재, 한 가지 무더기를 가진 존재, 네 가지 무더기를 가진 존재, 다섯 가지 무더기를 가진 존재 — 이를 일러 재생으로서의 존재라 한다. 이처럼 이것이 업으로서의 존재이고 이것이 재생으로서의 존재이다.

— 이를 일러 취착을 조건으로 하여 [발생하는] 존재라 한다.

235. 여기서 무엇이 '(10) 존재를 조건으로 하여 [발생하는] 태어남[有緣生, bhavapaccayā jāti]'인가? 이런저런 중생들의 무리 가운데 이런저런 중생들의 태어남, 출생, 입태, 탄생, 오온의 나타남, 감각장소[處]를 획득함 — 이를 일러 존재를 조건으로 하여 [발생하는] 태어남이라 한다.

236. 여기서 무엇이 '(11) 태어남을 조건으로 하여 [발생하는] 늙음·죽음[生緣老死, jātipaccayā jarāmaraṇaṁ]'인가? 늙음이 있고 죽음이 있다.

여기서 무엇이 '늙음'인가? 이런저런 중생들의 무리 가운데 이런저런 중생들의 쇠퇴[老, 늙음], 노쇠함, 부서진 [이빨], 희어진 [머리털], 주름진 피부, 수명의 줄어듦, 기능[根]의 무르익음(Dhs §643 등) — 이를 일러 늙음이라 한다.

여기서 무엇이 '죽음'인가? 이런저런 중생들의 무리 가운데 이런저런 중생들의 임종, 사거, 부서짐, 사라짐, 사망, 죽음, 서거, 오온의 부서짐, 시체를 안치함, 생명기능[命根]의 끊어짐 — 이를 일러 죽음이라 한다.(S12:2) 이처럼 이것이 늙음이고 이것이 죽음이다.

— 이를 일러 태어남을 조건으로 하여 [발생하는] 늙음·죽음이라 한다.

237. 여기서 무엇이 '슬픔'인가? 친척 때문에 불행에 맞닿고 재산 때문에 불행에 맞닿고 병 때문에 불행에 맞닿고 [나쁜] 계행 때문에 불행에 맞닿고 [그릇된] 견해 때문에 불행에 맞닿고 이런저런 불행을 만나고 이런저런 괴로운 법에 맞닿은 사람의 슬픔, 슬퍼함, 슬픈 상태, 내면의 슬픔, 내면의 모진 슬픔, 마음을 태움, 정신적 고통, 슬픔의 화살 — 이를 일러 슬픔이라 한다.

238. 여기서 무엇이 '비탄'인가? 친척 때문에 불행에 맞닿고 재산

때문에 불행에 [138] 맞닿고 병 때문에 불행에 맞닿고 [나쁜] 계행 때문에 불행에 맞닿고 [그릇된] 견해 때문에 불행에 맞닿고 이런저런 불행을 만나고 이런저런 괴로운 법에 맞닿은 사람의 한탄, 비탄, 한탄함, 비탄함, 한탄스러움, 비탄스러움, [슬픔에 찬] 말, 절규, 울부짖음, 통곡, 통곡함, 통곡하는 상태 — 이를 일러 비탄이라 한다.(D22 §18)

239. 여기서 무엇이 '육체적 고통'인가? 육체적인 불만족감, 육체적인 괴로움, 몸의 감각접촉에서 생긴 만족하지 못하고 괴롭게 느껴지는 것, 몸의 감각접촉에서 생긴 만족하지 못하고 괴로운 느낌(Dhs §559 등) — 이를 일러 육체적 고통이라 한다.

240. 여기서 무엇이 '정신적 고통'인가? 정신적인 불만족감, 정신적인 괴로움, 정신의 감각접촉에서 생긴 만족하지 못하고 괴롭게 느껴지는 것, 정신의 감각접촉에서 생긴 만족하지 못하고 괴로운 느낌(Dhs §415 등) — 이를 일러 정신적 고통이라 한다.

241. 여기서 무엇이 '절망'인가? 친척 때문에 불행에 맞닿고 재산 때문에 불행에 맞닿고 병 때문에 불행에 맞닿고 [나쁜] 계행 때문에 불행에 맞닿고 [그릇된] 견해 때문에 이런저런 불행을 만나고 이런저런 괴로운 법에 맞닿은 사람의 실망, 절망, 실망함, 절망함 — 이를 일러 절망이라 한다.(D22 §18)

242. '이와 같이 전체 괴로움의 무더기[苦蘊]가 일어난다.'라는 것은 이와 같이 전체 괴로움의 무더기가 모인다, 함께한다, 합류한다, 드러난다는 것이다. 그래서 말하기를 '이와 같이 전체 괴로움의 무더기[苦蘊]가 일어난다.'라고 하였다.

경에 따른 분석 방법이 [끝났다.]

II. 아비담마에 따른 분석 방법

Abhidhamma-bhājanīya

(A) 마띠까[論母, mātikā][197] [198]

---

197) "모든 법들에 대해서 걸림 없는 지혜를 가지신(appaṭihatañāṇa) 스승(satthā)께서는 대지(大地, mahāpathavi)를 활짝 열어 보이시고 허공(ākāsa)을 펼치시는 것처럼 이와 같이 경에 따른 분석 방법에서 매듭이 없고 얽힘이 없는 조건의 형태(paccayākāra)를 여러 마음들(nānācitta)을 통해서 드러내신 뒤에 이제 이 조건의 형태는 여러 마음(nānācitta)에서만 있는 것이 아니라 하나의 마음(ekacitta)에서도 있기 때문에 아비담마에 따른 분석 방법을 통해서 하나의 심찰나에 존재하는(ekacittakkhaṇika) 조건의 형태를 여러 측면(nānappakāra)에서 드러내시기 위해서 "무명을 조건으로 하여 [업]형성[行]이(avijjāpaccayā saṅkhāro)"라는 등의 방법으로 마띠까(mātika)를 설정하셨다."(VbhA.199~200)

198) "여기서 무명, [업]형성, 알음알이, 정신, 여섯 번째 감각장소, 감각접촉, 느낌, 갈애, 취착으로 구분되는 무명 등에 의해서 아홉 가지 뿌리가 되는 구문(mūlapadā)이 있다. 그것은 무명으로 시작하는 것(avijjādika), [업]형성으로 시작하는 것, 알음알이로 시작하는 것, 정신으로 시작하는 것, 여섯 번째 감각장소로 시작하는 것, 감각접촉으로 시작하는 것, 느낌으로 시작하는 것, 갈애로 시작하는 것, 취착으로 시작하는 것(upādānādika)이다. 이들 아홉 가지 뿌리가 되는 구문들로 아홉 가지 방법(naya)이 있게 된다."(VbhA.200)

이 아홉 가지 뿌리가 되는 것(mūlaka) 가운데 [업]형성으로 시작하는 것부터 취착으로 시작하는 것까지의 여덟 가지는 본서 §247에서 반복되는 부분(뻬얄라, peyyala)의 생략으로 처리되어 나타나고 있다.

계속해서 주석서는 다음과 같이 설명하고 있다.
"이들 가운데 이 무명으로 시작하는 방법(naya)은 여기서 ① 조건의 네 개 조(paccaya-catukka, §243), ② 원인의 네 개 조(hetu-catukka, §244), ③ 결합의 네 개 조(sampayutta-catukka, §245), ④ 서로 지탱함의 네 개 조(aññamañña-catukka, §246)의 네 가지 네 개 조가 있다. 여기서 이와 같이 하여 나머지 [방법]들에서도 각각의 방법에 네 개씩의 네 개 조가 있게 되어 (9×4=) 36개의 네 개 조가 있다. 여기서 각각의 네 개 조에 네 개씩의 부문들(vārā, 본서에서는 ⓐ/ⓑ/ⓒ/ⓓ로 번호를 매겼음)을 조합하기 때문에 네 가지 네 개조를 통해서 각각의 방법에 각각 16개씩의 부문들이 있다.

(1) 무명을 뿌리로 하는 방법의 마띠까

① 조건의 네 개 조[199]

243. ⓐ 무명을 조건으로 하여 [업]형성[行]이,[200] [업]형성을 조

그래서 [모두] (36×4=) 144개의 부문들이 있다고 알아야 한다."(VbhA.200)

즉 9가지 뿌리가 되는 구문(mūlapadā) × 4가지 네 개 조(catukka) × 4가지 부문(vāra) = 144가지가 되어 아비담마에 따른 분석 방법에는 모두 144개의 연기의 정형구가 설해졌다는 의미이다.

199) "이들 가운데 맨 처음인 무명을 뿌리로 하는 방법(avijjāmūlaka naya)에는 ① 조건의 네 개 조(paccaya-catukka)가 있다. 그 가운데 ⓐ 첫 번째는 정신·물질의 자리에 정신이, 여섯 감각장소의 자리(saḷāyatanaṭṭhāna)에 여섯 번째 감각장소(chaṭṭhāyatana)가 설해졌기 때문에 완전하지 않은 2가지 구성요소와 함께하는 12가지 구성요소를 가진 부문(aparipuṇṇāṅga-dvaya-yutta dvādasaṅgika-vāra)이라 한다. ⓑ 두 번째는 정신·물질의 자리에 오직 정신이, 여섯 감각장소의 자리에는 어떤 것도 설해지지 않았기 때문에 완전하지 않은 1가지 구성요소와 함께하는 11가지 구성요소를 가진 부문(aparipuṇṇa-ekaṅgayutta ekādasaṅgika-vāra)이라 한다. ⓒ 세 번째는 여섯 감각장소의 자리에 여섯 번째 감각장소가 설해졌기 때문에 완전하지 않은 1가지 구성요소와 함께하는 12가지 구성요소를 가진 부문(aparipuṇṇa-ekaṅgayutta dvādasaṅgika-vāra)이라 한다. ⓓ 네 번째만이 완전한 12가지 구성요소를 가진 것(paripuṇṇa-dvādasaṅgika)이다.

이렇게 말할지도 모른다. — 이 [네 번째 부문도] 여섯 번째 감각장소를 조건으로 하여 감각접촉이 있다고 설하였기 때문에 완전하지 않은 1가지 구성요소와 함께하는 것이 아닌가라고. 그렇지 않다. 그 [여섯 번째 감각장소]는 구성요소가 아니기 때문이다(anaṅgattā). 여기서는 감각접촉만이 구성요소(aṅga)이다. 그러므로 그것은 구성요소가 아니기 때문에 완전하지 않은 1가지 구성요소와 함께하는 것이 아니다."(VbhA.200)

200) 위 §225에서 보듯이 경에 따른 분석 방법 즉 경장(니까야)에는 12연기의 두 번째 구성요소인 상카라가 항상 복수로 나타났는데 여기 아비담마에 따른 분석 방법에서는 모두 단수로 나타나고 있다. 이것이 12연기에 대한 경에 따른 분석 방법과 아비담마에 따른 분석 방법의 가장 중요한 차이점이다. 그러면 왜 다른가? 주석서는 이렇게 설명하고 있다.

"이 네 가지에서 경에 따른 분석 방법에서처럼 '[업]형성들(saṅkhārā)'이라

건으로 하여 알음알이[識]가, 알음알이를 조건으로 하여 정신[名]이,201) 정신을 조건으로 하여 여섯 번째 감각장소가,202) 여섯 번째 감각장소를 조건으로 하여 감각접촉[觸]이, 감각접촉을 조건으로 하여 느낌[受]이, 느낌을 조건으로 하여 갈애[愛]가, 갈애를 조건으로 하여 취착[取]이, 취착을 조건으로 하여 존재[有]가, 존재를 조건으로 하여 태어남[生]이, 태

고 [복수로] 설하시지 않고 '[업]형성(saṅkhāro)'이라고 [단수로] 설하신 것이 [이 네 가지 부문에] 공통되는 점이다. 그것은 왜인가? 하나의 심찰나에만 존재하기 때문이다(ekacittakkhaṇikattā). 거기 [경에 따른 분석 방법]에서는 여러 심찰나에 존재하는(nānācittakkhaṇika) 조건의 형태(paccay-ākāra)를 분석하였다. 여기서는 하나의 심찰나에 존재하는 것이 시도되었다(āraddha). 그리고 하나의 심찰나에는 여러 가지 의도들(bahū cetanā)이 존재하지 않기 때문에 [업]형성들이라고 [복수로] 말씀하시지 않고 [업]형성이라고 [단수로] 말씀하신 것이다."(VbhA.201)

201) "그런데 여기 첫 번째 부문에서는 하나의 심찰나에 포함된 법의 조합(ekacittakkhaṇa-pariyāpanna-dhammasaṅgahaṇa)과 모든 곳에 공통되는 것(sabbaṭṭhāna-sādhāraṇa)으로부터 물질을 제외하고 '알음알이를 조건으로 하여 정신이'라고만 설하셨다. 이 [정신은] 하나의 심찰나에도 포함되는 것이기도 하고 모든 곳에 공통되는 것이기도 하기 때문이다. 알음알이가 일어나는 곳(viññāṇappavattiṭṭhāna)에는 어떤 경우에도 [정신이] 일어나지 않는 경우란 없기 때문이다."(VbhA.201)

202) "하나의 심찰나에 포함된 오직 하나의 감각접촉이 있기 때문에 그것에 적합한 조건이 되는 감각장소를 취하면서 여섯 감각장소(saḷāyatana)의 자리에 "정신(nāma)을 조건으로 하여 여섯 번째 감각장소(chaṭṭhāyatana)가"라고 마노의 감각장소(manāyatana) 하나만을 설하셨다. 그것은 해로운 감각접촉(akusalaphassa) 하나에게만 어울리는 조건이 되기 때문이다."(Vbh A.201)

한편 『청정도론』은 본서의 이 부분을 인용하면서 이렇게 덧붙이고 있다. "정신과 물질과 정신·물질이 모두 정신·물질이라고 각각이 그 나머지를 다 포함하듯이, ㈀ 여섯 번째 감각장소(즉 마노의 감각장소[意入, 意處])와 ㈁ 여섯 감각장소가 여섯 감각장소이다. 이와 같이 일부분이 나머지를 포함한다.(katekasesa) 이렇게 하여 [정신·물질은] 여섯 감각장소의 조건이 된다고 알아야 한다. 왜 그런가? 무색계에서는 오직 정신만이 조건이고, 그것도 여섯 번째 감각장소에게만 조건이지 다른 것에게는 조건이 아니기 때문이다. 그래서 "정신을 조건으로 여섯 번째 감각장소가 있다(Vbh §243 ⓑ)."라고 『위방가』에서 설하셨다."(Vis.XVII.204)

어남을 조건으로 하여 늙음・죽음[老死]이 [발생한다.][203] 이와 같이 전체 괴로움의 무더기[苦蘊]가 일어난다.[204]

---

203) 여기 아비담마에 따른 분석 방법의 정형구에는 이 부분이 "jātipaccayā jarāmaraṇaṁ."로 나타나고 있는데 앞의 경에 따른 분석 방법의 정형구(§225)에는 "jātipaccayā jarāmaraṇaṁ sokaparidevadukkhadomanassupāyāsā sambhavanti."로 나타나고 있다.
즉 경에 따른 분석 방법에는 sokaparidevadukkhadomanassupāyāsā sambhavanti가 더 들어있다. 그래서 앞의 경에 따른 분석 방법(§225)에서는 "태어남을 조건으로 하여 늙음・죽음[老死], 슬픔・비탄・육체적 고통・정신적 고통・절망이 발생한다."로 옮겼고 여기서는 "태어남을 조건으로 하여 늙음・죽음[老死]이 [발생한다.]"로 옮겼다.
그 이유를 주석서는 이렇게 설명하고 있다.

"그러나 슬픔 등은 모든 하나의 심찰나에 발생하지 않고 모든 마음이 일어나는 곳(sabba cittappavattiṭṭhāna)에서도 [일어나지 않으며] 마음에서도 일어나지 않기 때문에 취하지 않았다. 그러나 태어남과 늙음・죽음은 심찰나에 의해서 측량되지는 않지만(acittakkhaṇamattāni) 심찰나 속에 포함되기 때문에(antogadhattā) 구성요소를 완성하기 위해서(aṅgaparipūraṇa-ttha) 취해졌다. '다르게 설명된 것과 설명되지 않은 것(yaṁ aññathā vuttaṁ, yañca avuttaṁ)'은 이와 같이 알아야 한다."(VbhA.201～202)

그런데 여기서 "태어남을 조건으로 하여 늙음・죽음[老死]이 있다."로가 아니라 "태어남을 조건으로 하여 늙음・죽음[老死]이 [발생한다.]"로 옮긴 이유는 『위방가 물라띠까』가 이 부분을 설명하면서 "'존재를 조건으로 태어남이 발생하고 태어남을 조건으로 늙음・죽음이 발생한다.'로 적용하기 때문에(bhavapaccayā jāti sambhavati jātipaccayā jarāmaraṇaṁ sambhavatīti yojanato)."라고 '발생한다(sambhavati)'라고 언급하고 있어서이다. 비슷한 설명이 본 문단에 해당하는 『위방가 아누띠까』에도 나타나고 있다.(yadākāraṁ jarāmaraṇaṁ sambhavati. — VbhAAnuṬ.138)

204) "무엇이 무엇에게 어떻게 조건이 되는가(yaṁ yathā paccayo yassa)
(1) 여기서 무명은 [업]형성에게 — 함께 생긴 조건[俱生緣, sahajāta-paccaya], 서로 지탱하는 조건[相互緣, aññamaññapaccaya], 의지하는 조건[依支緣, nissayapaccaya], 결합된 조건[相應緣, sampayutta-paccaya], 존재하는 조건[有緣, atthipaccaya], 떠나가지 않은 조건[不離去緣, avigata-paccaya]이라는 결합된 법들에게 공통되는(sampayutta-dhammasādhāraṇa) 이 여섯 가지 [조건]과 원인이라는 조건[因緣, hetu-paccaya]에 의해서 일곱 가지로 조건이 된다.
그런데 여기서 다음의 원인의 네 개 조 등의 세 가지 네 개 조는 [각각] ①

떠나가지 않은 조건과 ② 결합된 조건과 ③ 서로 지탱하는 조건(avigata-sampayutta-aññamañña-paccaya)을 통해서 설해진 것이다. 그러므로 여기서는 이 세 가지를 뺀 나머지들을 통해서 무명은 [업]형성에게 네 가지로 조건이 된다고 알아야 한다.

(2) [업]형성은 알음알이에게 — 공통되는 여섯 가지 [조건]과 업이라는 조건[業緣, kammapaccaya]과 음식이라는 조건[食緣, āhāra-paccaya]에 의해서 여덟 가지로 조건이 된다. 그러나 여기서는 [앞에서처럼] 세 가지를 빼고 다섯 가지가 된다.

(3) 알음알이는 정신에게 — 공통되는 여섯 가지와 기능[根]이라는 조건[根緣, indriyapaccaya]과 음식이라는 조건[食緣, āhāra-paccaya]과 지배하는 조건[增上緣, adhipatipaccaya]에 의해서 아홉 가지가 된다. 그러나 여기서는 [앞에서처럼] 세 가지를 빼고 여섯 가지가 된다.

(4) 정신은 여섯 번째 감각장소에게 — 공통되는 여섯 가지에 의해서 [조건이 된다.] 그런데 여기서 어떤 경우에는 지배하는 조건에 의해서, 어떤 경우에는 음식이라는 조건에 의해서 여러 가지가 된다. 그러나 여기서는 [앞에서처럼] 세 가지를 빼고 세 가지나 네 가지나 다섯 가지가 된다.

(5) 여섯 번째 감각장소는 감각접촉에게 — [앞에서] 알음알이가 정신에게 [조건이 되는 것과] 같이 [조건이 된다.]

(6) 이와 같이 감각접촉은 느낌에게 공통되는 여섯 가지와 음식이라는 조건에 의해서 일곱 가지가 된다. 그러나 여기서는 [앞에서처럼] 세 가지를 빼고 네 가지가 된다.

(7) 느낌은 갈애에게 — 공통되는 여섯 가지와 禪이라는 조건[禪緣, jhānapaccaya]과 기능[根]이라는 조건에 의해서 여덟 가지가 된다. 그러나 여기서는 [앞에서처럼] 세 가지를 빼고 다섯 가지가 된다.

(8) 갈애는 취착에게 — [앞에서] 무명이 [업]형성에게 [조건이 되는 것과] 같이 [조건이 된다.]

(9) 이와 같이 취착은 존재에게 — 공통되는 여섯 가지와 도라는 조건[道緣, maggapaccaya]에 의해서 일곱 가지가 된다. 그러나 여기서는 [앞에서처럼] 세 가지를 빼고 네 가지가 된다.

(10) 태어남이라는 것은 여기서 유위법의 특징(saṅkhatalakkhaṇa)과 동의어이기 때문에 존재는 태어남에게 방편(pariyāya)에 의해서 강하게 의지하는 조건[親依支緣, upanissayapaccaya]에 의해서 조건이 된다.

(11) 이와 같이하여 태어남은 늙음·죽음에게도 마찬가지이다.
그런데 '이 [첫 번째] 네 개 조에서 무명 등은 [업]형성 등의 모두에게 함께

ⓑ 무명을 조건으로 하여 [업]형성[行]이, [업]형성을 조건으로 하여 알음알이[識]가, 알음알이를 조건으로 하여 정신[名]이, 정신을 조건으로 하여 감각접촉[觸]이,[205] 감각접촉을 조건으로 하여 느낌[受]이, 느낌을 조건으로 하여 갈애[愛]가, 갈애를 조건으로 하여 취착[取]이, 취착을

생긴 조건[俱生緣, sahajātapaccaya]만으로 조건이 된다. 함께 생긴 조건만을 통해서 첫 번째 부문은 시작되기 때문이다.'라고 이렇게 [잘못된] 주장을 하는 자들이 있을 것이다. 그런데 존재 등에게는 [함께 생긴 조건이] 있을 수 없고 [앞에서 열거한] 나머지 조건들이 있어야 함을 보여준 뒤에 그들의 주장은 논박되어야 한다(paṭikkhipitabbā). 존재는 태어남에게 함께 생긴 조건이 아니고 태어남은 늙음·죽음에게 [함께 생긴 조건이 아니기] 때문이다. 그리고 이 [업]형성 등에게는 [앞에서 열거하여] 설명한 나머지 조건들도 있어야 하기 때문이다. 그러므로 [앞에서 열거한 나머지 조건들은] 내버릴 수(chaḍḍetuṁ) 없다."(VbhA.202~203)

205) 세존께서는 『디가 니까야』 제2권 「대인연경」(D15) §2와 §20에서 "정신·물질을 조건으로 감각접촉이 있다[名色緣觸]."고 설하셨다. 즉 12지(十二支) 연기의 여섯 감각장소[六入]가 빠지고 바로 감각접촉은 정신·물질에 조건 지어졌다[名色緣觸]고 나타난다. 이러한 「대인연경」(D15)의 세존의 말씀처럼 본서에서는 "정신을 조건으로 하여 감각접촉[觸]이"로 나타나고 있다. 그러면 「대인연경」에서 이렇게 설하신 이유는 무엇일까?

「대인연경」에 해당하는 『디가 니까야 주석서』는 ① 조건이 일어남의 특별함과 ② 남은 조건의 특별함을 보여주시기 위해서라고 설명한다. 그리고 결론으로 '조건의 근본원인(nidāna, 대인연경의 제목임)을 보여주기 위해서'라고 설명한다.(DA.ii.497; DAṬ.ii.122~23)

달리 말하면, 여섯 감각장소를 넣어 버리면 감각접촉이 모두 여섯 감각장소만을 조건으로 한 것처럼 보여지기 때문이라는 것이다. 그러나 감각접촉은 반드시 여섯 감각장소만을 조건으로 한 것이 아니라 오히려 삼사화합생촉(三事和合生觸, 안의 감각장소[內處], 밖의 감각장소[外處], 알음알이[識] 셋의 화합으로 감각접촉이 생긴다)에서 보듯이 12처 가운데 안·이·비·설·신·색·성·향·미·촉의 10가지와 법의 일부는 물질[色]이고 의(意, mano)와 6식은 정신[名]이니, 오히려 정신·물질[名色]을 조건으로 하여 감각접촉이 있다고 하는 것이 근본원인(nidāna)을 드러내는 데 훨씬 분명하기 때문에 여기서는 육입을 제외시켰다는 주석서의 설명이다.
여기에 대해서는 『디가 니까야』 제2권 「대인연경」(D15) §2의 해당 주해들을 참조할 것.

조건으로 하여 [139] 존재[有]가, 존재를 조건으로 하여 태어남[生]이, 태어남을 조건으로 하여 늙음 · 죽음[老死]이 [발생한다.] 이와 같이 전체 괴로움의 무더기[苦蘊]가 일어난다.206)

ⓒ 무명을 조건으로 하여 [업]형성[行]이, [업]형성을 조건으로 하여 알음알이[識]가, 알음알이를 조건으로 하여 정신 · 물질[名色]이, 정신 · 물질을 조건으로 하여 여섯 번째 감각장소가, 여섯 번째 감각장소를 조건으로 하여 감각접촉[觸]이, 감각접촉을 조건으로 하여 느낌[受]이, 느낌을 조건으로 하여 갈애[愛]가, 갈애를 조건으로 하여 취착[取]이, 취착을 조건으로 하여 존재[有]가, 존재를 조건으로 하여 태어남[生]이, 태어남을 조건으로 하여 늙음 · 죽음[老死]이 [발생한다.] 이와 같이 전체 괴로움의 무더기[苦蘊]가 일어난다.207)

---

206) "두 번째 부문 등에서도 [첫 번째 부문에서 설명한] 그 방법이 적용된다. 그러나 이것이 [두 번째 부문의] 특별함이다. — 두 번째 부문에서 '정신을 조건으로 하여 감각접촉이'라고 설하신 뒤에 여섯 감각장소의 자리에는 어떤 것도 설해지지 않았다. 그것은 무슨 의미인가? ① 조건의 특별함을 보여주시기 위해서(paccayavisesadassanattha)이고 ② 「대인연경」(Mahānidāna Sutta, D15)의 가르침을 포함하기 위해서(mahānidānadesanāsaṅgahattha)이다.

① 감각접촉은 단지 여섯 감각장소에게만 조건이 되는 것이 아니라 느낌의 무더기 등의 세 가지 무더기에게도 조건이 되기 때문이다.
② 그리고 「대인연경」(D15 §2)에서, "아난다여, '조건이 있기 때문에 감각접촉이 있습니까?'라고 질문을 받으면 '그렇습니다.'라고 대답해야 한다. 만일 '그러면 무엇을 조건으로 하여 감각접촉이 있습니까?'라고 묻는다면 '정신 · 물질 [名色]을 조건으로 하여 감각접촉이 있습니다.'라고 대답해야 한다."라고 설하셨다.

이와 같이 여섯 감각장소를 배제한 뒤 11가지 구성요소를 가진 연기(ekādasaṅgika paṭiccasamuppāda)가 설해졌다. 그러므로 이 조건의 특별함을 보여주시고 「대인연경」의 가르침을 섭수하시기 위해서 두 번째 부문에서는 '정신을 조건으로 하여 감각접촉이'라고 말씀하신 뒤에 여섯 감각장소의 자리에는 어떤 것도 설해지지 않은 것이다. 이것이 두 번째 부문에 있는 특별함이다."(VbhA.203)

ⓓ 무명을 조건으로 하여 [업]형성[行]이, [업]형성을 조건으로 하여 알음알이[識]가, 알음알이를 조건으로 하여 정신·물질[名色]이, 정신·물질을 조건으로 하여 여섯 감각장소[六入]가, 여섯 번째 감각장소를 조건으로 하여 감각접촉[觸]이,[208] 감각접촉을 조건으로 하여 느낌[受]이,

---

207) "그런데 세 번째 부문에서는 '알음알이를 조건으로 하여 정신·물질이'라고 경에 따른 분석 방법에 나타난 것을 네 번째 구성요소로 설하셨다. '그런데 이것은 하나의 심찰나에 존재하는 것이기 때문에(ekacittakkhaṇikattā) 조건의 형태(paccayākāra)에서 [보자면] 여기서는 적절하지 못한 것이 아닌가?'라고 한다면 이것은 적절하지 못한 것이 아니다. 왜 그런가? 자신이 [존재하는] 순간에(sakakkhaṇe) 조건이 되기 때문이다.

만일 거기서 물질이 심찰나보다 더 머문다 하더라도 거기서도 그 알음알이는 자신이 [존재하는] 순간에 [물질에게] 조건이 되기 때문이다. 어떻게? 먼저 생긴 마음에서 생긴 [물질이나] 다른 [물질]에게 뒤에 생긴 조건[後生緣, pacchājātapaccaya]으로 [조건이 되기] 때문이다. "뒤에 생긴 마음과 마음부수 법들은 먼저 생긴 이 몸에게 뒤에 생긴 조건으로 조건이 된다." (Ptn1.9)라고 말씀하셨기 때문이다. 그러나 함께 생긴 마음에서 생긴 [물질]에게는 의지하는 조건[依支緣, nissayapaccaya]으로 조건이 된다. "마음과 마음부수 법들은 마음에서 생긴 물질들에게 의지하는 조건으로 조건이 된다."(Ptn1.6)고 말씀하셨기 때문이다.

만일 그렇다면 앞의 [두 가지] 부문들에서는 왜 이렇게 설하시지 않았는가? 이 [세 번째 부문]은 물질이 일어나는 곳(rūpappavattidesa)에 대해서 가르치셨기 때문이다. 이 [세 번째 부문의] 조건의 형태는 ① 욕계 존재 가운데 태중에 있는 존재들(gabbhaseyyakā)과 ② 감각장소를 구족하지 못한 화생들(aparipuṇṇāyatanaopapātikā)과 ③ 색계의 신들(rūpāvacara-devā)을 통해서 물질이 일어나는 곳에 대해서 설하신 것이기 때문이다. 그래서 여기서는 '정신·물질을 조건으로 하여 여섯 감각장소가'라고 말씀하시지 않고 여섯 번째 감각장소(chaṭṭhāyata)라고 말씀하셨다.

여기서 정신(nāma)은 앞에서 설한 방법과 같다. 그러나 물질은 심장의 물질(hadayarūpa)이라고 알아야 한다. 그것은 이 여섯 번째 감각장소의 의지하는 조건과 먼저 생긴 조건에 의해서 두 가지로 조건이 된다는 것이 여기 세 번째 부문에서 특별함이다."(VbhA.203~204)

208) '정신·물질을 조건으로 하여 여섯 감각장소[六入]가, 여섯 번째 감각장소를 조건으로 하여 감각접촉[觸]이'는 본서의 저본인 VRI본의 nāmarūpa-paccayā saḷāyatanaṁ, chaṭṭhāyatanapaccayā phasso를 옮긴 것이다.

느낌을 조건으로 하여 갈애[愛]가, 갈애를 조건으로 하여 취착[取]이, 취착을 조건으로 하여 존재[有]가, 존재를 조건으로 하여 태어남[生]이, 태어남을 조건으로 하여 늙음·죽음[老死]이 [발생한다.] 이와 같이 전체 괴로움의 무더기[苦蘊]가 일어난다.209)

조건의 네 개 조가 [끝났다.]210) 211)

PTS본에는 해당 부분이 모두 nāmarūpapaccayā saḷāyatanaṁ, saḷāyatanapaccayā phasso로, 즉 '정신·물질을 조건으로 하여 여섯 감각장소[六入]가, 여섯 감각장소를 조건으로 하여 감각접촉[觸]이'로 편집되어 있는데 이것은 『위방가 주석서』의 해당 부분을 참조하면 냐나몰리 스님의 지적대로 잘못이다.(본서 본 문단의 해당 주해 및 냐나몰리 스님, 268쪽 106번 주해 참조) 텃띨라 스님도 VRI본대로 옮겼다.

209) "네 번째 부문은 모태(태어나는 방식, yoni)의 측면에서는 화생들(opapātikā)에게, 감각장소(āyatana)의 측면에서는 감각장소를 구족한 자들(paripuṇṇāyatanā)에게, 존재(bhava)의 측면에서는 욕계의 중생들(kāmāvacarasattā)을 통해서 설하셨다. 그래서 여기서는 '정신·물질을 조건으로 하여 여섯 감각장소가'라고 설하셨다. 여기서 정신(nāma)은 여섯 번째 감각장소에게는 함께 생긴 조건 등으로, 눈의 감각장소 등에게는 뒤에 생긴 조건으로 [조건이 된다.]

물질에 대해서는 — 심장의 물질(hadayarūpa)은 여섯 번째 감각장소(chaṭṭhāyatana)에게 의지하는 조건과 먼저 생긴 조건에 의해서, 네 가지 근본물질[四大, cattāri mahābhūtāni]은 눈의 감각장소 등에게 함께 생긴 조건과 의지하는 조건과 존재하는 조건[有緣, atthipaccaya]과 떠나가지 않은 조건[不離去緣, avigata-paccaya]으로 [조건이 된다.] 그런데 이것은 하나의 심찰나에 존재하는 조건의 형태(paccayākāra)이기 때문에 여기서 '여섯 감각장소를 조건으로 하여'라고 설하지 않으시고 '여섯 번째 감각장소를 조건으로 하여 감각접촉이'라고 말씀하신 것이 네 번째 부문에서 특별함이다."(VbhA.204)

210) "이와 같이 이들의 여러 가지 형태를 안 뒤에 다시 이들 모두를 특별함에 의해서 [살펴보면] 다음과 같다.

(1) 첫 번째 두 가지 부문은 무색계 존재(arūpabhava)에서 조건의 형태를 보여주기 위해서(paccayākāradassanattha) 설하셨다고 알아야 한다. 무색계 존재에서는 물질과 섞이지 않고(rūpena asammissāni) 연기의 구성요소들이 일어나기 때문이다. 세 번째 [부문은] 색계 존재(rūpabhava)에서

조건의 형태를 보여주기 위해서 설하셨다. 색계 존재에서는 물질과 섞임(rūpasammissatta)이 있기는 하지만 여섯 감각장소는 일어나지 않기 때문이다. 네 번째 [부문]은 욕계 존재(kāmabhava)에서 조건의 형태를 보여주기 위해서 설하셨다. 욕계 존재에는 여섯 감각장소가 모두 일어나기 때문이다.

(2) 혹은 세 번째는 색계 존재와 욕계 존재 가운데 감각장소를 구족하지 못한 자들(aparipuṇṇāyatanā)에게 해로운 [마음이] 일어나는 순간(akusala-ppavattikkhaṇa)을 두고 설하셨고 네 번째는 욕계 존재 가운데 감각장소를 구족한 자들(paripuṇṇāyatanā)을 [두고 설하신 것으로 볼 수 있다.]

(3) 혹은 첫 번째는 모든 경우에 적용되는 것(sabbatthagāmita)으로 설하신 것으로 [볼 수 있다.] 마음이 일어나는 곳(cittappavattidesa)에서 이것이 일어나지 않는 경우란 없기 때문이다.
두 번째는 조건의 특별함(paccayavisesa)을 두고 설하신 것으로 [볼 수 있다.] 여기서는 11가지 구성요소를 가졌고(ekādasaṅgikatta) 정신이 감각접촉에게 조건이 됨이 조건의 특별함이기 때문이다.
세번째는 처음의 두 가지 모태(태어나는 방식, purimayonidvaya) [즉 태생과 난생]을 두고 설하신 것으로 [볼 수 있다.] 처음의 두 가지 태어나는 방식에서 생겨날 때에 항상 여섯 감각장소가 생기는 것은 아니기 때문이다.
네 번째는 뒤의 두 가지 태어나는 방식(pacchimayonidvaya) [즉 습생과 화생]을 두고 설하신 것으로도 [볼 수 있다.] 뒤의 두 가지 태어나는 방식에서 생겨날 때에 항상 여섯 감각장소가 생기기 때문이다.(VbhA.204~205)

한편 복주서는 이렇게 덧붙이고 있다.
"처음의 두 가지 태어나는 방식에서 생겨날 때에 어떤 자들에게는 여섯 감각장소가 모태에서 태아의 첫 번째 단계 등(kalalādikāla)에서 생기지 않기 때문인 것 등을 들 수 있다. 그래서 '항상 생기는 것은 아니기 때문이다(sadā asambhavato).'라고 하였다."(VbhAMṬ.135)

211) "그런데 [고]주석서는 다음과 같이 설명한다. "첫 번째 [부문]은 모든 것과 결합되었다는 뜻(sabbasaṅgāhikaṭṭha)에서, 두 번째는 조건의 특별함의 뜻(paccayavisesaṭṭha)에 의해서, 세 번째는 모태에 들어있는 중생들(gabbhaseyyakasattā)을 통해서, 네 번째는 화현하는 중생들(opapātika-sattā)을 통해서 취해진 것이다.
이와 같이 하여 여기서 첫 번째 [부문]은 모든 것과 결합되었다는 뜻에서, 두 번째는 조건의 특별함의 뜻에 의해서, 세 번째는 완전하지 않은 감각장소(aparipuṇṇāyatana)를 통해서, 네 번째는 완전한 감각장소(paripuṇṇ-āyatana)를 통해서 취해진 것이다.

이와 같이 하여 여기서 첫 번째 [부문]은 모든 것과 결합된 것이라는 뜻(sabbasaṅgāhikaṭṭha)에서, 두 번째는 「대인연경」(D15)을 통해서, 세 번

② 원인의 네 개 조

244. ⓐ 무명을 조건으로 하여 무명이 그 원인인[212] [업]형성[行]이,[213] [업]형성을 조건으로 하여 [업]형성이 그 원인인 알음알이[識]가, 알음알이를 조건으로 하여 알음알이가 그 원인인 정신[名]이, 정신을 조건으로 하여 정신이 그 원인인 여섯 번째 감각장소가, 여섯 번째 감각장소를 조건으로 하여 여섯 번째 감각장소가 그 원인인 감각접촉[觸]이, 감각접촉을 조건으로 하여 감각접촉이 그 원인인 느낌[受]이, 느낌을 조건으로 하여 느낌이 그 원인인 갈애[愛]가, 갈애를 조건으로 하여 갈애

째는 색계 존재(rūpabhava)를 통해서, 네 번째는 욕계 존재(kāmabhava)를 통해서 취해진 것이다. 여기서 첫 번째 [부문]은 두 번째 등의 세 가지 부문 가운데 어디에도 존재하지 않는 것이 아니기 때문에 모든 것과 결합된 것(sabbasaṅgāhika)이라고 설명했다. 나머지 [셋]과의 차이점은 나중에 분명하게 드러낼 것이다."(VbhA.201)

212) '무명이 그 원인인'은 avijjā-hetuko를 옮긴 것인데 주석서의 다음과 같은 설명을 참조하였다.

"무명이 그것의 원인이라고 해서(avijjā hetu assāti) '무명이 그 원인인'이다. 무명은 그것이 생기는 것에서부터 부서질 때까지(sahavattanato yāva -bhaṅgā) 유지되고 같이 가는 것(pavattikā gamikā)이라고 해서 이렇게 말씀하신 것이다. 지금까지는 '무명을 조건으로 하여'라고 함께 생긴 조건 등의 조건(sahajātādipaccaya)을 통해서 공통적인 것(sādhāraṇa)을 통해서 [업]형성이 무명을 조건으로 한 것임을 보여주신 뒤에 다시 '무명이 그 원인인'이라는 이것으로 특수한 것(visesa)을 통해서 떠나가지 않은 조건이 됨(avigatapaccayatā)을 보여주신다. 나머지 구문들에도 이 방법이 적용된다."(VbhA.205)

213) 여기 §244의 '무명을 조건으로 하여 무명이 그 원인인 [업]형성[行]이'는 avijjāpaccayā saṅkhāro avijjāhetuko를, §245의 '무명을 조건으로 하여 무명과 결합된 [업]형성[行]이'는 avijjāpaccayā saṅkhāro avijjāsampa-yutto를 옮긴 것이다. 여기서 avijjāpaccayā(무명을 조건으로 하여)는 탈격(*Ablative*)이고 saṅkhāro와 avijjāhetuko와 avijjāsampayutto는 주격(*Nominative*)이기 때문에 avijjāhetuko(무명이 그 원인인)와 avijjā-sampayutto(무명과 결합된)는 saṅkhāro([업]형성)를 수식한다.

가 그 원인인 취착[取]이, 취착을 조건으로 하여 존재[有]가,214) 존재를 조건으로 하여 태어남[生]이, 태어남을 조건으로 하여 늙음·죽음[老死]이 [발생한다.] 이와 같이 전체 괴로움의 무더기[苦蘊]가 일어난다.215)

---

214) "그러면 왜 존재[有] 등에서는 '그 원인인(hetuko)'을 취하지 않는가? 떠나가지 않은 조건[不離去緣, avigata-paccaya]으로 정해진 것이 존재하지 않기 때문이고 떠나가지 않은 조건이 존재하지 않기 때문이다. "여기서 무엇이 '취착을 조건으로 하여 [발생하는] 존재'인가? 취착을 제외한 느낌의 무더기, 인식의 무더기, 심리현상들의 무더기, 알음알이의 무더기 — 이를 일러 취착을 조건으로 하여 [발생하는] 존재라 한다."(본서 §249; §273)라는 말씀으로부터 취착을 조건으로 하여 네 가지 무더기 즉 여기서 언급하는 존재[有]가 있다. 그리고 "태어남은 두 가지 무더기에 포함된다."(Dhk.15)라고 한 데서 태어남과 늙음·죽음은 심리현상들의 무더기에 포함된다." (VbhA.205)

여기서 두 가지 무더기는 물질의 무더기[色蘊]와 심리현상들의 무더기[行蘊]이다. 태어남은 정신[名, nāma]과 물질[色, rūpa]이 일어난 것이므로 정신은 심리현상들의 무더기에, 물질은 물질의 무더기에 각각 포함된다는 말이다.

215) "여기 [연기의 가르침에서] 취착까지를 통해서 태어남과 늙음·죽음이 얻어지지 않기 때문에 취착은 존재에게 확정적으로(niyamato) 떠나가지 않은 조건[不離去緣, avigata-paccaya]이 되지 못한다. '이런저런 법들의 태어남(yā tesaṁ tesaṁ dhammānaṁ jāti)'(§249)이라는 등의 말씀으로부터 유위법의 특징들(saṅkhatalakkhaṇā)에 관한 한 늙음·죽음[老死]이라 불리는 존재[有]에게 태어남[生]은 태어난 바로 그 순간(jātikkhaṇamatta)에는 존재하지 않기 때문에 떠나가지 않은 조건이 됨은 생기지 않는다. 같은 방법으로 늙음·죽음의 순간에 태어남[生]은 존재하지 않는다. 그러나 강하게 의지하는 조건[親依支緣, upanissayapaccaya]에 의해서 존재[有]는 태어남[生]에게 [조건이 된다.]

태어남은 늙음·죽음에게 조건이 된다는 [등의] 모든 곳에서 떠나가지 않은 조건[不離去緣, avigata-paccaya]은 확정되지 않았고(niyamābhāva) 떠나가지 않은 조건은 존재하지 않기 때문에(abhāvato) 존재 등의 경우에는 '~이 그 원인인'이라는 [용어를] 취하지 않았다(hetukaggahaṇaṁ na kataṁ)고 알아야 한다.

그런데 어떤 자들은 말하기를 "'존재에는 두 가지가 있다. 업으로서의 존재[業有, kamma-bhava]가 있고 재생으로서의 존재[生有, upapatti-bhava]가 있다.'(§234)라는 말씀으로부터 존재에는 재생으로서의 [존재가]

ⓑ 무명을 조건으로 하여 무명이 그 원인인 [업]형성[行]이, [업]형성을 조건으로 하여 [업]형성이 그 원인인 알음알이[識]가, 알음알이를 조건으로 하여 알음알이가 그 원인인 정신[名]이, 정신을 조건으로 하여 정신이 그 원인인 감각접촉[觸]이, 감각접촉을 조건으로 하여 감각접촉

섞여 있다(upapattimissaka). 그리고 재생으로서의 존재에게는 취착이 떠나가지 않은 조건이 되지 않는다. 그래서 '취착[取]을 조건으로 하여 취착이 그 원인인 존재[有]가'라고 말씀하시지 않고 '취착을 조건으로 하여 존재가' 라고 말씀하셨다. 여기서 ['취착이 그 원인인'이라는] 이것이 중단되었기 때문에(pacchinnattā) 이 뒤에서 말씀하시지 않은 것이다."라고 한다.

여기서 재생이 섞여 있는 존재(upapattimissaka bhava)는 여기서 뜻하는 바가 아니기 때문에(anadhippetattā) 이 [주장]은 적절하지 않다(ayutta). 여기서 존재라고 전승되어온 것(āgatā)은 무색계의 무더기들(arūpa-kkhandhā)이기 때문이다. 그리고 여기서 '존재를 조건으로 하여 태어남이' 라고 한 것은 태어남과 늙음·죽음을 제외한 존재가 태어남에게 조건이 되는 것이라고 알아야 한다.

왜 그런가? 태어남 등은 태어남에게 조건이 되지 않기 때문이다. 그렇다면 태어남과 늙음·죽음을 제외한 뒤에 존재는 태어남에게 조건이 된다고 언급해야 하지 않은가? 물론 그렇게 언급해야 한다. 그렇지만 언급해야 할 곳이 존재하지 않기 때문에(vattabbapadesābhāvato) 언급하지 않았다. 열 번째 구성요소의 해설(dasamaṅga-niddesa)에서는 취착을 조건으로 하여 발생한 존재가 언급되어야 하고 열한 번째 구성요소의 해설에서는 태어남이 언급되어야 하기 때문이다.

그러나 태어남에게 조건이 되는 존재에 대해서 언급해야 할 곳은 있지 않다. 언급해야 할 곳이 존재하지 않기 때문에 언급하지 않은 것이다. 그런데 언급하지 않았지만 이것은 적절한 것(yutti)이라고 인정되어야 한다. 그리고 '알음알이를 조건으로 하여 정신·물질이'라는 등에서 알음알이 등에게는 떠나가지 않은 조건이란 것이 생기기 때문에(avigatapaccaya-bhāvasambhavato) 알음알이를 원인으로 함 등의 용어가 되었다. 이것이 원인의 네 개 조의 특별함이다."(VbhA.205~206)

"'언급해야 할 곳이 존재하지 않기 때문에(vattabbapadesābhāvato)'라고 하였다. 언급해야 할 곳이 있다고 하더라도 취착처럼 태어남 등은 고유성질(sabhāvāni)이 없기 때문이다. 이처럼 확정해야 하는(ṭhapetabba) 다른 본질적인 것(bhāvantara)이 없기 때문에 확정(ṭhapana)을 할 수가 없는 [법]이라는 것은 적절하다(yutta)."(VbhAMṬ.137)

이 그 원인인 느낌[受]이, 느낌을 조건으로 하여 느낌이 그 원인인 갈애[愛]가, 갈애를 조건으로 하여 갈애가 그 원인인 취착[取]이, 취착을 조건으로 하여 존재[有]가, 존재를 조건으로 하여 태어남[生]이, 태어남을 조건으로 하여 늙음·죽음[老死]이 [발생한다.] 이와 같이 전체 괴로움의 무더기[苦蘊]가 일어난다.

ⓒ 무명을 조건으로 하여 무명이 그 원인인 [업]형성[行]이, [업]형성을 조건으로 하여 [업]형성이 그 원인인 알음알이[識]가, 알음알이를 조건으로 하여 알음알이가 그 원인인 [140] 정신·물질[名色]이, 정신·물질을 조건으로 하여 정신·물질이 그 원인인 여섯 번째 감각장소가, 여섯 번째 감각장소를 조건으로 하여 여섯 번째 감각장소가 그 원인인 감각접촉[觸]이, 감각접촉을 조건으로 하여 감각접촉이 그 원인인 느낌[受]이, 느낌을 조건으로 하여 느낌이 그 원인인 갈애[愛]가, 갈애를 조건으로 하여 갈애가 그 원인인 취착[取]이, 취착을 조건으로 하여 존재[有]가, 존재를 조건으로 하여 태어남[生]이, 태어남을 조건으로 하여 늙음·죽음[老死]이 [발생한다.] 이와 같이 전체 괴로움의 무더기[苦蘊]가 일어난다.

ⓓ 무명을 조건으로 하여 무명이 그 원인인 [업]형성[行]이, [업]형성을 조건으로 하여 [업]형성이 그 원인인 알음알이[識]가, 알음알이를 조건으로 하여 알음알이가 그 원인인 정신·물질[名色]이, 정신·물질을 조건으로 하여 정신·물질이 그 원인인 여섯 감각장소[六入]가, 여섯 번째 감각장소를 조건으로 하여 여섯 번째 감각장소가 그 원인인 감각접촉[觸]이, 감각접촉을 조건으로 하여 감각접촉이 그 원인인 느낌[受]이, 느낌을 조건으로 하여 느낌이 그 원인인 갈애[愛]가, 갈애를 조건으로 하여 갈애가 그 원인인 취착[取]이, 취착을 조건으로 하여 존재[有]가, 존재를 조건으로 하여 태어남[生]이, 태어남을 조건으로 하여 늙음·죽

음[老死]이 [발생한다.] 이와 같이 전체 괴로움의 무더기[苦蘊]가 일어난다.

원인의 네 개 조가 [끝났다.]

③ 결합의 네 개 조[216)]

245. ⓐ 무명을 조건으로 하여 무명과 결합된 [업]형성[行]이, [업]형성을 조건으로 하여 [업]형성과 결합된 알음알이[識]가, 알음알이를 조건으로 하여 알음알이와 결합된 정신[名]이, 정신을 조건으로 하여 정신과 결합된 여섯 번째 감각장소가, 여섯 번째 감각장소를 조건으로 하여 여섯 번째 감각장소와 결합된 감각접촉[觸]이, 감각접촉을 조건으로 하여 감각접촉과 결합된 느낌[受]이, 느낌을 조건으로 하여 느낌과 결합된 갈애[愛]가, 갈애를 조건으로 하여 갈애와 결합된 취착[取]이, 취착을 조건으로 하여 존재[有]가, 존재를 조건으로 하여 태어남[生]이, 태어남을 조건으로 하여 늙음·죽음[老死]이 [발생한다.] 이와 같이 전체 괴로움의 무더기[苦蘊]가 일어난다.

ⓑ 무명을 조건으로 하여 무명과 결합된 [업]형성[行]이, [업]형성을 조건으로 하여 [업]형성과 결합된 알음알이[識]가, 알음알이를 조건으로 하여 알음알이와 결합된 정신[名]이, 정신을 조건으로 하여 정신과 결합된 감각접촉[觸]이, 감각접촉을 조건으로 하여 감각접촉과 결합된 느낌[受]이, 느낌을 조건으로 하여 느낌과 결합된 갈애[愛]가, 갈애를 조건으로

---

216) "결합의 네 개 조(sampayutta-catukka)에서도 '무명을 조건으로 하여(avijjāpaccayā)'라고 하여 이것으로 함께 생긴 조건 등(sahajātādi-paccaya)을 통해서 [업]형성이 무명을 조건으로 한 것임을 보여주신 뒤에 다시 '무명과 결합된(avijjāsampayutta)'이라고 하여 결합된 조건이 됨(sampayuttapaccayatā)을 보여주신 것이다. 나머지 구문들에도 이 방법이 적용된다."(VbhA.206)
'결합된 조건[相應緣, sampayuttapaccaya]'에 대해서는 『아비담마 길라잡이』 제8장 §13의 해설 6을 참조할 것.

로 하여 갈애와 결합된 취착[取]이, 취착을 조건으로 하여 존재[有]가, 존재를 조건으로 하여 태어남[生]이, 태어남을 조건으로 하여 늙음·죽음[老死]이 [발생한다.] 이와 같이 전체 괴로움의 무더기[苦蘊]가 일어난다.

ⓒ 무명을 조건으로 하여 무명과 결합된 [업]형성[行]이, [업]형성을 조건으로 하여 [업]형성과 결합된 알음알이[識]가, 알음알이를 조건으로 하여 [141] 알음알이와 결합된 정신을 가진 정신·물질[名色]이,217) 정신·물질을 조건으로 하여 정신·물질과 결합된 여섯 번째 감각장소가, 여섯 번째 감각장소를 조건으로 하여 여섯 번째 감각장소와 결합된 감각접촉[觸]이, 감각접촉을 조건으로 하여 감각접촉과 결합된 느낌[受]이, 느낌을 조건으로 하여 느낌과 결합된 갈애[愛]가, 갈애를 조건으로 하여 갈애와 결합된 취착[取]이, 취착을 조건으로 하여 존재[有]가, 존재를 조건으로 하여 태어남[生]이, 태어남을 조건으로 하여 늙음·죽음[老死]이 [발생한다.] 이와 같이 전체 괴로움의 무더기[苦蘊]가 일어난다.

ⓓ 무명을 조건으로 하여 무명과 결합된 [업]형성[行]이, [업]형성을 조건으로 하여 [업]형성과 결합된 알음알이[識]가, 알음알이를 조건으로 하여 알음알이와 결합된 정신을 가진 정신·물질[名色]이,218) 정신·

217) '알음알이와 결합된 정신을 가진 정신·물질[名色]이'는 nāmarūpaṁ viññāṇasampayuttaṁ nāmaṁ를 옮긴 것이다. 주석서는 이렇게 설명한다. "그런데 무색계에 속하는 법들에는(arūpīnaṁ dhammānaṁ) 물질인 법들과 결합된 것이 없다. 그러므로 알음알이를 조건으로 하여 정신·물질이 있다는 등의 세 번째와 네 번째 구문에 있어서 '알음알이와 결합된 정신(viññāṇasampayuttaṁ nāmaṁ)'이라는 등의 방법을 얻게 된다. 이것을 취한 것이 이 결합의 네 개 조에서 특별한 점이다."(VbhA.206)
여기에 대해서는 아래 주해도 참조할 것.

218) 위에서 살펴보았듯이 '알음알이와 결합된 정신을 가진 정신·물질[名色]이'는 nāmarūpaṁ viññāṇasampayuttaṁ nāmaṁ를 옮긴 것이다. 이것은 '정신·물질이나 알음알이와 결합된 정신을 가진'으로 병렬식으로도 옮길 수 있다. 그러나 여기서 viññāṇasampayuttaṁ nāmaṁ이 nāmarūpaṁ을

물질을 조건으로 하여 정신과 결합된 여섯 번째 감각장소를 가진 여섯 감각장소[六入]가, 여섯 번째 감각장소를 조건으로 하여 여섯 번째 감각장소와 결합된 감각접촉[觸]이, 감각접촉을 조건으로 하여 감각접촉과 결합된 느낌[受]이, 느낌을 조건으로 하여 느낌과 결합된 갈애[愛]가, 갈애를 조건으로 하여 갈애와 결합된 취착[取]이, 취착을 조건으로 하여 존재[有]가, 존재를 조건으로 하여 태어남[生]이, 태어남을 조건으로 하여 늙음 · 죽음[老死]이 [발생한다.] 이와 같이 전체 괴로움의 무더기[苦蘊]가 일어난다.

결합의 네 개 조가 [끝났다.]

수식하는 것으로 해석하여 전자로 옮겼다. 즉 정신 · 물질 가운데 정신은 알음알이와 결합된 것으로 한정하고 있는 것으로 볼 수 있기 때문이다. 틧띨라 스님은 *there is mind and matter, mind associated with consciousness*로 옮겼다.(틧띨라 스님, 187쪽)

그다음의 nāmarūpapaccayā saḷāyatanaṁ nāmasampayuttaṁ chaṭṭhāyatanaṁ도 틧띨라 스님은 *because of mind and matter there are six based, the sixth base associated with mind*로 옮겼다.(*Ibid.*) 즉 육입 가운데 여섯 번째 감각장소가 마노와 결합된 것으로 해석한 것이다. 그러므로 이것도 '정신 · 물질을 조건으로 하여 정신과 결합된 여섯 번째 감각장소를 가진 여섯 감각장소[六入]가'로 옮기는 것이 타당하다 하겠다.
'정신 · 물질을 조건으로 하여 여섯 감각장소[六入]와 정신과 결합된 여섯 번째 감각장소가'로 옮길 수도 있지만 '정신과 결합된 여섯 번째 감각장소'가 '여섯 감각장소[六入]' 가운데 여섯 번째인 마노의 감각장소가 정신과 결합된 것으로 한정하는 것으로 이해하는 것이 더 좋다. 틧띨라 스님의 번역이 이를 잘 보여준다고 할 수 있다. 여기에 대한 주석서와 복주서의 설명은 찾지 못하였다.

④ 서로 지탱함의 네 개 조[219)]

246. ⓐ 무명을 조건으로 하여 [업]형성[行]이 있고 [업]형성[行]을 조건으로 하여서도 무명이 있으며, [업]형성을 조건으로 하여 알음알이[識]가 있고 알음알이를 조건으로 하여서도 [업]형성이 있으며, 알음알이를 조건으로 하여 정신[名]이 있고 정신을 조건으로 하여서도 알음알이가 있으며, 정신을 조건으로 하여 여섯 번째 감각장소가 있고 여섯 번째 감각장소를 조건으로 하여서도 정신이 있으며, 여섯 번째 감각장소를 조건으로 하여 감각접촉[觸]이 있고 감각접촉을 조건으로 하여서도 여섯 번째 감각장소가 있으며, 감각접촉을 조건으로 하여 느낌[受]이 있고 느낌을 조건으로 하여서도 감각접촉이 있으며, 느낌을 조건으로 하여 갈애[愛]가 있고 갈애를 조건으로 하여서도 느낌이 있으며, 갈애를 조건으로 하여 취착[取]이 있고 취착을 조건으로 하여서도 갈애가 있으며, 취착을 조건으로 하여 존재[有]가 있고, 존재를 조건으로 하여 태어

---

219) "서로 지탱함의 네 개 조(aññamañña-catukka)에서도 '무명을 조건으로 하여'라고 함께 생긴 조건 등(sahajātādipaccaya)을 통해서 [업]형성이 무명을 조건으로 한 것임을 보여주신 뒤에 다시 '[업]형성[行]을 조건으로 하여서도 무명이 있으며'라고 서로 지탱하는 조건[相互緣, aññamañña-paccaya]이 됨을 보여주신 것이다. 나머지 구문들에도 이 방법이 적용된다.

그러나 존재는 포괄적인 것(nippadesa)이고 취착은 부분적인 것(sappadesa)이다. 그리고 부분적인 법이 포괄적인 법에게 조건이 되지 포괄적인 법이 부분적인 법에게 조건이 되지 않는다. 그러므로 여기서 '존재를 조건으로 하여서도 취착이 있으며'라고 말씀하시지 않았다. 혹은 앞에서처럼 가르침이 중단되었기 때문에 말씀하시지 않았다.

그리고 정신・물질을 조건으로 하여 여섯 감각장소가 있지만 여섯 감각장소 [모두를] 조건으로 하여 하나의 심찰나에 정신・물질은 있지 않다. 여섯 감각장소는 서로 지탱하는 조건이 되기 때문이다. 그래서 네 번째 부문에서는 '여섯 번째 감각장소를 조건으로 하여서도 정신・물질이 있으며'라는 것이 타당하여서 그것을 취했다. 이것이 서로 지탱함의 네 개 조에서 특별함이다."(VbhA.206~207)

남[生]이 있고, 태어남을 조건으로 하여 늙음 · 죽음[老死]이 [발생한다.] 이와 같이 전체 괴로움의 무더기[苦蘊]가 일어난다.

ⓑ 무명을 조건으로 하여 [업]형성[行]이 있고 [업]형성[行]을 조건으로 하여서도 무명이 있으며, [업]형성을 조건으로 하여 알음알이[識]가 있고 알음알이를 조건으로 하여서도 [업]형성이 있으며, 알음알이를 조건으로 하여 정신[名]이 있고 정신을 조건으로 하여서도 알음알이가 있으며, 정신을 조건으로 하여 감각접촉[觸]이 있고 감각접촉을 조건으로 하여서도 정신이 있으며, 감각접촉을 조건으로 하여 느낌[受]이 있고 느낌을 조건으로 하여서도 감각접촉이 있으며, 느낌을 조건으로 하여 갈애[愛]가 있고 갈애를 조건으로 하여서도 느낌이 있으며, 갈애를 조건으로 하여 취착[取]이 있고 취착을 조건으로 하여서도 갈애가 있으며, 취착을 조건으로 하여 존재[有]가 있고, 존재를 조건으로 하여 태어남[生]이 있고, 태어남을 조건으로 하여 늙음 · 죽음[老死]이 [발생한다.] 이와 같이 전체 괴로움의 무더기[苦蘊]가 일어난다.

ⓒ 무명을 조건으로 하여 [142] [업]형성[行]이 있고 [업]형성[行]을 조건으로 하여서도 무명이 있으며, [업]형성을 조건으로 하여 알음알이[識]가 있고 알음알이를 조건으로 하여서도 [업]형성이 있으며, 알음알이를 조건으로 하여 정신 · 물질[名色]이 있고 정신 · 물질을 조건으로 하여서도 알음알이가 있으며, 정신 · 물질을 조건으로 하여 여섯 번째 감각장소가 있고 여섯 번째 감각장소를 조건으로 하여서도 정신 · 물질이 있으며, 여섯 번째 감각장소를 조건으로 하여 감각접촉[觸]이 있고 감각접촉을 조건으로 하여서도 여섯 번째 감각장소가 있으며, 감각접촉을 조건으로 하여 느낌[受]이 있고 느낌을 조건으로 하여서도 감각접촉이 있으며, 느낌을 조건으로 하여 갈애[愛]가 있고 갈애를 조건으로 하여서도 느낌이 있으며, 갈애를 조건으로 하여 취착[取]이 있고 취착을

조건으로 하여서도 갈애가 있으며, 취착을 조건으로 하여 존재[有]가 있고, 존재를 조건으로 하여 태어남[生]이 있고, 태어남을 조건으로 하여 늙음 · 죽음[老死]이 [발생한다.] 이와 같이 전체 괴로움의 무더기[苦蘊]가 일어난다.

ⓓ 무명을 조건으로 하여 [업]형성[行]이 있고 [업]형성[行]을 조건으로 하여서도 무명이 있으며, [업]형성을 조건으로 하여 알음알이[識]가 있고 알음알이를 조건으로 하여서도 [업]형성이 있으며, 알음알이를 조건으로 하여 정신 · 물질[名色]이 있고 정신 · 물질을 조건으로 하여서도 알음알이가 있으며, 정신 · 물질을 조건으로 하여 여섯 감각장소가 있고 여섯 번째 감각장소를 조건으로 하여서도 정신 · 물질이 있으며, 여섯 번째 감각장소를 조건으로 하여 감각접촉[觸]이 있고 감각접촉을 조건으로 하여서도 여섯 번째 감각장소가 있으며, 감각접촉을 조건으로 하여 느낌[受]이 있고 느낌을 조건으로 하여서도 감각접촉이 있으며, 느낌을 조건으로 하여 갈애[愛]가 있고 갈애를 조건으로 하여서도 느낌이 있으며, 갈애를 조건으로 하여 취착[取]이 있고 취착을 조건으로 하여서도 갈애가 있으며, 취착을 조건으로 하여 존재[有]가 있고, 존재를 조건으로 하여 태어남[生]이 있고, 태어남을 조건으로 하여 늙음 · 죽음[老死]이 [발생한다.] 이와 같이 전체 괴로움의 무더기[苦蘊]가 일어난다.

서로 지탱함의 네 개 조가 [끝났다.]

무명을 뿌리로 하는 방법의 마띠까가 끝났다.

(2) [업]형성 등을 뿌리로 하는 방법의 마띠까
— 나머지 여덟 가지 방법220)

247. [업]형성을 조건으로 하여 무명이 … (§§243~246) … 알음알이를 조건으로 하여 무명이 … (§§243~246) … 정신을 조건으로 하여 [143] 무명이 … (§§243~246) … 여섯 번째 감각장소를 조건으로 하여 무명이 … (§§243~246) … 감각접촉을 조건으로 하여 무명이 … (§§243~246) … 느낌을 조건으로 하여 무명이 … (§§243~246) … 갈애를 조건으로 하여 무명이 … (§§243~246) … 취착을 조건으로 하여 무명이 … (§§243~246) … 221)

---

220) "이제 '[업]형성을 조건으로 하여 무명이'라는 [업]형성을 뿌리로 하는 방법(saṅkhāramūlakanaya)이 시작되었다. 여기서도 역시 무명을 뿌리로 하는 것에서와 같이 네 가지 네 개 조(catukkāni)와 16가지 부문(vārā)이 [있음을] 알아야 한다. 그런데 첫 번째 네 개 조에서 첫 번째 부문만을 보여주신 뒤에 가르침이 축약되었다(saṁkhittā). 여기 [업형성을 뿌리로 하는 방법]에서처럼 알음알이를 뿌리로 하는 방법 등에서도 그러하다.

여기서 [업]형성을 뿌리로 하는 등의 모든 여덟 가지 방법 가운데 '[업]형성을 조건으로 하여 무명이'라는 등의 방법으로 함께 생긴 조건 등을 통해서 무명이 [업]형성 등을 조건으로 한 것임을 보여주신 뒤에 다시 '무명을 조건으로 하여 [업]형성이'라는 등의 방법으로 하나의 심찰나에 역시 조건의 형태의 바퀴가 굴러감(paccayākāracakkassa pavatti)을 보여주셨다."(VbhA.207)

221) "그러나 왜 존재를 뿌리로 하는(bhavamūlakā) 방법이나 태어남과 늙음·죽음을 뿌리로 하는(jātijarāmaraṇamūlakā) [방법]은 설하시지 않았는가? 존재를 조건으로 하여 [발생하는] 무명은 없는가? 없는 것은 아니다. 그러나 ① '[업]형성을 뿌리로 하여 무명이'라는 이러한 등으로 말씀하실 때에 존재에 포함된(bhavapariyāpanna) 어떤 법일지라도 무명에게 조건이 된다고 설하시지 않은 것은 없다.

그러므로 무명에게 조건이 되는 다른 것은 앞에서 이미 언급되지 않은 것이 없기 때문에 존재를 뿌리로 하는 방법을 [다시] 설하시지 않은 것이다. 그리고 ② 존재를 취함에 의해서 무명도 포함되게 된다(saṅgahaṁ gacchati). 이렇게 되어 '존재를 조건으로 하여 무명이'라고 설하면 '무명을 조건으로 하

ⓐ 무명을 조건으로 하여 [업]형성[行]이, [업]형성을 조건으로 하여 알음알이[識]가, 알음알이를 조건으로 하여 정신[名]이, 정신을 조건으로 하여 여섯 번째 감각장소가, 여섯 번째 감각장소를 조건으로 하여 감각접촉[觸]이 있고, 감각접촉을 조건으로 하여 느낌[受]이 있고, 느낌을 조건으로 하여 갈애[愛]가 있고, 갈애를 조건으로 하여 취착[取]이 있고, 취착을 조건으로 하여 존재[有]가 있고, 존재를 조건으로 하여 태어남[生]이 있고, 태어남을 조건으로 하여 늙음·죽음[老死]이 [발생한다.] 이와 같이 전체 괴로움의 무더기[苦蘊]가 일어난다.

[업]형성 등을 뿌리로 하는 방법의 마띠까가 [끝났다.]

마띠까가 [끝났다.]

여 무명이'라고 설하는 것이 되어버린다. 그런데 하나의 심찰나에 무명이 무명에게 조건이 되는 것은 있지 않다.

여기서 [존재를 뿌리로 하는 방법이] 중단되었기 때문에(pacchinnattāva) 태어남과 늙음·죽음을 뿌리로 하는 방법도 취하지 않으셨다. 나아가서 존재에는 태어남과 늙음·죽음도 포함된다(antogadhāni). 그리고 이들은 하나의 심찰나에 무명에게 조건이 되지 않기 때문에 존재를 뿌리로 하는 방법과 태어남과 늙음·죽음을 뿌리로 하는 방법은 설해지지 않았다.
마띠까의 해설이 [끝났다.]"(VbhA.207)

(B) 마음의 일어남(cittuppāda)[222)]

(1) 해로운 마음에 대한 해설(akusala-niddesa)

① 조건의 네 개 조[223)]

---

222) 제6장 연기 위방가의 이 이하에서 달고 있는 소제목들은 냐나몰리 스님이 영역한 『위방가 주석서』 "*The Dispeller of Delusion*"의 소제목들을 참조하였다.

223) 주석서의 설명처럼 앞의 §§243~247의 무명으로 시작하는 방법(naya)에는 ① 조건의 네 개 조(paccaya-catukka, §243), ② 원인의 네 개 조(hetu-catukka, §244), ③ 결합의 네 개 조(sampayutta-catukka, §245), ④ 서로 지탱함의 네 개 조(aññamañña-catukka, §246)의 네 가지 네 개 조가 있었고 이들은 다시 네 개씩의 부문들(vārā, 본서에서는 ⓐ/ⓑ/ⓒ/ⓓ로 번호를 매겼음)이 있어서 각각의 방법에 16개의 부문들이 있었다. 이것은 §247에서 [업]형성으로 시작하는 방법부터 취착으로 시작하는 방법까지의 8개의 네 개 조에들에도 적용이 되었다. 그래서 마띠까에는 [모두] (36×4=) 144개의 부문들이 존재하였다.(VbhA.200) 즉 9가지 뿌리가 되는 구문(mūlapadā)×4가지 네 개 조(catukka)×4가지 부문(vāra)=144가지가 되어 아비담마에 따른 분석 방법에는 모두 144개의 연기의 정형구가 마띠까로 확정되었다는 의미이다.
이렇게 마띠까로 확정된 144가지 부문은 이제 본 문단 이하에서 『담마상가니』 제1편 마음의 일어남 편에서 확정된 유익한 마음, 해로운 마음, 과보로 나타난 마음과 작용만 하는 마음으로 구성된 결정할 수 없는 마음에 적용되어 설명하고 있다.

『담마상가니』에서 해로운 마음은 12가지로 정리된다. 먼저 본서 §§248~279에서는 첫 번째 해로운 마음이 설명되고 §280 이하에서는 나머지 11가지 해로운 마음을 중심으로 12연기를 그 문맥에 맞게 고찰하고 있다. 조금 더 구체적으로 살펴보면 —
§§248~255에서는 다음과 같이 (1)-① 조건의 네 개 조(paccaya-catukka)로,

"248. 무엇이 '해로운 법들(akusalā dhammā, ma3-1-b)'인가?
형색을 대상으로 하거나 … 그 어떤 것을 대상으로 하여 기쁨이 함께하고 사견에 빠짐과 결합되고 [자극을 받지 않은] 해로운 마음이 일어날 때(Dhs §365) 그때에 무명을 조건으로 하여 [업]형성[行]이 … 존재를 조건으로 하여 태어남[生]이, 태어남을 조건으로 하여 늙음・죽음[老死]이 있다. 이와 같이 전체 괴로움의 무더기[苦蘊]가 일어난다."

로 『담마상가니』의 방법으로 위의 ⓐ의 정형구로 정의를 하고 다시 §249에서 이 12연기 각지를 『담마상가니』의 방법으로 설명한다.

같은 방법으로 §§250~251에서는 <ⓑ … 정신[名]이, 정신을 조건으로 하여 감각접촉[觸]이 …>라는 ⓑ의 방법으로, §§252~253에서는 ⓒ의 방법으로, §§254~255에서는 ⓓ의 방법으로 정의를 한다.

그리고 §§256~263에서는 (1)-② 원인의 네 개 조(hetu-catukka)의 방법으로, §§264~271에서는 (1)-③ 결합의 네 개 조(sampayutta-catukka)의 방법으로, §§272~279에서는 (1)-④ 서로 지탱함의 네 개 조(aññamañña-catukka)의 방법으로 위와 같이 설명하고 있다.

그리고 §§280~291에서는 (2) 나머지 해로운 마음에 대한 해설이라는 주제로 위의 §§248~279에서 기쁨이 함께하고 사견에 빠짐과 결합되고 [자극을 받지 않은] 해로운 마음의 경우를 다음과 같이 나머지 기쁨이 있는 해로운 마음들 세 가지에도 적용시키고 있다.
"280. 무엇이 '해로운 법들'인가? … ② 기쁨이 함께하고 사견에 빠짐과 결합되고 자극을 받은 … ③ 기쁨이 함께하고 사견에 빠짐과 결합되지 않고 [자극을 받지 않은](*cf.* Dhs §400) … ④ 기쁨이 함께하고 사견에 빠짐과 결합되지 않고 자극을 받은(*cf.* Dhs §402) 해로운 마음이 일어날 때, …"

그리고 『담마상가니』에서 유익한 마음은 욕계 유익한 마음과 색계 유익한 마음과 무색계 유익한 마음과 출세간 유익한 마음으로 분류되어 있는데 본서 §§292~305에서는 (3) 유익한 마음에 대한 해설(kusala-niddesa)을 통해서 이들을 설명하고 있다.

그리고 다시 §§306~333의 (4) 결정할 수 없는[無記] 마음에 대한 해설(abyākata-niddesa)에서는
"306. 무엇이 '결정할 수 없는[無記] 법들'인가?
욕계의 유익한 업을 지었고 쌓았기 때문에, ① 형색을 대상으로 하여 평온이 함께하는 과보로 나타난 눈의 알음알이가 일어날 때,(Dhs §431) 그때에 [업]형성을 조건으로 하여 알음알이[識]가 있고 …"
라는 방법으로 §333까지 『담마상가니』의 결정할 수 없는 법들을 모두 가져와서 12연기의 정형구 4가지로 설명하고 있다.

그리고 다시 §§334~342의 (5) 무명을 뿌리로 하는 유익한 마음에 대한 해설(avijjā-mūlaka-kusala-niddesa)에서도 아래와 같은 방법이 적용된다.
"334. 무엇이 '유익한 법들'인가?
기쁨이 함께하고 지혜와 결합되고 [자극을 받지 않은] 형색을 대상으로 가지거나 … 법을 대상으로 가지거나 혹은 어떤 것을 [대상으로] 가지든 간에 욕계에 속하는 유익한 마음이 일어날 때,

248. 1) 무엇이 [144] '해로운 법들(akusalā dhammā, ma3-1-b)'인가?[224]

형색을 대상으로 하거나 소리를 대상으로 하거나 냄새를 대상으로 하거나 맛을 대상으로 하거나 감촉을 대상으로 하거나 법을 대상으로 하거나 그 어떤 것을 대상으로 하여 ① 기쁨이 함께하고 사견에 빠짐과 결합되고 [자극을 받지 않은] 해로운 마음이 일어날 때,(*cf* Dhs §365)

ⓐ 그때에 무명을 조건으로 하여 [업]형성[行]이, [업]형성을 조건으

그때에 무명을 조건으로 하여 [업]형성[行]이, [업]형성을 조건으로 하여 알음알이[識]가, 알음알이를 조건으로 하여 정신[名]이, 정신을 조건으로 하여 여섯 번째 감각장소가, 여섯 번째 감각장소를 조건으로 하여 감각접촉[觸]이, 감각접촉을 조건으로 하여 느낌[受]이, 느낌을 조건으로 하여 청정한 믿음[淸淨信]이, 청정한 믿음을 조건으로 하여 결심[信解]이, 결심을 조건으로 하여 존재[有]가, 존재를 조건으로 하여 태어남[生]이, 태어남을 조건으로 하여 늙음·죽음[老死]이 있다. 이와 같이 전체 괴로움의 무더기[苦蘊]가 일어난다."(§292.와 무명 부분만 다름)

같은 방법으로 §§343~349의 (6) 유익함을 뿌리로 하는 과보로 나타난 마음에 대한 해설(kusala-mūlaka-vipāka-niddesa)이 나타나고 있다.
다시 §§350~364에서는 (7) 해로움을 뿌리로 하는 과보로 나타난 마음에 대한 해설(akusalamūlakavipāka-niddesa)이 정리되어 나타난다.

224) 여기서는 12가지 해로운 마음을 중심으로 12연기를 고찰하고 있다. 이하 §§248~279에서는 첫 번째 해로운 마음이 설명되고 §280 이하에서는 나머지 11가지 해로운 마음을 중심으로 12연기를 그 문맥에 맞게 고찰하고 있다.

"[『담마상가니』 제1편] 마음의 일어남 편에서는 유익함의 세 개 조를 처음으로 하여 정리한 마띠까의 순서(paṭipāṭi)에 따라 첫 번째로 유익함(kusala)이 분석되었다.(*cf* Dhs §1) 그러나 여기 [이곳의] 마띠까에서는 [이 순서로] 정리되지 않았기 때문에(anikkhittattā) 먼저 유익함을 언급하지 않는다. [대신에] '무명을 조건으로 하여 [업]형성이'라고 해로운 법(akusaladhamma)을 통해서 마띠까가 정리되어 있기 때문에 간결한 설명의 순서(nikkhepapaṭipāṭi)에 따라 무명 등의 연기의 구성요소들을 분석하여 가르치기 위해서 '무엇이 해로운 법들인가?'라는 등을 설하셨다. 그것의 뜻은 『담마상가니』 제1편 마음의 일어남 편에서 설명한 방법으로 알아야 한다."(VbhA.207~208)

로 하여 알음알이[識]가, 알음알이를 조건으로 하여 정신[名]이, 정신을 조건으로 하여 여섯 번째 감각장소가, 여섯 번째 감각장소를 조건으로 하여 감각접촉[觸]이, 감각접촉을 조건으로 하여 느낌[受]이, 느낌을 조건으로 하여 갈애[愛]가, 갈애를 조건으로 하여 취착[取]이, 취착을 조건으로 하여 존재[有]가, 존재를 조건으로 하여 태어남[生]이, 태어남을 조건으로 하여 늙음·죽음[老死]이 [발생한다.] 이와 같이 전체 괴로움의 무더기[苦蘊]가 일어난다.

249. 여기서 무엇이 '무명'인가? 무지함, 봄[見]이 없음 … (§180) … 무명의 장벽, 어리석음이라는 해로움의 뿌리 — 이를 일러 무명이라 한다.

여기서 무엇이 '무명을 조건으로 하여 [발생하는] [업]형성[行]'인가? 의도, 의도함, 의도된 상태(Dhs §5, §72 등) — 이를 일러 무명을 조건으로 하여 [발생하는] [업]형성이라 한다.

여기서 무엇이 '[업]형성을 조건으로 하여 [발생하는] 알음알이'인가? 마음, 마노[意], 정신작용, 심장, 깨끗한 것, 마노, 마노의 감각장소, 마노의 기능, 알음알이, 알음알이의 무더기, 그것에 적합한 마노의 알음알이의 요소(Dhs §6 등) — 이를 일러 [업]형성을 조건으로 하여 [발생하는] 알음알이라 한다.

여기서 무엇이 '알음알이를 조건으로 하여 [발생하는] 정신'인가? 느낌의 무더기, 인식의 무더기, 심리현상들의 무더기(식온은 제외됨) — 이를 일러 알음알이를 조건으로 하여 [발생하는] 정신이라 한다.

여기서 무엇이 '정신을 조건으로 하여 [발생하는] 여섯 번째 감각장소'인가? 마음, 마노[意], 정신작용, 심장, 깨끗한 것, 마노, 마노의 감각장소, 마노의 기능, 알음알이, 알음알이의 무더기, 그것에 적합한 마노의 알음알이의 요소 — 이를 일러 정신을 조건으로 하여 [발생하는] 여섯 번째 감각장소라 한다.

여기서 무엇이 '여섯 번째 감각장소를 조건으로 하여 [발생하는] 감각접촉'인가? 감각접촉, 접촉함, 맞닿음, 맞닿은 상태(Dhs §2) — 이를 일러 여섯 번째 감각장소를 조건으로 하여 [발생하는] 감각접촉이라 한다.

여기서 무엇이 '감각접촉을 조건으로 하여 [발생하는] 느낌'인가? 정신적인 만족감, 정신적인 즐거움, 정신의 감각접촉에서 생긴 만족하고 즐겁게 느껴지는 것, 정신의 감각접촉에서 생긴 만족하고 즐거운 느낌 — 이를 일러 감각접촉을 조건으로 하여 [발생하는] 느낌이라 한다.

여기서 [145] 무엇이 '느낌을 조건으로 하여 [발생하는] 갈애'인가? 갈망, 탐닉, 친밀함, 순응, 기뻐함, 강한 갈망, 마음의 탐닉(*cf.* Dhs §1065) — 이를 일러 느낌을 조건으로 하여 [발생하는] 갈애라 한다.

여기서 무엇이 '갈애를 조건으로 하여 [발생하는] 취착'인가? [그릇된] 견해, 사견에 빠짐, 견해의 밀림(密林), 견해의 황무지, 견해의 뒤틀림, 견해의 요동, 견해의 족쇄, 거머쥠, 고착, 천착, 집착[固守], 나쁜 길, 그릇된 길, 그릇된 상태, 외도의 장소, 거꾸로 거머쥠(Dhs §381) — 이를 일러 갈애를 조건으로 하여 [발생하는] 취착이라 한다.[225)]

여기서 무엇이 '취착을 조건으로 하여 [발생하는] 존재'인가? 취착을 제외한 느낌의 무더기, 인식의 무더기, 심리현상들의 무더기, 알음알이의 무더기 — 이를 일러 취착을 조건으로 하여 [발생하는] 존재라 한다.[226)]

---

225) "하나의 심찰나에 갈애(taṇhā)와 감각적 쾌락에 대한 취착(kāmupādāna)이 [함께] 일어나는 것은 없기 때문에 여기서는 갈애를 조건으로 하여 취착이 얻어진다(taṇhāpaccayā upādānaṁ labbhati)는 것을 보여주시기 위해서 '[그릇된] 견해, 사견에 빠짐(diṭṭhi diṭṭhigata)' 등을 설하셨다."(VbhA. 208)

226) "그리고 존재의 해설(bhava-niddesa)에서 취착은 심리현상들의 무더기에 포함되기 때문에 '취착을 제외한 느낌의 무더기, 인식의 무더기, 심리현상들의 무더기, 알음알이의 무더기'라고 설하셨다. 이렇게 [취착을 제외하지 않

여기서 무엇이 '존재를 조건으로 하여 [발생하는] 태어남'인가? 이런저런 법들의 태어남, 출생, 생김, 탄생, 나타남227) — 이를 일러 존재를 조건으로 하여 [발생하는] 태어남이라 한다.228)

여기서 무엇이 '태어남을 조건으로 하여 [발생하는] 늙음·죽음'인가? 늙음이 있고 죽음이 [발생한다.]

여기서 무엇이 '늙음'인가? 이런저런 법들의 쇠퇴[老, 늙음], 노쇠함, 수명의 줄어듦 — 이를 일러 늙음이라 한다.

무엇이 '죽음[死]'인가? 이런저런 법들의 멸진, 사라짐, 부서짐, 무너

고] 설하게 되면 취착에게 취착이 조건이 되어버리기 때문이다. 그러나 그 [취착이] 그 [취착]에게 조건이 되지는 않는다."(VbhA.208)

227) '태어남, 출생, 생김, 탄생, 나타남'은 각각 jāti sañjāti nibbatti abhinibbatti pātubhāva를 옮긴 것이다. 같거나 비슷한 용어들이 본서의 여러 군데에서 나타나고 있는데 그것은 다음과 같다.

ajātaṁ abhūtaṁ asañjātaṁ anibbattaṁ anabhinibbattaṁ apātubhūtaṁ(§3)는 "태어나지 않았고, 존재하지 않았고, 출생하지 않았고, 생기지 않았고, 탄생하지 않았고, 나타나지 않았고"로 옮겼다.

jātaṁ bhūtaṁ sañjātaṁ nibbattaṁ abhinibbattaṁ pātubhūtaṁ(§3)는 "태어나 있고, 존재해 있고, 출생해 있고, 생겨있고, 탄생해 있고, 나타나 있고"로 옮겼다.

jātā bhūtā sañjātā nibbattā abhinibbattā pātubhūtā(§9, §721)는 "태어남, 존재함, 출생함, 생김, 탄생함, 나타남"으로 옮겼다.

jāti sañjāti okkanti abhinibbatti khandhānaṁ pātubhāvo āyatanānaṁ paṭilābho(§191)는 "태어남, 출생, 입태, 탄생, 오온의 나타남, 감각장소[處]를 획득함"으로 옮겼다.

jātā honti sañjātā nibbattā abhinibbattā pātubhūtā(§566)는 "태어나고, 출생하고, 생기고, 탄생하고, 나타난 것이다."로 옮겼다.

한편 4여의족의 정형구에는 "chandaṁ janeti sañjaneti uṭṭhapeti samuṭṭhapeti nibbatteti abhinibbatteti."(§392 등)로 나타나는데 이 경우에는 "이러한 열의를 일으키고 발생시키고 솟게 하고 솟아나게 하고 생기게 하고 출현하게 한다."로 옮겼다.

228) "태어남 등의 해설(jātiādiniddesesā)에서 이들은 무색계의 법들의 태어남 등이기 때문에 '부서진 [이빨](khaṇḍiccaṁ), 희어진 [머리털](pālicca), 주름진 피부(valittacatā)'(*cf.* §192; §236)는 설하지 않으셨다."(VbhA.208)

짐, 무상함, 끝남(antaradhāna) — 이를 일러 죽음이라 한다.

이처럼 이것이 늙음이고 이것이 죽음이다. — 이를 일러 태어남을 조건으로 하여 [발생하는] 늙음 · 죽음이라 한다.

'이와 같이 전체 괴로움의 무더기[苦蘊]가 일어난다.'라는 것은 이와 같이 전체 괴로움의 무더기가 모인다, 함께한다, 합류한다, 드러난다는 것이다. 그래서 말하기를 '이와 같이 전체 괴로움의 무더기[苦蘊]가 일어난다.'라고 하였다.

250. ⓑ 그때에229) 무명을 조건으로 하여 [업]형성[行]이, [업]형성을 조건으로 하여 알음알이[識]가, 알음알이를 조건으로 하여 정신[名]이, 정신을 조건으로 하여 감각접촉[觸]이, 감각접촉을 조건으로 하여 느낌[受]이, 느낌을 조건으로 하여 갈애[愛]가, 갈애를 조건으로 하여 [146] 취착[取]이, 취착을 조건으로 하여 존재[有]가, 존재를 조건으로 하여 태어남[生]이, 태어남을 조건으로 하여 늙음 · 죽음[老死]이 [발생한다.] 이와 같이 전체 괴로움의 무더기[苦蘊]가 일어난다.

251. 여기서 무엇이 '무명'인가? 무지함, 봄[見]이 없음 … (§180) … 무명의 장벽, 어리석음이라는 해로움의 뿌리 — 이를 일러 무명이라 한다.

여기서 무엇이 '무명을 조건으로 하여 [발생하는] [업]형성[行]'인가? 의도, 의도함, 의도된 상태 — 이를 일러 무명을 조건으로 하여 [발생하는] [업]형성이라 한다.

---

229) "이와 같이 첫 번째 부문을 마무리한 뒤에 다시 두 번째 부문에서 첫 번째 부문에 의해서 조건의 형태(paccayākāra)를 보여주신 바로 그때에(tasmiṁ-yeva samaye) 다른 방법으로도(aparenapi nayena) 조건의 형태를 보여주시기 위해서 별개의 시기를 정의하는 부문(samayavavatthāna-vāra)을 설하지 않으시고 '그때에 무명을 조건으로 하여 [업]형성[行]이'라는 등의 방법으로 가르침을 만드셨다."(VbhA.208)

여기서 무엇이 '[업]형성을 조건으로 하여 [발생하는] 알음알이'인가? 마음, 마노[意], 정신작용 … (§184) … 그것에 적합한 마노의 알음알이의 요소 — 이를 일러 [업]형성을 조건으로 하여 [발생하는] 알음알이라 한다.

여기서 무엇이 '알음알이를 조건으로 하여 [발생하는] 정신'인가? 느낌의 무더기, 인식의 무더기, 심리현상들의 무더기(식온은 제외됨) — 이를 일러 알음알이를 조건으로 하여 [발생하는] 정신이라 한다.

'정신을 조건으로 하여 감각접촉이 [발생한다.]'라고 하였다.

여기서 무엇이 '정신'인가? 감각접촉을 제외한 느낌의 무더기, 인식의 무더기, 심리현상들의 무더기, 알음알이의 무더기 — 이를 일러 정신이라 한다.[230]

여기서 무엇이 '정신을 조건으로 하여 [발생하는] 감각접촉'인가? 감각접촉, 접촉함, 맞닿음, 맞닿은 상태 — 이를 일러 정신을 조건으로 하여 [발생하는] 감각접촉이라 한다.

… (§249) … 그래서 말하기를 '이와 같이 전체 괴로움의 무더기[苦蘊]가 일어난다.'라고 하였다.

252. ⓒ 그때에 무명을 조건으로 하여 [업]형성[行]이, [업]형성을 조건으로 하여 알음알이[識]가, 알음알이를 조건으로 하여 정신·물질[名色]이, 정신·물질을 조건으로 하여 여섯 번째 감각장소가, 여섯 번째 감각장소를 조건으로 하여 감각접촉[觸]이, 감각접촉을 조건으로 하여 느낌[受]이, 느낌을 조건으로 하여 갈애[愛]가, 갈애를 조건으로 하여 취착[取]이, 취착을 조건으로 하여 존재[有]가, 존재를 조건으로 하여 태어남[生]이, 태어남을 조건으로 하여 늙음·죽음[老死]이 [발생한다.] 이

---

230) "여기서 '감각접촉을 제외한(ṭhapetvā phassaṁ)'이라고 하셨다. 감각접촉은 정신에 포함(nāmapariyāpanna)되기 때문에 감각접촉을 정신으로부터 빼내기 위해서(nīharaṇatthaṁ) 이렇게 설하셨다."(VbhA. 208)

와 같이 전체 괴로움의 무더기[苦蘊]가 일어난다.

253. 여기서 무엇이 '무명'인가? 무지함, 봄[見]이 없음 … (§180) … 무명의 장벽, 어리석음이라는 해로움의 뿌리 — 이를 일러 무명이라 한다.

여기서 무엇이 '무명을 조건으로 하여 [발생하는] [업]형성[行]'인가? 의도, 의도함, 의도된 상태 — 이를 일러 무명을 조건으로 하여 [발생하는] [업]형성이라 한다.

여기서 무엇이 '[업]형성을 조건으로 하여 [발생하는] 알음알이'인가? 마음, 마노[意], 정신작용 … (§184) … 그것에 적합한 마노의 알음알이의 요소 — 이를 일러 [업]형성을 조건으로 하여 [발생하는] 알음알이라 한다.

여기서 [147] 무엇이 '알음알이를 조건으로 하여 [발생하는] 정신 · 물질[識緣名色]'인가? 정신이 있고 물질이 있다.

여기서 무엇이 '정신'인가? 느낌의 무더기, 인식의 무더기, 심리현상들의 무더기 — 이를 일러 정신이라 한다.

여기서 무엇이 '물질'인가? 눈의 감각장소의 생성, 귀의 감각장소의 생성, 코의 감각장소의 생성, 혀의 감각장소의 생성, 몸의 감각장소의 생성, 혹은 어떤 다른 물질이든 마음으로부터 발생하고 마음을 원인으로 하고 마음에서 생긴 것 — 이를 일러 물질이라 한다.

이처럼 이것이 정신이고 이것이 물질이다. — 이를 일러 알음알이를 조건으로 하여 [발생하는] 정신 · 물질이라 한다.

'정신 · 물질을 조건으로 여섯 번째 감각장소가 [발생한다.]'라고 하였다. 정신이 있고 물질이 있다.

여기서 무엇이 '정신'인가? 느낌의 무더기, 인식의 무더기, 심리현상들의 무더기 — 이를 일러 정신이라 한다.

여기서 무엇이 '물질'인가? 그 물질을 의지하여 마노의 알음알이의 요소가 존재하는 것 — 이를 일러 물질이라 한다.

이처럼 이것이 정신이고 이것이 물질이다. — 이를 일러 정신 · 물질이라 한다.

여기서 무엇이 '정신 · 물질을 조건으로 하여 [발생하는] 여섯 번째 감각장소'인가? 마음, 마노[意], 정신작용 … (§184) … 그것에 적합한 마노의 알음알이의 요소 — 이를 일러 정신 · 물질을 조건으로 하여 [발생하는] 여섯 번째 감각장소라 한다.

여기서 무엇이 '여섯 번째 감각장소를 조건으로 하여 [발생하는] 감각접촉'인가? 감각접촉, 접촉함, 맞닿음, 맞닿은 상태(Dhs §2 등) — 이를 일러 여섯 번째 감각장소를 조건으로 하여 [발생하는] 감각접촉이라 한다.

… (§249) … 그래서 말하기를 '이와 같이 전체 괴로움의 무더기[苦蘊]가 일어난다.'라고 하였다.

254. ⓓ 그때에 무명을 조건으로 하여 [업]형성[行]이, [업]형성을 조건으로 하여 알음알이[識]가, 알음알이를 조건으로 하여 정신 · 물질[名色]이, 정신 · 물질을 조건으로 하여 여섯 감각장소[六入]가, 여섯 번째 감각장소를 조건으로 하여 감각접촉[觸]이, 감각접촉을 조건으로 하여 느낌[受]이, 느낌을 조건으로 하여 갈애[愛]가, 갈애를 조건으로 하여 취착[取]이, 취착을 조건으로 하여 존재[有]가, 존재를 조건으로 하여 태어남[生]이, 태어남을 조건으로 하여 늙음 · 죽음[老死]이 [발생한다.] 이와 같이 전체 괴로움의 무더기[苦蘊]가 일어난다.

255. 여기서 무엇이 '무명'인가? 무지함, 봄[見]이 없음 … (§180) … 무명의 장벽, 어리석음이라는 해로움의 뿌리 — 이를 일러 무명이라 한다.

여기서 무엇이 '무명을 조건으로 하여 [발생하는] [업]형성[行]'인가? 의도, 의도함, 의도된 상태 — 이를 일러 무명을 조건으로 하여 [발생하는] [업]형성이라 한다.

여기서 무엇이 '[업]형성을 조건으로 하여 [발생하는] 알음알이'인가? 마음, 마노[意], 정신작용 … (§184) … 그것에 적합한 마노의 알음알이의 요소 — 이를 일러 [업]형성을 조건으로 하여 [발생하는] 알음알이라 한다.

여기서 [148] 무엇이 '알음알이를 조건으로 하여 [발생하는] 정신 · 물질'인가? 정신이 있고 물질이 있다.

여기서 무엇이 '정신'인가? 느낌의 무더기, 인식의 무더기, 심리현상들의 무더기 — 이를 일러 정신이라 한다.

여기서 무엇이 '물질'인가? 눈의 감각장소의 생성, 귀의 감각장소의 생성, 코의 감각장소의 생성, 혀의 감각장소의 생성, 몸의 감각장소의 생성, 혹은 어떤 다른 물질이든 마음으로부터 발생하고 마음을 원인으로 하고 마음에서 생긴 것 — 이를 일러 물질이라 한다.

이처럼 이것이 정신이고 이것이 물질이다. — 이를 일러 알음알이를 조건으로 하여 [발생하는] 정신 · 물질이라 한다.

'정신 · 물질을 조건으로 하여 여섯 감각장소(saḷāyatana)가 [발생한다.]'라고 하였다. 정신이 있고 물질이 있다.

여기서 무엇이 '정신'인가? 느낌의 무더기, 인식의 무더기, 심리현상들의 무더기 — 이를 일러 정신이라 한다.

여기서 무엇이 '물질'인가? 네 가지 근본물질과 그 물질을 의지하여 마노의 알음알이의 요소가 존재하는 것 — 이를 일러 물질이라 한다.

이처럼 이것이 정신이고 이것이 물질이다. — 이를 일러 정신 · 물질이라 한다.

여기서 무엇이 '정신 · 물질을 조건으로 하여 [발생하는] 여섯 감각장소'인가? 눈의 감각장소, 귀의 감각장소, 코의 감각장소, 혀의 감각장소, 몸의 감각장소, 마노의 감각장소 — 이를 일러 정신·물질을 조건으로 하여 [발생하는] 여섯 감각장소라 한다.

여기서 무엇이 '여섯 번째 감각장소를 조건으로 하여 [발생하는] 감각접촉'인가? 감각접촉, 접촉함, 맞닿음, 맞닿은 상태 — 이를 일러 여섯 번째 감각장소를 조건으로 하여 [발생하는] 감각접촉이라 한다.

… (§249) … 그래서 말하기를 '이와 같이 전체 괴로움의 무더기[苦蘊]가 일어난다.'라고 하였다.

조건의 네 개 조가 [끝났다.]

② 원인의 네 개 조

256. ⓐ 그때에 무명을 조건으로 하여 무명이 그 원인인 [업]형성[行]이, [업]형성을 조건으로 하여 [업]형성이 그 원인인 알음알이[識]가, 알음알이를 조건으로 하여 알음알이가 그 원인인 정신[名]이, 정신을 조건으로 하여 정신이 그 원인인 여섯 번째 감각장소가, 여섯 번째 감각장소를 조건으로 하여 여섯 번째 감각장소가 그 원인인 감각접촉[觸]이, 감각접촉을 조건으로 하여 감각접촉이 그 원인인 느낌[受]이, 느낌을 조건으로 하여 느낌이 그 원인인 갈애[愛]가, 갈애를 조건으로 하여 갈애가 그 원인인 취착[取]이, 취착을 조건으로 하여 존재[有]가, 존재를 조건으로 하여 태어남[生]이, 태어남을 조건으로 하여 늙음·죽음[老死]이 [발생한다.] 이와 같이 전체 괴로움의 무더기[苦蘊]가 일어난다.

257. 여기서 [149] 무엇이 '무명'인가? 무지함, 봄[見]이 없음 … (§180) … 무명의 장벽, 어리석음이라는 해로움의 뿌리 — 이를 일러 무명이라 한다.

여기서 무엇이 '무명을 조건으로 하여 [발생하는][231] 무명이 그 원인인 [업]형성[行]'인가? 의도, 의도함, 의도된 상태 — 이를 일러 무명을 조건으로 하여 [발생하는] 무명이 그 원인인 [업]형성이라 한다.

여기서 무엇이 '[업]형성을 조건으로 하여 [발생하는] [업]형성이 그 원인인 알음알이'인가? 마음, 마노[意], 정신작용 … (§184) … 그것에 적합한 마노의 알음알이의 요소 — 이를 일러 [업]형성을 조건으로 하여 [발생하는] 의도적 행위가 그 원인인 알음알이라 한다.

여기서 무엇이 '알음알이를 조건으로 하여 [발생하는] 알음알이가 그 원인인 정신'인가? 느낌의 무더기, 인식의 무더기, 심리현상들의 무더기 — 이를 일러 알음알이를 조건으로 하여 [발생하는] 알음알이가 그 원인인 정신이라 한다.

여기서 무엇이 '정신을 조건으로 하여 [발생하는] 정신이 그 원인인 여섯 번째 감각장소'인가? 마음, 마노[意], 정신작용 … (§184) … 그것에 적합한 마노의 알음알이의 요소 — 이를 일러 정신을 조건으로 하여 [발생하는] 정신이 그 원인인 여섯 번째 감각장소라 한다.

여기서 무엇이 '여섯 번째 감각장소를 조건으로 하여 [발생하는] 여섯 번째 감각장소가 그 원인인 감각접촉'인가? 감각접촉, 접촉함, 맞닿음, 맞닿은 상태 — 이를 일러 여섯 번째 감각장소를 조건으로 하여 [발생하는] 여섯 번째 감각장소가 그 원인인 감각접촉이라 한다.

여기서 무엇이 '감각접촉을 조건으로 하여 [발생하는] 감각접촉이 그 원인인 느낌'인가? 정신적인 만족감, 정신적인 즐거움, 정신의 감각접촉에서 생긴 만족하고 즐겁게 느껴지는 것, 정신의 감각접촉에서 생긴 만족하고 즐거운 느낌 — 이를 일러 감각접촉을 조건으로 하여 [발생하는] 감각접촉이 그 원인인 느낌이라 한다.

---

231) 마띠까 ② 원인의 네 개 조(hetu-catukka) ⓐ의 이해를 돕기 위해서 설명에서는 [ ] 안에 모두 '발생하는'을 넣었음을 밝힌다.

여기서 무엇이 '느낌을 조건으로 하여 [발생하는] 느낌이 그 원인인 갈애'인가? 갈망, 탐닉 … (§249) … 마음의 탐닉 — 이를 일러 느낌을 조건으로 하여 [발생하는] 느낌이 그 원인인 갈애라 한다.

여기서 무엇이 '갈애를 조건으로 하여 [발생하는] 갈애가 그 원인인 취착'인가? [그릇된] 견해, 사견에 빠짐 … (§249) … 거꾸로 거머쥠 — 이를 일러 갈애를 조건으로 하여 [발생하는] 갈애가 그 원인인 취착이라 한다.

… (§249) … 그래서 말하기를 '이와 같이 전체 괴로움의 무더기[苦蘊]가 일어난다.'라고 하였다.

258. ⓑ 그때에 [150] 무명을 조건으로 하여 무명이 그 원인인 [업]형성[行]이, [업]형성을 조건으로 하여 [업]형성이 그 원인인 알음알이[識]가, 알음알이를 조건으로 하여 알음알이가 그 원인인 정신[名]이, 정신을 조건으로 하여 정신이 그 원인인 감각접촉[觸]이, 감각접촉을 조건으로 하여 감각접촉이 그 원인인 느낌[受]이, 느낌을 조건으로 하여 느낌이 그 원인인 갈애[愛]가, 갈애를 조건으로 하여 갈애가 그 원인인 취착[取]이, 취착을 조건으로 하여 존재[有]가, 존재를 조건으로 하여 태어남[生]이, 태어남을 조건으로 하여 늙음·죽음[老死]이 [발생한다.] 이와 같이 전체 괴로움의 무더기[苦蘊]가 일어난다.

259. 여기서 무엇이 '무명'인가? 무지함, 봄[見]이 없음 … (§180) … 무명의 장벽, 어리석음이라는 해로움의 뿌리 — 이를 일러 무명이라 한다.

여기서 무엇이 '무명을 조건으로 하여 [발생하는] 무명이 그 원인인 [업]형성[行]'인가? 의도, 의도함, 의도된 상태 — 이를 일러 무명을 조건으로 하여 [발생하는] 무명이 그 원인인 [업]형성이라 한다.

여기서 무엇이 '[업]형성을 조건으로 하여 [발생하는] [업]형성이 그 원인인 알음알이'인가? 마음, 마노[意], 정신작용 … (§184) … 그것에 적합한 마노의 알음알이의 요소 — 이를 일러 [업]형성을 조건으로 하여 [발생하는] [업]형성이 그 원인인 알음알이라 한다.

여기서 무엇이 '알음알이를 조건으로 하여 [발생하는] 알음알이가 그 원인인 정신'인가? 느낌의 무더기, 인식의 무더기, 심리현상들의 무더기 — 이를 일러 알음알이를 조건으로 하여 [발생하는] 알음알이가 그 원인인 정신이라 한다.

'정신을 조건으로 하여 정신이 그 원인인 감각접촉이 [발생한다.]'라고 하였다.

여기서 무엇이 '정신'인가? 감각접촉을 제외한 느낌의 무더기, 인식의 무더기, 심리현상들의 무더기, 알음알이의 무더기 — 이를 일러 정신이라 한다.

여기서 무엇이 '정신을 조건으로 하여 [발생하는] 정신이 그 원인인 감각접촉'인가? 감각접촉, 접촉함, 맞닿음, 맞닿은 상태 — 이를 일러 정신을 조건으로 하여 [발생하는] 정신이 그 원인인 감각접촉이라 한다.

… (§249) … 그래서 말하기를 '이와 같이 전체 괴로움의 무더기[苦蘊]가 일어난다.'라고 하였다.

260. ⓒ 그때에 무명을 조건으로 하여 무명이 그 원인인 [업]형성[行]이, [업]형성을 조건으로 하여 [업]형성이 그 원인인 알음알이[識]가, 알음알이를 조건으로 하여 알음알이가 그 원인인 정신·물질[名色]이, 정신·물질을 조건으로 하여 정신·물질이 그 원인인 여섯 번째 감각장소가, 여섯 번째 감각장소를 조건으로 하여 여섯 번째 감각장소가 그 원인인 감각접촉[觸]이, 감각접촉을 조건으로 하여 감각접촉이 그 원인인 느낌[受]이, 느낌을 조건으로 하여 느낌이 그 원인인 갈애[愛]가, 갈애를 조건으로 하여 갈애가 그 원인인 취착[取]이, 취착을 조건으로 하

여 존재[有]가, 존재를 조건으로 하여 [151] 태어남[生]이, 태어남을 조건으로 하여 늙음 · 죽음[老死]이 [발생한다.] 이와 같이 전체 괴로움의 무더기[苦蘊]가 일어난다.

261. 여기서 무엇이 '무명'인가? 무지함, 봄[見]이 없음 … (§180) … 무명의 장벽, 어리석음이라는 해로움의 뿌리 — 이를 일러 무명이라 한다.

여기서 무엇이 '무명을 조건으로 하여 [발생하는] 무명이 그 원인인 [업]형성[行]'인가? 의도, 의도함, 의도된 상태 — 이를 일러 무명을 조건으로 하여 [발생하는] 무명이 그 원인인 [업]형성이라 한다.

여기서 무엇이 '[업]형성을 조건으로 하여 [발생하는] [업]형성이 그 원인인 알음알이'인가? 마음, 마노[意], 정신작용 … (§184) … 그것에 적합한 마노의 알음알이의 요소 — 이를 일러 [업]형성을 조건으로 하여 [발생하는] [업]형성이 그 원인인 알음알이라 한다.

여기서 무엇이 '알음알이를 조건으로 하여 [발생하는] 알음알이가 그 원인인 정신 · 물질'인가? 정신이 있고 물질이 있다.

여기서 무엇이 '정신'인가? 느낌의 무더기, 인식의 무더기, 심리현상들의 무더기 — 이를 일러 정신이라 한다.

여기서 무엇이 '물질'인가? 눈의 감각장소의 생성, 귀의 감각장소의 생성, 코의 감각장소의 생성, 혀의 감각장소의 생성, 몸의 감각장소의 생성, 혹은 어떤 다른 물질이든 마음으로부터 발생하고 마음을 원인으로 하고 마음에서 생긴 것 — 이를 일러 물질이라 한다.

이처럼 이것이 정신이고 이것이 물질이다. — 이를 일러 알음알이를 조건으로 하여 [발생하는] 알음알이가 그 원인인 정신 · 물질이라 한다.

'정신 · 물질을 조건으로 하여 정신 · 물질이 그 원인인 여섯 번째 감각장소가 [발생한다.]'라고 하였다. 정신이 있고 물질이 있다.

여기서 무엇이 '정신'인가? 느낌의 무더기, 인식의 무더기, 심리현상들의 무더기 — 이를 일러 정신이라 한다.

여기서 무엇이 '물질'인가? 그 물질을 의지하여 마노의 알음알이의 요소가 존재하는 것 — 이를 일러 물질이라 한다.

이처럼 이것이 정신이고 이것이 물질이다. — 이를 일러 정신·물질이라 한다.

여기서 무엇이 '정신·물질을 조건으로 하여 [발생하는] 정신·물질이 그 원인인 여섯 번째 감각장소'인가? 마음, 마노[意], 정신작용 … (§184) … 그것에 적합한 마노의 알음알이의 요소 — 이를 일러 정신·물질을 조건으로 하여 [발생하는] 정신·물질이 그 원인인 여섯 번째 감각장소라 한다.

여기서 무엇이 '여섯 번째 감각장소를 조건으로 하여 [발생하는] 여섯 번째 감각장소가 그 원인인 감각접촉'인가? 감각접촉, 접촉함, 맞닿음, 맞닿은 상태 — 이를 일러 여섯 번째 감각장소를 조건으로 하여 [발생하는] 여섯 번째 감각장소가 그 원인인 감각접촉이라 한다.

… (§249) … 그래서 말하기를 '이와 같이 전체 괴로움의 무더기[苦蘊]가 일어난다.'라고 하였다.

262. ⓓ 그때에 [152] 무명을 조건으로 하여 무명이 그 원인인 [업]형성[行]이, [업]형성을 조건으로 하여 [업]형성이 그 원인인 알음알이[識]가, 알음알이를 조건으로 하여 알음알이가 그 원인인 정신·물질[名色]이, 정신·물질을 조건으로 하여 정신·물질이 그 원인인 여섯 감각장소[六入]가, 여섯 번째 감각장소를 조건으로 하여 여섯 번째 감각장소가 그 원인인 감각접촉[觸]이, 감각접촉을 조건으로 하여 감각접촉이 그 원인인 느낌[受]이, 느낌을 조건으로 하여 느낌이 그 원인인 갈애[愛]가, 갈애를 조건으로 하여 갈애가 그 원인인 취착[取]이, 취착을 조건으로

하여 존재[有]가, 존재를 조건으로 하여 태어남[生]이, 태어남을 조건으로 하여 늙음·죽음[老死]이 [발생한다.] 이와 같이 전체 괴로움의 무더기[苦蘊]가 일어난다.

263. 여기서 무엇이 '무명'인가? 무지함, 봄[見]이 없음 … (§180) … 무명의 장벽, 어리석음이라는 해로움의 뿌리 — 이를 일러 무명이라 한다.

여기서 무엇이 '무명을 조건으로 하여 [발생하는] 무명이 그 원인인 [업]형성[行]'인가? 의도, 의도함, 의도된 상태 — 이를 일러 무명을 조건으로 하여 [발생하는] 무명이 그 원인인 [업]형성이라 한다.

여기서 무엇이 '[업]형성을 조건으로 하여 [발생하는] [업]형성이 그 원인인 알음알이'인가? 마음, 마노[意], 정신작용 … (§184) … 그것에 적합한 마노의 알음알이의 요소 — 이를 일러 [업]형성을 조건으로 하여 [발생하는] [업]형성이 그 원인인 알음알이라 한다.

여기서 무엇이 '알음알이를 조건으로 하여 [발생하는] 알음알이가 그 원인인 정신·물질'인가? 정신이 있고 물질이 있다.

여기서 무엇이 '정신'인가? 느낌의 무더기, 인식의 무더기, 심리현상들의 무더기 — 이를 일러 정신이라 한다.

여기서 무엇이 '물질'인가? 눈의 감각장소의 생성, 귀의 감각장소의 생성, 코의 감각장소의 생성, 혀의 감각장소의 생성, 몸의 감각장소의 생성, 혹은 어떤 다른 물질이든 마음으로부터 발생하고 마음을 원인으로 하고 마음에서 생긴 것 — 이를 일러 물질이라 한다.

이처럼 이것이 정신이고 이것이 물질이다. — 이를 일러 알음알이를 조건으로 하여 [발생하는] 알음알이가 그 원인인 정신·물질이라 한다.

'정신·물질을 조건으로 하여 [153] 정신·물질이 그 원인인 여섯 감각장소가 [발생한다.]'라고 하였다. 정신이 있고 물질이 있다.

여기서 무엇이 '정신'인가? 느낌의 무더기, 인식의 무더기, 심리현상들의 무더기 — 이를 일러 정신이라 한다.

여기서 무엇이 '물질'인가? 네 가지 근본물질과 그 물질을 의지하여 마노의 알음알이의 요소가 존재하는 것 — 이를 일러 물질이라 한다.

이처럼 이것이 정신이고 이것이 물질이다. — 이를 일러 정신 · 물질이라 한다.

여기서 무엇이 '정신 · 물질을 조건으로 하여 [발생하는] 정신 · 물질이 그 원인인 여섯 감각장소'인가? 눈의 감각장소, 귀의 감각장소, 코의 감각장소, 혀의 감각장소, 몸의 감각장소, 마노의 감각장소 — 이를 일러 정신 · 물질을 조건으로 하여 [발생하는] 정신 · 물질이 그 원인인 여섯 감각장소라 한다.

여기서 무엇이 '여섯 번째 감각장소를 조건으로 하여 [발생하는] 여섯 번째 감각장소가 그 원인인 감각접촉'인가? 감각접촉, 접촉함, 맞닿음, 맞닿은 상태 — 이를 일러 여섯 번째 감각장소를 조건으로 하여 [발생하는] 여섯 번째 감각장소가 그 원인인 감각접촉이라 한다.

여기서 무엇이 '감각접촉을 조건으로 하여 [발생하는] 감각접촉이 그 원인인 느낌'인가? 정신적인 만족감, 정신적인 즐거움, 정신의 감각접촉에서 생긴 만족하고 즐겁게 느껴지는 것, 정신의 감각접촉에서 생긴 만족하고 즐거운 느낌 — 이를 일러 감각접촉을 조건으로 하여 [발생하는] 감각접촉이 그 원인인 느낌이라 한다.

여기서 무엇이 '느낌을 조건으로 하여 [발생하는] 느낌이 그 원인인 갈애'인가? 갈망, 탐닉 … (§249) … 마음의 탐닉 — 이를 일러 느낌을 조건으로 하여 [발생하는] 느낌이 그 원인인 갈애라 한다.

여기서 무엇이 '갈애를 조건으로 하여 [발생하는] 갈애가 그 원인인 취착'인가? [그릇된] 견해, 사견에 빠짐 … (§249) … 거꾸로 거머쥠 — 이를 일러 갈애를 조건으로 하여 [발생하는] 갈애가 그 원인인 취착이라 한다.

… (§249) … 그래서 말하기를 '이와 같이 전체 괴로움의 무더기[苦蘊]가 일어난다.'라고 하였다.

원인의 네 개 조가 [끝났다.]

③ 결합의 네 개 조

264. ⓐ 그때에 무명을 조건으로 하여 무명과 결합된 [업]형성[行]이, [업]형성을 조건으로 하여 [업]형성과 결합된 알음알이[識]가, 알음알이를 조건으로 하여 알음알이와 결합된 정신[名]이, 정신을 조건으로 하여 정신과 결합된 여섯 번째 감각장소가, 여섯 번째 감각장소를 조건으로 하여 여섯 번째 감각장소와 결합된 감각접촉[觸]이, 감각접촉을 조건으로 하여 감각접촉과 결합된 느낌[受]이, 느낌을 조건으로 하여 느낌과 결합된 갈애[愛]가, 갈애를 조건으로 하여 갈애와 결합된 취착[取]이, 취착을 조건으로 하여 존재[有]가, 존재를 조건으로 하여 태어남[生]이, 태어남을 조건으로 하여 늙음·죽음[老死]이 [발생한다.] 이와 같이 전체 괴로움의 무더기[苦蘊]가 일어난다.

265. 여기서 무엇이 '무명'인가? 무지함, 봄[見]이 없음 … (§180) … 무명의 장벽, 어리석음이라는 해로움의 뿌리 — 이를 일러 무명이라 한다.

여기서 무엇이 '무명을 조건으로 하여 [발생하는] 무명과 결합된 [업]형성[行]'인가? 의도, 의도함, 의도된 상태 — 이를 일러 무명을 조건으로 하여 [발생하는] 무명과 결합된 [업]형성이라 한다.

여기서 무엇이 '[업]형성을 조건으로 하여 [발생하는] [업]형성과 결합된 알음알이'인가? 마음, 마노[意], 정신작용 … (§184) … 그것에 적합한 마노의 알음알이의 요소 — 이를 일러 [업]형성을 조건으로 하여 [발생하는] [업]형성과 결합된 알음알이라 한다.

여기서 무엇이 '알음알이를 조건으로 하여 [발생하는] 알음알이와 결합된 정신'인가? 느낌의 무더기, 인식의 무더기, 심리현상들의 무더기 — 이를 일러 알음알이를 조건으로 하여 [발생하는] 알음알이와 결합된 정신이라 한다.

여기서 무엇이 '정신을 조건으로 하여 [발생하는] 정신과 결합된 여섯 번째 감각장소'인가? [154] 마음, 마노[意], 정신작용 … (§184) … 그것에 적합한 마노의 알음알이의 요소 — 이를 일러 정신을 조건으로 하여 [발생하는] 정신과 결합된 여섯 번째 감각장소라 한다.

여기서 무엇이 '여섯 번째 감각장소를 조건으로 하여 [발생하는] 여섯 번째 감각장소와 결합된 감각접촉'인가? 감각접촉, 접촉함, 맞닿음, 맞닿은 상태 — 이를 일러 여섯 번째 감각장소를 조건으로 하여 [발생하는] 여섯 번째 감각장소와 결합된 감각접촉이라 한다.

여기서 무엇이 '감각접촉을 조건으로 하여 [발생하는] 감각접촉과 결합된 느낌'인가? 정신적인 만족감, 정신적인 즐거움, 정신의 감각접촉에서 생긴 만족하고 즐겁게 느껴지는 것, 정신의 감각접촉에서 생긴 만족하고 즐거운 느낌 — 이를 일러 감각접촉을 조건으로 하여 [발생하는] 감각접촉과 결합된 느낌이라 한다.

여기서 무엇이 '느낌을 조건으로 하여 [발생하는] 느낌과 결합된 갈애'인가? 갈망, 탐닉 … (§249) … 마음의 탐닉 — 이를 일러 느낌을 조건으로 하여 [발생하는] 느낌과 결합된 갈애라 한다.

여기서 무엇이 '갈애를 조건으로 하여 [발생하는] 갈애와 결합된 취착'인가? [그릇된] 견해, 사견에 빠짐 … (§249) … 거꾸로 거머쥠 — 이를 일러 갈애를 조건으로 하여 [발생하는] 갈애와 결합된 취착이라 한다.

… (§249) … 그래서 말하기를 '이와 같이 전체 괴로움의 무더기[苦蘊]가 일어난다.'라고 하였다.

266. ⓑ 그때에 무명을 조건으로 하여 무명과 결합된 [업]형성[行]이, [업]형성을 조건으로 하여 [업]형성과 결합된 알음알이[識]가, 알음알이를 조건으로 하여 알음알이와 결합된 정신[名]이, 정신을 조건으로 하여 정신과 결합된 감각접촉[觸]이, 감각접촉을 조건으로 하여 감각접촉과 결합된 느낌[受]이, 느낌을 조건으로 하여 느낌과 결합된 갈애[愛]가, 갈애를 조건으로 하여 갈애와 결합된 취착[取]이, 취착을 조건으로 하여 존재[有]가, 존재를 조건으로 하여 태어남[生]이, 태어남을 조건으로 하여 늙음・죽음[老死]이 [발생한다.] 이와 같이 전체 괴로움의 무더기[苦蘊]가 일어난다.

267. 여기서 무엇이 '무명'인가? 무지함, 봄[見]이 없음 … (§180) … 무명의 장벽, 어리석음이라는 해로움의 뿌리 — 이를 일러 무명이라 한다.

여기서 무엇이 '무명을 조건으로 하여 [발생하는] 무명과 결합된 [업]형성[行]'인가? [155] 의도, 의도함, 의도된 상태 — 이를 일러 무명을 조건으로 하여 [발생하는] 무명과 결합된 [업]형성이라 한다.

여기서 무엇이 '[업]형성을 조건으로 하여 [발생하는] [업]형성과 결합된 알음알이'인가? 마음, 마노[意], 정신작용 … (§184) … 그것에 적합한 마노의 알음알이의 요소 — 이를 일러 [업]형성을 조건으로 하여 [발생하는] [업]형성과 결합된 알음알이라 한다.

여기서 무엇이 '알음알이를 조건으로 하여 [발생하는] 알음알이와 결합된 정신'인가? 느낌의 무더기, 인식의 무더기, 심리현상들의 무더기 — 이를 일러 알음알이를 조건으로 하여 [발생하는] 알음알이와 결합된 정신이라 한다.

'정신을 조건으로 하여 정신과 결합된 감각접촉이 [발생한다.]'라고 하였다.

여기서 무엇이 '정신'인가? 감각접촉을 제외한 느낌의 무더기, 인식의 무더기, 심리현상들의 무더기, 알음알이의 무더기 — 이를 일러 정신이라 한다.

여기서 무엇이 '정신을 조건으로 하여 [발생하는] 정신과 결합된 감각접촉'인가? 감각접촉, 접촉함, 맞닿음, 맞닿은 상태 — 이를 일러 정신을 조건으로 하여 [발생하는] 정신과 결합된 감각접촉이라 한다.

… (§249) … 그래서 말하기를 '이와 같이 전체 괴로움의 무더기[苦蘊]가 일어난다.'라고 하였다.

268. ⓒ 그때에 무명을 조건으로 하여 무명과 결합된 [업]형성[行]이, [업]형성을 조건으로 하여 [업]형성과 결합된 알음알이[識]가, 알음알이를 조건으로 하여 알음알이와 결합된 정신을 가진 정신·물질[名色]이,232) 정신·물질을 조건으로 하여 정신과 결합된 여섯 번째 감각장소가, 여섯 번째 감각장소를 조건으로 하여 여섯 번째 감각장소와 결합된 감각접촉[觸]이, 감각접촉을 조건으로 하여 감각접촉과 결합된 느낌[受]이, 느낌을 조건으로 하여 느낌과 결합된 갈애[愛]가, 갈애를 조건으로 하여 갈애와 결합된 취착[取]이, 취착을 조건으로 하여 존재[有]가, 존재를 조건으로 하여 태어남[生]이, 태어남을 조건으로 하여 늙음·죽음[老死]이 [발생한다.] 이와 같이 전체 괴로움의 무더기[苦蘊]가 일어난다.

269. 여기서 무엇이 '무명'인가? 무지함, 봄[見]이 없음 … (§180) … 무명의 장벽, 어리석음이라는 해로움의 뿌리 — 이를 일러 무명이라 한다.

여기서 무엇이 '무명을 조건으로 하여 [발생하는] 무명과 결합된 [업]형성[行]'인가? 의도, 의도함, 의도된 상태 — 이를 일러 무명을 조건으로 하여 [발생하는] 무명과 결합된 [업]형성이라 한다.

---

232) 이 해석에 대해서는 §245의 주해를 참조할 것.

여기서 [156] 무엇이 '[업]형성을 조건으로 하여 [발생하는] [업]형성과 결합된 알음알이'인가? 마음, 마노[意], 정신작용 … (§184) … 그것에 적합한 마노의 알음알이의 요소 — 이를 일러 [업]형성을 조건으로 하여 [발생하는] [업]형성과 결합된 알음알이라 한다.

여기서 무엇이 '알음알이를 조건으로 하여 [발생하는] 알음알이와 결합된 정신을 가진 정신·물질[名色]'인가? 정신이 있고 물질이 있다.

여기서 무엇이 '정신'인가? 느낌의 무더기, 인식의 무더기, 심리현상들의 무더기 — 이를 일러 정신이라 한다.

여기서 무엇이 '물질'인가? 눈의 감각장소의 생성, 귀의 감각장소의 생성, 코의 감각장소의 생성, 혀의 감각장소의 생성, 몸의 감각장소의 생성, 혹은 어떤 다른 물질이든 마음으로부터 발생하고 마음을 원인으로 하고 마음에서 생긴 것 — 이를 일러 물질이라 한다.

이처럼 이것이 정신이고 이것이 물질이다. — 이를 일러 알음알이를 조건으로 하여 [발생하는] 알음알이와 결합된 정신을 가진 정신·물질이라 한다.

'정신·물질을 조건으로 하여 정신과 결합된 여섯 번째 감각장소가 [발생한다.]'라고 하였다. 정신이 있고 물질이 있다.

여기서 무엇이 '정신'인가? 느낌의 무더기, 인식의 무더기, 심리현상들의 무더기 — 이를 일러 정신이라 한다.

여기서 무엇이 '물질'인가? 그 물질을 의지하여 마노의 알음알이의 요소가 존재하는 것 — 이를 일러 물질이라 한다.

이처럼 이것이 정신이고 이것이 물질이다. — 이를 일러 정신·물질이라 한다.

여기서 무엇이 '정신·물질을 조건으로 하여 [발생하는] 정신과 결합된 여섯 번째 감각장소'인가? 마음, 마노[意], 정신작용 … (§184) … 그것에 적합한 마노의 알음알이의 요소 — 이를 일러 정신·물질을 조건으로 하여 [발생하는] 정신과 결합된 여섯 번째 감각장소라 한다.

여기서 무엇이 '여섯 번째 감각장소를 조건으로 하여 [발생하는] 여섯 번째 감각장소와 결합된 감각접촉'인가? 감각접촉, 접촉함, 맞닿음, 맞닿은 상태 — 이를 일러 여섯 번째 감각장소를 조건으로 하여 [발생하는] 여섯 번째 감각장소와 결합된 감각접촉이라 한다.

… (§249) … 그래서 말하기를 '이와 같이 전체 괴로움의 무더기[苦蘊]가 일어난다.'라고 하였다.

270. ⓓ 그때에 무명을 조건으로 하여 무명과 결합된 [업]형성[行]이, [업]형성을 조건으로 하여 [업]형성과 결합된 알음알이[識]가, 알음알이를 조건으로 하여 알음알이와 결합된 정신을 가진 정신·물질[名色]이, 정신·물질을 조건으로 하여 정신과 결합된 여섯 번째 감각장소를 가진 여섯 감각장소가, 여섯 번째 감각장소를 조건으로 하여 여섯 번째 감각장소와 결합된 감각접촉[觸]이, 감각접촉을 조건으로 하여 감각접촉과 결합된 [157] 느낌[受]이, 느낌을 조건으로 하여 느낌과 결합된 갈애[愛]가, 갈애를 조건으로 하여 갈애와 결합된 취착[取]이, 취착을 조건으로 하여 존재[有]가, 존재를 조건으로 하여 태어남[生]이, 태어남을 조건으로 하여 늙음·죽음[老死]이 [발생한다.] 이와 같이 전체 괴로움의 무더기[苦蘊]가 일어난다.

271. 여기서 무엇이 '무명'인가? 무지함, 봄[見]이 없음 … (§180) … 무명의 장벽, 어리석음이라는 해로움의 뿌리 — 이를 일러 무명이라 한다.

여기서 무엇이 '무명을 조건으로 하여 [발생하는] 무명과 결합된 [업]형성[行]'인가? 의도, 의도함, 의도된 상태 — 이를 일러 무명을 조건으로 하여 [발생하는] 무명과 결합된 [업]형성이라 한다.

여기서 무엇이 '[업]형성을 조건으로 하여 [발생하는] [업]형성과 결합된 알음알이'인가? 마음, 마노[意], 정신작용 … (§184) … 그것에 적합한 마노의 알음알이의 요소 — 이를 일러 [업]형성을 조건으로 하여 [발생하는] [업]형성과 결합된 알음알이라 한다.

여기서 무엇이 '알음알이를 조건으로 하여 [발생하는] 알음알이와 결합된 정신을 가진 정신·물질[名色]'인가? 정신이 있고 물질이 있다.

여기서 무엇이 '정신'인가? 느낌의 무더기, 인식의 무더기, 심리현상들의 무더기 — 이를 일러 정신이라 한다.

여기서 무엇이 '물질'인가? 눈의 감각장소의 생성, 귀의 감각장소의 생성, 코의 감각장소의 생성, 혀의 감각장소의 생성, 몸의 감각장소의 생성, 혹은 어떤 다른 물질이든 마음으로부터 발생하고 마음을 원인으로 하고 마음에서 생긴 것 — 이를 일러 물질이라 한다.

이처럼 이것이 정신이고 이것이 물질이다. — 이를 일러 알음알이를 조건으로 하여 [발생하는] 알음알이와 결합된 정신을 가진 정신·물질[名色]이라 한다.

'정신·물질을 조건으로 하여 정신과 결합된 여섯 번째 감각장소를 가진 여섯 감각장소가 [발생한다.]'라고 하였다. 정신이 있고 물질이 있다.

여기서 무엇이 '정신'인가? 느낌의 무더기, 인식의 무더기, 심리현상들의 무더기 — 이를 일러 정신이라 한다.

여기서 무엇이 '물질'인가? 네 가지 근본물질과 그 물질을 의지하여 마노의 알음알이의 요소가 존재하는 것 — 이를 일러 물질이라 한다.

이처럼 이것이 정신이고 이것이 물질이다. — 이를 일러 정신·물질이라 한다.

여기서 무엇이 '정신·물질을 조건으로 하여 [발생하는] 정신과 결합된 여섯 번째 감각장소를 가진 여섯 감각장소'인가? 눈의 감각장소, 귀의 감각장소, 코의 감각장소, 혀의 감각장소, 몸의 감각장소, 마노의 감각장소 — 이를 일러 정신·물질을 조건으로 하여 [발생하는] 정신과 결합된 여섯 번째 감각장소를 가진 여섯 감각장소라 한다.

여기서 [158] 무엇이 '여섯 번째 감각장소를 조건으로 하여 [발생하는] 여섯 번째 감각장소와 결합된 감각접촉'인가? 감각접촉, 접촉함, 맞닿음, 맞닿은 상태 — 이를 일러 여섯 번째 감각장소를 조건으로 하여 [발생하는] 여섯 번째 감각장소와 결합된 감각접촉이라 한다.

… (§249) … 그래서 말하기를 '이와 같이 전체 괴로움의 무더기[苦蘊]가 일어난다.'라고 하였다.

결합의 네 개 조가 [끝났다.]

④ 서로 지탱함의 네 개 조

272. ⓐ 그때에 무명을 조건으로 하여 [업]형성[行]이 있고 [업]형성을 조건으로 하여서도 무명이 있으며, [업]형성을 조건으로 하여 알음알이[識]가 있고 알음알이를 조건으로 하여서도 [업]형성이 있으며, 알음알이를 조건으로 하여 정신[名]이 있고 정신을 조건으로 하여서도 알음알이가 있으며, 정신을 조건으로 하여 여섯 번째 감각장소가 있고 여섯 번째 감각장소를 조건으로 하여서도 정신이 있으며, 여섯 번째 감각장소를 조건으로 하여 감각접촉[觸]이 있고 감각접촉을 조건으로 하여서도 여섯 번째 감각장소가 있으며, 감각접촉을 조건으로 하여 느낌[受]이 있고 느낌을 조건으로 하여서도 감각접촉이 있으며, 느낌을 조건으로 하여 갈애[愛]가 있고 갈애를 조건으로 하여서도 느낌이 있으며, 갈애를 조건으로 하여 취착[取]이 있고 취착을 조건으로 하여서도 갈애가 있으며, 취착을 조건으로 하여 존재[有]가, 존재를 조건으로 하여 태어남[生]이, 태어남을 조건으로 하여 늙음·죽음[老死]이 [발생한다.] 이와 같이 전체 괴로움의 무더기[苦蘊]가 일어난다.

273. 여기서 무엇이 '무명'인가? 무지함, 봄[見]이 없음 … (§180) … 무명의 장벽, 어리석음이라는 해로움의 뿌리 — 이를 일러 무명이라 한다.

여기서 무엇이 '무명을 조건으로 하여 [발생하는] [업]형성[行]'인가? 의도, 의도함, 의도된 상태 — 이를 일러 무명을 조건으로 하여 [발생하는] [업]형성이라 한다.

여기서 무엇이 '[업]형성을 조건으로 하여서도 [발생하는] 무명'인가? 무지함, 봄[見]이 없음 … (§180) … 무명의 장벽, 어리석음이라는 해로움의 뿌리 — 이를 일러 [업]형성을 조건으로 하여서도 [발생하는] 무명이라 한다.

여기서 무엇이 '[업]형성을 조건으로 하여 [발생하는] 알음알이'인가? 마음, 마노[意], 정신작용 … (§184) … 그것에 적합한 마노의 알음알이의 요소 — 이를 일러 [업]형성을 조건으로 하여 [발생하는] 알음알이라 한다.

여기서 무엇이 '알음알이를 조건으로 하여서도 [발생하는] [업]형성'인가? 의도, 의도함, 의도된 상태 — 이를 일러 알음알이를 조건으로 하여서도 [발생하는] [업]형성이라 한다.

여기서 무엇이 '알음알이를 조건으로 하여 [발생하는] 정신'인가? 느낌의 무더기, 인식의 무더기, 심리현상들의 무더기 — 이를 일러 알음알이를 조건으로 하여 [발생하는] 정신이라 한다.

여기서 무엇이 '정신을 조건으로 하여서도 [발생하는] 알음알이'인가? 마음, 마노[意], 정신작용 … (§184) … 그것에 적합한 마노의 알음알이의 요소 — 이를 일러 정신을 조건으로 하여서도 [발생하는] 알음알이라 한다.

여기서 [159] 무엇이 '정신을 조건으로 하여 [발생하는] 여섯 번째 감각장소'인가? 마음, 마노[意], 정신작용 … (§184) … 그것에 적합한 마노의 알음알이의 요소 — 이를 일러 정신을 조건으로 하여 [발생하는] 여섯 번째 감각장소라 한다.

여기서 무엇이 '여섯 번째 감각장소를 조건으로 하여서도 [발생하는] 정신'인가? 느낌의 무더기, 인식의 무더기, 심리현상들의 무더기 — 이를 일러 여섯 번째 감각장소를 조건으로 하여서도 [발생하는] 정신이라 한다.

여기서 무엇이 '여섯 번째 감각장소를 조건으로 하여 [발생하는] 감각접촉'인가? 감각접촉, 접촉함, 맞닿음, 맞닿은 상태 — 이를 일러 여섯 번째 감각장소를 조건으로 하여 [발생하는] 감각접촉이라 한다.

여기서 무엇이 '감각접촉을 조건으로 하여서도 [발생하는] 여섯 번째 감각장소'인가? 마음, 마노[意], 정신작용 … (§184) … 그것에 적합한 마노의 알음알이의 요소 — 이를 일러 감각접촉을 조건으로 하여서도 [발생하는] 여섯 번째 감각장소라 한다.

여기서 무엇이 '감각접촉을 조건으로 하여 [발생하는] 느낌'인가? 정신적인 만족감, 정신적인 즐거움, 정신의 감각접촉에서 생긴 만족하고 즐겁게 느껴지는 것, 정신의 감각접촉에서 생긴 만족하고 즐거운 느낌 — 이를 일러 감각접촉을 조건으로 하여 [발생하는] 느낌이라 한다.

여기서 무엇이 '느낌을 조건으로 하여서도 [발생하는] 감각접촉'인가? 감각접촉, 접촉함, 맞닿음, 맞닿은 상태 — 이를 일러 느낌을 조건으로 하여서도 [발생하는] 감각접촉이라 한다.

여기서 무엇이 '느낌을 조건으로 하여 [발생하는] 갈애'인가? 갈망, 탐닉 … (§249) … 마음의 탐닉 — 이를 일러 느낌을 조건으로 하여 [발생하는] 갈애라 한다.

여기서 무엇이 '갈애를 조건으로 하여서도 [발생하는] 느낌'인가? 정신적인 만족감, 정신적인 즐거움, 정신의 감각접촉에서 생긴 만족하고 즐겁게 느껴지는 것, 정신의 감각접촉에서 생긴 만족하고 즐거운 느낌 — 이를 일러 갈애를 조건으로 하여서도 [발생하는] 느낌이라 한다.

여기서 무엇이 '갈애를 조건으로 하여 [발생하는] 취착'인가? [그릇된] 견해, 사견에 빠짐 … (§249) … 거꾸로 거머쥠 — 이를 일러 갈애를 조건으로 하여 [발생하는] 취착이라 한다.

여기서 무엇이 '취착을 조건으로 하여서도 [발생하는] 갈애'인가? 갈망, 탐닉 … (§249) … 마음의 탐닉 — 이를 일러 취착을 조건으로 하여서도 [발생하는] 갈애라 한다.

여기서 무엇이 '취착을 조건으로 하여 [발생하는] 존재'인가? 취착을 제외한 느낌의 무더기, 인식의 무더기, 심리현상들의 무더기, 알음알이의 무더기 — 이를 일러 취착을 조건으로 하여 [발생하는] 존재라 한다.

여기서 무엇이 '존재를 조건으로 하여서도 [발생하는] 태어남'인가? 이런저런 법들의 태어남, 출생, 생김, 탄생, 나타남 — 이를 일러 존재를 조건으로 하여서도 [발생하는] 태어남이라 한다.

여기서 무엇이 '태어남을 조건으로 하여 [발생하는] 늙음·죽음'인가? 늙음이 있고 죽음이 있다.

여기서 무엇이 '늙음'인가? 이런저런 법들의 쇠퇴[老, 늙음], 노쇠함, 수명의 줄어듦 — 이를 일러 [160] 늙음이라 한다.

무엇이 '죽음[死]'인가? 이런저런 법들의 멸진, 사라짐, 부서짐, 무너짐, 무상함, 끝남 — 이를 일러 죽음이라 한다.

이처럼 이것이 늙음이고 이것이 죽음이다. — 이를 일러 태어남을 조건으로 하여 [발생하는] 늙음·죽음이라 한다.

'이와 같이 전체 괴로움의 무더기[苦蘊]가 일어난다.'라는 것은 이와 같이 전체 괴로움의 무더기가 모인다, 함께한다, 합류한다, 드러난다는 것이다. 그래서 말하기를 '이와 같이 전체 괴로움의 무더기[苦蘊]가 일어난다.'라고 하였다.

274. ⓑ 그때에 무명을 조건으로 하여 [업]형성[行]이 있고 [업]형성을 조건으로 하여서도 무명이 있으며, [업]형성을 조건으로 하여 알음알이[識]가 있고 알음알이를 조건으로 하여서도 [업]형성이 있으며, 알음알이를 조건으로 하여 정신[名]이 있고 정신을 조건으로 하여서도 알음알이가 있으며, 정신을 조건으로 하여 감각접촉[觸]이 있고 감각접촉을 조건으로 하여서도 정신이 있으며, 감각접촉을 조건으로 하여 느낌[受]이 있고 느낌을 조건으로 하여서도 감각접촉이 있으며, 느낌을 조건으로 하여 갈애[愛]가 있고 갈애를 조건으로 하여서도 느낌이 있으며, 갈애를 조건으로 하여 취착[取]이 있고 취착을 조건으로 하여서도 갈애가 있으며, 취착을 조건으로 하여 존재[有]가, 존재를 조건으로 하여 태어남[生]이, 태어남을 조건으로 하여 늙음 · 죽음[老死]이 [발생한다.] 이와 같이 전체 괴로움의 무더기[苦蘊]가 일어난다.

275. 여기서 무엇이 '무명'인가? 무지함, 봄[見]이 없음 … (§180) … 무명의 장벽, 어리석음이라는 해로움의 뿌리 — 이를 일러 무명이라 한다.

여기서 무엇이 '무명을 조건으로 하여 [발생하는] [업]형성[行]'인가? 의도, 의도함, 의도된 상태 — 이를 일러 무명을 조건으로 하여 [발생하는] [업]형성이라 한다.

여기서 무엇이 '[업]형성을 조건으로 하여서도 [발생하는] 무명'인가? 무지함, 봄[見]이 없음 … (§180) … 무명의 장벽, 어리석음이라는 해로움의 뿌리 — 이를 일러 [업]형성을 조건으로 하여서도 [발생하는] 무명이라 한다.

여기서 무엇이 '[업]형성을 조건으로 하여 [발생하는] 알음알이'인가? 마음, 마노[意], 정신작용 … (§184) … 그것에 적합한 마노의 알음알이의 요소 — 이를 일러 [업]형성을 조건으로 하여 [발생하는] 알음알이라 한다.

여기서 무엇이 '알음알이를 조건으로 하여서도 [발생하는] [업]형성'인가? 의도, 의도함, 의도된 상태 — 이를 일러 알음알이를 조건으로 하여서도 [발생하는] [업]형성이라 한다.

여기서 무엇이 '알음알이를 조건으로 하여 [발생하는] 정신'인가? 느낌의 무더기, 인식의 무더기, 심리현상들의 무더기 — 이를 일러 알음알이를 조건으로 하여 [발생하는] 정신이라 한다.

여기서 무엇이 '정신을 조건으로 하여서도 [발생하는] 알음알이'인가? 마음, 마노[意], 정신작용 … (§184) … 그것에 적합한 마노의 알음알이의 요소 — 이를 일러 정신을 조건으로 하여서도 [발생하는] 알음알이라 한다.

'정신을 조건으로 하여 [161] 감각접촉이 [발생한다.]'라고 하였다.

여기서 무엇이 '정신'인가? 감각접촉을 제외한 느낌의 무더기, 인식의 무더기, 심리현상들의 무더기, 알음알이의 무더기 — 이를 일러 정신이라 한다.

여기서 무엇이 '정신을 조건으로 하여 [발생하는] 감각접촉'인가? 감각접촉, 접촉함, 맞닿음, 맞닿은 상태 — 이를 일러 정신을 조건으로 하여 [발생하는] 감각접촉이라 한다.

여기서 무엇이 '감각접촉을 조건으로 하여서도 [발생하는] 정신'인가? 느낌의 무더기, 인식의 무더기, 심리현상들의 무더기, 알음알이의 무더기 — 이를 일러 감각접촉을 조건으로 하여서도 [발생하는] 정신이라 한다.

… (§249) … 그래서 말하기를 '이와 같이 전체 괴로움의 무더기[苦蘊]가 일어난다.'라고 하였다.

276. ⓒ 그때에 무명을 조건으로 하여 [업]형성[行]이 있고 [업]형성을 조건으로 하여서도 무명이 있으며, [업]형성을 조건으로 하여 알

음알이[識]가 있고 알음알이를 조건으로 하여서도 [업]형성이 있으며, 알음알이를 조건으로 하여 정신·물질[名色]이 있고 정신·물질을 조건으로 하여서도 알음알이가 있으며, 정신·물질을 조건으로 하여 여섯 번째 감각장소가 있고 여섯 번째 감각장소를 조건으로 하여서도 정신·물질이 있으며, 여섯 번째 감각장소를 조건으로 하여 감각접촉[觸]이 있고 감각접촉을 조건으로 하여서도 여섯 번째 감각장소가 있으며, 감각접촉을 조건으로 하여 느낌[受]이 있고 느낌을 조건으로 하여서도 감각접촉이 있으며, 느낌을 조건으로 하여 갈애[愛]가 있고 갈애를 조건으로 하여서도 느낌이 있으며, 갈애를 조건으로 하여 취착[取]이 있고 취착을 조건으로 하여서도 갈애가 있으며, 취착을 조건으로 하여 존재[有]가, 존재를 조건으로 하여 태어남[生]이, 태어남을 조건으로 하여 늙음·죽음[老死]이 [발생한다.] 이와 같이 전체 괴로움의 무더기[苦蘊]가 일어난다.

277. 여기서 무엇이 '무명'인가? 무지함, 봄[見]이 없음 … (§180) … 무명의 장벽, 어리석음이라는 해로움의 뿌리 — 이를 일러 무명이라 한다.

여기서 무엇이 '무명을 조건으로 하여 [발생하는] [업]형성[行]'인가? 의도, 의도함, 의도된 상태 — 이를 일러 무명을 조건으로 하여 [발생하는] [업]형성이라 한다.

여기서 무엇이 '[업]형성을 조건으로 하여서도 [발생하는] 무명'인가? 무지함, 봄[見]이 없음 … (§180) … 무명의 장벽, 어리석음이라는 해로움의 뿌리 — 이를 일러 [업]형성을 조건으로 하여서도 [발생하는] 무명이라 한다.

여기서 무엇이 '[업]형성을 조건으로 하여 [발생하는] 알음알이'인가? 마음, 마노[意], 정신작용 … (§184) … 그것에 적합한 마노의 알음알이의 요소 — 이를 일러 [업]형성을 조건으로 하여 [발생하는] 알음알이라 한다.

여기서 무엇이 '알음알이를 조건으로 하여서도 [발생하는] [업]형성'인가? 의도, 의도함, 의도된 상태 — 이를 일러 알음알이를 조건으로 하여서도 [발생하는] [업]형성이라 한다.

여기서 무엇이 '알음알이를 조건으로 하여 [발생하는] 정신 · 물질'인가? 정신이 있고 물질이 있다.

여기서 무엇이 '정신'인가? 느낌의 무더기, 인식의 무더기, 심리현상들의 무더기 — 이를 일러 정신이라 한다.

여기서 무엇이 '물질'인가? 눈의 감각장소의 생성, 귀의 감각장소의 생성, 코의 감각장소의 생성, 혀의 감각장소의 생성, [162] 몸의 감각장소의 생성, 혹은 어떤 다른 물질이든 마음으로부터 발생하고 마음을 원인으로 하고 마음에서 생긴 것 — 이를 일러 물질이라 한다.

이처럼 이것이 정신이고 이것이 물질이다. — 이를 일러 알음알이를 조건으로 하여 [발생하는] 정신 · 물질이라 한다.

'정신 · 물질을 조건으로 하여서도 알음알이가 [발생한다.]'라고 하였다. 정신이 있고 물질이 있다.

여기서 무엇이 '정신'인가? 느낌의 무더기, 인식의 무더기, 심리현상들의 무더기 — 이를 일러 정신이라 한다.

여기서 무엇이 '물질'인가? 그 물질을 의지하여 마노의 알음알이의 요소가 존재하는 것 — 이를 일러 물질이라 한다.

이처럼 이것이 정신이고 이것이 물질이다. — 이를 일러 정신 · 물질이라 한다.

여기서 무엇이 '정신 · 물질을 조건으로 하여서도 [발생하는] 알음알이'인가? 마음, 마노[意], 정신작용 … (§184) … 그것에 적합한 마노의 알음알이의 요소 — 이를 일러 정신 · 물질을 조건으로 하여서도 [발생하는] 알음알이라 한다.

'정신 · 물질을 조건으로 하여 여섯 번째 감각장소가 [발생한다.]'라고 하였다. 정신이 있고 물질이 있다.

여기서 무엇이 '정신'인가? 느낌의 무더기, 인식의 무더기, 심리현상들의 무더기 — 이를 일러 정신이라 한다.

여기서 무엇이 '물질'인가? 그 물질을 의지하여 마노의 알음알이의 요소가 존재하는 것 — 이를 일러 물질이라 한다.

이처럼 이것이 정신이고 이것이 물질이다. — 이를 일러 정신 · 물질이라 한다.

여기서 무엇이 '정신 · 물질을 조건으로 하여 [발생하는] 여섯 번째 감각장소'인가? 마음, 마노[意], 정신작용 … (§184) … 그것에 적합한 마노의 알음알이의 요소 — 이를 일러 정신 · 물질을 조건으로 하여 [발생하는] 여섯 번째 감각장소라 한다.

여기서 무엇이 '여섯 번째 감각장소를 조건으로 하여서도 [발생하는] 정신 · 물질'인가? 정신이 있고 물질이 있다.

여기서 무엇이 '정신'인가? 느낌의 무더기, 인식의 무더기, 심리현상들의 무더기 — 이를 일러 정신이라 한다.

여기서 무엇이 '물질'인가? 눈의 감각장소의 생성, 귀의 감각장소의 생성, 코의 감각장소의 생성, 혀의 감각장소의 생성, 몸의 감각장소의 생성, 혹은 어떤 다른 물질이든 마음으로부터 발생하고 마음을 원인으로 하고 마음에서 생긴 것 — 이를 일러 물질이라 한다.

이처럼 이것이 정신이고 이것이 물질이다. — 이를 일러 여섯 번째 감각장소를 조건으로 하여서도 [발생하는] 정신 · 물질이라 한다.

여기서 무엇이 '여섯 번째 감각장소를 조건으로 하여 [발생하는] 감각접촉'인가? 감각접촉, 접촉함, 맞닿음, 맞닿은 상태 — 이를 일러 여섯 번째 감각장소를 조건으로 하여 [발생하는] 감각접촉이라 한다.

여기서 무엇이 '감각접촉을 조건으로 하여서도 [발생하는] 여섯 번째 감각장소'인가? 마음, 마노[意], 정신작용 … (§184) … 그것에 적합한 마노의 알음알이의 요소 — 이를 일러 감각접촉을 조건으로 하여서도 [발생하는] 여섯 번째 감각장소라 한다.

… (§249) … 그래서 말하기를 '이와 같이 전체 괴로움의 무더기[苦蘊]가 일어난다.'라고 하였다.

278. ⓓ 그때에 [163] 무명을 조건으로 하여 [업]형성[行]이 있고 [업]형성을 조건으로 하여서도 무명이 있으며, [업]형성을 조건으로 하여 알음알이[識]가 있고 알음알이를 조건으로 하여서도 [업]형성이 있으며, 알음알이를 조건으로 하여 정신·물질[名色]이 있고 정신·물질을 조건으로 하여서도 알음알이가 있으며, 정신·물질을 조건으로 하여 여섯 감각장소가 있고 여섯 번째 감각장소를 조건으로 하여서도 정신·물질이 있으며, 여섯 번째 감각장소를 조건으로 하여 감각접촉[觸]이 있고 감각접촉을 조건으로 하여서도 여섯 번째 감각장소가 있으며, 감각접촉을 조건으로 하여 느낌[受]이 있고 느낌을 조건으로 하여서도 감각접촉이 있으며, 느낌을 조건으로 하여 갈애[愛]가 있고 갈애를 조건으로 하여서도 느낌이 있으며, 갈애를 조건으로 하여 취착[取]이 있고 취착을 조건으로 하여서도 갈애가 있으며, 취착을 조건으로 하여 존재[有]가, 존재를 조건으로 하여 태어남[生]이, 태어남을 조건으로 하여 늙음·죽음[老死]이 [발생한다.] 이와 같이 전체 괴로움의 무더기[苦蘊]가 일어난다.

279. 여기서 무엇이 '무명'인가? 무지함, 봄[見]이 없음 … (§180) … 무명의 장벽, 어리석음이라는 해로움의 뿌리 — 이를 일러 무명이라 한다.

여기서 무엇이 '무명을 조건으로 하여 [발생하는] [업]형성[行]'인가?

의도, 의도함, 의도된 상태 — 이를 일러 무명을 조건으로 하여 [발생하는] [업]형성이라 한다.

여기서 무엇이 '[업]형성을 조건으로 하여서도 [발생하는] 무명'인가? 무지함, 봄[見]이 없음 … (§180) … 무명의 장벽, 어리석음이라는 해로움의 뿌리 — 이를 일러 [업]형성을 조건으로 하여서도 [발생하는] 무명이라 한다.

여기서 무엇이 '[업]형성을 조건으로 하여 [발생하는] 알음알이'인가? 마음, 마노[意], 정신작용 … (§184) … 그것에 적합한 마노의 알음알이의 요소 — 이를 일러 [업]형성을 조건으로 하여 [발생하는] 알음알이라 한다.

여기서 무엇이 '알음알이를 조건으로 하여서도 [발생하는] [업]형성' 인가? 의도, 의도함, 의도된 상태 — 이를 일러 알음알이를 조건으로 하여서도 [발생하는] [업]형성이라 한다.

여기서 무엇이 '알음알이를 조건으로 하여 [발생하는] 정신·물질'인가? 정신이 있고 물질이 있다.

여기서 무엇이 '정신'인가? 느낌의 무더기, 인식의 무더기, 심리현상들의 무더기 — 이를 일러 정신이라 한다.

여기서 무엇이 '물질'인가? 눈의 감각장소의 생성, 귀의 감각장소의 생성, 코의 감각장소의 생성, 혀의 감각장소의 생성, 몸의 감각장소의 생성, 혹은 어떤 다른 물질이든 마음으로부터 발생하고 마음을 원인으로 하고 마음에서 생긴 것 — 이를 일러 물질이라 한다.

이처럼 이것이 정신이고 이것이 물질이다. — 이를 일러 알음알이를 조건으로 하여 [발생하는] 정신·물질이라 한다.

'정신·물질을 조건으로 하여서도 알음알이가 [발생한다.]'라고 하였다. 정신이 있고 물질이 있다.

여기서 무엇이 '정신'인가? 느낌의 무더기, 인식의 무더기, 심리현상들의 무더기 — 이를 일러 정신이라 한다.

여기서 무엇이 '물질'인가? 그 물질을 의지하여 마노의 알음알이의 요소가 존재하는 것 — 이를 일러 물질이라 한다.

이처럼 이것이 정신이고 이것이 물질이다. — 이를 일러 정신 · 물질이라 한다.

여기서 [164] 무엇이 '정신 · 물질을 조건으로 하여서도 [발생하는] 알음알이'인가? 마음, 마노[意], 정신작용 … (§184) … 그것에 적합한 마노의 알음알이의 요소 — 이를 일러 정신 · 물질을 조건으로 하여서도 [발생하는] 알음알이라 한다.

'정신 · 물질을 조건으로 하여 여섯 감각장소가 [발생한다.]'라고 하였다. 정신이 있고 물질이 있다.

여기서 무엇이 '정신'인가? 느낌의 무더기, 인식의 무더기, 심리현상들의 무더기 — 이를 일러 정신이라 한다.

여기서 무엇이 '물질'인가? 네 가지 근본물질과 그 물질을 의지하여 마노의 알음알이의 요소가 존재하는 것 — 이를 일러 물질이라 한다.

이처럼 이것이 정신이고 이것이 물질이다. — 이를 일러 정신 · 물질이라 한다.

여기서 무엇이 '정신 · 물질을 조건으로 하여 [발생하는] 여섯 감각장소'인가? 눈의 감각장소, 귀의 감각장소, 코의 감각장소, 혀의 감각장소, 몸의 감각장소, 마노의 감각장소 — 이를 일러 정신 · 물질을 조건으로 하여 [발생하는] 여섯 감각장소라 한다.

여기서 무엇이 '여섯 번째 감각장소를 조건으로 하여서도 [발생하는] 정신 · 물질'인가? 정신이 있고 물질이 있다.

여기서 무엇이 '정신'인가? 느낌의 무더기, 인식의 무더기, 심리현상들의 무더기 — 이를 일러 정신이라 한다.

여기서 무엇이 '물질'인가? 눈의 감각장소의 생성, 귀의 감각장소의 생성, 코의 감각장소의 생성, 혀의 감각장소의 생성, 몸의 감각장소의 생성, 혹은 어떤 다른 물질이든 마음으로부터 발생하고 마음을 원인으로 하고 마음에서 생긴 것 — 이를 일러 물질이라 한다.

이처럼 이것이 정신이고 이것이 물질이다. — 이를 일러 여섯 번째 감각장소를 조건으로 하여서도 [발생하는] 정신 · 물질이라 한다.

여기서 무엇이 '여섯 번째 감각장소를 조건으로 하여 [발생하는] 감각접촉'인가? 감각접촉, 접촉함, 맞닿음, 맞닿은 상태 — 이를 일러 여섯 번째 감각장소를 조건으로 하여 [발생하는] 감각접촉이라 한다.

여기서 무엇이 '감각접촉을 조건으로 하여서도 [발생하는] 여섯 번째 감각장소'인가? 마음, 마노[意], 정신작용 … (§184) … 그것에 적합한 마노의 알음알이의 요소 — 이를 일러 감각접촉을 조건으로 하여서도 [발생하는] 여섯 번째 감각장소라 한다.

여기서 무엇이 '감각접촉을 조건으로 하여 [발생하는] 느낌'인가? 정신적인 만족감, 정신적인 즐거움, 정신의 감각접촉에서 생긴 만족하고 즐겁게 느껴지는 것, 정신의 감각접촉에서 생긴 만족하고 즐거운 느낌 — 이를 일러 감각접촉을 조건으로 하여 [발생하는] 느낌이라 한다.

… (§249) … 그래서 말하기를 '이와 같이 전체 괴로움의 무더기[苦蘊]가 일어난다.'라고 하였다.

서로 지탱함의 네 개 조가 [끝났다.]

[첫 번째 해로운 마음이 끝났다.][233]

---

233) "네 가지 네 개 조(catukkāni)와 16가지 부문(vārā)의 구분으로 구성된 무명을 뿌리로 하는(avijjāmūlaka) 첫 번째 방법은 이 첫 번째 해로운 마음에서 분명하게 말씀하셨다. 이처럼 [업]형성을 뿌리로 하는 방법 등(saṅkhāramūlakādayo)의 [나머지] 여덟 가지 방법(§247 참조)도 알아야 한다. 그러나 [여기] 성전에서는 생략되어 있다(saṁkhittā). 이와 같이 첫 번째 해로운 마음에 아홉 가지 방법이 있어서 (9×4=) 36가지 네 개 조가 있

(2) 나머지 해로운 마음에 대한 해설(akusala-niddesa)

280. 2)~4) 무엇이 '해로운 법들'인가?[234]

형색을 대상으로 하거나 소리를 대상으로 하거나 냄새를 대상으로 하거나 맛을 대상으로 하거나 감촉을 대상으로 하거나 법을 대상으로 하거나 그 어떤 것을 대상으로 하여 ② 기쁨이 함께하고 사견에 빠짐과 결합되고 자극을 받은[235] … ③ 기쁨이 함께하고 [165] 사견에 빠짐[236]과 결합되지 않고 [자극을 받지 않은][237](*cf.* Dhs §400) … ④ 기쁨이 함께하고 사견에 빠짐과 결합되지 않고 자극을 받은(*cf.* Dhs §402) 해로운 마음이 일어날 때,

ⓐ 그때에 무명을 조건으로 하여 [업]형성[行]이, [업]형성을 조건으로 하여 알음알이[識]가, 알음알이를 조건으로 하여 정신[名]이, 정신을 조건으로 하여 여섯 번째 감각장소가, 여섯 번째 감각장소를 조건으로 하여 감각접촉[觸]이, 감각접촉을 조건으로 하여 느낌[受]이, 느낌을 조건으로 하여 갈애[愛]가, 갈애를 조건으로 하여 결심[信解]이, 결심을 조

고 (9×4×4=) 144가지 부문이 있다고 알아야 한다."(VbhA.209)

234) 이것은 §248의 "1) 무엇이 '해로운 법들(akusalā dhammā, ma3-1-b)'인가?"에 이어지는 질문이다.

235) 『아비담마 길라잡이』에서는 모두 '자극받은'과 '자극받지 않은'으로 옮겼는데 『담마상가니』에서는 모두 '자극을 받은'과 '자극을 받지 않은'으로 옮겼다. 본서에서는 모두 『담마상가니』를 따랐다.

236) '사견에 빠짐(diṭṭhigata)'에 대해서는 본서 §206의 해당 주해를 참조할 것.

237) 이 구절은 §248의 '형색을 대상으로 하거나 소리를 대상으로 하거나 냄새를 대상으로 하거나 맛을 대상으로 하거나 감촉을 대상으로 하거나 법을 대상으로 하거나 그 어떤 것을 대상으로 하여 기쁨이 함께하고 사견에 빠짐과 결합되고 [자극을 받지 않은] 해로운 마음이 일어날 때,(*cf.* Dhs §365)'와 짝을 이루는 구절이다.
§248은 탐욕에 뿌리박은 해로운 마음 8개 중 기쁨이 함께하는 것 네 가지 가운데 첫 번째이고 여기서 언급되는 세 가지는 나머지 세 가지이다.

건으로 하여 존재[有]가, 존재를 조건으로 하여 태어남[生]이, 태어남을 조건으로 하여 늙음 · 죽음[老死]이 [발생한다.] 이와 같이 전체 괴로움의 무더기[苦蘊]가 일어난다.

281. 여기서 무엇이 '무명'인가? 무지함, 봄[見]이 없음 … (§180) … 무명의 장벽, 어리석음이라는 해로움의 뿌리 — 이를 일러 무명이라 한다.

여기서 무엇이 '무명을 조건으로 하여 [발생하는] [업]형성[行]'인가? 의도, 의도함, 의도된 상태 — 이를 일러 무명을 조건으로 하여 [발생하는] [업]형성이라 한다. … (§249) …

여기서 무엇이 '갈애를 조건으로 하여 [발생하는] 결심'인가? 마음의 결심, 확신, 그것에 확신을 가진 상태 — 이를 일러 갈애를 조건으로 하여 [발생하는] 결심이라 한다.

여기서 무엇이 '결심을 조건으로 하여 [발생하는] 존재'인가? 결심을 제외한 느낌의 무더기, 인식의 무더기, 심리현상들의 무더기, 알음알이의 무더기 — 이를 일러 결심을 조건으로 하여 [발생하는] 존재라 한다.

… (§§249~279) … 그래서 말하기를 '이와 같이 전체 괴로움의 무더기[苦蘊]가 일어난다.'라고 하였다.

282. 5) 무엇이 '해로운 법들'인가?

형색을 대상으로 하거나 소리를 대상으로 하거나 냄새를 대상으로 하거나 맛을 대상으로 하거나 감촉을 대상으로 하거나 법을 대상으로 하거나 그 어떤 것을 대상으로 하여 ⑤ 평온이 함께하고 사견에 빠짐과 결합되고 [자극을 받지 않은](*cf* Dhs §403) 해로운 마음이 일어날 때,

ⓐ 그때에 무명을 조건으로 하여 [업]형성[行]이, [업]형성을 조건으로 하여 알음알이[識]가, 알음알이를 조건으로 하여 정신[名]이, 정신을 조건으로 하여 여섯 번째 감각장소가, 여섯 번째 감각장소를 조건으로

하여 감각접촉[觸]이, 감각접촉을 조건으로 하여 느낌[受]이, 느낌을 조건으로 하여 갈애[愛]가, 갈애를 조건으로 하여 취착[取]이, 취착을 조건으로 하여 존재[有]가, 존재를 조건으로 하여 태어남[生]이, 태어남을 조건으로 하여 늙음·죽음[老死]이 [발생한다.] 이와 같이 전체 괴로움의 무더기[苦蘊]가 일어난다.

283. 여기서 [166] 무엇이 '무명'인가? 무지함, 봄[見]이 없음 … (§180) … 무명의 장벽, 어리석음이라는 해로움의 뿌리 — 이를 일러 무명이라 한다. … (§249) …

여기서 무엇이 '감각접촉을 조건으로 하여 [발생하는] 느낌'인가? 정신적인 만족감도 불만족감도 아니고 정신의 감각접촉에서 생긴 괴롭지도 즐겁지도 않게 느껴지는 것, 정신의 감각접촉에서 생긴 괴롭지도 즐겁지도 않은 느낌 — 이를 일러 감각접촉을 조건으로 하여 [발생하는] 느낌이라 한다.

… (§§249~279) … 그래서 말하기를 '이와 같이 전체 괴로움의 무더기[苦蘊]가 일어난다.'라고 하였다.

284. 6)~8) 무엇이 '해로운 법들'인가?

형색을 대상으로 하거나 소리를 대상으로 하거나 냄새를 대상으로 하거나 맛을 대상으로 하거나 감촉을 대상으로 하거나 법을 대상으로 하거나 그 어떤 것을 대상으로 하여 ⑥ 평온이 함께하고 사견에 빠짐과 결합되고 자극을 받은(*cf.* Dhs §409) … ⑦ 평온이 함께하고 사견에 빠짐과 결합되지 않고 [자극을 받지 않은](*cf.* Dhs §410) … ⑧ 평온이 함께하고 사견에 빠짐과 결합되지 않고 자극을 받은(*cf.* Dhs §412) 해로운 마음이 일어날 때,

ⓐ 그때에 무명을 조건으로 하여 [업]형성[行]이, [업]형성을 조건으로 하여 알음알이[識]가, 알음알이를 조건으로 하여 정신[名]이, 정신을

조건으로 하여 여섯 번째 감각장소가, 여섯 번째 감각장소를 조건으로 하여 감각접촉[觸]이, 감각접촉을 조건으로 하여 느낌[受]이, 느낌을 조건으로 하여 갈애[愛]가, 갈애를 조건으로 하여 결심[信解]이, 결심을 조건으로 하여 존재[有]가, 존재를 조건으로 하여 태어남[生]이, 태어남을 조건으로 하여 늙음·죽음[老死]이 [발생한다.] 이와 같이 전체 괴로움의 무더기[苦蘊]가 일어난다.

285. 여기서 무엇이 '무명'인가? … (§§249~279) … 그래서 말하기를 '이와 같이 전체 괴로움의 무더기[苦蘊]가 일어난다.'라고 하였다.

286. 9)~10) 무엇이 '해로운 법들'인가?

형색을 대상으로 하거나 소리를 대상으로 하거나 냄새를 대상으로 하거나 맛을 대상으로 하거나 감촉을 대상으로 하거나 법을 대상으로 하거나 그 어떤 것을 대상으로 하여 ⑨ 불만족이 함께하고 적의와 결합되고 [자극을 받지 않은](*cf.* Dhs §413) … ⑩ 불만족이 함께하고 적의와 결합되고 자극을 받은(*cf.* Dhs §421) 해로운 마음이 일어날 때,

ⓐ 그때에 무명을 조건으로 하여 [업]형성[行]이, [업]형성을 조건으로 하여 알음알이[識]가, 알음알이를 조건으로 하여 정신[名]이, 정신을 조건으로 하여 여섯 번째 감각장소가, 여섯 번째 감각장소를 조건으로 하여 감각접촉[觸]이, 감각접촉을 조건으로 하여 느낌[受]이, 느낌을 조건으로 하여 적의가,[238] 적의를 조건으로 하여 결심[信解]이, 결심을 조건으로 하여 존재[有]가, 존재를 조건으로 하여 태어남[生]이, 태어남을 조건으로 하여 늙음·죽음[老死]이 [발생한다.] 이와 같이 전체 괴로움의 무더기[苦蘊]가 일어난다.

---

238) "불만족이 함께하는 [마음]들(domanassasahagatā)에서 느낌을 조건으로 하는 갈애도 없다(vedanāpaccayā taṇhāpi natthi). 그래서 갈애의 자리에 갈애 [대신에] 강한 오염원인 적의(balavakilesa paṭigha)로 문단이 완성되었다."(VbhA.209)

287. 여기서 무엇이 '무명'인가? 무지함, 봄[見]이 없음 … (§180) … 무명의 장벽, 어리석음이라는 해로움의 뿌리 — 이를 일러 무명이라 한다. … (§249) … — 이를 일러 여섯 가지 감각장소를 조건으로 하여 [발생하는] 감각접촉이라 한다.

여기서 무엇이 '감각접촉을 조건으로 하여 [발생하는] 느낌'인가? 정신적인 불만족감, [167] 정신적인 괴로움, 정신의 감각접촉에서 생긴 만족하지 못하고 괴롭게 느껴지는 것, 정신의 감각접촉에서 생긴 만족하지 못하고 괴로운 느낌 — 이를 일러 감각접촉을 조건으로 하여 [발생하는] 느낌이라 한다.

여기서 무엇이 '느낌을 조건으로 하여 [발생하는] 적의'인가? 마음[心]의 원한 … (§182) … 잔혹함, 잘 제어되지 못함, 마음의 언짢음(Dhs §1066 등) — 이를 일러 느낌을 조건으로 하여 [발생하는] 적의라 한다.

여기서 무엇이 '적의를 조건으로 하여 [발생하는] 결심'인가? 마음의 결심, 확신, 그것에 확신을 가진 상태 — 이를 일러 적의를 조건으로 하여 [발생하는] 결심이라 한다.

여기서 무엇이 '결심을 조건으로 하여 [발생하는] 존재'인가? 결심을 제외한 느낌의 무더기, 인식의 무더기, 심리현상들의 무더기, 알음알이의 무더기 — 이를 일러 결심을 조건으로 하여 [발생하는] 존재라 한다.

… (§§249~279) … 그래서 말하기를 '이와 같이 전체 괴로움의 무더기[苦蘊]가 일어난다.'라고 하였다.

288. 11) 무엇이 '해로운 법들'인가?

형색을 대상으로 하거나 소리를 대상으로 하거나 냄새를 대상으로 하거나 맛을 대상으로 하거나 감촉을 대상으로 하거나 법을 대상으로 하거나 그 어떤 것을 대상으로 하여 ⑪ 평온이 함께하고 의심과 결합된 (*cf.* Dhs §422) 해로운 마음이 일어날 때,

ⓐ 그때에 무명을 조건으로 하여 [업]형성[行]이, [업]형성을 조건으로 하여 알음알이[識]가, 알음알이를 조건으로 하여 정신[名]이, 정신을 조건으로 하여 여섯 번째 감각장소가, 여섯 번째 감각장소를 조건으로 하여 감각접촉[觸]이, 감각접촉을 조건으로 하여 느낌[受]이, 느낌을 조건으로 하여 의심이, 의심을 조건으로 하여 존재[有]가, 존재를 조건으로 하여 태어남[生]이, 태어남을 조건으로 하여 늙음·죽음[老死]이 [발생한다.] 이와 같이 전체 괴로움의 무더기[苦蘊]가 일어난다.

289. 여기서 무엇이 '무명'인가? 무지함, 봄[見]이 없음 … (§180) … 무명의 장벽, 어리석음이라는 해로움의 뿌리 — 이를 일러 무명이라 한다. … (§249) … — 이를 일러 여섯 가지 감각장소를 조건으로 하여 [발생하는] 감각접촉이라 한다.

여기서 무엇이 '감각접촉을 조건으로 하여 [발생하는] 느낌'인가? 정신적인 만족감도 불만족감도 아니고 정신의 감각접촉에서 생긴 괴롭지도 즐겁지도 않게 느껴지는 것, 정신의 감각접촉에서 생긴 괴롭지도 즐겁지도 않은 느낌 — 이를 일러 감각접촉을 조건으로 하여 [발생하는] 느낌이라 한다.

여기서 [168] 무엇이 '느낌을 조건으로 하여 [발생하는] 의심'인가? 회의, 회의를 품음, 회의를 품은 상태, 혼란, 의심, 갈피를 잡지 못함, 두 갈래 길, 의문, 불확실한 선택, 회피, 망설임, 몰입하지 못함, 마음의 당황스러움, 마음의 상처(Dhs §425) — 이를 일러 느낌을 조건으로 하여 [발생하는] 의심이라 한다.

여기서 무엇이 '의심을 조건으로 하여 [발생하는] 존재'인가? 의심을 제외한 느낌의 무더기, 인식의 무더기, 심리현상들의 무더기, 알음알이의 무더기 — 이를 일러 의심을 조건으로 하여 [발생하는] 존재라 한다.

… (§§249~279) … 그래서 말하기를 '이와 같이 전체 괴로움의 무더

기[苦蘊]가 일어난다.'라고 하였다.

290. 12) 무엇이 '해로운 법들'인가?

형색을 대상으로 하거나 소리를 대상으로 하거나 냄새를 대상으로 하거나 맛을 대상으로 하거나 감촉을 대상으로 하거나 법을 대상으로 하거나 그 어떤 것을 대상으로 하여 ⑫ 평온이 함께하고 들뜸과 결합된 (*cf.* Dhs §427) 해로운 마음이 일어날 때,

ⓐ 그때에 무명을 조건으로 하여 [업]형성[行]이, [업]형성을 조건으로 하여 알음알이[識]가, 알음알이를 조건으로 하여 정신[名]이, 정신을 조건으로 하여 여섯 번째 감각장소가, 여섯 번째 감각장소를 조건으로 하여 감각접촉[觸]이, 감각접촉을 조건으로 하여 느낌[受]이, 느낌을 조건으로 하여 들뜸이, 들뜸을 조건으로 하여 결심[信解]이, 결심을 조건으로 하여 존재[有]가, 존재를 조건으로 하여 태어남[生]이, 태어남을 조건으로 하여 늙음·죽음[老死]이 [발생한다.] 이와 같이 전체 괴로움의 무더기[苦蘊]가 일어난다.

291. 여기서 무엇이 '무명'인가? 무지함, 봄[見]이 없음 … (§180) … 무명의 장벽, 어리석음이라는 해로움의 뿌리 — 이를 일러 무명이라 한다. … (§249) … — 이를 일러 여섯 가지 감각장소를 조건으로 하여 [발생하는] 감각접촉이라 한다.

여기서 무엇이 '감각접촉을 조건으로 하여 [발생하는] 느낌'인가? 정신적인 만족감도 불만족감도 아니고 정신의 감각접촉에서 생긴 괴롭지도 즐겁지도 않게 느껴지는 것, 정신의 감각접촉에서 생긴 괴롭지도 즐겁지도 않은 느낌 — 이를 일러 감각접촉을 조건으로 하여 [발생하는] 느낌이라 한다.

여기서 무엇이 '느낌을 조건으로 하여 [발생하는] 들뜸'인가? 마음의 들뜸, 가라앉지 못함, 마음이 산란함, 마음의 동요 — 이를 일러 느낌을

조건으로 하여 [발생하는] 들뜸이라 한다.

여기서 무엇이 '들뜸을 조건으로 하여 [발생하는] 결심'인가? [169] 마음의 결심, 확신, 그것에 확신을 가진 상태 — 이를 일러 들뜸을 조건으로 하여 [발생하는] 결심이라 한다.

여기서 무엇이 '결심을 조건으로 하여 [발생하는] 존재'인가? 결심을 제외한 느낌의 무더기, 인식의 무더기, 심리현상들의 무더기, 알음알이의 무더기 — 이를 일러 결심을 조건으로 하여 [발생하는] 존재라 한다.

… (§§249~279) … 그래서 말하기를 '이와 같이 전체 괴로움의 무더기[苦蘊]가 일어난다.'라고 하였다.

해로운 마음에 대한 해설이 [끝났다.]

(3) 유익한 마음에 대한 해설(kusala-niddesa)

① 욕계 유익한 마음

292. 무엇이 '유익한 법들'인가?[239)]

---

239) "이제 [해로운 마음들에서 보여주신] 이러한 방법으로 유익한 마음 등에 대해서도(kusalacittādīsupi) 조건의 형태(paccayākāra)를 보여주시기 위해서 "무엇이 '유익한 법들'인가?"라는 등을 시작하셨다. 그러나 해로운 [마음]에 있어서는 첫 번째로 마띠까(§§243~247)를 통해서 간결하게 한 뒤에(nikkhipitvā) 해설을 하셨지만(niddeso kato) 여기서는 그렇지 않다. 왜 인가? 결론 부문(appanā-vāra)에 다양함이 존재하기 때문이다(nānatta-sambhavato). 세간적인 유익한 [마음] 등에서는(lokiyakusalādīsu) 그 법들이 괴로움의 진리에 포함되기 때문에(dukkhasaccapariyāpannattā) "이와 같이 전체 괴로움의 무더기[苦蘊]가(kevalassa dukkhakkhandha-ssa) [일어난다.]"(§292 등)라고 결론짓지만 출세간의 유익한 [마음] 등에서는 "이와 같이 법들이(etesaṁ dhammānaṁ) [일어난다.]"(§304 등)라고 [결론짓기] 때문이다. 그러므로 여기서는 공통적으로(sādhāraṇato) 마띠까를 설정할 수가 없기 때문에 각각에 개별적으로(pāṭiyekkaṁ) 유익함 등에 있어서 그 유익함 등에 대한 마띠까를 요약한 뒤에(mātikaṁ uddisitvāva) 해설을 하셨다."(VbhA.210)

형색을 대상으로 하거나 소리를 대상으로 하거나 냄새를 대상으로 하거나 맛을 대상으로 하거나 감촉을 대상으로 하거나 법을 대상으로 하거나 그 어떤 것을 대상으로 하여 ① 기쁨이 함께하고 지혜와 결합되고 [자극을 받지 않은] 욕계의 유익한 마음이 일어날 때,(Dhs §1)

ⓐ 그때에 유익함의 뿌리[善根][240]를 조건으로 하여 [업]형성[行]이, [업]형성을 조건으로 하여 알음알이[識]가, 알음알이를 조건으로 하여 정신[名]이, 정신을 조건으로 하여 여섯 번째 감각장소가, 여섯 번째 감각장소를 조건으로 하여 감각접촉[觸]이, 감각접촉을 조건으로 하여 느낌[受]이, 느낌을 조건으로 하여 청정한 믿음[淸淨信][241]이, 청정한 믿음을 조건으로 하여 결심[信解]이, 결심을 조건으로 하여 존재[有]가, 존재를 조건으로 하여 태어남[生]이, 태어남을 조건으로 하여 늙음·죽음[老死]이 [발생한다.] 이와 같이 전체 괴로움의 무더기[苦蘊]가 일어난다.

293. 여기서 무엇이 '유익함의 뿌리[善根]'인가? 탐욕 없음[不貪], 성냄 없음[不瞋], 어리석음 없음[不痴]이다.

여기서 무엇이 '탐욕 없음'인가? 탐욕 없음, 탐하지 않음, 탐하지 않는 상태, 탐닉 없음, 탐닉하지 않음, 탐닉하지 않는 상태, 욕심 없음, 탐욕

---

240) "여기서 하나의 심찰나에(ekacittakkhaṇe) 유익한 [업]형성(kusala-saṅkhāra)과 함께하는 무명(avijjā)은 존재하지 않는다. 그래서 그 [무명을] 말씀하지 않으시고 무명이 해로운 [마음]들의 뿌리이듯이 이것은 유익한 [마음]들의 뿌리이기 때문에(kusalānaṁ mūlato) '유익함의 뿌리(kusala-mūla)'라고 말씀하셨다."(VbhA.210)

241) "여기서 '청정한 믿음[淸淨信, pasāda]'이란 믿음[信, saddhā]이다."(VbhAMṬ.140)

"갈애와 취착(taṇhupādāna)도 존재하지 않기 때문에 갈애의 자리에는 갈애처럼 대상에 깊이 들어가는(ajjhogāḷha) '청정한 믿음[淸淨信, pasāda]'을, 취착의 자리에는 취착처럼 [대상에] 강하게 밀착됨(daḷhanipātī)이라 일컬어지는 '결심(adhimokkha)'을 말씀하셨다. 나머지는 앞에서 설한 방법대로 알아야 한다."(VbhA.210)

없음이라는 유익함의 뿌리(Dhs §32 등) — 이를 일러 탐욕 없음이라 한다.

여기서 무엇이 '성냄 없음'인가? 성냄 없음, 성내지 않음, 성내지 않는 상태, 악의에 차지 않음, 악의를 가지지 않음, 성냄 없음이라는 유익함의 뿌리(Dhs §33 등) — 이를 일러 성냄 없음이라 한다.

여기서 무엇이 '어리석음 없음'인가? 통찰지, 통찰함 … (§525) … 어리석음 없음, 법의 간택, 바른 견해 — 이를 일러 어리석음 없음이라 한다.

— 이를 일러 유익함의 뿌리라 한다.

여기서 [170] 무엇이 '유익함의 뿌리를 조건으로 하여 [발생하는] [업]형성'인가? 의도, 의도함, 의도된 상태 — 이를 일러 유익함의 뿌리를 조건으로 하여 [발생하는] [업]형성이라 한다.

여기서 무엇이 '[업]형성을 조건으로 하여 [발생하는] 알음알이[識]'인가? … (§249) … '알음알이를 조건으로 하여 [발생하는] 정신[名]' … (§249) … '정신을 조건으로 하여 [발생하는] 여섯 번째 감각장소' … (§249) … '여섯 번째 감각장소를 조건으로 하여 [발생하는] 감각접촉[觸]' … (§249) … '감각접촉을 조건으로 하여 [발생하는] 느낌[受]' … (§249) … — 이를 일러 감각접촉을 조건으로 하여 [발생하는] 느낌이라 한다.

여기서 무엇이 '느낌을 조건으로 하여 [발생하는] 청정한 믿음[淸淨信]'인가? 믿음, 믿는 것, 신뢰, 깨끗한 믿음 — 이를 일러 느낌을 조건으로 하여 [발생하는] 청정한 믿음이라 한다.

여기서 무엇이 '청정한 믿음을 조건으로 하여 [발생하는] 결심'인가? 마음의 결심, 확신, 그것에 확신을 가진 상태 — 이를 일러 청정한 믿음을 조건으로 하여 [발생하는] 결심이라 한다.

여기서 무엇이 '결심을 조건으로 하여 [발생하는] 존재'인가? 결심을 제외한 느낌의 무더기, 인식의 무더기, 심리현상들의 무더기, 알음알이의 무더기 — 이를 일러 결심을 조건으로 하여 [발생하는] 존재라 한다.

… (§§249~279) … 그래서 말하기를 '이와 같이 전체 괴로움의 무더기[苦蘊]가 일어난다.'라고 하였다.

294. 무엇이 '유익한 법들'인가?

형색을 대상으로 하거나 소리를 대상으로 하거나 냄새를 대상으로 하거나 맛을 대상으로 하거나 감촉을 대상으로 하거나 법을 대상으로 하거나 그 어떤 것을 대상으로 하여 ② 기쁨이 함께하고 지혜와 결합되고 자극을 받은 … ③ 기쁨이 함께하고 지혜와 결합되지 않고 [자극을 받지 않은] … ④ 기쁨이 함께하고 지혜와 결합되지 않고 자극을 받은 욕계의 유익한 마음이 일어날 때,

ⓐ 그때에 유익함의 뿌리[善根]를 조건으로 하여 [업]형성[行]이, [업]형성을 조건으로 하여 알음알이[識]가, 알음알이를 조건으로 하여 정신[名]이, 정신을 조건으로 하여 여섯 번째 감각장소가, 여섯 번째 감각장소를 조건으로 하여 감각접촉[觸]이, 감각접촉을 조건으로 하여 느낌[受]이, 느낌을 조건으로 하여 청정한 믿음[淸淨信]이, 청정한 믿음을 조건으로 하여 결심[信解]이, 결심을 조건으로 하여 존재[有]가, 존재를 조건으로 하여 태어남[生]이, 태어남을 조건으로 하여 늙음·죽음[老死]이 [발생한다.] 이와 같이 전체 괴로움의 무더기[苦蘊]가 일어난다.

295. 여기서 [171] 무엇이 '유익함의 뿌리[善根]'인가? 탐욕 없음[不貪], 성냄 없음[不嗔]이다.[242]

여기서 무엇이 '탐욕 없음'인가? 탐욕 없음, 탐하지 않음, 탐하지 않는 상태, 탐닉 없음, 탐닉하지 않음, 탐닉하지 않는 상태, 욕심 없음, 탐욕 없음이라는 유익함의 뿌리 — 이를 일러 탐욕 없음이라 한다.

---

242) 이 네 번째 마음은 '기쁨이 함께하고 지혜와 결합되지 않고 자극을 받은 욕계의 유익한 마음'이기 때문에 여기서는 어리석음 없음[不痴]이 나타나지 않는다.

여기서 무엇이 '성냄 없음'인가? 성냄 없음, 성내지 않음, 성내지 않는 상태, 악의에 차지 않음, 악의를 가지지 않음, 성냄 없음이라는 유익함의 뿌리 — 이를 일러 성냄 없음이라 한다.

— 이를 일러 유익함의 뿌리라 한다.

여기서 무엇이 '유익함의 뿌리를 조건으로 하여 [발생하는] [업]형성' 인가? 의도, 의도함, 의도된 상태 — 이를 일러 유익함의 뿌리를 조건으로 하여 [일어나는] [업]형성이라 한다. … (§293) … — 이를 일러 여섯 번째 감각장소를 조건으로 하여 [발생하는] 감각접촉[觸]이라 한다.

여기서 무엇이 '감각접촉을 조건으로 하여 [발생하는] 느낌[受]'인가? 정신적인 만족감, 정신적인 즐거움, 정신의 감각접촉에서 생긴 만족하고 즐겁게 느껴지는 것, 정신의 감각접촉에서 생긴 만족하고 즐거운 느낌 — 이를 일러 감각접촉을 조건으로 하여 [발생하는] 느낌이라 한다.

… (§§249~279) … 그래서 말하기를 '이와 같이 전체 괴로움의 무더기[苦蘊]가 일어난다.'라고 하였다.

296. 무엇이 '유익한 법들'인가?

형색을 대상으로 하거나 소리를 대상으로 하거나 냄새를 대상으로 하거나 맛을 대상으로 하거나 감촉을 대상으로 하거나 법을 대상으로 하거나 그 어떤 것을 대상으로 하여 ⑤ 평온이 함께하고 지혜와 결합되고 [자극을 받지 않은] … ⑥ 평온이 함께하고 지혜와 결합되고 자극을 받은 욕계의 유익한 마음이 일어날 때,

ⓐ 그때에 유익함의 뿌리[善根]를 조건으로 하여 [업]형성[行]이, [업]형성을 조건으로 하여 알음알이[識]가, 알음알이를 조건으로 하여 정신[名]이, 정신을 조건으로 하여 여섯 번째 감각장소가, 여섯 번째 감각장소를 조건으로 하여 감각접촉[觸]이, 감각접촉을 조건으로 하여 느낌[受]이, 느낌을 조건으로 하여 청정한 믿음[淸淨信]이, 청정한 믿음을 조건으

로 하여 결심[信解]이, 결심을 조건으로 하여 존재[有]가, 존재를 조건으로 하여 태어남[生]이, 태어남을 조건으로 하여 늙음 · 죽음[老死]이 [발생한다.] 이와 같이 전체 괴로움의 무더기[苦蘊]가 일어난다.

297. 여기서 무엇이 '유익함의 뿌리[善根]'인가? 탐욕 없음[不貪], 성냄 없음[不嗔], 어리석음 없음[不痴]이다. — 이를 일러 유익함의 뿌리라 한다.

여기서 무엇이 '유익함의 뿌리를 조건으로 하여 [발생하는] [업]형성' 인가? 의도, 의도함, 의도된 상태 — 이를 일러 유익함의 뿌리를 조건으로 하여 [발생하는] [업]형성이라 한다. … (§293) … 여섯 번째 감각장소를 조건으로 하여 [발생하는] 감각접촉[觸]이라 한다.

여기서 무엇이 '감각접촉을 조건으로 하여 [발생하는] 느낌[受]'인가? 정신적인 만족감도 불만족감도 아니고 정신의 감각접촉에서 생긴 괴롭지도 즐겁지도 않게 느껴지는 것, 정신의 감각접촉에서 생긴 괴롭지도 즐겁지도 않은 느낌 — 이를 일러 감각접촉을 조건으로 하여 [발생하는] 느낌이라 한다.

… (§§249~279) … 그래서 말하기를 '이와 같이 전체 괴로움의 무더기[苦蘊]가 일어난다.'라고 하였다.

298. 무엇이 '유익한 법들'인가?

형색을 대상으로 하거나 소리를 대상으로 하거나 냄새를 대상으로 하거나 맛을 대상으로 하거나 감촉을 대상으로 하거나 법을 대상으로 하거나 그 어떤 것을 대상으로 하여 ⑦ 평온이 함께하고 지혜와 결합되지 않고 [자극을 받지 않은] … ⑧ 평온이 함께하고 지혜와 결합되지 않고 자극을 받은 욕계의 유익한 마음이 일어날 때,

ⓐ 그때에 유익함의 뿌리[善根]를 조건으로 하여 [업]형성[行]이, [업]형성을 조건으로 하여 알음알이[識]가, 알음알이를 조건으로 하여 정신

[名]이, 정신을 조건으로 하여 여섯 번째 감각장소가, 여섯 번째 감각장소를 조건으로 하여 감각접촉[觸]이, 감각접촉을 조건으로 하여 느낌[受]이, 느낌을 조건으로 하여 청정한 믿음[淸淨信]이, 청정한 믿음을 조건으로 하여 결심[信解]이, 결심을 조건으로 하여 존재[有]가, 존재를 조건으로 하여 태어남[生]이, 태어남을 조건으로 하여 늙음·죽음[老死]이 [발생한다.] 이와 같이 전체 괴로움의 무더기[苦蘊]가 일어난다.

299. 여기서 무엇이 '유익함의 뿌리[善根]'인가? 탐욕 없음[不貪], 성냄 없음[不嗔]이다.243) — 이를 일러 유익함의 뿌리라 한다.

여기서 무엇이 '유익함의 뿌리를 조건으로 하여 [발생하는] [업]형성'인가? 의도, 의도함, 의도된 상태 — 이를 일러 유익함의 뿌리를 조건으로 하여 [발생하는] [업]형성이라 한다.

… (§§249~279) … 그래서 말하기를 '이와 같이 전체 괴로움의 무더기[苦蘊]가 일어난다.'라고 하였다.

② 색계 유익한 마음

300. 무엇이 '유익한 법들'인가?

색계에 태어나는 도를 닦아서, 감각적 쾌락들을 완전히 떨쳐버리고 … (§205) … 땅의 까시나를 가진 초선을 구족하여 머물 때(Dhs §160),

ⓐ 그때에 유익함의 뿌리[善根]를 조건으로 하여 [업]형성[行]이, [업]형성을 조건으로 하여 [172] 알음알이[識]가, 알음알이를 조건으로 하여 정신[名]이, 정신을 조건으로 하여 여섯 번째 감각장소가, 여섯 번째 감각장소를 조건으로 하여 감각접촉[觸]이, 감각접촉을 조건으로 하여 느낌[受]이, 느낌을 조건으로 하여 청정한 믿음[淸淨信]이, 청정한 믿음을

---

243) 이 여덟 번째 마음에도 지혜가 없기 때문에 어리석음 없음[不痴]은 나타나지 않는다.

조건으로 하여 결심[信解]이, 결심을 조건으로 하여 존재[有]가, 존재를 조건으로 하여 태어남[生]이, 태어남을 조건으로 하여 늙음·죽음[老死]이 [발생한다.] 이와 같이 전체 괴로움의 무더기[苦蘊]가 일어난다.

301. 여기서 무엇이 '유익함의 뿌리[善根]'인가? 탐욕 없음[不貪], 성냄 없음[不嗔], 어리석음 없음[不痴]이다. — 이를 일러 유익함의 뿌리라 한다.

여기서 무엇이 '유익함의 뿌리를 조건으로 하여 [발생하는] [업]형성'인가? 의도, 의도함, 의도된 상태 — 이를 일러 유익함의 뿌리를 조건으로 하여 [발생하는] [업]형성이라 한다.

… (§§249~279) … 그래서 말하기를 '이와 같이 전체 괴로움의 무더기[苦蘊]가 일어난다.'라고 하였다.

③ 무색계 유익한 마음

302. 무엇이 '유익한 법들'인가?

무색계에 태어나는 도를 닦아서, 무소유처를 완전히 초월하여 비상비비상처의 인식이 함께하였으며, 행복도 버리고 … (§205) … 제4선을 구족하여 머물 때,(Dhs §268)

ⓐ 그때에 유익함의 뿌리[善根]를 조건으로 하여 [업]형성[行]이, [업]형성을 조건으로 하여 알음알이[識]가, 알음알이를 조건으로 하여 정신[名]이, 정신을 조건으로 하여 여섯 번째 감각장소가, 여섯 번째 감각장소를 조건으로 하여 감각접촉[觸]이, 감각접촉을 조건으로 하여 느낌[受]이, 느낌을 조건으로 하여 청정한 믿음[清淨信]이, 청정한 믿음을 조건으로 하여 결심[信解]이, 결심을 조건으로 하여 존재[有]가, 존재를 조건으로 하여 태어남[生]이, 태어남을 조건으로 하여 늙음·죽음[老死]이 [발생한다.] 이와 같이 전체 괴로움의 무더기[苦蘊]가 일어난다.

303. 여기서 무엇이 '유익함의 뿌리[善根]'인가? 탐욕 없음[不貪], 성냄 없음[不嗔], 어리석음 없음[不痴]이다. — 이를 일러 유익함의 뿌리라 한다.

여기서 무엇이 '유익함의 뿌리를 조건으로 하여 [발생하는] [업]형성' 인가? 의도, 의도함, 의도된 상태 — 이를 일러 유익함의 뿌리를 조건으로 하여 [발생하는] [업]형성이라 한다. … (§293) … — 이를 일러 여섯 번째 감각장소를 조건으로 하여 [발생하는] 감각접촉이라 한다.

여기서 무엇이 '감각접촉을 조건으로 하여 [발생하는] 느낌'인가? 정신적인 만족감, 정신적인 즐거움, 정신의 감각접촉에서 생긴 만족하고 즐겁게 느껴지는 것, 정신의 감각접촉에서 생긴 만족하고 즐거운 느낌244) — 이를 일러 감각접촉을 조건으로 하여 [발생하는] 느낌이라 한다.

… (§§249~279) … 그래서 말하기를 '이와 같이 전체 괴로움의 무더기[苦蘊]가 일어난다.'라고 하였다.

④ 출세간 유익한 마음

304. 무엇이 '유익한 법들'인가?

사견에 빠짐을 버리고 첫 번째 경지[初地, 예류과]를 얻기 위하여, 출리로 인도하고 [윤회를] 감소시키는 출세간禪을 닦아서, 감각적 쾌락들을 완전히 떨쳐버리고 … (§205) … ① 도닦음도 어렵고 초월지도 느린 초선을 [173] 구족하여 머물 때,

---

244) 팃띨라 스님의 제언처럼 이 문맥은 무색계선과 관련된 것이기 때문에 여기서 느낌은 괴롭지도 즐겁지도 않은 느낌이 타당해 보인다. 그래서 본 문은 §297처럼 '정신적인 만족감도 불만족감도 아니고 정신의 감각접촉에서 생긴 괴롭지도 즐겁지도 않게 느껴지는 것, 정신의 감각접촉에서 생긴 괴롭지도 즐겁지도 않은 느낌'이 되어야 한다고 여겨진다. 그러나 VRI본과 PTS본은 모두 본문과 같이 나타나고 있다. 어떤 태국 본에는 §297처럼 나타나고 있다고 한다.(팃띨라 스님, 226쪽)

ⓐ 그때에 유익함의 뿌리[善根]를 조건으로 하여 [업]형성[行]이, [업]형성을 조건으로 하여 알음알이[識]가, 알음알이를 조건으로 하여 정신[名]이, 정신을 조건으로 하여 여섯 번째 감각장소가, 여섯 번째 감각장소를 조건으로 하여 감각접촉[觸]이, 감각접촉을 조건으로 하여 느낌[受]이, 느낌을 조건으로 하여 청정한 믿음[淸淨信]이, 청정한 믿음을 조건으로 하여 결심[信解]이, 결심을 조건으로 하여 존재[有]가, 존재를 조건으로 하여 태어남[生]이, 태어남을 조건으로 하여 늙음·죽음[老死]이 [발생한다.] 이와 같이 법들이 일어난다.245)

305. 여기서 무엇이 '유익함의 뿌리[善根]'인가? 탐욕 없음[不貪], 성냄 없음[不嗔], 어리석음 없음[不痴]이다.

여기서 무엇이 '탐욕 없음[不貪]'인가? … (§293) … 성냄 없음[不嗔]'인가? … (§293) … 어리석음 없음[不痴]'인가? 통찰지, 통찰함 … (§525) … 어리석음 없음, 법의 간택, 바른 견해, 법을 간택하는 깨달음의 구성요소, 도의 구성요소, 도에 포함됨 — 이를 일러 어리석음 없음이라 한다.

— 이를 일러 유익함의 뿌리라 한다.

여기서 무엇이 '유익함의 뿌리를 조건으로 하여 [발생하는] [업]형성'인가? 의도, 의도함, 의도된 상태 — 이를 일러 유익함의 뿌리를 조건으로 하여 [발생하는] [업]형성이라 한다. … (§293) … — 이를 일러 여섯 번째 감각장소를 조건으로 하여 [발생하는] 감각접촉이라 한다.

여기서 무엇이 '감각접촉을 조건으로 하여 [발생하는] 느낌'인가? 정신적인 만족감, 정신적인 즐거움, 정신의 감각접촉에서 생긴 만족하고

---

245) 여기서는 앞의 §225와 §292 등에서 언급한 "이와 같이 전체 괴로움의 무더기[苦蘊]가 일어난다(evametassa kevalassa dukkhakkhandhassa samudayo hoti.)." 대신에 "이와 같이 법들이 일어난다(evametesaṁ dhammānaṁ samudayo hoti.)."가 나타나고 있다. 그 이유에 대해서는 §292의 주해를 참조하기 바란다.

즐겁게 느껴지는 것, 정신의 감각접촉에서 생긴 만족하고 즐거운 느낌 — 이를 일러 감각접촉을 조건으로 하여 [발생하는] 느낌이라 한다.

여기서 무엇이 '느낌을 조건으로 하여 [발생하는] 청정한 믿음[清淨信]'인가? 믿음, 믿는 것, 신뢰, 깨끗한 믿음 — 이를 일러 느낌을 조건으로 하여 [발생하는] 청정한 믿음이라 한다.

여기서 무엇이 '청정한 믿음을 조건으로 하여 [발생하는] 결심'인가? 마음의 결심, 확신, 그것에 확신을 가진 상태 — 이를 일러 청정한 믿음을 조건으로 하여 [발생하는] 결심이라 한다.

여기서 무엇이 '결심을 조건으로 하여 [발생하는] 존재'인가? 결심을 제외한 느낌의 무더기, 인식의 무더기, 심리현상들의 무더기, 알음알이의 무더기 — 이를 일러 결심을 조건으로 하여 [발생하는] 존재라 한다.

… (§§249~279) … — 이를 일러 태어남을 조건으로 하여 [발생하는] 늙음・죽음이라 한다.

'이와 같이 법들이 일어난다.'라는 것은 이와 같이 법들이 모인다, 함께한다, 합류한다, 드러난다는 것이다. 그래서 말하기를 이와 같이 법들이 일어난다고 하였다.

유익한 마음에 대한 해설이 [끝났다.]

(4) 결정할 수 없는[無記] 마음에 대한 해설(abyākata-niddesa)

① 과보로 나타난 마음

306. 무엇이 '결정할 수 없는[無記] 법들'인가?

욕계의 유익한 업을 지었고 쌓았기 때문에, ① 형색을 대상으로 하여 평온이 함께하는 과보로 나타난 눈의 알음알이가 일어날 때,(Dhs §431)

ⓐ 그때에 [업]형성을 조건으로 하여 알음알이[識]가,[246] 알음알이를

조건으로 하여 정신[名]이, 정신을 조건으로 하여 여섯 번째 감각장소가, 여섯 번째 감각장소를 조건으로 하여 감각접촉[觸]이, 감각접촉을 조건으로 하여 느낌[受]이, 느낌을 조건으로 하여 존재가,247) 존재를 조건으

---

246) 이 구문 앞에 나타나는 '유익함의 뿌리[善根]를 조건으로 하여 [업]형성[行]이,' 혹은 '무명을 조건으로 하여 [업]형성이'는 여기서는 나타나지 않는다. 주석서는 그 이유를 다음과 같이 설명하고 있다.

"결정할 수 없는[無記] [마음](abyākata)은 [『담마상가니』 제1편] 마음의 일어남 편(cittuppādakaṇḍa)에서 전승되어온 순서(āgatapaṭipāṭi)에 따라서 분석되었다. 그리고 모든 부문에서 무명에 뿌리한 방법들(avijjāmūlakā nayā)은 제외되었다. 왜 그런가? 무명의 자리에 놓아야 할 것이 존재하지 않기 때문이다.(avijjāṭṭhāne ṭhapetabbassa abhāvato) 유익한 마음들에서는(kusalacittesu) 무명의 자리에 놓아야 할 유익함의 뿌리(kusalamūla)가 있었지만 눈의 알음알이 등에는 존재하지 않기 때문이다.
그러나 원인을 가진 [마음]들에서는(sahetukesu) 무엇이 있기는 하지만(kiñcāpi atthi) 그렇다 하더라도 여기서는 끊어졌기 때문에(pacchinnattā) 거기서 취하지 않았다. 다섯 가지 알음알이[全五識]의 흐름(pañca-viññāṇa-sota)에서 흐름에 들어간 것(sotapatitāva)으로 가르침을 베푸신 것으로 알아야 한다."(VbhA.210~211)

'그렇다 하더라도 여기서는 끊어졌기 때문에 거기서 취하지 않았다.'는 evaṁ santepi idha pacchinnattā tattha na gahitaṁ를 옮긴 것이다. 냐나몰리 스님은 1928년에 양곤에서 출간된 Sammohavinodanī-Yojanā를 인용하여 '여기서(idha)'는 눈의 알음알이 등을 뜻하고 '거기서(tattha)'는 원인을 가진 [마음]들을 뜻한다고 주해에서 밝히고 있다.(냐나몰리 스님, 269쪽 119~120번 주해 참조)

247) 여기서는 '느낌을 조건으로 하여 청정한 믿음[淸淨信]이, 청정한 믿음을 조건으로 하여 결심[信解]이, 결심을 조건으로 하여 존재[有]가'(§294 등)나 일반적인 '느낌을 조건으로 하여 갈애가, 갈애를 조건으로 하여 취착이, 취착을 조건으로 하여 존재가'(§243 등) 대신에 이처럼 '느낌을 조건으로 하여 존재가'로 나타난다. 주석서는 그 이유를 다음과 같이 설명한다.

"눈의 알음알이 등에서 갈애의 자리(taṇhāṭṭhāna)와 취착의 자리(upādāna-ṭṭhāna)가 제외되었다. 왜 그런가? 갈애의 자리에 적합한(taṇhāṭṭhāna-araha) 강한 법(balavadhamma)이 존재하지 않기 때문이고(abhāvā) 결심이 없기 때문이다(adhimokkharahitattā). 나머지 원인 없는 [마음]들에서는 갈애의 자리만이 제외되었다. 원인을 가진 [마음]들에서는(§319 이하) 청정한 믿음이 실제로 존재하기 때문에(pasādasabbhāvato) 갈애의 자리

로 하여 태어남[生]이, 태어남을 조건으로 하여 늙음·죽음[老死]이 [발생한다.] 이와 같이 전체 괴로움의 무더기[苦蘊]가 일어난다.

307. 여기서 무엇이 '[업]형성[行]'인가? 의도, 의도함, 의도된 상태 — 이를 일러 [업]형성이라 한다.

여기서 무엇이 '[업]형성을 조건으로 하여 [발생하는] 알음알이'인가? 마음, 마노[意], 정신작용 … (§184) … 그것에 적합한 눈의 알음알이의 요소 — 이를 일러 [업]형성을 조건으로 하여 [발생하는] 알음알이라 한다.

여기서 무엇이 '알음알이를 조건으로 하여 [발생하는] 정신'인가? 느낌의 무더기, [174] 인식의 무더기, 심리현상들의 무더기(식온은 제외됨) — 이를 일러 알음알이를 조건으로 하여 [발생하는] 정신이라 한다.

여기서 무엇이 '정신을 조건으로 하여 [발생하는] 여섯 번째 감각장소'인가? 마음, 마노[意], 정신작용 … (§184) … 그것에 적합한 눈의 알음알이의 요소 — 이를 일러 정신을 조건으로 하여 [발생하는] 여섯 번째 감각장소라 한다.

여기서 무엇이 '여섯 번째 감각장소를 조건으로 하여 [발생하는] 감각접촉'인가? 감각접촉, 접촉함, 맞닿음, 맞닿은 상태 — 이를 일러 여섯 번째 감각장소를 조건으로 하여 [발생하는] 감각접촉이라 한다.

여기서 무엇이 '감각접촉을 조건으로 하여 [발생하는] 느낌[受]'인가? 정신적인 만족감도 불만족감도 아니고 정신의 감각접촉에서 생긴 괴롭지도 즐겁지도 않게 느껴지는 것, 정신의 감각접촉에서 생긴 괴롭지도 즐겁지도 않은 느낌 — 이를 일러 감각접촉을 조건으로 하여 [발생하는] 느낌이라 한다.

여기서 무엇이 '느낌을 조건으로 하여 [발생하는] 존재'인가? 느낌을

에 청정한 믿음이 [들어가서] 문장이 완성되었다."(VbhA.211)

제외한 인식의 무더기, 심리현상들의 무더기, 알음알이의 무더기 — 이를 일러 느낌을 조건으로 하여 [발생하는] 존재라 한다.

… (§249) … 그래서 말하기를 '이와 같이 전체 괴로움의 무더기[苦蘊]가 일어난다.'라고 하였다.

308. ⓑ 그때에 [업]형성을 조건으로 하고 [업]형성이 그 원인인 알음알이[識]가, 알음알이를 조건으로 하고 알음알이가 그 원인인 정신[名]이, 정신을 조건으로 하고 정신이 그 원인인 여섯 번째 감각장소가, 여섯 번째 감각장소를 조건으로 하고 여섯 번째 감각장소가 그 원인인 감각접촉[觸]이, 감각접촉을 조건으로 하고 감각접촉이 그 원인인 느낌[受]이, 느낌을 조건으로 하여 존재가, 존재를 조건으로 하여 태어남[生]이, 태어남을 조건으로 하여 늙음·죽음[老死]이 [발생한다.] 이와 같이 전체 괴로움의 무더기[苦蘊]가 일어난다.

309. ⓒ 그때에 [업]형성을 조건으로 하여 [업]형성과 결합된 알음알이[識]가, 알음알이를 조건으로 하여 알음알이와 결합된 정신[名]이, 정신을 조건으로 하여 정신과 결합된 여섯 번째 감각장소가, 여섯 번째 감각장소를 조건으로 하여 여섯 번째 감각장소와 결합된 감각접촉[觸]이, 감각접촉을 조건으로 하여 감각접촉과 결합된 느낌[受]이, 느낌을 조건으로 하여 존재가, 존재를 조건으로 하여 태어남[生]이, 태어남을 조건으로 하여 늙음·죽음[老死]이 [발생한다.] 이와 같이 전체 괴로움의 무더기[苦蘊]가 일어난다.

310. ⓓ 그때에 [업]형성을 조건으로 하여 알음알이[識]가, 알음알이를 조건으로 하여서도 [업]형성이, 알음알이를 조건으로 하여 정신[名]이, 정신을 조건으로 하여서도 [175] 알음알이가, 정신을 조건으로 하여 여섯 번째 감각장소가, 여섯 번째 감각장소를 조건으로 하여서도

정신이, 여섯 번째 감각장소를 조건으로 하여 감각접촉[觸]이, 감각접촉을 조건으로 하여서도 여섯 번째 감각장소가, 감각접촉을 조건으로 하여 느낌[受]이, 느낌을 조건으로 하여서도 감각접촉이, 느낌을 조건으로 하여 존재[有]가, 존재를 조건으로 하여 태어남[生]이, 태어남을 조건으로 하여 늙음·죽음[老死]이 [발생한다.] 이와 같이 전체 괴로움의 무더기[苦蘊]가 일어난다.

311. 무엇이 '결정할 수 없는[無記] 법들'인가?

욕계의 유익한 업을 지었고 쌓았기 때문에, ② 소리를 대상으로 하여 평온이 함께하는 과보로 나타난 귀의 알음알이가 일어날 때 … ③ 냄새를 대상으로 하여 평온이 함께하는 과보로 나타난 코의 알음알이가 일어날 때 … ④ 맛을 대상으로 하여 평온이 함께하는 과보로 나타난 혀의 알음알이가 일어날 때 … ⑤ 감촉을 대상으로 하여 즐거움이 함께하는 과보로 나타난 몸의 알음알이가 일어날 때,(Dhs §443)

ⓐ 그때에 [업]형성을 조건으로 하여 알음알이[識]가, 알음알이를 조건으로 하여 정신[名]이, 정신을 조건으로 하여 여섯 번째 감각장소가, 여섯 번째 감각장소를 조건으로 하여 감각접촉[觸]이, 감각접촉을 조건으로 하여 느낌[受]이, 느낌을 조건으로 하여 존재가, 존재를 조건으로 하여 태어남[生]이, 태어남을 조건으로 하여 늙음·죽음[老死]이 [발생한다.] 이와 같이 전체 괴로움의 무더기[苦蘊]가 일어난다.

312. 여기서 무엇이 '[업]형성[行]'인가? 의도, 의도함, 의도된 상태 — 이를 일러 [업]형성이라 한다. … (§307) … — 이를 일러 여섯 번째 감각장소를 조건으로 하여 [발생하는] 감각접촉이라 한다.

여기서 무엇이 '감각접촉을 조건으로 하여 [발생하는] 느낌[受]'인가? 육체적인 만족감, 육체적인 즐거움, 몸의 감각접촉에서 생긴 만족하고 즐겁게 느껴지는 것, 몸의 감각접촉에서 생긴 만족하고 즐거운 느낌 —

이를 일러 감각접촉을 조건으로 하여 [발생하는] 느낌이라 한다.

여기서 무엇이 '느낌을 조건으로 하여 [발생하는] 존재'인가? 느낌을 제외한 인식의 무더기, 심리현상들의 무더기, 알음알이의 무더기 — 이를 일러 느낌을 조건으로 하여 [발생하는] 존재라 한다.

… (§249 / §§308~310) … 그래서 말하기를 '이와 같이 전체 괴로움의 무더기[苦蘊]가 일어난다.'라고 하였다.

313. 무엇이 '결정할 수 없는[無記, avyākatā] 법들'인가?

욕계의 유익한 업을 지었고 쌓았기 때문에, 형색을 대상으로 하거나 소리를 대상으로 하거나 냄새를 대상으로 하거나 맛을 대상으로 하거나 감촉을 대상으로 하거나 그 어떤 것을 대상으로 하여 ⑥ 평온이 함께하는 과보로 나타난 마노의 요소[意界]가 일어날 때,(Dhs §455)

ⓐ 그때에 [업]형성을 조건으로 하여 [176] 알음알이[識]가, 알음알이를 조건으로 하여 정신[名]이, 정신을 조건으로 하여 여섯 번째 감각장소가, 여섯 번째 감각장소를 조건으로 하여 감각접촉[觸]이, 감각접촉을 조건으로 하여 느낌[受]이, 느낌을 조건으로 하여 결심[信解]이, 결심을 조건으로 하여 존재가, 존재를 조건으로 하여 태어남[生]이, 태어남을 조건으로 하여 늙음・죽음[老死]이 [발생한다.] 이와 같이 전체 괴로움의 무더기[苦蘊]가 일어난다.

314. 여기서 무엇이 '[업]형성[行]'인가? 의도, 의도함, 의도된 상태 — 이를 일러 [업]형성이라 한다.

여기서 무엇이 '[업]형성을 조건으로 하여 [발생하는] 알음알이'인가? 마음, 마노[意], 정신작용 … (§184) … 그것에 적합한 마노의 요소 — 이를 일러 [업]형성을 조건으로 하여 [발생하는] 알음알이라 한다. … (§307) … — 이를 일러 여섯 번째 감각장소를 조건으로 하여 [발생하는] 감각접촉이라 한다.

여기서 무엇이 '감각접촉을 조건으로 하여 [발생하는] 느낌[受]'인가? 정신적인 만족감도 불만족감도 아니고 정신의 감각접촉에서 생긴 괴롭지도 즐겁지도 않게 느껴지는 것, 정신의 감각접촉에서 생긴 괴롭지도 즐겁지도 않은 느낌 — 이를 일러 감각접촉을 조건으로 하여 [발생하는] 느낌이라 한다.

여기서 무엇이 '느낌을 조건으로 하여 [발생하는] 결심[信解]'인가? 마음의 결심, 확신, 그것에 확신을 가진 상태 — 이를 일러 느낌을 조건으로 하여 [발생하는] 결심이라 한다.

여기서 무엇이 '결심을 조건으로 하여 [발생하는] 존재'인가? 결심을 제외한 느낌의 무더기, 인식의 무더기, 심리현상들의 무더기, 알음알이의 무더기 — 이를 일러 결심을 조건으로 하여 [발생하는] 존재라 한다.

… (§249 / §§308~310) … 그래서 말하기를 '이와 같이 전체 괴로움의 무더기[苦蘊]가 일어난다.'라고 하였다.

315. 무엇이 '결정할 수 없는[無記] 법들'인가?

욕계의 유익한 업을 지었고 쌓았기 때문에, 형색을 대상으로 하거나 소리를 대상으로 하거나 냄새를 대상으로 하거나 맛을 대상으로 하거나 감촉을 대상으로 하거나 법을 대상으로 하거나 그 어떤 것을 대상으로 하여 ⑦ 기쁨이 함께하는 과보로 나타난 마노의 알음알이의 요소[意識界]가 일어날 때,(Dhs §469)

ⓐ 그때에 [업]형성을 조건으로 하여 알음알이[識]가, 알음알이를 조건으로 하여 정신[名]이, 정신을 조건으로 하여 여섯 번째 감각장소가, 여섯 번째 감각장소를 조건으로 하여 감각접촉[觸]이, 감각접촉을 조건으로 하여 느낌[受]이, 느낌을 조건으로 하여 결심[信解]이, 결심을 조건으로 하여 존재가, 존재를 조건으로 하여 태어남[生]이, 태어남을 조건으로 하여 늙음·죽음[老死]이 [발생한다.] 이와 같이 전체 괴로움의 무

더기[苦蘊]가 일어난다.

316. 여기서 무엇이 '[업]형성[行]'인가? 의도, 의도함, 의도된 상태 — 이를 일러 [업]형성이라 한다.

여기서 무엇이 '[업]형성을 조건으로 하여 [발생하는] 알음알이'인가? 마음, 마노[意], 정신작용 … (§184) … 그것에 적합한 마노의 알음알이의 요소 — 이를 일러 [업]형성을 조건으로 하여 [발생하는] 알음알이라 한다. … (§307) … — 이를 일러 여섯 번째 감각장소를 조건으로 하여 [발생하는] 감각접촉이라 한다.

여기서 무엇이 '감각접촉을 조건으로 하여 [발생하는] 느낌[受]'인가? 정신적인 만족감, 정신적인 즐거움, 정신의 감각접촉에서 생긴 만족하고 즐겁게 느껴지는 것, 정신의 감각접촉에서 생긴 만족하고 즐거운 느낌 — 이를 일러 감각접촉을 조건으로 하여 [발생하는] 느낌이라 한다.

여기서 무엇이 '느낌을 조건으로 하여 [발생하는] 결심[信解]'인가? 마음의 결심, 확신, 그것에 확신을 가진 상태 — 이를 일러 느낌을 조건으로 하여 [발생하는] 결심이라 한다.

여기서 무엇이 '결심을 조건으로 하여 [발생하는] 존재'인가? 결심을 제외한 느낌의 무더기, 인식의 무더기, 심리현상들의 무더기, 알음알이의 무더기 — 이를 일러 결심을 조건으로 하여 [발생하는] 존재라 한다.

… (§249 / §§308~310) … 그래서 말하기를 '이와 같이 전체 괴로움의 무더기[苦蘊]가 일어난다.'라고 하였다.

317. 무엇이 [177] '결정할 수 없는[無記] 법들'인가?

욕계의 유익한 업을 지었고 쌓았기 때문에, 형색을 대상으로 하거나 소리를 대상으로 하거나 냄새를 대상으로 하거나 맛을 대상으로 하거나 감촉을 대상으로 하거나 법을 대상으로 하거나 그 어떤 것을 대상으로 하여 ⑧ 평온이 함께하는 과보로 나타난 마노의 알음알이의 요소[意識

界]가 일어날 때,(Dhs §484)

ⓐ 그때에 [업]형성을 조건으로 하여 알음알이[識]가, 알음알이를 조건으로 하여 정신[名]이, 정신을 조건으로 하여 여섯 번째 감각장소가, 여섯 번째 감각장소를 조건으로 하여 감각접촉[觸]이, 감각접촉을 조건으로 하여 느낌[受]이, 느낌을 조건으로 하여 결심[信解]이, 결심을 조건으로 하여 존재가, 존재를 조건으로 하여 태어남[生]이, 태어남을 조건으로 하여 늙음 · 죽음[老死]이 [발생한다.] 이와 같이 전체 괴로움의 무더기[苦蘊]가 일어난다.

318. 여기서 무엇이 '[업]형성[行]'인가? 의도, 의도함, 의도된 상태 — 이를 일러 [업]형성이라 한다.

여기서 무엇이 '[업]형성을 조건으로 하여 [발생하는] 알음알이'인가? 마음, 마노[意], 정신작용 … (§184) … 그것에 적합한 마노의 알음알이의 요소 — 이를 일러 [업]형성을 조건으로 하여 [발생하는] 알음알이라 한다. … (§307) … — 이를 일러 여섯 번째 감각장소를 조건으로 하여 [발생하는] 감각접촉이라 한다.

여기서 무엇이 '감각접촉을 조건으로 하여 [발생하는] 느낌[受]'인가? 정신적인 만족감도 불만족감도 아니고 정신의 감각접촉에서 생긴 괴롭지도 즐겁지도 않게 느껴지는 것, 정신의 감각접촉에서 생긴 괴롭지도 즐겁지도 않은 느낌 — 이를 일러 감각접촉을 조건으로 하여 [발생하는] 느낌이라 한다.

여기서 무엇이 '느낌을 조건으로 하여 [발생하는] 결심[信解]'인가? 마음의 결심, 확신, 그것에 확신을 가진 상태 — 이를 일러 느낌을 조건으로 하여 [발생하는] 결심이라 한다.

여기서 무엇이 '결심을 조건으로 하여 [발생하는] 존재'인가? 결심을 제외한 느낌의 무더기, 인식의 무더기, 심리현상들의 무더기, 알음알이의 무더기 — 이를 일러 결심을 조건으로 하여 [발생하는] 존재라 한다.

… (§249 / §§308~310) … 그래서 말하기를 '이와 같이 전체 괴로움의 무더기[苦蘊]가 일어난다.'라고 하였다.

319. 무엇이 '결정할 수 없는[無記] 법들'인가?

욕계의 유익한 업을 지었고 쌓았기 때문에, 형색을 대상으로 하거나 … 법을 대상으로 하거나 그 어떤 것을 대상으로 하여

① 기쁨이 함께하고 지혜와 결합되고 [자극을 받지 않은] …

② 기쁨이 함께하고 지혜와 결합되고 자극을 받은 …

③ 기쁨이 함께하고 지혜와 결합되지 않고 [자극을 받지 않은] …

④ 기쁨이 함께하고 지혜와 결합되지 않고 자극을 받은 …

⑤ 평온이 함께하고 지혜와 결합되고 [자극을 받지 않은] …

⑥ 평온이 함께하고 지혜와 결합되고 자극을 받은 …

⑦ 평온이 함께하고 지혜와 결합되지 않고 [자극을 받지 않은] …

⑧ 평온이 함께하고 지혜와 결합되지 않고 자극을 받은 과보로 나타난 마노의 알음알이의 요소가 일어날 때,(Dhs§498)

ⓐ 그때에 [업]형성을 조건으로 하여 알음알이[識]가, 알음알이를 조건으로 하여 정신[名]이, 정신을 조건으로 하여 여섯 번째 감각장소가, 여섯 번째 감각장소를 조건으로 하여 감각접촉[觸]이, 감각접촉을 조건으로 하여 느낌[受]이, 느낌을 조건으로 하여 청정한 믿음[淸淨信]이,248) 청정한 믿음을 조건으로 하여 결심[信解]이, 결심을 조건으로 하여 존재가, 존재를 조건으로 하여 태어남[生]이, 태어남을 조건으로 하여 늙음·죽음[老死]이 [발생한다.] 이와 같이 전체 괴로움의 무더기[苦蘊]가 일어난다.

---

248) "원인을 가진 [마음]들에서는 '청정한 믿음'이 실제로 존재하기 때문에(pasādasabbhāvato) 갈애의 자리에(taṇhāṭṭhāne) 청정한 믿음이 [들어가서] 문장이 완성되었다."(VbhA.211)

320. 여기서 무엇이 '[업]형성[行]'인가? 의도, 의도함, 의도된 상태 — 이를 일러 [업]형성이라 한다.

여기서 무엇이 '[업]형성을 조건으로 하여 [발생하는] 알음알이'인가? 마음, 마노[意], 정신작용 … (§184) … 그것에 적합한 마노의 알음알이의 요소 — 이를 일러 [업]형성을 조건으로 하여 [발생하는] 알음알이라 한다. … (§307) … — 이를 일러 감각접촉을 조건으로 하여 [발생하는] 느낌이라 한다.

여기서 무엇이 '느낌을 조건으로 하여 [발생하는] 청정한 믿음[淸淨信]'인가? [178] 믿음, 믿는 것, 신뢰, 깨끗한 믿음 — 이를 일러 느낌을 조건으로 하여 [발생하는] 청정한 믿음이라 한다.

여기서 무엇이 '청정한 믿음을 조건으로 하여 [발생하는] 결심'인가? 마음의 결심, 확신, 그것에 확신을 가진 상태 — 이를 일러 청정한 믿음을 조건으로 하여 [발생하는] 결심이라 한다.

여기서 무엇이 '결심을 조건으로 하여 [발생하는] 존재'인가? 결심을 제외한 느낌의 무더기, 인식의 무더기, 심리현상들의 무더기, 알음알이의 무더기 — 이를 일러 결심을 조건으로 하여 [발생하는] 존재라 한다.

… (§249 / §§308~310) … 그래서 말하기를 '이와 같이 전체 괴로움의 무더기[苦蘊]가 일어난다.'라고 하였다.

321. 무엇이 '결정할 수 없는[無記] 법들'인가?

색계에 태어나는 도를 닦아서, 감각적 쾌락들을 완전히 떨쳐버리고 … (§205) … 땅의 까시나를 가진 초선을 구족하여 머물 때, 그때에 감각접촉이 있고 … (Dhs §1) … 산란하지 않음이 있다. — 이것이 유익한 법들이다.

이러한 색계의 유익한 업을 지었고 쌓았기 때문에, 감각적 쾌락들을 완전히 떨쳐버리고 … (§184) … 땅의 까시나를 가진, 과보로 나타난 초

선을 구족하여 머물 때,(Dhs §499)

ⓐ 그때에 [업]형성을 조건으로 하여 알음알이[識]가,[249] 알음알이를 조건으로 하여 정신[名]이, 정신을 조건으로 하여 여섯 번째 감각장소가, 여섯 번째 감각장소를 조건으로 하여 감각접촉[觸]이, 감각접촉을 조건으로 하여 느낌[受]이, 느낌을 조건으로 하여 청정한 믿음[淸淨信]이, 청정한 믿음을 조건으로 하여 결심[信解]이, 결심을 조건으로 하여 존재[有]가, [179] 존재를 조건으로 하여 태어남[生]이, 태어남을 조건으로 하여 늙음·죽음[老死]이 [발생한다.] 이와 같이 전체 괴로움의 무더기[苦蘊]가 일어난다.

322. 무엇이 '결정할 수 없는[無記] 법들'인가?

무색계에 태어나는 도를 닦아서, 무소유처를 완전히 초월하여 비상비비상처의 인식이 함께하였으며, 행복도 버리고 … (§205) … 제4선을 구족하여 머물 때, 그때에 감각접촉이 있고 … (Dhs §1) … 산란하지 않음이 있다. — 이것이 유익한 법들이다.

이러한 무색계의 유익한 업을 지었고 쌓았기 때문에, 무소유처를 완전히 초월하여 비상비비상처의 인식이 함께하였으며, 행복도 버리고 … (§205) … 과보로 나타난 제4선을 구족하여 머물 때,(Dhs §504)

ⓐ 그때에 [업]형성을 조건으로 하여 알음알이[識]가, 알음알이를 조건으로 하여 정신[名]이, 정신을 조건으로 하여 여섯 번째 감각장소가, 여섯 번째 감각장소를 조건으로 하여 감각접촉[觸]이, 감각접촉을 조건으로 하여 느낌[受]이, 느낌을 조건으로 하여 청정한 믿음[淸淨信]이, 청정한 믿음을 조건으로 하여 결심[信解]이, 결심을 조건으로 하여 존재[有]가, 존재를 조건으로 하여 태어남[生]이, 태어남을 조건으로 하여 늙

249) 여기서는 이 구문 앞에 나타나는 '유익함의 뿌리[善根]를 조건으로 하여 [업]형성[行]이'가 나타나지 않는다.

음 · 죽음[老死]이 [발생한다.] 이와 같이 전체 괴로움의 무더기[苦蘊]가 일어난다.

323. 무엇이 '결정할 수 없는[無記] 법들'인가?

사견에 빠짐을 버리고 첫 번째 경지[初地, 예류과]를 얻기 위하여, 출리로 인도하고 [윤회를] 감소시키는 출세간禪을 닦아서, 감각적 쾌락들을 완전히 떨쳐버리고 … (§205) … ① 도닦음도 어렵고 초월지도 느린 초선을 구족하여 머물 때, 그때에 감각접촉이 있고 … (Dhs §277) … 산란하지 않음이 있다. — 이것이 유익한 법들이다.

이러한 출세간의 유익한 禪을 지었고 수행하였기 때문에, 감각적 쾌락들을 완전히 떨쳐버리고 … (§205) … 도닦음도 어렵고 초월지도 느리며 과보로 나타난 초선을 구족하여 머물 때,

ⓐ 그때에 [업]형성을 조건으로 하여 알음알이[識]가, 알음알이를 조건으로 하여 정신[名]이, 정신을 조건으로 하여 여섯 번째 감각장소가, 여섯 번째 감각장소를 조건으로 하여 감각접촉[觸]이, 감각접촉을 조건으로 하여 느낌[受]이, 느낌을 조건으로 하여 청정한 믿음[淸淨信]이, 청정한 믿음을 조건으로 하여 결심[信解]이, 결심을 조건으로 하여 존재[有]가, 존재를 조건으로 하여 [180] 태어남[生]이, 태어남을 조건으로 하여 늙음 · 죽음[老死]이 [발생한다.] 이와 같이 전체 괴로움의 무더기[苦蘊]가 일어난다.

324. 무엇이 '결정할 수 없는[無記] 법들'인가?

해로운 업을 지었고 쌓았기 때문에, ① 형색을 대상으로 하여 평온이 함께하는 과보로 나타난 눈의 알음알이가 일어날 때 … ② 소리를 대상으로 하여 평온이 함께하는 과보로 나타난 귀의 알음알이가 일어날 때 … ③ 냄새를 대상으로 하여 평온이 함께하는 과보로 나타난 코의 알음알이가 일어날 때 … ④ 맛을 대상으로 하여 평온이 함께하는 과보로

나타난 혀의 알음알이가 일어날 때 … ⑤ 감촉을 대상으로 하여 괴로움이 함께하는 과보로 나타난 몸의 알음알이가 일어날 때,(Dhs §556)

ⓐ 그때에 [업]형성을 조건으로 하여 알음알이[識]가, 알음알이를 조건으로 하여 정신[名]이, 정신을 조건으로 하여 여섯 번째 감각장소가, 여섯 번째 감각장소를 조건으로 하여 감각접촉[觸]이, 감각접촉을 조건으로 하여 느낌[受]이, 느낌을 조건으로 하여 존재가, 존재를 조건으로 하여 태어남[生]이, 태어남을 조건으로 하여 늙음·죽음[老死]이 [발생한다.] 이와 같이 전체 괴로움의 무더기[苦蘊]가 일어난다.

325. 여기서 무엇이 '[업]형성[行]'인가? 의도, 의도함, 의도된 상태 — 이를 일러 [업]형성이라 한다.

여기서 무엇이 '[업]형성을 조건으로 하여 [발생하는] 알음알이'인가? 마음, 마노[意], 정신작용 … (§184) … 그것에 적합한 마노의 알음알이의 요소 — 이를 일러 [업]형성을 조건으로 하여 [발생하는] 알음알이라 한다. … (§307) … — 이를 일러 여섯 번째 감각장소를 조건으로 하여 [발생하는] 감각접촉이라 한다.

여기서 무엇이 '감각접촉을 조건으로 하여 [발생하는] 느낌'인가? 육체적인 불만족감, 육체적인 괴로움, 몸의 감각접촉에서 생긴 만족하지 못하고 괴롭게 느껴지는 것, 몸의 감각접촉에서 생긴 만족하지 못하고 괴로운 느낌 — 이를 일러 감각접촉을 조건으로 하여 [발생하는] 느낌이라 한다.

여기서 무엇이 '느낌을 조건으로 하여 [발생하는] 존재'인가? 느낌을 제외한, 인식의 무더기, 심리현상들의 무더기, 알음알이의 무더기 — 이를 일러 느낌을 조건으로 하여 [발생하는] 존재라 한다.

… (§249 / §§308~310) … 그래서 말하기를 '이와 같이 전체 괴로움의 무더기[苦蘊]가 일어난다.'라고 하였다.

326. 무엇이 '결정할 수 없는[無記] 법들'인가? [181]

해로운 업을 지었고 쌓았기 때문에, 형색을 대상으로 하거나 소리를 대상으로 하거나 냄새를 대상으로 하거나 맛을 대상으로 하거나 감촉을 대상으로 하거나 그 어떤 것을 대상으로 하여 ⑥ 평온이 함께하는 과보로 나타난 마노의 요소가 일어날 때,(Dhs §562)

ⓐ 그때에 [업]형성을 조건으로 하여 알음알이[識]가, 알음알이를 조건으로 하여 정신[名]이, 정신을 조건으로 하여 여섯 번째 감각장소가, 여섯 번째 감각장소를 조건으로 하여 감각접촉[觸]이, 감각접촉을 조건으로 하여 느낌[受]이, 느낌을 조건으로 하여 결심[信解]이, 결심을 조건으로 하여 존재가, 존재를 조건으로 하여 태어남[生]이, 태어남을 조건으로 하여 늙음·죽음[老死]이 [발생한다.] 이와 같이 전체 괴로움의 무더기[苦蘊]가 일어난다.(§313과 대비됨)

327. 여기서 무엇이 '[업]형성[行]'인가? 의도, 의도함, 의도된 상태 — 이를 일러 [업]형성이라 한다.

여기서 무엇이 '[업]형성을 조건으로 하여 [발생하는] 알음알이'인가? 마음, 마노[意], 정신작용 … (§184) … 그것에 적합한 마노의 요소 — 이를 일러 [업]형성을 조건으로 하여 [발생하는] 알음알이라 한다. … (§307) … — 이를 일러 여섯 번째 감각장소를 조건으로 하여 [발생하는] 감각접촉이라 한다.

여기서 무엇이 '감각접촉을 조건으로 하여 [발생하는] 느낌'인가? 정신적인 만족감도 불만족감도 아니고 정신의 감각접촉에서 생긴 괴롭지도 즐겁지도 않게 느껴지는 것, 정신의 감각접촉에서 생긴 괴롭지도 즐겁지도 않은 느낌 — 이를 일러 감각접촉을 조건으로 하여 [발생하는] 느낌이라 한다.

여기서 무엇이 '느낌을 조건으로 하여 [발생하는] 결심'인가? 마음의 결심, 확신, 그것에 확신을 가진 상태 — 이를 일러 느낌을 조건으로 하여 [발생하는] 결심이라 한다.

여기서 무엇이 '결심을 조건으로 하여 [발생하는] 존재'인가? 결심을 제외한 느낌의 무더기, 인식의 무더기, 심리현상들의 무더기, 알음알이의 무더기 — 이를 일러 결심을 조건으로 하여 [발생하는] 존재라 한다.

… (§249 / §§308~310) … 그래서 말하기를 '이와 같이 전체 괴로움의 무더기[苦蘊]가 일어난다.'라고 하였다.

328. 무엇이 '결정할 수 없는[無記] 법들'인가?

해로운 업을 지었고 쌓았기 때문에, 형색을 대상으로 하거나 … 법을 대상으로 하거나 그 어떤 것을 대상으로 하여 ⑦ 평온이 함께하는 과보로 나타난 마노의 알음알이의 요소가 일어날 때,(Dhs §564)

ⓐ 그때에 [업]형성을 조건으로 하여 알음알이[識]가, 알음알이를 조건으로 하여 정신[名]이, 정신을 조건으로 하여 여섯 번째 감각장소가, 여섯 번째 감각장소를 조건으로 하여 감각접촉[觸]이, 감각접촉을 조건으로 하여 느낌[受]이, 느낌을 조건으로 하여 결심[信解]이, 결심을 조건으로 하여 존재가, 존재를 조건으로 하여 태어남[生]이, 태어남을 조건으로 하여 늙음 · 죽음[老死]이 [발생한다.] 이와 같이 전체 괴로움의 무더기[苦蘊]가 일어난다.

329. 여기서 무엇이 '[업]형성[行]'인가? 의도, 의도함, 의도된 상태 — 이를 일러 [업]형성이라 한다.

여기서 무엇이 '[업]형성을 조건으로 하여 [발생하는] 알음알이'인가? 마음, 마노[意], 정신작용 … (§184) … 그것에 적합한 마노의 알음알이의 요소 — 이를 일러 [업]형성을 조건으로 하여 [발생하는] 알음알이라 한다. … (§249 / §§308~310) … 그래서 말하기를 '이와 같이 전체 괴로움의 무더기[苦蘊]가 일어난다.'라고 하였다.[250]

② 작용만 하는 마음

330. 무엇이 [182] '결정할 수 없는[無記] 법들'인가?

형색을 대상으로 하거나 … 감촉을 대상으로 하거나 그 어떤 것을 대상으로 하여 유익한 것도 아니고 해로운 것도 아니고 업의 과보로 나타난 것도 아닌 평온이 함께하는 작용만 하는 마노의 요소가 일어날 때,(Dhs §566 = 오문전향의 마음) …

형색을 대상으로 하거나 … 법을 대상으로 하거나 그 어떤 것을 대상으로 하여 유익한 것도 아니고 해로운 것도 아니고 업의 과보로 나타난 것도 아닌 기쁨이 함께하는 작용만 하는 마노의 알음알이의 요소가 일어날 때, (Dhs §568 = 미소짓는 마음) …

---

250) "이와 같이 여기서 유익한 [과보나] 해로운 과보로 나타난 눈의 알음알이 등에서는 [업]형성, 알음알이, 정신, 여섯 번째 감각장소, 감각접촉, 느낌에 뿌리박은 각각 여섯 가지를, 나머지 원인 없는 [마음]들에서는 결심에 뿌리박은 것(adhimokkhamūlaka)과 더불어 각각 일곱 가지를, 원인을 가진 [마음]들에서는 청정한 믿음에 뿌리박은 것(pasādamūlaka)과 더불어 각각 여덟 가지 방법을 알아야 한다.
여기서 눈의 알음알이 등에서도 네 가지 네 개 조의 첫 번째 부문만이(ādivārova) 설해졌다. 두 번째 부문은 조건의 특별함의 뜻에 의해서(paccayavisesaṭṭhena) 적용이 되지만 설해지지 않았다. 세 번째와 네 번째 부문은 존재하지 않기 때문에(asambhavatoyeva) [설해지지 않았다.] 이 [둘]은 물질과 혼합된 것(rūpamissakā)인데 눈의 알음알이 등은 물질을 생기게 하지 않기 때문이다. 그리고 첫 번째 네 개 조에 두 가지 부문이 적용되는 것처럼 나머지 네 개 조에도 그러하다. 그러므로 첫 번째 네 개 조에서 두 번째 부문과 나머지 네 개 조에서 두 개씩 두 개씩의 부문이 설해지지 않았지만 설해진 것으로(avuttāpi vuttāva hontīti) 알아야 한다.
나머지 원인 없는 결정할 수 없는[無記] [마음]에서는(sesāhetukābyākate) 모든 부문이 네 개 조에 모두 적용된다. 그러나 여기서는 끊어졌기 때문에(pacchinnattā) 더 이상 취하지 않았다. [다섯 가지 알음알이의 흐름에서] 흐름에 들어간 것(sotapatitāva)으로 가르침을 베푸신 것으로 알아야 한다. 무색계 과보의 [마음]들(arūpāvacaravipākā)을 제외한 나머지 원인을 가진 과보의 [마음]들에서도 이 방법이 적용된다. 무색계 과보의 [마음]들에서는 두 가지 부문만이 적용되기 때문이다."(VbhA.211)

형색을 대상으로 하거나 … 법을 대상으로 하거나 그 어떤 것을 대상으로 하여, 유익한 것도 아니고 해로운 것도 아니고 업의 과보로 나타난 것도 아닌 평온이 함께하는 작용만 하는 마노의 알음알이의 요소가 일어날 때,(Dhs §574 = 의문전향의 마음)

ⓐ 그때에 [업]형성을 조건으로 하여 알음알이[識]가, 알음알이를 조건으로 하여 정신[名]이, 정신을 조건으로 하여 여섯 번째 감각장소가, 여섯 번째 감각장소를 조건으로 하여 감각접촉[觸]이, 감각접촉을 조건으로 하여 느낌[受]이, 느낌을 조건으로 하여 결심[信解]이, 결심을 조건으로 하여 존재가, 존재를 조건으로 하여 태어남[生]이, 태어남을 조건으로 하여 늙음·죽음[老死]이 [발생한다.] 이와 같이 전체 괴로움의 무더기[苦蘊]가 일어난다.

331. 무엇이 '결정할 수 없는[無記] 법들'인가?

형색을 대상으로 하거나 … 법을 대상으로 하거나 그 어떤 것을 대상으로 하여, 유익한 것도 아니고 해로운 것도 아니고 업의 과보로 나타난 것도 아닌 작용만 하는,

① 기쁨이 함께하고 지혜와 결합되고 [자극을 받지 않은] …

② 기쁨이 함께하고 지혜와 결합되고 자극을 받은 …

③ 기쁨이 함께하고 지혜와 결합되지 않고 [자극을 받지 않은] …

④ 기쁨이 함께하고 지혜와 결합되지 않고 자극을 받은 …

⑤ 평온이 함께하고 지혜와 결합되고 [자극을 받지 않은] …

⑥ 평온이 함께하고 지혜와 결합되고 자극을 받은 …

⑦ 평온이 함께하고 지혜와 결합되지 않고 [자극을 받지 않은] …

⑧ 평온이 함께하고 지혜와 결합되지 않고 자극을 받은 마노의 알음알이의 요소가 일어날 때,(Dhs §576)

ⓐ 그때에 [업]형성을 조건으로 하여 알음알이[識]가, 알음알이를 조

건으로 하여 정신[名]이, 정신을 조건으로 하여 여섯 번째 감각장소가, 여섯 번째 감각장소를 조건으로 하여 감각접촉[觸]이, 감각접촉을 조건으로 하여 느낌[受]이, 느낌을 조건으로 하여 청정한 믿음[淸淨信]이, 청정한 믿음을 조건으로 하여 결심[信解]이, 결심을 조건으로 하여 존재가, 존재를 조건으로 하여 [183] 태어남[生]이, 태어남을 조건으로 하여 늙음·죽음[老死]이 [발생한다.] 이와 같이 전체 괴로움의 무더기[苦蘊]가 일어난다.(§319와 대비가 됨)

332. 무엇이 '결정할 수 없는[無記] 법들'인가?

유익한 것도 아니고 해로운 것도 아니고 업의 과보로 나타난 것도 아닌 작용만 하는 것으로 지금·여기에서 행복하게 머묾인 색계의 禪을 닦아서, 감각적 쾌락들을 완전히 떨쳐버리고 … (§205) … 땅의 까시나를 가진 초선을 구족하여 머물 때,(Dhs §577)

ⓐ 그때에 [업]형성을 조건으로 하여 알음알이[識]가, 알음알이를 조건으로 하여 정신[名]이, 정신을 조건으로 하여 여섯 번째 감각장소가, 여섯 번째 감각장소를 조건으로 하여 감각접촉[觸]이, 감각접촉을 조건으로 하여 느낌[受]이, 느낌을 조건으로 하여 청정한 믿음[淸淨信]이, 청정한 믿음을 조건으로 하여 결심[信解]이, 결심을 조건으로 하여 존재[有]가, 존재를 조건으로 하여 태어남[生]이, 태어남을 조건으로 하여 늙음·죽음[老死]이 [발생한다.] 이와 같이 전체 괴로움의 무더기[苦蘊]가 일어난다.

333. 무엇이 '결정할 수 없는[無記] 법들'인가?

유익한 것도 아니고 해로운 것도 아니고 업의 과보로 나타난 것도 아닌 작용만 하는 것으로 지금·여기에서 행복하게 머묾인 무색계禪을 닦아서, 무소유처를 완전히 초월하여 비상비비상처의 인식이 함께하였으며, 행복도 버리고 … (§205) … 제4선을 구족하여 머물 때,(Dhs §582)

ⓐ 그때에 [업]형성을 조건으로 하여 알음알이[識]가, [184] 알음알이를 조건으로 하여 정신[名]이, 정신을 조건으로 하여 여섯 번째 감각장소가, 여섯 번째 감각장소를 조건으로 하여 감각접촉[觸]이, 감각접촉을 조건으로 하여 느낌[受]이, 느낌을 조건으로 하여 청정한 믿음[淸淨信]이, 청정한 믿음을 조건으로 하여 결심[信解]이, 결심을 조건으로 하여 존재[有]가, 존재를 조건으로 하여 태어남[生]이, 태어남을 조건으로 하여 늙음·죽음[老死]이 [발생한다.] 이와 같이 전체 괴로움의 무더기[苦蘊]가 일어난다.

결정할 수 없는[無記] 마음에 대한 해설이 [끝났다.]

(5) 무명을 뿌리로 하는 유익한 마음에 대한 해설 (avijjā-mūlaka-kusala-niddesa)

334. 무엇이 '유익한 법들'인가?[251]

형색을 대상으로 하거나 … 법을 대상으로 하거나 그 어떤 것을 대상으로 하여 ① 기쁨이 함께하고 지혜와 결합되고 [자극을 받지 않은] 욕계의 유익한 마음이 일어날 때,(Dhs §1)

ⓐ 그때에 무명을 조건으로 하여 [업]형성[行]이, [업]형성을 조건으로 하여 알음알이[識]가, 알음알이를 조건으로 하여 정신[名]이, 정신을

251) "이제 또 다른 방법으로(aparena pariyāyena) 하나의 심찰나에 있는 조건의 형태(paccayākāra)를 보여주시기 위해서 다시 "무엇이 '유익한 법들'인가?"라는 등을 시작하셨다. 여기서 '무명을 조건으로 하여(avijjāpaccayā)'는 강하게 의지하는 조건[親依支緣, upanissayapaccaya]을 두고 말씀하셨다. 그래서 설명의 부문(§335)에서 "여기서 무엇이 무명인가(tattha katamā avijjā)?"라고 분석하시지 않고 "여기서 무엇이 '무명을 조건으로 하여 [발생하는] [업]형성'인가(tattha katamo avijjāpaccayā saṅkhāro)?"라고 분석하셨다. 유익한 의도라 불리는(kusalacetanāsaṅkhāta) [업]형성만이(saṅkhāroyeva) 그때에 마음과 함께 생긴 것(sahajāta)이지 무명이 아니기 때문이다."(VbhA.211~212)

조건으로 하여 여섯 번째 감각장소가, 여섯 번째 감각장소를 조건으로 하여 감각접촉[觸]이, 감각접촉을 조건으로 하여 느낌[受]이, 느낌을 조건으로 하여 청정한 믿음[淸淨信]이, 청정한 믿음을 조건으로 하여 결심[信解]이, 결심을 조건으로 하여 존재[有]가, 존재를 조건으로 하여 태어남[生]이, 태어남을 조건으로 하여 늙음·죽음[老死]이 [발생한다.] 이와 같이 전체 괴로움의 무더기[苦蘊]가 일어난다.

335. 여기서 무엇이 '무명을 조건으로 하여 [발생하는] [업]형성'인가? 의도, 의도함, 의도된 상태 — 이를 무명을 조건으로 하여 [발생하는] [업]형성이라 한다. … (§249) … — 이를 일러 여섯 번째 감각장소를 조건으로 하여 [발생하는] 감각접촉이라 한다.

여기서 무엇이 '감각접촉을 조건으로 하여 [발생하는] 느낌'인가? 정신적인 만족감, 정신적인 즐거움, 정신의 감각접촉에서 생긴 만족하고 즐겁게 느껴지는 것, 정신의 감각접촉에서 생긴 만족하고 즐거운 느낌 — 이를 일러 감각접촉을 조건으로 하여 [발생하는] 느낌이라 한다.

여기서 무엇이 '느낌을 조건으로 하여 [발생하는] 청정한 믿음[淸淨信]'인가? 믿음, 믿는 것, 신뢰, 깨끗한 믿음 — 이를 일러 느낌을 조건으로 하여 [발생하는] 청정한 믿음이라 한다.

여기서 무엇이 '청정한 믿음을 조건으로 하여 [발생하는] 결심'인가? 마음의 결심, 확신, 그것에 확신을 가진 상태 — 이를 일러 청정한 믿음을 조건으로 하여 [발생하는] 결심이라 한다.

여기서 무엇이 '결심을 조건으로 하여 [발생하는] 존재'인가? 결심을 제외한 느낌의 무더기, 인식의 무더기, 심리현상들의 무더기, 알음알이의 무더기 — 이를 일러 결심을 조건으로 하여 [발생하는] 존재라 한다.

… (§§249~279) … 그래서 말하기를 '이와 같이 전체 괴로움의 무더기[苦蘊]가 일어난다.'라고 하였다.

336. ⓑ 그때에 무명을 조건으로 하여 [업]형성[行]이, [업]형성을 조건으로 하여 알음알이[識]가, 알음알이를 조건으로 하여 정신[名]이, 정신을 조건으로 하여 감각접촉[觸]이, 감각접촉을 조건으로 하여 느낌[受]이, 느낌을 조건으로 하여 청정한 믿음[清淨信]이, 청정한 믿음을 조건으로 하여 결심[信解]이, 결심을 조건으로 하여 존재[有]가, 존재를 조건으로 하여 태어남[生]이, 태어남을 조건으로 하여 늙음・죽음[老死]이 [발생한다.] 이와 같이 전체 괴로움의 무더기[苦蘊]가 일어난다.

337. ⓒ 그때에 [185] 무명을 조건으로 하여 [업]형성[行]이, [업]형성을 조건으로 하여 알음알이[識]가, 알음알이를 조건으로 하여 정신・물질[名色]이, 정신・물질을 조건으로 하여 여섯 번째 감각장소가, 여섯 번째 감각장소를 조건으로 하여 감각접촉[觸]이, 감각접촉을 조건으로 하여 느낌[受]이, 느낌을 조건으로 하여 청정한 믿음[清淨信]이, 청정한 믿음을 조건으로 하여 결심[信解]이, 결심을 조건으로 하여 존재[有]가, 존재를 조건으로 하여 태어남[生]이, 태어남을 조건으로 하여 늙음・죽음[老死]이 [발생한다.] 이와 같이 전체 괴로움의 무더기[苦蘊]가 일어난다.

338. ⓓ 그때에 무명을 조건으로 하여 [업]형성[行]이, [업]형성을 조건으로 하여 알음알이[識]가, 알음알이를 조건으로 하여 정신・물질[名色]이, 정신・물질을 조건으로 하여 여섯 감각장소가, 여섯 감각장소를 조건으로 하여 감각접촉[觸]이,[252] 감각접촉을 조건으로 하여 느낌

252) 이것은 PTS본의 "nāmarūpapaccayā saḷāyatanaṁ, saḷāyatanapaccayā phasso"를 따라서 옮긴 것이다. 육차결집본에는 "nāmarūpapaccayā chaṭṭhāyatanaṁ, chaṭṭhāyatanapaccayā phasso", 즉 "정신・물질을 조건으로 하여 여섯 번째 감각장소가, 여섯 번째 감각장소를 조건으로 하여 감각접촉[觸]이"로 나타나는데 이렇게 되면 앞의 ⓒ와 같아져버리기 때문이다. 띳띨라 스님도 '*six bases*(여섯 감각장소)'로 영역하였다.(띳띨라 스님, 242쪽 참조)

[受]이, 느낌을 조건으로 하여 청정한 믿음[淸淨信]이, 청정한 믿음을 조건으로 하여 결심[信解]이, 결심을 조건으로 하여 존재[有]가, 존재를 조건으로 하여 태어남[生]이, 태어남을 조건으로 하여 늙음·죽음[老死]이 [발생한다.] 이와 같이 전체 괴로움의 무더기[苦蘊]가 일어난다.

339. 무엇이 '유익한 법들'인가?

형색을 대상으로 하거나 … 법을 대상으로 하거나 그 어떤 것을 대상으로 하여

② 기쁨이 함께하고 지혜와 결합되고 자극을 받은 …

③ 기쁨이 함께하고 지혜와 결합되지 않고 [자극을 받지 않은] …

④ 기쁨이 함께하고 지혜와 결합되지 않고 자극을 받은 …

⑤ 평온이 함께하고 지혜와 결합되고 [자극을 받지 않은] …

⑥ 평온이 함께하고 지혜와 결합되고 자극을 받은 …

⑦ 평온이 함께하고 지혜와 결합되지 않고 [자극을 받지 않은] …

⑧ 평온이 함께하고 지혜와 결합되지 않고 자극을 받은 욕계의 유익한 마음이 일어날 때,

ⓐ 그때에 무명을 조건으로 하여 [업]형성[行]이, [업]형성을 조건으로 하여 알음알이[識]가, 알음알이를 조건으로 하여 정신[名]이, 정신을 조건으로 하여 여섯 번째 감각장소가, 여섯 번째 감각장소를 조건으로 하여 감각접촉[觸]이, 감각접촉을 조건으로 하여 느낌[受]이, 느낌을 조건으로 하여 청정한 믿음[淸淨信]이, 청정한 믿음을 조건으로 하여 결심[信解]이, 결심을 조건으로 하여 존재[有]가, 존재를 조건으로 하여 태어남[生]이, 태어남을 조건으로 하여 늙음·죽음[老死]이 [발생한다.] 이와 같이 전체 괴로움의 무더기[苦蘊]가 일어난다.

340. 무엇이 '유익한 법들'인가?

색계에 태어나는 도를 닦아서, 감각적 쾌락들을 완전히 떨쳐버리고

[186] … (§205) … 땅의 까시나를 가진 초선을 구족하여 머물 때,(Dhs §160)

ⓐ 그때에 무명을 조건으로 하여 [업]형성[行]이, [업]형성을 조건으로 하여 알음알이[識]가, 알음알이를 조건으로 하여 정신[名]이, 정신을 조건으로 하여 여섯 번째 감각장소가, 여섯 번째 감각장소를 조건으로 하여 감각접촉[觸]이, 감각접촉을 조건으로 하여 느낌[受]이, 느낌을 조건으로 하여 청정한 믿음[淸淨信]이, 청정한 믿음을 조건으로 하여 결심[信解]이, 결심을 조건으로 하여 존재[有]가, 존재를 조건으로 하여 태어남[生]이, 태어남을 조건으로 하여 늙음·죽음[老死]이 [발생한다.] 이와 같이 전체 괴로움의 무더기[苦蘊]가 일어난다.

341. 무엇이 '유익한 법들'인가?

무색계에 태어나는 도를 닦아서, 무소유처를 완전히 초월하여 비상비비상처의 인식이 함께하였으며, 행복도 버리고 … (§205) … 제4선을 구족하여 머물 때,(Dhs §268)

ⓐ 그때에 무명을 조건으로 하여 [업]형성[行]이, [업]형성을 조건으로 하여 알음알이[識]가, 알음알이를 조건으로 하여 정신[名]이, 정신을 조건으로 하여 여섯 번째 감각장소가, 여섯 번째 감각장소를 조건으로 하여 감각접촉[觸]이, 감각접촉을 조건으로 하여 느낌[受]이, 느낌을 조건으로 하여 청정한 믿음[淸淨信]이, 청정한 믿음을 조건으로 하여 결심[信解]이, 결심을 조건으로 하여 존재[有]가, 존재를 조건으로 하여 태어남[生]이, 태어남을 조건으로 하여 늙음·죽음[老死]이 [발생한다.] 이와 같이 전체 괴로움의 무더기[苦蘊]가 일어난다.

342. 무엇이 '유익한 법들'인가?

사견에 빠짐을 버리고 첫 번째 경지[初地, 예류과]를 얻기 위하여, 출리로 인도하고 [윤회를] 감소시키는 출세간禪을 닦아서, 감각적 쾌락들을

완전히 떨쳐버리고 … (§205) … ① 도닦음도 어렵고 초월지도 느린 초선을 구족하여 머물 때,

ⓐ 그때에 무명을 조건으로 하여 [업]형성[行]이, [업]형성을 조건으로 하여 알음알이[識]가, 알음알이를 조건으로 하여 정신[名]이, 정신을 조건으로 하여 여섯 번째 감각장소가, 여섯 번째 감각장소를 조건으로 하여 감각접촉[觸]이, 감각접촉을 조건으로 하여 느낌[受]이, [187] 느낌을 조건으로 하여 청정한 믿음[淸淨信]이, 청정한 믿음을 조건으로 하여 결심[信解]이, 결심을 조건으로 하여 존재[有]가, 존재를 조건으로 하여 태어남[生]이, 태어남을 조건으로 하여 늙음·죽음[老死]이 [발생한다.] 이와 같이 전체 괴로움의 무더기[苦蘊]가 일어난다.253)

무명을 뿌리로 하는 유익한 마음에 대한 해설이 [끝났다.]

---

253) "여기서 세간적인 유익한 [마음](lokiyakusala)은 앞의 경에 따른 분석 방법에서 설한 방법대로 무명이 조건이 된다. 그런데 무명을 제거하지 못한 자는(appahīnāvijjo) 무명을 제거하기 위해서 출세간 [마음]을 닦는다(lokuttaraṁ bhāveti). 그러므로 [무명은] 넘어섬을 통해서(samatikkama-vasena) 그 [출세간 마음]에게도(tassāpi) 조건이 된다. 참으로 무명을 가진 자에게(avijjāvatoyeva) 유익함의 적집(kusalāyūhana)이 있으며 그렇지 않은 자를 위한 것이 아니기 때문이다.
여기서 삼계에 속하는 유익한 [마음]에서는(tebhūmakakusale) 미혹함(sammoha)을 통해서도 [유익함의] 적집(āyūhana)을 얻게 되고 넘어섬의 수행(samatikkamabhāvanā)을 통해서도 얻게 된다. 출세간의 [마음]에서는(lokuttare) 근절을 통한 수행(samucchedabhāvanā)을 통해서 얻게 된다. 나머지는 앞에서 설한 방법과 같다. 이것이 특별함이다. —
앞에서 각각의 유익한 [마음]에서는 네 가지의 네 개 조를 통해서 아홉 가지의 16개(16×9=144)가 적용되었지만 여기서는 그렇게 적용되지 않는다. 왜 그런가? 무명에게는 떠나가지 않은 조건[不離去緣, avigata-paccaya]과 결합된 조건[相應緣, sampayuttapaccaya]과 서로 지탱하는 조건[相互緣, aññamaññapaccaya]이 없기 때문이다. 그러나 여기서는 강하게 의지하는 조건[親依支緣, upanissayapaccaya]을 통해서 첫 번째 네 개 조만이 적용된다. 그것도 첫 번째 부문만을(paṭhama-vārameva) 보여주신 뒤에 생략하였다(saṁkhitta). 그러나 뜻을 밝혀서(nīharitvā) 보여주어야 한다."
(VbhA.212)

(6) 유익함을 뿌리로 하는 과보로 나타난 마음에 대한 해설
(kusala-mūlaka-vipāka-niddesa)

343. 무엇이 '결정할 수 없는[無記] 법들'인가?[254]

욕계의 유익한 업을 지었고 쌓았기 때문에, ① 형색을 대상으로 하여 평온이 함께하는 과보로 나타난 눈의 알음알이가 일어날 때,(Dhs §431)

ⓐ 그때에 유익함의 뿌리를 조건으로 하여[255] [업]형성이, [업]형성을 조건으로 하여 알음알이[識]가, 알음알이를 조건으로 하여 정신[名]이, 정신을 조건으로 하여 여섯 번째 감각장소가, 여섯 번째 감각장소를 조건으로 하여 감각접촉[觸]이, 감각접촉을 조건으로 하여 느낌[受]이, 느낌을 조건으로 하여 존재가, 존재를 조건으로 하여 태어남[生]이, 태어남을 조건으로 하여 늙음 · 죽음[老死]이 [발생한다.] 이와 같이 전체 괴로움의 무더기[苦蘊]가 일어난다.

344. 여기서 무엇이 '유익함의 뿌리를 조건으로 하여 [발생하는] [업]형성[行]'인가? 의도, 의도함, 의도된 상태 — 이를 일러 유익함의

---

254) "이제 결정할 수 없는[無記] [마음]에서도(abyākatesupi) 역시 또 다른 방법으로 조건의 형태를 보여주시기 위해서 "무엇이 '결정할 수 없는[無記] 법들'인가?"라는 등을 시작하셨다."(VbhA.212)

255) "여기서 '유익함의 뿌리를 조건으로 하여(kusalamūlapaccayā)'라는 이것도 강하게 의지하는 조건[親依支緣, upanissayapaccaya]을 두고 설하셨다. 유익한 과보에게는 유익함의 뿌리가(kusalavipākassa hi kusalamūlaṁ), 해로운 과보에게는 해로움의 뿌리가 강하게 의지하는 조건이기 때문이다. 그러나 여러 심찰나에 존재하는(nānākkhaṇika) 업이라는 조건[業緣, kammapaccaya]에 대해서는 더 설명해야 할 것이 없다. 그러므로 이것은 강하게 의지하는 조건과 여러 심찰나의 업이라는 조건에 의해서 조건이 된다. 그래서 해설의 부문에서 "여기서 무엇이 '유익함의 뿌리'인가(tattha katamaṁ kusalamūlaṁ)?"라고 분석하지 않고 "여기서 무엇이 '유익함의 뿌리를 조건으로 하여 [발생하는] [업]형성[行]'인가(tattha katamo kusala-mūlapaccayā saṅkhāro)?"라고 분석하셨다. 해로운 과보로 나타난 [마음]에 대해서도 이 방법이 적용된다."(VbhA.212)

뿌리를 조건으로 하여 [발생하는] [업]형성이라 한다.

… (§307) … 그래서 말하기를 '이와 같이 전체 괴로움의 무더기[苦蘊]가 일어난다.'라고 하였다.

345. 무엇이 '결정할 수 없는[無記] 법들'인가?

욕계의 유익한 업을 지었고 쌓았기 때문에,

② 소리를 대상으로 하여 평온이 함께하는 과보로 나타난 귀의 알음알이가 일어날 때 …

③ 냄새를 대상으로 하여 평온이 함께하는 과보로 나타난 코의 알음알이가 일어날 때 …

④ 맛을 대상으로 하여 평온이 함께하는 과보로 나타난 혀의 알음알이가 일어날 때 …

⑤ 감촉을 대상으로 하여 즐거움이 함께하는 과보로 나타난 몸의 알음알이가 일어날 때,(Dhs §443) …

⑥ 형색을 대상으로 하거나 … 감촉을 대상으로 하거나 그 어떤 것을 대상으로 하여 평온이 함께하는 과보로 나타난 마노의 요소[意界]가 일어날 때,(Dhs §455 = 본서 §313) …

⑦ 형색을 대상으로 하거나 … 법을 대상으로 하거나 그 어떤 것을 대상으로 하여 기쁨이 함께하는 과보로 나타난 마노의 알음알이의 요소[意識界]가 일어날 때,(Dhs §469 = 본서 §315)

⑧ 형색을 대상으로 하거나 … 법을 대상으로 하거나 그 어떤 것을 대상으로 하여 평온이 함께하는 과보로 나타난 마노의 알음알이의 요소[意識界]가 일어날 때,(Dhs §484 = 본서 §317)

ⓐ 그때에 유익함의 뿌리를 조건으로 하여 [업]형성이, [업]형성을 조건으로 하여 알음알이[識]가, 알음알이를 조건으로 하여 정신[名]이, 정신을 조건으로 하여 여섯 번째 감각장소가, 여섯 번째 감각장소를 조건으로 하여 감각접촉[觸]이, 감각접촉을 조건으로 하여 느낌[受]이, [188]

느낌을 조건으로 하여 결심[信解]이, 결심을 조건으로 하여 존재[有]가, 존재를 조건으로 하여 태어남[生]이, 태어남을 조건으로 하여 늙음·죽음[老死]이 [발생한다.] 이와 같이 전체 괴로움의 무더기[苦蘊]가 일어난다.

346. 무엇이 '결정할 수 없는[無記] 법들'인가?

욕계의 유익한 업을 지었고 쌓았기 때문에, 형색을 대상으로 하거나 … 법을 대상으로 하거나 그 어떤 것을 대상으로 하여

① 기쁨이 함께하고 지혜와 결합되고 [자극을 받지 않은] …

② 기쁨이 함께하고 지혜와 결합되고 자극을 받은 …

③ 기쁨이 함께하고 지혜와 결합되지 않고 [자극을 받지 않은] …

④ 기쁨이 함께하고 지혜와 결합되지 않고 자극을 받은 …

⑤ 평온이 함께하고 지혜와 결합되고 [자극을 받지 않은] …

⑥ 평온이 함께하고 지혜와 결합되고 자극을 받은 …

⑦ 평온이 함께하고 지혜와 결합되지 않고 [자극을 받지 않은] …

⑧ 평온이 함께하고 지혜와 결합되지 않고 자극을 받은 과보로 나타난 마노의 알음알이의 요소가 일어날 때,(Dhs §498, *cf.* 본서 §334와 §339)

ⓐ 그때에 유익함의 뿌리를 조건으로 하여 [업]형성이, [업]형성을 조건으로 하여 알음알이[識]가, 알음알이를 조건으로 하여 정신[名]이, 정신을 조건으로 하여 여섯 번째 감각장소가, 여섯 번째 감각장소를 조건으로 하여 감각접촉[觸]이, 감각접촉을 조건으로 하여 느낌[受]이, 느낌을 조건으로 하여 청정한 믿음[淸淨信]이, 청정한 믿음을 조건으로 하여 결심[信解]이, 결심을 조건으로 하여 존재가, 존재를 조건으로 하여 태어남[生]이, 태어남을 조건으로 하여 늙음·죽음[老死]이 [발생한다.] 이와 같이 전체 괴로움의 무더기[苦蘊]가 일어난다.(§319.와 유사함)

347. 무엇이 '결정할 수 없는[無記] 법들'인가?

색계에 태어나는 도를 닦아서, 감각적 쾌락들을 완전히 떨쳐버리고

… (§205) … 땅의 까시나를 가진 초선을 구족하여 머물 때, 그때에 감각접촉이 있고 … (Dhs §1) … 산란하지 않음이 있다. — 이것이 유익한 법들이다.

이러한 색계의 유익한 업을 지었고 쌓았기 때문에, 감각적 쾌락들을 완전히 떨쳐버리고 … (§205) … 땅의 까시나를 가진, 과보로 나타난 초선을 구족하여 머물 때,(Dhs §499)

ⓐ 그때에 유익함의 뿌리를 조건으로 하여 [업]형성이, [업]형성을 조건으로 하여 알음알이[識]가, 알음알이를 조건으로 하여 정신[名]이, 정신을 조건으로 하여 여섯 번째 감각장소가, 여섯 번째 감각장소를 조건으로 하여 감각접촉[觸]이, 감각접촉을 조건으로 하여 느낌[受]이, 느낌을 조건으로 하여 청정한 믿음[淸淨信]이, 청정한 믿음을 조건으로 하여 결심[信解]이, 결심을 조건으로 하여 존재[有]가, 존재를 조건으로 하여 태어남[生]이, 태어남을 조건으로 하여 늙음・죽음[老死]이 [발생한다.] [189] 이와 같이 전체 괴로움의 무더기[苦蘊]가 일어난다.(*cf.* §321)

348. 무엇이 '결정할 수 없는[無記] 법들'인가?

무색계에 태어나는 도를 닦아서, 무소유처를 완전히 초월하여 비상비비상처의 인식이 함께하였으며, 행복도 버리고 … (§205) … 제4선을 구족하여 머물 때, 그때에 감각접촉이 있고 … (Dhs §1) … 산란하지 않음이 있다. — 이것이 유익한 법들이다.

이러한 무색계의 유익한 업을 지었고 쌓았기 때문에, 무소유처를 완전히 초월하여 비상비비상처의 인식이 함께하였으며, 행복도 버리고 괴로움도 버리고 … (§205) … 과보로 나타난 제4선을 구족하여 머물 때,(Dhs §504)

ⓐ 그때에 유익함의 뿌리를 조건으로 하여 [업]형성이, [업]형성을 조건으로 하여 알음알이[識]가, 알음알이를 조건으로 하여 정신[名]이, 정

신을 조건으로 하여 여섯 번째 감각장소가, 여섯 번째 감각장소를 조건으로 하여 감각접촉[觸]이, 감각접촉을 조건으로 하여 느낌[受]이, 느낌을 조건으로 하여 청정한 믿음[清淨信]이, 청정한 믿음을 조건으로 하여 결심[信解]이, 결심을 조건으로 하여 존재[有]가, 존재를 조건으로 하여 태어남[生]이, 태어남을 조건으로 하여 늙음·죽음[老死]이 [발생한다.] 이와 같이 전체 괴로움의 무더기[苦蘊]가 일어난다.

349. 무엇이 '결정할 수 없는[無記] 법들'인가?

사견에 빠짐을 버리고 첫 번째 경지[初地, 예류과]를 얻기 위하여, 출리로 인도하고 [윤회를] 감소시키는 출세간禪을 닦아서, 감각적 쾌락들을 완전히 떨쳐버리고 … (§205) … ① 도닦음도 어렵고 초월지도 느린 초선을 구족하여 머물 때, 그때에 감각접촉이 있고 … (Dhs §277) … 산란하지 않음이 있다. 이것이 유익한 법들이다.

이러한 출세간의 유익한 禪을 지었고 수행하였기 때문에, 감각적 쾌락들을 완전히 떨쳐버리고 … (§205) … 도닦음도 어렵고 초월지도 느리며 ㉠ 공하고[空性] 과보로 나타난 초선을 구족하여 머물 때,

ⓐ 그때에 유익함의 뿌리를 조건으로 하여 [업]형성이, [업]형성을 조건으로 하여 알음알이[識]가, 알음알이를 조건으로 하여 정신[名]이, 정신을 조건으로 하여 여섯 번째 감각장소가, 여섯 번째 감각장소를 조건으로 하여 감각접촉[觸]이, 감각접촉을 조건으로 하여 느낌[受]이, 느낌을 조건으로 하여 청정한 믿음[清淨信]이, 청정한 믿음을 조건으로 하여 결심[信解]이, 결심을 조건으로 하여 존재[有]가, 존재를 조건으로 하여 태어남[生]이, 태어남을 조건으로 하여 늙음·죽음[老死]이 [발생한다.] 이와 같이 전체 괴로움의 무더기[苦蘊]가 일어난다.

유익함을 뿌리로 하는 과보로 나타난 마음에 대한 해설이 [끝났다.]

(7) 해로움을 뿌리로 하는 과보로 나타난 마음에 대한 해설 (akusalamūlakavipāka-niddesa)

350. 무엇이 [190] '결정할 수 없는[無記] 법들'인가?

해로운 업을 지었고 쌓았기 때문에, ① 형색을 대상으로 하여 평온이 함께하는 과보로 나타난 눈의 알음알이가 일어날 때,(Dhs §556)

ⓐ 그때에 해로움의 뿌리를 조건으로 하여 [업]형성이, [업]형성을 조건으로 하여 알음알이[識]가, 알음알이를 조건으로 하여 정신[名]이, 정신을 조건으로 하여 여섯 번째 감각장소가, 여섯 번째 감각장소를 조건으로 하여 감각접촉[觸]이, 감각접촉을 조건으로 하여 느낌[受]이, 느낌을 조건으로 하여 존재가, 존재를 조건으로 하여 태어남[生]이, 태어남을 조건으로 하여 늙음·죽음[老死]이 [발생한다.] 이와 같이 전체 괴로움의 무더기[苦蘊]가 일어난다.(*cf.* 본서 §324)

351. 여기서 무엇이 '해로움의 뿌리를 조건으로 하여 [발생하는] [업]형성[行]'인가? 의도, 의도함, 의도된 상태 — 이를 일러 해로움의 뿌리를 조건으로 하여 [발생하는] [업]형성이라 한다.

… (§307) … 그래서 말하기를 '이와 같이 전체 괴로움의 무더기[苦蘊]가 일어난다.'라고 하였다.

352. 무엇이 '결정할 수 없는[無記] 법들'인가?

해로운 업을 지었고 쌓았기 때문에, ② 소리를 대상으로 하여 평온이 함께하는 과보로 나타난 귀의 알음알이가 일어날 때 … ③ 냄새를 대상으로 하여 평온이 함께하는 과보로 나타난 코의 알음알이가 일어날 때 … ④ 맛을 대상으로 하여 평온이 함께하는 과보로 나타난 혀의 알음알이가 일어날 때 … ⑤ 감촉을 대상으로 하여 괴로움이 함께하는 과보로 나타난 몸의 알음알이가 일어날 때 …(Dhs §556 *cf.* 본서 §311) ⑥ 형색을 대상으로 하거나 … 감촉을 대상으로 하거나 그 어떤 것을 대상으로 하여 평온이 함께하는 과보로 나타난 마노의 요소[意界]가 일어날 때(Dhs §562. *cf* 본서 §313)

ⓐ 그때에 해로움의 뿌리를 조건으로 하여 [업]형성이, [업]형성을 조건으로 하여 알음알이[識]가, 알음알이를 조건으로 하여 정신[名]이, 정신을 조건으로 하여 여섯 번째 감각장소가, 여섯 번째 감각장소를 조건으로 하여 감각접촉[觸]이, 감각접촉을 조건으로 하여 느낌[受]이, 느낌을 조건으로 하여 결심이, 결심을 조건으로 하여 존재가, 느낌을 조건으로 하여 존재가, 존재를 조건으로 하여 태어남[生]이, 태어남을 조건으로 하여 늙음·죽음[老死]이 [발생한다.] 이와 같이 전체 괴로움의 무더기[苦蘊]가 일어난다.(*cf* 본서 §324)

353. 무엇이 '결정할 수 없는[無記] 법들'인가?

해로운 업을 지었고 쌓았기 때문에, 형색을 대상으로 하거나 … 법을 대상으로 하거나 그 어떤 것을 대상으로 하여 ⑦ 평온이 함께하는 과보로 나타난 마노의 알음알이의 요소가 일어날 때,(Dhs §564, *cf* 본서 §317)

ⓐ 그때에 해로움의 뿌리를 조건으로 하여 [업]형성이, [업]형성을 조건으로 하여 알음알이[識]가, 알음알이를 조건으로 하여 정신[名]이, 정신을 조건으로 하여 여섯 번째 감각장소가, 여섯 번째 감각장소를 조건으로 하여 감각접촉[觸]이, 감각접촉을 조건으로 하여 느낌[受]이, 느낌을 조건으로 하여 결심[信解]이, 결심을 조건으로 하여 존재가, 존재를 조건으로 하여 태어남[生]이, [191] 태어남을 조건으로 하여 늙음·죽음[老死]이 [발생한다.] 이와 같이 전체 괴로움의 무더기[苦蘊]가 일어난다.(*cf* 본서 §326)

354. 여기서 무엇이 '해로움의 뿌리를 조건으로 하여 [발생하는] [업]형성[行]'인가? 의도, 의도함, 의도된 상태 — 이를 일러 [업]형성이

라 한다.

여기서 무엇이 '[업]형성을 조건으로 하여 [발생하는] 알음알이'인가? 마음, 마노[意], 정신작용 … (§184) … 그것에 적합한 마노의 알음알이의 요소 — 이를 일러 [업]형성을 조건으로 하여 [발생하는] 알음알이라 한다.

여기서 무엇이 '알음알이를 조건으로 하여 [발생하는] 정신'인가? 느낌의 무더기, 인식의 무더기, 심리현상들의 무더기 — 이를 일러 알음알이를 조건으로 하여 [발생하는] 정신이라 한다.

여기서 무엇이 '정신을 조건으로 하여 [발생하는] 여섯 번째 감각장소'인가? 마음, 마노[意], 정신작용 … (§184) … 그것에 적합한 마노의 알음알이의 요소 — 이를 일러 정신을 조건으로 하여 [발생하는] 여섯 번째 감각장소라 한다.

여기서 무엇이 '여섯 번째 감각장소를 조건으로 하여 [발생하는] 감각접촉'인가? 감각접촉, 접촉함, 맞닿음, 맞닿은 상태 — 이를 일러 여섯 번째 감각장소를 조건으로 하여 [발생하는] 감각접촉이라 한다.

여기서 무엇이 '감각접촉을 조건으로 하여 [발생하는] 느낌[受]'인가? 정신적인 만족감도 불만족감도 아니고 정신의 감각접촉에서 생긴 괴롭지도 즐겁지도 않게 느껴지는 것, 정신의 감각접촉에서 생긴 괴롭지도 즐겁지도 않은 느낌 — 이를 [192] 일러 감각접촉을 조건으로 하여 [발생하는] 느낌이라 한다.

여기서 무엇이 '느낌을 조건으로 하여 [발생하는] 결심'인가? 마음의 결심, 확신, 그것에 확신을 가진 상태 — 이를 일러 느낌을 조건으로 하여 [발생하는] 결심이라 한다.

여기서 무엇이 '결심을 조건으로 하여 [발생하는] 존재'인가? 결심을 제외한 느낌의 무더기, 인식의 무더기, 심리현상들의 무더기, 알음알이의 무더기 — 이를 일러 결심을 조건으로 하여 [발생하는] 존재라 한다.

여기서 무엇이 '존재를 조건으로 하여 [발생하는] 태어남'인가? 이런저런 법들의 태어남, 출생, 생김, 탄생, 나타남 — 이를 일러 존재를 조건으로 하여 [발생하는] 태어남이라 한다.

여기서 무엇이 '태어남을 조건으로 하여 [발생하는] 늙음・죽음'인가? 늙음이 있고 죽음이 있다.

여기서 무엇이 '늙음'인가? 이런저런 법들의 쇠퇴[老, 늙음], 노쇠함, 수명의 줄어듦 — 이를 일러 늙음이라 한다.

여기서 무엇이 '죽음[死]'인가? 이런저런 법들의 멸진, 사라짐, 부서짐, 무너짐, 무상함, 끝남 — 이를 일러 죽음이라 한다.

이처럼 이것이 늙음이고 이것이 죽음이다. — 이를 일러 태어남을 조건으로 하여 [발생하는] 늙음・죽음이라 한다.

'이와 같이 전체 괴로움의 무더기[苦蘊]가 일어난다.'라는 것은 이와 같이 전체 괴로움의 무더기가 모인다, 함께한다, 합류한다, 드러난다는 것이다. 그래서 말하기를 '이와 같이 전체 괴로움의 무더기[苦蘊]가 일어난다.'라고 하였다.

해로움을 뿌리로 하는 과보로 나타난 마음에 대한 해설이 [끝났다.][256)]

---

256) "그리고 무명을 뿌리로 하는 유익한 마음에 대한 해설(§§334~342)에서처럼 이 과보로 나타난 마음에 대한 해설(§§343~354)에서도 첫 번째인 조건의 네 개 조(paccaya-catukka)만이 적용된다. 그것도 첫 번째 부문(paṭhama-vāra)을 보여주신 뒤에 생략하였다(saṁkhitta). 그러므로 각각의 과보로 나타난 마음(vipākacitta)에 하나씩의 네 개 조를 통해서 유익함의 뿌리를 뿌리(원인)로 가진 방법과 해로움의 뿌리를 뿌리(원인)로 가진(hetu-paccayaṭṭheneva kusalamūlaṁ mūlaṁ etesanti kusalamūlamūlakāti, YamA.56) 방법에 관한 구문의 구별을 알아야 한다.
그러나 작용만 하는 법들(kiriyādhammā)에게는 무명도 의지하는 조건[親依支緣, upanissayapaccaya]을 얻지 못하고 유익함이나 해로움의 뿌리들도 그러하다. 그래서 작용만 하는 [마음]을 통해서 조건의 형태는 설해지지 않았다."(VbhA.212)

아비담마에 따른 분석 방법이 [끝났다.][257]

연기에 대한 분석이 [끝났다.][258]

---

257) "해롭거나 유익하거나 결정할 수 없는 법들에 대해서
여러 가지 구분을 말씀하신 뒤
뛰어난 말씀을 하시는 [세존]에 의해서
다시 유익함과 해로움의 과보로 나타난 것에 대해서
강하게 의지하는 [조건](upanissaya)을 통해서
조건의 형태들은 하나의 방법으로만 설해졌나니
법들의 조건의 차이(dhammappaccayabheda)에 대한
지혜의 구분을 만들기 위해서이다.
교학과 배움과 사유와 실천의 순서(pariyatti-savana-cintana-paṭipatti-kkama)가 결여된 자들에게
이러한 지혜의 구분(ñāṇapabheda)은 어디에도 존재하지 않기 때문에
지혜로운 자는 항상 교학과 배움과 사유와 실천의 순서에 따라
여기서 행해야 하나니
이 외에 더 행해야 할 다른 것은 없기 때문이다."(VbhA.213)

258) 이렇게 하여 아비담마에 따른 분석 방법이 끝났다. 그리고 연기 위방가에는 [아비담마 마띠까를 통한] 질문의 제기가 나타나지 않는다. 이 아비담마의 분류 방법 자체가 『담마상가니』 의 마음의 일어남 편을 거의 모두 가져와서 설명하고 있기 때문에 『담마상가니』 마띠까를 본서에 적용시키는 [아비담마 마띠까를 통한] 질문의 제기는 없는 것으로 이해하면 되겠다.

제7장

마음챙김의 확립[念處] 위방가

마음챙김의 확립에 대한 분석

Satipaṭṭhāna-vibhaṅga

I. 경에 따른 분석 방법

Suttanta-bhājanīya

355. 네 가지 [193] 마음챙김의 확립[四念處]은 [다음과 같다.]

여기 비구는 안으로 몸에서 몸을 관찰하며[身隨觀] 머문다. 밖으로 몸에서 몸을 관찰하며 머문다. 안팎으로 몸에서 몸을 관찰하며 머문다.259) 세상에 대한 욕심과 싫어하는 마음을 버리면서 근면하게, 분명하게 알아차리고 마음챙기면서 머문다.

안으로 느낌들에서 느낌을 관찰하며[受隨觀] 머문다. 밖으로 느낌들에서 느낌을 관찰하며 머문다. 안팎으로 느낌들에서 느낌을 관찰하며

---

259) 이 세 문장은 idha bhikkhu ajjhattaṁ kāye kāyānupassī viharati bahiddhā kāye kāyānupassī viharati ajjhattabahiddhā kāye kāyānu-passī viharati를 옮긴 것이다.
우리에게 잘 알려진 『디가 니까야』 제2권 「대념처경」(D22)과 『맛지마 니까야』 제1권 「염처경」(M10)에서는 "이와 같이 안으로 몸에서 몸을 관찰하며[身隨觀] 머문다. 혹은 밖으로 몸에서 몸을 관찰하며 머문다. 혹은 안팎으로 몸에서 몸을 관찰하며 머문다.(iti ajjhattaṁ vā kāye kāyānupassī viharati, bahiddhā vā kāye kāyānupassī viharati, ajjhattabahiddhā vā kāye kāyānupassī viharati) …"(D22 §2 등)로 설하셨는데 '혹은(vā)'이 나타나고 있는 것이 다르다.

머문다. 세상에 대한 욕심과 싫어하는 마음을 버리면서 근면하게, 분명하게 알아차리고 마음챙기면서 머문다.

안으로 마음에서 마음을 관찰하며[心隨觀] 머문다. 밖으로 마음에서 마음을 관찰하며 머문다. 안팎으로 마음에서 마음을 관찰하며 머문다. 세상에 대한 욕심과 싫어하는 마음을 버리면서 근면하게, 분명하게 알아차리고 마음챙기면서 머문다.

안으로 법들에서 법을 관찰하며[法隨觀] 머문다. 밖으로 법들에서 법을 관찰하며 머문다. 안팎으로 법들에서 법을 관찰하며 머문다. 세상에 대한 욕심과 싫어하는 마음을 버리면서 근면하게, 분명하게 알아차리고 마음챙기면서 머문다.

(1) 몸의 관찰[身隨觀]에 대한 해설(kāyānupassanā-niddesa)

356. 어떻게 비구는 안으로 몸에서 몸을 관찰하며 머무는가? 여기 비구는 발바닥에서부터 위로 그리고 머리털에서부터 아래로 살갗으로 둘러싸여 있는 몸이 여러 가지 부정(不淨)한 것으로 가득 차 있음을 반조한다. 즉 '이 몸에는 머리털 · 몸털 · 손발톱 · 이빨 · 살갗 · 살 · 힘줄 · 뼈 · 골수 · 콩팥 · 심장 · 간 · 근막 · 비장 · 허파 · 창자 · 장간막 · 위 속의 음식 · 똥 · 담즙 · 가래 · 고름 · 피 · 땀 · [피하]지방 · 눈물 · 피지 · 침 · 콧물 · 관절활액 · 오줌이 있다.'라고.[260)]

그는 그 표상을 반복하고, 닦고, 많이 [공부]짓고, 확고하게 한다.[261)]

---

260) 『디가 니까야』 제2권 「대념처경」(D22)과 『맛지마 니까야』 제1권 「염처경」(M10)과 제4권 「몸에 대한 마음챙김 경」(M118) 등에 의하면 몸에 대한 마음챙김의 대상 혹은 명상주제는 ① 들숨날숨 ② 네 가지 자세 ③ 네 가지 분명하게 알아차림 ④ 몸의 32가지 부위에 대한 혐오(32가지 몸의 형태) ⑤ 사대를 분석함 ⑥~⑭ 아홉 가지 공동묘지의 관찰의 14가지로 정리되어 나타난다. 본서에서는 이 가운데 네 번째에 해당하는 몸의 32가지 부위에 대한 혐오만을 몸에 대한 마음챙김의 주제로 들고 있다.

그는 그 표상을 반복하고, 닦고, 많이 [공부]짓고, 확고하게 한 뒤 밖으로 [남의] 몸에 대해서 마음을 기울인다.

어떻게 [194] 비구는 밖으로 몸에서 몸을 관찰하며 머무는가? 여기 비구는 밖으로 발바닥에서부터 위로 그리고 머리털에서부터 아래로 몸은 살갗으로 둘러싸여있고 여러 가지 부정(不淨)한 것으로 가득 차 있음을 반조한다. 즉 '그 [중생]의 몸에는[262] 머리털 · 몸털 · 손발톱 · 이빨 · 살갗 · 살 · 힘줄 · 뼈 · 골수 · 콩팥 · 심장 · 간 · 근막 · 비장 · 허파 · 창자 · 장간막 · 위 속의 음식 · 똥 · 담즙 · 가래 · 고름 · 피 · 땀 · [피하]지방 · 눈물 · 피지 · 침 · 콧물 · 관절활액 · 오줌이 있다.'[263]라고

261) '확고하게 한다.'는 suvāvatthitaṁ vavatthapeti를 옮긴 것이다. 주석서에서 '확고하게 만든다(suvavatthitaṁ karoti).'(VbhA.260)로 설명하고 있어서 이렇게 옮겼다.

262) '그 [중생]의 몸에는 … 있다.'는 atthissa kāye를 옮긴 것이다. 주석서는 'atthi assa kāye'(VbhA.260)로 설명하고 있다. 복주서는 "이것은 중생을 통해서 머리털 등을 취한 것(sattavasena kesādīsu gayhamānesu)"(VbhAMṬ.155)으로 설명하고 있어서 [ ] 안에 '중생'을 넣어서 옮겼다.

263) 여기에 나타나고 있는 몸의 부위는 32가지가 아니라 31가지이다. 여기뿐만 아니라 『디가 니까야』 제2권 「대념처경」(D22), 『맛지마 니까야』 제1권 「염처경」(M10), 제4권 「몸에 대한 마음챙김 경」(M119 §7), 『앙굿따라 니까야』 제4권 「우다이 경」(A6:29), 『상윳따 니까야』 제4권 「바라드와자 경」(S35:127), 제6권 「분석 경」(S51:20) 등의 4부 니까야에는 32가지 부위가 아니고 '뇌(matthaluṅga)'가 빠진 31가지로 나타난다. 그러나 『쿳다까 니까야』의 『쿳다까빠타』(Khp.2)에서는 똥과 담즙 사이에 뇌가 포함된 32가지로 나타난다. 『무애해도』(Ps.i.7; i.137)에서도 똥 다음에 뇌가 언급되고 있다.

『청정도론』은 "이와 같이 뇌를 골수(aṭṭhimiñja)에 포함시켜 혐오를 마음에 잡도리함으로 32가지 명상주제를 설하셨다."(Vis.VIII.44)라고 하여 경에서 언급한 골수 안에 뇌가 포함된 것으로 해석하고 있다. 이렇게 하여 『청정도론』은 뇌를 한 항목으로 따로 분리해서 모두 32가지 부위를 설정하고 이를 상세하게 설명하고 있고 다른 주석서들에서도 32가지 부위로 정착이 되었다.(VbhA.225 등) 뇌에 대한 설명은 『청정도론』 VIII.126과 XI.68을 참조하기 바란다.

그는 그 표상을 반복하고, 닦고, 많이 [공부]짓고, 확고하게 한다. 그는 그 표상을 반복하고, 닦고, 많이 [공부]짓고, 확고하게 한 뒤 안팎으로 몸에 대해서 마음을 기울인다.

어떻게 비구는 안팎으로 몸에서 몸을 관찰하며 머무는가? 여기 비구는 안팎으로 발바닥에서부터 위로 그리고 머리털에서부터 아래로 이 몸은 살갗으로 둘러싸여있고 여러 가지 부정(不淨)한 것으로 가득 차 있음을 반조한다. 즉 '이 몸에는 머리털 · 몸털 · 손발톱 · 이빨 · 살갗 · 살 · 힘줄 · 뼈 · 골수 · 콩팥 · 심장 · 간 · 근막 · 비장 · 허파 · 창자 · 장간막 · 위 속의 음식 · 똥 · 담즙 · 가래 · 고름 · 피 · 땀 · [피하]지방 · 눈물 · 피지 · 침 · 콧물 · 관절활액 · 오줌이 있다.'라고. 이와 같이 비구는 안팎으로 몸에서 몸을 관찰하며 머문다. 세상에 대한 욕심과 싫어하는 마음을 버리면서 근면하게, 분명하게 알아차리고 마음챙기면서 머문다.

357. '관찰하며[隨觀, anupassī]'라고 하였다. 여기서 무엇이 '관찰(anupassanā)'인가? 통찰지, 통찰함 … (§525) … 어리석음 없음, 법의 간택, 바른 견해 — 이를 일러 관찰이라 한다. 이런 관찰을 얻었다, 잘 얻었다, 증득했다, 잘 증득했다, 갖추었다, 잘 갖추었다, 구족했다. 그래서 말하기를 관찰하며라고 하였다.

358. '머문다(viharati)'라고 하였다. 처한다, 되어간다, 지속한다, 영위한다, 살아간다, 움직인다, 머문다이다. 그래서 말하기를 머문다고 하였다.

359. '근면하게(ātāpi)'라고 하였다. 여기서 무엇이 '근면함(ātāpa)'인가? 정신적인 정진을 시작함 … (§220) … 바른 정진 — 이를 일러 근면함이라 한다. 이런 근면함을 얻었다, 잘 얻었다, 증득했다, 잘 증득했

다, 갖추었다, 잘 갖추었다, 구족했다. 그래서 말하기를 근면하게라고 하였다.[264)]

360. '분명하게 알아차리고(sampajāna)'라고 하였다. 여기서 무엇이 '분명하게 알아차림(sampajañña)'인가? 통찰지, 통찰함 … (§525) … 어리석음 없음, 법의 간택, 바른 견해 — 이를 일러 분명하게 알아차림이라 한다. 이런 분명하게 알아차림을 얻었다, 잘 얻었다, 증득했다, 잘 증득했다, 갖추었다, [195] 잘 갖추었다, 구족했다. 그래서 말하기를 분명하게 알아차리고라고 하였다.

361. '마음챙기면서(satimā)'라고 하였다. 여기서 무엇이 '마음챙김' 인가? 마음챙김, 계속해서 마음챙김[隨念] … (§220) … 바른 마음챙김[正念] — 이를 일러 마음챙김이라 한다. 이런 마음챙김을 얻었다, 잘 얻었다, 증득했다, 잘 증득했다, 갖추었다, 잘 갖추었다, 구족했다. 그래서 말하기를 마음챙기면서라고 하였다.

362. '세상에 대한 욕심과 싫어하는 마음을 버리면서(vineyya loke abhijjhādomanassaṁ)'라고 하였다.

여기서 무엇이 '세상(loka)'인가? 바로 이 몸(kāya)이 세상이다. 취착의 [대상인] 다섯 가지 무더기[五取蘊]도 또한 세상이다. — 이를 일러 세상이라 한다.

여기서 무엇이 '욕심(abhijjhā)'인가? 갈망, 탐닉 … (§249) … 마음의 탐닉 — 이를 일러 욕심이라 한다.

---

264) 여기서 '근면하게'로 옮긴 ātāpī는 ā+√tap(*to heat*)에서 파생된 형용사이다. 그래서 한자 열심(熱心)히가 여기에 어울리는 번역어이다. 초기불전연구원에서는 마음챙김의 확립의 이 문맥에서는 '근면하게'로 옮기고 appamatto ātāpī(방일하지 않고 열심히, D8 §24, M7 §22, S22:35 §3, A3:128 §3 등) 등의 문맥에서는 '열심히'로 옮겼다.

여기서 무엇이 '싫어하는 마음(domanassa)'인가? 정신적인 불만족감, 정신적인 괴로움, 정신의 감각접촉에서 생긴 만족하지 못하고 괴롭게 느껴지는 것, 정신의 감각접촉에서 생긴 만족하지 못하고 괴로운 느낌 — 이를 일러 싫어하는 마음이라 한다.

이와 같이 이런 욕심과 이런 싫어하는 마음을 이 세상에서 길들인다, 잘 길들인다, 잔잔하게 한다, 고요하게 한다, 가라앉힌다, 사라지게 한다, 철저히 사라지게 한다, 없어지게 한다, 철저히 없어지게 한다, 마르게 한다, 깡마르게 한다, 끝을 낸다. 그래서 말하기를 세상에 대한 욕심과 싫어하는 마음을 버리면서라고 하였다.

몸의 관찰[身隨觀]에 대한 해설이 [끝났다.]

(2) 느낌의 관찰[受隨觀]에 대한 해설(vedanānupassanā-niddesa)

363. 그리고 어떻게 비구는 안으로 느낌들에서 느낌을 관찰하며[受隨觀] 머무는가? 여기 비구는 즐거운 느낌을 느끼면서 '즐거운 느낌을 느낀다.'라고 꿰뚫어 안다. 괴로운 느낌을 느끼면서 '괴로운 느낌을 느낀다.'라고 꿰뚫어 안다. 괴롭지도 즐겁지도 않은 느낌을 느끼면서 '괴롭지도 즐겁지도 않은 느낌을 느낀다.'라고 꿰뚫어 안다.

세속적인(sāmisaṁ) 즐거운 느낌을 느끼면서 '세속적인 즐거운 느낌을 느낀다.'라고 꿰뚫어 안다. 세속적이지 않은[265] 즐거운 느낌을 느끼면서 '세속적이지 않은 즐거운 느낌을 느낀다.'라고 꿰뚫어 안다. 세속적인 괴로운 느낌을 느끼면서 '세속적인 괴로운 느낌을 느낀다.'라고 꿰뚫어 안다. 세속적이지 않은 괴로운 느낌을 느끼면서 '세속적이지 않은

265) "'세속적이지 않은(nirāmisā)'이란 것은 출가 생활에 바탕을 둔 것을 말한다."(DA.iii.775)
이전의 번역본에서 '비세속적인'으로 옮긴 것을 본서에서는 모두 '세속적이지 않은'으로 옮겼다.

괴로운 느낌을 느낀다.'라고 꿰뚫어 안다. 세속적인 괴롭지도 즐겁지도 않은 느낌을 느끼면서 '세속적인 괴롭지도 즐겁지도 않은 느낌을 느낀다.'라고 꿰뚫어 안다. 세속적이지 않은 괴롭지도 즐겁지도 않은 느낌을 느끼면서 '세속적이지 않은 괴롭지도 즐겁지도 않은 느낌을 느낀다.'라고 [196] 꿰뚫어 안다.

그는 그 표상을 반복하고, 닦고, 많이 [공부]짓고, 확고하게 한다. 그는 그 표상을 반복하고, 닦고, 많이 [공부]짓고, 확고하게 한 뒤 밖으로 [남의] 느낌들에 대해서266) 마음을 기울인다.

그리고 어떻게 비구는 밖으로 느낌들에서 느낌을 관찰하며 머무는가? 여기 비구는 즐거운 느낌을 느끼는 자에 대해서 '그는 즐거운 느낌을 느낀다.'라고 꿰뚫어 안다. 괴로운 느낌을 느끼는 자에 대해서 '그는 괴로운 느낌을 느낀다.'라고 꿰뚫어 안다. 괴롭지도 즐겁지도 않은 느낌을 느끼는 자에 대해서 '그는 괴롭지도 즐겁지도 않은 느낌을 느낀다.' 라고 꿰뚫어 안다.

세속적인 즐거운 느낌을 느끼는 자에 대해서 '그는 세속적인 즐거운 느낌을 느낀다.'라고 꿰뚫어 안다. 세속적이지 않은 즐거운 느낌을 느끼는 자에 대해서 '그는 세속적이지 않은 즐거운 느낌을 느낀다.'라고 꿰뚫어 안다. 세속적인 괴로운 느낌을 느끼는 자에 대해서 '그는 세속적인 괴로운 느낌을 느낀다.'라고 꿰뚫어 안다. 세속적이지 않은 괴로운 느낌을 느끼는 자에 대해서 '그는 세속적이지 않은 괴로운 느낌을 느낀다.' 라고 꿰뚫어 안다. 세속적인 괴롭지도 즐겁지도 않은 느낌을 느끼는 자에 대해서 '그는 세속적인 괴롭지도 즐겁지도 않은 느낌을 느낀다.'라고 꿰뚫어 안다. 세속적이지 않은 괴롭지도 즐겁지도 않은 느낌을 느끼는 자에 대해서 '그는 세속적이지 않은 괴롭지도 즐겁지도 않은 느낌을 느

266) "'밖으로 [남의] 느낌들에 대해서(bahiddhā vedanāsu)'라는 것은 다른 사람(parapuggala)의 느낌에서이다."(VbhA.268)

낀다.'라고 꿰뚫어 안다.

그는 그 표상을 반복하고, 닦고, 많이 [공부]짓고, 확고하게 한다. 그는 그 표상을 반복하고, 닦고, 많이 [공부]짓고, 확고하게 한 뒤 안팎으로 느낌들에 대해서 마음을 기울인다.267)

그리고 어떻게 비구는 안팎으로 느낌들에서 느낌을 관찰하며 머무는가? 여기 비구는 즐거운 느낌을 '즐거운 느낌'이라고 꿰뚫어 안다. 괴로운 느낌을 '괴로운 느낌'이라고 꿰뚫어 안다. 괴롭지도 즐겁지도 않은 느낌을 '괴롭지도 즐겁지도 않은 느낌'이라고 꿰뚫어 안다.

세속적인 즐거운 느낌을 '세속적인 즐거운 느낌'이라고 꿰뚫어 안다. 세속적이지 않은 즐거운 느낌을 '세속적이지 않은 즐거운 느낌'이라고 꿰뚫어 안다. 세속적인 괴로운 느낌을 '세속적인 괴로운 느낌'이라고 꿰뚫어 안다. 세속적이지 않은 괴로운 느낌을 '세속적이지 않은 괴로운 느낌'이라고 꿰뚫어 안다. 세속적인 괴롭지도 즐겁지도 않은 느낌을 '세속적인 괴롭지도 즐겁지도 않은 느낌'이라고 꿰뚫어 안다. 세속적이지 않은 괴롭지도 즐겁지도 않은 느낌을 '세속적이지 않은 괴롭지도 즐겁지도 않은 느낌'이라고 꿰뚫어 안다.

이와 같이 비구는 안팎으로 느낌들에서 느낌을 관찰하며 머문다. 세상에 대한 욕심과 싫어하는 마음을 버리면서 근면하게, 분명하게 알아차리고 마음챙기면서 머문다.

364. '관찰[隨觀]하며'라고 하였다. … '머문다'라고 하였다. … '근면하게'라고 하였다. … '분명하게 알아차리고'라고 하였다. … [197] '마음챙기면서'라고 하였다. … '세상에 대한 욕심과 싫어하는 마음을 버리면서'라고 하였다.

---

267) "'안팎으로(ajjhattabahiddhā)'라는 것은 때로는 자신의(ajjhattabahiddhā) 느낌에서 때로는 남의(parassa) 느낌에 대해서 마음을 기울이는 것이다." (VbhA.268)

여기서 무엇이 '세상(loka)'인가? 바로 이 느낌이 세상이다. 취착의 [대상인] 다섯 가지 무더기[五取蘊]도 또한 세상이다. — 이를 일러 세상이라 한다.

여기서 무엇이 '욕심(abhijjhā)'인가? 갈망, 탐닉 … (§249) … 마음의 탐닉 — 이를 일러 욕심이라 한다.

여기서 무엇이 '싫어하는 마음(domanassa)'인가? 정신적인 불만족감, 정신적인 괴로움, 정신의 감각접촉에서 생긴 만족하지 못하고 괴롭게 느껴지는 것, 정신의 감각접촉에서 생긴 만족하지 못하고 괴로운 느낌 — 이를 일러 싫어하는 마음이라 한다.

이와 같이 이런 욕심과 이런 싫어하는 마음을 이 세상에서 길들인다, 잘 길들인다, 잔잔하게 한다, 고요하게 한다, 가라앉힌다, 사라지게 한다, 철저히 사라지게 한다, 없어지게 한다, 철저히 없어지게 한다, 마르게 한다, 깡마르게 한다, 끝을 낸다. 그래서 말하기를 세상에 대한 욕심과 싫어하는 마음을 버리면서라고 하였다.

느낌의 관찰[受隨觀]에 대한 해설이 [끝났다.]

(3) 마음의 관찰[心隨觀]에 대한 해설(cittānupassanā-niddesa)

365. 어떻게 비구는 안으로 마음에서 마음을 관찰하며[心隨觀] 머무는가? 여기 비구는 ① 갈망이 있는 마음에 대해서 '나의 마음은 갈망이 있다.'라고 꿰뚫어 안다.[268] 갈망을 여읜 마음에 대해서 '나의 마음은

268) "여기 비구는 갈망이 있는 마음에 대해서 '나의 마음은 갈망이 있다.'라고 꿰뚫어 안다."는 idha bhikkhu sarāgaṁ vā cittaṁ 'sarāgaṁ me citta'nti pajānāti.를 직역한 것이다. 그런데 니까야의 M10 §34; D2 §91 등에는 idha bhikkhu sarāgaṁ vā cittaṁ 'sarāgaṁ citta'nti pajānāti.로 me가 없이 나타난다. 그리고 아래의 "여기 비구는 갈망이 있는 그의 마음에 대해서 '그의 마음은 갈망이 있다.'라고 꿰뚫어 안다."는 idha bhikkhu sarāgaṁ vāssa cittaṁ "sarāgamassa citta"nti pajānāti를 직역한 것이다.

갈망이 없다.'라고 꿰뚫어 안다. ② 성냄이 있는 마음에 대해서 '나의 마음은 성냄이 있다.'라고 [198] 꿰뚫어 안다. 성냄을 여읜 마음에 대해서 '나의 마음은 성냄이 없다.'라고 꿰뚫어 안다. ③ 어리석음이 있는 마음에 대해서 '나의 마음은 어리석음이 있다.'라고 꿰뚫어 안다. 어리석음을 여읜 마음에 대해서 '나의 마음은 어리석음이 없다.'라고 꿰뚫어 안다. ④ 위축된 마음에 대해서 '나의 마음은 위축되었다.'라고 꿰뚫어 안다. 산란한 마음에 대해서 '나의 마음은 산란하다.'라고 꿰뚫어 안다.

⑤ 고귀한 마음에 대해서 '나의 마음은 고귀하다.'라고 꿰뚫어 안다. 고귀하지 않은 마음에 대해서 '나의 마음은 고귀하지 않다.'라고 꿰뚫어 안다. ⑥ [아직도] 위가 있는 마음에 대해서 '나의 마음은 [아직도] 위가 있다.'라고 꿰뚫어 안다. [더 이상] 위가 없는 마음[無上心]에 대해서 '나의 마음은 [더 이상] 위가 없다.'라고 꿰뚫어 안다. ⑦ 삼매에 든 마음에 대해서 '나의 마음은 삼매에 들었다.'라고 꿰뚫어 안다. 삼매에 들지 않은 마음에 대해서 '나의 마음은 삼매에 들지 않았다.'라고 꿰뚫어 안다. ⑧ 해탈한 마음에 대해서 '나의 마음은 해탈하였다.'라고 꿰뚫어 안다. 해탈하지 않은 마음에 대해서 '나의 마음은 해탈하지 않았다.'라고 꿰뚫어 안다.

그는 그 표상을 반복하고, 닦고, 많이 [공부]짓고, 확고하게 한다. 그는 그 표상을 반복하고, 닦고, 많이 [공부]짓고, 확고하게 한 뒤 밖으로 [남의] 마음에 대해서 마음을 기울인다.

어떻게 비구는 밖으로 마음에서 마음을 관찰하며 머무는가? 여기 비구는 ① 갈망이 있는 그의 마음에 대해서 '그의 마음은 갈망이 있다.'라고 꿰뚫어 안다. 갈망을 여읜 그의 마음에 대해서 '그의 마음은 갈망이 없다.'라고 꿰뚫어 안다. ② 성냄이 있는 그의 마음에 대해서 '그의 마음은 성냄이 있다.'라고 꿰뚫어 안다. 성냄을 여읜 그의 마음에 대해서 '그의 마음은 성냄이 없다.'라고 꿰뚫어 안다. ③ 어리석음이 있는 그의 마음에 대해서 '그의 마음은 어리석음이 있다.'라고 꿰뚫어 안다. 어리석음을 여읜 그의 마음에 대해서 '그의 마음은 어리석음이 없다.라고 꿰뚫어 안다. ④ 위축된 그의 마음에 대해서 '그의 마음은 위축되었다.'라고 꿰뚫어 안다. 산란한 그의 마음에 대해서 '그의 마음은 산란하다.'라고 꿰뚫어 안다.

⑤ 고귀한 그의 마음에 대해서 '그의 마음은 고귀하다.'라고 꿰뚫어 안다. 고귀하지 않은 그의 마음에 대해서 '그의 마음은 고귀하지 않다.'라고 꿰뚫어 안다. ⑥ [아직도] 위가 있는 그의 마음에 대해서 '그의 마음은 [아직도] 위가 있다.'라고 꿰뚫어 안다. [더 이상] 위가 없는 그의 마음에 대해서 '그의 마음은 [더 이상] 위가 없다.'라고 꿰뚫어 안다. ⑦ 삼매에 든 그의 마음에 대해서 '그의 마음은 삼매에 들었다.'라고 꿰뚫어 안다. 삼매에 들지 않은 그의 마음에 대해서 '그의 마음은 삼매에 들지 않았다.'라고 꿰뚫어 안다. ⑧ 해탈한 그의 마음에 대해서 '그의 마음은 해탈하였다.'라고 꿰뚫어 안다. 해탈하지 않은 그의 마음에 대해서 '그의 마음은 해탈하지 않았다.'라고 꿰뚫어 안다.

그는 그 표상을 반복하고, 닦고, 많이 [공부]짓고, 확고하게 한다. 그는 그 표상을 반복하고, 닦고, 많이 [공부]짓고, 확고하게 한 뒤 안팎으로 마음에 대해서 마음을 기울인다.

어떻게 비구는 안팎으로 마음에서 마음을 관찰하며 머무는가? 여기 비구는 ① 갈망이 있는 마음을 갈망이 있는 마음이라고 꿰뚫어 안다. 갈망을 여읜 마음을 갈망이 없는 마음이라고 꿰뚫어 안다. ② 성냄이 있는 마음을 성냄이 있는 마음이라고 꿰뚫어 안다. 성냄을 여읜 마음을 성냄이 없는 마음이라고 꿰뚫어 안다. ③ 어리석음이 있는 마음을 어리석음이 있는 마음이라고 꿰뚫어 안다. 어리석음을 여읜 마음을 어리석음이 없는 마음이라고 꿰뚫어 안다. ④ 위축된 마음을 위축된 마음이라고 꿰뚫어 안다. 산란한 마음을 산란한 마음이라고 꿰뚫어 안다.

⑤ 고귀한 마음을 고귀한 마음이라고 꿰뚫어 안다. 고귀하지 않은 마음을 고귀하지 않은 마음이라고 꿰뚫어 안다. ⑥ [아직도] 위가 있는 마음을 [아직도] 위가 있는 마음이라고 꿰뚫어 안다. [더 이상] 위가 없는 마음[無上心]을 [더 이상] 위가 없는 마음이라고 꿰뚫어 안다. ⑦ 삼매에 든 마음을 삼매에 든 마음이라고 꿰뚫어 안다. 삼매에 들지 않은 마음을 삼매에 들지 않은 마음이라고 꿰뚫어 안다. ⑧ 해탈한 마음을 해탈한 마음이라고 꿰뚫어 안다. 해탈하지 않은 마음을 해탈하지 않은 마음이라고 꿰뚫어 안다.

이와 같이 비구는 안팎으로 마음에서 마음을 관찰하며 머문다. 세상에 대한 욕심과 싫어하는 마음을 버리면서 근면하게, 분명하게 알아차리고 마음챙기면서 머문다.

366. '관찰[隨觀]하며'라고 하였다. … '머문다'라고 하였다. … '근면하게'라고 하였다. … '분명하게 알아차리고'라고 하였다. … '마음챙기면서'라고 하였다. … '세상에 대한 욕심과 싫어하는 마음을 버리면서'라고 하였다.

여기서 무엇이 '세상'인가? 바로 이 마음이 세상이다. 취착의 [대상인] 다섯 가지 무더기[五取蘊]도 또한 세상이다. — 이를 일러 세상이라 한다.

여기서 무엇이 '욕심'인가? [199] 갈망, 탐닉 … (§249) … 마음의 탐닉 — 이를 일러 욕심이라 한다.

여기서 무엇이 '싫어하는 마음'인가? 정신적인 불만족감, 정신적인 괴로움, 정신의 감각접촉에서 생긴 만족하지 못하고 괴롭게 느껴지는 것, 정신의 감각접촉에서 생긴 만족하지 못하고 괴로운 느낌 — 이를 일러 싫어하는 마음이라 한다.

이와 같이 이런 욕심과 이런 싫어하는 마음을 이 세상에서 길들인다,

잘 길들인다, 잔잔하게 한다, 고요하게 한다, 가라앉힌다, 사라지게 한다, 철저히 사라지게 한다, 없어지게 한다, 철저히 없어지게 한다, 마르게 한다, 깡마르게 한다, 끝을 낸다. 그래서 말하기를 세상에 대한 욕심과 싫어하는 마음을 버리면서라고 하였다.

마음의 관찰[心隨觀]에 대한 해설이 [끝났다.]

(4) 법의 관찰[法隨觀]에 대한 해설(dhammānupassanā-niddesa)

367. 어떻게 비구가 안으로 법들에서 법을 관찰하며 머무는가? 여기 비구는 안으로 감각적 쾌락에 대한 욕구가 있을 때 '나에게 안으로 감각적 쾌락에 대한 욕구가 있다.'고 꿰뚫어 알고, 안으로 감각적 쾌락에 대한 욕구가 없을 때 '나에게 안으로 감각적 쾌락에 대한 욕구가 없다.'고 꿰뚫어 안다. 아직 일어나지 않은 감각적 쾌락에 대한 욕구가 일어나면 그대로 그것을 꿰뚫어 알고, 이미 일어난 감각적 쾌락에 대한 욕구를 버리면 그대로 그것을 꿰뚫어 알고, 버려진 감각적 쾌락에 대한 욕구가 앞으로 다시 일어나지 않으면 그대로 그것을 꿰뚫어 안다.(*cf.* §356)

안으로 악의가 … 안으로 해태와 혼침이 … 안으로 들뜸과 후회가 … 안으로 의심이 있을 때 '나에게 안으로 의심이 있다.'고 꿰뚫어 알고, 안으로 의심이 없을 때 '나에게 안으로 의심이 없다.'고 꿰뚫어 안다. 아직 일어나지 않은 의심이 일어나면 그대로 그것을 꿰뚫어 알고, 이미 일어난 의심을 버리면 그대로 그것을 꿰뚫어 알고, 버려진 의심이 앞으로 다시 일어나지 않으면 그대로 그것을 꿰뚫어 안다.

안으로 마음챙김의 깨달음의 구성요소[念覺支]가 있을 때 '나에게 안으로 마음챙김의 깨달음의 구성요소가 있다.'고 꿰뚫어 알고, 안으로 마음챙김의 깨달음의 구성요소가 없을 때 '나에게 안으로 마음챙김의 깨달음의 구성요소가 없다.'고 꿰뚫어 안다. 아직 일어나지 않은 마음챙김의 깨달음의 구성요소가 일어나면 그대로 그것을 꿰뚫어 알고, 이미 일어난 마음챙김의 깨달음의 구성요소가 닦아서 성취되면 그대로 그것을 꿰뚫어 안다.

안으로 법을 간택하는 깨달음의 구성요소[擇法覺支]가 있을 때 … 안으로 정진의 깨달음의 구성요소[精進覺支]가 있을 때 … 안으로 희열의 깨달음의 구성요소[喜覺支]가 [200] 있을 때 … 안으로 편안함의 깨달음의 구성요소[輕安覺支]가 있을 때 … 안으로 삼매의 깨달음의 구성요소[定覺支]가 있을 때 … 안으로 평온의 깨달음의 구성요소[捨覺支]가 있을 때 '나에게 안으로 평온의 깨달음의 구성요소가 있다.'고 꿰뚫어 알고, 안으로 평온의 깨달음의 구성요소가 없을 때 '나에게 안으로 평온의 깨달음의 구성요소가 없다.'고 꿰뚫어 안다. 아직 일어나지 않은 평온의 깨달음의 구성요소가 일어나면 그대로 그것을 꿰뚫어 알고, 이미 일어난 평온의 깨달음의 구성요소가 닦아서 성취되면 그대로 그것을 꿰뚫어 안다.269)

그는 그 표상을 반복하고, 닦고, 많이 [공부]짓고, 확고하게 한다. 그는 그 표상을 반복하고, 닦고, 많이 [공부]짓고, 확고하게 한 뒤 밖으로 [남의] 법들에 대해서 마음을 기울인다.

어떻게 비구가 밖으로 법들에서 법을 관찰하며 머무는가? 여기 비구는 그에게 감각적 쾌락에 대한 욕구가 있을 때 '그에게 감각적 쾌락에 대한 욕구가 있다.'고 꿰뚫어 알고, 감각적 쾌락에 대한 욕구가 없을 때 '그에게 감각적 쾌락에 대한 욕구가 없다.'고 꿰뚫어 안다. 아직 일어나

---

269) 「대념처경」(D22)과 「염처경」(M10) 등에 의하면 법에 대한 마음챙김의 대상 혹은 명상주제는 ① 다섯 가지 장애[五蓋] ② 다섯 가지 무더기[五蘊] ③ 여섯 가지 감각장소[六處] ④ 일곱 가지 깨달음의 구성요소[七覺支] ⑤ 네 가지 성스러운 진리[四聖諦]의 5가지로 정리되어 나타난다. 본서에서는 이 가운데 첫 번째와 네 번째에 해당하는 다섯 가지 장애[五蓋]와 일곱 가지 깨달음의 구성요소[七覺支]의 두 가지만을 법에 대한 마음챙김의 대상으로 들고 있다.

지 않은 감각적 쾌락에 대한 욕구가 일어나면 그대로 그것을 꿰뚫어 알고, 이미 일어난 감각적 쾌락에 대한 욕구를 버리면 그대로 그것을 꿰뚫어 알고, 버려진 감각적 쾌락에 대한 욕구가 앞으로 다시 일어나지 않으면 그대로 그것을 꿰뚫어 안다.

그에게 악의가 … 그에게 해태와 혼침이 … 그에게 들뜸과 후회가 … 그에게 의심이 있을 때 '그에게 의심이 있다.'고 꿰뚫어 알고, 그에게 의심이 없을 때 '그에게 의심이 없다.'고 꿰뚫어 안다. 아직 일어나지 않은 의심이 일어나면 그대로 그것을 꿰뚫어 알고, 이미 일어난 의심을 버리면 그대로 그것을 꿰뚫어 알고, 버려진 의심이 앞으로 다시 일어나지 않으면 그대로 그것을 꿰뚫어 안다.

그에게 마음챙김의 깨달음의 구성요소[念覺支]가 있을 때 '그에게 마음챙김의 깨달음의 구성요소가 있다.'고 꿰뚫어 알고, 그에게 마음챙김의 깨달음의 구성요소가 없을 때 '그에게 마음챙김의 깨달음의 구성요소가 없다.'고 꿰뚫어 안다. 아직 일어나지 않은 마음챙김의 깨달음의 구성요소가 일어나면 그대로 그것을 꿰뚫어 알고, 이미 일어난 마음챙김의 깨달음의 구성요소가 닦아서 성취되면 그대로 그것을 꿰뚫어 안다.

그에게 법을 간택하는 깨달음의 구성요소[擇法覺支]가 있을 때 … 그에게 정진의 깨달음의 구성요소[精進覺支]가 있을 때 … 그에게 희열의 깨달음의 구성요소[喜覺支]가 있을 때 … 그에게 편안함의 깨달음의 구성요소[輕安覺支]가 있을 때 … 그에게 삼매의 깨달음의 구성요소[定覺支]가 있을 때 … 그에게 평온의 깨달음의 구성요소[捨覺支]가 있을 때 '그에게 평온의 깨달음의 구성요소가 있다.'고 꿰뚫어 알고, 그에게 평온의 깨달음의 구성요소가 없을 때 [201] '그에게 평온의 깨달음의 구성요소가 없다.'고 꿰뚫어 안다. 아직 일어나지 않은 평온의 깨달음의 구성요소가 일어나면 그대로 그것을 꿰뚫어 알고, 이미 일어난 평온의 깨달음의 구성요소가 닦아서 성취되면 그대로 그것을 꿰뚫어 안다.

그는 그 표상을 반복하고, 닦고, 많이 [공부]짓고, 확고하게 한다. 그는 그 표상을 반복하고, 닦고, 많이 [공부]짓고, 확고하게 한 뒤 안팎으로 법들에 대해서 마음을 기울인다.

어떻게 비구가 안팎으로 법들에서 법을 관찰하며 머무는가? 여기 비구는 감각적 쾌락에 대한 욕구가 있을 때 '감각적 쾌락에 대한 욕구가 있다.'고 꿰뚫어 알고, 감각적 쾌락에 대한 욕구가 없을 때 '감각적 쾌락에 대한 욕구가 없다.'고 꿰뚫어 안다. 아직 일어나지 않은 감각적 쾌락에 대한 욕구가 일어나면 그대로 그것을 꿰뚫어 알고, 이미 일어난 감각적 쾌락에 대한 욕구를 버리면 그대로 그것을 꿰뚫어 알고, 버려진 감각적 쾌락에 대한 욕구가 앞으로 다시 일어나지 않으면 그대로 그것을 꿰뚫어 안다.

악의가 … 해태와 혼침이 … 들뜸과 후회가 … 의심이 있을 때 '의심이 있다.'고 꿰뚫어 알고, 의심이 없을 때 '의심이 없다.'고 꿰뚫어 안다. 아직 일어나지 않은 의심이 일어나면 그대로 그것을 꿰뚫어 알고, 이미 일어난 의심을 버리면 그대로 그것을 꿰뚫어 알고, 버려진 의심이 앞으로 다시 일어나지 않으면 그대로 그것을 꿰뚫어 안다.

마음챙김의 깨달음의 구성요소[念覺支]가 있을 때 '마음챙김의 깨달음의 구성요소가 있다.'고 꿰뚫어 알고, 마음챙김의 깨달음의 구성요소가 없을 때 '마음챙김의 깨달음의 구성요소가 없다.'고 꿰뚫어 안다. 아직 일어나지 않은 마음챙김의 깨달음의 구성요소가 일어나면 그대로 그것을 꿰뚫어 알고, 이미 일어난 마음챙김의 깨달음의 구성요소가 닦아서 성취되면 그대로 그것을 꿰뚫어 안다.

법을 간택하는 깨달음의 구성요소[擇法覺支]가 있을 때 … 정진의 깨달음의 구성요소[精進覺支]가 있을 때 … 희열의 깨달음의 구성요소[喜覺支]가 있을 때 … 편안함의 깨달음의 구성요소[輕安覺支]가 있을 때 … 삼매의 깨달음의 구성요소[定覺支]가 있을 때 … 평온의 깨달음의 구성요소[捨覺支]가 있을 때 '평온의 깨달음의 구성요소가 있다.'고 꿰뚫어 알고, 평온의 깨달음의 구성요소가 없을 때 '평온의 깨달음의 구성요소가 없다.'고 꿰뚫어 안다. 아직 일어나지 않은 평온의 깨달음의 구성요소가 일어나면 그대로 그것을 꿰뚫어 알고, 이미 일어난 평온의 깨달음의 구성요소가 닦아서 성취되면 그대로 그것을 꿰뚫어 안다.

이와 같이 비구는 안팎으로 법들에서 법을 관찰하며 머문다. 세상에 대한 욕심과 싫어하는 마음을 버리면서 근면하게, 분명하게 알아차리고 마음챙기면서 머문다.

368. '관찰[隨觀, anupassi]하며'라고 하였다. 여기서 무엇이 '관찰[隨觀]'인가? [202] 통찰지, 통찰함 … (§525) … 어리석음 없음, 법의 간택, 바른 견해 — 이를 일러 관찰이라 한다. 이런 관찰을 얻었다, 잘 얻었다, 증득했다, 잘 증득했다, 갖추었다, 잘 갖추었다, 구족했다. 그래서 말하기를 관찰하며라고 하였다.

369. '머문다.'라고 하였다. 처한다, 되어간다, 지속한다, 영위한다, 살아간다, 움직인다, 머문다이다. 그래서 말하기를 머문다고 하였다.

370. '근면하게(ātāpi)'라고 하였다. 여기서 무엇이 '근면함(ātāpa)'인가? 정신적인 정진을 시작함 … (§220) … 바른 정진 — 이를 일러 근면함이라 한다. 이런 근면함을 얻었다 … (§368) … 구족했다. 그래서 말하기를 근면하게라고 하였다.

371. '분명하게 알아차리고(sampajāna)'라고 하였다. 여기서 무엇이 '분명하게 알아차림(sampajañña)'인가? 통찰지, 통찰함 … (§525) … 어리석음 없음, 법의 간택, 바른 견해 — 이를 일러 분명하게 알아차림이라 한다. 이런 분명하게 알아차림을 얻었다 … (§368) … 구족했다. 그래서 말하기를 분명하게 알아차리고라고 하였다.

372. '마음챙기면서(satimā)'라고 하였다. 여기서 무엇이 '마음챙김' 인가? 마음챙김, 계속해서 마음챙김[隨念] … (§220) … 바른 마음챙김[正念] — 이를 일러 마음챙김이라 한다. 이런 마음챙김을 얻었다 … (§368) … 구족했다. 그래서 말하기를 마음챙기면서라고 하였다.

373. '세상에 대한 욕심과 싫어하는 마음을 버리면서(vineyya loke abhijjhādomanassaṁ)'라고 하였다.

여기서 무엇이 '세상'인가? 바로 이 법들이 세상이다. 취착의 [대상인] 다섯 가지 무더기[五取蘊]도 또한 세상이다. — 이를 일러 세상이라 한다.

여기서 무엇이 '욕심'인가? 갈망, 탐닉 … (§249) … 마음의 탐닉 — 이를 일러 욕심이라 한다.

여기서 무엇이 '싫어하는 마음'인가? 정신적인 불만족감, 정신적인 괴로움, 정신의 감각접촉에서 생긴 만족하지 못하고 괴롭게 느껴지는 것, 정신의 감각접촉에서 생긴 만족하지 못하고 괴로운 느낌 — 이를 일러 싫어하는 마음이라 한다.

이와 같이 이런 욕심과 이런 싫어하는 마음을 이 세상에서 길들인다, 잘 길들인다, 잔잔하게 한다, 고요하게 한다, 가라앉힌다, 사라지게 한다, 철저히 사라지게 한다, 없어지게 한다, 철저히 없어지게 한다, 마르게 한다, 깡마르게 한다, 끝을 낸다. 그래서 말하기를 세상에 대한 욕심과 싫어하는 마음을 버리면서라고 하였다.

법의 관찰[法隨觀]에 대한 해설이 [끝났다.]

경에 따른 분석 방법이 [끝났다.]

II. 아비담마에 따른 분석 방법

Abhidhamma-bhājanīya

(1) 도에 관계된 마음챙김의 확립

374. (1) 네 가지 마음챙김의 확립[四念處]은 [다음과 같다.]

여기 비구는 몸에서 몸을 관찰하며 머문다. 느낌들에서 느낌을 관찰하며 머문다. 마음에서 마음을 관찰하면서 머문다. 법들에서 법을 관찰하며 머문다.

375. 그러면 [203] 어떻게 비구는 몸에서 몸을 관찰하면서 머무는가?[270] 여기 비구가 사견에 빠짐을 버리고 첫 번째 경지[初地, 예류과]를

---

270) "아비담마에 따른 분석 방법에서는 출세간의 마음챙김의 확립(lokuttara-satipaṭṭhāna)을 통해서 가르침을 시작하신다. 그래서 몸 등을 대상으로 하는 세간적인 마음챙김의 확립들(lokiyasatipaṭṭhānā)에서 정해진 경전(tanti)을 따르지 않고 몸을 따라 관찰함 등의 모든 마음챙김의 확립들을 『담마상가니』(Dhs §277 이하와 §505 이하)에서 분석하신 가르침의 방법의 표제어만을(mukhamattameva) 보여주시면서 설명하셨다."(VbhA.287)

출세간의 경지는 예류, 일래, 불환, 아라한의 네 가지 도(magga)와 네 가지 과(phala)로 구성되어 있는데 본서의 §§374~379는 도에 관계된 마음챙김의 확립을, §§380~385는 과에 관계된 마음챙김의 확립을 나타낸다.
위의 『위방가 주석서』 인용에서 설명하고 있듯이 본서에는 『담마상가니』에서 드러내는 여러 가지 종류의 출세간 마음들 가운데서 표제어(mukha)로 '첫 번째 경지[初地, 예류과]'(본서 §§375~379)와 '도닦음도 어렵고 초월지도 느린 초선'(*Ibid.*)과 '도닦음도 어렵고 초월지도 느리며 공하고[空性] 과보로 나타난 초선'(본서 §§381~385 참조)만을 들고 있다.

한편 『담마상가니』는 이 출세간의 마음을 4종禪과 5종禪을 통하여 두 가지 구분으로 구분하고 있고 다시 도닦음도 어렵고 초월지도 느린 것 등의 네 가지 도닦음의 구분으로도 분류하고 있다. 그리고 이들은 다시 순수한 도닦음(suddhika-paṭipadā, Dhs §§277~344, §§505~509)과 순수한 공함(suddhika-suññatā, Dhs §§343~344, §§510~513)과 공한 도닦음(suññata-paṭipadā, Dhs §§345~349, §§514~518)과 순수한 원함 없음

얻기 위하여, 출리로 인도하고 [윤회를] 감소시키는 출세간禪을 닦아서, 감각적 쾌락들을 완전히 떨쳐버리고 … (§205) … 몸에서 몸을 관찰하면서 ① 도닦음도 어렵고 초월지도 느린 초선을 구족하여 머물 때, 그때에 마음챙김, 계속해서 마음챙김[隨念] … (§220) …271) 바른 마음챙김[正念], 마음챙김의 깨달음의 구성요소, 도의 구성요소, 도에 포함됨이 있다. — 이를 일러 마음챙김의 확립[念處]이라 한다. 마음챙김의 확립과 결합된 나머지 법들도 있다.

376. 그러면 어떻게 비구는 느낌들에서 느낌을 관찰하면서 머무는가? 여기 비구가 사견에 빠짐을 버리고 첫 번째 경지[初地, 예류과]를 얻기 위하여, 출리로 인도하고 [윤회를] 감소시키는 출세간禪을 닦아서, 감각적 쾌락들을 완전히 떨쳐버리고 … (§205) … 느낌들에서 느낌을 관찰하면서 ① 도닦음도 어렵고 초월지도 느린 초선을 구족하여 머물 때, 그때에 마음챙김, 계속해서 마음챙김[隨念] … (§220) … 바른 마음챙김[正念], 마음챙김의 깨달음의 구성요소, 도의 구성요소, 도에 포함됨이 있다. — 이를 일러 마음챙김의 확립[念處]이라 한다. 마음챙김의 확립과 결합된 나머지 법들도 있다.

(suddhika-appaṇihitā, Dhs §§350~351, §§519~522)과 원함 없음의 도닦음(appaṇihita-paṭipadā, Dhs §§352~356, §§523~527)의 다섯 가지로 구분된다.(VbhA. 287; DhsA.221)
그러므로 이 네 가지 마음챙김의 확립[四念處]의 아비담마에 따른 분석 방법은 가능한 모든 경우의 수를 다 합하면 모두 8만 가지로 장엄이 된다(patimaṇḍita)고 『위방가 주석서』는 설명하고 있다.(VbhA.287)

271) VRI본에는 여기서부터 여러 곳에서 이 반복되는 부분(뻬얄라, peyyala)의 생략이 나타나지 않는다. 그러나 PTS본(203쪽 등)에는 모두 나타난다. 그리고 『담마상가니』의 VRI본과 PTS본의 해당 부분에도 모두 나타나고 있다. 역자는 문맥상 모두 있어야 한다고 판단하여 모두 여기처럼 넣어서 옮겼다. 텃떨라 스님은 VRI본에 나타나지 않는 부분은 모두 넣지 않고 옮겼다.(텃떨라 스님, 263쪽 등)

377. 그러면 어떻게 비구는 마음에서 마음을 관찰하면서 머무는가? 여기 비구가 사견에 빠짐을 버리고 첫 번째 경지[初地, 예류과]를 얻기 위하여, 출리로 인도하고 [윤회를] 감소시키는 출세간禪을 닦아서, 감각적 쾌락들을 완전히 떨쳐버리고 … (§205) … 마음에서 마음을 관찰하면서 ① 도닦음도 어렵고 초월지도 느린 초선을 구족하여 머물 때, 그때에 마음챙김, 계속해서 마음챙김[隨念] … (§220) … 바른 마음챙김[正念], 마음챙김의 깨달음의 구성요소, 도의 구성요소, 도에 포함됨이 있다. — 이를 일러 마음챙김의 확립[念處]이라 한다. 마음챙김의 확립과 결합된 나머지 법들도 있다.

378. 그러면 어떻게 비구는 법들에서 법을 관찰하면서 머무는가? 여기 비구가 사견에 빠짐을 버리고 첫 번째 경지[初地, 예류과]를 얻기 위하여, 출리로 인도하고 [윤회를] 감소시키는 출세간禪을 닦아서, 감각적 쾌락들을 완전히 떨쳐버리고 … (§205) … 법들에서 법을 관찰하면서 ① 도닦음도 어렵고 초월지도 느린 초선을 구족하여 머물 때, 그때에 마음챙김, 계속해서 마음챙김[隨念] … (§220) … 바른 마음챙김[正念], 마음챙김의 깨달음의 구성요소, 도의 구성요소, 도에 포함됨이 있다. — 이를 일러 마음챙김의 확립[念處]이라 한다. 마음챙김의 확립과 결합된 나머지 법들도 있다.

379. 여기서 무엇이 '마음챙김의 확립'인가? 여기 비구가 사견에 빠짐을 버리고 첫 번째 경지[初地, 예류과]를 얻기 위하여, 출리로 인도하고 [윤회를] 감소시키는 출세간禪을 닦아서, 감각적 쾌락들을 완전히 떨쳐버리고 … (§205) … 법들에서 법을 관찰하면서 ① 도닦음도 어렵고 초월지도 느린 초선을 구족하여 머물 때, 그때에 마음챙김, 계속해서 마음챙김[隨念] … (§220) … 바른 마음챙김[正念], 마음챙김의 깨달음의

구성요소, 도의 구성요소, 도에 포함됨이 있다. — 이를 일러 마음챙김의 확립[念處]이라 한다. 마음챙김의 확립과 결합된 나머지 법들도 있다.

(2) 과에 관계된 마음챙김의 확립

380. (2) 네 가지 마음챙김의 확립[四念處]은 [다음과 같다.]

여기 비구는 몸에서 몸을 관찰하며 머문다. 느낌들에서 느낌을 관찰하며 머문다. 마음에서 마음을 관찰하면서 머문다. 법들에서 법을 관찰하며 머문다.

381. 그러면 [204] 어떻게 비구는 몸에서 몸을 관찰하면서 머무는가? 여기 비구가 사견에 빠짐을 버리고 첫 번째 경지[初地, 예류과]를 얻기 위하여, 출리로 인도하고 [윤회를] 감소시키는 출세간禪을 닦아서, 감각적 쾌락들을 완전히 떨쳐버리고 … (§205) … ① 도닦음도 어렵고 초월지도 느린 초선을 구족하여 머물 때, 그때에 감각접촉이 있고 … (Dhs §277) … 산란하지 않음이 있다. 이것이 유익한 법들이다.

그가 이러한 출세간의 유익한 禪을 지었고 수행하였기 때문에, 감각적 쾌락들을 완전히 떨쳐버리고 … (§205) … 몸에서 몸을 관찰하면서 도닦음도 어렵고 초월지도 느리며 ㉠ 공하고[空性] 과보로 나타난 초선을 구족하여 머물 때, 그때에 마음챙김, 계속해서 마음챙김[隨念] … (§220) … 바른 마음챙김[正念], 마음챙김의 깨달음의 구성요소, 도의 구성요소, 도에 포함됨이 있다. — 이를 일러 마음챙김의 확립[念處]이라 한다. 마음챙김의 확립과 결합된 나머지 법들도 있다.

382. 그러면 어떻게 비구는 느낌들에서 느낌을 관찰하면서 머무는가? 여기 비구가 사견에 빠짐을 버리고 첫 번째 경지[初地, 예류과]를 얻기 위하여, 출리로 인도하고 [윤회를] 감소시키는 출세간禪을 닦아서, 감각적 쾌락들을 완전히 떨쳐버리고 … (§205) … ① 도닦음도 어렵고

초월지도 느린 초선을 구족하여 머물 때, 그때에 감각접촉이 있고 … (Dhs §277) … 산란하지 않음이 있다. 이것이 유익한 법들이다.

그가 이러한 출세간의 유익한 禪을 지었고 수행하였기 때문에, 감각적 쾌락들을 완전히 떨쳐버리고 … (§205) … 느낌들에서 느낌을 관찰하면서 도닦음도 어렵고 초월지도 느리며 ㉠ 공하고[空性] 과보로 나타난 초선을 구족하여 머물 때, 그때에 마음챙김, 계속해서 마음챙김[隨念] … (§220) … 바른 마음챙김[正念], 마음챙김의 깨달음의 구성요소, 도의 구성요소, 도에 포함됨이 있다. — 이를 일러 마음챙김의 확립[念處]이라 한다. 마음챙김의 확립과 결합된 나머지 법들도 있다.

383. 그러면 어떻게 비구는 마음에서 마음을 관찰하면서 머무는가? 여기 비구가 사견에 빠짐을 버리고 첫 번째 경지[初地, 예류과]를 얻기 위하여, 출리로 인도하고 [윤회를] 감소시키는 출세간禪을 닦아서, 감각적 쾌락들을 완전히 떨쳐버리고 … (§205) … ① 도닦음도 어렵고 초월지도 느린 초선을 구족하여 머물 때, 그때에 감각접촉이 있고 … (Dhs §277) … 산란하지 않음이 있다. 이것이 유익한 법들이다.

그가 이러한 출세간의 유익한 禪을 지었고 수행하였기 때문에, 감각적 쾌락들을 완전히 떨쳐버리고 … (§205) … 마음에서 마음을 관찰하면서 도닦음도 어렵고 초월지도 느리며 ㉠ 공하고[空性] 과보로 나타난 초선을 구족하여 머물 때, 그때에 마음챙김, 계속해서 마음챙김[隨念] … (§220) … 바른 마음챙김[正念], 마음챙김의 깨달음의 구성요소, 도의 구성요소, 도에 포함됨이 있다. — 이를 일러 마음챙김의 확립[念處]이라 한다. 마음챙김의 확립과 결합된 나머지 법들도 있다.

384. 그러면 [205] 어떻게 비구는 법들에서 법을 관찰하면서 머무는가? 여기 비구가 사견에 빠짐을 버리고 첫 번째 경지[初地, 예류과]를 얻기 위하여, 출리로 인도하고 [윤회를] 감소시키는 출세간禪을 닦아서,

감각적 쾌락들을 완전히 떨쳐버리고 … (§205) … ① 도닦음도 어렵고 초월지도 느린 초선을 구족하여 머물 때, 그때에 감각접촉이 있고 … (Dhs §277) … 산란하지 않음이 있다. 이것이 유익한 법들이다.

그가 이러한 출세간의 유익한 禪을 지었고 수행하였기 때문에, 감각적 쾌락들을 완전히 떨쳐버리고 … (§205) … 법들에서 법을 관찰하면서 도닦음도 어렵고 초월지도 느리며 ㉠ 공하고[空性] 과보로 나타난 초선을 구족하여 머물 때, 그때에 마음챙김, 계속해서 마음챙김[隨念] … (§220) … 바른 마음챙김[正念], 마음챙김의 깨달음의 구성요소, 도의 구성요소, 도에 포함됨이 있다. — 이를 일러 마음챙김의 확립[念處]이라 한다. 마음챙김의 확립과 결합된 나머지 법들도 있다.

385. 여기서 무엇이 '마음챙김의 확립'인가? 여기 비구가 사견에 빠짐을 버리고 첫 번째 경지[初地, 예류과]를 얻기 위하여, 출리로 인도하고 [윤회를] 감소시키는 출세간禪을 닦아서, 감각적 쾌락들을 완전히 떨쳐버리고 … (§205) … ① 도닦음도 어렵고 초월지도 느린 초선을 구족하여 머물 때, 그때에 감각접촉이 있고 … (Dhs §277) … 산란하지 않음이 있다. 이것이 유익한 법들이다.

그가 이러한 출세간의 유익한 禪을 지었고 수행하였기 때문에, 감각적 쾌락들을 완전히 떨쳐버리고 … (§205) … 법들에서 법을 관찰하면서[272] 도닦음도 어렵고 초월지도 느리며 ㉠ 공하고[空性] 과보로 나타난 초선을 구족하여 머물 때, 그때에 마음챙김, 계속해서 마음챙김[隨念] … (§220) … 바른 마음챙김[正念], 마음챙김의 깨달음의 구성요소, 도의 구성요소, 도에 포함됨이 있다. — 이를 일러 마음챙김의 확립[念處]이

272) VRI에는 이 '법들에서 법을 관찰하면서'가 없고 PTS에는 나타나고 있다. 텃띨라 스님도 그의 영역에서 있는 것이 좋다는 의견을 보이고 있다.(텃띨라 스님, 267페이지 참조) 위 §379에도 있는 것으로 나타나므로 여기서도 있는 것이 좋다고 여겨 역자도 여기서 이 부분을 넣어서 옮겼다.

라 한다. 마음챙김의 확립과 결합된 나머지 법들도 있다.

아비담마에 따른 분석 방법이 [끝났다.][273]

---

273) "여기서 방법의 구별(nayabheda)을 알아야 한다. 어떻게? 몸에 대한 관찰에서 예류도에 있는 禪에 대한 천착(jhānābhinivesa)에는 순수한 도닦음(suddhika-paṭipadā, Dhs §§277~344, §§505~509)과 순수한 공함(suddhika-suññatā, Dhs §§343~344, §§510~513)과 공한 도닦음(suññata-paṭipadā, Dhs §§345~349, §§514~518)과 순수한 원함 없음(suddhika-appaṇihitā, Dhs §§350~351, §§519~522)과 원함 없음의 도닦음(appaṇihita-paṭipadā, Dhs §§352~356, §§523~527)의 다섯 가지 부문이 있다. 이들에 대해서 각각 둘씩인 4종선과 5종선의 방법(catukka-pañcaka-nayā)을 통해서 열 가지 방법이 있다. 이와 같이 나머지 [19가지] 천착(abhinivesā)에서도(『담마상가니』 §357의 '스무 가지 큰 방법' 참조) 그러하여 20가지 천착에 의해서 200가지 방법이 된다.
이들은 네 가지 지배(catu adhipati, 상가니 §358 참조)에 의해서 네 배가 되어(catugguṇita) 800이 된다. 이와 같이 순수한 것들이(suddhikāni) 200개이고 지배와 함께하는 것들(sādhipatī)이 800개가 되어서 모두 1,000개의 방법이 있다.
느낌에 대한 관찰 등과 순수한 마음챙김의 확립(suddhikasatipaṭṭhāna)에서도 이와 같이 되어서 예류도에서는 5,000가지가 된다. 그리고 예류도에서처럼 나머지 도에서도 이와 같아서 유익한 것(kusala)에는 20,000가지가 있다. 그렇지만 공함과 원함 없음과 표상 없음 등의 구분(suññata-apaṇihita-animittādi-bhedā)에서는 이것의 세 배(tiguṇa)가 되어서 과보로 나타난 것(vipāka)에는 60,000가지가 있다.
이와 같이 자신의 역할들을 성취하고(sakiccasādhakā) 역할들을 완수하는(saṁsiddhikakiccā) 유익하거나 과보로 나타난 마음챙김의 확립들(kusala-vipāka-satipaṭṭhānā)의 해설을 통해서 두 가지가 있다. 몸에 대한 관찰 등을 통하고 순수한 것(suddhika)을 통해서는 유익한 것도 다섯 가지이고 과보로 나타난 것에도 다섯 가지가 있어서 10가지가 된다. 해설의 구문들(niddesa-vārā)을 통해서는 10가지 분류가 있어서 [마음챙김의 확립의] 아비담마에 의한 분류 방법은 80,000가지로 장엄되었다.(VbhA.287)
이러한 계산 방법에 대해서는 본서 진리 위방가 §214의 해당 주해도 참조할 것.

III. [아비담마 마띠까를 통한] 질문의 제기

Pañhāpucchaka

386. 네 가지 마음챙김의 확립[四念處]은 [다음과 같다.]

여기 비구는 몸에서 몸을 관찰하며 머문다. 세상에 대한 욕심과 싫어하는 마음을 버리면서 근면하게, 분명하게 알아차리고 마음챙기면서 머문다. 느낌들에서 느낌을 관찰하며 머문다. 세상에 대한 욕심과 싫어하는 마음을 버리면서 근면하게, 분명하게 알아차리고 마음챙기면서 머문다. 마음에서 마음을 관찰하며 머문다. 세상에 대한 욕심과 싫어하는 마음을 버리면서 근면하게, 분명하게 알아차리고 마음챙기면서 머문다. 법들에서 법을 관찰하며 머문다. 세상에 대한 욕심과 싫어하는 마음을 버리면서 근면하게, 분명하게 알아차리고 마음챙기면서 머문다.

387. 네 가지 [206] 마음챙김의 확립 가운데 몇 가지가 유익한 [법]이고, 몇 가지가 해로운 [법]이고, 몇 가지가 결정할 수 없는[無記] [법]인가? … pe(Dhs Mtk) … 몇 가지가 다툼을 가진 [법]이고, 몇 가지가 다툼이 없는 [법]인가?

(1) 세 개 조

388. [네 가지 마음챙김의 확립은] 유익한 [법]일 수 있고, 결정할 수 없는[無記] [법]일 수 있다.(*cf.* ma3-1)

즐거운 느낌과 결합된 [법]일 수 있고, 괴롭지도 즐겁지도 않은 느낌과 결합된 [법]일 수 있다.(*cf.* ma3-2)

과보로 나타난 [법]일 수 있고, 과보를 생기게 하는 [법]일 수 있다.(*cf.* ma3-3)

취착되지 않았고 취착의 대상도 아닌 [법]이다.(*cf* ma3-4)

오염되지 않았고 오염의 대상도 아닌 [법]이다.(*cf* ma3-5)

일으킨 생각이 있고 지속적 고찰이 있는 [법]일 수 있고, 일으킨 생각은 없고 지속적 고찰만 있는 [법]일 수 있고, 일으킨 생각도 없고 지속적 고찰도 없는 [법]일 수 있다.(*cf* ma3-6)

희열이 함께하는 [법]일 수 있고, 행복이 함께하는 [법]일 수 있고, 평온이 함께하는 [법]일 수 있다.(*cf* ma3-7)

봄이나 닦음으로 버려야 하지 않는 [법]이다.(*cf* ma3-8)

봄이나 닦음으로 버려야 하는 원인을 가지지 않은 [법]이다.(*cf* ma3-9)

[윤회를] 감소시키는 [법]일 수 있고, [윤회를] 축적하게 하는 것도 [윤회를] 감소시키는 것도 아닌 [법]일 수 있다.(*cf* ma3-10)

유학에 속하는 [법]일 수 있고, 무학에 속하는 [법]일 수 있다.(*cf* ma3-11)

무량한 [법]이다.(*cf* ma3-12)

무량한 대상을 가진 [법]이다.(*cf* ma3-13)

수승한 [법]이다.(*cf* ma3-14)

바른 것으로 확정된 [법]일 수 있고, 확정되지 않은 [법]일 수 있다.(*cf* ma3-15)

도를 대상으로 가진 [법]이 아니고, 도를 원인으로 가진 [법]일 수 있고, 도를 지배의 [요소]로 가진 [법]일 수 있다. [그러나] 도를 원인으로 가진 [법]이라고도 도를 지배의 [요소]로 가진 [법]이라고도 말해서는 안 되는 경우가 있다.(*cf* ma3-16)

일어난 [법]일 수 있고, 일어나지 않은 [법]일 수 있고, 일어나게 될 [법]일 수 있다.(*cf* ma3-17)

과거의 [법]일 수 있고, 미래의 [법]일 수 있고, 현재의 [법]일 수 있다.(*cf* ma3-18)

과거의 대상을 가진 [법]이라고도 미래의 대상을 가진 [법]이라고도

현재의 대상을 가진 [법]이라고도 말해서는 안 된다.(*cf.* ma3-19)

안의 [법]일 수 있고, 밖의 [법]일 수 있고, 안과 밖의 [법]일 수 있다.(*cf.* ma3-20)

밖의 대상을 가진 [법]이다.(*cf.* ma3-21)

볼 수도 없고 부딪힘도 없는 [법]이다.(*cf.* ma3-22)

(2) 두 개 조

① 원인의 모둠

389. [네 가지 마음챙김의 확립은] 원인이 아닌 [법]이다.(*cf.* ma2-1)

원인을 가진 [법]이다.(*cf.* ma2-2)

원인과 결합된 [법]이다.(*cf.* ma2-3)

원인이면서 원인을 가진 [법]이라고도 원인을 가졌지만 원인이 아닌 [법]이라고도 말해서는 안 된다.(*cf.* ma2-4)

원인이면서 원인과 결합된 [법]이라고도 원인과 결합되었지만 원인이 아닌 [법]이라고도 말해서는 안 된다.(*cf.* ma2-5)

원인이 아니지만 원인을 가진 [법]이다.(*cf.* ma2-6)

② 틈새에 있는 짧은 두 개 조

[네 가지 마음챙김의 확립은] 조건을 가진 [법]이다.(*cf.* ma2-7)

형성된 [법]이다.(*cf.* ma2-8)

볼 수 없는 [법]이다.(*cf.* ma2-9)

부딪힘이 없는 [법]이다.(*cf.* ma2-10)

비물질인 [법]이다.(*cf.* ma2-11)

출세간인 [법]이다.(*cf.* ma2-12)

어떤 것으로는 식별되는 [법]이고, 어떤 것으로는 식별되지 않는 [법]이다.(*cf.* ma2-13)

③ 번뇌의 모둠

[네 가지 마음챙김의 확립은] 번뇌가 아닌 [법]이다.(*cf.* ma2-14)

번뇌의 대상이 아닌 [법]이다.(*cf.* ma2-15)

번뇌와 결합되지 않은 [법]이다.(*cf.* ma2-16)

번뇌이면서 번뇌의 대상인 [법]이라고도 번뇌의 대상이지만 번뇌가 아닌 [법]이라고도 말해서는 안 된다.(*cf.* ma2-17)

번뇌이면서 번뇌와 결합된 [법]이라고도 번뇌와 결합되었지만 번뇌가 아닌 [법]이라고도 말해서는 안 된다.(*cf.* ma2-18)

번뇌와 결합되지 않았으면서 번뇌의 대상이 아닌 [법]이다.(*cf.* ma2-19)[274)]

④ 족쇄의 모둠

[네 가지 마음챙김의 확립은] 족쇄가 아닌 [법]이다. … (*cf.* ma2-20~25)

⑤ 매듭의 모둠

[네 가지 마음챙김의 확립은] 매듭이 아닌 [법]이다. … (*cf.* ma2-26~31)

⑥ 폭류의 모둠

[네 가지 마음챙김의 확립은] 폭류가 아닌 [법]이다. … (*cf.* ma2-32~37)

---

274) VRI본에는 여기 §389뿐만 아니라 아래 §430, §465, §485, §507 등에서도 'āsavavippayuttā. anāsavā.'로 편집되어 나타나는데 여기서 āsavavippa-yuttā 다음의 마침표(.)는 없어야 한다. 'āsavavippayuttā'와 'anāsavā'는 독립된 논의의 주제가 아니라 'āsavavippayuttā anāsavā'가 ma2-19-b에 해당하는 논의의 주제이기 때문이다. §641, §750, §752, §767에는 이 두 단어 사이에 마침표(.)가 없이 바르게 나타나고 있다. PTS본의 206쪽, 215쪽 등에는 'āsavavippayuttā-anāsavā'로 바르게 나타나고 있다. 영역도 이것을 한 문장으로 옮기고 있다.(틧띨라 스님, 249쪽 등)
ma2-19-b를 역자는 '번뇌와 결합되지 않았으면서 번뇌의 대상이 아닌 [법]이다.'로 옮기고 있다.

⑦ 속박의 모둠

[네 가지 마음챙김의 확립은] 속박이 아닌 [법]이다. … (*cf.* ma2-38~43)

⑧ 장애의 모둠

[네 가지 마음챙김의 확립은] 장애가 아닌 [법]이다. … (*cf.* ma2-44~49)

⑨ 집착[固守]의 모둠

[네 가지 마음챙김의 확립은] 집착[固守]이 아닌 [법]이다. … (*cf.* ma2-50~54)

⑩ 틈새에 있는 긴 두 개 조

[네 가지 마음챙김의 확립은] 대상을 가진 [법]이다.(*cf.* ma2-55)

마음이 아닌 [법]이다.(*cf.* ma2-56)

마음부수인 [법]이다.(*cf.* ma2-57)

마음과 결합된 [법]이다.(*cf.* ma2-58)

마음과 결속된 [법]이다.(*cf.* ma2-59)

마음에서 생긴 [법]이다.(*cf.* ma2-60)

마음과 함께 존재하는 [법]이다.(*cf.* ma2-61)

마음을 따르는 [법]이다.(*cf.* ma2-62)

마음과 결속되어 있고 마음에서 생긴 [법]이다.(*cf.* ma2-63)

마음과 결속되어 있고 마음에서 생겼고 마음과 함께 존재하는 [법]이다.(*cf.* ma2-64)

마음과 결속되어 있고 마음에서 생겼고 마음을 따르는 [법]이다.(*cf.* ma2-65)

밖에 있는 [법]이다.(*cf.* ma2-66)

파생되지 않은 [법]이다.(*cf.* ma2-67)

취착되지 않은 [법]이다.(*cf.* ma2-68)

⑪ 취착의 모둠

[네 가지 마음챙김의 확립은] 취착이 아닌 [법]이다. … (*cf* ma2-69~74)

⑫ 오염원의 모둠

[네 가지 마음챙김의 확립은] 오염원이 아닌 [법]이다. … (*cf* ma2-75~82)

⑬ 마지막 두 개 조

[네 가지 마음챙김의 확립은] 봄으로써 버려야 하는 것이 아닌 [법]이다.(*cf* ma2-83)

닦음으로써 버려야 하는 것이 아닌 [법]이다.(*cf* ma2-84)

봄으로써 버려야 하는 원인을 가지지 않은 [법]이다.(*cf* ma2-85)

닦음으로써 버려야 하는 원인을 가지지 않은 [법]이다.(*cf* ma2-86)

일으킨 생각이 있는 [법]일 수 있고, 일으킨 생각이 없는 [법]일 수 있다.(*cf* ma2-87)

지속적 고찰이 있는 [법]일 수 있고, 지속적 고찰이 없는 [법]일 수 있다.(*cf* ma2-88)

희열이 있는 [법]일 수 있고, [207] 희열이 없는 [법]일 수 있다.(*cf* ma2-89)

희열이 함께하는 [법]일 수 있고, 희열이 함께하지 않는 [법]일 수 있다.(*cf* ma2-90)

행복이 함께하는 [법]일 수 있고, 행복이 함께하지 않는 [법]일 수 있다.(*cf* ma2-91)

평온이 함께하는 [법]일 수 있고, 평온이 함께하지 않는 [법]일 수 있다.(*cf* ma2-92)

욕계에 속하지 않는 [법]이다.(*cf* ma2-93)

색계에 속하지 않는 [법]이다.(*cf* ma2-94)

무색계에 속하지 않는 [법]이다.(*cf.* ma2-95)

[세간에] 포함되지 않는 [법]이다.(*cf.* ma2-96)

출리로 인도하는 [법]일 수 있고, 출리로 인도하지 못하는 [법]일 수 있다.(*cf.* ma2-97)

확정된 [법]일 수 있고, 확정되지 않은 [법]일 수 있다.(*cf.* ma2-98)

위가 없는 [법]이다.(*cf.* ma2-99)

다툼이 없는 [법]이다.(*cf.* ma2-100)

[아비담마 마띠까를 통한] 질문의 제기가 [끝났다.]

마음챙김의 확립에 대한 분석이 [끝났다.]

제8장

바른 노력[正勤] 위방가

바른 노력에 대한 분석

Sammappadhāna-vibhaṅga

I. 경에 따른 분석 방법

Suttanta-bhājanīya

390. 네 가지 바른 노력[四正勤]은 [208] [다음과 같다.]

여기 비구는 아직 일어나지 않은 악하고 해로운 법들[不善法]을 일어나지 못하게 하기 위해서 열의를 일으키고 애를 쓰고 정진을 하고 마음을 다잡고 노력한다.[275] 이미 일어난 악하고 해로운 법들을 제거하기 위해서 열의를 일으키고 애를 쓰고 정진을 하고 마음을 다잡고 노력한다. 아직 일어나지 않은 유익한 법들[善法]을 일어나게 하기 위해서 열의를 일으키고 애를 쓰고 정진을 하고 마음을 다잡고 노력한다. 이미 일어난 유익한 법들을 지속시키고 사라지지 않게 하고 증장시키고 충만하게 하고 닦아서 성취하기 위해서 열의를 일으키고 애를 쓰고 정진을 하고 마음을 다잡고 노력한다.

275) 여기서 '열의를 일으키고 애를 쓰고 정진을 하고 마음을 다잡고 노력한다.'는 chandaṁ janeti, vāyamati, vīriyaṁ ārabhati, cittaṁ paggaṇhāti, padahati를 옮긴 것이다. 초기불전연구원의 다른 번역본에서는 주로 "열의를 일으키고 정진하고 힘을 내고 마음을 다잡고 애를 쓴다."(D22 §21; M77 §16; S45:8; A9:82 등)로 옮겼다.

391. 그러면 어떻게 비구는 아직 일어나지 않은 악하고 해로운 법들[不善法]을 일어나지 못하게 하기 위해서 열의를 일으키고 애를 쓰고 정진을 하고 마음을 다잡고 노력하는가?

여기서 무엇이 '아직 일어나지 않은 악하고 해로운 법들[不善法](anuppannā pāpakā akusalā dhammā)'인가? 세 가지 해로움의 뿌리[不善根]인 탐욕 · 성냄 · 어리석음, 그리고 이들과 함께 작용하는 오염원들, 이들과 결합된 느낌의 무더기 · 인식의 무더기 · 심리현상들의 무더기 · 알음알이의 무더기, 이들로부터 생긴 몸으로 짓는 업 · 말로 짓는 업 · 마노로 짓는 업(*cf* Dhs §986, ma3-1-b에 대한 설명) — 이를 일러 아직 일어나지 않은 악하고 해로운 법들이라 한다. 이처럼 아직 일어나지 않은 악하고 해로운 법들[不善法]을 일어나지 못하게 하기 위해서 열의를 일으키고 애를 쓰고 정진을 하고 마음을 다잡고 노력한다.

392. '열의를 일으키고(chandaṁ janeti)'라고 하였다. 여기서 무엇이 '열의(chanda)'인가? 열의, 열의를 가짐, 하고자 함, 유익하고 법다운 열의[276] — 이를 일러 열의라 한다. 이러한 열의를 일으키고 발생시키고 솟게 하고 솟아나게 하고 생기게 하고 출현하게 한다. 그래서 말하기를 열의를 일으키고라고 하였다.

393. '애를 쓰고(vāyamati)'라고 하였다. 여기서 무엇이 '애를 씀(vāyāma)'인가? 정신적인 정진을 시작함 … (§220) … 바른 정진 — 이를 일러 애를 씀이라 한다. 이런 애를 씀을 통해서 얻었다, 잘 얻었다, 증득했다, 잘 증득했다, 갖추었다, 잘 갖추었다, 구족했다. 그래서 [209] 말하기를 애를 쓰고라고 하였다.

---

276) '열의(chanda)'에 대한 이 정의는 빠알리 삼장에서 본서의 여기에만 나타나고 있다.

394. ‘정진을 하고(vīriyaṁ ārabhati)’라고 하였다. 여기서 무엇이 ‘정진(vīriya)’인가? 정신적인 정진을 시작함 … (§220) … 바른 정진 — 이를 일러 정진이라 한다. 이러한 정진을 하고 잘 하고 반복하고 닦고 많이 [공부]짓는다. 그래서 말하기를 정진을 하고라고 하였다.

395. ‘마음을 다잡고(cittaṁ paggaṇhāti)’라고 하였다. 여기서 무엇이 ‘마음’인가? 마음, 마노[意], 정신작용 … (§184) … 그것에 적합한 마노의 알음알이의 요소 — 이를 일러 마음이라 한다. 이러한 마음을 다잡는다, 더욱 다잡는다, 북돋운다, 거듭해서 북돋운다. 그래서 말하기를 마음을 다잡고라고 하였다.

396. ‘노력한다(padahati).’라고 하였다. 여기서 무엇이 ‘노력(padhāna)’인가? 정신적인 정진을 시작함 … (§220) … 바른 정진 — 이를 일러 노력이라 한다. 이런 노력을 통해서 얻었다 … (§357) … 구족했다. 그래서 말하기를 노력한다고 하였다.

397. 그러면 어떻게 비구는 이미 일어난 악하고 해로운 법들을 제거하기 위해서 열의를 일으키고 애를 쓰고 정진을 하고 마음을 다잡고 노력하는가?

여기서 무엇이 ‘이미 일어난 악하고 해로운 법들(uppannā pāpakā akusalā dhammā)’인가? 세 가지 해로움의 뿌리[不善根]인 탐욕 · 성냄 · 어리석음, 그리고 이들과 함께 작용하는 오염원들, 이들과 결합된 느낌의 무더기 · 인식의 무더기 · 심리현상들의 무더기 · 알음알이의 무더기, 이들로부터 생긴 몸으로 짓는 업 · 말로 짓는 업 · 마노로 짓는 업(*cf* Dhs §986의 ma3-1-b에 대한 설명) — 이를 일러 이미 일어난 악하고 해로운 법들이라 한다.

이처럼 이미 일어난 악하고 해로운 법들[不善法]을 제거하기 위해서 열의를 일으키고 애를 쓰고 정진을 하고 마음을 다잡고 노력한다.

398. '열의를 일으키고(chandaṁ janeti)'라고 하였다. 여기서 무엇이 '열의'인가? 열의, 열의를 가짐, 하고자 함, 유익하고 법다운 열의 — 이를 일러 열의라 한다. 이러한 열의를 일으키고 발생시키고 솟게 하고 솟아나게 하고 생기게 하고 출현하게 하는 것이다. 그래서 말하기를 열의를 일으키고라고 하였다.

399. '애를 쓰고'라고 하였다. 여기서 무엇이 '애를 씀'인가? 정신적인 정진을 시작함 … (§220) … 바른 정진 — 이를 일러 애를 씀이라 한다. 이런 애를 씀을 통해서 얻었다 … (§357) … 구족했다. 그래서 말하기를 애를 쓰고라고 하였다.

400. '정진을 하고'라고 하였다. 여기서 무엇이 '정진'인가? 정신적인 정진을 시작함 … (§220) … 바른 정진 — 이를 일러 정진이라 한다. 이러한 정진을 하고 잘 하고 반복하고 닦고 많이 [공부]짓는다. 그래서 말하기를 정진을 하고라고 하였다.

401. '마음을 다잡고'라고 하였다. 여기서 무엇이 '마음'인가? 마음, 마노[意], 정신작용 … (§184) … 그것에 적합한 마노의 알음알이의 요소 — 이를 일러 마음이라 한다. 이러한 마음을 다잡는다, 더욱 다잡는다, 북돋운다, 거듭해서 북돋운다. 그래서 말하기를 마음을 다잡고라고 하였다.

402. '노력한다.'라고 하였다. 여기서 무엇이 '노력'인가? 정신적인 정진을 시작함 … (§220) … 바른 정진 — 이를 일러 노력이라 한다. 이런 노력을 통해서 얻었다 … (§357) … 구족했다. 그래서 말하기를 노력한다고 하였다.

403. 그러면 어떻게 비구는 아직 일어나지 않은 유익한 법들[善法]을 일어나게 하기 위해서 열의를 일으키고 애를 쓰고 정진을 하고 마음을 다잡고 노력하는가?

여기서 [210] 무엇이 '아직 일어나지 않은 유익한 법들[善法](anuppannā kusalā dhammā)'인가? 세 가지 유익함의 뿌리[善根]인 탐욕 없음 · 성냄 없음 · 어리석음 없음, 이들과 결합된 느낌의 무더기 · 인식의 무더기 · 심리현상들의 무더기 · 알음알이의 무더기, 이들로부터 생긴 몸으로 짓는 업 · 말로 짓는 업 · 마노로 짓는 업 — 이를 일러 아직 일어나지 않은 유익한 법들이라 한다.

이처럼 아직 일어나지 않은 유익한 법들[善法]을 일어나게 하기 위해서 열의를 일으키고 애를 쓰고 정진을 하고 마음을 다잡고 노력한다.

404. 열의를 일으키고 … (§392) … 애를 쓰고 … (§393) … 정진을 하고 … (§394) … 마음을 다잡고 … (§395) … 노력한다고 하였다.

여기서 무엇이 '노력'인가? 정신적인 정진을 시작함 … (§220) … 바른 정진 — 이를 일러 노력이라 한다. 이런 노력을 통해서 얻었다 … (§357) … 구족했다. 그래서 말하기를 노력한다고 하였다.

405. 그러면 어떻게 비구는 이미 일어난 유익한 법들을 지속시키고 사라지지 않게 하고 증장시키고 충만하게 하고 닦아서 성취하기 위해서 열의를 일으키고 애를 쓰고 정진을 하고 마음을 다잡고 노력하는가?

여기서 무엇이 '이미 일어난 유익한 법들(uppannā kusalā dhammā)'인가? 세 가지 유익함의 뿌리[善根]인 탐욕 없음 · 성냄 없음 · 어리석음 없음, 이들과 결합된 느낌의 무더기 · 인식의 무더기 · 심리현상들의 무더기 · 알음알이의 무더기, 이들로부터 생긴 몸으로 짓는 업 · 말로 짓는 업 · 마노로 짓는 업 — 이를 일러 이미 일어난 유익한 법들이라 한다.

이처럼 이미 일어난 유익한 법들을 지속시키고 사라지지 않게 하고 증장시키고 충만하게 하고 닦아서 성취하기 위해서 열의를 일으키고 애를 쓰고 정진을 하고 마음을 다잡고 노력한다.

406. '지속시키고(ṭhitiyā)'라고 하였다. 지속시키는 것은 사라지지 않게 하는 것이고 사라지지 않게 하는 것은 증장시키는 것이고 증장시키는 것은 충만하게 하는 것이고 충만하게 하는 것은 닦는 것이고 닦는 것은 성취하는 것이다.

407. 열의를 일으키고 … (§392) … 애를 쓰고 … (§393) … 정진을 하고 … (§394) … 마음을 다잡고 … (§395) … 노력한다고 하였다.

여기서 무엇이 '노력'인가? 정신적인 정진을 시작함 … (§220) … 바른 정진 — 이를 일러 노력이라 한다. 이런 노력을 통해서 얻었다 … (§357) … 구족했다. 그래서 말하기를 노력한다고 하였다.(§404; §396)

경에 따른 분석 방법이 [끝났다.]

II. 아비담마에 따른 분석 방법

Abhidhamma-bhājanīya

408. 네 가지 [211] 바른 노력[四正勤]은 [다음과 같다.]

여기 비구는 아직 일어나지 않은 악하고 해로운 법들[不善法]을 일어나지 못하게 하기 위해서 열의를 일으키고 애를 쓰고 정진을 하고 마음을 다잡고 노력한다. 이미 일어난 악하고 해로운 법들을 제거하기 위해서 열의를 일으키고 애를 쓰고 정진을 하고 마음을 다잡고 노력한다. 아직 일어나지 않은 유익한 법들[善法]을 일어나게 하기 위해서 열의를 일으키고 애를 쓰고 정진을 하고 마음을 다잡고 노력한다. 이미 일어난 유익한 법들을 지속시키고 사라지지 않게 하고 증장시키고 충만하게 하고 닦아서 성취하기 위해서 열의를 일으키고 애를 쓰고 정진을 하고 마음을 다잡고 노력한다.

409. 그러면 어떻게 비구는 아직 일어나지 않은 악하고 해로운 법들[不善法]을 일어나지 못하게 하기 위해서 열의를 일으키고 애를 쓰고 정진을 하고 마음을 다잡고 노력하는가?

사견에 빠짐을 버리고 첫 번째 경지[初地, 예류과]를 얻기 위하여, 출리로 인도하고 [윤회를] 감소시키는 출세간禪을 닦아서, 감각적 쾌락들을 완전히 떨쳐버리고 … (§205) … ① 도닦음도 어렵고 초월지도 느린 초선을 구족하여 머물 때, 그때에 아직 일어나지 않은 악하고 해로운 법들[不善法]을 일어나지 못하게 하기 위해서 열의를 일으키고 애를 쓰고 정진을 하고 마음을 다잡고 노력한다.

410. '열의를 일으키고(chandaṁ janeti)'라고 하였다. 여기서 무엇이 '열의'인가? 열의, 열의를 가짐, 하고자 함, 유익하고 법다운 열의 — 이를 일러 열의라 한다. 이러한 열의를 일으키고 발생시키고 솟게 하고 솟아나게 하고 생기게 하고 출현하게 하는 것이다. 그래서 말하기를 열의를 일으키고라고 하였다.

411. '애를 쓰고'라고 하였다. 여기서 무엇이 '애를 씀'인가? 정신적인 정진을 시작함 … (§220) … 바른 정진, 정진의 깨달음의 구성요소, 도의 구성요소, 도에 포함됨 — 이를 일러 애를 씀이라 한다. 이런 애를 씀을 통해서 얻었다 … (§357) … 구족했다. 그래서 말하기를 애를 쓰고라고 하였다.

412. '정진을 하고'라고 하였다. 여기서 무엇이 '정진'인가? 정신적인 정진을 시작함 … (§220) … 바른 정진, 정진의 깨달음의 구성요소,

도의 구성요소, 도에 포함됨 — 이를 일러 [212] 정진이라 한다. 이러한 정진을 하고 잘 하고 반복하고 닦고 많이 [공부]짓는다. 그래서 말하기를 정진을 하고라고 하였다.

413. '마음을 다잡고'라고 하였다. 여기서 무엇이 '마음'인가? 마음, 마노[意], 정신작용 … (§184) … 그것에 적합한 마노의 알음알이의 요소 — 이를 일러 마음이라 한다. 이러한 마음을 다잡는다, 더욱 다잡는다, 북돋운다, 거듭해서 북돋운다. 그래서 말하기를 마음을 다잡고라고 하였다.

414. '노력한다.'라고 하였다. 여기서 무엇이 '바른 노력'인가? 정신적인 정진을 시작함 … (§220) … 바른 정진, 정진의 깨달음의 구성요소, 도의 구성요소, 도에 포함됨 — 이를 일러 바른 노력이라 한다. 바른 노력과 결합된 나머지 법들도 있다.

415. 그러면 어떻게 비구는 이미 일어난 악하고 해로운 법들을 제거하기 위해서 열의를 일으키고 애를 쓰고 정진을 하고 마음을 다잡고 노력하는가?

사견에 빠짐을 버리고 첫 번째 경지[初地, 예류과]를 얻기 위하여, 출리로 인도하고 [윤회를] 감소시키는 출세간禪을 닦아서, 감각적 쾌락들을 완전히 떨쳐버리고 … (§205) … ① 도닦음도 어렵고 초월지도 느린 초선을 구족하여 머물 때, 그때에 이미 일어난 악하고 해로운 법들을 제거하기 위해서 열의를 일으키고 애를 쓰고 정진을 하고 마음을 다잡고 노력한다.

416. 열의를 일으키고 [213] … (§410) … 애를 쓰고 … (§411) … 정진을 하고 … (§412) … 마음을 다잡고 … (§413) … 노력한다고 하였다.

여기서 무엇이 '바른 노력'인가? 정신적인 정진을 시작함 … (§220)

… 바른 정진, 정진의 깨달음의 구성요소, 도의 구성요소, 도에 포함됨 — 이를 일러 바른 노력이라 한다. 바른 노력과 결합된 나머지 법들도 있다.

417. 그러면 어떻게 비구는 아직 일어나지 않은 유익한 법들[善法]을 일어나게 하기 위해서 열의를 일으키고 애를 쓰고 정진을 하고 마음을 다잡고 노력하는가?

사견에 빠짐을 버리고 첫 번째 경지[初地, 예류과]를 얻기 위하여, 출리로 인도하고 [윤회를] 감소시키는 출세간禪을 닦아서, 감각적 쾌락들을 완전히 떨쳐버리고 … (§205) … ① 도닦음도 어렵고 초월지도 느린 초선을 구족하여 머물 때, 그때에 아직 일어나지 않은 유익한 법들[善法]을 일어나게 하기 위해서 열의를 일으키고 애를 쓰고 정진을 하고 마음을 다잡고 노력한다.

418. 열의를 일으키고 … (§410) … 애를 쓰고 … (§411) … 정진을 하고 … (§412) … 마음을 다잡고 … (§413) … 노력한다고 하였다.

여기서 무엇이 '바른 노력'인가? 정신적인 정진을 시작함 … (§220) … 바른 정진, 정진의 깨달음의 구성요소, 도의 구성요소, 도에 포함됨 — 이를 일러 바른 노력이라 한다. 바른 노력과 결합된 나머지 법들도 있다.

419. 그러면 어떻게 비구는 이미 일어난 유익한 법들을 지속시키고 사라지지 않게 하고 증장시키고 충만하게 하고 닦아서 성취하기 위해서 열의를 일으키고 애를 쓰고 정진을 하고 마음을 다잡고 노력하는가?

사견에 빠짐을 버리고 첫 번째 경지[初地, 예류과]를 얻기 위하여, 출리로 인도하고 [윤회를] 감소시키는 출세간禪을 닦아서, 감각적 쾌락들을 완전히 떨쳐버리고 … (§205) … ① 도닦음도 어렵고 초월지도 느린 초선을 구족하여 머물 때, 그때에 이미 일어난 유익한 법들을 지속시키고 사라지지 않게 하고 증장시키고 충만하게 하고 닦아서 성취하기 위해서 열의를 일으키고 애를 쓰고 정진을 하고 마음을 다잡고 노력한다.

420. '지속시키고'라고 하였다. 지속시키는 것은 사라지지 않게 하는 것이고 사라지지 않게 하는 것은 증장시키는 것이고 증장시키는 것은 충만하게 하는 것이고 충만하게 하는 것은 닦는 것이고 닦는 것은 성취하는 것이다.

421. '열의를 일으키고'라고 하였다. 여기서 무엇이 '열의'인가? 열의, 열의를 가짐, 하고자 함, 유익하고 법다운 열의 — 이를 일러 열의라 한다. 이러한 열의를 일으키고 발생시키고 솟게 하고 솟아나게 하고 생기게 하고 출현하게 하는 것이다. 그래서 말하기를 열의를 일으키고라고 하였다.

422. '애를 쓰고'라고 하였다. 여기서 무엇이 '애를 씀'인가? 정신적인 정진을 시작함 … (§220) … 바른 정진, 정진의 깨달음의 구성요소, 도의 구성요소, 도에 포함됨 — 이를 일러 애를 씀이라 한다. 이런 애를 씀을 통해서 얻었다 … (§357) … 구족했다. 그래서 말하기를 애를 쓰고라고 하였다.(§393, §399)

423. '정진을 하고'라고 하였다. 여기서 무엇이 '정진'인가? 정신적인 정진을 시작함 … (§220) … 바른 정진, 정진의 깨달음의 구성요소, 도의 구성요소, 도에 포함됨 — 이를 일러 정진이라 한다. 이러한 정진을 하고 잘 하고 반복하고 [214] 닦고 많이 [공부]짓는다. 그래서 말하기를 정진을 하고라고 하였다.

424. '마음을 다잡고'라고 하였다. 여기서 무엇이 '마음'인가? 마음, 마노[意], 정신작용 … (§184) … 그것에 적합한 마노의 알음알이의 요소 — 이를 일러 마음이라 한다. 이러한 마음을 다잡는다, 더욱 다잡는다,

북돋운다, 거듭해서 북돋운다. 그래서 말하기를 마음을 다잡고라고 하였다.

425. '노력한다.'라고 하였다. 여기서 무엇이 '바른 노력'인가? 정신적인 정진을 시작함 … (§220) … 바른 정진, 정진의 깨달음의 구성요소, 도의 구성요소, 도에 포함됨 — 이를 일러 바른 노력이라 한다. 바른 노력과 결합된 나머지 법들도 있다.

426. 여기서 무엇이 '바른 노력'인가? 여기 비구가 사견에 빠짐을 버리고 첫 번째 경지[初地, 예류과]를 얻기 위하여, 출리로 인도하고 [윤회를] 감소시키는 출세간禪을 닦아서, 감각적 쾌락들을 완전히 떨쳐버리고 … (§205) … ① 도닦음도 어렵고 초월지도 느린 초선을 구족하여 머물 때, 그때에 [있는] 정신적인 정진을 시작함 … (§220) … 바른 정진, 정진의 깨달음의 구성요소, 도의 구성요소, 도에 포함됨 — 이를 일러 바른 노력이라 한다. 바른 노력과 결합된 나머지 법들도 있다.

아비담마에 따른 분석 방법이 [끝났다.][277)]

---

277) "여기서 방법의 구별을 알아야 한다. 어떻게? 첫 번째 바른 노력에서 예류도에 있는 禪에 대한 천착(jhānābhinivesa)에는 순수한 도닦음(suddhika-paṭipadā, Dhs §§277~344, §§505~509)과 순수한 공함(suddhika-suññatā, Dhs §§343~344, §§510~513)과 공한 도닦음(suññata-paṭipadā, Dhs §§345~349, §§514~518)과 순수한 원함 없음(suddhika-appaṇihitā, Dhs §§350~351, §§519~522)과 원함 없음의 도닦음(appaṇihita-paṭipadā, Dhs §§352~356, §§523~527)의 다섯 가지 부문이 있다. 이들에 대해서 각각 둘씩인 4종선과 5종선의 방법(catukkapañcakanayā)을 통해서 열 가지 방법이 있다. 이와 같이 나머지 [19가지] 천착(abhinivesā)에서도(『담마상가니』 §357의 vīsati mahānayā 참조) 그러하여 20가지 천착에 의해서 200가지 방법이 된다.
이들은 네 가지 지배(catu adhipati, 상가니 §358 참조)에 의해서 네 배가 되어(catuggunịta) 800이 된다. 이와 같이 순수한 것들이(suddhikāni) 200개이고 지배와 함께하는 것들(sādhipatī)이 800개가 되어서 모두 1,000개의 방법이 있다.

III. [아비담마 마띠까를 통한] 질문의 제기

Pañhāpucchaka

427. 네 가지 바른 노력[四正勤]은 [다음과 같다.]

여기 비구는 아직 일어나지 않은 악하고 해로운 법들[不善法]을 일어나지 못하게 하기 위해서 열의를 일으키고 애를 쓰고 정진을 하고 마음을 다잡고 노력한다. 이미 일어난 악하고 해로운 법들을 제거하기 위해서 열의를 일으키고 애를 쓰고 정진을 하고 마음을 다잡고 노력한다. 아직 일어나지 않은 유익한 법들[善法]을 일어나게 하기 위해서 열의를 일으키고 애를 쓰고 정진을 하고 마음을 다잡고 노력한다. 이미 일어난 유익한 법들을 지속시키고 사라지지 않게 하고 증장시키고 충만하게 하고 닦아서 성취하기 위해서 열의를 일으키고 애를 쓰고 정진을 하고 마음을 다잡고 노력한다.

428. 네 가지 바른 노력 가운데 몇 가지가 유익한 [법]이고, 몇 가지가 해로운 [법]이고, 몇 가지가 결정할 수 없는[無記] [법]인가? … pe(Dhs Mtk) … 몇 가지가 다툼을 가진 [법]이고, 몇 가지가 다툼이 없는 [법]인가?

그와 같이 두 번째 바른 노력 등에서도 순수한 바른 노력(suddhika-sammappadhāna)에서도 그러하여 예류도에서는 5,000가지가 된다. 그리고 예류도에서처럼 나머지 도에서도 그와 같아서 유익한 것(kusala)에는 20,000가지가 있다. 그렇지만 과보로 나타난 것(vipāka)에는 바른 노력들이 해야 할 역할(kattabbakicca)이 없기 때문에 과보의 부문(vipāka-vāra)은 취하지 않았다.

여기서 바른 노력들은 전적으로 출세간적인 것(nibbattita-lokuttara)으로 설해졌다고 알아야 한다."(VbhA.301∼302.)

(1) 세 개 조

429. [네 가지 바른 노력은] 오직 유익한 [법]이다.(*cf* ma3-1)

즐거운 느낌과 결합된 [법]일 수 있고, 괴롭지도 즐겁지도 않은 느낌과 결합된 [법]일 수 있다.(*cf* ma3-2)

과보를 생기게 하는 [법]이다.(*cf* ma3-3) [215]

취착되지 않았고 취착의 대상도 아닌 [법]이다.(*cf* ma3-4)

오염되지 않았고 오염의 대상도 아닌 [법]이다.(*cf* ma3-5)

일으킨 생각이 있고 지속적 고찰이 있는 [법]일 수 있고, 일으킨 생각은 없고 지속적 고찰만 있는 [법]일 수 있고, 일으킨 생각도 없고 지속적 고찰도 없는 [법]일 수 있다.(*cf* ma3-6)

희열이 함께하는 [법]일 수 있고, 행복이 함께하는 [법]일 수 있고, 평온이 함께하는 [법]일 수 있다.(*cf* ma3-7)

·봄이나 닦음으로 버려야 하지 않는 [법]이다.(*cf* ma3-8)

봄이나 닦음으로 버려야 하는 원인을 가지지 않은 [법]이다.(*cf* ma3-9)

[윤회를] 감소시키는 [법]이다.(*cf* ma3-10)

유학에 속하는 [법]이다.(*cf* ma3-11)

무량한 [법]이다.(*cf* ma3-12)

무량한 대상을 가진 [법]이다.(*cf* ma3-13)

수승한 [법]이다.(*cf* ma3-14)

바른 것으로 확정된 [법]이다.(*cf* ma3-15)

도를 대상으로 가진 [법]이 아니다. 도를 원인으로 가진 [법]이다. 도를 지배의 [요소]로 가진 [법]일 수 있다. [그러나] 도를 지배의 [요소]로 가진 [법]이라고 말해서는 안 되는 경우가 있다.(*cf* ma3-16)

일어난 [법]일 수 있고, 일어나지 않은 [법]일 수 있고, 일어나게 될 [법]이라고 말해서는 안 된다.(*cf* ma3-17)

과거의 [법]일 수 있고, 미래의 [법]일 수 있고, 현재의 [법]일 수 있다.(*cf.* ma3-18)

과거의 대상을 가진 [법]이라고도 미래의 대상을 가진 [법]이라고도 현재의 대상을 가진 [법]이라고도 말해서는 안 된다.(*cf.* ma3-19)

안의 [법]일 수 있고, 밖의 [법]일 수 있고, 안과 밖의 [법]일 수 있다.(*cf.* ma3-20)

밖의 대상을 가진 [법]이다.(*cf.* ma3-21)

볼 수도 없고 부딪힘도 없는 [법]이다.(*cf.* ma3-22)

(2) 두 개 조

① 원인의 모둠

430. [네 가지 바른 노력은] 원인이 아닌 [법]이다.(*cf.* ma2-1)

원인을 가진 [법]이다.(*cf.* ma2-2)

원인과 결합된 [법]이다.(*cf.* ma2-3)

원인이면서 원인을 가진 [법]이라고도 원인을 가졌지만 원인이 아닌 [법]이라고도 말해서는 안 된다.(*cf.* ma2-4)

원인이면서 원인과 결합된 [법]이라고도 원인과 결합되었지만 원인이 아닌 [법]이라고도 말해서는 안 된다.(*cf.* ma2-5)

원인이 아니지만 원인을 가진 [법]이다.(*cf.* ma2-6)

② 틈새에 있는 짧은 두 개 조

조건을 가진 [법]이다.(*cf.* ma2-7)

형성된 [법]이다.(*cf.* ma2-8)

볼 수 없는 [법]이다.(*cf.* ma2-9)

부딪힘이 없는 [법]이다.(*cf.* ma2-10)

비물질인 [법]이다.(*cf.* ma2-11)

출세간인 [법]이다.(*cf* ma2-12)

어떤 것으로는 식별되는 [법]이고, 어떤 것으로는 식별되지 않는 [법]이다.(*cf* ma2-13)

③ 번뇌의 모둠

번뇌가 아닌 [법]이다.(*cf* ma2-14-b)

번뇌의 대상이 아닌 [법]이다.(*cf* ma2-15-b)

번뇌와 결합되지 않은 [법]이다.(*cf* ma2-16-b)

번뇌이면서 번뇌의 대상인 [법]이라고도 번뇌의 대상이지만 번뇌가 아닌 [법]이라고도 말해서는 안 된다.(*cf* ma2-17)

번뇌이면서 번뇌와 결합된 [법]이라고도 번뇌와 결합되었지만 번뇌가 아닌 [법]이라고도 말해서는 안 된다.(*cf* ma2-18)

번뇌와 결합되지 않았으면서 번뇌의 대상이 아닌 [법]이다.(*cf* ma2-19-b)

④ 족쇄의 모둠

족쇄가 아닌 [법]이다. … (*cf* ma2-20~25)

⑤ 매듭의 모둠

매듭이 아닌 [법]이다. … (*cf* ma2-26~31)

⑥ 폭류의 모둠

폭류가 아닌 [법]이다. … (*cf* ma2-32~37)

⑦ 속박의 모둠

속박이 아닌 [법]이다. … (*cf* ma2-38~43)

⑧ 장애의 모둠

장애가 아닌 [법]이다. … (*cf* ma2-44~49)

⑨ 집착[固守]의 모둠

집착[固守]이 아닌 [법]이다. … (*cf* ma2-50~54)

⑩ 틈새에 있는 긴 두 개 조

대상을 가진 [법]이다.(*cf* ma2-55)
마음이 아닌 [법]이다.(*cf* ma2-56)
마음부수인 [법]이다.(*cf* ma2-57)
마음과 결합된 [법]이다.(*cf* ma2-58)
마음과 결속된 [법]이다.(*cf* ma2-59)
마음에서 생긴 [법]이다.(*cf* ma2-60)
마음과 함께 존재하는 [법]이다.(*cf* ma2-61)
마음을 따르는 [법]이다.(*cf* ma2-62)
마음과 결속되어 있고 마음에서 생긴 [법]이다.(*cf* ma2-63)
마음과 결속되어 있고 마음에서 생겼고 마음과 함께 존재하는 [법]이다.(*cf* ma2-64)
마음과 결속되어 있고 마음에서 생겼고 마음을 따르는 [법]이다.(*cf* ma2-65)
밖에 있는 [법]이다.(*cf* ma2-66)
파생되지 않은 [법]이다.(*cf* ma2-67)
취착되지 않은 [법]이다.(*cf* ma2-68)

⑪ 취착의 모둠

취착이 아닌 [법]이다. … (*cf* ma2-69~74)

⑫ 오염원의 모둠

오염원이 아닌 [법]이다. … (*cf* ma2-75~82)

⑬ 마지막 두 개 조

봄으로써 버려야 하는 것이 아닌 [법]이다.(*cf* ma2-83)

닦음으로써 버려야 하는 것이 아닌 [법]이다.(*cf.* ma2-84)

봄으로써 버려야 하는 원인을 가지지 않은 [법]이다.(*cf.* ma2-85)

닦음으로써 버려야 하는 원인을 가지지 않은 [법]이다.(*cf.* ma2-86)

일으킨 생각이 있는 [법]일 수 있고, 일으킨 생각이 없는 [법]일 수 있다.(*cf.* ma2-87)

지속적 고찰이 있는 [법]일 수 있고, 지속적 고찰이 없는 [법]일 수 있다.(*cf.* ma2-88)

희열이 있는 [법]일 수 있고, 희열이 없는 [법]일 수 있다.(*cf.* ma2-89)

희열이 함께하는 [법]일 수 있고, 희열이 함께하지 않는 [법]일 수 있다.(*cf.* ma2-90)

행복이 함께하는 [법]일 수 있고, 행복이 함께하지 않는 [법]일 수 있다.(*cf.* ma2-91)

평온이 함께하는 [법]일 수 있고, 평온이 함께하지 않는 [법]일 수 있다.(*cf.* ma2-92)

욕계에 속하지 않는 [법]이다.(*cf.* ma2-93)

색계에 속하지 않는 [법]이다.(*cf.* ma2-94)

무색계에 속하지 않는 [법]이다.(*cf.* ma2-95)

[세간에] 포함되지 않는 [법]이다.(*cf.* ma2-96)

출리로 인도하는 [법]이다.(*cf.* ma2-97)

확정된 [법]이다.(*cf.* ma2-98)

위가 없는 [법]이다.(*cf.* ma2-99)

다툼이 없는 [법]이다.(*cf.* ma2-100)

[아비담마 마띠까를 통한] 질문의 제기가 [끝났다.]

바른 노력에 대한 분석이 [끝났다.]

지은이 · 각묵스님

1957년 밀양 생. 1979년 화엄사 도광 스님을 은사로 사미계 수지. 1982년 범어사에서 자운 스님을 계사로 비구계 수지. 7년간 제방 선원에서 안거 후 인도로 유학, 인도 뿌나 대학교 (Pune University)에서 10여 년간 산스끄리뜨, 빠알리, 쁘라끄리뜨 수학. 현재 실상사 한주, 대한불교조계종 교육아사리, 초기불전연구원 지도법사.

역·저서로『금강경 역해』(2001, 9쇄 2017),『아비담마 길라잡이』(전2권, 대림 스님과 공역, 2002, 12쇄 2016, 전정판 2쇄 2017),『네 가지 마음챙기는 공부』(2003, 개정판 4쇄 2013),『디가 니까야』(전3권, 2006, 4쇄 2014),『상윳따 니까야』(전6권, 2009, 3쇄 2016),『초기불교 이해』(2010, 5쇄 2015),『니까야 강독』(I/II, 2013),『담마상가니』(전2권, 2016),『초기불교 입문』(2017),「간화선과 위빳사나 무엇이 같고 다른가」(『선우도량』제3호, 2003) 외 다수의 논문과 글이 있음.

위방가 제1권

2018년 11월 5일 초판 1쇄 발행

지은이 | 각묵스님
펴낸이 | 대림스님
펴낸곳 | **초기불전연구원**
울산시 남구 달동 1365-7 (2층)
전화:(052)271-8579
홈페이지 | http://cafe.daum.net/chobul
이메일 | kevala@hanmail.net
등록번호 | 제13-790호(2002.10.9)
계좌번호 | 국민은행 604801-04-141966 차명희
하나은행 205-890015-90404 (구.외환 147-22-00676-4) 차명희
농협 053-12-113756 차명희
우체국 010579-02-062911 차명희

ISBN 978-89-91743-40-3
ISBN 978-89-91743-39-7(세트)

값 | 40,000원